国家自然科学基金(71240006,71473154)和教育部
新世纪优秀人才支持计划(NCET-08-0887)资助

诺贝尔生理学或医学奖获得者成功之路

第 2 版

段志光　著

科学出版社
北　京

内 容 简 介

本书将1901～2019年诺贝尔生理学或医学奖219位获得者的成功之路作为一个系统，基于553位中外一流科学家的数千万条数据，从定性和定量相结合的角度进行了深入系统的探讨，提出了诺贝尔奖级生物医学科学家成长的一般规律。且此次再版，本书对屠呦呦教授获诺贝尔奖做了简要分析。除此之外，还对以诺贝尔奖获得者、我国两院院士、杰出青年及长江学者特聘教授等为代表的中外三个层次一流生物医学科学家的科学论文和发明授权专利进行了研究，既反映了我国当今生物医学科学技术研究的现状，又提出了我国不断产出诺贝尔奖级生物医学科学家和重大原始性创新成果的战略思考。

本书视角独特，系统深入，数据翔实，方法科学，理实结合，中外比较，可作为在校研究生和本科生创造性思维培养的教材，也可作为广大教育工作者、科技工作者和管理工作者的参考用书。

图书在版编目(CIP)数据

诺贝尔生理学或医学奖获得者成功之路／段志光著．—2版．—北京：科学出版社，2020.9

ISBN 978-7-03-063590-7

Ⅰ.①诺…　Ⅱ.①段…　Ⅲ.①诺贝尔生理或医学奖－科学家－生平事迹　Ⅳ.①K816.2

中国版本图书馆CIP数据核字(2019)第272237号

责任编辑：王　颖／责任校对：郑金红

责任印制：李　彤／封面设计：陈　敬

科学出版社 出版

北京东黄城根北街16号

邮政编码：100717

http://www.sciencep.com

北京建宏印刷有限公司 印刷

科学出版社发行　各地新华书店经销

*

2015年9月第　一　版　　开本：720×1000　B5

2020年9月第　二　版　　印张：32

2020年11月第四次印刷　　字数：540 000

定价：198.00元

（如有印装质量问题，我社负责调换）

第2版前言

在第1版正文的最后部分，我曾提出新中国创造出的几项诺贝尔奖级生物医学重大原始创新性成果，其中包括屠呦呦等分离出新型结构的抗疟有效成分青蒿素。所幸的是，书出不久，即传来屠呦呦获得诺贝尔生理学或医学奖的好消息。这使我不由自主地想起自己的一个带有些许本位主义色彩的梦想。1997年，我曾在《医学与哲学》杂志发表《诺贝尔医学奖：我们何时有缘》（段志光．诺贝尔医学奖：我们何时有缘[J]．医学与哲学，1997，18(7)：372-373.）一文，在文末提出我国的诺贝尔科学奖（诺贝尔奖包括诺贝尔物理学、化学、生理学或医学、文学、经济学及和平奖，其中前三项常被称为诺贝尔科学奖）将首先来自生物医学领域的梦想。好梦连连，可以理解为对我研究诺贝尔生理学或医学奖20多年的褒奖，也是本书第1版和第2版的专业背景之间的最大区别。

在对1981~2005年55位诺贝尔生理学或医学奖获得者排序频度分布研究以后，我们曾提出一个研究结论，即"科学家在科学金字塔中的进阶不是靠累积效应螺旋上升，而是靠原创性成果的'量子能'实现层级'跃迁'"。并将其作为第1版封面设计的思想表现要求提供给设计者。事实上，屠呦呦教授1971年提取出青蒿素，在40年之后捧得国际医学大奖，在44年之后荣获诺贝尔生理学或医学奖，就是发生在我们身边的一个鲜活例证。或许有人会问，这么遥远，我们到底需要走多久？因此，在我国步入创新驱动发展的新的历史时期，青年人需要停下匆匆的脚步，翻开这本“成功”之卷，静心体味国内外生物医学领域的精英科学家带给我们的有益启示。

在屠呦呦教授获得诺贝尔科学奖之前，我们的“诺贝尔奖情结”就日渐浓厚。在屠呦呦教授获得诺贝尔科学奖之后，我们的“诺贝尔奖情结”并未淡化，因为一两项诺贝尔科学奖对国家科技创新能力整体提高的影响还很有限，我们更加关注的是一批诺贝尔奖级科研成果的涌现和国家整体科技实力的提升。近些年，诺贝尔科学奖获得者以美英科学家等为主体的现象并无改变，日本的异军突起更令我们“并跑”和“领跑”的压力倍增。因此，我们需要的不是每年诺贝尔奖公布之后的习惯性抱憾与季节性反思，我们需要的是即使有我国本土科学家获奖，也能深刻反思的评判性思维，这才是从感性的“情结”走向理性的思维的应有之义。

当下，我们需要学会平和地看待诺贝尔科学奖。我们高兴地看到，近些年来，我国科技界虽然“虚火”仍在，但理性逐渐增强。一方面，我国的学科布局与发展逐步均衡，基金资助更为丰富和多样化，科研论文发表数量全球最多，高影响力论文数量增加明显，论文质量与美国的差距在缩小，一流青年科学家的论文质量持续提高，尤其是2000年以来与诺贝尔生理学或医学奖获得者获奖前成果水平的差距在缩小，个别年度的单篇论文最高被引水平甚至超过了诺贝尔生理学或医学奖获得者，预示着我国诺贝尔奖级的科研队伍和科研成果正在成长，科研整体实力有了明显提升，科技工作取得了显著成绩；但另一方面，在被引最高的1%的论文中，美国仍领先于我国，我国公众科学素养水平与美国的差距基本维持在约30年，不唯SCI和论文的科研评价导向是对的，但基础研究成果几乎都是论文，以什么方式公开、以什么方式与国际同行进行交流合作、以什么方式进行科学评价，如何引导教育改革、人才培养、文化氛围、高水平成果产出、科技成果转化，如何突出科学精神、创新质量、服务贡献，等等，我国科技工作又面临着巨大挑战。虽然我们不以诺贝尔科学奖为唯一追求，但已被公认为世界科学研究最高水平代表的诺贝尔科学奖，毕竟是衡量我国国际科技竞争力和科研工作“并跑”“领跑”水平的一个重要关键指标；更重要的是，对它思考和追求的过程，能促使我国整体科技实力的提升。我国科学研究的目的是为了全人类的福祉，如何在人类命运共同体的构建中，最大限度地贡献中国力量；如何在人类卫生健康共同体的构建中，最大限度地贡献中国力量，需要我们更加积极而又有创新性的科学探索。

第1版出版以来，受到了国内同行的认可和好评，除了一些积极的评介和传播以外，还被一些院校选作研究生的教材。虽然学科发展很快，但全书内容仍然非常契合我国新时代创新驱动发展和向全球高质量科研产出者迈进的需要。这些因素综合起来，萌发了再版的动机，成为再版的动力。屠呦呦教授荣获诺贝尔生理学或医学奖之后，我一直想着再版时专门增加一章进行深度分析，几年来也有意识地搜集和积累了一些资料，但等到再版时却因某些原因未能如愿，仅在附录中对屠呦呦教授获诺贝尔奖做了简短分析；一些专家学者十分关心本书的修改完善，也曾不止一次地提出具体的建议，但鉴于本人能力所限，未能很好地达到意愿；近几年，大数据的研究与运用取得了很大进展，再版时的最理想状态应该是呈现给大家一个更新过的最新、最全、最权威的诺贝尔生理学或医学奖获得者群体量化研究成果，但也由于某些原因不能实现，这些又都成为本书再版时的遗憾。

在科研的道路上，我们有时停下脚步、翻阅历史、静心体味、寻找启示的目的，并非为了欣赏路边的风景，而是为了更加坚定、悠然地走上成功之路。愿追求成功者都能从诺贝尔生理学或医学奖获得者成功之路中得到有益启示，愿追求成功者都能在追求成功之路上早日成功，愿我国的国家整体科技能力更加快速地提高，愿我国本土涌现出更多诺贝尔生理学或医学奖级的生物医学重大原始创新性成果和科学家，愿我国本土涌现出更多诺贝尔生理学或医学奖获得者。

段志光

2020 年 8 月

诺贝尔奖级研究对我国生物医学科学技术发展的意义与重要性(代自序)*

在21世纪到来前后的那一段时间,中外科学家无不预言,在新的世纪里,科学的学科结构重心将转移到生命领域,21世纪将是生物医学的时代。中国科学院院士裴钢认为:"目前,全世界的生命科学在整个自然科学领域中所占的比重已达到50%。一个国家生命科学的发展状况,直接体现着国家的整个科学发展水平。在美国,其生命科学在自然科学中所作的贡献率已达60%"[1],而"我国生命科学在自然科学中的研发比重在25%左右,距发达国家的差距较大"[1]。那几年,美国等主要发达国家都纷纷积极部署了国家层面上的生命科学研究战略布局。这就在客观上要求我国必须加强生物医学科学研究的战略管理,这也是由我国必须更加坚定地把科技进步和自主创新作为经济社会发展的首要推动力量所决定的。

一、我国科学技术的发展与诺贝尔奖级研究战略目标的关系

在1600年以前,我国在科学技术方面远远超过西方,但在1600年以后,我国科学技术开始落后于西方国家,尤其近代,我

---

* 本文发表于2005年,为第1版的代自序。

国在基础科学方面与世界先进水平相距甚远。自新中国成立以来,在世界自然科学界享有最高声誉的诺贝尔科学奖的500余名获得者中,至今没有一位中国本土科学家,这是一个令人难堪而又无法回避的事实,近二十多年来这件事情引起人们越来越多的关注与讨论,以至于有人将国人这种情绪化的反应称为"诺贝尔情结"。在这种情结的背后,更需要的其实是如何通过对诺贝尔科学奖历史的研究来促进我国科学技术的发展。

1. 我国科学技术的发展与诺贝尔科学奖的获得 21世纪生物医学科学技术的发展,依然取决于整个现代科学技术的发展,故研究生物医学科学技术的发展,需先了解科学技术的总体情况。当前,我国科学技术总体水平与主要发达国家之间存在较大差距,尚未成为对世界发展有重要影响的科学技术大国。其中主要原因之一,是科学研究质量不高,尖端人才匮乏,难以在激烈的国际科技竞争中做出具有世界水平的重大贡献。由此已经引发了国内社会各界和国外有关人士的热议与研究。

关于我国科学技术发展的研究,不可避免地涉及已成为世界各国科学能力乃至综合国力重要标志的诺贝尔科学奖。中国本土科学家究竟何时能获得诺贝尔科学奖?早在20世纪70年代末80年代初,科技界已开始思考。有学者通过对诺贝尔科学奖获得者及其研究成果的分析,探讨有关科学发现中的一些问题[2],《医学与哲学》杂志为此开辟了一个专栏——诺贝尔医学奖研究,随后其他书刊散见的研究渐多,终在诺贝尔奖颁发一百周年前夕达到了高潮。《科技日报》曾组织过两个专题的系列报道,中国科学院原院长路甬祥院士等数十位两院院士参与访谈或笔谈,毋国光等四位院士一起提出"中国需要诺贝尔奖",中国自然辩证法研究会等部门专门举办了专题学术研讨会,很多报刊发表了相关研究文章。很快,关于中国与诺贝尔科学奖关系研究的文章就随处可见,大家最关心的核心问题是:中国科学技术究竟应该如何发展,才能培养出诺贝尔科学奖获得者?才能提高国家的科学能力?

诺贝尔科学奖特别强调研究成果对于人类知识的原创性贡献,而近二十多年中,我国很少产生具有重大科学价值并得到国内外自然科学界公认的重大科学发现。华裔科学家杨振宁认为,中国本土离诺贝尔奖仅一步之遥[3],20年完全可以,10年里希望也很大[4]!饶毅认为,中国缺乏一些重要研究领域或模式[5]。有关研究认为,中国科学家过去曾在本土做出过诺贝尔奖级的研究成果[6],近期仍有潜力在本土做出诺贝尔奖级研究成果[7]。中国离诺贝尔科学奖到底有多远?作为国家的最高战略,国家科技战略目标究竟该如何论及科学技术发展与诺贝尔科学奖的关系?以上问题不得不引起人们的关注与深思。

2. 我国科学技术的发展与诺贝尔奖级研究战略目标的关系 新中国成立以来,我国科学技术发展战略始终是追赶战略。在诺贝尔科学奖与中国关系的研究中,我们越来越深刻地认识到,基础研究(包括纯基础研究和应用性基础研究)与国家科技战略目标的关系,是我国科技政策必须明确的一个重要问题。可以说基础研究是科学之本、技术之源,是一个国家科技发展水平的标志,是具有突出战略意义的国家资源,是培养和造就创新人才的最有效途径。国内外众多研究认为,诺贝尔科学奖不能作为我国科技发展的最终目标,比获得诺贝尔奖更重要的是:国家对科技长久、持续、稳定的重视,对人才的关注,对科研投入的持续增长,对科研环境的改善。有科学家认为,即使出现获得诺贝尔奖的特例,若整体水平上不去,亦无太大意义[5]。也有科学家认为,可以利用诺贝尔奖水平的目标激励和促进作用,将诺贝尔奖级研究作为战略目标,在国家科技战略布局中考虑诺贝尔奖级研究目标及其战略管理问题。因为在中国大地上产生如诺贝尔奖级水平的科学成就,应是中国科学技术水平和创新能力提高的必然结果[8]。还有科学家建议,通过制定国家计划,使21世纪早期有中国本土科学家获得诺贝尔奖[9]。显然,我国科学技术的发展,不仅需要诺贝尔科学奖,更需要诺贝尔奖级的科学研究。因而,对一个国家科技战略目标来说,诺贝尔奖级研究的提法,比获得诺贝尔奖的提法更为适合。

二、我国生物医学科学技术的发展需要诺贝尔奖级研究

近一百多年来,世界多数国家在经济、教育、科技等方面发展都很快,但诺贝尔科学奖的获得者绝大多数集中在欧美发达国家。当前我国正处在经济体制转型的关键时期,国家在经济、教育、科技等方面正经历着重大变革,我国要想在21世纪由科技大国变成科技强国,必须在生物医学这个21世纪的主导学科的发展上,确立诺贝尔奖级研究目标,加强诺贝尔奖级生物医学科技的战略管理,做出诺贝尔奖级研究成果。

1. 诺贝尔奖级生物医学科学研究战略管理规划 在确立诺贝尔奖级生物医学科学研究作为我国生物医学科学技术发展的战略目标以后,就需要对诺贝尔奖级生物医学科学研究的战略管理进行研究。首先是其战略管理规划。Blume的研究表明[10],在20世纪里,开展研究的决定性因素已从科学的需求变成了社会的需求,这意味着战略管理规划要与经济和社会发展目标相一致。但作为战略规划,不可能面面俱到,应按照“突出重点,有所为,有所不为”的原则,选择优先资助领域,使其登上世界科学高峰。我们需要有针对性地对可能较早

达到诺贝尔奖级科研水平的领域，优先给予长期、稳定、持续性的支持。据分析，我国被 SCI 收录的论文中高产出的学科突出集中在化学、物理学、生物学、材料科学、数学、医学这六个学科[11]。在诺贝尔生理学或医学奖中，其学科内容大致可分为四个时期，1980 年至今的第四期，基础学科的比重占到 93. 18%，说明已跨越以应用研究为主、应用研究与基础研究并重和以基础研究为主的前三期，完成了从应用研究向基础研究的过渡[12]。因此，在我国诺贝尔奖级科学研究战略管理基础研究的学科对象中，筛选出其中作为生命科学最重要组成部分的生物医学等学科是合适的。当时的难题是，在功能基因组学、蛋白质组学、干细胞研究、转基因研究、脑和认知科学、疾病防治、延缓衰老、节育优生、开发智力等医学科学技术领域，乃至生物信息学、系统生物学、发育生物学等生命科学技术的领域，如何选择可能较早达到诺贝尔生理学或医学奖级水平的分支学科领域，似乎缺乏更加科学的量化依据。

2. 诺贝尔奖级生物医学科学研究战略管理基础 在诺贝尔奖级生物医学科学研究战略管理决策中，有一个非常关键的问题，就是我国国内生物医学科学能力、国内一流生物医学科学家和青年生物医学科学家的群体实力现状，与世界发达国家生物医学科学能力、一流生物医学科学家和青年生物医学科学家群体实力的同比差距到底有多大。这是我国诺贝尔奖级生物医学科学研究战略管理的基础，也是确定我国生物医学科技战略目标的前提，需要有定性与定量相结合的基础性研究成果作为参考依据。目前，国内每年有科技部关于中国科技论文统计与分析的年度报告，有中国科学院关于中国科学论文与引文统计的年度报告，有关于诺贝尔科学奖获得者、我国两院院士和国家杰出青年基金项目负责人成才规律的研究[13]，也有我国院士与诺贝尔科学奖获得者基本素质的定性比较研究[14]；国外有关于科学家科技产出的分类与测度体系的研究[15]，有认为指标测量是科技评价唯一可行方法的研究[15]，也有关于诺贝尔科学奖获得者、美国院士及一般科学家在获得学士和博士学位、从事研究年龄分布及出身等方面的比较研究[16]。遗憾的是，尽管如此，国内的研究在这方面仍存在不足，即在比较国家科学能力的同时，缺乏不同层次的一流生物医学科学家群体实力及其比较的研究，当时不容乐观的现实起点到底有多高，似乎并不十分全面、清晰。在作为决策辅助手段的科研评价中，科研评价工作相对成熟的发达国家一般采用定性与定量相结合的方法，以期用翔实可靠的数据和合理的定量分析，为国家宏观科技政策的制定提供依据。当时，我国在宏观科技决策方面的评价工作还很薄弱。自 20 世纪 50 年代以来，我国先后七次制订了国家级的科技发展规划，总体而言，该规划是比较完善的，但由于历史局限，对世界科技现状的研究和分析不足,缺少定量分析的依据[17];甚至对基础研究的绩效评价都在试点,尚无定型的指标体系报道[18];缺乏对一些必要基础数据的积累。

3. 诺贝尔奖级生物医学科学研究战略管理主体 诺贝尔奖级科学研究成果的本质是原始性科技创新,创新的主体是科技精英。美国的基础研究可谓成功,但在《2001~2006年战略计划》中,美国国家科学基金会提出的三大战略目标之一,仍是造就世界级科学与工程人才[19]。当时,我国科学能力存在的主要差距之一,是在国际上具有重要影响的科学家数量还很少;科技人才培养中面临的第一难题,是缺乏世界一流的科学家。因而在诺贝尔奖级生物医学科学研究中,我国最大的问题是如何培养优秀的生物医学科学家。在关于诺贝尔生理学或医学奖获得者的研究中,国内外有关的定性研究很多[20],而定量研究较少,且多限于一般信息的统计分析;在获得者科技产出方面的定量研究,国内仅有获得者科学论文产出测度的年度案例研究[21],国外仅有获得者获奖前后各五年发表论文的数量统计分析[25]。在关于我国生物医学科学家的研究中,20世纪80年代初,有学者开始对我国包括生物医学科学家在内的现代优秀自然科学家的科学发现进行探索性构思,并对老一辈科学家的特点进行了定性研究[22];近些年,有对我国两院院士成长环境因素的分析,对我国20世纪90年代高级专家群体结构特征分析,对我国基础研究队伍的规模、结构、水平和建设的研究[23,24]。但从总体上看,我国当前缺少不同层次一流生物医学科学家的群体实力测度研究,以及与世界一流生物医学科学家的同比研究。

4. 诺贝尔奖级生物医学科学研究战略管理措施 诺贝尔奖级生物医学科学研究战略目标的实现,最终将取决于一流生物医学科技人才的数量和质量。在21世纪到来前后10年有关诺贝尔奖与中国科技发展关系研究中,这一点已引起国家教育和科技管理部门的高度重视,并相继采取了一系列战略管理措施,如国家自然科学基金委员会设立的国家杰出青年科学基金项目,中国科学院推出的知识创新工程、百人计划,教育部实施的长江学者计划,科技部推行的"863""973"计划,中国科学技术协会连续召开的青年科学家学术讨论会议等,这些都是具有远见卓识的决策,均可视为我国实现诺贝尔奖级研究目标的重要措施。但这些都是有关部委依据各自理解的国家科学能力与世界发达国家的总体差距做出的决策。研究认为,科学是一个高度分层的体制,科学家共同体存在高度分层,一个科学家在分层体系中的位置将最终依赖于他已经发表(布)的科学成果[25],因而对科学家的分层管理已成为必然。由此可见,我国能否出现诺贝尔奖级生物医学科学研究水平的成果,完全取决于国内一流生物医学科学家和一流青年生物医学科学家。当前的问题是,在战略管理措施层面,尚缺乏如何提高两个一流生物医学科学家群体科技产出力的系列具体政策与系统量化指标依据,而这些须由国家相关权威机构共同制定,不宜由某一部委单独提出。

5. 诺贝尔奖级生物医学科学研究战略管理"土壤" 目前我国包括生物医学在内的科学技术发展的关键是要改良我们的科研"土壤"。这个"土壤"的含义非常深刻,除政治、经济、文化、体制等因素之外,在教育方面,以多学科文化为核心的人文底蕴,日益成为诺贝尔奖级研究者的基本条件,即高质量的生物医学教育才是我国诺贝尔奖级生物医学科学研究战略目标实现的根本。如何根据世界一流生物医学科学家群体在基本教育信息方面的异同,为我国高等医学教育改革特别是研究生创新能力培养改革,提供一个定性与定量参考依据,这个问题显得十分迫切和重要。在生物医学科技内部环境方面,关于如何解决标准不够科学公正问题,青年生物医学科学家在最佳创造年龄区内的非科学因素影响问题,专家在科技决策中的有限影响问题,科学对政治的"依附性"关系问题,科学家在科技活动中的行为"失范"问题,国内外均有较多的定性与个案研究[26-28]。问题的根本是生物医学科学家之间学术水平的相互了解、生物医学科技管理者对生物医学科学家的客观认可等,需要一个对应不同层次生物医学科学家群体水平的量化参照依据,但目前欠缺这种定量研究。

三、诺贝尔奖级研究将推动我国生物医学科学技术的发展

在当代大科学和高技术时代,个人在其中做出自己独特贡献越来越难,一是难在基础理论的突破上,二是难在科学的发展对技术的依赖程度越来越大,以致所需经费越来越昂贵[29]。这两点恰恰是我国出现诺贝尔奖级生物医学研究的薄弱之处。但是,我国地大物博、人口众多、疾病谱广、天然药物丰富,有着发展现代生物医学得天独厚的条件和氛围,有关疾病发生发展机制的研究一直是生物医学研究的方向与重点,我国的生物医学研究已初步具备冲击国际先进水平的能力[30]。只要我们切实明确生物医学在学科领域中的优先地位,在科技战略规划中向生物医学科学基础研究倾斜,造就一批诺贝尔奖级生物医学科学家,产生一批诺贝尔奖级生物医学科学研究成果,就必将推动我国生物医学科学技术的发展。

我国学者将诺贝尔奖(包括获奖成果、获得者、所在国家基本情况等)作为

一种研究对象,是近些年来新兴的研究领域;将诺贝尔奖与中国科技战略管理决策关系作为一种研究对象,更是近年来新兴的研究领域。如此一来,诺贝尔奖和中国科学技术相关情况的信息就显得异常重要,比如有哪些数据需要采集,这些数据如何收集,又如何运用到我国的科学技术战略管理决策中,相关研究没有表现出系统的积累,因而研究广度和深度都有所限。更重要的是,在研究目的上仍表现出诸多"虚火",如在每年 10 月获奖信息公布以后和 12 月颁奖典礼前后,阵发性地讨论我国本土什么时候能有诺贝尔奖获得者,或根据一些很不完全的信息妄论我国获奖情况。我们认为,这种对我国科学技术发展的关心和热情,应该转移到更加富有实质意义的问题上,即我国如何在科学技术整体发展的基础上批量出现诺贝尔奖级科学研究水平的成果。从诺贝尔科学奖与我国科学技术发展关系作为一个研究领域的角度,应该将这种研究的起点定位在国家科学技术战略管理决策层面,而非过多地探究我国曾经做出的诺贝尔奖级研究未能获奖的原因;将这种研究方法,从定性或定量转为定性与定量相结合;将这种研究成果的表述,从传统意义上的论文、论著,转为通过多种信息的综合,甚至以数学方式予以表达。

在诺贝尔奖级生物医学科学研究战略管理中,如能加强定性与定量相结合的方法,为国家宏观医学科技政策的制订提供翔实可靠的数据和合理的定量分析;在定量研究中,如能加强诺贝尔奖级生物医学科学研究战略管理基础研究中的数学表达,即提出不同层次生物医学科学家基本信息、科技投入与科技产出测度模型等,将为我国宏观生物医学科技决策方面的评价工作、我国生物医学科学家离诺贝尔生理学或医学奖获得者距离的量化、可能获取诺贝尔生理学或医学奖的学科领域的选择、具有做出诺贝尔奖级科研水平成果的核心生物医学科学家的筛选提供科学依据和国内外比较视角;将对我国注重和鼓励原始性创新、把握科技战略方向决策、更加合理配置国家的有限资源、集中力量实现某些学科领域突破、培养世界级的生物医学科学家、冲击诺贝尔生理学或医学奖、提高国家生物医学科学能力等方面都具有积极的理论探索意义和强烈的现实意义。

参考文献

[1] 张炳升,李春淼. 面向世界吸引一流科学家[N]. 光明日报,2005-06-02.

[2] 周发勤,陈益升. 从诺贝尔科学奖看科学发现[J]. 科学学与科学技术管理,1982,3(3):2-8.

[3] 薛冬,刘振坤. 中国离诺贝尔奖仅一步之遥[N]. 光明日报,2000-08-07.

[4] 张光武. 八十自述[N]. 文汇报,2001-12-20.

[5] 饶毅. 中国在重要科学领域缺席反映的科技体制和文化问题[N]. 南方周末,2002-10-17.
[6] 张九庆. 自牛顿以来的科学家[M]. 合肥:安徽教育出版社,2002.
[7] 何景棠. 2002 年诺贝尔物理奖与中国人擦肩而过[J]. 科技导报,2003,(5):33-35.
[8] 中国科学院. 2001 科学发展报告[M]. 北京:科学出版社,2001.
[9] Cao C. Chinese science and the "Nobel Prizes Complex"[J]. Minerva:A Review of Science, Learning & Policy,2004,42:151-172.
[10] Oldham G. The future of university research in Britain[D]. London: Imperial College, University of London,2001:4.
[11] 宋伟. 如何正确使用 SCI 标准评价基础科学[J]. 科技导报,2002,(2):39-42.
[12] 余海若. 诺贝尔自然科学奖百年回顾[J]. 新华文摘,2001,(1):146-165.
[13] 李晓轩,牛珩,冯俊新. 科研拔尖人才的成才规律与启示[J]. 科学学研究,2004,22(3):273-277.
[14] 李湘德. 科学家的基本素质[J]. 科技进步与对策,1999,16 (6):130-131.
[15] 埃利泽·盖斯勒. 科学技术测度体系[M]. 北京:科学技术文献出版社,2004.
[16] 哈里特·朱克曼. 科学界的精英[M]. 北京:商务印书馆,1979.
[17] 万劲波,孙中峰,金利平. 大科学时代中长期科技发展规划的制订[J]. 科技导报,2003,(12):13-15.
[18] 吴述尧. 科学发展与科技政策[J]. 中国基础科学,2000,(4):32-36.
[19] National Science Foundation. NSF GPRA Strategic plan,FY 2001-2006[M]. NSF Publication,2000.
[20] Francisleroy. A Century of Nobel prizes Recipieats[M]. New York:Marcel Dekker Inc,2003.
[21] 段志光. 2004 年诺贝尔生理学或医学奖获得者科学论文产出测度及思考[J]. 中国科学基金,2005,19(3):161-165.
[22] 周发勤,陈益升. 自然科学发现中研究经验的量化[J]. 科学学与科学技术管理,1984,5(9):34-35.
[23] 曾国屏,李正风. 我国基础研究队伍的规模、结构和水平问题初探[J]. 科学学研究,2001,19(2):62-68.
[24]《基础研究人才队伍建设发展战略研究》课题组. 关于我国基础研究队伍建设的战略思考[J]. 中国软科学,2001,(4):84-91.
[25] 乔纳森·科尔,勒蒂芬·科尔. 科学界的社会分层[M]. 北京:华夏出版社,1989.
[26] 徐冠华. 关于我国基础研究发展的若干看法[J]. 中国科学基金,2001,15(3):129-134.
[27] 饶毅. 中国科学决策机制弊端在哪里[J]. 新华文摘,2003,(7):148.
[28] 李真真. 我国基础研究问题的探讨与思考[J]. 科学学研究,2003,21(4):367-372.
[29] 陈其荣,袁闯,陈积芳. 理性与情结:世纪诺贝尔奖[M]. 上海:复旦大学出版社,2002.
[30] 中国科学院生物学部生命科学发展战略研究小组. 迎接生命科学世纪的挑战:2001 科学发展报告[M]. 北京:科学出版社,2001.

(以上主要内容原载《医学与哲学》,2005,26(9):70-71,75.)

第 1 版前言

20 世纪突飞猛进的科学技术,深刻地改变了人类社会历史前进的步伐,成为人类文明进步最具革命性的推动力量。始颁于 1901 年的诺贝尔奖,包括诺贝尔物理学、化学、生理学或医学、文学、经济学(1969 年设立)及和平奖,其中前三项常被称为诺贝尔科学奖。诺贝尔科学奖在其一百多年的历史中奖励了许多因为在科学发展道路上做出了具有原始性、突破性成就的科学家,从而成为众多国际奖项中最具权威性的自然科学奖。

诺贝尔奖已成为一个大系统,即由多种因素相互结合组成的有机整体;也成为一种综合效应,既有科学的,又有社会的,还有人文的;更成为一面镜子,既反映了学科发展和科学研究微观问题,又反映了国家宏观战略层面上的一些深层次问题,对于国家的经济、教育、科技等的长远发展,具有借鉴意义。因而诺贝尔奖给予人们多种启示。虽然诺贝尔科学奖不能等同一个国家的科技实力,获得一两项诺贝尔科学奖并不能证明已成为科技大国,但要想成为一个科技大国,没有诺贝尔科学奖是绝对不行的。新中国成立 65 年来,本土科学家至今与诺贝尔科学奖无缘的现实,已造成了相当部分国民的"诺贝尔奖情结",也引起了科技界乃至其他学界的热烈讨论。我们认为,在当今日益开放的国际环境下,积极学习借鉴国外先进科技成果,已成为加速我国科技进步的重要途径,若能超越对诺贝尔科学奖的迷信和崇拜的心态,研究诺贝尔科学奖至少有助于了解我国科学技术发展和高等教育改革的某些必要条件。本书选定其中的诺贝尔生理学或医学奖为研究对象,以期有所发现与启迪。

在1901~2014年的诺贝尔生理学或医学奖史上,实际颁奖年度为105年,获奖成果为130项,获得者为207人。事实证明,诺贝尔生理学或医学奖已成为近100多年来生物医学发展史的缩影,因为此间凡是对维护人类健康、拯救人类生命做出卓越贡献的重大科技成果,基本上都被授予了诺贝尔生理学或医学奖。这意味着对于诺贝尔生理学或医学奖史的考察将是一个系统工程。中国科学院研究员樊春良认为,首先应该从促进中国科学发展的视角出发,深入研究与社会之间的共生关系。其次,必须弄清我们的整个科学研究布局是否符合当代科学发展的方向,以及我们与国际科学界的交流能力和水平如何[1]。本研究难以达到这个要求高度,但愿以此为努力追求的目标。

对于诺贝尔生理学或医学奖的研究,可以从若干方面着手。我们认为,深入系统地探讨其成因将是一个极为重要的内容,其中又以获奖成果的积累过程和获得者的成长过程为要。关于获奖成果,位于斯德哥尔摩的诺贝尔博物馆的馆长斯万特·林德奎斯特(Svante Lindguist)曾说:"诺贝尔奖不是为终身成就而设置的,它是显示具有创造性价值的一个崇高的标志"[2]。的确如此,诺贝尔生理学或医学奖不但反映了现代生物医学科学发展史上的重大科学发现和重大理论创新,也反映了重大技术创新,它所激励的是对人类思想观念和经济社会发展具有重大影响的原始性创新。关于获得者,研究认为,培养精英人物以领导学术潮流是一个国家科学兴隆的必要条件[3]。美国诺贝尔科学奖研究的代表人物哈里特·朱克曼(Harriet Iuckerman)指出,诺贝尔奖是最高的科学奖赏,而对它的获得者来说,是在科学界居于超级精英地位的一种标志。[4]一旦成为一个诺贝尔奖获得者,都将稳固地居于科学界精英的行列。事实证明,科学共同体中极少数具有原始创造性的科学家如何成为精英人物,他们与一般科学家在成就上的差距为何如此之大,他们的成长、成功、成才与社会发展之间究竟怎样关联,引起了人们越来越强烈的兴趣与研究行为。无论是获奖成果,还是获得者,都不是一蹴而就地产生或成功的,都有一个积累过程,至少包括社会的积累、科学传统的积累、学术思想的积累、知识遗传的积累和个人经历的积累。

开展诺贝尔科学奖的研究,是一件具有重要意义的事情,世界多国学者早就开始了广泛而较深入的研究,但国内起步较晚,且空白较多。目前在关于诺贝尔生理学或医学奖的研究中,国内外有关的定性研究很多,定量研究较少,且多限于一般信息的统计分析,缺乏定性与定量相结合的系统研究。要想通过诺贝尔生理学或医学奖的发展,研究现代生物医学科学的发展和我国当代生物医学科学的发展,必须对诺贝尔生理学或医学奖进行系统深入的研究,针对我国生物医学科学研究诺贝尔奖级成果产生中存在的主要问题，提出改革发展的对策，为国家生物医学科学研究战略管理决策提供重要的参考依据。

本研究不是要对我国本土科学家获得诺贝尔生理学或医学奖的准确时间做出预测，而旨在通过对诺贝尔生理学或医学奖成因的定性与定量相结合分析，在对该系统整体的研究中探讨某种带有共性的科学规律，在获得者较多国家的经验启示中找出我国科技和教育等方面存在的问题及相关因素，在此基础上提出相应的对策建议，以期通过推动我国生物医学科学技术的更好更快发展，不断涌现出诺贝尔奖级科学成果。

参考文献

[1] 严立．中国离诺贝尔奖有多远[J]．科学之友，2002，(1)：20-22.
[2] Richard stone. 诺贝尔奖走过的一个世纪[J]．朱铉雄译．世界科学，2002，(1)：42-44.
[3] 贾文毓．西方科学原创中心的转移[J]．科学学研究，2003，21(2)：122-125.
[4] 哈里特·朱克曼．科学界的精英[M]．北京：商务印书馆，1979.

目　录

第一章　诺贝尔生理学或医学奖及其价值

作为诺贝尔奖的重要组成部分，诺贝尔生理学或医学奖同样赢得了世界性的声誉，成为标志性奖项。它的由来和评选奖励办法，自然引起越来越多人的兴趣。它已经成为近100多年来生物医学发展史缩影的事实，所有获得者成功、成才与成长的历程，自然蕴藏着无限的教育价值。它的历史长卷上显现出来的中国的获奖现状，使得每一个关心中国科学发展、社会进步与世界影响的人，愈发认识到其特殊的研究价值。

第一节　诺贝尔生理学或医学奖的由来

作为一个名字，诺贝尔已经沁入人心；作为一个符号，诺贝尔已经永载史册；作为一个奖项，诺贝尔生理学或医学奖早已彰显出超越自身的价值。那么，诺贝尔是怎样的一个人？有着怎样的人生？如何设立了这个使自己在一如既往的辉煌中直通未来的奖项？过去、现在和将来，这些都是人们乐于探究的奥秘。

一、诺贝尔其人

诺贝尔的全名为阿尔弗雷德·伯恩哈德·诺贝尔（Alfred Bernhard Nobel，1833—1896）。诺贝尔1833年10月21日出生于瑞典首都斯德哥尔摩诺兰街9号的一个贫寒的工程师之家。其父亲为伊曼纽尔·诺贝尔（1801—1872，科学家和企业家），母亲为卡罗琳·诺贝尔(1803—1889)。他们共生育了八个子女,但最后长大成人的只有三个儿子。诺贝尔在其中排行第三。诺贝尔这个姓氏,是由其祖父老伊曼纽尔·诺贝留斯(1757—1839)从诺贝留斯演变来的,而诺贝留斯是他们家乡的地名。诺贝尔的祖父在1788—1790年间弃医从军的入伍登记时,把冗长的姓氏诺贝留斯(Nobelius)改为简洁的诺贝尔(Nobell),1785年又缩短为Nobel。

1. 诺贝尔的一生,是坚持学习的一生 诺贝尔始终记住并一生践行了他母亲的一句话:“最重要的是学习。”他的学习可以分为四个阶段:家庭学习、学校学习、私塾学习、工作中学习。诺贝尔幼年时,身体羸弱,因而他的绝大部分时间都在母亲身边度过。在家里读自己喜欢的书、画画,向妈妈请教不认识的字或不懂的问题,在大自然中静观那奇妙无比的变化。或许是这个时期的过多独处,培养了诺贝尔的求知欲和好奇心,养成了诺贝尔观察自然的爱好。8岁时,诺贝尔在母亲对他身体的极度担忧中,进入斯德哥尔摩一所一流的学校——雅克布斯小学学习。虽然他因身体原因经常请假缺课,成为出勤率最低的学生,但他的全部学科都得了最高分。这一学年的学习,是诺贝尔一生中仅有的正规学习。

1842年,因父亲在俄国圣彼得堡事业有成,全家迁居俄国团聚。圣彼得堡没有瑞典人开办的学校,孩子也听不懂俄语,父亲便把教师请进家里,诺贝尔自此进入他的私塾学习阶段。

1850年,17岁的诺贝尔已长成一个小伙子,按照父亲的要求和安排,他只身一人开始了为时2年的学习、考察、疗养。他的足迹遍及美国和欧洲各主要国家。特别是他在美国纽约见到了父亲的同学和朋友、热式发动机的发明者、瑞典裔美国海军工程师——约翰·埃里克森(John Ericsson,1803—1889),参观了约翰的实验室,学习了许多新知识和机械技术,帮助约翰进行热空气研究。此时,可以说科学的乐趣已经把诺贝尔彻底吸引住了。结合家庭学习阶段父亲的许多发明创造给他留下的深刻印象,诺贝尔做一名科学家的理想就此确立。这为其后贯穿一生的发明创造打下了坚实的基础。

2年后的1852年,诺贝尔回到了圣彼得堡。第2天,他就到父亲工厂中负责指导发明的部门上班,但却极谦虚地从见习生做起。他白天用心学习各类机械车床的操作、修理,学习办公事务的处理;晚上则阅读各种有关火药和机械制造的书目,从事机械改良的设计和新产品的研制。诺贝尔边工作边学习的阶段也就此开始,并终其一生。他起初的科学知识,似乎只限于机械、科学仪器和火药等,但后来他采用从自己熟悉的科学领域向外自然延伸、进而寻找新的生长点的正确思维方法,使自己的兴趣几乎涉及当时每一项科学的最前沿,并站立于时代科学的最前哨,使其一生真正充满了科学意义。

2. 诺贝尔的一生,是发明创造的一生　他创造了获有355项专利证的奇迹。他的发明正如他的兴趣,几乎涉及各个学科领域,并始终以炸药方面的发明最为突出和闻名。诸多成果的取得,在很大程度上有赖于他那典型的诺贝尔个性——对于那些我觉得最后必将成功的事情,我会始终抓住不放[1],以及他对发明的高度认识——只有发明才能揭示大自然的奥秘,让科学为人类服务。

诺贝尔关于硝化甘油制品的第一项专利是硝化甘油-雷管,于1863年10月14日被瑞典批准,接着先后在法国、英国、比利时和芬兰等国获得专利权。这项专利的获取,除了兴趣、知识和技术等方面以外,至少还有三个方面的原因值得一提:一是少年时逆反心理的作用;二是机遇和自信;三是借鉴经验,寻找捷径。

诺贝尔一生中最伟大的发明是甘油炸药和飞行炮弹,它们使他成为火药技术方面举世瞩目的革新者。甘油炸药,又称达那炸药,也有人叫诺贝尔式安全炸药,诺贝尔把它命名为“Dynamite”,这个词来源于希腊语“力”。这项发明,使硝化甘油过去所发生的安全、搬运等方面的问题,均得到合理、实际的解决,奠定了日后炸药事业的基础,引起了全世界异乎寻常的关心和巨大兴趣。甘油炸药及诺贝尔后来改良的品种,直接和间接地带来了一场具有深远意义的革命。它们使从前由于时间和经费原因而无法施工的工业、交通、矿业等方面的工程一件件地得以完成。

诺贝尔还研制人造纤维、人造皮革、人造宝石,进行火箭试验,委托进行输血试验等。他在炸药领域中的最后发明是1896年在瑞典申请专利的缓性无烟炸药,这是具有特殊用途的巴立斯梯改良型。诺贝尔一生中的最后6年是在意大利的圣雷莫度过的。这期间,他仅在英国就申请了53项专利,占他在英国申请的全部111项专利的48%,可谓他的高产时期。诺贝尔不仅自己进行发明创造,还对别人的发明创造尽其所能地给予支持,其方式主要是出资无偿援助或投资办企业。可以说,诺贝尔毕其一生追求的,就是永不停息的发明创造。他为后人树立了一个热爱科学、献身科学、推动科学和人类社会发展进步的光辉形象。

3. 诺贝尔的一生,是倾力转化研究成果的一生　自1863年甘油炸药获得专利以后,诺贝尔很快就发现,甘油炸药虽具有强大的威力,但对他而言,却没有多大益处,他只是一个单纯的发明家罢了。接着他很快就在发明专利与社会经济的关系中认识到,自己虽拥有专利,但成了那些火药商人的研究工具,火药商在其中获取暴利,自己却左右不了火药的销售。于是,诺贝尔在经过反复考虑之后,为自己定下了一个原则:自己研究,自己制造,自己生产,自己销售。从他获取硝化甘油制品的第一个专利起,这个原则终其一生,一成不变。他的专利权从未转让给别人。

1864 年 10 月 22 日,即诺贝尔获第一个硝化甘油制品专利的 1 周年零 8 天,诺贝尔以股份制的形式,与人合伙在瑞典开办了第一家制造硝化甘油的公司。在其后很短的时间里,诺贝尔等人一鼓作气,把这个新产品推向了世界市场,先后在德国、美国、法国、英国等国成立公司、开办工厂。特别是 1866 年发明甘油炸药、1867 年获甘油炸药专利后,这一事业得到了空前的发展。

在欧美各国星罗棋布的炸药公司组成了诺贝尔的第一大产业。人们相对了解较少的是诺贝尔还有第二大产业,即诺贝尔三兄弟于 1879 年在俄国开设的轻油裂解诺贝尔兄弟公司(简称布拉诺贝尔公司)。诺贝尔在其中仅占股份总额的 1/30,但在公司的建设中,他提过两个重要建议,一是用油管把相隔数千公里的里海的巴库和黑海的巴统连接起来,以解决石油桶装和靠车辆运输既慢又费用昂贵的问题,结果是只用了 1 年多一点的时间,轻油裂解诺贝尔兄弟公司就把世界上最早的大口径输油管道架设完成。时至今日,它仍对俄罗斯的石油工业具有很重大的意义。二是在原油提炼过程中使废渣的余热得到充分作用。

值得一提的是,诺贝尔是一个具有独创性的实业家和有能力的组织家。当他在各国开设的公司为市场的开拓展开激烈的争夺战时,他便开始努力协调各公司之间的利害关系,促进组织之间的团结。在经过无数次的讨论会和几年的奋斗之后,他终于决定在事业和市场之外,建立一个广泛的合并组织网——托拉斯。1886 年,诺贝尔完成了两个大托拉斯,一个是英德系托拉斯,总部设在英国伦敦,拥有 300 万英镑资本,属下有 10 个公司。一个是拉丁系托拉斯,总部设在法国巴黎,属下也有数十个公司。这两个托拉斯是欧洲最早的托拉斯,日后都成为工商业的发展基础。从 19 世纪 80 年代后期起,诺贝尔已被公认为大财政家,其公司或托拉斯的股票因红利的分配额高而成为抢手货。至诺贝尔去世的 1896 年,系出其门的母公司下设的工厂已达 88 家,分布于世界的 20 个国家。这种大规模的共同运作,使各公司之间彼此协调,获得了很大的利益。

可以说,对于诺贝尔来讲,没有坚持不懈的学习,便没有光焰照人的发明创造;没有适应社会发展需求的发明创造,便没有逐渐积累的企业管理经验;没有丰富的企业管理经验,便没有欧洲最早的托拉斯;没有托拉斯,便没有事业的大发展;没有事业的大发展,便没有相当于 920 万美元的遗产;没有大笔遗产,便没有今天的诺贝尔奖。

二、诺贝尔生理学或医学奖的设立

1. 诺贝尔三立遗嘱　诺贝尔生前曾三立遗嘱。第一次写于1889年3月3日，第二次写于1893年3月14日，第三次写于1895年11月27日。前两份遗嘱都因第三份遗嘱的生效而失效。诺贝尔的人生也因第三份遗嘱而延长至今。在科学的殿堂中，真正把自己的全部财富毫无保留地贡献给人类进步事业的，除诺贝尔之外，似无几人。诺贝尔的人生将在其一如既往的辉煌中直通未来。

除瑞典中央银行为庆祝该行成立300周年，于1968年出资创设瑞典中央银行纪念诺贝尔经济学奖外，现设诺贝尔物理学、化学、生理学或医学、文学及和平奖，均系按照诺贝尔的第三份遗嘱创设。遗嘱中相关的主要内容有：

"至于余下的我所有动产，请各'执行人'采用下列办法：他们应将我余下的资产变为金钱，存于妥当的地方保管；这笔资产就成为基金，其利息应拨充奖金，每年分配一次，奖给在过去一年中，对于裨益人类在物质上贡献最多的那些人。上述利息应均分为五份，按下列方法分配：一份奖给在物理学界有最重要的发现或发明的人；一份奖给实用化学的发现或改良的人；一份奖给在生理学或医学界有最重要的发现的人；一份奖给在文学界产生带有理想主义倾向的最优良的作品的人；最后一份奖金的受奖者能以最大的努力、有效地促进国际亲善，废除或裁减常备军，以及组成和平会议。物理学及化学奖金应由斯德哥尔摩的瑞典科学院发给；生理学或医学奖金，由斯德哥尔摩的卡罗琳医学院发给；文学奖金，由斯德哥尔摩的瑞典文学院发给；和平奖金，由挪威国会选派五人组织委员会发给。我确实希望在发给奖金时，不能考虑受奖人的国籍的任何问题；应审查谁是最佳得奖者，不论他或她是否有斯堪的纳维亚血统"[2]。

2. 诺贝尔生理学或医学奖的设立　"好事多磨"这一句话不幸在诺贝尔奖的奖金设立中应验了。由诺贝尔单独起草的第三份遗嘱的执行中出现了许多意料之外、情理之中的问题。第三份遗嘱没有确认他本人是哪一国的公民，从而无法明确应由哪一国的法院来验证他的遗嘱的合法性，由哪一国的政府来组织基金会之类的机构来管理他的遗产。在对第三份遗嘱挑剔之后，又经历了社会舆论的压力、遗嘱执行人机警地转移财产、与评奖单位的代表团频繁接触之后达成妥协、瑞典国王召见亲属等复杂曲折的过程，终于1898年5月21日，由瑞典王国政府指示总检察长进行各项法律布置，宣布将以国家和人民的名义使诺贝尔的遗嘱生效，要求卡罗琳医学院等评奖单位采取相应的步骤与总检察长配合；于1900年6月29日，由瑞典王国政府核准设置诺贝尔财团的章程及由瑞典各机关颁奖之事,并于同日由当时的瑞典国王奥斯卡二世正式公布。

遗嘱执行人在完成对诺贝尔的资金和产业的清理后,于1897年10月30日把财产数值呈报给瑞典法院。待付清资助金、助产税及其他税金、调查工作支出及处理遗嘱诉讼事件用款后,至1900年12月31日,诺贝尔基金会拥有的资金数达31 220 000.36瑞典克朗,相当于920万美元。

诺贝尔奖于1901年12月10日首次颁发。诺贝尔奖包括诺贝尔物理学奖、诺贝尔化学奖、诺贝尔生理学或医学奖、诺贝尔文学奖、诺贝尔和平奖和诺贝尔经济学奖(1968年由瑞典中央银行在其成立300周年时增设,奖金由该行提供,自1969年开始颁发)。

第二节　诺贝尔生理学或医学奖的评选与奖励

每年的12月10日,即诺贝尔逝世周年纪念日,都会在瑞典首都斯德哥尔摩音乐厅举行隆重的诺贝尔奖项授奖仪式。几乎全世界的科学家都向往着成为这一天的主角,在那里发表“诺贝尔演讲”。每当这个时候,人们或许会再一次关注甚至研究包括诺贝尔生理学或医学奖在内的诺贝尔奖的评选机制和过程。

一、诺贝尔生理学或医学奖的评选

1. 评奖机构、组织　根据诺贝尔第三份遗嘱的指定和诺贝尔财团章程规定:诺贝尔生理学或医学奖颁奖机构为瑞典斯德哥尔摩的卡罗琳医学院,具体负责评奖实施工作的组织为诺贝尔基金会、诺贝尔委员会和诺贝尔研究所。

(1) 诺贝尔基金会:诺贝尔基金会的主要职责是负责审查基金会执行委员会的财务账目和收支报告、安排授奖仪式等,但不参与评奖工作。基金会设理事会和执行委员会。理事会由诺贝尔在第三份遗嘱中指定的4个颁奖机构推选组织,按每个奖项设3名推选,共15名理事。理事会设理事长1人。执行委员会全权管理诺贝尔基金和产业,共设5名执委,由理事会选举产生。执行委员会设主席1人,由瑞典王国政府直接任命,主席只是名义上的负责人。因此,理事会还选举产生一名执行委员会主任,负责制定主要投资政策,筹备每年12月10日的颁奖仪式。

(2) 诺贝尔委员会:卡罗琳医学院下设生理学或医学诺贝尔委员会,主要任务是征求提名、调查候选人和评选获奖人。该委员会下设3个专门分科会:生物化学(1937 年)、神经生理学(1945 年)、细胞与遗传学(1945 年)。委员会由 5 位有资格的科学家组成,他们从卡罗琳医学院的资深院士和教授中选举产生,任期为 3~5 年。卡罗琳医学院的院长担任委员,其院长的任期也就是担任委员的任期。教授退休后,委员职务自然中止。委员会设主席、副主席各 1 人。

(3) 诺贝尔研究所:诺贝尔研究所由诺贝尔在第三份遗嘱中指定的 4 个颁奖机构各自分别成立。主要职责是负责协助相应的诺贝尔委员会调查核实候选人资格,调查研究评奖项目,甚至通过实验证实候选人发明的可靠性,从事相关科学研究。卡罗琳医学院的诺贝尔研究所成立于 1937 年,当时只成立了生物化学研究所,1945 年增设了神经生理学研究所和细胞与遗传学研究所,这 3 个研究所与诺贝尔委员会下设的 3 个专门分科会相对应。

2. 评奖程序

(1) 确定提名人:诺贝尔生理学或医学奖的提名人由 6 个方面人士组成,①生理学或医学诺贝尔委员会的成员;②卡罗琳医学院的教授团成员;③瑞典科学院医学组的成员;④本年度以前的诺贝尔生理学或医学奖获得者;⑤瑞典和丹麦 5 所大学医学院的教授;⑥世界各国大学和科研机构的教授、专家、知名学者。

其中,前 4 个方面的人士具有永久提名权,后 2 个方面的人士只有临时提名权。所有提名人均只以个人名义提名。

(2) 发出邀请书:每年 9 月,由生理学或医学诺贝尔委员会向上述 6 个方面的提名人发出邀请书,希望他们在次年 1 月 31 日以前提出次年诺贝尔生理学或医学奖的候选人。邀请书的数量不确定,自 1901 年首次颁发该奖项至 2014 年,逐年有所增加。

(3) 接受提名,审查评选:1 月 31 日或 2 月 1 日,生理学或医学诺贝尔委员会召开第一次会议,开始汇总收到的候选人名单,审查被提名者的资格,并于 2 月上半月送交卡罗琳医学院教授团。其间,推荐材料用的如果不是瑞典语、英语、法语、德语和拉丁语,还需加以翻译。同时,委员会还必须决定需要特别调查研究的项目,并做出调研安排。

4 月,生理学或医学诺贝尔委员会将决定调研的科研项目和候选人通知卡罗琳医学院教授团。

5 月,卡罗琳医学院教授团做最后决定,除了生理学或医学诺贝尔委员会提出的名单以外,是否需要另外补充调研的项目和候选人。凡是没有被确定为专门调研的项目和候选人,均不列入评奖范围。而后由委员会经过反复分析比较和多次筛选，产生获奖候选人名单，并再对候选人的成就调查核实。整个审查评选过程中的发言均不作任何记录，只记最后的决定。

9月，生理学或医学诺贝尔委员会从获奖候选人中选出当年每项奖金获得者1~3人，呈报卡罗琳医学院教授团。在教授团研究决定获奖者的会议上，先由委员会主席介绍获奖候选人的简历和成就，再由另一位委员代表委员会发表对获奖候选人的肯定性演说，然后进行全体讨论，最后进行投票表决。

10月，卡罗琳医学院教授团做出授奖决定，并向世界公布，向获奖人发出电报通知。

3. 评奖结果 1901~2014年，诺贝尔生理学或医学奖因两次世界大战等原因停颁9年（1915~1918年，1921年，1925年，1940~1942年），实颁105年。其间，世界上共有130项成果、207位科学家获奖。获得者所属国家等一般情况见表2-1。

表2-1 1901~2014年诺贝尔生理学或医学奖评选结果情况表

序号	国家	获奖人数	占总人数(%)	获奖成果(项)*	占总成果数(%)
1	美国	100	48.31	57.65	44.35
2	英国	31.5	15.22	16.83	12.95
3	德国	17	8.21	12.50	9.62
4	法国	10	4.83	7.33	5.64
5	瑞典	7	3.38	4.50	3.46
6	瑞士	6	2.90	3.67	2.82
7	澳大利亚	5.5	2.66	3.17	2.44
8	丹麦	5	2.42	5.00	3.85
9	意大利	3	1.45	2.50	1.92
9	奥地利	3	1.45	2.33	1.79
9	比利时	3	1.45	2.33	1.79
12	俄国	2	0.97	2.00	1.54
12	荷兰	2	0.97	1.50	1.15
12	匈牙利	2	0.97	2.00	1.54
12	加拿大	2	0.97	0.83	0.64
12	日本	2	0.97	1.00	0.77
12	挪威	2	0.97	0.33	0.25
18	西班牙	1	0.48	1.50	1.15

续表

序号	国家	获奖人数	占总人数(%)	获奖成果(项)*	占总成果数(%)
18	葡萄牙	1	0.48	1.00	0.77
18	阿根廷	1	0.48	1.00	0.77
18	南非	1	0.48	1.00	0.77
合计	21	207	100	130	100

*获得者为双重国籍时,每国计 0.5 人次;获奖成果系两国获得者共有时,每国计 0.5 项;系三国获得者共有时,每国计 0.33 项。

诺贝尔生理学或医学奖中,1901 年至 2014 年无一人两次获奖;女性获得者有 11 位(1947 年,1977 年,1983 年,1986 年,1988 年,1995 年,2004 年,2008 年,2009 年,2014 年;2009 年有 2 位女科学家同时获奖),占获奖总人数的 5.31%。

二、诺贝尔生理学或医学奖的奖励

1. 奖品　诺贝尔生理学或医学奖的奖品有三种:

(1) 奖状:诺贝尔生理学或医学奖的奖状与其他诺贝尔奖项的奖状一样,具有独特设计,除获奖者姓名与获奖理由外,所印图案与得奖内容一致。

(2) 奖章:用纯金铸成,直径约为 8cm,正面为诺贝尔的侧面浮雕头像及姓名和生卒年月日,背面刻有获奖者的名字、获奖年代和一段赞词:“多么仁慈而伟大的人物,他的献身精神和发现,给人们带来智慧和幸福。”[2]

(3) 奖金:典礼时所接受的是一张奖金支票。奖金只发给个人(和平奖例外,可以发给机构)。每年每份奖金的数目各不相同。一是奖金数目随诺贝尔基金的利息等因素波动,如每项奖金的数目呈逐年增加的趋势,1901 年首颁时约为 4.6 万美元,1995 年已达 100 万美元。二是由于每个奖项最多可由 3 人同时获得,故获奖人分配奖金的方式有 4 种:1 人获全奖;2 人等分;3 人因同一项目获奖,由 3 人等分;3 人因 2 个项目获奖,由其中 1 人获半奖,另 2 人等分半奖,即各获 1/4 奖。如果获奖人在 1 年内拒绝领取奖金,则自动转入主基金。但亦有例外。1939 年诺贝尔生理学或医学奖获得者为德国化学家多马克(G. Domagk,1895—1964),因纳粹政权禁止他去瑞典领奖,直到第二次世界大战结束后才去补领。

2. 颁奖　授奖仪式上首先由卡罗琳医学院的代表致介绍词,即以瑞典语简要介绍获奖项目及对项目的评价,然后由瑞典国王颁发奖品。

3. 获奖 获奖者受奖之后，按与受奖时正好相反的次序，在瑞典王室举行的宴会上礼节性地作简短答词。次日在斯德哥尔摩做“诺贝尔演讲”，这是一次十分重要的演讲，获奖者要向人们详细介绍其获奖项目的研究过程和内容。诺贝尔演讲、介绍词、获奖者小传等，由诺贝尔基金会汇集成册，出版发行。

第三节 诺贝尔生理学或医学奖的教育价值

从教育的角度来看，1901~2014 年 207 位诺贝尔生理学或医学奖获得者所取得的成就，无一不是对其所受教育的反映和检测；他们的成长历程，无一不对我国的教育以参照和启示；他们的成功与失败所蕴藏的教育价值，无一不对我国的人才培养以指导和借鉴。

一、正确的科学理念

从科学性的角度看，诺贝尔生理学或医学奖已自成系统，应该说，它已有自己的一套科学知识，特别是科学方法、科学态度和科学精神。研究和宣传这个系统特有的科学理念，将有助于影响和改变医学生的科学观念，形成正确的科学理念。贝尔纳曾指出，许多科学观念的改变就合成一场科学革命。路甬祥认为，科学教育将更加呈现基础化、综合化的特点，科学教学也将成为道德法制和文化教育的基础。我们从诺贝尔生理学或医学奖所呈现出的基础化和综合化的特点，可以认识未来科学教育的特点。因此，诺贝尔生理学或医学奖所具有的科学理念，对于大学生科学教育的价值具有现实和深远意义。问题在于，我们长期以来的科学教育已背离了对科学的正确认识和理解。事实上，人们早已把科学分为相互关联的四个层次：科学知识、科学方法、科学态度、科学精神。

现实中，我们常常把科学教育仅仅局限理解为科学知识的教育。这与今天培养创新人才或人才的创新性的要求是格格不入的；对大学生来讲，创新性的培养恰恰应侧重于科学方法、科学态度、科学精神，而不是更新周期越来越短的科学知识。

二、活跃的创新思维

诺贝尔生理学或医学奖之所以能成为世界性和权威性的奖项，其真正奥秘在于获奖项目成果富有的创新。所有获奖项目可谓近一百多年来生物医学科学研究中最具代表性的创造性思维成果的荟萃。没有一位获奖者在探索与创新之路上不进行一番艰苦不懈的攀登。而当代医学生最缺乏的能力是探索创新能力,大部分学生创新意识淡漠,作为我国科技战线未来的主力军和生力军,这种状况严重地制约了我国经济向纵深层次发展,也难以应对未来时代和社会发展的需要。这种反差对于重新认识和调整我国高等教育的功能,将具有强烈的现实意义。21 世纪结合国力的竞争,归根到底是科技的竞争,科技的根本在创新,创新的关键在人才。但创新型人才的培养,关键在教育,尤其是高等教育。因此,创新功能应当成为高等教育的重要功能。创新的核心是创造性思维,高等教育在肩负创新功能的过程中,应将重点放在对大学生创造性思维的培养上。通过借鉴诺贝尔生理学或医学奖获得者在其成果中反映出的活跃的创造性思维及其养成方法,引导当代大学生努力丰富知识,占有足够信息,建立合理知识结构;善观察,敢质疑,学会发现和提出问题;积极发展想象力,培养科学思维能力;注意集中思维热点,及时捕捉灵感;培养优良的个性品质和强烈的创造精神[3]。

三、深厚的实践底蕴

今天的大学生,几乎都存在一种轻视实践、忽视实践、不愿投身实践的倾向。事实上,面对越来越强大的知识信息洪流,是否具有鉴别和筛选的能力,相当程度上取决于实践。诺贝尔生理学或医学奖获得者早已证明了这一点。他们在各自研究领域所取得的强大成果,无一不依赖于其深厚的实践底蕴。从置残疾之苦于不顾,毅然长途跋涉求教先驱,不断改进实验设备,提高实验技术,使细胞色素 c 这个具有生物活性的大分子的纯度接近 100% 的西奥雷尔(Hugo, Theorell,1955 年诺贝尔生理学或医学奖获得者,文内以下简写为某年),到一生与病魔斗争,经过几年夜以继日的辛劳,开创用光线疗法治疗寻常性狼疮的芬森(Niels Ryberg Finsen,1903);从学生时代就开始科研的克劳(August Krogh, 1920)、哈特兰(HaldanKeffer Hartline,1967)等,到几乎直到生命的最后一刻——临终前 4 天还在手术台旁工作的科歇尔(Emil Tbeodor Kocher,1909)、福斯曼(Wemer Forssmann,1956)等,到以自己亲生女儿做试验的多马克(Gerhard Domagk,1939);从为有关结核病的研究及结核菌的发现而耗尽自己全部积蓄的科赫(Robert Koch,1905),到利用诺贝尔奖奖金不远万里、四处奔波、实地考察的拉韦朗(Charles Louis Alphonse Laveran,1907);从大学期间研究就初见成效的莫尼茨(Egas Moniz,1949),到用5年时间进行了3000多次试验、8年时间弄清了美洲箭毒的基本成分,又在此基础上合成400种化合物,再从中筛选出最佳一种的博维特(Daniel Bovet,1957)[4]等。他们都以其在所选择的实践领域中的实践及成果给人启发,这对于急功近利的当代医学生学习价值的选择和学习价值观的培养,显得尤为重要。

四、崇高的理想境界

诺贝尔生理学或医学奖给我们留下了许多宝贵的精神财富,其中包括未来高科技人才所应具有的奉献、理想等科学精神。苏霍姆林斯基曾说,奉献的思想,只有在奉献成为思维的方式、个人对待集体的方式、劳动和为社会服务的方式的时候,才会纳入人的心灵之中,变为他的理想[5]。纵观诺贝尔生理学或医学奖获得者,他们无不具有对于人类原始性创新和推动社会生产与人类文明进步的理想。这种理想是社会理想,属于理想系统中的最高层次。为了这个理想,他们勇于献身,义无反顾;他们强化和树立了切实可行的个人理想,他们选择了实现个人理想与社会理想和谐统一的正确途径——投身实践;他们更懂得在近期目标的不断实现中,逐渐靠近远大理想。这些恰恰印证了心理学的观点,理想是和一定目标相联系的。查阅一下诺贝尔生理学或医学奖获得者的经历、机遇和努力过程,就会惊讶地发现,他们与现实中的我们并没有什么两样,但对于许多包括我们在内的人们来说,诺贝尔奖好像只能作为一个梦。细观获奖人数最多的欧美人,却会意外地发现,诺贝尔奖级研究是他们在现实中努力奋斗的目标。因此,应当教育引导当代大学生正确认识和处理理想与现实的关系,消除心理障碍,确信理想的实现取决于现实中的实践,并且依赖于一个个具体目标的实现。

五、高度的社会责任感

目前,在科研要求越来越高而科研经费相对不足的条件下,如何利用有限的资金做出创新的工作,解决科学和实际中的重大问题,除了崇高的理想、面对现实的勇气之外,还需要积极寻求智力、知识和技能以外的素养。这些素养甚至比知识和技能本身更难学习与培养,它们既是当代大学生最缺乏的一些基本素质,也是21世纪的大学生最应该具备的基本素质。其实质是学会做人,其价值在于它是衡量人全面发展的首要标志[6]。这里,有无强烈的社会责任感,便是其中之一。诺贝尔生理学或医学奖获得者,无一不把研究自然与改造自然的过程,与社会的改革与发展联系起来;无一不把创新看成是一种自己应尽的社会责任;无一不使自我责任行为与社会责任行为统一起来。生命是有机体的最高存在方式,它最具有整体性。人是所有生命体中最可贵的。因而,对于大学生责任教育来说,首先需要让学生学会和掌握的,就是以整体的方法研究和维护生命,以整体的责任观处理好自我责任与社会责任的关系,以高度的社会责任感认识和塑造好个体和群体的生命价值。

六、获奖者能产生乐观感受的生动经历

苏霍姆林斯基曾说,教育者道德训诫的话语,只有在教育者有道德权进行教学的时候,才容易被接受[5]。诺贝尔生理学或医学奖获得者本身已成为大学生的楷模,已取得了道德教学权,因而他们的道德话语特别是道德实践便极易被学生接受。这正是诺贝尔生理学或医学奖的又一教育价值所在。更确切地说,我们探讨诺贝尔生理学或医学奖教育价值的意义在于,通过学生对事例的乐观感受,为培养其可教育性奠定基础。纵观史料,几乎每一位诺贝尔生理学或医学奖获得者都有一段能使人产生乐观感受的生动经历。世界各国学者对诺贝尔奖尤其是对获奖者表现出了强烈的兴趣,早就开始了广泛的研究,且已有了一个专门的学科术语——诺贝尔学。遗憾的是,国内在这方面的研究,几乎都是自发的,既在总体上缺乏研究规划,也没有有效的组织力量。除了一些最基本的简介和评析外,很少有系统深入的研究。因而,当代大学生对诺贝尔生理学或医学奖的由来、性质、获奖者及其生平经历、获奖项目及其意义和价值等缺乏了解。在近几年的教育教学工作中,我们经常遇到如何准确、全面地宣传介绍诺贝尔生理学或医学奖及其获奖项目和获奖者地位的问题。人们对奥林匹克竞赛、奥运会金牌数和世界杯足球赛出线等问题的关注程度与日俱增,但对诺贝尔奖的热情远远不够。科技界越来越多的有志之士大声疾呼人们对诺贝尔奖的认识和重视,特别是诺贝尔奖的国际性和权威性,以及我国此方面研究的空白,使我们深深感到,有必要在教学和科学研究中专题立项,在教学内容和课程体系改革中大胆改进,运用马列主义的辩证唯物史观,从207位诺贝尔生理学或医学奖获得者那些极其丰富、生动的事例中选取素材,对当代大学生进行讲授。

第四节　诺贝尔生理学或医学奖的研究价值

在1901~2014年的诺贝尔生理学或医学奖中，获奖年度、获奖项目、获奖人数最多的美国，已分别占了总年度数、总项目数和总人数的53.33%、44.35%、48.31%。从社会性质、人口、国力、传统文化、地理、人们智力、立国时间等各方面来看，确实不应落后的中国，又确确实实地落后了。当越来越多的国家把获奖人数作为本国科学水平的重要标志的时候，这不能不令人遗憾，也不能不使每一个关心国家科学发展的人，感到一种深沉的历史责任。因此，对诺贝尔生理学或医学奖的研究，才有其特殊价值。

一、关系到国家科学能力提高的战略决策

尽管诺贝尔奖并不十全十美，还存在着对它的种种批评，还不足以作为衡量一个国家科学能力的唯一标志。但相对来说，它是迄今为止全世界科学界(尤其是自然科学界)的最高荣誉，在国际上有公认的社会地位和学术影响，已成为越来越多国家衡量其国家科学能力的重要标志之一；它已深入民心，大多数科学家把能有机会到斯德哥尔摩去领取诺贝尔奖看成是无上的光荣。为此，对一个占有世界人口总数1/4，具有五千年优秀传统文化的中国，对一个为着自己的生存权及世界进步一体化的责任感而毫无选择地汇入当今世界高新科学技术革命浪潮之中的中国，就不能不感到一种强大的精神压力，不能不反思自己因何少缘，不能不分析别人为何频频结缘。对一个原始创新能力较弱，在科学知识生产方面占世界总量的比重还较小，国际科学论文产出仅占世界的4.48%(此为2003年度数据，2019年度已达13.5%)，衡量科学知识生产质量的重要指标之一——论文被引次数仅排在世界第18位的国家[7](此为2003年度数据，2019年度已前移至第2位，但我国论文被引次数仅有2845.23万次，与排在第一位的美国的我国论文被引次数7468.9万次相比，还有很大差距)，就需要检讨我们的科技思想、体制、政策与管理机制，检讨我们的教育思想、体制、政策。要走创新型国家发展的道路，就要把自主创新看作支撑一个国家崛起的筋骨，把自主创新作为国家重大战略抉择，把提高自主创新能力作为推进结构调整、转变增长方式的关键环节，就需要在对他国先进经验的充分借鉴中，走出一条具有中国特色科技创新的新道路。

二、关系到民族自信心增强的心理依据

科技史学家普遍同意,公元1400年以前,科技转移主要是由中国传向欧洲。1400~1600年,中国科技逐渐落后并远逊于欧洲。1600~1900年,中国抗拒引入西方思想,特别是1840年后,列强的凌辱所产生的精神创伤使中华民族有了复杂的自卑感;东方人是否天生不适于做现代科学工作呢? 自1900年真正开始引进西方近代科学,特别是20世纪中叶以后,中国人对自己有了新的认识,那就是不再对自己追求近代科学的能力产生怀疑。因为中国人与其他强国在重要科技成就(如原子弹、氢弹、卫星等)的取得时间比较中,产生和增强了自信心。诚如诺贝尔奖获得者杨振宁教授的自我评价:“我一生最重要的贡献是帮助改变了中国人自己觉得不如人的心理作用”[8]。因此,我国本土科学家的获奖,对增强民族自信心、振奋民族精神将具有不可估量的价值。

三、关系到我国生物医学科技水平能否及何时赶超世界先进水平

“诺贝尔奖所起的作用不只是把荣誉授给那些对发展科学知识做出出色贡献的人。它已成为一种制度,其影响遍及科学的整个社会体系[9]”。至少我们应该承认,“诺贝尔奖作为一种选拔优秀的科学成就和表彰杰出的科学家的制度而言,取得了出色的成绩[9]”。

当今世界以科技为先导的综合国力的竞争日趋激烈,我国生物医学科技工作者面临的形势严峻,任务艰巨。只有做出自己的特色,才能赶上国际发展的趋势,才能在国际科技舞台上占据一席之地。怎样才能形成特色? 从生物医学总体上看,我国生物医学科学研究基本属于跟踪性研究,缺乏重大突破。在生物医学科技思想上,如何从中西方科技思想的差异、对科学技术的态度、对科学技术发展的机制、进行科学研究使用的方法等比较中,提出“洋为中用”的思路,结合我国的实际情况扬长避短,开辟新的研究方向,发展自己的科学技术,形成自己的理论体系和技术方法;在生物医学科学领域上,如何在重视生物医学科学领域内学科专业融合与分化的同时,重视生物医学与其他学科的交叉,尤其利用我国独具的中医和中西医结合优势,形成新的研究领域;在生物医学科技战略上,需要检讨我们的科学制度,根据21世纪我

国生物医学科学技术发展的需求,确定以诺贝尔奖级研究为战略目标,进行战略管理规划。

四、有助于我国高等医学教育改革发展

诺贝尔生理学或医学奖获得者所具有的深厚学术积累,深刻反映了他们的教育背景,充分展现了他们深厚的教育基础。目前,不少国家把诺贝尔奖获奖人数的多少,作为衡量一个国家、一所学校和一个科研机构科学水平高低的指标;有的国家甚至把诺贝尔奖获奖人数的变化,当成验证科技、教育改革成败的标志[10]。假如从这个角度研究我国与诺贝尔奖的关系的话,钱学森先生对前总理温家宝说的一句话,则让人深思有加。他说:“现在中国没有完全发展起来,一个重要原因是没有一所大学能够按照培养科学技术发明创造人才的模式办学,没有自己独特的创新的东西,老是‘冒’不出杰出人才。这是很大的问题”[11]。除在国民经济发展水平上的差距以外,我国高等教育体制、人才培养机制、高校办学定位、基础教育和本科教育阶段创新能力培养、研究生导师水平、博士生研究能力的培养、大学生科学素养与人文素养关系的协调、高等教育弊端对人才成长全过程的影响,高校大规模扩招对科技和学术工作的冲击等诸多改革与发展问题的解决,都可能从诺贝尔生理学或医学奖获得者教育基础对其创新能力培养的规律中取得借鉴。

五、有助于科学反映世界重大科学成果,科学介绍国际重要科学领域和顶级科学家,科学进行科学史的交叉学科研究

之所以要科学,是由于历史唯物主义理论的要求,因为“历史过程中的决定性因素归根到底是现实生活的生产和再生产”[12]。

首先,这种科学性需要哲学高度的评判和引导。人类征服自然的战斗永无休止。19 世纪的重要发明创造,比以往各世纪的总和还多,而 20 世纪又远远超过 19 世纪。诺贝尔生理学或医学奖史基本生动地反映了这种现象。在感叹科学突飞猛进的同时,我们需要表现出对哲学的浓厚兴趣。只有从哲学角度对历史规律的认识激起人们认识历史的兴趣,才能使历史认识更加科学;只有具有正确哲学思想的指导,才能在新事实与原有理论不相容时,予以正确处理和合理解释。英国著名科技史学家李约瑟(Joseph Needham,1900—1995)博士认为,

作为一个整体的近代科学没有发生在中国而在西方,其中一个基本原因就在于我们哲学思想上的欠缺。本研究的哲学视角定位在科学哲学层次。就是把获奖科学成就和哲学结合起来,对获奖项目反映的科学活动背后所存在的思维过程、思维方式进行探讨,努力弄清那些成就发生和发展的思想渊源、相关因素及可能的趋势。虽然“科学哲学从未明确地关注诺贝尔奖或其他任何科学奖”,但“在诺贝尔奖授奖的背后有一个蓬勃发展的哲学事实:即科学哲学的繁荣”[13]。

其次,这种科学性要求对诺贝尔生理学或医学奖按系统进行研究。诺贝尔起草设奖遗嘱、诺贝尔奖颁发、诺贝尔生理学或医学奖获奖成就所包括的时间跨度均已百年有余。因此,可以说诺贝尔生理学或医学奖已成为近一百多年来生物医学发展史的缩影。虽然诺贝尔奖的设置者和评定者都不曾有意识地从系统的角度安排和审查授奖和推荐授奖项目,但在百余年的评选和授奖过程中,每年都有专门机构不断地收集和分析评价各种生物医学的信息,集中了全世界具有代表性科学家的观点,充分考虑了社会实践对各种有代表性的科研成果的长期检验结果,最后经一流生物医学家的民主评定来做出选择。事实上,近一个多世纪以来,凡是对维护人类健康、拯救人类做出卓越贡献的科技成果,基本上都被授予了诺贝尔生理学或医学奖。因而,从一定程度上讲,可以认为诺贝尔生理学或医学奖获奖成果已经成为一个系统。唯有对其按系统进行研究,才能从整体上进行分析和把握。

最后,这种科学性要求对诺贝尔生理学或医学奖的研究本身自成体系。是体系就要有自己的理论和方法,就不能只从微观的角度,研究某种具体的实用技术和方法,而要从宏观角度,在对整体的研究中,探讨某种带有普遍性的科学规律,并努力使之形成完整体系。还因为我们的研究目的,不仅是作为一种知识宣讲,不仅是要借鉴,更重要的在于揭示其中存在的规律。诺贝尔奖获得者李政道教授认为,体系是人类智慧的集中表现。当然,这种体系的建立,是一个过程,是一个如同科学发展那样不断演进的过程,它需要有自己的理论和方法,特别是跨学科方法和哲学思维方法,它允许反复调整和更新。

参考文献

[1] 王自华. 诺贝尔传[M]. 武汉:湖北辞书出版社,1998.

[2] 李期特. 诺贝尔传[M]. 北京:改革出版社,1999.

[3] 段志光. 从医学诺贝尔奖看医学生创造性思维的培养[J]. 医学与哲学,1996,17(8):440-441.

[4] 唐得阳. 诺贝尔奖获奖者全书[M]. 北京:团结出版社,1994.

[5] 苏霍姆林斯基. 怎样培养真正的人[M]. 北京:教育科学出版社,1992.

[6] 段志光. 20世纪的诺贝尔医学奖与21世纪的医学生素质[J]. 医学与哲学,1998,19(7):385-387.

[7] 陈至立. 加强自主创新促进可持续发展[J]. 中国软科学,2005,(9):1-6.

[8] 徐胜蓝,孟东明. 杨振宁传[M]. 上海:复旦大学出版社,1997.

[9] 哈里特·朱克曼. 科学界的精英[M]. 北京:商务印书馆,1979.

[10] 吴国盛. 科学的历程[M]. 长沙:湖南科学技术出版社,1995.

[11] 文辅相. 我国本科教育目标应当作战略性调整[J]. 新华文摘,1997,2:168.

[12] 马克思恩格斯选集[M]. 第4卷. 北京:人民出版社,1995.

[13] 颜青山. 科学哲学与诺贝尔奖[J]. 医学与哲学,1994(7):5-8.

第二章　诺贝尔生理学或医学奖获得者成功源头——生物医学发现与发明

今天的科学发现,已经成为科学、哲学、历史学和心理学交叉的一个跨学科的话题。在当今生物医学发现与发明成果方面,最具有代表性的无疑是诺贝尔生理学或医学奖获得者的获奖成果。诺贝尔奖虽然不是一个可以通过制订计划去实现的目标,但对其获得者科研生涯的真正奖励在于其过程的诱惑已足以激发科学工作者投身其中。DNA 双螺旋结构的发现是 20 世纪生命科学的三大发现之一,以其为标志诞生的分子生物学自 1953 年至今,表现出了强大的生命力和对生命科学发展的推动力。这一发现是生物医学科学与生物医学技术相互促进的生物医学发现的客观性存在和主观能动性的体现,是逻辑与经验之间反复变化的结果,是历史机遇的显现与捕捉,也是生物医学创新中最具代表性的成功案例。

生物医学科技工作者要攀登的"天",就是生物医学领域的发现与发明;生物医学科技工作者要成功摘取的"星",就是生物医学领域的发现与发明成果。在这一点上,诺贝尔生理学或医学奖获得者与众多生物医学科技工作者一样,并无特殊之处。因此,在剖析他们作为摘星者的成功之路之前,让我们先认识一下大家共同的"天"。

第一节　生物医学的思维方式

思维,又称为思考,英文是 thinking,是人脑的功能,是人的大脑对于思维对象间接的、概括的反映。思维的对象可以是客观存在的,也可以是客观不存在的。因此,思维具有创造性。生物医学思维是针对生物医学问题和生物医学现象所开展的思维,具有思维的一般性特征,也具有生物医学思维的特殊性。

一、思维与生物医学思维

思维是人脑以已有的中介,对客观现实概括的、间接的反映。思维是一种高级的认识活动,它是在人的实际生活过程中,在感觉经验的基础上,在头脑中对事物进行分析与综合、抽象与概括,形成概念,并应用概念进行判断与概括,认识事物一般的和本质的特征及规律性联系的心理过程。思维过程的基本特征是概括性和间接性。思维的种类可以从不同角度区分,根据思维所要解决问题的内容,可分为动作思维、形象思维和抽象思维;根据思维探索答案的方向,可分为聚合思维和发散思维;根据思维的独创性,可分为常规思维和创新思维;根据思维适应人类实践活动目的的不同需要,可分为推理思维和决策思维;根据思维的意识性,可分为内向性思维(我向思维)和现实性思维;根据思维的性质,可以分为主体性(主观性)思维和客体性(客观性)思维。思维是人脑的功能,其活动是复杂的,目前认为是大脑皮质的整体性活动,不同的思维种类可能与脑的不同部位有关。

思维不是一种孤立的心理现象,它总是与一个人的其他心理现象密切联系着,是在一个人的整个心理背景上进行的。一个人的动机、兴趣、性格和意志品质等都会制约思维活动的进程,个人的自我意识对思维活动具有定向、控制和调节的作用,思维过程的特点也反映了人的个性差异。因此,人的思维活动及其表现方式,不仅与其职业特点密切相关,也与其职业发展过程特点密切相关。生物医学思维发端于生物医学现象、实验与实践,广义上是指客观认识生命和健康的基本原理的思维过程,狭义上是指临床思维。在生物医学发展史的数次思想解放运动中,生物医学思维经历了与神话及巫术的分离,将生老病死看作自然现象,用自然哲学的观点和方法解释生命现象;经过"人是机器"的物理学解释,转向从生物学意义上的器官、组织和细胞的视角研究人体的结构与功能、疾病的诊断和治疗;最终转向了基因层面的分析与系统整体观的统一,将人体看作一个有机统一体,并进一步揭示肉体与精神的统一,关注环境对于机体的影响,开始重视防治疾病,把生物医学发展方向朝向通过预防保健和教育等手段,来提升人体的健康水平,而非被动的、单纯的治疗。

生物医学思维是生物医学研究工作者和临床医学实践工作者特有的思维

方式,研究生物医学思维方式是一个十分重要的课题。与其他科学思维方式类似,生物医学思维也有一个逐步分化和历史演进的过程。按照基础研究和临床研究的区别,生物医学思维可以划分为理论思维和临床思维;临床思维又可以进一步划分为诊断思维、治疗思维、预防思维、保健思维等;按照临床科室的差异,还可以分为内科临床思维、外科临床思维等;按照科学与技术的差异作为分类标准,生物医学思维可以进一步分为生物医学(科学)发现思维与生物医学(技术)发明思维等。不论哪一种思维方式,它的发展都经过一个从简单对比到逐渐形成,再到上升为哲学思维的演进过程。生物医学科学家和医学家的思维方式经历了质的飞跃:实现了描述与思辨、分析与综合、具体与抽象的统一。思维的进步与生物医学科学的重大发现与发明同步发展和提高。

人类思维方法是由多层次和多要素构成的复杂系统。几乎所有的思维方法都围绕着"系统"这个核心概念展开。因此,掌握思维方法的关键是掌握"系统"。从系统论的角度,可以把思维方法划分为三个层次:一般的思维方法,各学科共同的思维方法,以及某学科特有的思维方法,它们之间的关系是一般和特殊的关系,也是大系统和小(子)系统的关系。

二、生物医学发现与发明的思维特点

生物医学是人们以生命和健康科学知识为基础的一种维护健康、预防疾病和治疗疾病的实践活动,是一个科学知识体系,是一种特殊的知识形态,也是一种思维方式。从广义的角度理解,这里的知识不仅包括生物医学科学知识,还包括生物医学技术知识。

1. 医学科学与医学技术的区别　医学既是科学,又是技术,还是艺术。医学科学与医学技术如同科学与技术一样,在许多方面密不可分,在许多方面又区别明显。我国著名医学哲学家杜治政教授提出医学科学与医学技术的八个不同点[1]。具体内容如下:

(1) 医学科学与医学技术追求的目标不同:医学科学的目标是揭示生命发展和运动的规律,解释生命发生、成长、生命内在系统的相互关系,以及死亡的本质;医学技术的目标是去除疾病、增进健康,前者将知识视为目标,后者将知识视为手段。

(2) 医学科学与医学技术的研究对象不同:医学科学以人的生命、人体的自然生物为研究对象,医学技术以谋求发明、制造增进人体健康、消除疾病的物质手段为研究对象。

(3) 医学科学与医学技术的启动和催生原因不同:医学科学研究的启动与催生原因与社会需求不直接相关,很大程度是受科学家的好奇心和发现欲驱动的。医学技术的启动与催生原因则是治疗的直接需要,与社会背景和社会需要直接相关。

(4) 医学科学与医学技术的关注重点不同:医学科学的关注重点是"是什么"和"为什么",医学技术的关注重点则是"做什么"和"如何做"。前者的重点是发现,后者的重点是设计。

(5) 医学科学与医学技术采用的方法不同:医学科学大多采用实验推理、归纳演绎的方法,医学技术更多的是采用构思、调查、设计,然后进行试验、修正设计的方法。

(6) 医学科学与医学技术的最终结果与评判标准不同:医学科学成果的形态是理论、概念、假说和定律,评判标准在于是否反映了客观真理性、解释的全面性、逻辑的完备性。医学技术的成果则是物质化的技术产品,评判标准是其有效性、可靠性,以及其经济价值、社会价值等。

(7) 医学科学与医学技术遵循的规范不同:医学科学遵循着美国社会学家默顿(Pober K. Merton,1910—2003)所总结的规范:普遍性(universalism)、公有性(communism)、无功利性(disinterestedness)、有组织的怀疑主义(organized skepticism)。医学技术的规范以获取某种设定的物质与经济效益为旨归,其特征是事先保密、事后有专利。

(8) 医学科学与医学技术的价值含义不同:医学科学的价值往往是中立的,或者不含有特定的价值成分。医学技术则处处渗透价值,与价值结有不解之缘。科学家只衡量自己活动和成果的价值,技术专家凡事都要衡量其价值。

医学发现和医学发明是医学创新活动的两种基本形式。医学发现是指医学科学研究和健康维持、疾病预防、诊断、治疗等活动中对人的生命运动、健康与疾病现象及其规律的揭示,其本质是了解生命现象,掌握人体构造、生理功能、病理变化及疾病防治和增进健康的规律,是发现新事实、揭示新规律;它是一切医学科学研究活动的直接目标和医学科学进步的主要标志。医学发明是指为了维持人类健康、疾病预防、诊断、治疗的需要而创造出的新的物质产品、技术手段和方法,其本质在于创造,开创前人没有的技术手段、方法和设备。

20 世纪 30 年代以来,美国、德国、日本等国相继兴起了专门探讨科技创新发明活动的一般规律和方法的创造学研究热潮,从国际到国内涌现出一些专门论述科学发现和技术发明活动规律及其思维方法的论著。事实上,科技史上有所发现发明的科学家和医学家们都十分重视并富有科学思维。然而,令人遗憾的是,其中较少见到生物医学思维方式与其他学科思维方式间异同的研究。

1949 年的诺贝尔物理学奖获得者、日本物理学家汤川秀树(Hideki Yukawa,1907—1981)说:"人类在创造科学中所能做的就是发现隐藏在自然界中的某种东西。人类必须在自然界中发现的两种最重要的东西,就是最基本意义下的原理和自然界的普遍规律"[2]。于是,我们遇到了与汤川秀树同样的问题:人类怎样才能够发现或发明它们呢? 自然科学的各门学科虽然具有不同的研究方法,但一些基本原理和思维技巧是大多数学科研究共同使用的,包括实验、观察、调查等经验方法;概念、判断、推理,包括抽象、假说、比较、分类、归纳与演绎、分析与综合等逻辑方法;猜想与反驳、辩证思维等哲学方法;概率统计、数学方法;以及系统论、控制论、自组织、耗散结构、突变理论、协同学等系统科学和复杂科学等一般的科学方法论。但各学科本身进展的阶段性,以及学科之间发展的不同步、不均衡特征,无不在科学家思维方式上表现出鲜明的时代烙印和个性色彩[3]。

2. 生物医学发现与发明的思维特点

(1) 可变性:作为生物医学研究对象的人具有主观能动性,其年龄、生理、疾病、文化和科学素养等始终处于一个动态变化过程,尤其精神、心理、社会因素对生理变化的影响更加难以把握。

(2) 复杂性:医学既不是自然科学,也不是人文社会科学,而是兼具有自然科学和人文社会科学属性的综合性科学。它的基本因素包括基础医学知识、技术医学知识和人文社会医学知识,对于一个生物医学科学技术问题来讲,其复杂程度可见一斑。

(3) 特殊性:研究对象的特殊性,决定了生物医学科学技术研究既不同于自然科学研究,也不同于人文社会科学研究;人的个体差异的特殊性,也决定了生物医学科学研究与自然科学研究或人文社会科学研究的不同。

(4) 交叉性:自然科学研究有其自身的规律和方法,人文社会科学研究有其自身的规律和方法,生物医学因其兼具自然科学和人文社会科学特点的属性,常常综合采用自然科学研究和人文社会科学研究的方法,也就形成了自身特有的规律和方法。

(5) 实践性:生物医学的根本特征是它的实践性,就是说生物医学科学研究成果对于生命机体健康的维持、增进和疾病的诊断、治疗的应用效果,或者说是对于已经收到维护健康或治疗疾病效果的技术、诊疗方法、药物等作用机制的确切了解。

(6) 持续性:一方面,自然界的生命有机体特别是人体的生理、心理和精神的奥秘成千上万，人类自诞生以来就想穷尽，然至今仍九牛一毛；另一方面，随着经济社会的发展和人们生活水平的提高，健康需求与日俱增，新的疾病不断涌现，这些因素决定了无论基础研究，还是临床研究，都需要不断探索，以穷其理，以解其难，以供其需，以治其病。

此外，作为生物医学研究对象的人的生物属性，又具有宏观直观性；作为生物体的人，还具有动物的一般属性，因此可以建立动物模型，用模型的方法模拟人体的结构和功能，并可以通过建立计算机模型而模拟某些特定的病理和生理过程，对未知的生物现象作探索性的研究。在临床研究中，还可以通过人体试验和临床观察，确定模型研究结果与临床应用之间的相关性，通过安全性、有效性、不良反应等指标体系，对理论研究的临床应用效果作系统的评价。生物医学研究还包括了对人的行为模式和生态环境等方面的研究和评价。这些也是生物医学思维的特点。

1995 年，由我国著名科学家卢嘉锡、吴阶平、于光远、陈宜瑜、卢良恕担任主编，中国科学院学部联合办公室为主导的《院士思维》编委会正式成立，并于 1998 年出版了第一卷和第二卷。我们对其中收录的中国科学院生物学部和中国工程院医学学部部分院士的"思维之光"进行了梳理提炼，尝试提出生物医学科学家有别于其他学科科学家的思维方式：

(1) 经验转移：人人都有不同程度的某种经验，但把解决某个问题取得的经验用来解决类似的其他问题的能力并不相同，即运用转移经验的能力不同。其要点在于善于发现不同问题之间类似的地方。著名医学家、中国科学院院士吴孟超教授认为"要注意积累经验，更要注意触类旁通，对于经验，至少要做到以一当十"。

(2) 积累资料：在实验室研究和临床研究中都会出现大量资料，只有注意积累，进行分析，形成见解，批判性思考，记录感想，才可能发现逻辑上的矛盾、方法上的疏忽和理论上的失误等，使思想进一步充实、成熟、完善，最后进行科学总结和创造。

(3) 见微知著：人体系统过于复杂，生命之谜待解甚多，然而人又是一个生物体与精神心理交织而成的有机整体，系统之间、部分之间、有形无形之间，相互联系、彼此影响。在科技研究中，如何"一叶知秋"，这需要很强的预见能力。吴孟超院士在开创我国肝胆外科事业的初期，根据肝癌在我国发病率很高而在西方发达国家发病率极低的情况，认识到一定要建立具有中国特色的肝胆外科学，一定要从中国人肝脏的解剖这个基础开始研究中国肝胆外科。依据这一科学预见性的认识，经过一段时间的艰苦工作，他终于独创性地提出了以"五叶四段”为特色的肝脏外科解剖理论。

(4) 勤于动手：当今的实验室条件今非昔比，专门的技术人员分工明确，很多科技工作者觉得只要有思路、有助手、有研究生就行，用不着自己动手，但实际上问题可能恰恰在此，动物准备、试剂存放、实验操作、资料整理、计算、图表，每一个看似无关的步骤与环节，都可能发生问题，使实验结果在不知不觉中出现伪迹，最终酿成大错。著名生理学家、中国科学院院士张香桐认为，科学研究过程是脑与手相结合的创造过程，他始终保持参与从研究课题到实验最后结束的全过程，因而多次抓住了机遇。

(5) 缜密思考：近几十年来，生物医学科学技术研究表现出两个现象，一个是以临床观察为主要方法的传统临床研究在实现重大医学科学技术突破方面越来越显示出其局限性，另一个是重大医学科学技术成就的取得越来越依靠于实验研究。尽管如此，医学是一门具有人学特征的学科，也是一个既具有经验学科性质，又具有理论学科性质的复杂的综合的人文社会科学和自然科学技术门类。医学的研究对象是人，人同时具有生理、心理和文化社会属性，医学的性质和对象决定着研究课题、研究方法、实验设计、实验结果、研究结论、论文观点的特别要求，那就是逻辑严谨与思维缜密，决定着对规范程度的更高要求，如药物临床人体试验研究均需要得到医学伦理审查委员会的批准，新的医疗技术的临床应用必须采取准入制度。

三、生物医学发现的思维方式

科学通过新发现得到发展，其本身是一种思维过程，是一种思想在实践中的具体体现。从这个角度讲，科学发现都是能够深入自然界内在活动中的人类思维。

“科学本身就是一项矛盾的活动。几乎所有伟大的思想都来自个人的头脑，且往往先由一个人通过实验进行测试。但是，验证和接受新的信息都需要交流、会议并建立共识等涉及社会团体的活动。在许多方面，正是这种个人的想象力与社会之间的平衡，使得科学变得格外有趣和令人满足。科学家们可能以个人方式进行工作和竞争，但这种竞争性的努力却最终定向于一个共同大厦的建设，即对自然界的理解”[4]。这里的“思想”是指科学家和医学家们的主观能动性，“自然界”是指科学家和医学家们研究对象的客观性。瓦穆斯(Harold Varmus，1989)的这段话清楚地分析了生物医学发现的客观性与主观性的关系。事实上，科学发现最能张扬主体能动性。因而，人类在思维活动中的客观性与主观性的关系,实质上是客观性思维与主观性思维的关系。客观性思维和主观性思维不是彼此相反,而是互补的,即主观性思维用实例验证了客观性思维[5]。

医学哲学关注的是生物医学科学发现的本质,即发现的思维方式。心理模式的一个典型案例是2005年诺贝尔生理学或医学奖获得者马歇尔(B. J. Marshall,1951—)的论述。他认为,逻辑实证主义在20世纪30年代的崛起使发现偏离了哲学议程,但发现问题的再度复兴是通过一大批哲学家努力付出的结果。科学发现已成为认知心理学和人工智能领域研究者的研究对象。今天,科学发现已成为哲学、历史和心理学交叉研究的跨学科研究领域。并且研究了是否存在发现逻辑,讨论了不属于形式逻辑的生物医学发现模式,提出了心理模式、神经发现模式,以及计算机在当前生物医学发现中的作用。

马歇尔和沃伦(J. R. Warren,2005)获奖成果的"发现逻辑"是这样的。在他们之前,人们普遍认为细菌不可能在胃的酸性环境中生存。沃伦在他的日常工作中偶然意外地发现了一种螺旋形致胃癌的细菌,并带着好奇心继续观察这些细菌。马歇尔加盟后,帮助沃伦搜寻该螺旋细菌的特质和医学意义。首先是沃伦观察到细菌与胃炎有关,马歇尔发现胃炎常伴有消化性溃疡,他们自然形成了一个假说,即细菌可能与溃疡有关。通过胃镜检查和病理活体组织检查发现,有溃疡的患者远比没有溃疡的患者可能更容易感染该细菌,他们因此产生假设,即细菌引起溃疡。通过给动物注入这些细菌并导致溃疡,建立动物模型,研发出了有效消灭细菌的多种抗生素,最后得出研究结论:这些细菌是一个新的种类,新的属,最终将其称为幽门螺杆菌。

马歇尔和沃伦的发现,主要涉及两种概念变化。第一类是引进新概念——幽门螺杆菌,是观察细菌和概念组合认知过程两种感知认识的结果。起先他们以为这种细菌可能属于公认的菌种——弯曲杆菌,因而最初命名为"幽门弯曲菌",标志着新物种居住在幽门连接十二指肠的胃部分,但形态和RNA分析显示,这种新的细菌与空肠弯曲杆菌(campylobacter)非常不同,因此它们被重新分类为一个新的属的成员。这种重新分类是第二类主要概念性变化——细菌引起胃溃疡从而产生了消化性溃疡的一系列概念性和戏剧性的重新分类。以前,溃疡被看作是代谢性疾病,甚至更早些时期被认为是来自精神压力而导致的心身疾病。通过马歇尔和沃伦的工作,消化性溃疡被重新分类为传染病。

这些新概念的起源,是沃伦通过显微镜观察细菌活动的过程,也是研究者本人的心理活动的过程,是马歇尔在概念层次质疑这些细菌的医学意义的心理活动过程。溃疡细菌理论的发现涉及"心理活动在科学发现中的作用发挥"这种说法的重新生成和修订。这些发现过程,其实是真正的客观性思维验证真正的主观性思维的过程,除了前述质疑和探索两个心理过程以外,还包括猜测、反驳、假说、推理、分析和综合等逻辑思维,也包括直觉、灵感、创造性思维等非逻辑思维。

四、生物医学发明的思维方式

技术通过新发现得到进步,其本身也是一种思维过程在实践中的具体体现。从这个角度讲,技术发明是能够深入到自然过程的人类思维的外在活动。人类在技术发明的思维活动中的客观性与主观性的关系,实质上也是客观性思维与主观性思维的关系。生物医学科学发现是一个天然的自然过程,需要社会因素作用,意在提出符合某一客观事物发展的说明;生物医学技术发明是一个社会的自然过程,需要符合天然的自然过程,意在用对客观事物的已有认识创造出新的客观事物。鉴于客观性思维本身也是人的主观能动性的表现,从某种角度讲,生物医学技术发明的思维方式中,至少在形式上主观性思维具有更多的"主动性"。

自20世纪以来,心脏介入技术彻底改变了心脏疾病诊断及治疗的传统模式。这就不能不提及福斯曼(W. Forssmann,1956),他成功完成了世界上第一例人体心脏导管术,为心脏导管术的创造和发展做出了里程碑式的贡献。心脏导管术在福斯曼之前已初露端倪:1844年,德国生理学家伯纳德(C. Bernard,1813—1878)尝试用导管记录马匹心脏内压力,并创造出"心导管术"一词;1861年,实验生理学家肖沃(Jean-Baptiste Auguste Chauveau,1827—1917)和马雷(Étienne-Jules Marey,1830—1904)成功地从颈部血管将测压计引入麻醉动物的左、右心室及右心房,测量到心脏内压力的变化;1912年,德国医生昂格尔(Ernst Unger,1875—1938)、布莱雪(Fritz Bleichröder,1875—1938)和罗勃(W. Loeb,1859—1924)在患者身上进行了静脉探察,并提出了用导管进行"动脉内治疗"的想法;1928年,意大利人蒙塔纳里(Arrigo Montanari),利用导管顺利完成了狗和人尸体的右心探察。

福斯曼自大学时代起,就经常根据已有认识不断提出新的问题。在大学临床实习期间,他目睹了许多心脏病患者由于得不到正确诊断和恰当治疗而饱受疾病折磨后,就产生了寻找一条新途径有效诊疗心脏疾病的想法,他认为如果能将抢救心肺复苏的药物直接供到心脏,那么心肺复苏的成功率会更高,从此他开始刻苦钻研心脏解剖,多次在尸体上进行导管试验。1919年,福斯曼成为一所城镇医院的外科住院医师,他认为通过肘部的静脉能够将一根导管送至心脏,但这一设想遭到同行的嘲笑和医学会的反对,因为他们认为这会引起致命的心律失常;于是福斯曼开始在自己身上进行心导管试验,几经周折后试验失败。1929 年的一天,福斯曼成功将一根导尿管从贵要静脉插到自己的心脏,并自行爬楼梯走到放射科拍了人类历史上第一张心脏导管的 X 线片。科学从问题开始,福斯曼的主观性思维始终以发展的眼光看待医疗实践和医学研究,始终想找到有效诊疗心脏病的新途径,不断在对现实客观事物已有认识的基础上抓住其内在联系,如将心导管技术与刚起步的 X 线造影技术相联系,又不断提出新的客观性思维,将二者辩证统一后,建立了"一根导管全贯通"的新理念。可见,在生物医学技术发明中,积极的主观性思维有助于客观性思维的不断深化与验证。

第二节　逻辑与经验

关于人类怎样才能发现和发明的问题,科学家们自身的科研经历和研究成果就是最好和最直接的回答。汤川秀树认为,其中最著名的或许是伽利略(Galileo Galilei,1564—1642)的回答:"经验和推理是科学赖以建立的两根支柱"[2],而"大胆假设,小心求证"则是科学哲学家波普尔(Karl Popper,1902—1994)的回答。

一、生物医学问题

1. 生物医学发现和发明始于问题　生物医学发现和发明始于什么?在这一点上,它们与科学技术其他学科之间没有本质的区别。科学技术探索始于什么?不同学科的专家与实践者存在不同的认识。在历史上,亚里士多德(Aristotle,公元前 384—前 322)曾在认识论层面提出"质料因"(matter)和"形式因"(form)的概念,在方法论层面总结中提出"归纳-演绎"的程序理论;牛顿(Isaac Newton,1643—1727)总结出"分析-综合"及"数学-模型"综合方法的程序观,他们认识的共同点是科学发现和技术发明都始于观察。迄今为止,绝大多数专家与实践者的观点认为,科学发现和技术发明始于问题。爱因斯坦(Albert Einstein,1879—1955)认为,"提出一个问题往往比解决一个问题更为重要,因为解决一个问题也许仅仅是一个数学上或实验上的技能而已,而提出新的问题、新的可能,从新的角度去看旧的问题,却需要创造性的想象力,而且标志着科学的真正进步”[6]。

那么,什么是生物医学问题?如何才能提出问题?如何提出一个科学问题?如何知道提出的问题是否科学?这些问题都是关于生物医学科学发现与技术发明问题的问题。

生物医学问题是指生物医学领域中的矛盾,是生物医学工作者在知识背景或专业实践中提出的关于生物医学认识与实践活动需要解决又未解决的矛盾。人的生命运动、健康维持和疾病防治有内在规律,这是一个非常复杂而又精致科学的客观存在,其中充满了大大小小的问题,能否提出问题往往决定着解决的难易程度,只有提出恰当的问题才能在科学发现和技术发明中实现目标、达到目的、取得成功。1951 年秋天,时已 35 岁尚在读博士学位的克里克(Francis Crick,1962)和年仅 23 岁但已获博士学位的沃森(James D. Watson,1962)走到了一起。他们两个在各自的科学领域都只沾到一点边而已,克里克是从物理学进入 DNA 分子的研究,沃森是从遗传学踏入该领域。两人对于他们将投入的研究工作——结晶体的化学及物理分析,之前都没有一点科研学习背景,两人都是通过自学或因工作需要发狠补学的。但重要的是,除了个性与专业背景的差异之外,他们对问题的看法是一致的,都深信 DNA 的结构是生物学的一个基本问题,或许是生物学最根本的问题。

2. 科学问题的由来　生物医学过程中存有许许多多的问题,其中有科学问题与非科学问题、真实问题与虚假问题、待解决问题与无知问题、抽象问题与具体问题。因此,在提出问题以后,紧接着的问题就是如何确定科学发现和技术发明选题的科学性。科学技术的发展具有连续性,随着科学技术水平的提高,科学技术成果的增加,生物医学科学发现与技术发明创造的难度越来越大,在前人基础上从理论中发现问题的情况越来越多,选题科学性的确定难度也就越来越大。

科学与非科学的划界是一个仍在争论的科学哲学的最基本问题。波普尔认为“一个问题只要它是可检验的,或可证伪的,就是科学的”[6]。沃森和克里克之所以能在解开 DNA 结构之谜的竞赛中后来居上,战胜其他两个著名的小组——英国的威尔金斯(Maurice Hugh Frederick Wilkins,1962)和美国的鲍林(L. C. Pauling,1901—1994),除了通过比较和归纳正确地选择了 DNA 结构这个课题以外,还有检验方法选择的正确和不断地证伪。一是运用综合方法,把此前在遗传问题研究上相对独立的信息学派、结构学派和生化学派等领域统一起来,综合他人意见和建议果断证伪、摒弃错误,如他们第一次提出的三链模型经富兰克林等提出含水量有错误而被当场否定之后,转而进行了为期 1 年的智力投资,他们第一次提出的双链同类配对模型经多诺休(Jerry Donohue,1920—1985)指出G—T互变异构形式选择错误时,很快放弃同配的偏见,从而发现了碱基的互补规则等。二是运用模型方法,沃森和克里克就是运用模型方法赢了选择经验方法、专业造诣均比其深厚的两个小组。鲍林单纯运用直接生化法,从化学角度解决了许多问题,认识了DNA的多链、氢键,但他们没有及时掌握X线晶体分析最新成果,不能运用功能和信息方法,因而在碱基互补等问题上束手无策。威尔金斯本应有机会最先解决该问题,但他不认为模型法能解决问题,从未打算用结构理论说明生物遗传的功能。富兰克林(Rosalind Elsie Franklin, 1920—1958)完成了发现DNA结构的大部分工作,但她认为解决问题的唯一方法是使用纯结晶手段,因而对模型法和综合法不感兴趣。

问题就是矛盾。生物医学科学发现和技术发明中问题可以来自多个方面:已有理论同经验事实的矛盾,现有理论内部的逻辑对立,不同理论体系或学派,相关学科知识领域的交叉地带,寻求新理论的逻辑统一性,社会发展新需要与满足这种需要的理论技术手段之间的矛盾等。不论哪一个问题,其解决过程不可避免地涉及发现与发明者的逻辑与经验。

二、猜测、反驳与假说

1. 猜测与反驳的特点、方法、原则 科学发现与技术发明永远具有某种不可预料的性质,因而其中充满着猜测与假说。事实上,到目前为止的所有生物医学发现都涉及特定新假说的产生。这些不断出现的猜测与假说所涉及的事实,与我们已知的理论或实践基本不符,或者是难以用现有理论和掌握事实加以解释,因而就会随着科学实验或临床实践的不断变化,质疑甚至自我否定。如此一来,又会不断出现对猜测、假说的最终内容进行批判的状况,这就是反驳。因此,猜测是指根据已知的科学知识和科学事实对研究的未知问题试探性地提出一种假定性的推测和说明。一般来说,猜测没有大小,随时随地可以发生;假说则充满了理论色彩,理论的形成必定以假说为先导,有假说的成功才能产生科学理论,其实质也是猜测。反驳是指对猜测的结果即假定性的推测和说明进行的理性批判和经验检验。

1963年,波普尔(Karl Popper, 1902—1994)在《猜测与反驳——科学知识的增长》一书中提出猜测、反驳、再猜测、再反驳的科学发现的理论。猜测与反驳作为科学技术发展的重要形式,科学技术研究的重要环节,科学技术研究的基本方法,表现出具有一定科学性、推测性和假定性的特点。猜测与反驳的反复过程涉及逻辑思维与非逻辑思维的诸多方法,其实在整个过程中,多种方法往往是综合作用的。猜测与反驳既有假定性的一面,又有科学性的一面,故在应用过程中还需遵循一些原则:解释性原则、相容性原则、预见性原则、简单性原则、可检验性原则。

2. 猜测与反驳的模式　刘大椿教授主编的《科学哲学通论》中较详细地介绍分析了波普尔提出的科学知识增长模式,即猜测与反驳的模式[6]:

首先是提出问题,接着是猜测与反驳,再提出新的问题。猜测-反驳模式可表示为:问题→猜测→反驳→问题……

或用公式表示为:P1→C→R→P2。

其中,P1、P2 表示旧、新问题(problem),C 表示猜测(conjecture),R 表示反驳(refutation)。这四个环节可表达为:①科学技术从问题 P1 开始,促使科学技术工作者思考;②针对问题,科学技术工作者根据现有理论技术知识和实践经验进行大胆的试探性的猜测 C,即提出假设或理论;③各种理论接受批判,经验观察、实验、实践的严格反驳 R,通过反驳证伪存真,提出真理程度更高的新理论;④新理论作为一种假设,只能得到部分的确认或验证,必然产生新的问题 P2。

随着以上四个阶段的循环往复,科学技术不断发展。猜测-反驳模式的成功运用,需要满足以下条件:①提出各种各样不同类型的理论;②各种理论包含足够丰富的猜测性内容;③经受严格的理性批判和经验检验。

3. 猜测与反驳的验证　猜测与反驳需要大胆假设,仔细求证,需要具有高度的怀疑精神和敢于否定的胆略,更需要通过逻辑分析、非逻辑分析、实验检验和实践检验等步骤得到验证。诺贝尔生理学或医学奖获得者阿克塞尔(R. Axel,2004)和巴克(L. B. Buck,2004)系师生,他们发现了人类嗅觉系统的奥秘。早在两千年前,希腊的卢克莱修(T. Lucretius Carus,约公元前 99 年至约公元前 55 年)认为,不同的气味是因为气味分子的形状不同,但生物是如何分辨气味分子的形状呢?虽经多年努力,一直没有人能分离这种神秘的气味受体,也使得我们一直无法了解嗅觉形成的分子机制。因而寻找气味受体或其基因就成了嗅觉研究最重要的目标。阿克塞尔和巴克并没有直接针对受体蛋白,而是转向嗅觉细胞中决定蛋白质的基因。

巴克首先根据实验结果假设受体在形态上和功能上的一些特性,即气味受体可能与 G 蛋白结合,这就可能缩小研究范围;其次,她假设气味受体是一个相互偶联的蛋白质家族中的成员,即气味受体为一基因族,这就可以从大型蛋白质超家族入手研究;再次,她假设气味受体基因应只表现在嗅觉神经细胞中,主张只对嗅觉细胞中出现的基因进行研究。在这一过程中,巴克所提出的三个假设极大地缩小了研究范围,使研究小组能集中对一些可能专门为受体蛋白质而编码的基因进行研究,为研究至少节省了几年时间,从而取得较大进展。可见,正是关于嗅觉现象的三个假设引导研究者揭开了嗅觉的神秘面纱。

有专家认为,在医学发现中至少有四种不同的假设:关于与健康相关的基本生物学过程的假设;关于疾病原因的假设;关于疾病治疗的假设;以及关于物理仪器如何有助于疾病诊断和治疗的假设。尽管医学在很大程度上关注疾病的诊断、病因和治疗,但大量的医学知识涉及支持身体健康机能的基本生物学过程。

三、推理、分析与综合

1. 推理 逻辑方法是科学发现和技术发明的重要方法,而且是最基本和最普遍的方法,推理是其中之一。推理是指由一个或几个已知的判断推导出一个未知的结论的思维过程。其种类主要有类比、溯因(逆推推理)、全情推理、归纳推理和演绎推理等。

类比是根据两个或两类研究对象之间某些方面的相似或类似关系,推出它们在其他方面也可能相似或类似的一种逻辑思维方法。类比推理任何时候都包含着猜测的成分,并以已知的科学技术知识和实践经验为依据。类比包含着比较和联想两个环节,其模式有简单共存类比、因果类比、数学类比、对称类比、协变类比、模拟类比、综合类比等。早在希腊时代,亚里士多德就分析过类比。类比是多种逻辑的整合,但类比得出的结论并不总是可靠,尤其是表层次上的类比极不可靠。类比常常需要与其他逻辑方法结合使用,可以作为一种科学猜想的方法,只有深层次的类比才能成为科学发现和技术发明的一种重要的创造性思维方式。

溯因是从结果反推出原因的一种推理方法,用于阐明新观念、新假设是怎样产生的。亚里士多德等都曾提出溯因推理形式或模式。溯因推理以科学理论的可错性为认识论基础,吸收了假说-演绎法的合理成分,强调了假说形成中创造性思维的作用,提示了观察中的理论渗透。

合情推理是一种或然推理,没有固定的标准和程式,实际上是由一些猜想构成的。合理推理是似乎正确的推理,是似乎合理的推理,而不是必然正确、必然合理的推理。有人认为,类比推理和归纳推理作为科学发现与技术发明的两种重要模式,只不过是合情推理的特殊情况而已。

归纳推理是指在生物医学科学发现和技术发明中,从许多实验观察或临床实践的个别生物医学现象或生物医学事实中概括出生物医学的共同本质或生物医学的一般原理的逻辑思维方法,即从特殊到一般。归纳推理可分为完全归纳法和不完全归纳法,不完全归纳法又可分为简单枚举法、判明因果关系归纳法和统计归纳法等。生物医学领域的问题大多比较复杂,而且具有个体差异,因而归纳推理的结论难免出现误差,需要演绎、分析等逻辑方法来补充。

演绎推理是指在生物医学科学发现和技术发明中,从许多实验观察或临床实践的一般原理、结论出发,推出对某一个别生物医学现象或生物医学事实的新认识的逻辑思维方法,即从一般到特殊。演绎推理通常由大小前提和结论构成。演绎推理需要前提真实且遵守一定的逻辑规则,结论才可靠,否则会由于演绎推理不当造成误判,因而需要归纳、分析等逻辑方法结合使用。

2. 分析与综合 尽管科学发现与技术发明的水平与其所处时代的科学研究方法相适应,但分析与综合作为一种基本方法,却始终贯穿各个时代,所有的区别仅是二者在不同时代的权重不一而已。就科学发现和技术发明面对的问题而言,不论大小、难易都可视为一个整体,为了解决这个问题,加深对问题的认识,弄清问题的本质,常常需要把面对的问题分解成部分,再把分解的部分重新结合为整体。生物医学科学发现和技术发明中的分析,是指把生物医学研究对象的整体分解为若干部分、侧面、属性、层次、阶段等分别加以研究的逻辑思维方法。生物医学科学发现与技术发明中的综合,是指把生物医学研究对象的若干部分、侧面、属性、层次、阶段等按其内在联系有机地联结为一个整体来研究的一种逻辑思维方法。

分析类型有定性分析、定量分析、定性与定量结合分析、功能分析等,综合类型有结构综合、机制综合、动态模型综合等。分析是认识研究对象整体的必要阶段,综合是把握研究对象本质与规律的必然过程。分析与综合相互渗透与转化,在分析基础上综合,在综合指导下分析,二者不断循环往复,交替进行,推动对研究对象认识的深化与发展。

在生物医学科学技术史中,没有分析就没有近现代生物医学科学技术,没有综合就没有若干重大生物医学科学技术的创新。在生物医学科学技术发展过程中,我们又常常由于局限在分析或综合的形式上而导致创新缺乏。因此,在生物医学科学发现和技术发明过程中,不能仅仅局限于生物医学研究对象的某一部分、侧面、属性、层次、阶段而忽视了其整体,也不能仅仅局限于生物医学研究对象部分、侧面、属性、层次、阶段的简单相加而造成认识错误。

从生物医学科学技术研究的哲学层面来看,当前表现最为突出的问题是还原论至上。还原论自科学诞生之日起,就一直是科学技术研究的主要驱动力,至今仍然统摄着大多数生物医学研究领域,以至于我们长期以来的科学技术研究方法都是:把一个系统拆解至基本构成部分,然后尽可能地在其最基本的层面上进行探究。这种思维方式曾为医学科学技术的迅猛发展提供了强大的指导与支持,但它越来越明显地暴露出其自身存在的缺陷,那就是将无可挽回地导致两重深层的混淆与误解:第一层混淆与误解,是将生命的物质体现等同于或归因于生命本身;第二层混淆和误解,则仅将生命组成部分之和错定为生命整体本身[7]。正是在这个过程中,科学技术工作者越来越多地感到一样的困惑:在我的工作中,经常遇到的困难是,如何把对于有机体现在低层次上的研究,整合为对其整体方面更为广泛的理解[7]。

四、直觉与灵感

1. 直觉　直觉一般是指不经过复杂智力操作的逻辑过程,在头脑中突然出现的直接领悟的思维。人工智能领域的权威专家朱迪亚·珀尔(Judea Pearl)认为,人类的直觉是根植于因果的,而不是根植于统计和逻辑的。直觉思维过程没有明显的分析活动,没有严密的逻辑推理,个体往往“知其然而不知其所以然”。但是直觉的产生并非毫无根据,它与掌握牢固的科学知识、丰富的知识经验以及积极地从事实践活动有密切的关系。直觉在生活实践中具有重要的价值,是创造性活动的重要特征。

诺贝尔生理学或医学奖获得者卢里亚(S. E. Luria,1969),于1935年以名列前茅的成绩获得医学博士学位,但却凭直觉认为自己并不适合当一名医生,如果以神秘的物理学为手段来研究生物学问题,或许会取得突破。于是他便义无反顾地做出了那个非同寻常的选择。在与物理学家们相处的日子里,他知道了缪勒(H. J. Muller,1890—1967)及其有关X线诱导突变的论文,特别是从中学会了以物理学家的方式深入思考。在其后对噬菌体的研究中,卢里亚观察到一个现象:如果将噬菌体感染某种敏感细菌,第二天除了极少数的细菌外,其他细菌全都会被杀死并溶解掉。这极少数的细菌最终会长成成群的菌落,从这些菌落中培养出来的细菌永远不会再被那种噬菌体感染,而只会对另一种噬菌体有反应。他不由地想到:这些抗噬菌体的细菌是如何产生的?这种变化究竟是在噬菌体的诱导下产生的,还是只是一种基因的随机突变?曾有一位英国物理化学家利用数学公式证明,细菌所有的变异都是针对环境改变而引起的一种适应性行为,它不同于高等生物的随机突变。但曾与物理学家交往和相处,并不像一般生物学家那样对数学感到陌生的卢里亚,却实在搞不懂这位物理学家的数学论证。相反,他却有一种强烈的直觉,认为抗噬菌体细菌的产生是由于基因突变而引起的。

他当时的根据有三点:一是无法想象一个没有基因的生物会是什么样子;二是只要有基因就会有突变;三是极少数细菌对噬菌体的抵抗性如此稳定,看来只能由突变所导致。后来,经过苦苦思索,卢里亚完成了一个极为著名的实验,即对于细菌自发变异的证实,从而与同事们一起开创了微生物遗传学,尤其在对噬菌体侵染过程本质的探索和噬菌体遗传学的研究方面,开辟出了一条崭新的科学道路。

2. 灵感 灵感是指在创新性劳动活动过程中出现的一种功能达到高潮的心理状态。这种状态是由疑难转化为顿悟的一种特殊的心理状态,是在创新性思维过程中的酝酿期后产生的,它能导致科学和技术中新的构思和观念的产生或实现。灵感的发生是突发、飞跃式的,其出现是以长期、辛勤的巨大劳动为前提或基础,在创新性劳动过程中出现的心理、意识由量变到质变的转化结果。灵感的特点是注意力高度集中,创新性想象活跃;情绪亢奋,精神状态良好;思维高度敏锐,工作效率提高。灵感的捕捉,需要创新者进行长期的预备性劳动,对要解决的问题达到痴迷的程度,思维高度集中,并摆脱习惯性思维的束缚,随时准备记录、实验等。

1969 年诺贝尔生理学或医学奖的三位获得者中,其中两位是德尔布吕克(M. Delbrück,1906—1981)和赫尔希(A. D. Hershey,1908—1997)。德尔布吕克开始以天文学为主修专业,后转而攻读天体物理学,曾任哥本哈根理论物理研究所客座研究员。1932 年,26 岁的德尔布吕克有幸聆听了诺贝尔物理学奖获得者波尔(N. H. D. Bohr,1885—1962)在丹麦哥本哈根国际光疗会议上题为《光与生命》的演讲。波尔在演讲中从量子力学的角度出发,论述了物理学与生物学的互补原理。当时,德尔布吕克深受启发,忽然萌生了投身于生物学研究的想法。1933 年他参加了德国柏林“基础物理学未来”讨论会。在会上得出了生物学中没有获得解决的问题最多,一些人将进入生物学研究领域的结论。而后,他毅然由主攻物理学改为专攻生物学,并推测应当从遗传学领域去发现生命的本质,而运用新的量子物理学理论有可能认识遗传现象。为了观察遗传过程和掌握基因本身的性质,他决定以噬菌体为模式系统进行研究。有一天,他突然想到,噬菌体头部含有 DNA,其他部分都是蛋白质,它是生命的最简单形式。那么,从这个最简单的生物着手,搞清噬菌体的繁殖过程,就可以找到生物的遗传基因。关键问题是,怎样才能知道噬菌体的某种部位是遗传基因。他苦思了很长时间,仍然找不到解决的办法。后来,他和赫尔希反复研究,终于从物理学有关放射性核素的原理中找到灵感:用放射性核素磷和核素硫分别给DNA和蛋白质做上记号,然后让噬菌体在溶解大肠杆菌中大量繁殖,这时,带有放射性核素的噬菌体子代,每个就像带上了一部发报机似的,可让人看到了它的行踪。1945年,德尔布吕克和赫尔希等发现DNA才是生物的遗传基因。这一发现,开创了生物学的新纪元,使生物学进入分子生物学时代。

第三节 研究设计

我们这里探讨的既不是世界伟大的思想家之一霍金(Stephen William Hawking,1942—2018)寻找的那个想成功终结过去3000多年来的一场智力探索的大设计,也不是谷歌风投如何5天完成产品迭代的设计冲刺。研究设计是对研究活动开展全过程的设计,是确保研究质量的关键环节,不同类型的项目或课题研究,对设计有不同要求。我们这里不涉及研究设计的具体技术问题,只是从哲学角度进行一些分析。

一、概率和随机性

概率是临床医学中的一个重要因素,大多数临床研究人员依靠概率论和从中得出的统计技术来验证归纳推理,特别是当研究采用随机临床试验时。因此,熟悉它和由它衍生出来的统计技术很重要。概率论、数理统计与随机过程是现代数学的重要分支,概率论的内容包括随机事件及其概率、随机变量及其分布、多维随机变量及其分布、随机变量的数字特征、大数定律与中心极限定理,数理统计的内容包括样本及抽样分布、参数估计、假设检验,随机过程的内容包括随机过程引论、马尔科夫链、平稳过程等,在自然科学、社会科学和工程技术的各个领域都具有极为广泛的应用,但对于医学研究人员来说,这的确是一个非常具有挑战性的内容,有时它甚至是一个纯粹的数学问题。

在研究设计中,随机的概念常常被严重地误解,甚至滥用。一些研究人员把随机等同于随意、随便。这主要是其价值取向和科学观念出了问题,这些问题常常有意或无意地成为某些人投机取巧、急功近利、学术不端的一个思想源头。事实上,一方面,在科学研究中,随机性是必不可少的,因为它能理想地消除、至少可以减少混淆;另一方面,随机性只能保证每一个试验组都能平等地代表随机抽取样本的较大总体,但再大的样本也不等于全部或整体,再随机也只是更加接近于事实整体,而不是等于事实整体,因而随机性实质揭示的永远是部分和整体的关系。科学研究中的随机性是为了最大限度地解决研究结果的真实性,由于研究不可能面对所有的服务对象,就需要进行抽样,抽样就涉及样本被抽取机会的均等问题,就涉及研究者主观倾向的可能影响,就涉及样本被抽取的概率和研究者主观倾向可能影响的概率问题,就需要在研究设计阶段刻意避免,因而也就成为研究设计的一个重要原则。

随机性主要是为了保证统计方法应用的有效性,尤其对于显著性检验。在研究设计中,研究者最需要克服或避免出现的是频率主义和主观主义。在过去的一个世纪里,对概率演算有四种广泛的解释:逻辑的、频率的、主观的和倾向的,对概率最常见的解释是频率解释,这是临床医学研究的主导解释,大多数关于概率解释的著作都集中在频率和主观主义解释之间的差异上。频率解释并没有把概率演算与它在世界上的应用分开,也没有捕捉到这些差异的动态变化。根据主观主义的解释,概率是个人对事件主张的信念程度的表达,这种解释抓住了这些差异的动态性。与逻辑学解释相反的是,频率解释和主观主义都认为概率描述了世界的行为方式。研究者在研究过程中很容易出现的一个哲学问题,就是如果在因果推理中的形而上学特征明显的话,此时的因果推理很可能成为概率推理。

随机性的方法有多种,抓阄、摸球、抽签等方法均可使用。这些方法简单易行,但不适于观察对象较多的样本。在实际研究中,广泛应用随机数字表和随机排列表进行随机化。随机化已经成为随机对照试验这种特定研究方法的一个基本组成部分,在临床医学研究中普遍存在。需要注意的是,在临床医学中,因果主张的正当性难以保证,因而以频率为基础的方法都不能完全充分地保证因果主张。

二、因果关系和归纳

因果性在人类实践生活中具有头等重要的地位。寻找事物之间的因果关系,是人类的一种自然冲动。数万年前,人类开始意识到某些事会导致其他事的发生,并且改变前者就会导致后者的改变。只有人类领悟到了这一点,我们的因果直觉通常足以让我们应付日常生活乃至职业生活中的不确定性。对于科学研究而言,研究的假定目标就是揭示因果关系,归纳原因。一个多世纪以来,科学家一直信奉“相关关系不等于因果关系”这句统计论断,逐步形成了闭口不谈因果关系的局面。今天,这一禁忌被打破了。珀尔(Judea Pearl)及其同事领导的因果革命,确立了因果关系研究在科学探索中的核心地位。爱因斯坦曾说,西方科学的发展是以两个伟大成就为基础的,那就是古希腊哲学家发明的形式逻辑体系(在欧几里得几何学中),以及通过系统的实验发现的因果关系(文艺复兴时期)。为什么科学家没有在更早的时间就开始用公式去捕捉那些显而易见的事实?珀尔认为[8],阻断因果推断(理)这一科学诞生的最大障碍,是我们用以提出因果问题的词汇和我们用以交流科学理论的传统词汇之间的鸿沟。

珀尔等提出的"因果推断",或叫"因果推理",改变了我们区分事实与虚构的方式。它假设人类大脑是大自然有史以来为处理因果知识而设计出的最先进的工具。这门新科学改变了几乎所有依赖数据信息的学科中研究者的思维模式,以及将改变我们的生活,譬如,它解决了一种特定的疗法在治疗某类疾病方面的效果如何?由肥胖引发的医疗保健成本增长的总体占比为何?等等看似简单明了的问题。它在自然科学、社会科学和人工智能领域有着极为广泛的应用,已经成功地将广泛多元且完全不具可比性的问题全部纳入一个统一的框架。珀尔教授一生致力于因果关系科学及其在人工智能方面领域的应用,他出版过三部因果关系科学的专著,最新出版的《为什么:关于因果关系的新科学》是目前已出版的唯一一部因果关系方面的科普著作,他深入浅出地介绍了因果推断的理论建构。以下根据该著作及其附带的《为什么:导读手册》简要介绍因果关系和归纳。

因果性是哲学传统中的大问题。早在两千多年前,亚里士多德等西方哲学家就已经提出了因果的概念,并开始思考事件之间的"导致"关系。需要指出的是,古人的原因概念和近代以来的因果概念有所区别。从那时起,决定论(determinism)这一哲学立场就一直统治着科学界,其认为宇宙是由因果律支配的一连串事件,一切自然规律都有其因果基础。其中,德国哲学家亚瑟·叔本华(Arthur Schopenhauer,1788—1860)在《充足理由律的四重根》中,把充足理由律分为四种表现形式:①因果关系:生成的充足理由律;②逻辑推论:认识的充足理由律;③数学证明:存在的充足理由律;④行为动机:行动的充足理由律。充足理由律是一切科学技术的基础原理。毫不夸张地说,牛顿的经典力学、爱因斯坦的狭义/广义相对论、量子理论,甚至整个科学的发展都是决定论的产物,由此也可见因果关系在科学研究中的重要地位。德国哲学家马丁·海德格尔(Martin Heidegger,1889—1976)认为,没有充足理由律就没有现代的科学技术。可以说,因果思维是一切科学技术的基础,珀尔在书中给出了很多因果推断的应用实例,他们来自社会各个领域的方方面面。

珀尔把因果论分为三个层面,他称之为"因果关系之梯":第一层级研究"关联",第二层级研究"干预",第三层级研究"反事实推理"。珀尔特别指出,我们当前的AI(人工智能)和机器学习只处于最低的第一层级,只是被动地接受观测结果,考虑的是"如果我看到……会怎样"这类问题。处于第二层级的"干预"则关乎主动实施某个行动,考虑的是"如果我做了……将会怎样""如何做"这类更高级的问题。第三层级的"反事实"在现实世界里并不存在,它是想象的产物。反事实推理处于因果关系之梯的最高层,其典型问题是"假如我做了……会怎样?为什么?"这类问题属于反思性问题。

因果推断是人类的基本能力。近代以来对因果的理解主要有两种:规则论和反事实论。规则论因果说源于休谟:"我们可以给一个因下定义说,它是先行于、接近于另一个对象的一个对象,而且在这里,凡与前一个对象类似的一切对象都和与后一个对象类似的那些对象处在类似的先行关系和接近关系中。"问题在于:相关并不蕴含因果,事件a和事件b规则性相关,但二者之间并非因果关系。哲学家刘易斯(Lewis Mumford,1895—1990)意识到规则论的局限提出了因果的反事实理论。珀尔关于因果推断的想法受到了刘易斯反事实因果理论的启发。反事实推理对于人类生存实践至关重要,因为人类不可能实际上穷尽所有的可能性,只能基于有限的数据进行推断。规则因果建立在对实际发生的事件彼此关联的归纳之上,反事实因果则建立在非实际发生事件的关系上。反事实推理要比规则推理更抽象、更普遍、也更符合人类实际的推理情况。理解因果推断的关键,就是理解反事实的思维方式。反事实推理是人类独有的能力,也是真正的智能。

20世纪50年代末60年代初,关于吸烟的争论将因果论的重要性推到了风口浪尖,统计学家和医生就整个20世纪最引人注目的一个医学问题产生了意见冲突:吸烟会导致肺癌吗?在这场辩论过去了半个世纪之后的现在,我们认为答案是理所当然的。但在当时,这个问题处于迷雾之中,众多科学家乃至家庭成员之间都因此问题产生了分歧。所以说,那是因果论发展史乃至科学史上的一个重要时刻。

医学发现和发明中不止一次蕴含着一个幸运的巧合——其原因与结果恰巧是一对一的关系,但这种巧合并不总是存在。吸烟与癌症之关系的辩论就挑战了这种单一的因果关系概念。许多人吸了一辈子的烟,却从未患肺癌;有些人从不吸烟,却依然患上了肺癌。作为研究者,需要做的和能做的,就是用科学方法追问因果关系,归纳原因,并在此基础上提出对策。

大约从1950年开始,到1964年美国卫生局的报告中明确指出:"在男性中,吸烟与肺癌有因果关系",其间花了过长的时间,主要是科学家们没有及时找到一种更有力的因果关系理论。

1902年,香烟仅占美国烟草市场的2%;到1952年,烟草市场的香烟份额已经飙升到81%。1900年到1950年间,美国的肺癌发病率翻了一番。这些巨大变化迫切需要专业人士做出解释。英国伦敦大学统计员奥斯汀·布莱得福·希尔建议将已经被诊断为肺癌的患者与由健康志愿者组成的对照组进行比较采访每一组的成员,了解他们过去的行为和病史。研究结果令人震惊,在649名接受采访的肺癌患者中,除两人外,其余均为吸烟者。这一结果在统计学上与随机水平相去甚远,是一件极不可能发生之事。英国流行病学家理查德·多尔和希尔将"病例"与对照组进行了比较(这种研究类型现在也被称为"病例-对照研究,case-control study"),并在不同国家进行了19个病例-对照研究,基本上都得出了类似的结论。但这种方法存在一些明显的弊端,它是回顾性的,概率逻辑也是反向的(数据提示的是癌症患者中吸烟者的概率,而非吸烟者患癌症的概率)。1951年,多尔和希尔开始了一项前瞻性研究,向6万名英国医生发放调查问卷,采集关于吸烟习惯的信息,并对他们进行追踪调查。所有结果都表明了一个一致性结论:吸烟越多,患肺癌的风险就越高,而戒烟能降低这种风险。这是一个强有力的因果证据,但是医生们仍然心存疑虑。美国癌症协会在1960年的一项民意调查显示,美国只有1/3的医生认同吸烟是"肺癌的主要原因"。

1962年,英国皇家内科医学院发表了一份报告,其结论就是吸烟是肺癌的致病因素。此后不久,美国卫生局局长宣布成立一个特别委员会专门研究这个问题。5位吸烟者和5位不吸烟者组成的委员会用了一年多的时间,列出了5条标准:一致性,关联强度,关联的特异性,时序关系和连贯性。1965年,希尔在此基础上增加了4条标准,形成后来人们熟知的"希尔标准"。从公共卫生的角度看,委员会的报告是一个里程碑,报告发表后2年,美国国会便提出要求烟草制造商在所有卷烟包装上标明"吸烟有害健康"的警示。从未来科学研究路标的角度看,希尔标准只能作为一份历史文献参考,因为除了最广泛的因果问题之外的其他问题,还需要一种更精确的分析工具。

在吸烟与肺癌的关系问题中,利用"干预"解决了"吸烟-肺癌"的问题,明确推导出"吸烟"是"肺癌"的因,所以,如今的香烟盒上都会标注"吸烟有害健康",烟草公司也已承认这个因果事实。从中也可以看出,处于第一层级的相关性分析只能得出二者是强相关的结论,不具有公共健康的指导意义。在日常生活中,我们随时会遇到把相关等同于因果的现象,但在科学研究中,这却是最需要注意避免的问题,它需要用科学的方法给出科学的回答。

三、随机对照试验

随机对照试验(randomized controlled trials,简称 RCT)是采用随机分配的方法,将合格的研究对象分配到试验组和对照组,然后接受相应的试验措施,在一致的条件下或环境中,同步地进行研究和观察试验的效应,并用客观的效应指标对试验结果进行科学的衡量和评价。这是一个在更普遍的意义上确立因果关系的绝妙方法。从因果的角度看,它是一个进行人为干预的工具,用以解答 $P(L\backslash do(D))$ 问题,这是该工具的本质特征。随机对照试验可作为临床医学研究中论证强度最高、设计最佳的设计方案,主要用于临床治疗性或预防性疾病、特定条件下的病因学研究和非临床试验的系统工程,在筛选有效治疗方法、措施和药物等方面有着极其重要的现实意义。随机对照试验的主要目的,是通过组间对照观察研究因素对某个临床问题的有效性,尽可能地避免和消除一些人为的、已知的或未知的偏倚因素的影响,使研究结果具有良好的真实性和可靠性,即将目标变量(比如 D 和 L)与其他变量(Z)分离,因为如果不进行分离,则变量(Z)就会对二者产生影响。这就要求在随机对照试验中严格遵守随机、对照、重复、盲法等原则,并正确掌握和应用。

研究设计的初衷是试验组和对照组除处理因素不同外,其他处理因素都完全一致和均衡,但事实上不可能做到完全一致和绝对均衡,研究者所追求的只能是基本一致和相对均衡,因而需要更加强调对随机的把控,即最大限度地追求接近于事实和最大限度地减少研究者的主观倾向影响,比如,使每一例受试对象都有同等机会进入试验组或对照组,而不是按照研究者的主观倾向进行分组;使受试对象能最好地代表其所来源的总体人群,并使各组之间具有最大限度的可比性;使进入试验的各组在基线特征上尽可能保持一致,保证统计学上组间的可比性和试验结果的真实性与可靠性;在研究过程中各组除研究因素以外的非研究因素的一致和均衡。同样,在研究设计中,也需要更加强调对对照的把控,即最大限度地鉴别处理因素与非处理因素之间的差异,最大限度地消除和减少试验中的误差,比如,在确定接受处理因素的试验组时,需要同时设立不施加处理因素的对照组,尽可能消除非处理因素对试验结果的影响,把处理因素的效应充分显示出来;根据研究目的和内容,从均衡性、同步性和专设性等方面科学合理地选择对照形式,尽量避免不完善的对照;有价值的试验结果需要足够的数据支持,就需要试验组和对照组的样本规模足够大;应该避免那些被认为是伤害最小的、安全的但明显没有效果的干预,因为浪费时间也是一种实实在在的伤害。

需要注意地是,在随机对照试验中,随机数并不是真正随机的,它们是人工干预或计算机所能生成的随机数,在研究过程中如何消除潜在变量带来的"混杂",是近百年来一直未得到妥善解决的问题。也就是说,随机对照试验随时可能受到研究者主观主义的影响,并不能完全充分地、甚至不能揭示因果关系。如此一来,近几十年来随机对照试验受到一些统计学家、流行病学家和科学哲学家的批评也就不足为怪。因此,随机对照试验虽然被公认为"最佳的研究设计方案",但并不能用于研究和解决所有的临床问题,因而试验性研究只能用于人为可控制的因素,不能用于研究全部临床规律,不能应用于任何临床治疗性研究。在研究设计中还需要充分选择其他研究方法,比如,描述性的,分析性的;观察性的,试验性的;回顾性的,前瞻性的;主要数据收集的,次要数据收集的,等等。事实上,在许多研究中,并不存在严格的非此即彼的方法,换句话说,研究者在研究设计时可以考虑把不同的研究方法结合起来。

四、其他研究设计

人体是一个复杂巨系统,即使人脑也是一个复杂巨系统,可见对人的研究的复杂性。研究设计中常见的哲学问题并不局限于前述几个问题,比如,还有整体论与还原论的关系,定性与定量研究的关系等,也值得关注。

西医主张从物理化学角度追根溯源,追求还原为物理化学问题,其哲学指导主要是还原论,但 20 世纪发现的相对论、量子论和混沌理论已经从宏观和微观角度证实了还原论的局限性,特别是容易陷入机械唯物论;中医主张从整体上看问题,追求整体的和谐平衡,其哲学指导主要是整体论,它虽避免了机械唯物论,但在现代科学的背景下,其解决问题时的精准性或科学依据的局限越来越突出,这在本质上反映的是思维模式的区别。因此,在对同一个人体的某方面问题研究进行设计时,西医研究需要冲破还原论的束缚,中医研究需要考虑整体论的落地,两者都需要充分考虑研究对象有关因素之间的相互关系,从整体论和还原论的辩证统一角度分析思考。

其实,不论西医,还是中医;不论还原论,还是整体论,都有一个共同的思维方式,那就是系统思维。在对复杂性研究方面,我国研究者走了一条与西方研究者不同的道路[9]。西方研究者对复杂性的研究是从下而上的路线,即由简单系统、大系统和简单巨系统等的研究而上升到复杂巨系统的研究,即从微观到宏观；而我国学者走了自上而下的路线，即首先研究开放的复杂巨系统，找到处理这种复杂巨系统的方法论，然后以此为主干，在各种不同的条件下，分支出简单系统、大系统和简单巨系统及其处理方法，也就是从开放的复杂巨系统来研究复杂性，即从宏观到微观。

不论从微观到宏观，还是从宏观到微观，其实都涉及一个范式的问题。范式理论是库恩（Thomas Samuel Kuhn，1922—1996）整个科学哲学的核心，即使他没有对范式作出精确的定义，“范式”的概念也像是病毒一样在社会各界繁衍，在广告中、漫画里、甚至政府政策中这一术语都到处可见[10]100。范式是库恩划分科学与非科学的标准，因而，在科学研究的研究设计里就不可能回避范式的作用。事实上，科学工作者在进行研究设计时，科学共同体不论以何种方式评审一个项目或课题的研究设计时，都不可避免地受到范式的影响。因为范式是某一科学家集团在某一专业或学科中所具有的共同信念，这种信念规定了他们共同的基本理论、基本观点和基本方法，为他们提供了共同的理论模型和解决问题的框架，从而形成该学科的一种共同的传统，并为该学科的发展规定了共同的方向[10]101。同时，在科学研究的研究设计里也不可能回避科学的动态发展模式的影响。我们在前面介绍了波普尔“猜想与反驳”的科学发展模式，库恩的科学发展模式是对波普尔的动态发展模式的继承，但更多的是批判，他认为“猜想与反驳”的科学发展模式有一个重大的片面性，因为科学发展并不是一个简单的不断否定的过程，而是一个否定与肯定、常规科学与科学革命的交替发展过程。在这个过程中，科学发展经历了前科学时期、常规科学时期、反常和危机时期、科学革命时期等。科学具有范式，前科学、非科学则没有；常规科学研究有范式的指导，科学工作者才有机会发展范式的细节；反常是因其与范式的预期不一样，可能是科学危机的到来，可能预示着“非常规研究”对“常规研究”的取代，也就为新范式的出现准备了条件；科学革命就是新范式取代了旧范式，持有不同范式的科学工作者的世界观是不一样的。可见，库恩的科学发展模式较波普尔符合科学史的实际，更好地描述了科学的演进轨迹，为解决科学问题的研究设计、促进科学发展提供了辩证指导。需要注意地是，库恩把范式之间的不相容性、不可比性绝对化了，认为范式具有不可通约性，而实际上不同范式之间存在一定的联系，从系统论角度看，它们既各自都是整体论与还原论的辩证统一，又在一个更大的整体上存在着辩证统一。

对于人体这个复杂巨系统的相关发现和发明，都涉及一个定性与定量的关系问题。从哲学角度看，定性与定量的关系是一个辩证统一的关系，在定性的过程中，一定要考虑定量的可能；在定量的过程中，一定要考虑定性的可能。研究过程是一个循序渐进的过程,定性与定量就是一个交替进行、螺旋上升的过程。在这个过程中,定量为定性提供了科学依据,定性为定量找到了支持方向和认识高度。研究者需要清醒地知道,虽然定性研究基于不同的认识论和本体论,定量研究借助现有理论提出研究假设、通过收集数据对假设进行检验,定性与定量的研究设计明显不同,但定性与定量研究之间的区别更多的在于研究方法和研究手段而非研究目的,因此,那种生物医学科学技术研究者过分强调定量研究方法使用和医学人文社会科学研究者过分强调定性研究方法使用的传统认识需要改变,即生物医学科学技术研究者需要学习理解乃至掌握定性研究方法,医学人文社会科学研究者需要学习理解乃至掌握定量研究方法。从整体来看,知识的产生主要来自归纳或演绎,定性的哲学理论基础是建构主义,研究主要采用归纳;定量的哲学理论基础是实证主义,研究主要依靠演绎。越来越多的研究需要同时涉及归纳和演绎,因此,在研究中需要重视定性与定量的结合使用,最好是能同时掌握定性和定量研究方法,并且熟练地混合使用。其实,混合方法研究的发展已有半个世纪的历史,它强调逻辑假设对数据采集和分析的引导,注重定性和定量数据的结合,它的哲学理论基础是"中立"的实证主义。相对于单纯的定性或定量研究,混合研究方法能够为研究问题提供更全面和深入的理解。

值得注意地是,认知科学领域与神经科学的联系越来越紧密,生物医学研究越来越依赖于计算机,不仅存储有关生物系统的信息,而且还有助于产生关于疾病的原因和治愈的新假说。这些发展已经出现了一类新的生物医学发现模式,即人与计算机交互的新兴发现模式,其中研究者与计算机的合作使得科学认知能力日益增强,这必将产生对科学研究的新认识。

第四节 机　遇

机遇是指好的而又少有的机会,是指突然出现的有利条件和环境。机遇会匆匆而过,因此要抓住机会,就需要有事先的准备,要有长期的思想准备和理论准备,也要有知识和方法的准备。哲学家和科学家告诫我们,"机遇只偏爱那种有准备的头脑",在很多种情况下,需要自己去主动创造而不是被动地等待机遇。机遇也伴随着挑战。因此,敢于抓机遇的人,一定也同时是敢于迎接挑战的人。

一、机遇认识

1. 生物医学发现与发明的机遇随时可能出现　生物医学发现与发明的机遇是指在生物医学科学技术研究的实验、观察与实践过程中偶然出现的有利于发现与发明的契机或条件。"在科学研究中,这种偶然性事件总是不断发生,但往往被秘而不宣,事实上它比科学家们愿意承认或者意识到的要更经常。偶然发现导致了某些今天在拯救着亿万生命的重大医学突破,以及许多家喻户晓的药品和治疗方法,锂制剂、万艾可、抗抑郁药、化疗药物、青霉素等抗生素药物,都不是某个生物医学工作者刻意去发现某种能够起特定作用的药物的结果,它们是在寻找别的东西时偶然发现的"[11]。

发现和发明永远具有某种不可预料的性质,因而当科技工作者对所研究对象认识还不清楚而又不断努力探索、寻求问题答案时,就可能出现一些出乎意料又在情理之中的新思想、新方法、新发现、新发明。机遇往往在研究计划以外意外发生,事先难以预测,影响因素非常复杂,意外性就是其最大特点。机遇的出现在于能帮助生物医学科学技术工作者把握其内在本质,由偶然深入到必然,引导或启发发现与发明,于是人们开始试图通过总结认识和把握机遇的发生规律。机遇的类型按意外程度可以分为部分意外的机遇与完全意外的机遇。

2. 生物医学发现与发明的机遇需要准备　机遇的发生虽然意外,但机遇的发生确有其内在依据,因而对机遇的把握需要准备。"机遇只偏爱那种有准备的头脑",巴斯德(L. Pasteur,1822—1895)这句名言既是自己的科学经验总结,更激励和引导了无数科学技术工作者的科学发现与技术发明活动。

青霉素的发现和制造,是科学上的一项奇迹,是第二次世界大战中堪与原子弹和雷达并驾齐驱的三项重大发现之一。弗莱明(A. Fleming,1881—1955)发现青霉素的经过,已经成为人们关于科学发现的机遇的常识。"数以千计的人可能观察到这种情况,弗莱明确实没有作任何实验或没有任何根据而观察到了,然而弗莱明心中有数,在等待着它的到来"[12]。弗莱明是一位出色的科学家,他始终不渝地坚持他的细菌培养工作,实际上在此之前,弗莱明曾因对坏疽及其并发症感到震惊而病倒。这种坏疽及并发症,正是他在第一次世界大战中从死伤者的伤口中发现的,他一直念念不忘能制出一种对组织无损伤的先进抗菌药物。可见,表面上看青霉素的发现极其幸运,其实背后却需要长期而艰辛的准备,蕴藏着生物医学研究对象必然性与偶然性的辩证统一,机遇只不过是必然性的表现形式;蕴藏着生物医学研究目的有限与无限的统一,机遇不过是生物医学研究目的的意外发现;蕴藏着生物医学研究确定性与非确定性的统一,机遇不过是非确定性因素的结果。

二、机遇作用

1. 促进发现和发明 机遇是一个并不陌生的话题,但在科学发现与技术发明史上并未得到足够重视。比较而言,生物医学科学技术史上因缘机遇把握而产生重大发现与发明的事例较多,充分说明一个事先没有想到的观察,可能是引起发现与发明的线索,结果却得到惊人乃至革命性的发现。巴甫洛夫(I. P. Pavlov,1904)选择狗为实验对象,研究神经对心脏功能的调节作用。因而他几乎天天喂狗。有一天,他在非喂食时间到了狗舍,看见狗一边摇头摆尾,一边流出大量口水。巴甫洛夫对不喂食也能产生唾液的现象感到很奇怪。但当他再一次不拿食物去狗舍时,狗却不流口水了,这使他更加奇怪:为什么第一次流而第二次不流呢?后来他发现区别只有一点:第一次他的腰上系着喂食铃,而第二次没有。于是他有意识地带一只铃去了狗舍,结果狗又流口水了。巴甫洛夫终于明白狗把铃声作为喂食的信号了。这个意外的发现,启发巴甫洛夫以唾液和胃液的“心理性”分泌入手,系统地对大脑皮质和两半球的生理活动进行了独创性的研究,提出了条件反射的概念,建立了大脑皮质的条件反射学说。

2. 推动科学发展 在生物医学科学技术活动中,人们进行的实验、观察与实践一般事先都有明确的目的和详细的计划,但在进行过程中,往往会出现预料不到的偶然机遇,这些机遇为先导的科学发现与技术发明提供了线索,甚至成为开拓新的研究领域或创建新理论的起点,进而推动科学发展。1973~1975年,瑞士的津克纳格尔(R. Zinkernagel,1996)以访问学者身份来到澳大利亚,由于所在医学研究院用房紧张,他与多尔蒂(P. C. Doherty,1996)不得不挤在一个实验室工作。随后,多尔蒂邀请津克纳格尔一起用小鼠做实验,共同探寻如何保护机体不受乙脑病毒的感染。在两年工作期间,他们工作卓有成效,在完成一系列精心设计的T细胞识别机制实验后,提出了两个免疫学原理,第一个称为“自我识别”的原理,第二个称为“双重识别”的原理。这两个共同被称为“多-津模型”的原理,已经成为现代免疫学的一个里程碑。它揭示了自身免疫疾病的隐秘,为疾病疫苗的研制奠定了理论基础,指引临床医学家们创建了肿瘤的免疫治疗。1996年,两人凭借T细胞介导的免疫防护的特异性研究成果得获诺贝尔生理学或医学奖。

3. 助力人才成长 刚开始步入科学技术研究生涯的人,常常怀疑自己是否具有足够的才智和胜任力,担心自己不能有所发现与发明。在科学技术史上,机遇所起的广泛作用常常被掩盖了,这使得其他研究者不清楚偶然发现的重要性。其实,在长期的科学技术研究过程中,人们常常会得到一些偶然的发现。对于这种偶然发现的态度,又常常影响甚至决定了发现者的一生。有的不轻易放过,总是想方设法弄清它的原因,于是做出了重大发现与发明,成为世界著名科学家,甚至荣获诺贝尔奖;有的不以为然,按着惯性思维忽略而过,于是可能终身碌碌无为。诺贝尔生理学或医学奖获得者盖达塞克(D. C. Gaidusek, 1976)和普鲁西纳(S. Prusiner, 1997)的研究均起因于对偶然遇见的不治之症患者死因的探究。最终一个揭示了南太平洋考察时发现的蔓延在土著人中间的“库鲁(Kuru)病”的病因,从此揭开了对朊病毒研究的序幕;一个揭示了在医院治疗中发现、与后来震撼英国并蔓延欧洲大陆的疯牛病有共同病原体的克-雅(Creutzfeldt-Jakob)病的病因,从此揭开了对非传统意义的病毒、还存有争议但极可能是一种全新病原体研究的序幕。更为重要的是,两人从开始研究到获奖均用了 25 年左右的时间,其间不畏艰苦、锲而不舍、持之以恒、反复试验。这就提示我们,科学发现与发明中的机遇只是一个线索或一种先导,不是科学发现与发明本身,从机遇到发现与发明成果还要经过艰苦努力的过程。只有善于识别,抓住有希望的线索,追根刨底,才可能促使科学技术研究的重大突破,成长为生物医学科学家。因此,在科学发现与发明过程中,既不能轻视机遇,也不能静待机遇,更不能完全寄希望于机遇。

三、机遇把握

1. 敏锐观察　生物医学科学技术工作者不仅要善于发现,而且要善于学习掌握已经做出的发现。只有那些辛勤劳动、对问题长期钻研的人,才会在进行实验、观察、实践的过程中,既注意观察预期事物,又特别保持对意外事物的敏感性,从而捕捉线索,摘取成功之果。1895 年 11 月 8 日,德国的伦琴(W. K. Rontgen, 1845—1923)正在实验室里从事阴极射线的实验工作,一个偶然事件引起了他的注意。当时,房间里一片漆黑,放电管是用黑纸严密包着的。他突然发现在不超过 1 米远的小桌上有一块亚铂氰化钡做成的荧光屏发出闪光。他很奇怪,就移远荧光屏继续试验。只见荧光屏的闪光,仍随放电过程的节拍断续出现。他取来各种不同的物品放在放电管和荧光屏之间,发现有的挡不住,有的起到一定的阻挡作用。伦琴意识到这可能是某种特殊的射线,它具有特别强的穿透力。于是,他立刻集中全部精力进行彻底的研究。他深深地沉浸在这一新奇现象的探究中，一连许多天把自己关在实验室里，达到了废寝忘食的地步。6个星期后，伦琴已经确认这是一种新的射线。当年底，他在把这一新射线公之于众时将其称为X线[13]。对于伦琴来说，他当然没有料到在重复阴极射线实验时，会发现一种新的性质特殊的射线。在整个过程中，机遇之所以能成为线索，主要得益于他几十年的实践所造就的敏锐观察力。

2. 准确判断 在科学的发现与发明研究中，除靠敏锐的观察力发现线索外，还需要有高度的判断能力，才能及时看出其潜在的可能性，判断这个线索的潜在价值，决定有无进行深入研究的必要，并知道如何把它推向下一步。遇到机遇时不能准确判断，这是许多生物医学科技工作者常常错过机遇的原因之一，诺贝尔生理学或医学奖史上也不止一次地出现过这种现象。中国医学科学院基础医学研究所的薛社普院士就曾亲身经历过一次。他当年在美国华盛顿的哈姆巴格实验室（Hamburger's Lab）留学，他的一个师兄巴克（Elmer D. Bueker，1903—1996）在该实验室读博士。巴克的毕业论文首先提到有关神经生长因子方面的概念，他把肿瘤种植到了鸡胚中，促进鸡胚神经系统增长了两三倍。他虽认为这种现象很奇怪，但没有沿着观察到的线索深究其原因，从而错过了一次机遇。后来，哈姆巴格（Viktor Hamburger，1986）的两个学生，美国的科恩（S. Cohen，1986）和意大利的蒙塔尔西尼（R. Levi-Montalcini，1986）在他的指导下证实并提纯出世界上第一个细胞因子——神经生长因子（NGF），三人于1986年共同获得诺贝尔生理学或医学奖。

3. 科学素养 在生物医学科学发现与发明研究中，对机遇的敏锐观察和准确判断能力来自研究者的科学素养。正如弗莱明所言，“一切新事物的发现都是偶然的：牛顿看见苹果从树上落下来，瓦特看见正在沸腾的水壶，伦琴发现一些雾状感光的底片。而这些人也都具备了足够的知识，能够以这些稀松平常的偶发事件中，发现新的事物。[14]”。

其实，生物医学科技工作者的科学素养不仅限于本专业的微观领域，还需具有相关宏观领域的知识积累。生物医学是一个非常大的学科领域，几乎与每一个学科都有关系，在生物医学科学技术发现发明过程中，需要全方位、立体化、多视角研究生命和疾病的全过程。生物医学科技研究要从传统描述性的科学走向综合的分析表述性的科学，我们需要关注的并不仅是包括计算生物学、代谢组、蛋白组和高通量的筛选在内的系统生物学，也不仅是生物医学基础研究向临床应用的转化医学，而应扩展到所有学科之间的关系。国家杰出青年科学基金成立十周年纪念活动时有一个报告，题目是NBIC，此为纳米科学、生物技术、信息技术和认知科学的英文首字母组合，生物医学已经高度重视这些学科的交叉渗透和融合,这是宏观文明和微观文明并进的一个突出特点。这些综合丰富的科学知识中蕴藏着生物医学科学技术研究方向确定、整合与凝练的若干机遇。

4. 自由眼光　1957年诺贝尔物理学奖获得者杨振宁在第22届国际科学史大会(北京)上的演讲中提出,孤持、距离、自由眼光是互相联系的特征,是所有科学、艺术与文学创造活动中一个必要因素。他认为,爱因斯坦凭借比一般人更自由的眼光抓住了时代的机遇,从而有机会改写物理学的进程。诺贝尔物理学奖和化学奖的获奖项目中有许多与生物医学有着密切联系,提示我们眼光需要更宽广长远一些。长期以来,以美国为代表的西方医学研究水平代表着人类征服疾病、改进健康的希望,但从另一个角度看,它也存在着缺陷,如机械还原论成为限制医学发展的枷锁、研究方法存在的盲目性和局限性、生物学家主导研究,单一药物治疗疾病等。这就为我国在生物医学科技研究的某些领域领先起跑、成为未来的生物医学科技强国提供了宝贵的机遇,如促使生物医学研究向临床转化,利用新的生物医学技术研究疾病的整体变化,鼓励新的研究思路和技术创新,加速新药的研发和临床应用。这种战略机遇和政策机遇,为生物医学科技研究方向的选择、调整、整合,技术方法应用提供了更加宽泛的视野、更加自由的眼光和更多潜在的机遇。

第五节　创　　新

科学研究是一种创造性的精神生产活动,需要富有创造力的精神。哲学家认为创新是一个民族的灵魂,也是学术发展的不竭动力。生物医学领域的创新精神和创新能力是生物医学发现和发明的思想源泉和动力。创新机制的完善为生物医学发明和发现提供机制保障。创新政策的引导为生物医学发现和发明提供政治环境。创新需要满足的外部条件是:社会是否需要创新,社会能否为创新提供必要的物质条件,社会意识和文化环境能否与创新精神相协调。有了良好的外部环境,还需要将科学家培养成为具有创新精神和创新能力的卓越人才。

一、创造与创新

过去多提创造,现在多说创新。其实,创造与创新是两个具有内在联系而又不尽相同的概念。创造,是指首创前所未有的事物,是一种最终产生创造成品的活动或现象;创新,是对过去已存在的事物进行改进、扩展,并赋予新内容。

从定义上看,创造侧重于“再创”;从层次上看,创造是最高层次,创新则低一个层次。

对于创造性和创新性的认识,心理学、教育学、哲学等不同的学科有不同的解释,至今尚无完全统一的认识。但基本上都把创造性与创新性等同认识,认为创造性或创新性是一种能力。有学者认为,创造性是指个体产生新颖的有社会价值的产品或对问题做出独特解答的能力。现代心理学的研究认为,创造性是几乎所有人都有的一种心理能力,也就是说,每一个正常人都具有创造性,区别仅在于程度的不同。

创新是科学技术研究的生命,是一种艰苦探索的过程,是一种批判、质疑、求证的过程,是一种坚持独立见解的过程,是一种接受新事物、维护新观点的过程。求新的结果是创新,从时间过程上看,这个结果的到来有长有短,几个月、几年,甚至几十年,这在科学技术史上屡见不鲜;从研究过程上看,这个结果的到来往往要经历曲折反复、失败、误解,直到最终成功;从评价过程上看,外界的惊羡赞叹、讽刺挖苦,甚至排斥打击,不一而足;从接受过程上看,人们对其从怀疑、反对、否定,到认可、接纳、借鉴、推广、改进、发展,一应俱全。

二、生物医学创新性思维的特征与过程

1. 创新性思维的含义 创造心理活动的基本成果是创造力,创新性思维是创造力结构的核心。创新性思维是一种有创见的思维,是思维的高级形式。学者们对这一概念的理解至今仍不一致。有人认为,创新性思维有狭义、更狭义和广义之分,狭义的创新性思维,指在人类认识史上首次产生的前所未有的具有较大社会意义的高级思维活动;更狭义的创新性思维,基本上等同于直觉、灵感和发散思维,认为唯有这几种思维活动才具有创新性;广义的创新性思维,指对某一具体的思维主体而言,具有新颖独到意义的任何思维。

随着心理学研究的进展,更多地立足于广义的角度去研讨,甚至在表述时不再提广义、狭义之分,而只用广义的含义,即认为创新性思维就是个人在已有理论知识和实践经验的基础上,以新颖独特的方法从某些事实中寻找新关系,提出新问题,找出新答案,造出新产品的思维过程。

2. 创新性思维的特征

(1) 敏锐性:这是创新性思维的前提特征。在司空见惯的事物中发现未知的新事物,在已有知识经验的基础上对未知的新事物提出预见或假设,通过已知的现象揭示其未知的内在客观规律,根据人们生活需要设计制造原本没有的

新产品等。凡是属于探索未知的活动都首先需要问题解决者提出问题,而问题产生于好奇和质疑,好奇和质疑需要通过敏锐的观察和敏捷的反应才能发现问题。在这个过程中的思维特性,属于创新性思维的敏锐性。

(2) 层次性:这是创新性思维的结构特征。在人的认识活动中,思维是一种高级的认识活动。在人的思维活动中,创新性思维是一种高级活动。在创新性思维内部,其结构也存在层次性,且复杂多样,如生理结构、能力结构、形式结构等,每一种、每一层结构都影响和制约着创新性思维整体水平的高低。

(3) 整合性:这是创新性思维的方法特征。创新性思维是问题解决者认识过程、情感过程和意志过程的结合,是问题解决者多种思维的结晶,因而,其潜能的挖掘和水平的发挥,就需要一种整合。这种整合是在对已有知识、经验、能力进行分析基础上的整合,是把创新性思维作为一个整体的整合,是通过交叉联系、辩证统一、分析组合、抽象概括以后的整合,是以不同的思维对相同或不同的内容进行的整合。

(4) 灵活性:这是创新性思维的过程特征。创新性思维之所以能创新,就在于它的问题的可变性、求解的主动性、方式方法的不固定性、对象的转移性、概念的跳跃性、结构的变换性、经验的借鉴性、变化的迅速性、程序的不恒定性、过程的动态性、结果的不确定性等。正是这些动态的、不断变通的具体表现,构成了富含创新意义的创新性思维的灵活性。

(5) 求异性:也叫新颖独特性。这是创新性思维的实质所在。创新性思维的成果水平与问题解决者的年龄和角色有一定相关性。从成果水平的衡量标准来看,成年人以独创性和新颖性为重要特征,青少年、儿童以问题解决者从未见过、听过或接触过的非模仿抄袭为主要特征,科学家以独创性为重要特征,普通人以新颖性为重要特征。从创新性思维的全过程来看,求异性贯穿和体现在每一个环节,从问题的提出、方法的选择、对象的筛选到结论的给定等,只要有别于前人和常人,只要是新的发现、新的见解、新的突破,具有一定的首创性和开拓性,其思维特性就都属于创新性思维的求异性。

3. 创新性思维的过程　关于创新性思维过程的分析,20 世纪初已有心理学家研究,自始至今,最有影响的理论当数华莱士(G. Wallas,1869—1937)1926 年根据名人事业成功的步骤提出的四阶段理论:准备期、酝酿期、豁朗期、验证期。

(1) 准备期:准备是解决问题的先决条件。准备期主要是熟悉问题,对欲解决的问题进行有意识的、较系统的准备,如收集必需的信息、掌握有关的知识和技术等。这种准备包括一般准备和特定准备。从问题的解决过程来看,有的准备期容易察觉,有的准备期不易察觉。

(2) 酝酿期:这是指在充分准备之后,经过苦心思索仍不得解决问题的要领而暂缓探讨、等待有价值思想的期间。这一时期如何度过很有讲究。华莱士认为,在问题不得其解而暂时将其搁置起来的这段时间,干一些轻活,解一些简单的小题目,对问题解决是有好处的。酝酿期在解决问题中的作用可能是放松考虑、除去压力有助于排开无效设想,开朗的心境有益于活跃新的或有效的办法;也可能是问题解决者的潜意识仍在对已有信息进行重新组织加工,从而产生新思想。不同问题的酝酿期可能不同。简单问题不一定有这一时期。

(3) 豁朗期(灵感期):在创造成功的过程中,这是最重要的阶段,也是一个激动人心的阶段。这一时期,由于某种机遇突然使新思想浮现,使百思不解的问题一下子迎刃而解。在前提上讲,酝酿期是基础;在必要条件上讲,客观上可能受益于某一重要信息的启发,主观上可能受益于问题解决者重压后的放松、急迫后的舒畅。从判断角度讲,豁朗期来临之前,问题解决者往往有一种预感。

(4) 验证期:是对豁朗期产生的思想进行验证、修正或评价。这一时期,不仅要运用已有的信息,也要获取新的信息。任何新的思想,只有通过实验、实践或时间的检验,才能被完善、承认、确定、传播、表现或否定。从本质上看,验证期与准备期相一致,只不过准备期验证的是问题解决者头脑里已有的思想,验证期验证的是问题解决者的新思想。

三、生物医学创新性思维的培养与运用

1. 生物医学创新性思维的培养

(1) 努力丰富知识,占有足够信息,建立合理知识结构:学习是创造的前提,没有扎实的基础知识,就不可能进行创造。目前的一般共识是,东方学生的理论基础知识比较扎实,西方学生的创造性思维基础比较强。尽管如此,我国的研究生仍需努力扩大知识面,广泛占有信息,为培养创新性思维能力打下坚实的基础。

(2) 善观察,敢质疑,学会发现和提出问题:科学独创,贵在质疑。要提出问题,就要学会善于发现问题。要发现问题,就要善观察,敢质疑。这就要求学生在课堂上主动参与老师的教学,在实验中积极动手,在课外独立活动,在临床上认真实践,敢于发表自己的见解,培养自己的自主意识。

(3) 积极地发展想象力,培养科学思维能力:以一定的科学理论和认真细致而深入的观察为基础的想象,是提出科学假说的酵母和前奏。创造性活动离不开想象,科学研究中的创新性思维必须借助于想象。丰富的想象力有赖于发

散思维的培养。发散思维是培养创新性思维的基础。发散思维与聚合思维的有机结合是培养创新性思维的一种有效途径。

(4) 注意集中思维热点,及时捕捉灵感:一个人的思维是经常在进行的,但思维的热点并不一定经常集中,这段时间可能在学习方面,那段时间可能在生活方面。思维热点集中,就有可能产生灵感。不是所有的创造都需要灵感,但灵感的确可以促进创造。心理学研究表明,灵感是创新性思维活跃的一种表现。在诺贝尔生理学或医学奖史上,不止一位科学家利用灵感进行了创造发明。

(5) 注重个性品质和创造精神的培养:古今中外许多成功者的经验表明,能否创造性地开展活动,以及创新活动的成败,不仅取决于创新能力的大小,而且和创新者的个性品质密切相关。有突出成绩的创新者,都具有强烈的事业心、责任感、勇于探索、勇于创新、自强不息等优良个性品质。众多科学家的成功还表明,个人的创造开发程度取决于他的创造精神。这种精神既包括探索创新、奋斗拼搏,也包括无私奉献、为社会服务。只有具备了这些品质和精神,人的创造力才能充分发挥,才能在未来的事业中取得成功。

2. 生物医学创新性思维的运用

(1) 研究选题:科学研究是从问题开始的,因此问题是科学研究的起点。生物医学科学技术研究也不例外。尽管在技术领域有许多未知的东西,但也不是任何一种都可以成为创新目标。因而,研究选题在科研工作中占有重要地位,有经验的人都认为选题成功,科研就成功了一半。那么,问题是怎样产生的?从创新思维角度来看,问题产生于怀疑。怀疑就是在生物医学科学技术研究中对传统的概念、学说、理论在新的条件下失去信任,对其重新进行审查、检查、探索的一种理论思维活动。可见,能否在选题环节充分体现创新性,是生物医学科学技术研究工作成败的关键。

在生物医学科学技术实践工作中经常会遇到各种实际问题,这些问题可能会引起我们对生物医学科学技术活动认识中的矛盾,如经验事实之间的矛盾、科学理论和经验事实的矛盾、理论与理论之间的矛盾、一个理论自身的逻辑矛盾、理论发展引起的矛盾、对新成果的需要和原有成果不能满足需要的矛盾。要注意观察并记录这些矛盾和临床资料。这些数据在当时看来可能并没有一定的规律性,但当积累到一定程度时,通过整理、归纳、分析就容易发现新问题。积累资料到归纳总结的过程其实就是一个运用发散思维和聚合思维的过程。同时,在遇到实际问题时,要大胆提出设想,特别是多次遇到某种现象,而现有知识又不能圆满解释,意味着有未知的规律、原理值得研究。这时就需要运用直觉思维,不畏险阻,坚定自己的想法。如果经过长期的坚持仍得不到结果,这时候就需要发散思维，与不同学科、不同专业的研究人员互相结合，针对同一问题，从不同侧面去探索问题的本质和规律，进行学术思想上的交叉、互融，达到学术理论之间的碰撞、互补和衔接，从学术争论中激发灵感、启发思维，从而通过创新性思维的科学应用，在已知与未知的联系中，发现、提出、选择、确定生物医学科学技术研究中有价值的选题。

（2）研究过程：生物医学科学技术研究过程在总体上是一个从抽象到具体的过程，要把一个浓缩为几十个字的抽象问题，分解为研究对象的选择、确定、分组，观察指标的选择、确定，研究方法的选择、应用，研究结果的收集、整理、评价等，有些还需要进行预试验。在这个过程中，首先需要进行的是关于研究的总体设计，这就需要运用发散思维和辩证思维，既从多种设想出发、多方面寻求答案，又从总体上把握部分与整体的关系、定性与定量的关系、简单与复杂的关系、原型与模型的关系、经验与理论的关系、模仿与创新的关系等。在生物医学科学技术研究过程中，还需要运用概念、推理、归纳、分析等逻辑思维，更需要运用直觉、灵感、顿悟等非逻辑思维。生物医学科学技术研究过程又是一个不断地从具体到抽象的过程，生物医学科学技术研究的目的是要透过生物医学科学技术现象揭示生物医学的本质和规律，这就需要对在研究过程中搜集的客观事实材料和阶段性结果进行分析和抽象，也就是从感性的具体上升到抽象的规定，这又需要运用聚合思维、推理思维和决策思维，对研究过程中的各种信息进行概括，使之朝着一个方向集中，努力找出事物的共同点，形成一种答案、结论或规律。

（3）研究结果：根据思维探索答案的方向，可以把思维分为发散思维和聚合思维。发散思维和聚合思维是创新性思维的基本成分。发散思维，又称扩散思维、辐射思维或求异思维，是指在思维过程中，从多种设想出发，不按常规地寻找变异，使信息朝各种可能的方向辐散，多方面寻求答案，从而引出更多的新信息。其主要功能是求异，它并不局限于从一种途径或一种既定的结论去思考问题，而是尽量提出各种符合条件的答案。在对问题的解决提出新假设时，发散思维起着重要的作用，在创新性活动中具有重要地位。聚合思维也叫集中思维、辐合思维或求同思维，是指思维过程中对信息进行抽象、概括，使之朝着一个方向集中、聚敛，从而找出事物的共同点，形成一种答案、结论或规律。聚合思维同发散思维一样，也是一种重要的创新性思维。其主要的功能就是求同，即当问题存在一个正确的答案或一个最好的解决方案时，人们把已知的各种信息重新加以组织，找出那个答案或方案，从而有利于认识事物的本质和规律。

就创新性思维的全过程来说，创新性思维是一个聚合—发散—聚合……这样一种多次循环往复、螺旋式上升的过程。因而，只有发散思维与聚合思维的有机结合，才能显示出各自和综合的意义。诺贝尔生理学或医学奖史中的众多事实，都说明了发散思维和聚合思维各自在获奖者创新过程中的地位和作用。

（4）研究总结：这是生物医学科学技术研究创新的最后阶段，因为生物医学科学技术研究总结的一个十分重要的功能就是实现科技创新。对此，不少论著的作者和专利申请者并没有真正意识到这一点。实际上，许多情况下生物医学科学技术论著的写作并不是简单、原始的反映科学研究的实践。科学技术研究实践所得到的感性认识、第一手材料和原始数据等还只是一堆“矿石”，必须运用创新性思维进行分析、比较、综合、归纳、推理、总结等一系列“冶炼”过程，才能得到科技含量高的“纯金属”——科研成果。因而，在生物医学科学技术研究总结中，总体上是一个从具体到抽象的过程，需要运用更多的是聚合思维、逻辑思维、推理思维和决策思维。但顿悟等非逻辑思维也往往发生在对研究成果的反复思考之中。仅得到了科研资料和数据还难以写出高质量的论著，甚至写不出论著，只有通过创新思维过程，充分挖掘资料和数据中蕴含的科学内涵，才能实现突破。这也是为什么同样辛辛苦苦地做研究，研究者写出的科学技术论著水平却大相径庭的原因所在。

参考文献

[1] 杜治政. 医学哲学：不是多余的话[M]. 南京：江苏科学技术出版社，2012.
[2] 汤川秀树. 创造力与直觉：一个物理学家对于东西方的考察[M]. 周林东译. 石家庄：河北科学技术出版社，2000.
[3] 卢嘉锡. 院士思维[M]. 合肥：安徽教育出版社，1998.
[4] 瓦穆斯. 科学中的艺术与政治[M]. 章俊，徐云东，焦俊芳译. 北京：中国人民大学出版社，2013.
[5] Marcum JA. An Introductory Philosophy Of Medicine：Humanizing Modern Medicine[M]. New York：Springer. 1979.
[6] 刘大椿. 科学哲学通论[M]. 北京：中国人民大学出版社，1998.
[7] 罗思曼. 还原论的局限：来自活细胞的训诫[M]. 李创同，王策译. 上海：上海世纪出版集团，2006.
[8] [美] 朱迪亚·珀尔，达纳·麦肯齐，江生，于华 译.为什么：关于因果关系的新科学 [M]. 北京：中信出版集团. 2019.Ⅺ.
[9] 黄欣荣.复杂性科学与哲学[M].北京：中央编译出版社，2007：148.
[10] 李建会，李亚明.科学哲学读本[M].北京：金城出版社，2014：100-101.
[11] 迈耶斯. 现代医学的偶然发现[M]. 周子平译. 北京：生活·读书·新知三联书店，2011.
[12] 梅德瓦. 科学家成功的道路——致青年科学工作者[M]. 石进超，陈莹译. 西安：陕西科学技术出版社，1987.
[13] 郭奕玲，沈慧君. 诺贝尔物理学奖一百年[M]. 上海：上海科学普及出版社，2002.
[14] 欧特劳诺斯基. 亚历山大·弗莱明：盘尼西林的发现者[M]. 刘芳译. 北京：外文出版社，1999.

第三章　诺贝尔生理学或医学奖获得者科学产出

科学家的科学产出是可以测试的，但关于学术产品的质量，至今尚无明确的可操作的定义和直接有效的测试指标。诺贝尔生理学或医学奖获得者的获奖成果几乎都是生物医学领域最具创新性的重大科技成果。我们的前期研究成果表明，诺贝尔生理学或医学奖的获奖成果自 20 世纪 30 年代以来的大部分、20 世纪 50 年代以来的绝大部分，都是基础科学研究成果；即使少数的应用技术性成果，也无一例外地以基础科学研究成果为支撑。基础科学产出包括科学论文、著作、专利、学术报告等，但科学论文占到了几乎全部成果。

我们选取了科学引文索引（science citation index，SCI）论文数量、被引次数和期刊影响因子等几个科学论文评价的主要指标，以 1981~2005 年 55 位诺贝尔生理学或医学奖获得者科学论文为研究对象，采用多种评价方法，试图对其主要科学产出进行分析，特别是对其获奖前后的科学产出进行比较分析。我们知道，这是不全面的；我们也知道，不能机械地将科学论文评价等同于文本评价，不能使同行评议越来越注重和依靠文本机械量化。我们这样做，是以探索科技评价制度创新为动力，寻找和把握科学论文评价中定量评价与定性评价的联结点，借以达到科学论文质量评价的真正目的。

第一节　诺贝尔生理学或医学奖获得者科学产出一般情况

通过建立诺贝尔生理学或医学奖获得者科学产出评价目标树图,计算权重系数,求出综合评分指数,获得评价结果。同时,对诺贝尔生理学或医学奖获得者科学产出的高峰年龄、获奖年龄重心和获奖研究年龄集中区进行分析。

一、获得者科学产出基本结果

(1) 1981~2005 年诺贝尔生理学或医学奖获得者获奖前 SCI 论文数及被引次数统计表(表 3-1)。

(2) 1981~2005 年诺贝尔生理学或医学奖获得者获奖前 SCI 论文期刊影响因子和著作情况统计表(表 3-2)。

二、获得者科学产出评价步骤

对诺贝尔生理学或医学奖获得者科学产出进行评价的基本步骤如下所示。

1. 建立目标图　对获得者科学产出评价目标进行连续性分解,得到两个不同层次的评价目标,将各层评价目标用图有机地表示出来,即建成诺贝尔生理学或医学奖获得者科学产出评价目标树图(图 3-1)。

2. 计算权重系数　在同一层的评价目标依据各个评价目标对总评价目标作用价值的大小分别赋予一定的权数。

根据前述图 3-1,对目标树自上而下分层次一一对比打分,建立成对比较判断优选矩阵,见表 3-3。

表 3-1　1981～2005 年诺贝尔生理学或医学奖获得者获奖前 SCI 论文数及被引次数统计表

序号	获奖年度	获得者姓名	SCI 论文数									SCI 论文被引次数						
			总数	独立作者数		第一作者数		通讯作者数		合作论文数		>100 次的被引次数			高频引用率(>20 次)		篇均被引次数	被引总次数
				篇	%	篇	%	篇	%	篇	%	小计	篇	%	篇	%		
1	1981	D. H. Hubel 休伯尔,D. H.	65	15	23. 08	46	70. 77	16	24. 62	50	76. 92	25 821	40	61. 54	50	76. 92	407. 97	26 518
2	1981	T. N. Wiesel 维厄塞尔,T. N.	57	3	5. 26	13	22. 81	36	63. 16	54	94. 74	24 604	39	68. 42	46	80. 70	439. 86	25 072
3	1981	R. W. Sperry 斯佩里,R. W.	116	49	42. 24	61	52. 59	52	44. 83	67	57. 76	5567	20	17. 24	65	56. 03	70. 53	8182
4	1982	S. K. Bergstron 伯格斯特龙,S. K.	207	36	17. 39	159	76. 81	24	11. 59	171	82. 61	5277	27	13. 04	97	46. 86	43. 81	9069
5	1982	B. I. Samuelsson 萨米埃尔松,B. I.	291	36	12. 37	56	19. 24	189	64. 95	255	87. 63	30 500	85	29. 21	198	68. 04	126. 44	36 795
6	1982	J. R. Vane 文,J. R.	293	32	10. 92	46	15. 60	224	76. 45	261	89. 08	41 384	96	32. 76	166	56. 66	157. 95	46 280
7	1983	B. McLlintoc 麦克林托克,B.	28	23	82. 14	24	85. 71	4	14. 29	5	17. 86	3238	10	35. 71	23	82. 14	148. 29	4152
8	1984	N. K. Jerne 杰尼,N. K.	44	21	47. 73	27	61. 36	14	31. 82	23	52. 27	8763	12	27. 27	21	47. 73	210. 34	9255
9	1984	G. Kohler 克勒,G.	37	5	13. 51	16	43. 24	12	32. 43	32	86. 49	14 672	6	16. 22	17	45. 95	419. 30	15 514
10	1984	C. Milstein 米尔斯坦,C.	167	26	15. 57	46	27. 54	92	55. 09	141	84. 43	26 800	41	24. 55	111	66. 47	182. 19	30 426

续表

序号	获奖年度	获得者姓名	SCI论文数									SCI论文被引次数						
			总数	独立作者数		第一作者数		通讯作者数		合作论文数		小计	>100次的被引次数		高频引用率(>20次)		篇均被引次数	被引总次数
				篇	%	篇	%	篇	%	篇	%		篇	%	篇	%	引次数	次数
11	1985	M. S. Brown 布朗,M. S.	222	0	0	51	22.97	98	44.14	222	100.00	42 692	122	54.95	173	77.93	206.26	45 789
12	1985	J. L. Goldstein 戈德斯坦,J. L.	222	0	0	38	17.12	99	44.50	222	100.00	43 073	123	55.41	173	77.93	207.82	46 136
13	1986	S. Cohen 科恩,S.	85	39	45.88	25	29.41	12	14.12	46	54.12	20 477	52	61.18	77	90.59	257.74	21 908
14	1986	R. Montalcini 蒙塔尔西尼,R.	119	33	27.73	62	52.10	43	36.13	86	72.27	7288	23	19.33	61	51.26	78.74	9370
15	1987	利根川进	91	7	7.69	22	24.18	50	54.95	84	92.31	14 952	39	42.86	65	71.43	182.93	16 647
16	1988	J. Black 布莱克,J.	56	8	14.29	36	64.29	21	37.50	48	85.71	4178	7	12.50	28	50.00	94.73	5305
17	1988	G. B. Elion 埃利昂,G. B.	211	15	7.11	67	31.75	74	35.07	196	92.89	9081	38	18.01	119	56.40	63.32	13 360
18	1988	G. H. Hitching 希钦斯,G. H.	238	34	14.29	61	25.63	42	17.65	204	85.71	4942	25	10.50	107	44.96	40.82	9716
19	1988	J. M. Bishop 毕晓普,J. M.	260	21	8.08	34	13.08	152	58.46	239	91.92	28 221	97	37.31	200	76.92	131.19	34 109
20	1989	H. E. Varmus 瓦慕斯,H. E.	211	9	4.27	33	15.64	95	45.02	202	95.73	21 482	81	38.39	162	76.78	123.63	26 085

续表

序号	获奖年度	获得者姓名	SCI论文数									SCI论文被引次数							
			总数	独立作者数		第一作者数		通讯作者数		合作论文数		>100次的被引次数			高频引用率(>20次)		篇均被引次数	被引总次数
				篇	%	篇	%	篇	%	篇	%	小计	篇	%	篇	%		
21	1990	J. E. Murray 默里,J. E.	219	33	15. 07	74	33. 79	98	44. 75	186	84. 93	2579	14	6. 39	62	28. 31	26. 07	5710
22	1990	E. D. Thomas 托马斯,E. D.	833	43	5. 16	115	13. 81	516	61. 94	790	94. 84	42 488	167	20. 05	469	56. 30	71. 87	59 869
23	1991	E. Neher 内尔,E.	101	14	13. 86	40	39. 60	44	43. 56	87	86. 14	26 057	41	40. 59	63	62. 38	272. 73	27 546
24	1991	B. Sakmann 萨克曼,B.	104	7	6. 73	26	25. 00	55	52. 88	97	93. 27	28 788	42	40. 38	64	61. 54	291. 10	30 274
25	1992	H. Fischer 费希尔,H.	235	4	1. 70	31	13. 19	131	55. 74	231	98. 30	12 124	52	22. 13	146	62. 13	74. 49	17 504
26	1992	E. Krebs 克雷布斯,E.	298	8	2. 68	32	10. 74	212	71. 14	290	97. 32	27 685	103	34. 56	210	70. 47	114. 95	34 255
27	1993	R. J. Roberts 罗伯茨,R. J.	96	16	16. 67	30	31. 25	47	48. 96	80	83. 33	3466	18	18. 75	75	78. 13	64. 81	6222
28	1993	P. A. Sharp 夏普,P. A.	252	22	8. 73	35	13. 89	165	65. 48	230	91. 27	33 333	104	41. 27	193	76. 59	152. 85	38 517
29	1994	G. Gilman 吉尔曼,G.	175	14	8. 00	24	13. 71	122	69. 71	161	92. 00	36 849	93	53. 14	132	75. 43	222. 54	38 944
30	1994	M. Rodebell 罗德贝尔,M.	141	26	18. 44	45	31. 91	75	53. 19	115	81. 56	18 339	39	27. 66	86	60. 99	148. 04	20 874

续表

序号	获奖年度	获得者姓名	SCI论文数									SCI论文被引次数						
			总数	独立作者数		第一作者数		通讯作者数		合作论文数		>100次的被引次数			高频引用率(>20次)		篇均被引次数	被引总次数
				篇	%	篇	%	篇	%	篇	%	小计	篇	%	篇	%		
31	1995	E. B. Lewis 刘易斯,E. B.	37	23	62.16	26	70.27	8	21.62	14	37.84	3872	10	27.03	22	59.46	123.38	4565
32	1995	E. Wieschus 维绍斯,E.	59	1	1.69	14	23.73	37	62.71	58	98.31	4752	20	33.90	43	72.88	105.81	6243
33	1995	C. N. Volhard 福尔哈德,C. N.(女)	68	6	8.82	13	19.12	46	67.65	62	91.18	9945	37	54.41	53	77.94	162.91	11 078
34	1996	P. C. Doherty 多尔蒂,P. C.	249	17	6.83	87	34.94	116	46.59	232	93.17	9470	32	12.85	120	48.19	56.88	14 163
35	1996	R. M. Zinkernagel 津克纳格尔,R. M.	353	43	12.18	114	32.29	143	40.51	310	87.82	22 025	79	22.38	206	58.36	83.03	29 310
36	1997	S. B. Prusiner 普鲁西纳,S. B.	417	50	11.99	97	23.26	230	55.16	367	88.01	24 158	98	23.50	221	53.00	75.95	31 673
37	1998	R. Furchgott 弗奇戈特,R.	142	25	17.61	84	59.15	40	28.17	117	82.39	20 673	35	24.65	78	54.93	163.37	23 198
38	1998	L. J. Ignarro 伊格纳罗,L. J.	336	32	9.52	119	35.42	131	38.99	304	90.48	18 590	58	17.26	153	41.80	71.58	24 051
39	1998	F. Murad 默拉德,F.	360	18	5.00	41	11.39	271	75.28	342	95.00	17 845	64	17.78	169	46.94	67.41	24 267
40	1999	G. Blobel 布洛伯尔,G.	361	21	5.82	32	8.86	240	66.48	340	94.18	35 108	130	36.01	259	71.75	117.76	42 510

续表

序号	获奖年度	获得者姓名	SCI论文数									SCI论文被引次数						
			总数	独立作者数		第一作者数		通讯作者数		合作论文数		>100次的被引次数			高频引用率(>20次)		篇均被引次数	被引总次数
				篇	%	篇	%	篇	%	篇	%	小计	篇	%	篇	%		
41	2000	A. Carlsson 卡尔松,A.	514	52	10. 12	196	38. 13	136	26. 46	462	89. 88	18 719	65	12. 65	230	44. 75	55. 36	28 454
42	2000	P. Greengard 格林加德,P.	735	18	2. 45	61	8. 30	434	59. 05	717	97. 55	44 358	194	26. 39	484	65. 85	82. 56	60 682
43	2000	E. Kandel 坎德尔,E.	360	22	6. 11	52	14. 44	203	56. 39	338	93. 89	29 553	130	36. 11	280	77. 78	106. 27	38 256
44	2001	L. Hartwell 哈特韦尔,L.	113	24	21. 24	43	38. 05	58	51. 33	89	78. 76	15 183	50	44. 25	90	79. 65	154. 18	17 422
45	2001	P. Nurse 纳斯,P	248	37	14. 92	49	19. 76	152	61. 29	211	85. 08	19 981	64	25. 81	133	53. 63	96. 42	23 912
46	2001	T. Hunt 亨特,T.	170	29	17. 06	42	24. 71	65	38. 24	141	82. 94	8374	33	19. 41	86	50. 59	68. 10	11 577
47	2002	S. Brenner 布雷内,S.	236	47	19. 92	69	29. 24	112	47. 46	189	80. 08	17 057	52	22. 03	123	52. 12	89. 89	21 214
48	2002	R. Horvitz 霍维茨,R.	182	10	5. 49	18	9. 89	121	66. 48	172	94. 51	19 992	65	35. 71	142	78. 02	135. 37	24 638
49	2002	J. Sulston 苏尔斯顿,J.	88	7	7. 95	24	27. 27	26	29. 55	81	92. 05	15 489	29	32. 95	62	70. 45	197. 81	17 407
50	2003	P. C. Lauterbur 劳特布尔,P. C.	130	32	24. 62	43	33. 08	62	47. 69	98	75. 38	3690	16	12. 31	54	61. 36	46. 40	6032

续表

序号	获奖年度	获得者姓名	SCI 论文数									SCI 论文被引次数						
			总数	独立作者数		第一作者数		通讯作者数		合作论文数		>100 次的被引次数			高频引用率(>20 次)		篇均被引次数	被引总次数
				篇	%	篇	%	篇	%	篇	%	小计	篇	%	篇	%		
51	2003	P. Mansfield 曼斯菲尔德,P.	200	23	11. 50	83	41. 50	73	36. 50	177	88. 50	2058	11	5. 50	77	38. 50	28. 59	5717
52	2004	R. Axel 阿克塞尔,R.	129	3	2. 33	10	7. 75	72	55. 81	126	97. 67	23 973	69	53. 49	109	84. 50	203. 60	26 264
53	2004	L. B. Buck 巴克,L. B.	44	10	22. 73	16	36. 36	21	47. 73	34	77. 27	3784	12	27. 27	23	52. 27	103. 45	4552
54	2005	B. J. Marshall 马歇尔,B. J.	129	23	17. 83	62	48. 06	35	27. 13	106	82. 17	6419	14	10. 85	37	28. 68	61. 15	7888
55	2005	J. R. Warren 华伦,J. R.	26	3	11. 54	3	11. 54	4	15. 38	23	88. 46	5658	8	30. 77	11	42. 31	226. 58	5891
1981—2005 平均			199. 89	21. 37	10. 85	50. 26	25. 33	98. 76	48. 98	178. 52	89. 15	18 462. 65	55. 11	29. 94	122. 25	61. 16	112. 60	22 286. 38

表 3-2　1981~2005 年诺贝尔生理学或医学奖获得者获奖前 SCI 论文期刊影响因子和著作情况统计表

序号	获奖年度	获得者姓名	SCI 论文期刊影响因子								著作数(部)		
			影响因子一区(IF≥4. 837)			影响因子高区			篇均影响因子	总影响因子	总数	独著数	合著数
			IF	篇	%	小计	篇	%					
1	1981	D. H. Hubel 休伯尔,D. H.	377. 228	13	22. 81	522. 645	50	87. 72	8. 255	536. 595			
2	1981	T. N. Wiesel 维厄塞尔,T. N.	255. 708	9	16. 98	396. 612	44	83. 02	7. 301	416. 133			
3	1981	R. W. Sperry 斯佩里,R. W.	241. 494	19	22. 09	386. 791	60	69. 770	3. 763	436. 561	1	1	

续表

序号	获奖年度	获得者姓名	SCI论文期刊影响因子								著作数(部)		
			影响因子一区(IF≥4.837)			影响因子高区			篇均影响因子	总影响因子	总数	独著数	合著数
			IF	篇	%	小计	篇	%					
4	1982	S. K. Bergstron 伯格斯特龙,S. K.	487.812	28	27.45	556.042	47	46.08	3.078	637.055	4	1	3
5	1982	B. I. Samuelsson 萨米埃尔松,B. I.	847.188	77	42.54	1025.805	133	73.48	3.799	1105.537	2		2
6	1982	J. R. Vane 文,J. R.	1550.452	66	36.67	1893.313	156	86.67	6.626	1941.377	8	3	5
7	1983	B. McLlintoc 麦克林托克,B.	141.738	10	41.67	179.788	19	79.17	6.701	187.639	4	4	
8	1984	N. K. Jerne 杰尼,N. K.	207.086	16	50.00	220.977	20	62.50	5.314	233.803			
9	1984	G. Kohler 克勒,G.	174.407	11	36.67	225.426	23	76.67	6.247	231.132			
10	1984	C. Milstein 米尔斯坦,C.	1277.140	62	43.66	1528.301	130	91.55	9.221	1539.949			
11	1985	M. S. Brown 布朗,M. S.	2068.712	142	84.02	2122.197	156	92.31	9.657	2143.760	10		10
12	1985	J. L. Goldstein 戈德斯坦,J. L.	2051.691	141	83.43	2109.125	156	92.31	9.600	2130.212	13	1	12
13	1986	S. Cohen 科恩,S.	630.934	60	80.00	674.095	72	96.00	7.986	678.791	17	6	11

续表

序号	获奖年度	获得者姓名	SCI 论文期刊影响因子								著作数(部)		
			影响因子一区(IF≥4.837)			影响因子高区			篇均影响因子	总影响因子	总数	独著数	合著数
			IF	篇	%	小计	篇	%					
14	1986	R. Montalcini 蒙塔尔西尼,R.	752.358	42	43.30	797.939	54	55.67	7.448	886.304	2	2	
15	1987	利根川进	1125.889	54	78.26	1147.217	61	88.41	12.681	1153.996			
16	1988	J. Black 布莱克,J.	270.124	16	34.04	357.078	40	85.11	6.588	368.908	3	2	1
17	1988	G. B. Elion 埃利昂,G. B.	758.274	89	59.73	930.446	134	89.93	4.525	954.763			
18	1988	G. H. Hitching 希钦斯,G. H.	968.927	112	66.67	1080.559	141	83.93	4.741	1128.360	2	2	
19	1989	J. M. Bishop 毕晓普,J. M.	2473.960	162	69.83	2674.643	222	95.69	10.328	2685.246	1		1
20	1989	H. E. Varmus 瓦慕斯,H. E.	2120.527	134	72.43	2264.995	177	95.68	10.767	2271.733	1		1
21	1990	J. E. Murray 默里,J. E.	1130.580	52	30.06	1218.378	77	44.51	6.201	1358.049			
22	1990	E. D. Thomas 托马斯,E. D.	4973.410	322	44.29	5855.998	562	77.30	7.299	6080.279	1	1	
23	1991	E. Neher 内尔,E.	464.477	23	25.00	623.553	60	65.22	6.840	690.823	2	1	1
24	1991	B. Sakmann 萨克曼,B.	736.532	32	34.04	862.89	63	67.02	8.849	920.315	1		1

续表

序号	获奖年度	获得者姓名	SCI论文期刊影响因子								著作数(部)		
			影响因子一区(IF≥4.837)			影响因子高区			篇均影响因子	总影响因子	总数	独著数	合著数
			IF	篇	%	小计	篇	%					
25	1992	H. Fischer 费希尔,H.	612.826	61	33.52	893.095	134	73.63	4.164	978.504	2	1	1
26	1992	E. Krebs 克雷布斯,E.	1372.047	153	67.40	1587.02	212	93.39	5.413	1613.027	3		3
27	1993	R. J. Roberts 罗伯茨,R. J.	711.74	74	82.22	745.376	84	93.33	7.823	751.045	3		3
28	1993	P. A. Sharp 夏普,P. A.	3061.315	179	81.36	3141.024	205	93.18	12.511	3152.822	2	1	1
29	1994	G. Gilman 吉尔曼,G.	1262.572	114	83.82	1286.799	121	88.97	7.478	1308.663			
30	1994	M. Rodebell 罗德贝尔,M.	654.692	74	73.27	701.959	87	86.14	5.182	730.604	1		1
31	1995	E. B. Lewis 刘易斯,E. B.	234.05	15	42.86	275.758	26	74.29	7.736	286.226	1		1
32	1995	E. Wieschus 维绍斯,E.	566.01	39	84.78	586.228	44	95.65	9.973	588.403			
33	1995	C. N. Volhard 福尔哈德,C. N.(女)	1071.406	53	91.38	1079.699	55	94.83	15.921	1082.628			
34	1996	P. C. Doherty 多尔蒂,P. C.	1274.656	100	46.73	1456.448	158	73.83	6.211	1546.602			

续表

序号	获奖年度	获得者姓名	SCI论文期刊影响因子								著作数(部)		
			影响因子一区(IF≥4.837)			影响因子高区			篇均影响因子	总影响因子	总数	独著数	合著数
			IF	篇	%	小计	篇	%					
35	1996	R. M. Zinkern agel 津克纳格尔，R. M.	2663.839	169	53.99	2974.753	253	80.83	8.680	3064.123	2		2
36	1997	S. B. Prusiner 普鲁西纳，S. B.	3374.868	236	65.37	3700.988	328	90.86	9.010	3755.319	3		3
37	1998	R. Furchgott 弗奇戈特，R.	466.165	30	35.29	634.441	71	83.53	4.635	658.203			
38	1998	L. J. Ignarro 伊格纳罗，L. J.	1837.249	121	48.21	2148.294	212	84.46	6.600	2217.570	1		1
39	1998	F. Murad 默拉德，F.	3573.96	159	57.82	3766.197	214	77.82	10.815	3893.288			
40	1999	G. Blobel 布洛伯尔，G.	3729.777	271	83.38	3796.965	294	90.46	10.645	3842.744			
41	2000	A. Carlsson 卡尔松，A.	562.599	45	10.98	1075.900	188	45.85	2.862	1470.970	5	1	4
42	2000	P. Greengard 格林加德，P.	5103.917	414	63.69	5733.892	581	89.38	7.988	5871.133	16	4	12
43	2000	E. Kandel 坎德尔，E.	4098.66	224	69.57	4368.421	294	91.30	12.258	4412.910	13	5	8
44	2001	L. Hartwell 哈特韦尔，L.	1153.022	68	66.67	1279.379	100	98.04	11.334	1280.777	4	1	3
45	2001	P. Nurse 纳斯，P	2926.147	166	71.86	3066.541	210	90.91	12.501	3100.306			

续表

序号	获奖年度	获得者姓名	SCI论文期刊影响因子								著作数(部)		
			影响因子一区(IF≥4.837)			影响因子高区			篇均影响因子	总影响因子	总数	独著数	合著数
			IF	篇	%	小计	篇	%					
46	2001	T. Hunt 亨特,T.	1431.973	96	67.61	1508.131	118	83.10	9.074	1542.661	6		6
47	2002	S. Brenner 布雷内,S.	1989.677	118	56.73	2206.767	185	88.94	9.465	2233.839	7	3	4
48	2002	R. Horvitz 霍维茨,R.	2338.319	130	73.03	2485.394	167	93.82	13.712	2495.516			
49	2002	J. Sulston 苏尔斯顿,J.	1018.219	55	69.62	1073.827	72	91.14	12.280	1080.671	1		1
50	2003	P. C. Lauterbur 劳特布尔,P. C.	308.274	22	19.64	465.475	69	61.61	4.113	534.725	5	1	4
51	2003	P. Mansfield 曼斯菲尔德,P.	207.985	16	10.46	381.774	69	45.10	2.473	494.520	4	2	2
52	2004	R. Axel 阿克塞尔,R.	2304.054	114	88.37	2335.292	123	95.35	18.136	2339.486	1		1
53	2004	L. B. Buck 巴克,L. B.	578.076	32	78.05	600.716	38	92.68	13.700	602.813			
54	2005	B. J. Marshall 马歇尔,B. J.	546.651	41	36.28	675.564	74	65.49	5.690	734.018	1	1	
55	2005	J. R. Warren 华伦,J. R.	141.500	10	47.62	153.119	13	61.90	6.339	164.811			
平均			1366.48	90.05	55.35	1520.927	132.59	81.47	8.04	1569.320	2.78	0.80	1.98

注:IF(impact factor,影响因子)

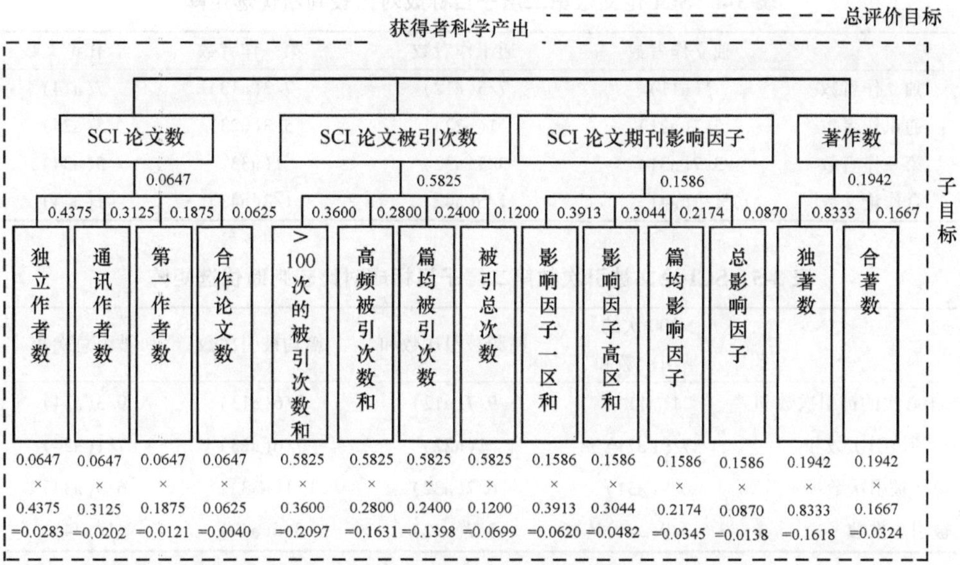

图 3-1　1981～2005 年诺贝尔生理学或医学奖获得者科学产出评价目标树图

表 3-3　第一层子目标成对比较判断优选矩阵

	SCI 论文数	SCI 论文被引次数	SCI 论文期刊影响因子	著作
SCI 论文数	1(a11)	1/9(a12)	1/6(a13)	1/3(a14)
SCI 论文被引次数	9(a21)	1(a22)	9/6(a23)	9/3(a24)
SCI 论文期刊影响因子	6(a31)	6/9(a32)	1(a33)	6/3(a34)
著作	3(a41)	3/9(a42)	3/6(a43)	1(a44)

按公式 $W'_i=\sqrt[m]{a_{i1}\cdot a_{i2}\cdot\cdots\cdot a_{im}}$ 计算初始权重系数 W'_i，式中，a_i 为第一层中第 i 个子目标；m 为第一层中子目标的数量，$m=4$；W'_i为第一层中第 i 个子目标的初始权重系数。

得　　　　$W'_1=\sqrt[4]{1\times 1/9\times 1/6\times 1/3}=0.2803$

同理得 $W'_2=2.5227$，$W'_3=0.6866$，$W'_4=0.8409$。

按公式 $W'_i=W'_i/\sum_{i=1}^{m}W'_i$ 计算归一化权重系数 W_i，得

$$W_1=\frac{0.2803}{+0.2803+2.5227+0.6866+0.8409}=0.0647$$

同理得 $W_2=0.5825$，$W_3=0.1586$，$W_4=0.1942$。

用同样方法可获得其他分层中各项目指标的权重系数，现将各层子目标成对比较判断优选矩阵和子目标权重系数列表，见表 3-4～表 3-7。

表 3-4　SCI 论文数第二层子目标成对比较判断优选矩阵

	独立作者数	通讯作者数	第一作者数	合作论文数
独立作者数	1(a11)	7/5(a12)	7/3(a13)	7(a14)
通讯作者数	5/7(a21)	1(a22)	5/3(a23)	5(a24)
第一作者数	3/7(a31)	3/5(a32)	1(a33)	3(a34)
合作论文数	1/7(a41)	1/5(a42)	1/3(a43)	1(a44)

表 3-5　SCI 论文被引次数第二层子目标成对比较判断优选矩阵

	>100 次的被引次数和	高频被引次数和	篇均被引次数	被引总次数
>100 次的被引次数和	1(a11)	9/7(a12)	9/6(a13)	9/3(a14)
高频被引次数和	7/9(a21)	1(a22)	7/6(a23)	7/1(a24)
篇均被引次数	6/9(a31)	6/7(a32)	1(a33)	6/3(a34)
被引总次数	3/9(a41)	3/7(a42)	3/6(a43)	1(a44)

表 3-6　SCI 论文期刊影响因子第二层子目标成对比较判断优选矩阵

	影响因子一区	影响因子高区	篇均影响因子	总影响因子
影响因子一区	1(a11)	9/7(a12)	9/5(a13)	9/2(a14)
高影响因子	7/9(a21)	1(a22)	7/5(a23)	7/2(a24)
篇均影响因子	3/9(a31)	3/7(a32)	1(a33)	3/2(a34)
总影响因子	2/9(a41)	2/7(a42)	2/5(a43)	1(a44)

表 3-7　著作数第二层子目标成对比较判断优选矩阵

	独著数	合著数
独著数	1(a11)	5(a12)
合著数	1/5(a21)	1(a22)

根据各评价指标的权重系数,用第二层子目标权重乘以相应第一层子目标权重,见图 3-1,计算各个评价指标的组合权重系数,得

独立作者数的组合权重系数 $C_1 = 0.0283$;

通讯作者数的组合权重系数 $C_2 = 0.0202$;

第一作者数的组合权重系数 $C_3 = 0.0121$;

合作论文数的组合权重系数 $C_4 = 0.0040$;

>100 次的被引次数和的组合权重系数 $C_5 = 0.2097$;

高频被引次数的组合权重系数 $C_6 = 0.1613$;

篇均被引次数的组合权重系数 $C_7=0.1398$；

被引总次数的组合权重系数 $C_8=0.0699$；

影响因子一区的组合权重系数 $C_9=0.0620$；

影响因子高区的组合权重系数 $C_{10}=0.0482$；

篇均影响因子的组合权重系数 $C_{11}=0.0345$；

总影响因子的组合权重系数 $C_{12}=0.0138$；

独著数的组合权重系数 $C_{13}=0.1618$；

合著数的组合权重系数 $C_{14}=0.0324$。

3. 求出综合评分指数　对获得者科学产出进行综合评估。综合评分指数按公式 $GI=\sum_{j=1}^{m} C_i \cdot P_i$ 求得，式中 P_i 为第 i 个评价指标的测量值，m 为评价指标的个数。

$$GI = C_1P_1 + C_2P_2 + C_3P_3 + C_4P_4 + C_5P_5 + C_6P_6 + C_7P_7 + C_8P_8 + C_9P_9 + C_{10}P_{10} + C_{11}P_{11} + C_{12}P_{12}$$

依此求得每位获得者科学产出综合评分指数 GI 的计算结果。

三、获得者科学产出评价结果及排序

1981~2005 年诺贝尔生理学或医学奖获得者科学产出评价结果(即 GI)及排序见表 3-8。

表 3-8　1981~2005 年诺贝尔生理学或医学奖获得者科学产出评价排序表

序号	获奖者总序号	获奖年度	获得者	获奖成果	科学产出评价排序
1	130	1981	D. H. Hubel 休伯尔，D. H.	研究视觉系统的信息处理	9
2	131	1981	T. N. Wiesel 维厄塞尔，T. N.	同上	10
3	132	1981	R. W. Sperry 斯佩里，R. W.	揭示大脑左右两个半球的功能、专长	13
4	133	1982	S. K. Bergstron 伯格斯特龙，S. K.	研究前列腺素及相关生物活性物质	29
5	134	1982	B. I. Samuelsson 萨米埃尔松，B. I.	同上	44
6	135	1982	J. R. Vane 文，J. R.	同上	45

续表

序号	获奖者总序号	获奖年度	获得者	获奖成果	科学产出评价排序
7	136	1983	B. McLlintoc 麦克林托克,B.	发现可移动的遗传因子,创立"转座因子"学说	1
8	137	1984	N. K. Jerne 杰尼,N. K.	提出三个免疫学说,推动了免疫学的发展	3
9	138	1984	G. Kohler 克勒,G.	发现生产单克隆抗体的原理,发明制造单克隆抗体的技术	5
10	139	1984	C. Milstein 米尔斯坦,C.	同上	27
11	140	1985	M. S. Brown 布朗,M. S.	发现胆固醇代谢的调节和血液胆固醇含量过高引起的疾病的治疗	39
12	141	1985	J. L. Goldstein 戈德斯坦,J. L.	同上	38
13	142	1986	S. Cohen 科恩,S.	发现表皮生长因子(EGF)及其分离方法	7
14	143	1986	R. Montalcini 蒙塔尔西尼,R.	发现神经生长因子(NGF)及其分离方法	17
15	144	1987	利根川进	揭示抗体多样性发生的遗传学机制	16
16	145	1988	J. Black 布莱克,J.	研究受体阻滞药物	8
17	146	1988	G. B. Elion 埃利昂,G. B.	研究选择性抗代谢药物	34
18	147	1988	G. H. Hitching 希钦斯,G. H.	同上	36
19	148	1989	J. M. Bishop 毕晓普,J. M.	发现动物肿瘤病毒的致癌基因源于原癌基因	43
20	149	1989	H. E. Varmus 瓦慕斯,H. E.	同上	35
21	150	1990	J. E. Murray 默里,J. E.	成功实施了第一例人肾脏移植手术,为人类的器官和细胞移植铺平了道路	32
22	151	1990	E. D. Thomas 托马斯,E. D.	同上	55
23	152	1991	E. Neher 内尔,E.	发现细胞膜存在离子通道,发明和应用膜片钳技术	18
24	153	1991	B. Sakmann 萨克曼,B.	同上	20

续表

序号	获奖者总序号	获奖年度	获得者	获奖成果	科学产出评价排序
25	154	1992	H. Fischer 费希尔,H.	发现细胞中可逆蛋白质磷酸化控制生物体新陈代谢机制	41
26	155	1992	E. Krebs 克雷布斯,E.	同上	46
27	156	1993	R. J. Roberts 罗伯茨,R. J.	发现断裂基因	14
28	157	1993	P. A. Sharp 夏普,P. A.	同上	40
29	158	1994	A. Gilman 吉尔曼,A.	发现G蛋白及其在细胞传导信号方面的奥秘	28
30	159	1994	M. Rodebell 罗德贝尔,M.	同上	23
31	160	1995	E. B. Lewis 刘易斯,E. B.	发现极为重要的控制早期胚胎发育的遗传机制	2
32	161	1995	E. F. Wieschus 维绍斯,E. F.	同上	11
33	162	1995	C. N. Volhard 福尔哈德,C. N.	同上	12
34	163	1996	P. C. Doherty 多尔蒂,P. C.	发现细胞的中介免疫保护特征,阐明免疫系统如何识别受病毒感染细胞的机制	42
35	164	1996	R. Zinkernagel 津克纳格尔,R.	同上	48
36	165	1997	S. Prusiner 普鲁西纳,S.	发现一种全新致病原种类——毒朊(Prion),并阐明它们潜在的作用机制	52
37	166	1998	R. F. Furchgott 弗奇戈特,R. F.	发现一氧化氮是心血管系统中的信息分子	24
38	167	1998	L. J. Ignarro 伊格纳罗,L. J.	同上	47
39	168	1998	F. Murad 默拉德,F.	同上	51
40	169	1999	G. Blobel 布洛伯尔,G.	发现蛋白质内控制蛋白质在细胞内传输定位的信号,揭开了某些遗传性疾病的关键性秘密	50

续表

序号	获奖者总序号	获奖年度	获得者	获奖成果	科学产出评价排序
41	170	2000	A. Carlsson 卡尔松,A.	发现神经细胞间特殊的信号转导形式	53
42	171	2000	P. Greengard 格林加德,P.	同上	54
43	172	2000	E. Kandel 坎德尔,E.	同上	49
44	173	2001	L. Hartwell 哈特韦尔,L.	发现调控细胞周期的关键分子调节机制	19
45	174	2001	P. Nurse 纳斯,P.	同上	37
46	175	2001	T. Hunt 亨特,T.	同上	26
47	176	2002	S. Brenner 布雷内,S.	关于器官发育和程序性细胞死亡过程的基因调节	33
48	177	2002	R. Horvitz 霍维茨,R.	同上	30
49	178	2002	J. Sulston 苏尔斯顿,J.	同上	15
50	179	2003	P. C. Lauterbur 劳特布尔,P. C.	在磁共振成像技术领域的突破性成就	21
51	180	2003	P. Mansfield 曼斯菲尔德,P.	同上	31
52	181	2004	R. Axel 阿克塞尔,R.	发现人类嗅觉系统的奥秘	25
53	182	2004	L. B. Buck 巴克,L. B.	同上	6
54	183	2005	B. J. Marshall 马歇尔,B. J.	发现幽门螺杆菌及其对消化性溃疡的致病机制	22
55	184	2005	J. R. Warren 华伦,J. R.	同上	4

四、获得者科学产出高峰年龄分析

根据有关数据,生成 1981~2005 年诺贝尔生理学或医学奖获得者获奖前

SCI 论文数年度统计表、1981～2005 年诺贝尔生理学或医学奖获得者获奖前 SCI 论文被引次数年度统计表、1981～2005 年诺贝尔生理学或医学奖获得者获奖前 SCI 论文期刊影响因子年度统计表、1981～2005 年诺贝尔生理学或医学奖获得者获奖前科学产出高峰年龄与获奖年龄比较图(图 3-2)、1981～2005 年诺贝尔生理学或医学奖获得者获奖年龄与 SCI 论文数高峰年龄散点图(图 3-3)、1981～2005 年诺贝尔生理学或医学奖获得者获奖年龄与 SCI 论文被引次数高峰年龄散点图(图 3-4)。1981～2005 年诺贝尔生理学或医学奖获得者获奖年龄与 SCI 论文期刊影响因子高峰年龄散点图(图 3-5)。

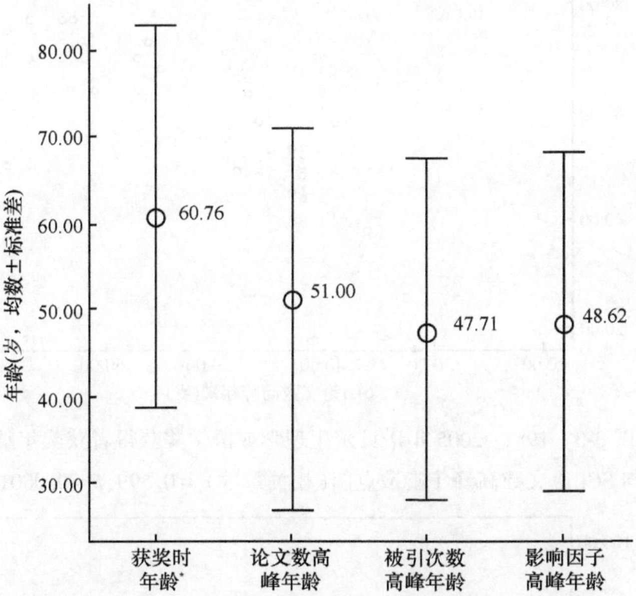

图 3-2　1981～2005 年诺贝尔生理学或医学奖获得者获奖前科学产出高峰年龄与获奖年龄比较图

* 图中获奖年龄为 1981～2005 年 55 位获得者获奖时平均年龄

由此可知，1981～2005 年诺贝尔生理学或医学奖获得者获奖前科学产出高峰年龄：SCI 论文数高峰年龄平均 51.00 岁，SCI 论文被引次数高峰年龄平均 47.71 岁，SCI 论文期刊影响因子高峰年龄平均 48.62 岁。

又由此可知，获得者获奖时年龄与其科学产出高峰年龄的差值平均数：获奖时年龄与 SCI 论文数高峰年龄的差值平均数为 9.76 年，获奖时年龄与 SCI 论文被引次数高峰年龄的差值平均数为 13.05 年，获奖时年龄与 SCI 论文期刊影响因子高峰年龄的差值平均数为 12.14 年。

目前关于诺贝尔生理学或医学奖获得者获奖研究时间与获奖时间之间的平均间隔时间,有两种研究结果:一是美国的朱克曼引用的研究结果[1],1901~1920 年为 12.00 年,1921~1950 年为 13.10 年,1951~1972 年为 14.10 年,1901~1972 年为 13.40 年;一是中国科学院原院长路甬祥院士的研究结果[2],1901~1999 年为 18.10 年。

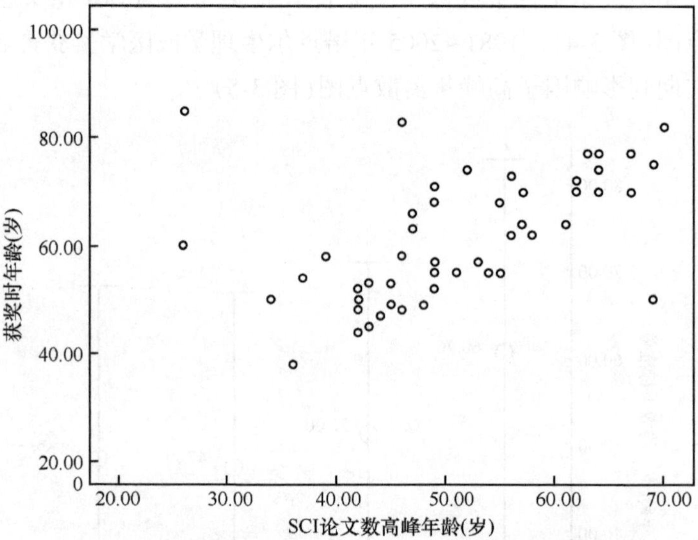

图 3-3　1981~2005 年诺贝尔生理学或医学奖获得者获奖年龄与 SCI 论文数高峰年龄散点图(相关系数 $r_s=0.599$,$P=0.0001$)

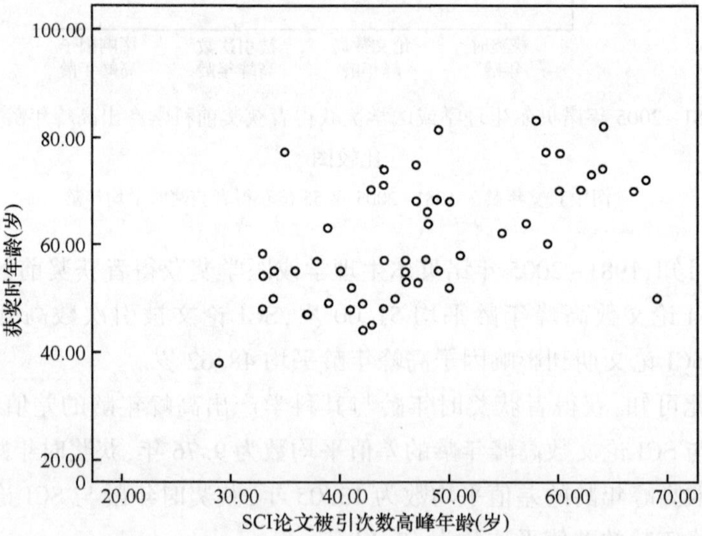

图 3-4　1981~2005 年诺贝尔生理学或医学奖获得者获奖年龄与 SCI 论文被引次数高峰年龄散点图(相关系数 $r_s=0.553$,$P=0.0001$)

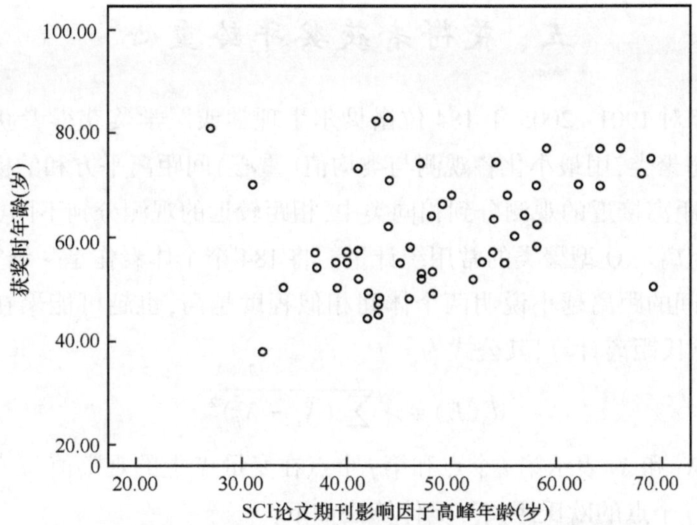

图 3-5　1981～2005 年诺贝尔生理学或医学奖获得者获奖年龄与 SCI 论文期刊影响因子高峰年龄散点图(相关系数 $r_s=0.381, P=0.004$)

综合分析可知：

(1) 获得者获奖年龄与其科学产出高峰年龄的差值平均数提示我们，获得者科学论文质量高峰较数量高峰早 2.39～3.29(12.15～9.76，13.05～9.76)年。从图 3-3～图 3-5 可知，SCI 论文数、被引次数和期刊影响因子三个高峰年龄之间呈正相关，这种内在联系既支持了获得者科学论文数量与质量之间高峰时间差的存在，又说明获得者发表高质量论文对其学术影响的扩大，可能增加了其在本学科领域的被认同感，减少了后续论文发表时的难度。

(2) 从获得者获奖年龄与其科学产出高峰年龄的差值平均数来看，现有关于获奖研究时间与获奖时间之间的平均间隔时间的研究结果中，18.10 年更接近实际。一是朱克曼研究结果包含的时间跨度虽局限在 30 多年前，但呈现出逐渐增加的趋势，路甬祥研究结果包含的时间跨度大，符合朱克曼研究结果呈现的趋势；二是本研究对象样本发生时间范围为 1981～2005 年，如为 14.10 年(朱克曼研究结果之最近、最大值)，则从获奖研究到总结成论文、再到发表在期刊，间隔时间为 1.95(14.10～12.15)年；从论文发表到被引用，间隔时间为 1.05(14.10～13.05)年；从科学论文学术质量的这两个衡量标尺来看，任何一个获奖研究时间间隔，都不大符合当代科学研究规律，也从另一方面反证了当代科学技术飞速发展给科学研究带来的影响。

五、获得者获奖年龄重心

本研究对1901~2005年184位诺贝尔生理学或医学奖获得者获奖年龄采用Q型动态聚类,用最小化各观测与类均值(重心)间距离平方和的标准迭代算法,即欧氏距离接近的观测分到相同类中,相距较远的观测分到不同类中。

欧氏距离是Q型聚类的常用统计量。将184个个体看作是一维空间的184个点,点之间的距离越小说明两个体间相似程度越高,也越可能聚在一类。本研究采用欧氏距离计算,其公式为

$$d_{ij}(E)=\sqrt{\sum(X_i-X_j)^2}$$

式中,X_i 和 X_j 表示第 i 个点和第 j 个点在变量 X 上的观察值,$d_{ij}(E)$ 表示第 i 个点和第 j 个点的欧氏距离。具体算法如下:

(1) 指定拟分类数目 k(本次研究中为2类),随机选择 k 个样品作为凝聚点各成一类。各类重心分别是首次猜测的 k 个样品观测值构成的向量。

(2) 顺序选择184个样品中的一个,用 Y 表示其观测向量,分别计算 Y 与各重心间的欧氏距离,将该样品归到距离最小的那一类,然后计算加入新样品以后更新了的类重心即均值向量;重复此过程直至184个样品全部归类。

(3) 重复前两步,直至所有样品的归类与上一步相同或改变很小为止。

得到获得者获奖年龄的两个重心及其可信区间,如图3-6。

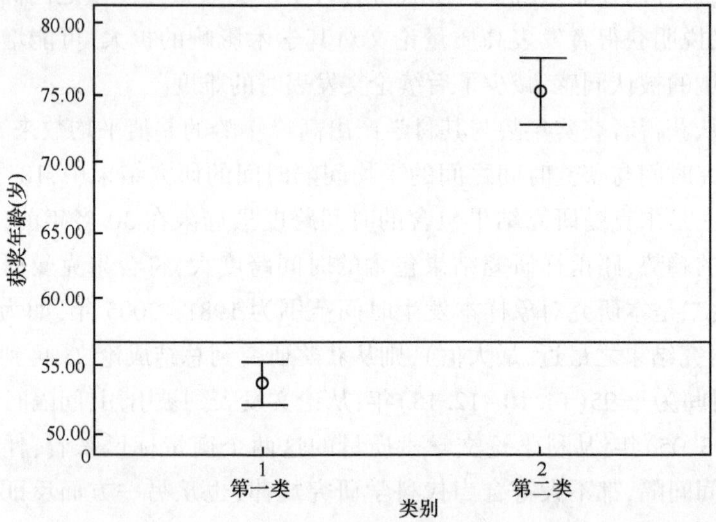

图3-6　1901~2005年诺贝尔生理学或医学奖获得者获奖年龄重心及可信区间示意图

参考线为获得者获奖年龄平均值:56.66岁

本算法收敛时,分界点定在70岁。以70岁为分界点,得出获得者获奖年龄重心为53.62岁和75.15岁。结合前述比较接近实际的获奖研究时间与获奖时间之间的平均间隔时间14.10~18.10年,得出获奖研究年龄集中区为35.52~39.52(即53.62~18.10,53.62~14.10)岁和57.05~61.05(即75.15~18.10,75.15~14.10)岁。

第二节　诺贝尔生理学或医学奖获得者科学论文数量与质量

我们试图运用多种评价方法,对1981~2005年诺贝尔生理学或医学奖获得者获奖前科学论文进行评价并比较分析。虽然在数量分析的同时,侧重进行了质量分析,但也只是一个横断面的静态描述,只是从不同角度对论文影响力的反映,不是论文的全面、直接的反映。尽管如此,我们在排序-频度分布的可适性、科学精英内部与科学共同体内部分层工具的差异性、科学家在科学界金字塔中的进阶路径、生物医学领域论文影响力扩散规律、科学论文质量评价真正目的探寻等方面,都有新的发现。

一、诺贝尔生理学或医学奖获得者科学论文数量与质量一般情况

1. 获得者科学论文数量影响　1981~2005年55位诺贝尔生理学或医学奖获得者中,首次发表SCI论文时的最小年龄为21岁,有3人(伯格斯特龙,S. K. ,1982;文,J. R. ,1982;阿克塞尔,R. ,2004),最大年龄为39岁(蒙塔尔西尼,R. ,1986),平均年龄为27.67岁;发表SCI论文最多者833篇,有1人(托马斯,E. D. ,1990),最少者为26篇,有1人(华伦,J. R. ,2005),平均为199.89篇。从图3-7可知,1981~2005年诺贝尔生理学或医学奖获得者获奖前每5年SCI论文平均为15.61篇,其中有7个时段均在15.61篇以上,即31~65时段;有4个时段接近或在25篇以上,即36~55时段;5年段最高为34.91篇,最低为0.09篇。从中可以看出世界顶级生物医学科学家个人科学论文的规模影响力。

如图3-8所示,1981~2005年55位诺贝尔生理学或医学奖获得者发表科学论文的时间分布,横坐标的0点表示获奖年度,向左负值代表获奖前,向右正值代表获奖后。55位获得者发表论文数呈单峰分布,获奖前50~20年论文数量增长缓慢,之后迅速升高,至获奖前10年达到顶峰,转而快速下降。

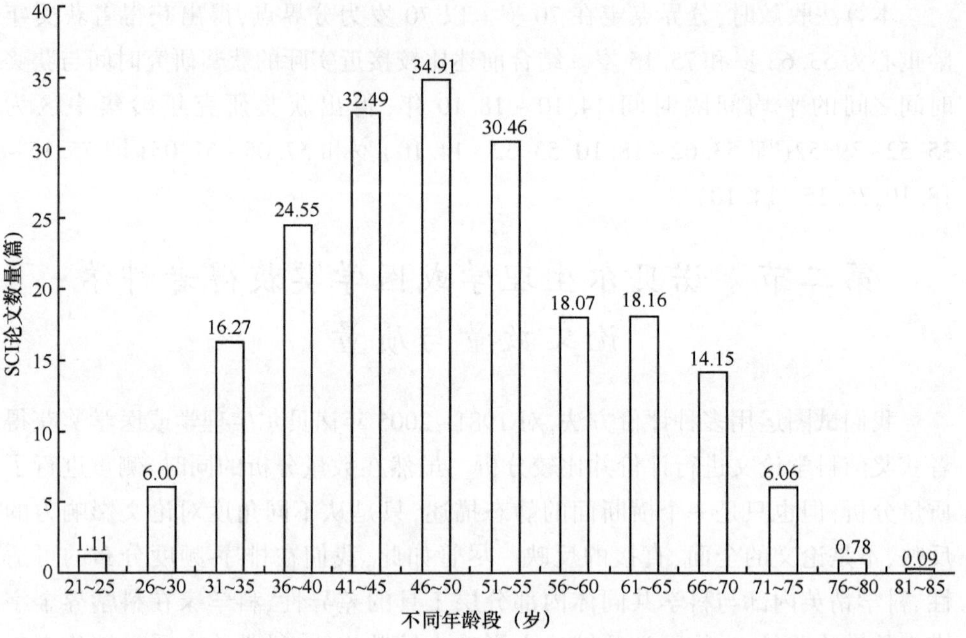

图 3-7　1981～2005 年诺贝尔生理学或医学奖获得者获奖前不同年龄段 SCI 论文数量平均变化对比图

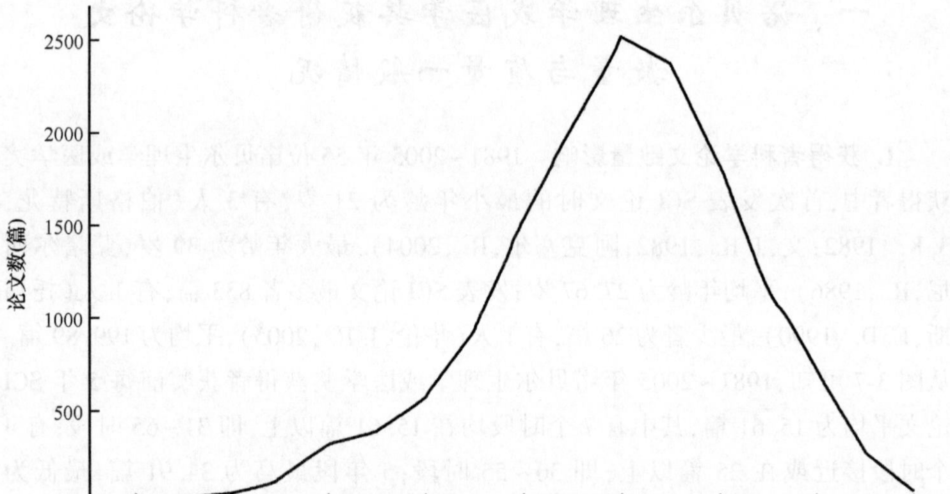

图 3-8　1981～2005 年诺贝尔生理学或医学奖获得者发表科学论文时间分布图

2. 获得者科学论文质量影响　衡量科学论文影响力的客观定量指标，除前述 SCI 论文数量，在学术质量上有被引次数和期刊影响因子，其中被引次数更为重要。

（1）被引次数：美国的埃利泽·盖斯勒（Eliezer Geisler）认为[3]，一个科学家的论文被同行引用的越多，他的工作相关性和影响力也越高。1981～2005 年 55 位诺贝尔生理学或医学奖获得者获奖前 SCI 论文平均被引次数为 171.93 篇，平均被引用率为 86.16%。从图 3-9 可知，其总被引次数平均为 22 368.49 次，每 5 年 SCI 论文被引次数平均为 1720.79 次，其中，有 6 个年龄段接近或在 1720.79 次以上，即 31～60 时段；有 4 个年龄段在 2500 次以上，即36～55 时段；5 年段最高为 4335.42 次，最低为 2.87 次。从中可以看出世界顶级生物医学科学家个人的科学实力。同时，经统计，1981～2005 年诺贝尔生理学或医学奖获得者获奖前 SCI 论文单篇被引次数在 50～100 次者平均为 30.53 篇，占 SCI 论文平均总数的 14.83%；在 100 次以上者平均为 55.11 篇，占 SCI 论文平均总数的 29.94%，二者合计占到其 SCI 论文平均总数的 44.77%；被引用论文的平均被引次数为 128.52，篇论文平均被引次数为 111.91。从中可以看出世界顶级生物医学科学家个人的科研质量。

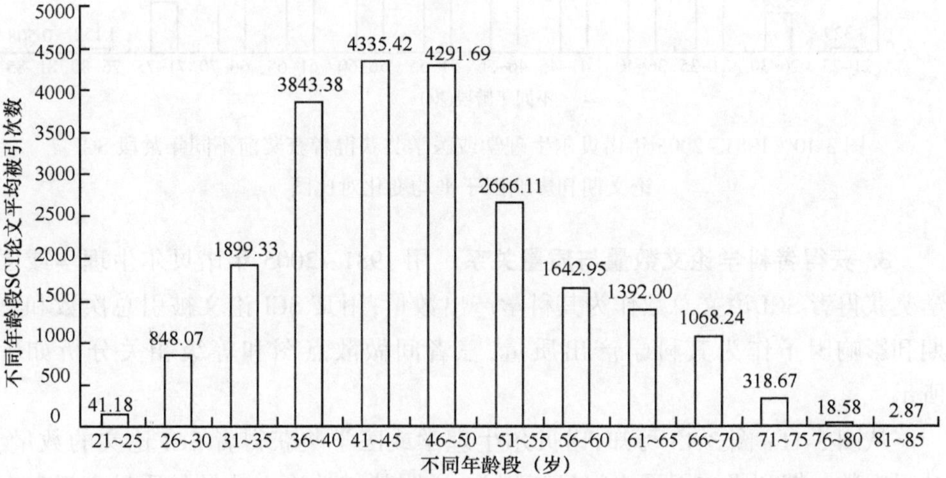

图 3-9　1981～2005 年诺贝尔生理学或医学奖获得者获奖前不同年龄段 SCI 论文被引次数平均变化对比图

（2）期刊影响因子：1981～2005 年诺贝尔生理学或医学奖获得者获奖前 SCI 论文期刊影响因子已经查证的平均为 162.91 篇，平均查证率为 81.09%。从图 3-10可知，其总期刊影响因子平均为 1609.753，每 5 年 SCI 论文期刊影响因子平均为 123. 841,其中有 7 个时段接近或在 123. 841 以上,即 31~65 时段;有 4 个时段在 200 以上,即 36~55 时段;5 年段最高为 304. 043,最低为 0. 508。同时,经统计,1981~2005 年诺贝尔生理学或医学奖获得者获奖前 SCI 论文单篇期刊影响因子在影响因子一区(IF≥4. 837)者平均为 90. 05 篇,占 SCI 论文平均总数的 55. 35%;在影响因子二区(2. 476≤IF<4. 837)者平均为 42. 54 篇,占 SCI 论文平均总数的 26. 12%;二者合计即影响因子高区的论文数平均为 132. 59 篇,占到其 SCI 论文平均总数的 81. 47%;篇均影响因子为 8. 04。从中可以看出世界顶级生物医学科学家个人科学论文的学术显示度。

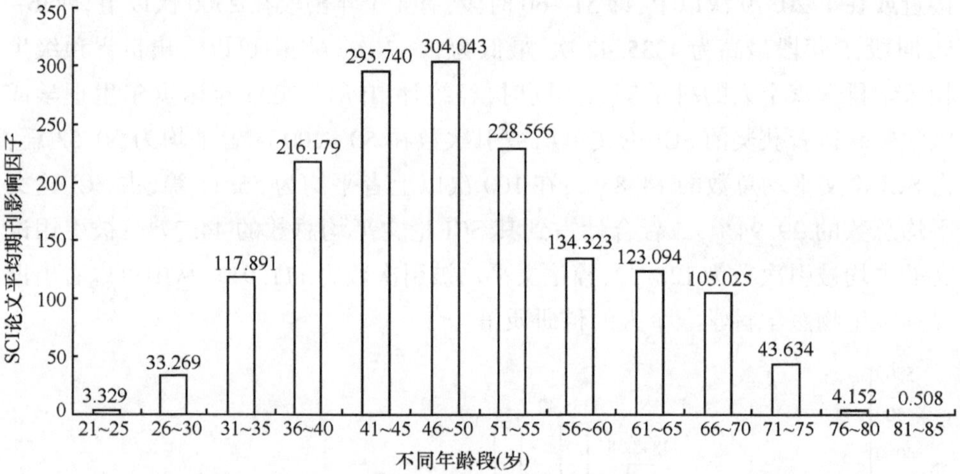

图 3-10 1981~2005 年诺贝尔生理学或医学奖获得者获奖前不同年龄段 SCI 论文期刊影响因子平均变化对比图

3. 获得者科学论文数量与质量关系 用 1981~2005 年诺贝尔生理学或医学奖获得者 SCI 论文总数作为其科学产出数量,用其 SCI 论文被引总次数和总期刊影响因子作为其科学产出质量,三者间做散点图和等级相关分析如下所示。

从图 3-11~图 3-13 可知,诺贝尔生理学或医学奖获得者 SCI 论文的数量、被引次数与期刊影响因子之间呈正相关,说明其科学论文数量与质量之间存在一致性。关于科学论文数量与质量的关系,一直是一个争论话题。本研究认为,二者之间存在辩证关系,从总体上看,论文质量建立在一定数量基础上,具有影响力的论文数量决定着作者论文总体质量的高低。

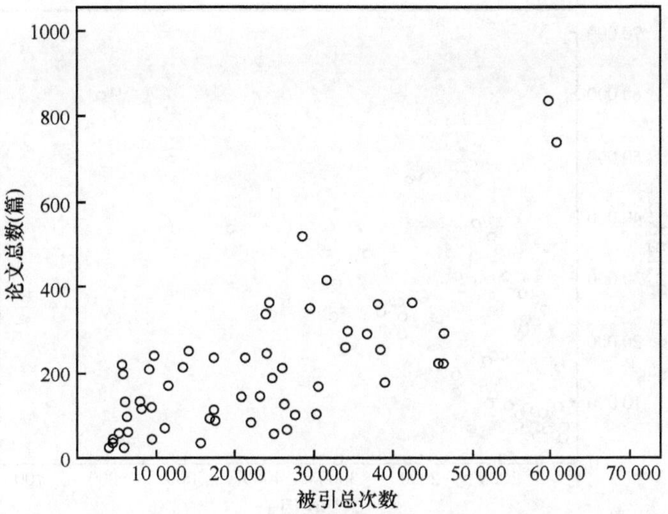

图 3-11　1981~2005 年诺贝尔生理学或医学奖获得者 SCI 论文总数与被引总次数散点图(相关系数 $r_s=0.651$, $P=0.0001$)

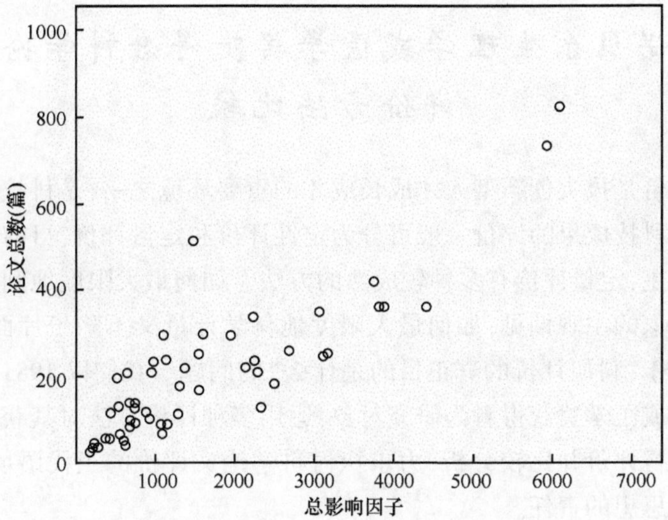

图 3-12　1981~2005 年诺贝尔生理学或医学奖获得者 SCI 论文总数与期刊影响因子散点图(相关系数 $r_s=0.837$, $P=0.0001$)

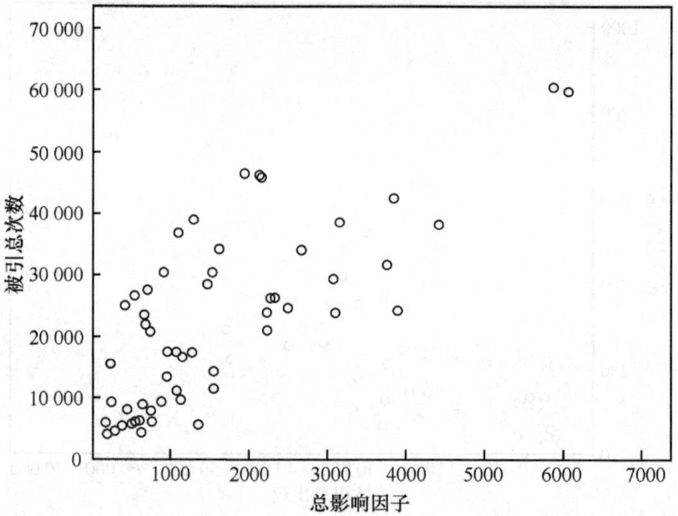

图 3-13　1981~2005 年诺贝尔生理学或医学奖获得者 SCI 论文被引总次数与期刊影响因子散点图（相关系数 $r_s=0.715$，$P=0.0001$）

二、诺贝尔生理学或医学奖获得者科学论文的评价方法比较

科研评价是拔尖创新型人才成长成才的重要环境之一，是科技管理的主要机制之一。科技成果的评价一般可分为定性评价和定量评价，目前定性评价以同行评议为主，定量评价有多种较成熟的方法。如何最大限度地利用专家的经验又避免专家的主观偏见，如何最大限度地科学计量又不陷于片面和机械，最终都要归结于"科研评价的真正目的是什么"的问题。我们以 1981~2005 年诺贝尔生理学或医学奖获得者为研究对象，运用多种评价方法对其获奖前发表的科学论文进行评价并比较分析，力求探讨科学论文评价的当代语境，引出科技管理决策者思想的责任。

1. 主成分分析　以科学论文数量、被引次数和期刊影响因子为三个一级指标，选取论文总数（X_1）、独作论文数（X_2）、合作论文数（X_3）、≥100 次的被引次数 i 和（X_4）、≥100 次的被引论文数（X_5）、≥20 次的被引论文数（X_6）、篇均被引次数（X_7）、被引总次数（X_8）、一区影响因子（IF≥4.837）总和（X_9）、影响因子一区论文数（X_{10}）、高区影响因子（包括一区和二区，IF≥2.476）总和（X_{11}）、高区影响因子论文数（X_{12}）、篇均影响因子（X_{13}）、总影响因子（X_{14}）14 项指标为二级指标构成评价指标体系。

运用统计软件 SPSS13.0 完成 1981~2005 年 55 位诺贝尔生理学或医学奖获得者以上 14 个指标测量数据的标准化变换,以排除不同量纲的影响。我们发现经过标准化后的 14 个指标存在较强的相关关系,因此有必要进行主成分分析。

运用 SPSS13.0 进行因子分析,基于过程内定取特征值大于 1 的规则,提取三个主成分(表 3-9),即指标相关矩阵的三个最大特征根 5.551、4.427 和 3.004,它们一起解释总方差的 92.725%(累计贡献率),这说明前三个主成分能提供原始数据的足够信息。所以我们用三个主成分来分析 55 位获得者的科学论文影响力。我们从因子负荷矩阵(表 3-10)中可以看到,第一主成分 Z_1 在指标 X_4、X_5、X_6、X_8(为便于叙述,文中标准化后的指标仍用 X_i 表示)上有 0.730 以上的载荷系数,该指标是科学论文的被引情况反映;第二主成分 Z_2 在 X_9、X_{10}、X_{11}、X_{13}、X_{14}上有高于 0.710 的载荷系数,代表科学家发表论文的期刊影响;第三主成分 Z_3 与 X_1、X_2、X_3 有较高的载荷系数,表明 Z_3 主要是反映科学家发表论文的数量情况。

表 3-9　1981~2005 年诺贝尔生理学或医学奖获得者科学论文主成分分析最大特征根及其方差贡献率

	特征值	方差贡献率(%)	累积贡献率(%)
主成分 Z_1	5.551	39.647	39.647
主成分 Z_2	4.427	31.620	71.267
主成分 Z_3	3.004	21.458	92.725

表 3-10　1981~2005 年诺贝尔生理学或医学奖获得者科学论文主成分旋转后因子负荷矩阵

	主成分 Z_1	主成分 Z_2	主成分 Z_3
论文总数(X_1)	0.642	0.410	0.617
独作论文数(X_2)	0.042	−0.084	0.781
合作论文数(X_3)	0.661	−0.432	0.567
≥100 次的被引次数和(X_4)	0.923	0.244	−0.188
≥100 次的被引论文数(X_5)	0.824	0.507	0.120
高频被引论文数(X_6)	0.735	0.496	0.429
篇均被引次数(X_7)	0.315	−0.319	−0.806
被引总次数(X_8)	0.936	0.314	−0.017
一区影响因子总和(X_9)	0.520	0.810	0.221

续表

	主成分 Z_1	主成分 Z_2	主成分 Z_3
LF 一区论文数(X_{10})	0.581	0.717	0.301
高区 IF 总和(X_{11})	0.554	0.774	0.274
高区 IF 论文数(X_{12})	0.644	0.596	0.447
篇均 IF(X_{13})	−0.099	0.774	−0.550
总 IF(X_{14})	0.560	0.760	0.301

表 3-11 显示了进行 Equamax 旋转后的因子回归系数，据此建立因子模型，进一步求得 55 位获得者综合得分，并排序(表 3-12)。

表 3-11 1981～2005 年诺贝尔生理学或医学奖获得者科学论文主成分旋转后因子回归系数

	主成分 Z_1	主成分 Z_2	主成分 Z_3
论文总数(X_1)	0.095	0.052	0.178
独作论文数(X_2)	−0.006	−0.134	0.334
合作论文数(X_3)	0.099	−0.041	−0.154
≥100 次的被引次数和(X_4)	0.328	−0.163	−0.165
≥100 次的被引论文数(X_5)	0.175	−0.014	−0.053
高频被引论文数(X_6)	0.119	−0.019	0.085
被引总次数(X_8)	0.299	−0.206	−0.331
一区影响因子总和(X_9)	0.297	−0.145	−0.100
IF 一区论文数(X_{10})	−0.067	0.246	−0.018
高区 IF 总和(X_{11})	−0.014	0.167	0.020
高区 IF 论文数(X_{12})	−0.044	0.210	0.005
总 IF(X_{14})	0.044	0.065	0.089

2. *h* 指数研究 检索得到 1981～2005 年 55 位诺贝尔生理学或医学奖获得者获奖前发表论文的被引次数，将各位获得者的论文按被引频次分别降序排列，计算出每位获得者的 *h* 指数，见表 3-12。

表 3-12 1981～2005 年诺贝尔生理学或医学奖获得者科学产出多种方法评价结果表

序号	获奖年度	获得者	获奖成果影响等级	层次分析法评价排序	获奖成果影响排序	*h* 值	*h* 值排序	主成分分析综合得分	主成分分析排序
1	1981	休伯尔，D. H.	2	9	4	47	38	−39.8	44
2	1981	维厄塞尔，T. N.	2	10	4	30	48	−45.8	47

续表

序号	获奖年度	获得者	获奖成果影响等级	层次分析法评价排序	获奖成果影响排序	*h* 值	*h* 值排序	主成分分析综合得分	主成分分析排序
3	1981	斯佩里，R. W.	1	13	12	44	40	-38.7	42
4	1982	伯格斯特龙，S. K.	1	29	22	49	36	-27.8	35
5	1982	萨米埃尔松，B. I.	1	44	22	91	13	20.99	17
6	1982	文，J. R.	1	45	22	98	11	35.22	13
7	1983	麦克林托克，B.	1	1	15	22	52	-62.4	54
8	1984	杰尼，N. K.	2	3	2	21	53	-57.4	50
9	1984	克勒，G.	2	5	11	19	54	-61.6	53
10	1984	米尔斯坦，C.	2	27	11	59	26	-2.83	23
11	1985	布朗，M. S.	1	39	25	116	3	35.4	12
12	1985	戈德斯坦，J. L.	1	38	25	116	4	35.54	11
13	1986	科恩，S.	1	7	13	61	25	-26	33
14	1986	蒙塔尔西尼，R.	1	17	14	41	43	-34.7	39
15	1987	利根川进	1	16	18	51	35	-31.9	37
16	1988	布莱克，J.	1	8	23	25	49	-57.6	51
17	1988	埃利昂，G. B.	1	34	24	57	27	-14.2	28
18	1988	希钦斯，G. H.	1	36	24	52	34	-10.2	25
19	1988	毕晓普，J. M.	1	43	17	99	10	42.22	9
20	1989	瓦慕斯，H. E.	1	35	17	86	15	18.79	18
21	1990	默里，J. E.	2	32	7	42	42	-23.2	31
22	1990	托马斯，E. D.	1	55	21	127	2	191.3	1
23	1991	内尔，E.	2	18	1	55	31	-30.5	36
24	1991	萨克曼，B.	2	20	1	54	32	-26.6	34
25	1992	费希尔，H.	2	41	5	74	22	-10.6	26
26	1992	克雷布斯，E.	2	46	5	102	7	32.72	15
27	1993	罗伯茨，R. J.	2	14	8	44	41	-38.5	41
28	1993	夏普，P. A.	2	40	8	102	8	50.45	7
29	1994	吉尔曼，G.	2	28	10	95	12	10.89	21
30	1994	罗德贝尔，M.	2	23	10	56	30	-21.03	30
31	1995	刘易斯，E. B.	2	2	9	22	51	-59.51	52
32	1995	维绍斯，E.	2	11	9	38	46	-52.13	48
33	1995	福尔哈德，C. N.	2	12	9	49	37	-40.15	45

续表

序号	获奖年度	获得者	获奖成果影响等级	层次分析法评价排序	获奖成果影响排序	h 值	h 值排序	主成分分析综合得分	主成分分析排序
34	1996	多尔蒂,P. C.	1	42	19	56	29	-3.65	24
35	1996	津克纳格尔,R. M.	1	48	19	85	16	53.51	6
36	1997	普鲁西纳,S. B.	1	52	20	99	9	80.21	5
37	1998	弗奇戈特,R.	2	24	6	53	33	-25.34	32
38	1998	伊格纳罗,L. J.	2	47	6	75	21	28.02	16
39	1998	默拉德,F.	2	51	6	82	17	49.51	8
40	1999	布洛伯尔,G.	1	50	27	115	5	86.76	4
41	2000	卡尔松,A.	1	53	26	87	14	35.64	10
42	2000	格林加德,P.	1	54	26	138	1	190.7	2
43	2000	坎德尔,E.	1	49	26	113	6	87.22	3
44	2001	哈特韦尔,L.	1	19	20	62	24	-19.62	29
45	2001	纳斯,P.	1	37	20	78	19	33.47	14
46	2001	亨特,T.	1	26	20	57	28	-13.56	27
47	2002	布雷内,S.	2	33	3	70	23	16.76	19
48	2002	霍维茨,R.	2	30	3	79	18	13.18	20
49	2002	苏尔斯顿,J.	2	15	3	45	39	-33.66	38
50	2003	劳特布尔,P. C.	1	21	16	40	44	-40.94	46
51	2003	曼斯菲尔德,P.	1	31	16	39	45	-37.31	40
52	2004	阿克塞尔,R.	1	25	29	77	20	1.54	22
53	2004	巴克,L. B.	1	6	29	23	50	-56.63	49
54	2005	马歇尔,B. J.	1	22	28	32	47	-38.94	43
55	2005	华伦,J. R.	1	4	28	11	55	-67.01	55

3. 层次分析 1981~2005 年诺贝尔生理学或医学奖获得者科学产出层次分析法评价排序结果见表 3-12。

4. 专题组讨论 有研究者认为"科学家重大科技成果的数量对于人类科学技术的发展所做出的贡献是等量齐观的,将其作为表征科学技术发展的度量标准乃至科学家科学生产率统计指标是再精确不过的"[4]。自 1901 年诺贝尔生理学或医学奖颁发以来,每一项获奖成果几乎都是生物医学领域最具有创新性、对人类健康做出最重要贡献的科学成果。因此,将诺贝尔生理学或医学奖获奖成果作为该奖获得者科研产出的质量指标是可行的。

由组织者确定专题讨论内容:1981~2005年诺贝尔生理学或医学奖获奖成果社会影响评价排序,并据此制订1981~2005年诺贝尔生理学或医学奖获奖成果与获得者社会影响评价排序表[5]。非随机抽取9位不同学科专家组成专题小组,在主持人的引导下,围绕专题广泛、深入、自由地交换意见和观点,并最终基本达成一致意见,研究者在此基础上归纳总结得出获奖成果社会影响评价的排序结果。以下为评价排序步骤[5]:

第一步:确定讨论内容。主要是根据获奖理由了解获奖成果对科学和社会发展的影响度。

第二步:确定专题小组。考虑不同学科背景、国内外学习工作经历、年龄层次、彼此认识且较熟悉的医科大学教授,按照非随机抽样方法,选择生理学、神经生物学、遗传学、细胞生物学、生物化学与分子生物学、免疫学、法医学、麻醉学8个学科的9位专家组成专题小组。

第三步:制订评价表。根据专题讨论内容,制订1981~2005年诺贝尔生理学或医学奖获奖成果社会影响评价排序表,内容包括序号、获奖年度、获得者、获奖理由、获奖成果社会影响评价排序5个因素。

第四步:专题组讨论工作准备。组织者选择讨论主持人和现场记录员,并进行相关培训。在专题组讨论前15天将评价表和《1981~2005年诺贝尔生理学或医学奖获奖成果与获得者社会影响评价排序参考》分送各位专家。

第五步:专题小组讨论前准备。由组织者向各位专家介绍专题相关研究主题、目的、内容、预期成果,解释本次讨论专题、目的、内容、意义。由主持人说明讨论方式及要求,并经专家讨论确定本次讨论方法;关于获奖成果是否分类的问题,从准确分类的实际困难和研究对象均处在诺贝尔生理学或医学奖第四期(完成了应用研究向基础研究的过渡)两方面综合考虑,一致认为对获奖成果不再分类。

第六步:专题小组讨论。按"百年一遇""十年一遇""一年一遇"三个层次逐层进行。每一层次均先由每位专家提出1~2项并陈述理由,其他专家补充,按层次进行无记名投票排序。由记录员汇总投票结果,主持人宣读计票结果,取多数(≥5)为定。如此反复进行3次,汇总得出获奖成果社会影响评价的排序结果。主持人做现场小结,各位专家无问题和意见,一致反映此研究方法很好。

第七步:记录员整理会议记录和专题组讨论结果。组织者着手进行结果分析。

根据专题小组讨论结果,生成1981~2005年诺贝尔生理学或医学奖获奖成果社会影响评价排序，详见表 3-12。

5. 主成分分析、*h* 指数研究与层次分析结果比较 Spearman 秩相关分析，$r_{主-h}=0.906$，$r_{主-层}=0.933$，$r_{h-层}=0.0875$（P 均<0.001，图 3-14），反映主成分分析法、h 指数法与层次分析法结果存在较好一致性，提示不同定量综合评价方法对于相同资料的评价结果大同小异。

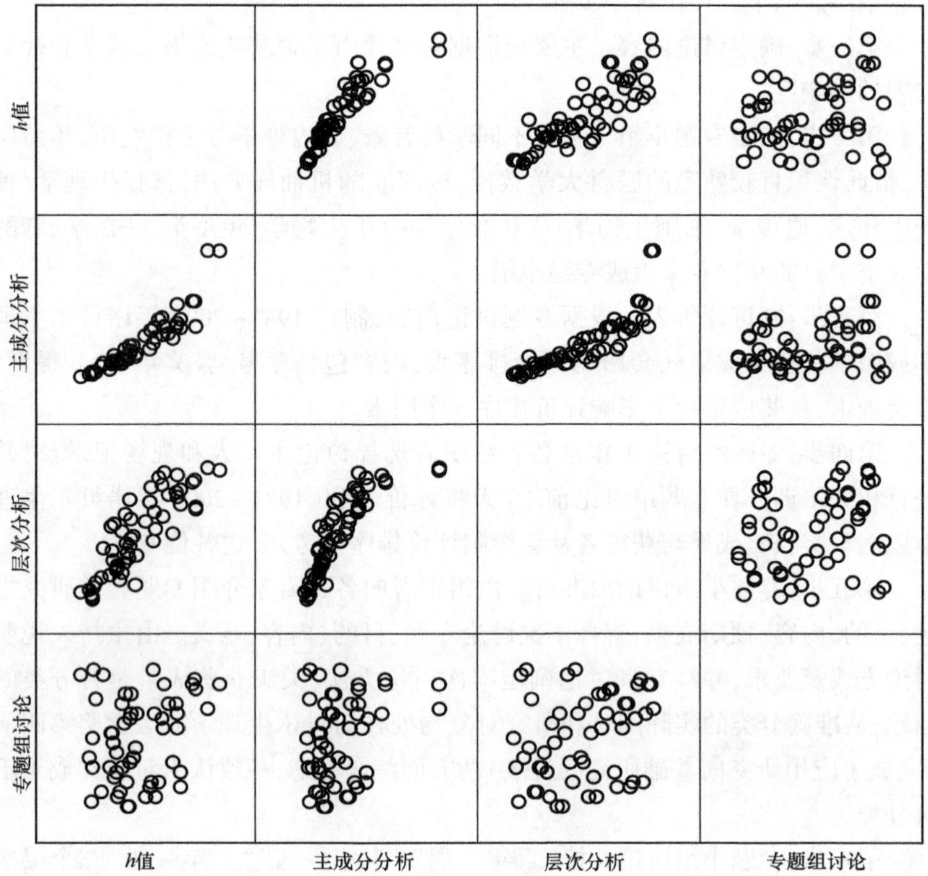

图 3-14 1981~2005 年诺贝尔生理学或医学奖获得者科学产出不同研究方法评价结果图

6. 主成分分析、*h* 指数研究、层次分析与专题组讨论结果比较 1981~2005 年 55 位诺贝尔生理学或医学奖获得者中"百年一遇"者 0 人，"十年一遇"者 23 人，"一年一遇"者 32 人[5]。对后两个层次获奖者主成分分析综合得分和 h 指数进行 Mann-Whitney 秩和检验，结果均显示无统计学差异（$P_{主}=0.116$，$P_h=0.152$）。同样，对获奖成果社会影响排序、主成分分析综合得分和 h 指数进行 Spearman 秩相关分析，结果显示获奖成果社会影响排序与主成分分析综合得分

和 h 指数均不存在相关性($P_{主}=0.070$,$P_h=0.094$,图 3-14),与层次分析法排序呈弱相关,$r=0.38$($P=0.004$)。

主成分分析法、h 指数法、层次分析法与获奖成果社会影响的不相关或弱相关,反映了科研产出评价中定量评价方法与定性评价方法关系的现状,其主要原因可能有:第一,二者分析对象不完全一致,后者局限于其获奖成果,前者分析了包括获奖者获奖成果相关论文在内的获奖前所有科学论文(其中有平均15.03%的SCI论文的期刊影响因子未检索到[5])。第二,科学研究的复杂性,由于科研产出形式的多元化,导致科研产出的"质量"很难定义,测度指标的确定难以达成一致。第三,专题组讨论中专家的主观偏见;因子分析的指标体系不完善,未能涵盖科学家科研产出的全部方面。第四,反映了当前科学计量评价仍然以"数量"为标准,"质量"尚未提升到应有位置。第五,在科研评价中定量研究方法与定性研究方法缺乏有机结合。

7. 诺贝尔生理学或医学奖获得者科学论文评价方法比较的思考　一个科学家在科学分层体系中的位置将最终依赖于他已经发表的科学成果[6],更准确地说,是科研产出的质量;一个国家或科研机构则靠的是其拥有的高层次科学家的数量及其产出的高质量研究成果。而"质量"的科学测度正是科学计量学是否成熟的根本立足点。目前,关于科研产出的"质量"还缺乏明确的定义和直接有效的测度指标。

科尔提出过"质量"的绝对定义和社会定义[6],考虑到实践操作的可行性,他最终选用了社会定义,即"某人的工作质量高是指他的同行认为这项工作现在是有用的,这个思想是有价值的"。在此定义基础上,引证相关指标被认为是测度论文质量的较为准确的标准,但也不乏批评,毕竟"引用反映的只是科学信息的有用性和影响而非质量本身"[7]。对瑞典大学不同研究领域科学家的一项问卷调查显示[8],关于研究工作的质量,各学科表现出共同的理念,应该从研究过程的各方面(如问题、方法理论、结果、推理和写作风格)和研究工作的特性(如正确性、严密性、创新性)两个角度来分析。基础研究产出的测度目前唯一可量化的就是发表物指标,发表物又以科学论文为最主要方面。有研究认为[9],对于科学论文的评价要依据其内容。当前显然没有完全做到这一点。

主成分分析法、h 指数法和层次分析法三种定量分析方法运用结果的一致性,反映了这几种定量研究方法的相对成熟;但其与定性研究方法结果的不一致性,又提出了科学计量方法的发展问题。长久以来,即使在科学计量学方法兴起的今天,同行评议为代表的以专家意见为依据的定性评价一直都是科研评价的核心方法。这个现状的成因,一方面归咎于科学自身的复杂性和不确定性,另一方面反映了科学计量学的不成熟。科学计量学刚刚起步发展,尽管从数学、经济学、统计学等其他学科引进的计量综合评价方法很成熟,但是这些方法基于的科学评价的根本——科研产出的“质量”问题仍然没有得到解决,就被操之过急的人们委以重任,结果必然是力所不能及。诺贝尔生理学或医学奖获得者获奖成果的社会影响与三种定量分析法结果不相关或弱相关的关系,均显示了人们这种期望与现实之间的差距。

计量方法客观精确,但是过于倚重发表物的数量和被引情况等外部特征,忽视了实质性的“内容”。试想要是能对发表物的“内容”进行计量会是什么效果呢？文本分析是典型的以内容为基础的一种分析方法[10]。该方法对文本本身进行分析,在词、句子、段落、章节、文章和期刊等不同集总层次产生的情境里,分析“是什么使得一篇文章成为理论贡献性的文章？……是什么使得一个命题成为论据？……是什么使得词的组合成为一个较为严密的概念？”等。理论、论据、概念,都是文章“有用性”的表征,即体现了质量的社会意义,而且有比较明确的分类。鉴于引用客观量化和文本分析是基于内容的特性,我们可以将二者嫁接起来,对引用进行文本分析,按其在被引文章中作为理论、方法、论据或者引发新问题等不同作用分类,并赋以不同权重,综合求得被引得分作为引用指标值。这样就能在文章构成的情境里对其内容或“有用性”实现量化分析。

当前的科学论文评价注意到了文本视域和问题视域,但在评价过程中出现了过分注重文本视域量化的倾向,特别是在本应以问题视域为主要出发点的同行评议中,亦出现了越来越注重和依靠文本视域量化的现象。其深层原因在于过分强调评价操作的便利性,从而破坏了科学论文质量本身的完整性;而根本原因则是在实践度量上机械地将科学论文评价等同于文本评价,忽略了科学论文评价的真正目的和内在需求,反映出在指导思想上仍停留在企业式绩效指标管理层面,缺乏科学本身应有的文化韵味。我国的科技发展正值“数量增长”到“质量提高”的转变阶段[11],坚持质量第一、数量第二的价值取向至关重要。因而,在科学论文评价方法的运用中,一方面需谨慎单独使用定量研究方法,重视坚持同行评议以问题视域为主的特性;另一方面,更需要在对定性研究方法与定量研究方法相结合的运用中,积极探寻能最大限度地反映科学论文质量的学术评价方法。

文本评价的当代性取决于它的基本原理的有效性,而不在于以什么方式对文本进行评价,故当前需要着力解决科学论文评价的基本原理,即质量界定和质量理论问题。在科学论文质量及评价的界定中,尽管所有成果都可以建立生产力度量标准,但唯有科学计量的文本评价和主要依靠文本机械量化的同行评议均不可取,任何人为地割裂文本视域和问题视域的做法,只能造成科学论文评价水平进一步提升的内在障碍,只有实现二者的实践融通,把握好定性评价与定量评价的联结点,不使质量管理和质量本身流于两张皮,才能找到科学论文评价创新的根本途径,才能培育出深入评价者和被评价者内心的质量文化,也才能达到科学论文评价的当代语境。这正是科技评价制度创新的动力和科技管理决策者的责任所在。

三、诺贝尔生理学或医学奖获得者科学论文的数量和质量分布特征

科学产出的不均衡性在科学计量的理论和实践研究中均已证实。指标的排序-频度(rank-frequency)分布研究是一种揭示并描述科学研究指标不均衡性及其程度的计量学方法,该方法对数据的分布类型、样本空间均没有要求,且计算简单[12]。自20世纪60年代被引入科学计量学领域以来,各国学者选择各种计量学指标,对不同学科领域、国家、地区或机构的科学研究投入、产出和发展水平等方面进行了深入探究,国内相关研究已经从自然科学技术领域拓展到了社会科学领域[13],但这些研究均基于宏观或中观层次,尚未发现对科研工作者微观层次科研的研究。诺贝尔生理学或医学奖获得者发表的科学论文无论在数量上,还是被引次数上,都具有相当规模[14]。我们以1981~2005年55位诺贝尔生理学或医学奖获得者作为世界一流生物医学科学家的代表,对其获奖前发表的科学论文进行排序-频度分布研究。

1. 诺贝尔生理学或医学奖获得者科学论文数量分布特征　《细胞》(*Cell*)、《自然》(*Nature*)和《科学》(*Science*)(以下简称为CNS)虽然刊载论文各有侧重,但都是报道具有原创性、重要突破或者对该领域有重要意义的研究成果的期刊,2005年其影响因子分别为29.273、30.927和29.431,一般将其并列为生命科学研究领域的顶级期刊。因此,本文将在CNS上发表的论文定义为高水平论文。

1981~2005年55位诺贝尔生理学或医学奖获得者SCI收录的总论文、独著论文、合作论文、被引≥100次的论文和高被引(≥20次)论文,以及CNS顶级期刊论文数量,在*X-Y*坐标系中的散点图显示,除独著论文呈线性外,其他二者表现出明显的曲线关系。对各指标分别作负对数函数、负指数函数和负幂函数三种模型拟合。其中后两种模型的曲线回归需对*Y*作对数变换,经过对数处理的模型的最小二乘解并非原式的最小二乘解,这样拟合的曲线并非最优,故采

用非线性迭代回归。由于负指数分布模型的 Y 值不能为 0,所以将某些指标原始值为 0 时,在不影响分布特征的前提下,全部用极小值 0.001 代替。

由表 3-13 可知,独著论文数直线模型的 R^2 最大值为 0.973,且经方差分析有统计学意义($P<0.001$),故可以认为 55 位获得者独著论文数随其排序位次的增大线性递减。总论文数、合作论文数、被引≥100 次的论文数和高被引(≥20 次)论文数,三种模型均比较好,相比较而言负对数分布模型更优。图 3-15、图 3-16 显示了同样的结果:图 3-15 为独著论文的线性分布;图 3-16 为 SCI 总论文数量分布和三种模型的拟合曲线,可以看到负指数曲线对于高产科学家的拟合稍差,负幂曲线则拟合低产科学家较差,负对数曲线很好地与各科学家论文数量的分布点列相吻合。

表 3-13　1981~2005 年诺贝尔生理学或医学奖获得者科学论文数量指标不同拟合模型的决定系数 R^2

	负对数函数	负指数函数	负幂函数	直线
SCI 论文数	0.958	0.878	0.921	
独著论文数	0.910	0.966	0.722	0.973
合作论文数	0.952	0.876	0.912	
被引≥100 次的论文数	0.988	0.974	0.854	
高被引(≥20 次)论文数	0.958	0.890	0.904	
C 论文数	0.928	0.857	0.685	
N 论文数	0.966	0.626	0.374	
S 论文数	0.890	0.570	0.388	
CNS 论文数	0.955	0.588	0.387	

在 $\ln X$-Y 坐标系中,SCI 总论文数点列分布在回归直线两侧,高产段的拟合不平稳,头部有上扬趋势,独著论文数的回归直线也表现出上扬的头部,这与洛特卡发现的“随着作者生产率的提高在坐标图上呈现出直线下弯成曲线的现象”[15] 相一致。采取洛特卡对高产作者的删除处理的办法[15],按照乌拉齐标准(删去高产作者人数为该学科所有作者总数的平方根),删除前 8 位(55 的平方根为 7.42,近似取 8)高产作者,SCI 总论文数重新拟合的直线的决定系数 R^2 为 0.968,较删除之前略有增高(图 3-15~图 3-18)。

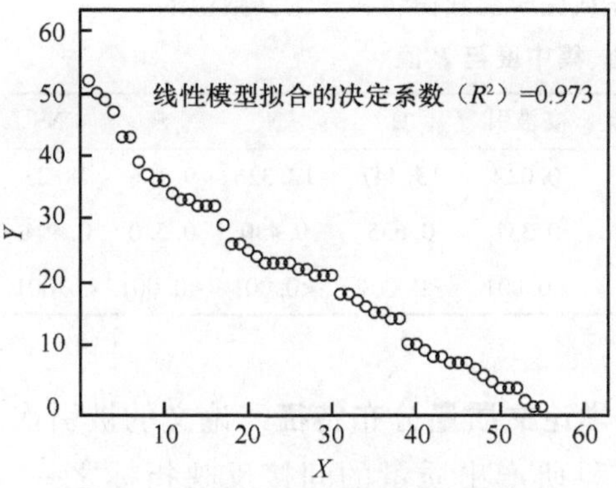

图 3-15　1981~2005 年诺贝尔生理学或医学奖获得者独著论文数散点图

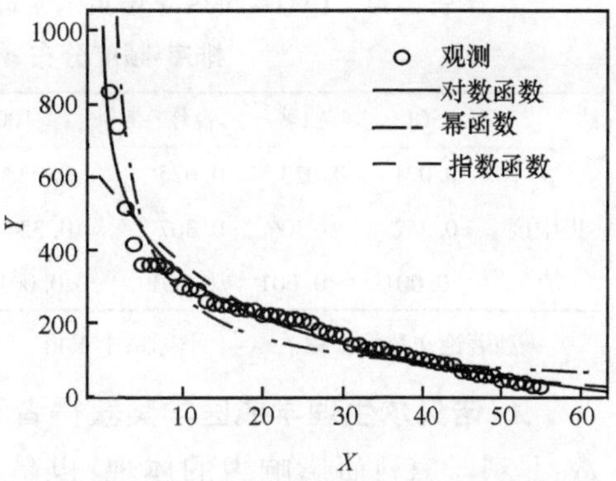

图 3-16　1981~2005 年诺贝尔生理或医学奖获得者 SCI 总论文数拟合模型图

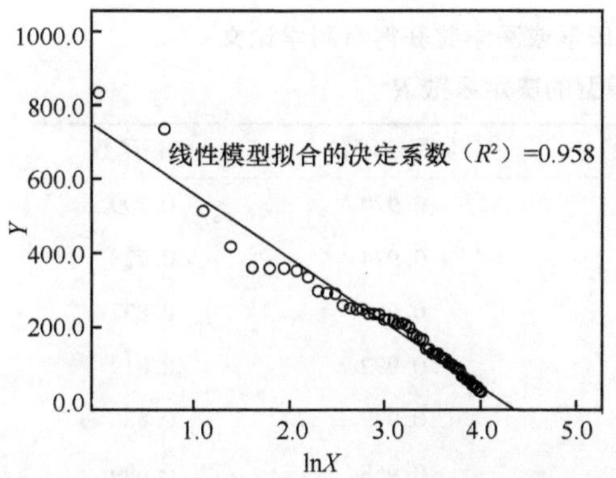

图 3-17　1981~2005 年 55 位诺贝尔生理学或医学奖获得者 SCI 总论文数排序-频度分布图

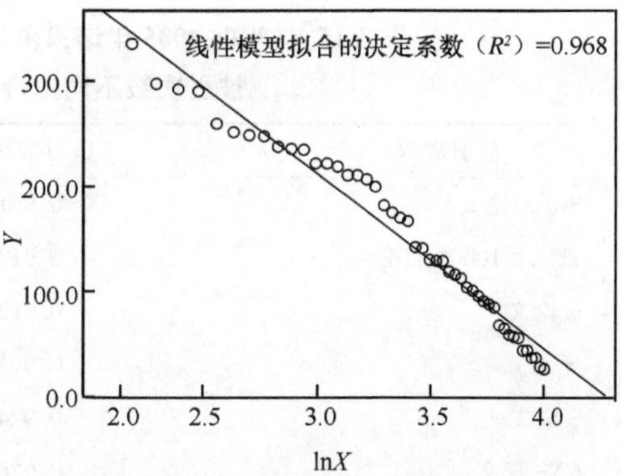

图 3-18　1981~2005 年 47 位诺贝尔生理学或医学奖获得者 SCI 总论文数排序-频度分布图

经检验,1981~2005 年诺贝尔生理学或医学奖获得者 SCI 论文各指标的 α 值均具有统计学意义(表 3-14 中的 P 值),且值的大小相当,合作论文的 α 值略高于总论文和独著论文。按照位次居前的 8 位科学家(55 的平方根为 7.42,为便于计算近似取 8),求得集中度介于 0.306~0.367 之间,其中独著论文数最低,合作论文数最高。顶级期刊论文的 α 值和集中度均明显高于 SCI 论文。CNS 顶级期刊群论文的 α 值为 28.23,高于任一单一顶级期刊;集中度则相反,单一顶级期刊论文高于顶级期刊群论文。虽然 55 位科学家 SCI 论文数量的集中度略小一些,但是在“诺贝尔奖”这个平台上尚有如此高的集中度,可见科学界的分层现象和精英效应之明显。

表 3-14　1981～2005 年诺贝尔生理学或医学奖获得者科学论文数量的排序-频度分布 α 值、集中度与 P 值

	SCI	独著	合作	被引≥100 次	高被引	C	N	S	CNS
α	0.021	0.023*	0.025	0.023	0.022	15.447	12.326	9.106	28.23
集中度	0.352	0.306	0.367	0.354	0.351	0.635	0.430	0.510	0.404
P	<0.001	<0.001	<0.001	<0.001	<0.001	<0.001	<0.001	<0.001	<0.001

* 独著论文数的 α 是在 X- Y 坐标系中求得

2. 诺贝尔生理学或医学奖获得者科学论文质量分布特征　论文的被引次数，是科学家科研影响力的体现，也是其科研产出质量的间接反映指标之一。将 SCI 论文和 CNS 顶级期刊论文的被引情况进行模型拟合，三种模型中，可发现负指数分布拟合效果最佳（表 3-15）。

表 3-15　1981～2005 年诺贝尔生理学或医学奖获得者科学论文被引次数不同拟合模型的决定系数 R^2

被引次数	负对数函数	负指数函数	负幂函数
SCI 总论文	0.951	0.970	0.799
被引≥100 次的论文	0.917	0.974	0.728
C 论文	0.912	0.961	0.837
N 论文	0.991	0.992	0.819
S 论文	0.924	0.937	0.886
CNS 论文	0.926	0.958	0.699

从图 3-19 可见，在 X- ln$Y$ 坐标系中 SCI 收录论文被引总次数点列分布较为平稳，呈负指数分布。在顶级期刊 CNS 发表论文的被引次数点列分布大致相同，明显分为位次居前的倾斜直线和位次居后的水平直线两段，水平直线段的被引次数为 0（图 3-20）。删除被引次数为 0 者，分布模式为负指数分布，点列呈左上到右下排列，尾部下垂，这表明尾端几个科学家 CNS 论文的被引次数与前面科学家相比差别较大。由图 3-19～图 3-22 中显示的 R^2，SCI 总论文 0.967、CNS 论文 0.953 和 C 论文 0.905，与表 3-15 中负指数函数拟合的相应值有些微差别，也印证了非线性迭代回归较数据变换后直线回归有更高的精度。

从表 3-16 中 α 值和集中度来看，CNS 单一期刊发表论文被引次数的 α 值高于在 CNS 发表的所有论文和 SCI 总论文，CNS 发表的所有论文又高于 SCI 总论文。集中度也呈现出此规律。CNS 单一期刊发表论文被引次数的集中度均大于 0.470，《细胞》上发表论文集中度最高，为 0.637；CNS 发表的所有论文、SCI 论文与被引≥100 次的论文的被引次数集中度分别为 0.390、0.308 和 0.354。这表明

55 位获得者在 CNS 单一期刊上发表论文的被引次数差别更显著。

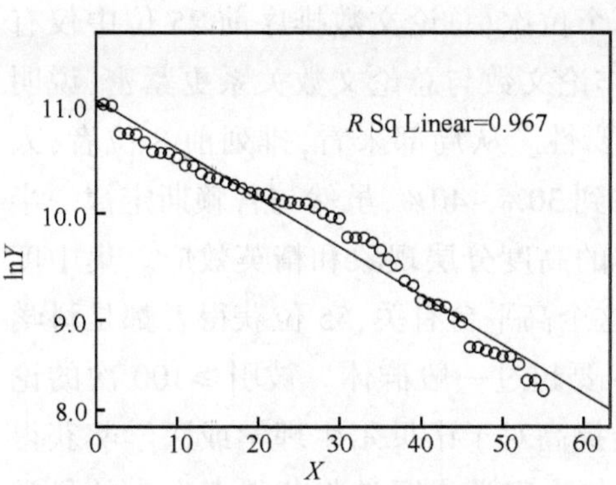

图 3-19　1981~2005 年诺贝尔生理学或医学奖获得者 SCI 论文被引次数排序-频度分布图

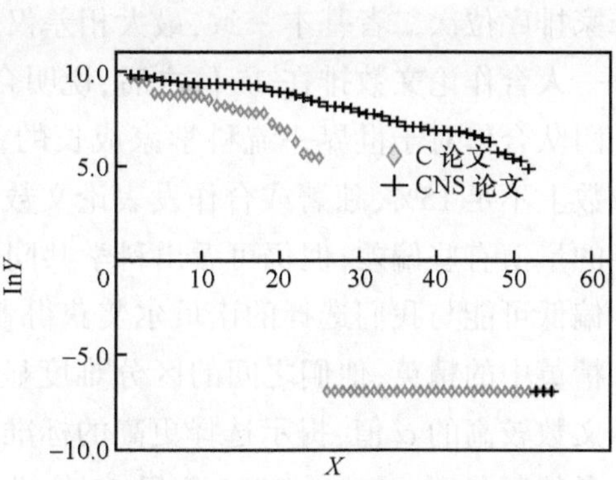

图 3-20　1981~2005 年诺贝尔生理学或医学奖获得者 C 论文、CNS 论文被引次数排序-频度分布图

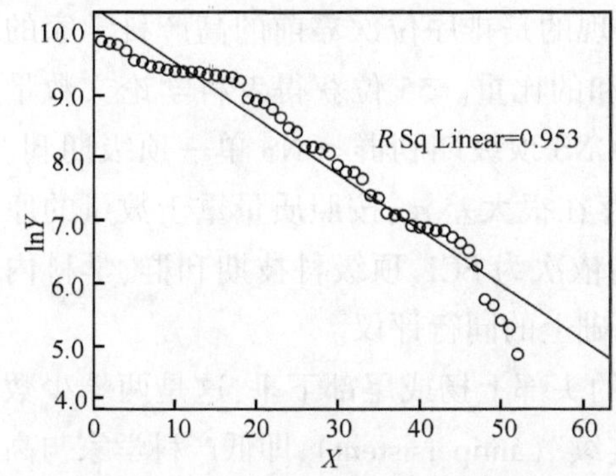

图 3-21　1981~2005 年诺贝尔生理学或医学奖获得者 CNS 论文被引次数排序-频度分布图

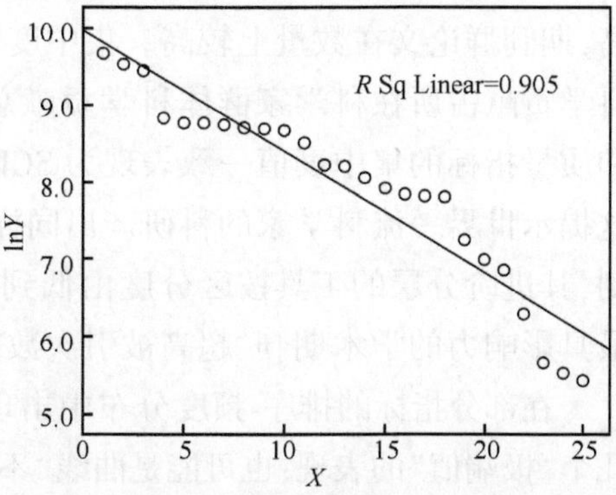

图 3-22　1981~2005 年诺贝尔生理学或医学奖获得者 C 论文被引次数排序-频度分布图

表 3-16　1981~2005 年诺贝尔生理学或医学奖获得者科学论文被引次数排序-频度分布 α 值、集中度与 P 值

	SCI 论文	被引≥100 次论文	C 论文	N 论文	S 论文	CNS 论文
α	0. 040	0. 041	0. 133	0. 079	0. 171	0. 060
集中度	0. 308	0. 354	0. 637	0. 478	0. 564	0. 390
P	<0. 001	<0. 001	<0. 001	<0. 001	<0. 001	<0. 001

3. 诺贝尔生理学或医学奖获得者科学论文数量和质量分布特征的思考

1981~2005 年里 55 位诺贝尔生理学或医学奖获得者发表的 SCI 收录论文中独

著论文数表现为线性分布，合作论文数和总论文数均呈负对数分布，且各科学家排序位次二者基本一致，最大相差仅6个位次，总论文数排序前25位中仅有一人合作论文数排在25位之后，说明合作论文数与总论文数关系更紧密，说明团队合作对于世界一流科学家成长的重要性。从局部来看，排列前8位者，人数上不足15%，独著或合作发表论文数占到30%~40%，虽然与普赖斯定律一半的量值有些偏差，但仍可看出科学共同体的高度分层现象和精英效应。集中度偏低可能与我们选择的诺贝尔奖获得者这个高平台有关，55位获得者都是科学精英中的精英，他们之间的区分难度显然要超过一般群体。被引≥100次的论文数较高的α值，提示选择更高的标准会提高对于诺贝尔生理学或医学奖获得者的区分度。1981~2005年里55位诺贝尔生理学或医学奖获得者发表的科学论文被引次数的排序-频度分布表现为负指数分布。

SCI论文数量和质量指标的α值均低于CNS顶级期刊论文，CNS顶级期刊论文数量和质量指标的α值出现了分离现象，单一期刊论文在质量指标上较高，期刊群论文在数量上较高。集中度表现的是排序位次靠前的高产科学家的科学贡献占所在科学家群体科学贡献总和的比重。55位获得者科学论文数量和质量指标的集中度值一致表现为SCI<CNS顶级期刊群<CNS单一顶级期刊。这提示世界一流科学家的科研产出同样存在很大差异；按照质量重于数量的原则，其进阶分层的工具按区分度由低到高依次为SCI、顶级科技期刊群、学科内最具影响力的学术期刊、超高被引次数基础上的同行评议。

在部分指标的排序-频度分布中出现的头部上扬或尾部下垂，这是两端少数几个“极端值”的表现；也可能是曲线“不连续”(antipersistent)，即低产科学家与高产科学家遵循不同的分布规律[16]。这种“不连续”促使我们形成一个假设：科学界的金字塔的层级是间断的，或层级间的差距是“量子”的而非连续的。一个科学家在科学金字塔中地位的提升，是其做出的科学价值达到某两个层级间“能量”差后而实现的层级“跃迁”，科学价值越大，可以达到的层间“能量”差越大，实现的层级“跃迁”越高；科学价值达不到两层级间的“能量”差，不论发表多少论文，都只能在同一层级内“振荡”。反过来，那些“极端值”，很可能反映了这些科学家不属于其他科学家所在的层级，而是处于更高或更低的层级(图3-23)。

排序-频度分布模型在微观层次也具有可适性，以前的研究证明排序-频度分布模型适用于宏观和中观层次。1981~2005年55位诺贝尔生理学或医学奖获得者SCI收录论文数量指标除独著论文数外均呈负对数分布，质量指标呈负指数分布；各指标的α值和集中度值有差异，提示排序-频度分布模型适用与否，并非取决于研究对象是宏观还是微观，而是取决于研究对象科研产出的规模;该模型的参数在不同学科领域的不同层次科学家之间可能不一致。这有待研究者对不同学科领域的不同层次科学家的进一步研究证明。

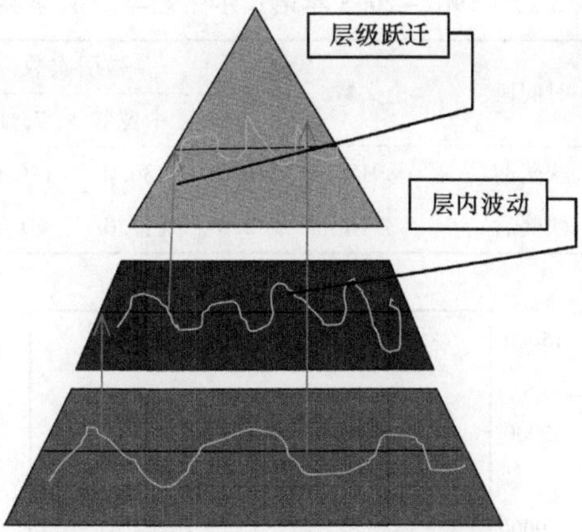

图 3-23　科学金字塔的层级进阶示意图

科学精英内部的分层工具有异于科学共同体内部的分层工具。在对科学精英和科学共同体内部分层中,以前的研究和实践采用相同的工具,如 SCI 论文数量、期刊影响因子和被引次数等。在对 1981~2005 年 55 位诺贝尔生理学或医学奖获得者科学产出评价中,我们得出 SCI 收录论文的区分度较低、CNS 顶级期刊论文的区分度较高、CNS 单一期刊论文高于 CNS 顶级期刊群论文的结论,提示随着科学精英的进阶分层,不仅定量评价的标准需相应提高,而且同行评议在定性与定量评价相结合方法中的权重需相应提高。

科学家在科学界金字塔中的进阶不是靠累积效应螺旋上升,而是靠原创性成果的"量子能"实现层级"跃迁"。发表科学价值不高或质量较低的论文,不能在该金字塔中进阶,只能在同一层级内徘徊。

四、诺贝尔生理学或医学奖获得者科学论文质量(部分)的计量分析

1. 被引次数　1981~2005 年里 55 位诺贝尔生理学或医学奖获得者科学论文被引次数中位数获奖前为 36,二倍于获奖后;从四分位间距看,获奖前中间 50% 的论文被引次数集中于 6~110,获奖后的论文位于 2~60,明显低于前者(表 3-17)。从图 3-24 中可以看到,获奖前后的箱式图均扁平,不同的是获奖前的极限值明显多且高于获奖后,获奖前论文被引次数高于 3000 次的多达 16 人次,个别作者如克勒(G. Kohler,1984)和内尔(E. Neher,1991)获奖前论文最高被引次数超过了 10 000;获奖后的论文的被引次数极限值基本位于 3000 以内。图 3-25 是删除被引次数高于 500 的论文后的箱式图,明显可见获奖前论文被引次数的中位数高于获奖后,中间半数论文的被引区间较宽且位置较高,极限值的集中位置也高于获奖后。

表 3-17　1981~2005 年诺贝尔生理学或医学奖获得者获奖前后论文被引次数、IF 分布描述

时间段	论文数	被引次数				IF			
		25%	中位数	75%	众数	25%	中位数	75%	众数
获奖前	8918	6.0	36.0	110.0	0.0	3.001	6.462	10.456	6.482
获奖后	3776	2.0	17.0	60.0	0.0	3.611	6.482	10.282	10.272

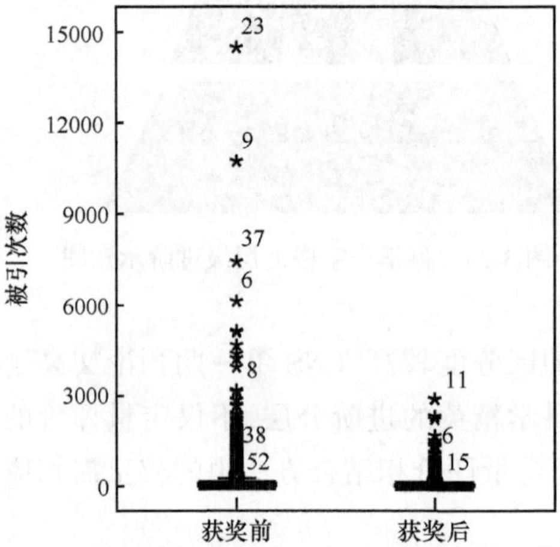

图 3-24　1981~2005 年诺贝尔生理学或医学奖获得者获奖前后科学论文被引次数箱式图

注：* 表示极端值，数字为科学家编号

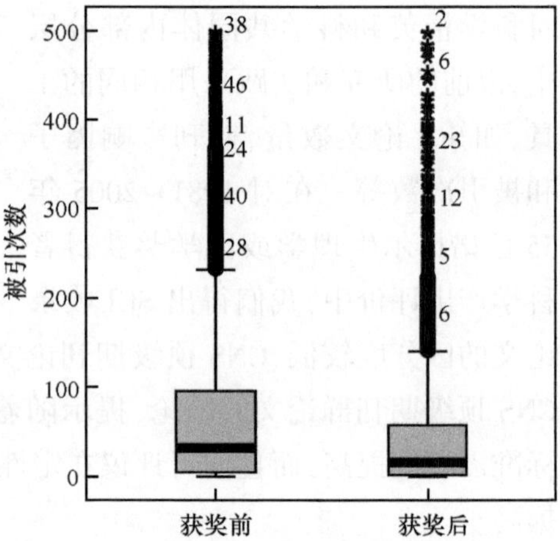

图 3-25　1981~2005 年诺贝尔生理学或医学奖获得者获奖前后科学论文被引次数(<500)箱式图

注：* 表示极端值，数字为科学家编号

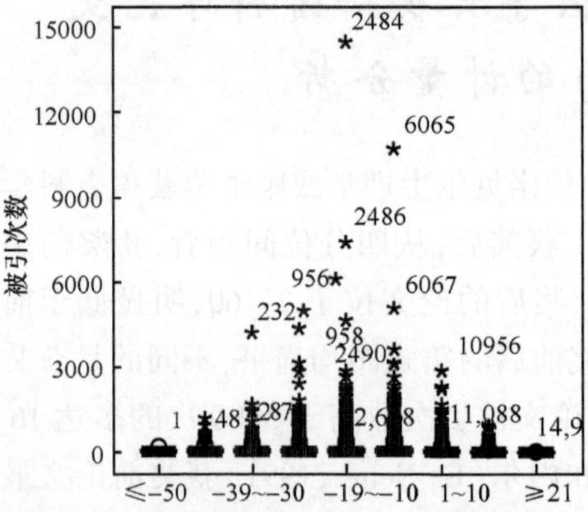

图 3-26　1981~2005 年诺贝尔生理学或医学奖获得者科学论文被引次数时间分布图

注：* 表示极端值，数字为科学家编号

图 3-26、图 3-27 为被引次数 10 年组距分段图，横坐标的 0 点表示获奖年度，向左负值代表获奖前年数，向右正值代表获奖后年数。图中可以看到，以发表第一篇文献到获得诺贝尔奖的最长时限达 50 余年，各时段中位数均低于 50，即一半论文的被引次数不足 50 次；75 百分位数，获奖前波动于 100 上下，呈逐渐升高的趋势，在获奖前 10 年达到最高（129 次），获奖后则有明显降低走势。从极限值分布也可以看到同样

的趋势，获奖前极值越来越大，且数量越来越多，获奖后则相反。

将 1981~2005 年 55 位诺贝尔生理学或医学奖获得者发表论文的被引次数等比例（15%×6+10%×1）分组，得到 7 个被引频谱段，各时间段发表论文的被引频谱分布见表 3-18。在被引次数较低的 4 个频谱段（1~7，8~22，23~47，48~94）中，各时间段论文的构成比差别不大；在被引次数最高的两个频谱段（95~244，255+）中，表现为"~0"时间段的论文构成比最高，即获奖前 10 年内科学论文中的高被引论文比例最大。从趋势上看，以"~0"时间段为界，在获奖前更早（≥10 年）的时间段中，发表的科学论文愈早，其高被引的比例愈低；在获奖后的时间段中，发表的科学论文愈晚，其高被引的比例愈低。

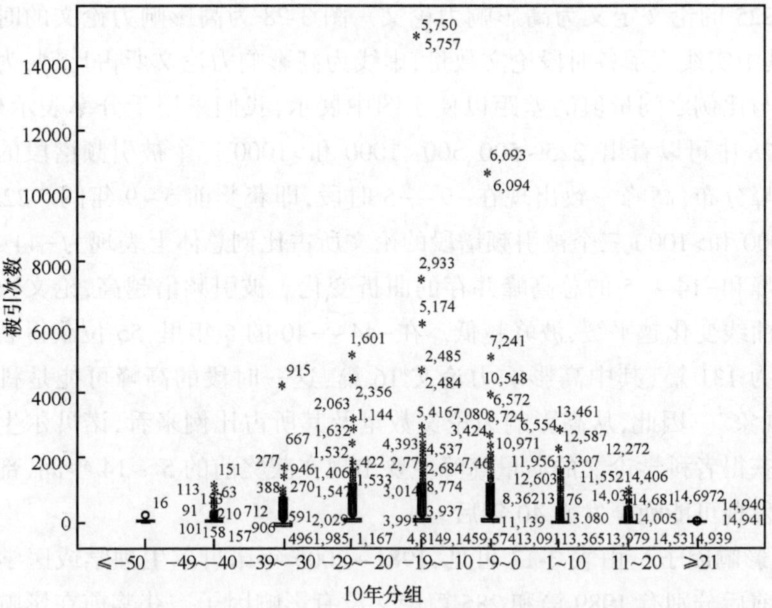

图 3-27　1981~2005 年诺贝尔生理学或医学奖获得者科学论文被引次数（>500）时间分布示意图

表 3-18　1981~2005 年诺贝尔生理学或医学奖获得者不同时间段论文被引次数、IF 分布描述

	时间段	论文数	被引次数				IF			
			25%	中位数	75%	众数	25%	中位数	75%	众数
	≤-50	25	23.5	43.0	90.5	6.0	4.189	6.482	10.272	6.482
	-49~-40	150	14.8	39.5	117.0	17.0	1.861	4.276	6.516	1.861
获奖前	-39~-30	533	17.3	46.0	110.0	0.0	2.430	6.482	6.516	6.482
	-29~-20	1107	9.0	47.0	124.0	0.0	2.512	4.352	10.272	6.482
	-19~-10	2845	10.0	42.0	127.0	0.0	2.836	5.239	11.164	30.979

续表

	时间段	论文数	被引次数				IF			
			25%	中位数	75%	众数	25%	中位数	75%	众数
获奖前	-9~0	4258	11.0	46.0	129.0	0.0	3.543	6.482	11.920	10.272
	1~10	2762	3.0	24.0	75.0	0.0	3.672	6.482	10.272	10.272
获奖后	11~20	936	1.0	10.0	38.0	0.0	2.836	4.457	10.272	3.611
	≥21	78	0.0	1.0	5.0	0.0	1.325	2.299	4.820	2.185

注："时间段"为论文发表年与获奖年间隔年数的 10 年分组

最高频谱段被引次数≥225，其数量占到总论文数的 9.98%。本章将被引次数≥225 的论文定义为高影响力论文。图 3-28 为高影响力论文的时间分布情况，其中实线表示各时段论文数量，虚线为高影响力论文所占比例，为缩小论文数量与比例之间量值的差距以便于图中展示，我们采用千分率表示构成比。从图 3-28 中可以看出，225~500、500~1000 和>1000 三个被引频谱段的论文数均为单峰分布，高峰一致出现在-9~-5 时段，即获奖前 5~9 年间。225~500、500~1000 和>1000 三个被引频谱段的论文所占比例总体上表现为-44~-40 的局部高峰和-14~-5 的总高峰并存的曲折变化。被引频谱越高，论文数量及其比例的曲线变化越平缓，波峰越低。在-44~-40 的 5 年里，55 位获得者发表论文总数为 131 篇，其中高影响力论文 16 篇，这一时段的高峰可能是科学界的"迟发现象"。因此，从高影响力论文数量及其所占比例来看，诺贝尔生理学或医学奖获得者科学论文的质量高峰主要出现在获奖前的 5 ~14 年间，部分论文的价值发现可能晚至发表 40 年后。

2. 影响因子 由表 3-17 可见，1981~2005 年诺贝尔生理学或医学奖获得者获奖前后分别有 1989 篇和 285 篇论文没有影响因子。获奖前在影响因子为 6.482 水平的期刊群上发表的论文最多，发表期刊的最高影响因子为 53.351，50%的论文发表在 IF>6.462 的期刊上，25%的论文发表在 IF>10.456 的期刊上。获奖后发表论文最多的期刊影响因子为 10.272，发文期刊影响因子的中位数和 75 百分位数与获奖前差别不大(图 3-29)。

从 10 年组距分段来看，获奖前 50 年、30 年、10 年和获奖后 10 年四个组段发表的论文有半数在 IF>6.482 的期刊上，从获奖前 30 年到获奖后 20 年的 50 年间，25%的论文发表在 IF>10.272 的期刊上，从极值来看，发表在高影响因子(如 IF≥30)的期刊的论文也大多集中在获奖前后的这 50 年间，而且有以获奖年最高向前后两侧降低的趋势(表 3-18、图 3-30)。

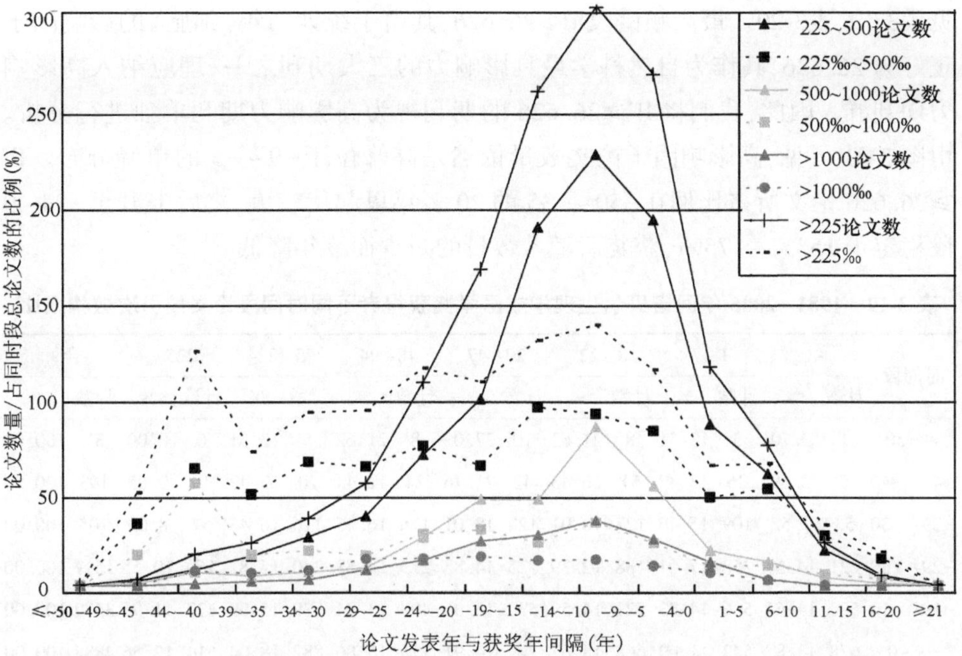

图 3-28　1981~2005 年诺贝尔生理学或医学奖获得者高影响力论文时间分布图

图 3-29　1981~2005 年诺贝尔生理学或医学奖获得者获奖前后科学论文影响因子箱式图

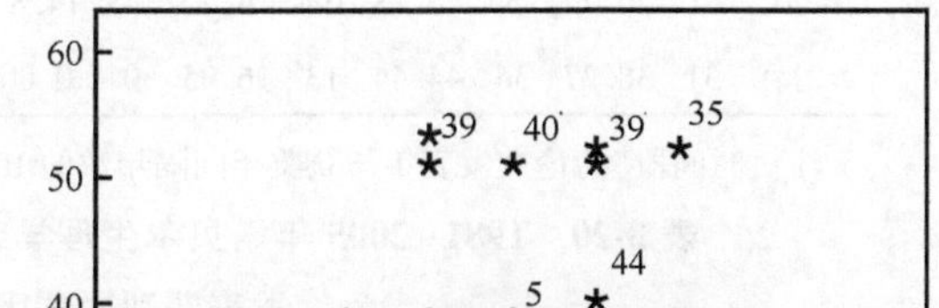

图 3-30　1981~2005 年诺贝尔生理学或医学奖获得者科学论文影响因子时间分布图

将 55 位诺贝尔生理学或医学奖获得者发表论文的期刊影响因子等比例（15%）分组，可得到 7 个影响因子频谱段，各时间段发表论文的影响因子分布见表3-19、表3-20。最高频谱段IF>26.626,其由于统计当年《细胞》的影响因子正好为26.626,其作为自然科学最具影响力的三大期刊之一,理应纳入高影响力期刊群。因此,我们将IF≥26.626的期刊视为高影响力期刊单独进行分析。由图3-31可见,高影响因子论文数量依然是高峰位于-9~-5的单峰分布。IF≥26.626论文所占比例在-50~-35的20多年里起伏较大,之后上升至-24~0段稳定于153‰~175‰,获奖后随着数量的减少而逐年降低。

表3-19　1981~2005年间诺贝尔生理学或医学奖获得者不同时间段论文被引次数构成比

时间段	≤0		1~7		8~22		23~47		48~94		95~224		225+		合计	
	计数	%	计数	%	计数	%	计数	%	计数	%	计数	%	计数	%	计数	%
≤-50	1	2.70	5	13.51	8	21.62	10	27.03	8	21.62	5	13.51	0	0.00	37	100.00
-49~-40	5	2.59	26	13.47	51	26.43	42	21.76	24	12.44	26	13.47	19	9.85	193	100.00
-39~-30	53	7.52	109	15.46	127	18.01	127	18.01	116	16.45	116	16.45	57	8.09	705	100.00
-29~-20	221	14.57	258	17.01	188	12.39	225	14.83	225	14.83	240	15.82	160	10.55	1517	100.00
-19~-10	523	14.64	526	14.73	521	14.59	538	15.06	498	13.94	539	15.09	427	11.95	3572	100.00
-9~0	678	13.87	542	11.09	668	13.67	729	14.91	775	15.86	882	18.04	614	12.56	4888	100.00
1~10	544	18.25	499	16.74	449	15.06	480	16.10	448	15.03	370	12.41	191	6.41	2981	100.00
11~20	207	20.72	257	25.73	194	19.42	148	14.82	103	10.31	63	6.31	27	2.70	999	100.00
≥21	31	38.27	36	44.44	13	16.05	0	0.00	1	1.24	0	0.00	0	0.00	81	100.00

注:"时间段"为论文发表年与获奖年间隔年数的10年分组

表3-20　1981~2005年诺贝尔生理学或医学奖获得者不同时间段论文发表期刊影响因子构成比

时间段	≤2.174		~3.611		~5.225		~7.172		~10.272		~26.626		26.627+		合计	
	计数	%	计数	%	计数	%	计数	%	计数	%	计数	%	计数	%	计数	%
≤-50	2	8.00	3	12.00	6	24.00	6	24.00	5	20.00	0	0.00	3	12.00	25	100.00
-49~-40	42	27.81	22	14.57	25	16.56	37	24.50	8	5.30	3	1.99	14	9.27	151	100.00
-39~-30	110	20.15	66	12.09	74	13.55	170	31.14	58	10.62	21	3.85	47	8.61	546	100.00
-29~-20	212	18.96	204	18.25	181	16.19	175	15.65	106	9.48	112	10.02	128	11.45	1118	100.00
-19~-10	495	17.33	501	17.54	431	15.09	388	13.59	297	10.40	398	13.94	346	12.11	2856	100.00
-9~0	513	12.02	726	17.01	579	13.56	567	13.28	704	16.49	743	17.40	437	10.24	4269	100.00
1~10	341	12.33	344	12.44	385	13.92	475	17.18	559	20.22	424	15.33	237	8.57	2765	100.00
11~20	172	18.38	240	25.64	90	9.62	99	10.58	152	16.24	125	13.35	58	6.20	936	100.00
≥21	28	35.90	21	26.92	12	15.38	9	11.54	6	7.69	1	1.28	1	1.28	78	100.00

注:"时间段"为论文发表年与获奖年间隔年数的10年分组;2003年部分期刊无影响因子

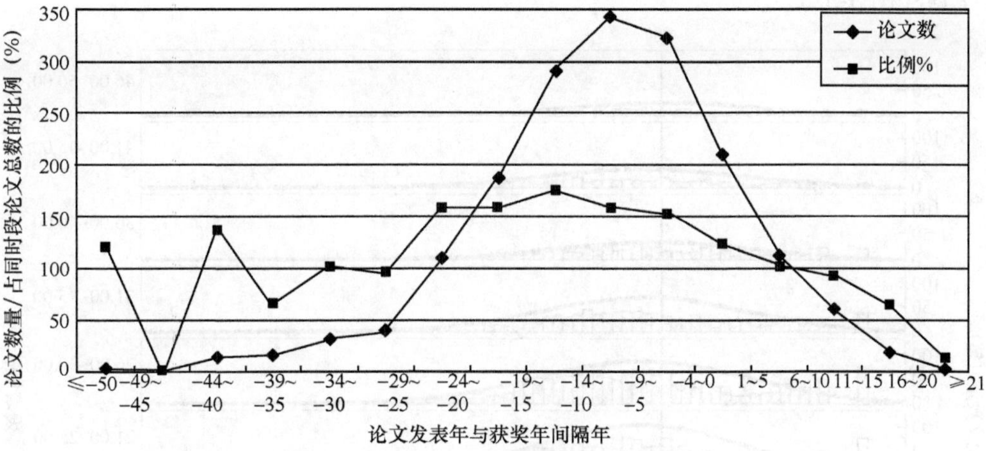

图 3-31　1981～2005 年诺贝尔生理学或医学奖获得者高影响因子期刊论文时间分布图

注：影响因子来自 Web of Science 数据库 2003 年发布

3. 诺贝尔生理学或医学奖获得者获奖前后论文比较分析　将获奖前后总论文的被引次数和影响因子两指标分别进行 Mann-Whitney 秩检验显示，获奖前后论文的被引次数存在统计学差异（$P_{引}<0.001$），影响因子无统计学差异（$P_{IF}=0.082$）。获奖前论文被引次数的 25% 分位数、中位数和 75% 分位数分别为 6、36、110，均高于获奖后论文；影响因子在获奖前后差别不大。

被引次数≥225 的高影响力论文，获奖前后 Mann-Whitney 秩检验显示，被引次数和影响因子两指标均有统计学差异（$P_{引}=0.011$，$P_{IF}=0.001$），被引次数平均秩次获奖前高于获奖后，影响因子正好相反（$P_{引}<0.001$，$P_{IF}<0.001$）。

IF≥26.626 的高影响力期刊群论文，获奖前后 Mann-Whitney 秩检验显示，被引次数和影响因子两指标均有统计学差异（$P_{引}<0.001$，$P_{IF}<0.001$），且平均秩次均是获奖前高于获奖后。

4. 诺贝尔生理学或医学奖获得者科学论文被引次数时间变化分析　发表年限超过 50 年的论文，5 年段数量最多为 248 篇，其中被引次数 > 225 次的仅 15 篇，因其代表性不够，不足以用来作为一般规律阐释。因此，我们在此处描述的时间跨度为 50 年。

由于该科学家群体的论文被引次数为尾部长的右偏态分布，为在一个较窄的数值范围内全面展示该科学家群体论文的被引情况，我们将被引次数取对数（简称被引对数）。5 年段发表论文被引对数频数分布显示，各年段被引对数近似正态分布，前 5 年内有被引的论文数量和被引次数均较低，第 6～10 年增加明显，但分布基本定型，之后被引次数超过 31.6（$10^{1.5}$）的论文数量和比例有增长趋势(图 3-32)。

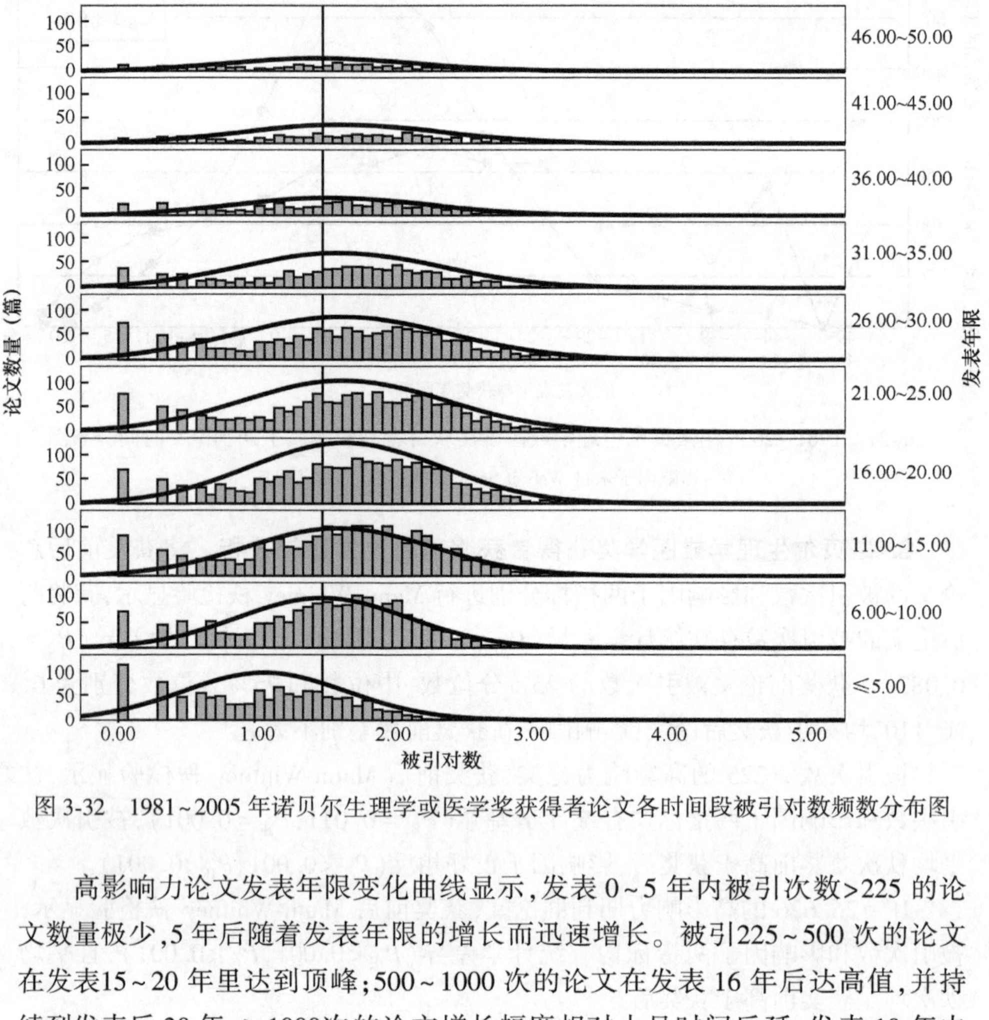

图 3-32　1981~2005 年诺贝尔生理学或医学奖获得者论文各时间段被引对数频数分布图

高影响力论文发表年限变化曲线显示,发表 0~5 年内被引次数>225 的论文数量极少,5 年后随着发表年限的增长而迅速增长。被引225~500 次的论文在发表15~20 年里达到顶峰;500~1000 次的论文在发表 16 年后达高值,并持续到发表后 30 年;≥1000次的论文增长幅度相对小且时间后延,发表 10 年内鲜有出现,之后缓慢增长,至 25~30 年间达到最多。从各被引频谱段论文所占比例来看,增长幅度均低于绝对数量,高峰后延 5~10 年。在 41~45 组段,各被引频谱数量和比例一致出现局部小高峰,这可能是科学界的“迟发现象”。60 年之后各组段高被引论文数量几乎为 0,论文总数最多也仅有 29 篇。因此,比例曲线上出现局部高峰是个“假象”(图 3-33)。

5. 诺贝尔生理学或医学奖获得者科学论文被引次数与期刊影响因子关系分析　传统参数分析对数据有严格要求,不满足条件使运用参数分析的结果效率很低。非参数统计分析方法对总体的分布不做严格要求,又称任意分布检

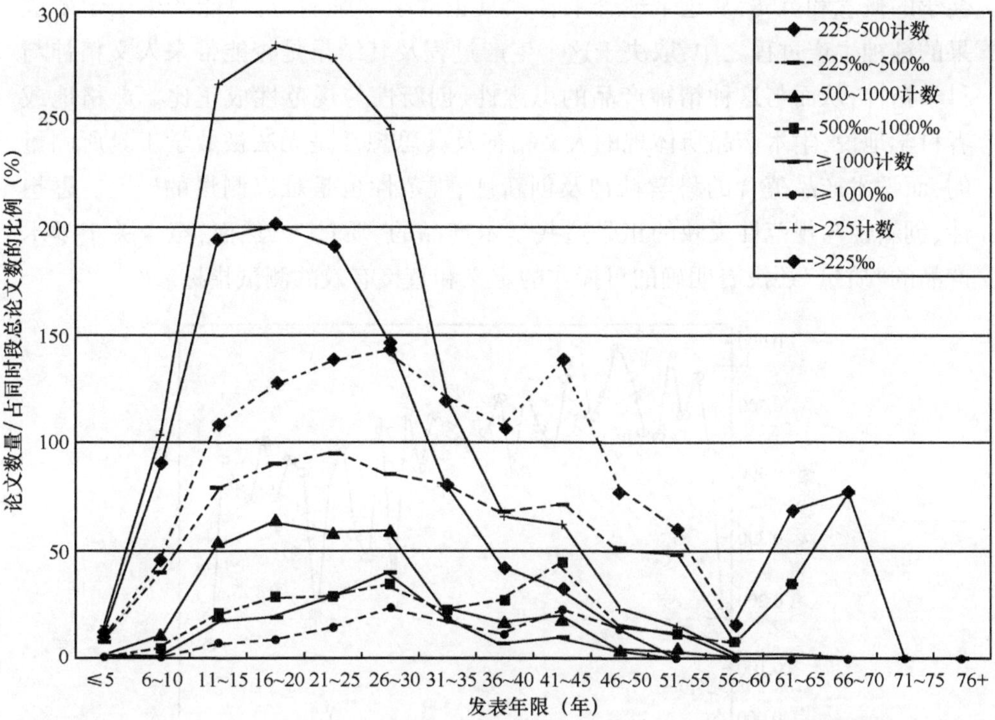

图 3-33　1981~2005 年诺贝尔生理学或医学奖获得者高影响力论文被引频次时间分布图

验，它直接对总体分布做假设。秩转换的非参数统计分析的特点是，分析结果对总体分布的形状差别不敏感，只对总体分布的位置（以中位数 M 来表达）差别敏感。

对 1981~2005 年 55 位诺贝尔生理学或医学奖获得者总论文、高影响力论文和高影响因子论文分别做被引次数和影响因子两指标进行 Spearman 秩相关分析，相关系数分别为 $r_{总}=0.368$，$r_{高引}=0.099$ 和 $r_{高IF}=-0.255$（P 均<0.001）。

不同发表年限论文的被引次数和发表期刊影响因子两指标 Spearman 相关系数与发表年限的关系如图 3-34~图 3-36 所示。当年发表论文两指标相关系数波动较大，总体上有先增后降的趋势，至发表 39 年二者相关系数无统计学意义。当年及之前累计发表论文两指标相关系数变化平稳，也表现为先增后降，至发表 39 年时二者不再相关。被引次数和期刊影响因子两指标的中位数时间变化曲线显示，≤5 年段二者位置相当，之后被引次数逐渐增长远离期刊影响因子，二者分布差异增大，对应于相关系数曲线的逐渐下降，直至无意义。

6. 诺贝尔生理学或医学奖获得者科学论文质量（部分）计量分析的思考

（1）关于学术产品质量的评价：学术影响力首先是哲学知识论的或科学社

会学的概念和范畴,从这个理念来看,“真正的学术影响力,只能产生于学术成果的精神生产过程之中,取决于这个生产过程及其结果是否能带来人文精神与科学精神,从而与这种精神产品的思想性、创新性与规范性成正比。严格地或者科学地说,学术产品所体现的人文精神及其思想性是无法被数学工具所测量的,而学术产品蕴含的科学精神及创新性、规范性也是难以测量的”[17]。思想性、创新性与规范性反映的正是这些学术产品的“质量”。然而,至今关于学术产品的“质量”还没有明确的可操作的定义和直接有效的测试指标。

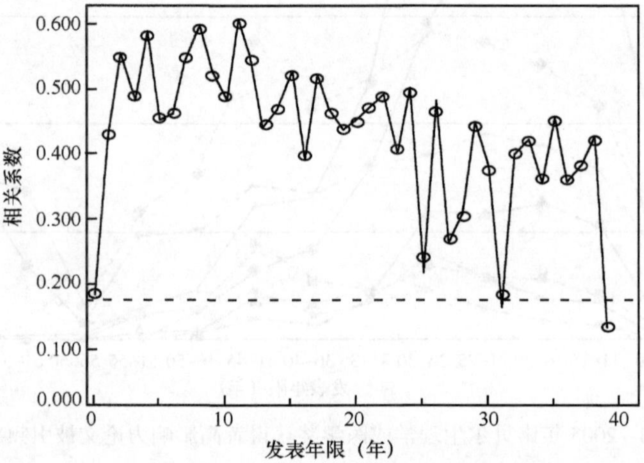

图 3-34　1981~2005 年间诺贝尔生理学或医学奖获得者年度发表论文被引次数与影响因子相关系数曲线

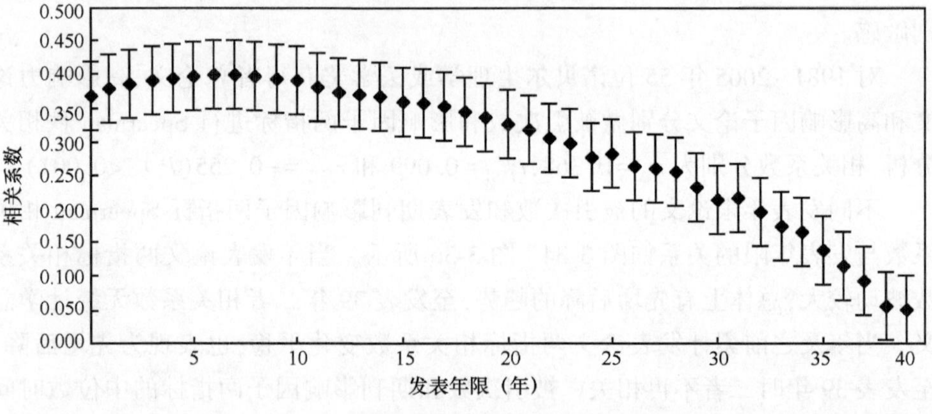

图 3-35　1981~2005 年间诺贝尔生理学或医学奖获得者年度累计发表论文被引次数与影响因子相关系数曲线

科尔提出过“质量”的绝对定义和社会定义[18],考虑到实践操作的可行性,最终选用了社会定义。这种定义的哲学依据是:没有绝对真理,真理是由社会决定的,即"某人的工作质量高是他的同行认为这项工作现在是有用的……这个思想是有价值的",能为读者提供有用的新知识,能对读者有所启发和促进[19]。因而,当前学术产品质量评价的现实哲学依据是,论文在国际刊物上发表,在世界范围内流通、查阅、引用,是涵盖宽泛的时间和地域范围内更大规模的成果评估活动。因此,由一个国家或地区在某一时间召集某一批专家学者,对多项科研工作进行成果评估得出的结论,可能要更科学、准确和有说服力。

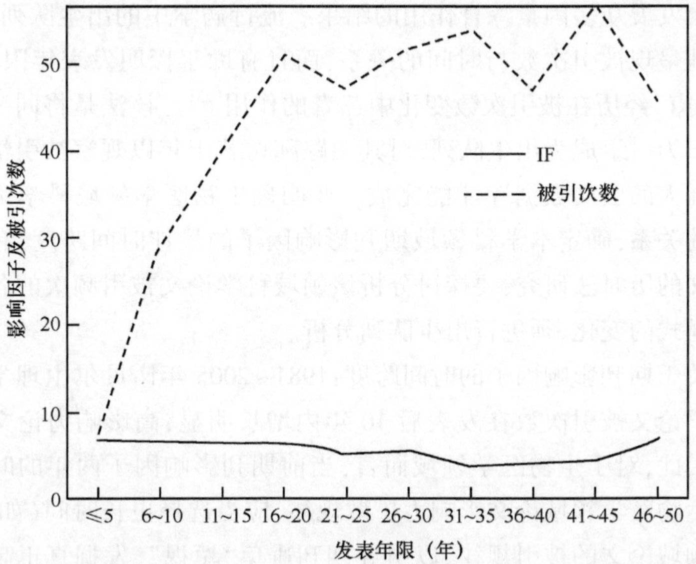

图 3-36　1981~2005 年间诺贝尔生理学或医学奖获得者不同发表年限论文被引次数与影响因子分布图

一般来讲,相对于同领域低影响因子的期刊,高影响因子期刊所刊载的论文总体上具有更高的学术水平。实质上,期刊的影响因子是指在一定时域内期刊论文的平均被引率,其计算是建立在大样本统计基础上的,可以反映期刊的学术影响力。但对于单篇论文的评价而言,其准确性是具有概率性的,有时会出现失真现象[20,21]。此外,影响因子每年都有变化,且变化规律尚不清楚。因此,我们所采用的 2003 年的影响因子是否有偏差或者偏差有多大,目前无法估测,期待寻得影响因子的变化规律后对研究结果进行校正。

（2）关于论文被引次数时间分布研究的方法:不同发表年代的论文经历了不同的时代,尤其是学科"范式"形成或者转变时期,而且一个国家在不同时期,针对不同学科的建设和发展制定的政策带有一定倾向性[6],这些都会对论文价值的认同接受乃至引用产生巨大的影响。本研究中被引次数的时间分布是基于横断面研究,该方法是静态的描述,只能说明同一时期不同发表年限论文被引次数的变化,而不能说明不同年代发表论文各时间段的被引趋势,无法测得“时代”的印迹。基于文献计量学的“历时法”(diachronous method),引文分析可以动态地反映文献被利用的过程。“历时法”是指以某一时期(如某年)发表的文献为统计观察对象,按一定的时间间隔(如一年)统计发表后的被引频次,然后对逐一时间间隔的被引频次做各类分布的计量研究[22]。历时法可以忠实地记录文献的整个生命过程,当然这是文献自身影响力、学科发展、科技发展乃至整个社会发展众多因素综合作用的结果。流行病学中的出生队列分析,不仅可以明确地呈现被引次数与时间的关系,而且有助于探明发表年限、所处时代特点和“暴露”经历在被引次数变化中三者的作用[23]。该法是将同一时期发表的论文划归为一组成为出生队列,对其跟踪随访若干年以观察被引情况。后二者需要有强大的引文数据库才能完成。要明确生物医学领域科学论文被引次数与时间的关系,确定本学科领域期刊影响因子的最佳时间跨度,有待进一步做科学论文的历时法研究;要探讨分析该领域科学论文被引频次的各种影响因素及引文模式的变化,须进行出生队列分析。

(3) 关于期刊影响因子的时间跨度:1981~2005 年诺贝尔生理学或医学奖获得者科学论文被引次数在发表后 10 年内增长明显,高影响力论文的被引高峰更迟。因此,对于生物医学领域而言,当前期刊影响因子两年的时间跨度已不能反映生物医学领域论文影响力扩散规律,应当选择更长时间(如 5~10 年)以适合该领域论文的被引规律,以引导期刊避免“短视”,发掘真正高影响力论文。有研究显示,生物科学类论文的引文峰值较为滞后,引用峰值出现在发表后 3~5 年[24]。从理论上讲,原始性创新超出了现有的学术范式,开辟了一个全新的领域,很难用现有理论和知识评价其学术价值,验证、理解及社会认同,需要有相当长的时间[25]。

(4) 关于诺贝尔生理学或医学奖获得者获奖前后论文的比较分析:我们预先假设所有期刊影响因子在相当长一段时间内变化不大,而且变化的方向和幅度不影响期刊影响因子的排序;同时,考虑到科学论文产出的指数增长,我们再假设所有期刊影响因子亦呈增长趋势。

在这两个假设前提下,相同质量的论文,不论发表年代如何,都有相同概率刊载于影响力相当的期刊,如此看来获奖前后论文的期刊影响因子应该无明显差异。论文被引次数随时间增长而增长,获奖前论文自然会高于获奖后。论文的被引证频次,更准确地说应该是论文在发表后第一年或第二年的被引次数,决定了期刊的影响因子。不同论文的被引规律是不一样的,有的短期内很热,被引次数快速增长，但很快转而变冷；有的属“迟发现象”，发表多年之后才被发现具有很高的价值，其被引次数的增长就表现为先慢后快[26]。前者对期刊影响因子的贡献会明显高于后者。高影响因子期刊的论文相当一部分属于前一类，这类论文被引次数增长的后劲较小。因此，影响因子和被引次数同步，获奖前与获奖后基本相当。

被引次数≥225 的高影响力论文，其被引次数的增长多发生在发表 6～20 年里，被引次数越大被引高峰越晚。可见，比较而言，获奖前论文具有时间优势，被引次数更容易表现为获奖前高于获奖后。诺贝尔奖的获得势必会增加论文作者的学术和社会影响力，作者声誉的提高会减低论文发表的难度[27]，这样获奖后发表的论文便具有了声誉优势。如此，高影响力论文的被引次数和影响因子各居一端，被引次数是获奖前高于获奖后，影响因子反之。

总之，被引次数和期刊影响因子都不是论文质量全面、直接的反映，而是从不同角度对论文影响力的反映。因而我们在本部分使用了“质量（部分）”的提法，而非“质量”。至于时间优势和声誉优势等因素的影响，尚无法断定哪一个更胜一筹。因此，依据被引次数和期刊影响因子两指标对 1981～2005 年 55 位诺贝尔生理学或医学奖获得者获奖前后发表论文比较的意义不大，进而提示仅仅依据这两个计量指标对其科学论文质量的评价结果也不一定可靠。

在科学论文质量评价中过度依赖被引次数和期刊影响因子等计量指标，忽视其产生过程中的“人为因素”和非人为因素的现象，机械地将科学论文评价等同于文本评价的现象，同行评议越来越注重和依靠文本机械量化的现象，都是忽略科学论文质量评价真正目的的反映。只有寻找和把握科学论文评价中定量评价与定性评价的联结点，才是科技评价制度创新的动力。

参考文献

[1] 哈里特·朱克曼．科学界的精英[M]．北京：商务印书馆，1979.

[2] 路甬祥．启示与规律．2001 科学发展报告[M]．北京：科学出版社，2001.

[3] 埃利泽·盖斯勒．科学技术测度体系[M]．北京：科学技术文献出版社，2004.

[4] 钟旭．科学家重大科技成果生产率频率分布符合洛特卡分布[J]．情报杂志，2005，(11)：32-33.

[5] 段志光，卢祖洵，王彤．诺贝尔生理学或医学奖获得者学术影响力研究[J]．科学学研究，2007，25(2)：222-227.

[6] 乔纳森·科尔，斯蒂芬·克尔著．科学界的分层[M]．赵佳苓，顾昕，黄绍林，等译．北京：华夏出版社，1989.

[7] Da Luz up，Marques-Portellac，Mendlowiczm，et al. Institutional h-index：The performance of a new metric in the evaluation of Brazilian Psychiatric Post-graduation Programs[J]. Scientometrics，2008.

[8] S. Hemlin. Scientific quality in the eyes of the scientist. A questionnaire study. [J]. Scientometrics, 1993, 27: 3-18.

[9] Seglen PO. Causal relationship between article citedness and journal impact[J]. J Am Soc InfSci, 1994, 45: 1-11.

[10] 洛埃特·雷迭斯多夫著. 科学计量学的挑战——科学交流的发展、测度和自组织[M]. 乌云译. 北京:科学技术文献出版社,2003.

[11] 王丹红,金碧辉. "现在是提高中国论文质量的关键时刻了——"文献计量学专家金碧辉研究员访谈[N]. 科学时报,2008-5-29(A4版).

[12] Seurontl, Mitchell J G. Towards a seascape typology. I. Zipf versus Pareto laws[J]. Journal of Marine Systems, 2008, 69: 310-327.

[13] 岳洪江. 我国社会科学成果排序——频度分布研究[J]. 情报杂志,2007,(10):135-137.

[14] 段志光,卢祖洵,王彤. 诺贝尔生理学或医学奖获得者学术影响力研究[J]. 科学学研究,2007,25(2):222-227.

[15] 庞景安. 科学计量研究方法论[M]. 北京:科学技术文献出版社,1999.

[16] 梁立明. 科学计量学指标·模型·应用[M]. 北京:科学出版社,1995.

[17] 袁玉立. 学术影响力与学术期刊的导向[J]. 北京行政学院学报,2007,(4):6.

[18] 乔纳森·科尔,斯蒂芬·克尔. 科学界的社会分层[M]. 赵佳苓,顾昕,黄绍林,等译. 北京:华夏出版社,1989.

[19] 温智虹. 科技学术期刊竞争力分析[J]. 黑龙江教育学院学报,2007,26(8):127-128.

[20] 单文戈,姜晓舜,雷二庆. 期刊影响因子与论文被引频次的关系研究——科研院所为例[D]. 北京:中国人民解放军军事医学科学院,2007.

[21] Garfield E. Journal Impact Factor: a brief review[J]. CMAJ. 1999.

[22] 姜春林. 基于文献计量学历时法引文的案例分析[J]. 现代情报,2005,(10):140-145.

[23] 李立明. 流行病学. 第5版[M]. 北京:人民卫生出版社,2004.

[24] 党亚茹. 基础学科引文峰值区域比较研究[M]. 情报科学,2003(1):71-74.

[25] 陈劲,宋建元,葛朝阳,等. 试论基础研究及其原始性创新[J]. 科学学研究,2004,(03):317-321.

[26] 单文戈,姜晓舜. 文献计量学指标在科学论文评价中的应用[J]. 中国医院管理杂志,2007,(2):133-135.

[27] 段志光,卢祖洵,王彤. 诺贝尔生理学或医学奖获得者科学产出年龄特征分析[J]. 中华医学科研管理杂志,2007,20(4):211-214.

第四章　诺贝尔生理学或医学奖获得者的科学合作

科研合作关系是科研生产关系的基础和前提,决定着科研生产力,制约着科学事业的发展。20 世纪以来,随着科学问题的复杂化和学科的细化,科研合作已成为科学研究的主流趋势,科研工作者不得不越来越多地参与到合作中,以便共同完成科研任务。诺贝尔生理学或医学奖获得者作为世界生物医学科技精英的代表,其科研成果对人类生物医学科技发展起到巨大的推动作用。他们与其他科技工作者,甚至是与不同学科、机构和国家的科技工作者之间有着怎样的科学合作,已成为人们关注的热点。

第一节　诺贝尔生理学或医学奖获得者的科学论文合作

近半个多世纪以来,诺贝尔生理学或医学奖获奖成果几乎均为基础研究成果,而基础研究成果的主要表现形式则是科学论文。科研合作最重要和最显著的表现形式之一是合著论文,绝大部分合作的科研成果都由合著论文表现出来。因此,利用合著论文研究诺贝尔生理学或医学奖获得者的科学合作行为,就成为一个首要和必要的选择。

一、诺贝尔生理学或医学奖获得者科学论文合作分析

1. 诺贝尔生理学或医学奖获得者共同获奖情况　诺贝尔生理学或医学奖评选标准严格,每届只授予最多不超过 3 人,

不超过两个科研成果。1901~2012 年间,除去由于两次世界大战未颁发诺贝尔奖的 9 届之外,实际颁发 103 届。通过每十年获奖项目合作情况的变化,可以一窥诺贝尔生理学或医学奖获得者科研合作方式的变化。

由表 4-1 可知,1901~2012 年共有 128 项科研成果获得诺贝尔生理学或医学奖,其中单人获奖 78 项,共同获奖 50 项(其中 2 人获奖 35 项,3 人获奖 15 项)。

表 4-1　1901~2012 年诺贝尔生理学或医学奖获奖项目统计表

年代区域	单人	两人	三人	合计
1901~2012	78	35	15	128
百分比	60.94%	27.34%	11.72%	100%

由图 4-1 中可见,诺贝尔生理学或医学奖颁发的第二个 10 年中,单人获奖的比例一度高达百分之百,但从 20 世纪 30 年代开始,两人或三人获奖的比例持续上升,在 60 年代超越了单人获奖比例,并于 70 年代达到高峰,之后基本保持在 80% 左右,这个趋势意味着有越来越多的获得者经由合作共同完成他们的获奖项目。同时,70 年代后,三人共同获奖比例有所下降,并由此低于两人共同获奖比例,而单人获奖比例有逐渐平稳回升现象。这可能是由于诺贝尔奖越来越频繁的同时颁发给两项科研成果,但又存在获得者不得超过三人的限制,使其中一项成果必然为单人获奖。总体来看,当今诺贝尔生理学或医学奖更多地授予合作科研成果,但同时又不拒绝那些同样有价值的单人科研成果。

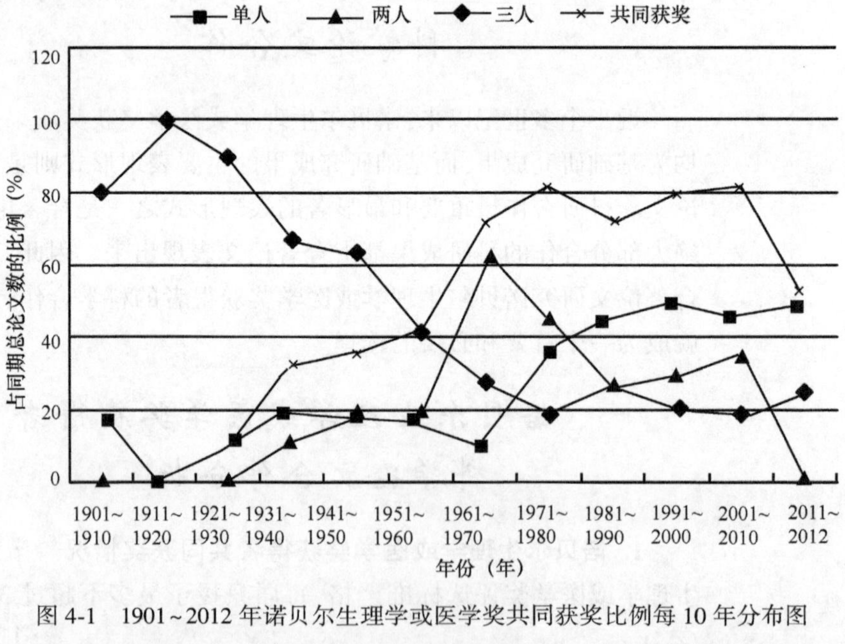

图 4-1　1901~2012 年诺贝尔生理学或医学奖共同获奖比例每 10 年分布图

2. 诺贝尔生理学或医学奖获得者科学论文合作分析

(1) 诺贝尔生理学或医学奖获得者科学论文合作情况。经统计,1901~2012 年诺贝尔生理学或医学奖获得者 SCI 论文总数为 39 993 篇,其中合作论文为32 885篇,占总论文数的 82.3%。获得者人均合著率为 71%,人均合作指数为 3.32。图 4-2 描绘了 1901~2012 年诺贝尔生理学或医学奖获得者每 10 年产出合著论文绝对值的变化,可见其合作论文总量总体呈现上升趋势。在第二次世界大战期间该数据几乎停滞,而在第二次世界大战结束以后产生了一个巨大的飞跃,前者可能是由于战争期间全球学术活动受到阻碍,后者则归因于战后世界科研秩序的恢复和每届获奖人数的增加。由于诺贝尔生理学或医学奖获得者获奖时年龄普遍较大,其一生所产出科学论文数量较大,近期论文数据尚无法获取,所以 20 世纪 80 年代以后该数据表现为下降趋势。

由图 4-3 可以发现,1901~2012 年诺贝尔生理学或医学奖获得者所产出论文合著率呈逐年上升趋势,该比率曲线比绝对值曲线更加平稳,由最初的 34% 开始,达到现今的 93%,绝大部分论文经由合作完成。即使是在学术交流受到严重阻碍的第二次世界大战期间,合著率也仅下降了 0.4%。

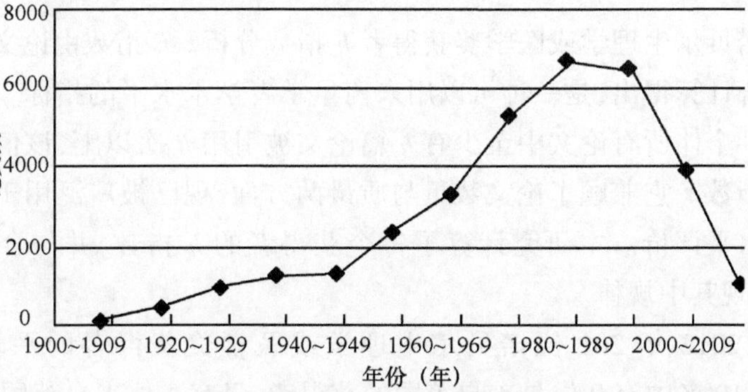

图 4-2　1901~2012 年诺贝尔生理学或医学奖获得者每 10 年合著论文数示意图

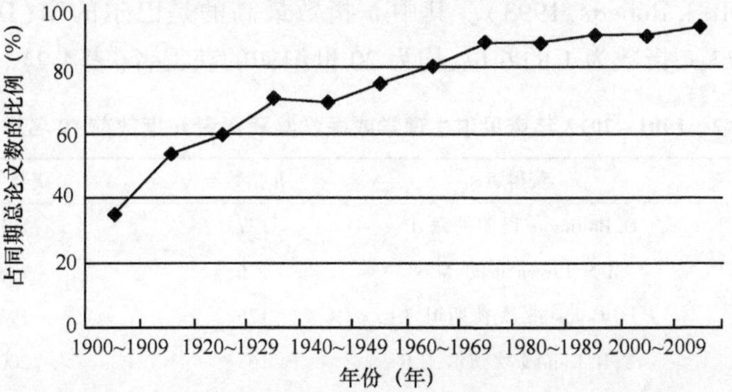

图 4-3　1901~2012 年诺贝尔生理学或医学奖获得者每 10 年论文合著率示意图

从图 4-4 所反映的合作指数上来看,该数据一直呈稳步上升趋势,最初 10 年仅为 1.37,到 21 世纪最初 10 年增长为 6.38,2010~2012 年间达到 7.78。也就是说,21 世纪最初的 10 年,诺贝尔生理学或医学奖获得者平均每篇论文要和 5 个以上的合作者共同完成,而 2010~2012 年间则要同 6 个以上的作者进行合作。

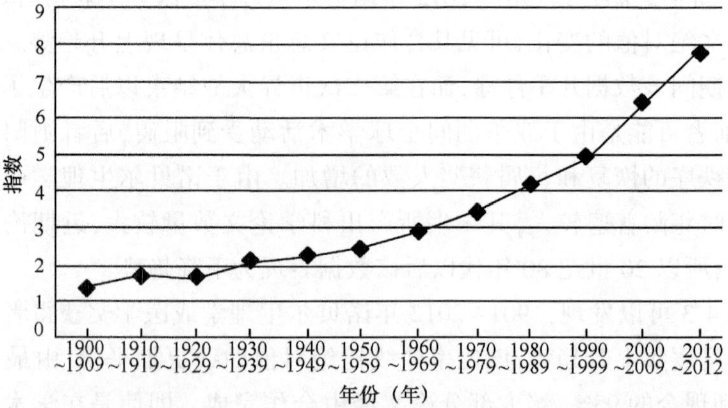

图 4-4　1901~2012 年诺贝尔生理学或医学奖获得者每 10 年论文合著指数示意图

(2) 诺贝尔生理学或医学奖获得者 h 指数分析。h 指数由论文数和论文被引次数综合计算得出,是一种可以用来衡量学者学术水平的指标。该指标的基本思想是某个体所有论文中至少有 h 篇论文被引用 h 次以上,该值便称为这个对象的 h 指数。它兼顾了论文数量与质量两方面,现已被广泛用于个人、机构、国家学术水平评价。本研究计算了每个获得者的 h 指数,并与合作指标相比较,尝试发现其中规律。

1901~2012 年 201 位诺贝尔生理学或医学奖获得者的平均 h 指数为 53.42。前 10 名中有 9 位是来自美国的获得者,只有一位来自英国,为排名第 6 的罗伯茨(R. J. Roberts,1993)。其中 h 指数最高的是巴尔的摩(D. Baltimore,1975)为 177;h 指数为 1 的 6 位,均为 20 世纪初的获得者(表 4-2)。

表 4-2　1901~2012 年诺贝尔生理学或医学奖获得者 h 指数前 10 名排序表

排名	获得者	h 指数	获奖年份
1	D. Baltimore 巴尔的摩,D.	177	1975
2	M. S. Brown 布朗,M.S.	176	1985
3	J. L. Goldstein 戈德斯坦,J.L.	175	1985
4	E. R. Kandel 坎德尔,E.R	163	2000
5	P. Greengard 格林加德,P.	143	2000

续表

排名	获得者	h 指数	获奖年份
6	R. J. Roberts 罗伯茨，R.J.	137	1993
7	S. B. Prusiner 普鲁西纳，S.B.	134	1997
8	J. Axelrod 阿克塞尔罗德，J.	132	1970
9	E. D. Thomas 托马斯，E.D.	132	1990
10	G. M. Edelman 埃德尔曼，G.M.	131	1972

通过表 4-3 所示相关分析结果可知，1901~2012 年诺贝尔生理学或医学奖获得者的合著率与合作指数存在较高的相关性，相关系数为 0.851，说明他们发表合作论文比例越高，其合作规模就越大。他们的合著率、合作指数与 h 指数之间也存在较高的正相关性，相关系数分别为 0.705 和 0.671，这说明其科学论文合作水平越高，其 h 指数就越高。

表 4-3　1901~2012 年诺贝尔生理学或医学奖获得者论文合著率、合作指数、h 指数相关性计算结果统计表

			合著率	合作指数	h 指数
Spearman's rho	合著率	Correlation Coefficient	1.000	0.851	0.705
		Sig.（2-tailed）		0.000	0.000
		N	201	201	201
	合作指数	Correlation Coefficient	0.851	1.000	0.671
		P 值	0.000		0.000
		N	201	201	201
	h 指数	Correlation Coefficient	0.705	0.671	1.000
		Sig.（2-tailed）	0.000	0.000	
		N	201	201	201

（3）诺贝尔生理学或医学奖获得者科学论文合作人数分布。从图 4-5 中可以看出，诺贝尔生理学或医学奖获得者所产出不同作者数论文的变化情况，20 世纪最初 10 年，绝大部分论文由一到两人完成，其中独自完成的占 66.00%；第二个 10 年，合作论文比例明显提高，几乎与独著论文持平。在接下来的一个多世纪里比例持续上升，合作论文比例始终超越独著论文。

随着时代的变化，论文合作者越来越多，多作者论文比例屡创新高。如今，获得者的大部分论文为多作者合作论文，10 作者以上的论文比例在 21 世纪最初 10 年猛然倍增，超越了独著论文所占比例，随着独著论文所占比例持续减

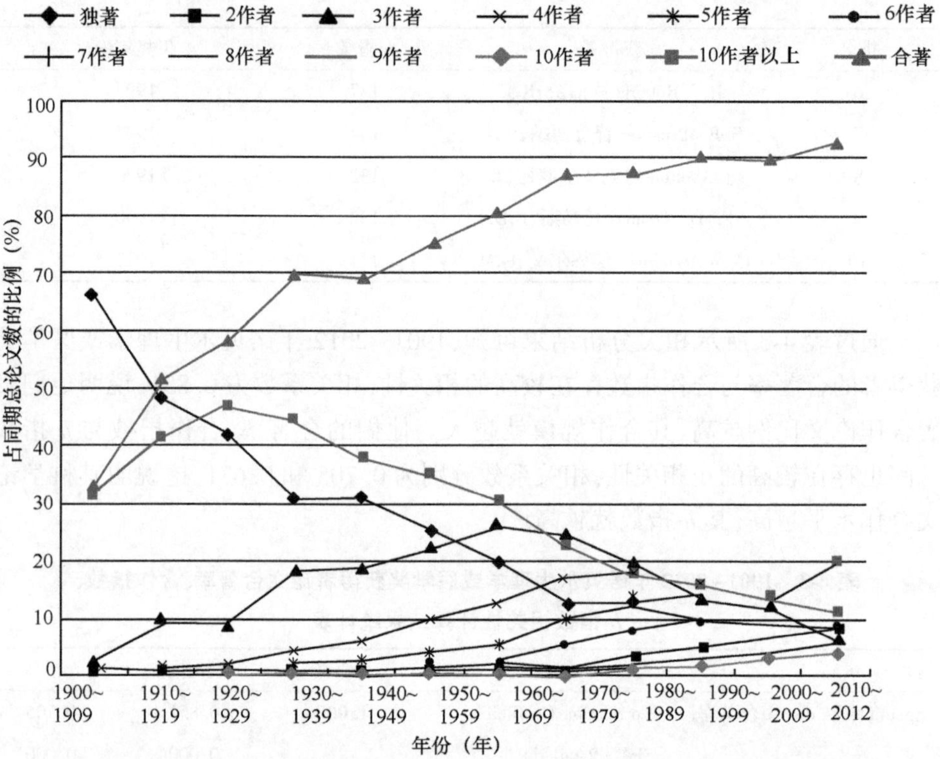

图 4-5　1901~2012 年诺贝尔生理学或医学奖获得者科学论文作者百分数每 10 年分布图

少，合作论文合作人数保持了不断增加的趋势。截至 2012 年，7 作者以下论文所占比例开始减少，说明诺贝尔生理学或医学奖获得者科研合作程度不断深化。这种现象反映出生物医学领域的科学研究需要越来越多合作者的参与，单独的或少数研究者的知识、技能、设备等资源，越来越不能满足当今飞速发展的生物医学科学发展需求。

（4）诺贝尔生理学或医学奖获得者机构合作与国家合作分布。在交流便捷的当代社会，科研合作范围遍及全球，跨部门、跨机构乃至国家合作已成为常态。诺贝尔生理学或医学奖获得者在选择合作者时，也不只局限于本身所处环境。由图 4-6 中可以看到，同机构内部合作比例一直到 20 世纪 70 年代末仍呈上升状态，从 20 世纪 80 年代起，才开始大幅下降。相反的是，机构之间和跨国合作的比例不断攀升，跨国合作在 21 世纪初超越了所有其他形式的合作，在 2010~2012 年间达到 42%，并仍有继续上升趋势。可以预见的是，诺贝尔生理学或医学奖获得者参与的国家合作规模将在 21 世纪继续扩大。

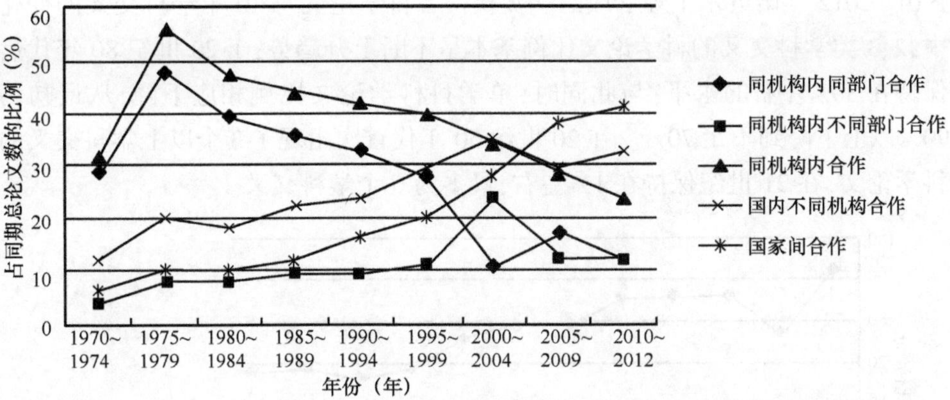

图 4-6　1970~2012 年诺贝尔生理学或医学奖获得者科学论文机构合作与国家合作每 5 年分布图

从表 4-4 中可以看到，1901~2012 年诺贝尔生理学或医学奖获得者科学论文中出现频率排名前 10 的 90% 来自美国的大学，说明获得者进行或参与的科学研究主要在美国大学中完成。从国家出现频率前 10 来看，美国处于绝对统治地位，英国、法国、德国等欧洲国家紧随其后；中国在出现频率大于 10 的 45 个国家中排名第 24 位，共出现 52 次；中国总体排名居第 20 位，共出现 76 次（含台湾、香港）。

表 4-4　1901~2012 年诺贝尔生理学或医学奖获得者科学论文机构与国家出现频率前 10 排序表

排名	机构	频率	国家	频率
1	麻省理工学院	1702	美国	32 472
2	洛克菲勒大学	1496	英国	3831
3	加州大学旧金山分校	1335	法国	2802
4	杜兰大学	1133	瑞典	1658
5	哈佛大学	1029	德国	1415
6	华盛顿大学	941	日本	1314
7	德州理工大学	878	瑞士	999
8	巴斯德研究所	586	澳大利亚	616
9	斯坦福大学	496	意大利	609
10	耶鲁大学	481	加拿大	558

（5）诺贝尔生理学或医学奖获得者学科合作分布。由图 4-7 可以看出，

1901~2012 年诺贝尔生理学或医学奖获得者科学论文每 10 年学科交叉的变化中，2、3 类学科交叉的科学论文比例基本呈不断上升趋势，于 20 世纪 80 年代后保持在 30% 左右的水平；与此同时，单学科科学论文比例相应下降，从最初的 90% 以上下降到不足 70%。在 20 世纪 50 年代首次出现了 3 个以上学科交叉的科学论文，在 21 世纪保持在 1% 左右，最多为 6 个学科交叉。

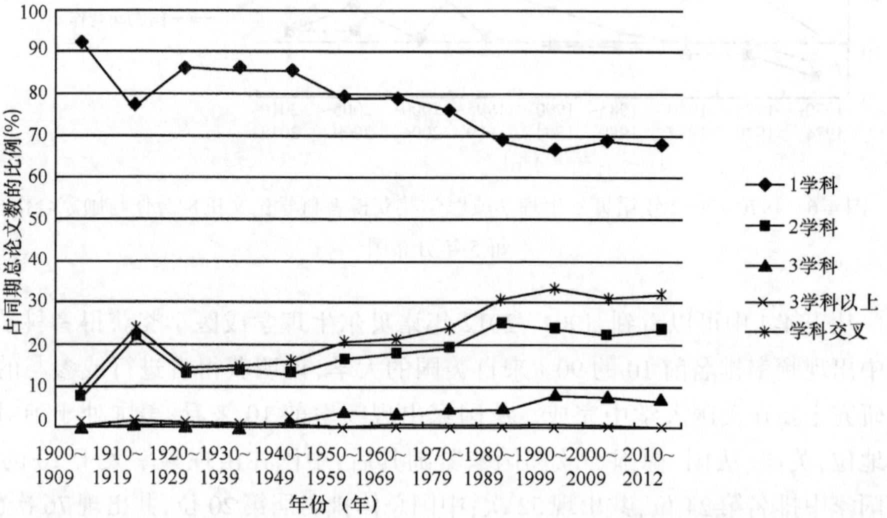

图 4-7　1901~2012 年诺贝尔生理学或医学奖获得者科学论文学科交叉每 10 年分布图

1901~2012 年诺贝尔生理学或医学奖获得者的科学论文涉及多个学科，而学科之间常常产生知识的交叉，在科研合作活动中的学者们常常来自不同学科。经过对获得者科学论文中学科的出现频率进行统计，列出了出现频率排名前 10 的学科（表 4-5），分别为生物化学和分子生物学、细胞生物学、免疫学、神经科学、全科和内科医学、实验医学、生理学、药学及无法归类的生命科学和其他科学。

表 4-5　1901~2012 年诺贝尔生理学或医学奖获得者科学论文学科出现频率前 10 名排序表

排序	学科	频率
1	生物化学与分子生物学	7960
2	其他科学技术	6569
3	细胞生物学	3639
4	其他生命科学与生物医学	3552
5	免疫学	2976
6	神经科学	2831

续表

排序	学科	频率
7	内科学	2352
8	实验医学	2215
9	生理学	1996
10	药理学与药物学	1842

3. 诺贝尔生理学或医学奖获得者科学论文合作的思考

(1) 诺贝尔生理学或医学奖获得者共同获奖状况。诺贝尔生理学或医学奖获得者共同获奖比例呈逐年上升趋势,20 世纪 70 年代起,大部分获奖项目为合作科研成果,体现了诺贝尔生理学或医学奖获得者群体早已经进入科研合作时代,而该奖越来越频繁的同时授予两项科研成果,也从一个方面反映了科研合作对科学生产力带来的推动作用。

(2) 诺贝尔生理学或医学奖获得者科学论文合作指标分析。诺贝尔生理学或医学奖获得者的合著率始终处于上升状态,合作论文如今已占获得者所发表论文的绝大部分,结合快速上升的合作指数,说明在科学专业化程度不断加深的过程中,生物医学科学研究已经很难依靠个别一流科学家独立完成。h 指数分析结果表明,诺贝尔生理学或医学奖获得者的学术能力同合作水平呈正相关,他们也不得不越来越多地参与到合作活动中,寻求更大规模的合作群体来实现科研目的。

(3) 诺贝尔生理学或医学奖获得者机构合作与国家合作分析。诺贝尔生理学或医学奖获得者参与的国家、机构间合作已成为主流,美国及其著名大学在其中扮演了最为重要的角色。我国虽然从国家层面上在生物医学高端科研合作活动中已经占有一席之地,但在总体上与发达国家仍有较大差距,并且缺少具有足够分量的科研机构。因此,我国想在该领域的世界舞台绽放光彩,仍需着重培养高水平的科技人才,建设高影响力的科研机构,更加积极地投入到国际科研合作活动中去,为我国生物医学科学进步打下更坚实的基础,拓宽未来的道路。

(4) 诺贝尔生理学或医学奖获得者学科交叉分析。诺贝尔生理学或医学奖获得者科学论文涉及多学科的比例不断上升,说明依靠单一学科的知识越来越不能满足科学研究的需要。越来越多的科研项目需要多种学科的交叉、不同知识的交流,而在学科交叉的同时,又导致新学科的产生,进一步扩大学科间的合作。

二、诺贝尔生理学或医学奖获得者科学论文合作网络

近几十年来,基于社会计量学和图论发展并成熟起来的社会网络分析方法,为科研合作研究拓宽了道路,增添了新视角。这种方法不仅考虑到合作者的个体属性,而且将合作者的合作关系也作为研究对象,考虑了人的社会属性,把合作者作为合作网络中的点、合作关系作为网络中的边构建合作网络,并通过对社会网络的结构进行分析来揭示社会现象。它不仅是一种社会研究的具体方法,更是一种研究社会结构关系的新观点[1]。近年来,随着相关可视化软件的发展,这种研究方法被人们越来越多的应用于科研合作的研究中。我们尝试采用这种方法对1901~2012年诺贝尔生理学或医学奖获得者的科学论文合作网络进行构建和分析。

1. 诺贝尔生理学或医学奖获得者科学论文作者合作网络 我们通过科学论文合作的角度,运用社会网络分析方法,构建1901~2012年诺贝尔生理学或医学奖获得者科研合作活动,不仅关注作者的合作网络,同时也尝试提取合作论文中的其他信息,包括获得者所属机构、国家和学科,从多方面分析诺贝尔生理学或医学奖获得者所参与的科研合作活动,从而全面地认识诺贝尔生理学或医学奖的产生与科研合作之间的关系。

(1) 诺贝尔生理学或医学奖获得者科学论文核心作者网络。经过计算,1901~2012年201位诺贝尔生理学或医学奖获得者参与合作的39 993篇科学论文中,共有35 091名作者,为了更清晰地展示获得者的合作方式,有必要将网络纳入标准进一步严格化,从而简单准确地对网络进行分析。通过使用bibexcel的共现分析功能对作者信息进行编辑,并利用Gephi将所产生的文件进行论文合作网络的绘制。我们选取所有获得者以及出现频次大于50的作者,去除其中权重小于10的边,以及之后孤立的点,最终形成了192个作者、375条边的合作网络,图4-8形象地展示了这些作者的合作网络拓扑图,其中每一个顶点代表一位获得者,顶点越大,则该点的中心度越高,代表该获得者与越多其他获得者产出过合作论文;颜色越深,说明该点的中介中心度越高,代表该获得者在论文合作中所起到的中介作用越大;顶点之间的边,则代表两位获得者之间产生的合作关系,边的粗细显示了两者之间合作频次的多少,越粗则合作越多,反之则越少。

该网络密度为0.02,平均聚类系数为0.708。网络中央存在大量与其他子网不相连接的合作对,大部分都是共同获得诺贝尔生理学或医学奖的合作者,

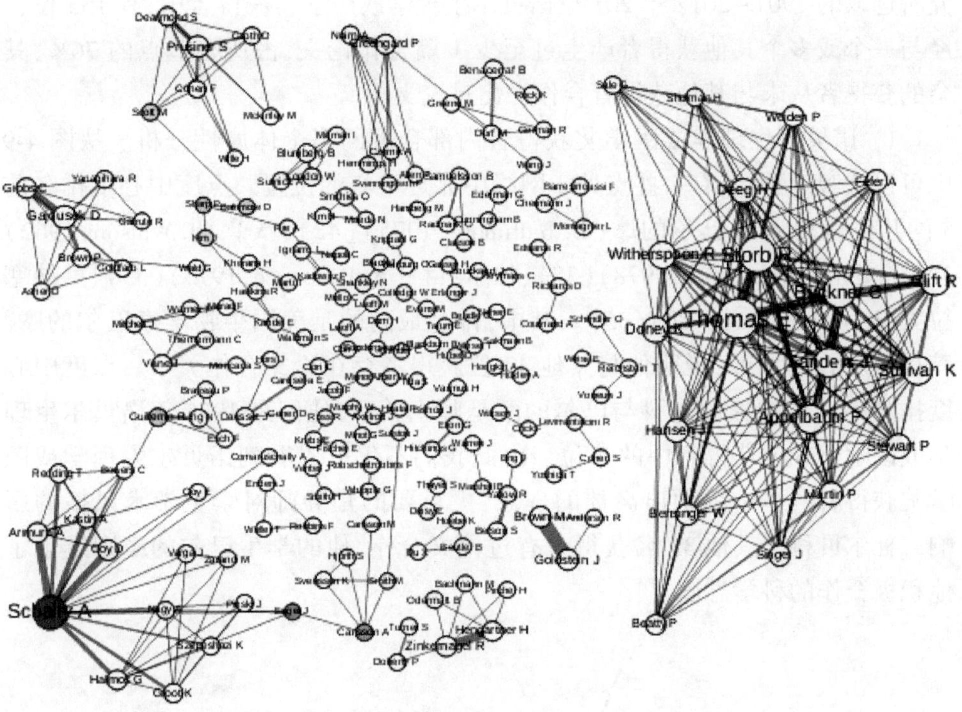

图 4-8　1901~2012 年诺贝尔生理学或医学奖获得者科学论文核心作者网络

说明诺贝尔生理学或医学奖获得者大多倾向同少数合作者保持非常频繁的论文合作。同时,也出现了一些紧密团结在一起的群体,其中最大的一个群体是图中靠右侧的 20 个人,其中托马斯(E. D. Thomas,1990)及其合作者形成了一个紧密合作的学术团体。其 K 值为 12,说明当中的每个人都至少与其他 12 人产生过合作关系。该群体中各节点大小相当,并没有特别明显的核心人物,大部分合作者在网络中处于相同地位,频繁地合作发表论文。

网络中第二大子群为左下角以沙利(A. Schally,1977)为核心的合作网络,可以明显地看出代表他的中介中心度的圆特别大,因此他是两个团队之间交流的主要枢纽,同时与他共享诺贝尔生理学或医学奖的另一位获得者吉尔曼(R. Guillemin,1977)所在的 4 人全联通小团体直接相连,并且通过其团队中的恩格尔(Engel)与卡尔松(A. Carlsson,2000)所在团队有所联系。可见沙利在团队之间的信息交流中起到了重要的作用,如果他从网络中消失,则这个网络就会分裂。

(2) 诺贝尔生理学或医学奖获得者内部合著网络。通过核心作者网络可以看到诺贝尔生理学或医学奖获得者在学术活动中与其他合作者的合作形式,而更加被人关注的是诺贝尔生理学或医学奖获得者之间的直接合作。在本研究所选取的 1901~2012 年 201 位诺贝尔生理学或医学奖获得者中,有 153 位曾经与一个或多个其他获得者产生过至少 1 篇合作论文,占所有节点的 76%,其余的获得者从未与其他获得者合作产出过论文。

1) 诺贝尔生理学或医学奖获得者内部合著网络个体属性分析。从图 4-9 中可以直观地看到,有一些点处于网络中靠近中心的位置。点度中心度排名前 5 的几位获得者为巴尔的摩(D. Baltimore,1975)(42)、沃森(J. Watson,1962)(40)、史密斯(H. Smith,1978)(37)、杜尔贝科(R. Dulbecco,1975)(35)、贝纳塞拉夫(B. Benacerraf,1980)(35)。其中,排名最高的是美国生物学家巴尔的摩,其点度中心度为 42,说明他与其他 42 位获得者存在论文合作关系。点度中心度排名第 4 位的杜尔贝科与巴尔的摩是师生关系,他们是 1975 年诺贝尔生理学或医学奖 3 位获得者中的 2 位。由此我们不仅可以看到诺贝尔生理学或医学奖获得者群体中名师出高徒的现象,更重要的是导师对学生学术风格的影响。杜尔贝科与其他 35 名获得者有过论文合作,他的学生巴尔的摩则继承了他积极合作的科学态度。

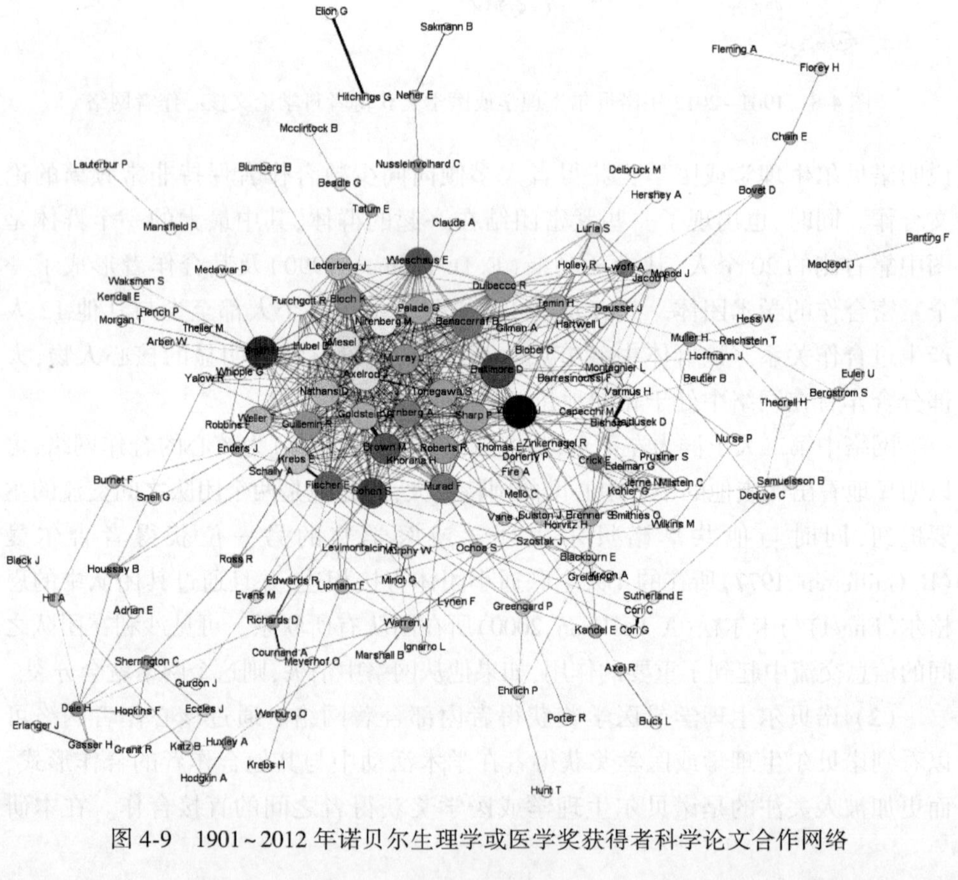

图 4-9　1901~2012 年诺贝尔生理学或医学奖获得者科学论文合作网络

从中介中心度来看，排名前5的几位获得者分别为沃森（J. Watson，1962）（1218）、史密斯（H. Smith，1978）（1000）、科恩（S. Cohen，1986）（901）、巴尔的摩（D. Baltimore，1975）（874）、布朗（M. Brown，1985）（776）。这些获得者处于整个网络最中心的位置，是这个群体中最权威、影响力最大的几位，他们掌握着丰富的资源，其他获得者对于这些人的依赖性相对较大。因此，这些获得者是权威中的权威。

2）诺贝尔生理学或医学奖获得者内部合著网络整体属性分析。经过计算，可以得到这个顶点数为153、边条为673的合作网络，网络密度为0.033，数值较小，密度不高。

另一方面，我们可以通过网络平均聚类系数判断该群体的亲密程度。该网络平均聚类系数为0.415，说明在该网络中，与同一人合作产出论文的两位获得者之间有41.5%的可能性发生合作，这对于一个全球范围内的非正式群体来说，是一个很高的概率，有较明显的聚类效应，主要可能是由于该群体中存在大量的师生或同事合作。

图4-10反映了最大 *K* 值为27核的网络，也就是说在这个团体中每个成员都和其他27个成员有过论文合作关系。共有28个节点，每个节点都和其他节点直接相连，占节点总数的13.9%；有378条边，占边总数的56.17%，半数以上的合作关系发生在13.9%的作者之间，证明这个团体是整个获奖群体中关系最密切的小团体，形成了生物医学领域的权威合作团体。

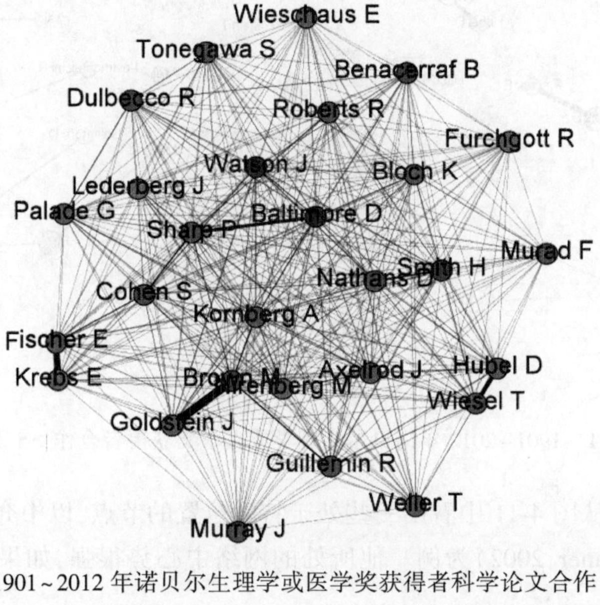

图4-10　1901~2012年诺贝尔生理学或医学奖获得者科学论文合作27核网络

（3）诺贝尔生理学或医学奖获得者科学论文合作模式。为了更简便地辨认所构建合作网络中获得者的科学论文合作模式，我们对网络进一步处理，去掉那些联系不够紧密的边，通过对稳定的诺贝尔生理学或医学奖获得者合作子网络进行分析，探究这个群体中有哪些合作模式。因此，我们保留相互合作5次及以上的合作关系对获得者合作网络进行绘制。

由图4-11可以发现，此时整体网络已经断裂开来，形成很多互不连通的子网络与合作对。网络中剩下79个节点，55条边，15个合作对，11个3人及以上团体。这些小团体内部相对于其他节点合作更频繁，其中最大 K 值为2，也就是说在频繁合作的小团体中，每个获得者都只和不超过两个获得者保持最直接的关系，多数获得者只和另一个获得者频繁合作论文。

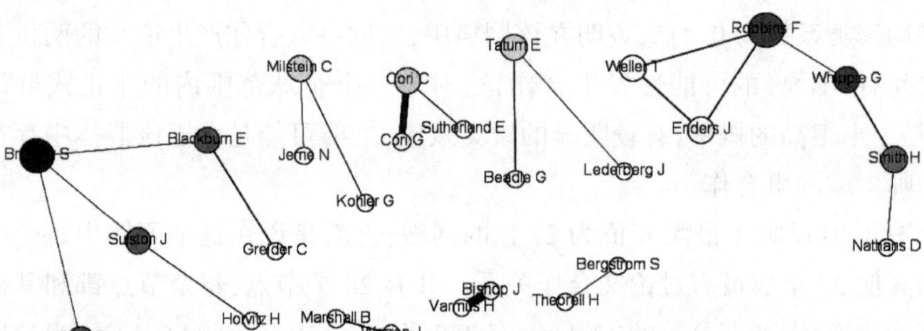

图4-11 1901~2012年诺贝尔生理学或医学奖获得者合作≥5次网络

我们可以从图4-11中看出一些处于特殊位置的节点，以中介中心度最高的布伦纳（S. Brenner，2002）为例。他所处的网络中心势很强，如果把作为网络中心的布伦纳去掉,则网络断开后会剩下 3 个互不相连的合作对。布伦纳是 2002 年的诺贝尔生理学或医学奖获得者,他和所处网络中的苏尔斯顿(J. Sulston, 2002)、霍维茨(R. Horvitz,2002)因共同发现器官发育和程序性细胞死亡过程中的基因规则而获奖。他于 1952 年在牛津攻读博士学位期间遇到了关于 DNA 结构与核酸参与蛋白质合成的难题,他的朋友随即通知他在剑桥大学有两个叫克里克(F. Crick,1962)和沃森(J. Watson,1962)的科学家正在解决 DNA 结构的问题,于是他们一起驱车赴牛津拜访并参观了他们构建的 DNA 模型,深受启发。克里克和沃森于 1953 年在《自然》杂志上发表了核酸分子结构的论文,标志着分子生物学的诞生,这项成果也使他们后来获得了 1962 年的诺贝尔生理学或医学奖。随后,布伦纳时常拜访克里克,并从 1956 年起开始了与克里克保持长达 20 年的同事关系,这对他后来的获奖研究影响深刻。布莱克本(E. H. Blackburn,2009)也是一位分子生物学家,与布伦纳在 20 世纪末合作发表过论文,后来与其他两位合作者共同获得 2009 年的诺贝尔生理学或医学奖。

布朗(M. Brown,1985)与戈尔茨坦(J. Goldstein,1985)是所有获得者中合作频率最高的两人,他们相识于共同在美国麻省综合医院作住院医师的青年时期。两人兴趣相投,于 1974 年将各自的实验室合并,保持了一生的密切合作关系。他们共同发表了 491 篇论文,共享了包括 1985 年度诺贝尔生理学或医学奖在内的 16 个奖项。

2. 诺贝尔生理学或医学奖获得者科学论文机构合作网络　诺贝尔生理学或医学奖获得者均有所属机构,他们的成功也代表了其所属机构的科研水平,前述研究结果表明这些获得者所参与的机构间的合作越来越频繁。为了研究他们参与的机构合作,辨识处于生物医学领域高端合作交流活动中特殊位置的机构,有必要以获得者论文中的机构信息为研究字段,建立其合作网络。经过筛选,选择出现频次不小于 10 的机构,保留合作次数不小于 10 的边,构建了获得者参与的机构合作网络。

(1) 诺贝尔生理学或医学奖获得者科学论文机构合作网络个体属性分析。在所构建的机构合作网络中,点度中心度排名前 5 名的分别为洛克菲勒大学(35)、麻省理工学院(31)、哈佛大学(25)、旧金山加州大学(25)、杜兰大学(18)(表 4-6)。在这些点度中心度最大的节点中,除了法国的巴斯德研究所之外,全部是美国的著名大学。尤其令人遗憾的是,在该网络中没有发现我国的机构,也就是说在诺贝尔生理学或医学奖获得者参与的机构合作中,没有出现频率不少于 10 次或与网络中某一机构合作频率不少于 10 次的我国机构。

从表4-6显示的机构中介中心度来看，排名最高的仍是洛克菲勒大学，中介中心度值为3790.433，是该网络中最有控制力的机构，结合最高的点度中心度来看，它应该是获得者交流活动最频繁的机构，许多机构也通过它与其他机构建立联系、交流资源。

表4-6　1901～2012年诺贝尔生理学或医学奖获得者科学论文机构合作中心度指标前10名排序表

排名	机构	点度中心度	机构	中介中心度
1	洛克菲勒大学	35	洛克菲勒大学	3790.433
2	麻省理工学院	31	旧金山加州大学	3214.371
3	哈佛大学	25	麻省理工学院	2001.376
4	旧金山加州大学	25	哈佛大学	1857.126
5	杜兰大学	18	巴斯德研究所	1695.227
6	巴斯德研究所	17	杜兰大学	1586.557
7	德州理工大学	15	德州理工大学	1048.805
8	华盛顿大学	12	洛杉矶加州大学	947.3819
9	加州理工大学	12	剑桥大学	744.1667
10	洛杉矶加州大学	11	华盛顿大学	624.3540

（2）诺贝尔生理学或医学奖获得者科学论文机构合作网络整体属性分析。经计算，图4-12所显示的机构合作网络共有169个节点，273条边。网络密度为0.019，平均聚类系数为0.525，网络中形成了一些互相连接的子网络，美国有以洛克菲勒大学、哈佛大学、麻省理工学院、旧金山加州大学、杜兰大学等度值较高的机构为核心的机构合作网络，且这些网络互相连通，信息畅通；欧洲则有以英国的剑桥大学、牛津大学和法国的巴斯德研究所等为核心的机构合作网络，总体上欧洲机构与美国机构联系密切，信息共享比较方便；亚洲主要是网络左侧京都大学为核心的日本科研机构所组成的合作网络，主要通过洛克菲勒大学与网络中其他机构相连。同时，在该网络中存在少量小团体，如网络左上方以林雪平大学为核心的瑞典机构合作子网及其下方以墨尔本大学为核心的澳大利亚机构合作网络、以苏黎世大学为核心的瑞士机构合作网络，说明这些子网络在机构层面上与核心机构合作网络连接相对稀疏，处于边缘位置。

3. 诺贝尔生理学或医学奖获得者科学论文国家合作网络　诺贝尔生理学或医学奖获得者通常大量参与国际学术合作活动，我们有必要对其所参与

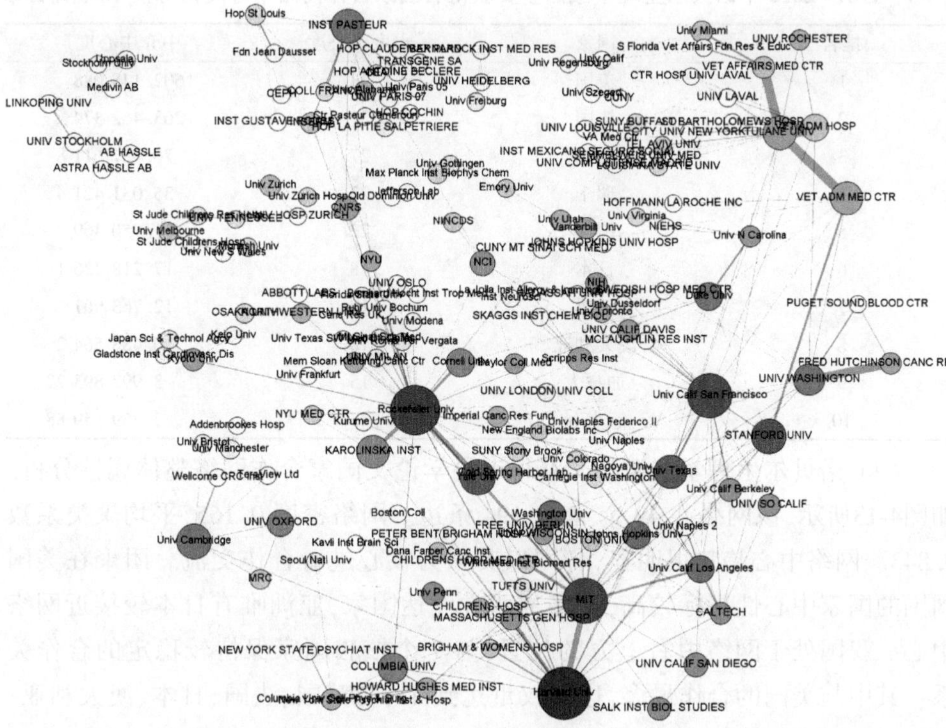

图 4-12　1901~2012 年诺贝尔生理学或医学奖获得者科学论文机构合作网络

的国家合作有一个客观的认识,并了解我国在诺贝尔生理学或医学奖获得者参与的国际学术合作活动中所处位置。因此,我们以出现频率不小于 10 的国家,保留不小于 5 次的合作关系绘制国家合作网络。该网络从更加宏观的层面对诺贝尔生理学或医学奖获得者合作活动进行展示,是对机构合作网络的一个补充。

(1) 诺贝尔生理学或医学奖获得者科学论文国家合作网络个体属性分析。在所构建国家合作网络中,美国的点度中心度及中介中心度指标远超其他各国(表 4-7),分别为 43 和 602. 148 088,是世界最权威、影响力最大的国家,主导着获得者群体的知识交流活动,绝大部分国家合作中都有美国参与,各个国家也较多地通过美国进行间接的合作。另外,法国、英国、德国、瑞士和日本等国家的中心性指标也较高,是仅次于美国的重要合作国家。值得注意的是,我国的点度中心度为 7,在网络中 49 个国家中排名第 18 或 19,中介中心度为 0,与网络中其他 33 个国家相等。说明尽管我国已经与一些国家保持稳定的合作关系,但地位仍然有待提升。

表 4-7　1901~2012 年诺贝尔生理学或医学奖获得者国家合作网络中心度指标前 10 名排序表

排名	国家	点度中心度	中介中心度
1	美国	43	602. 148 088
2	法国	31	263. 462 374
3	英国	27	76. 457 611 8
4	瑞士	23	35. 031 421 4
5	德国	22	31. 950 469
6	日本	18	17. 218 326 1
7	瑞典	18	12. 763 961
8	澳大利亚	18	10. 488 564 2
9	加拿大	15	3. 992 893 22
10	意大利	15	3. 759 559 88

（2）诺贝尔生理学或医学奖获得者科学论文国家合作网络整体属性分析。如图4-13所示，该网络共 49 个节点，194 条边。网络密度 0. 165，平均聚类系数 0. 843。网络中心趋势很明显，各国以美国为核心进行合作交流。团聚在美国周围的国家中心性指标较高，大多为西方发达国家，亚洲唯有日本较接近网络中心。我国处于网络中右上方的位置，与 7 个核心国家保持较稳定的合作关系。其中与美国的合作最多，边的权重达到 43，与英国、法国、日本、澳大利亚、德国、加拿大的合作关系分别为 5~9。

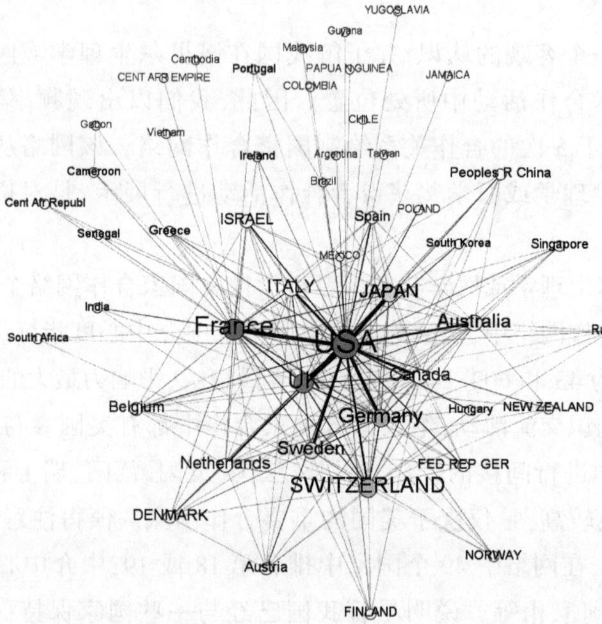

图 4-13　1901~2012 年诺贝尔生理学或医学奖获得者科学论文国家合作网络

该网络中最大小团体为图 4-14 中左侧的 11 核小团体,包括 13 个节点,占 26.53%;76 条边,占 39.18%。该群体中除了点度中心度排名前 10 的国家之外,还有比利时、以色列和荷兰。我国最大 K 值为 7,在 7 核网络中共有 18 个节点,占 36.73%;116 条边,占 59.79%,该子群中除了最大 K 核子群的国家之外,还包括了中国、西班牙、德国、丹麦和奥地利。

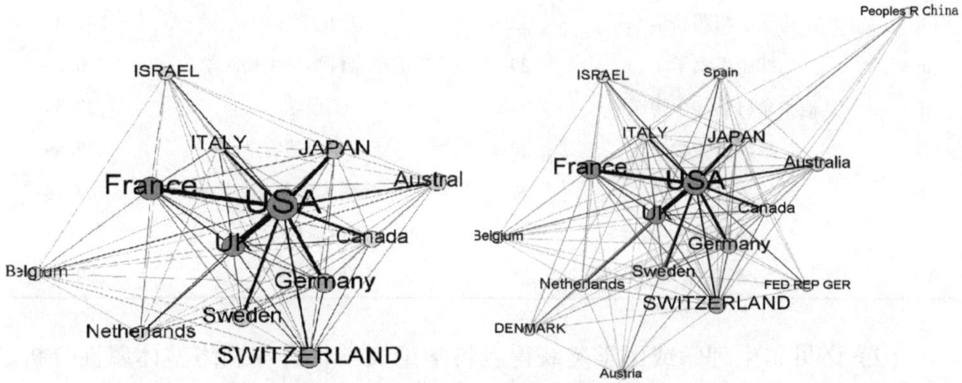

图 4-14　1901~2012 年诺贝尔生理学或医学奖获得者科学论文国家合作 11 核与 7 核网络

4. 诺贝尔生理学或医学奖获得者科学论文学科合作网络　在诺贝尔生理学或医学奖获得者进行学术合作活动时,可能运用到多方面的知识、技术、设备等资源。在其产出论文中包含了所属学科的字段,有时这样的字段涵盖了复数的学科信息,我们可以由此判断诺贝尔生理学或医学奖获得者在合作中有哪些学科产生了交集;哪些学科处于生物医学研究领域的核心地位;这些学科共同构成了什么样的学科合作网络。

(1) 诺贝尔生理学或医学奖获得者科学论文学科合作网络个体属性分析。经计算,如表 4-8 所示,网络中点度中心度排名靠前的几个学科分别为生物化学与分子生物学、神经科学、其他科学技术、药理学与药物学、细胞生物学、其他生命科学与生物医学基因遗传学、免疫学、肿瘤学及实验医学。这些学科是诺贝尔生理学或医学奖获得者所有科学论文中与其他学科产生交集最多的学科。中介中心度排名靠前的有生物化学与分子生物学、神经科学、其他科学技术、化学、其他生命科学与生物医学、工程学、药理学与药物学、环境生态科学、基因遗传学及社会科学。这些学科则是间接传递其他学科知识最多的学科。

表 4-8　1901~2012 年诺贝尔生理学或医学奖获得者科学论文学科合作网络中心度指标前 10 名排序表

排序	学科	点度中心度	学科	中介中心度
1	生物化学与分子生物学	45	生物化学与分子生物学	915.65
2	神经科学	38	神经科学	691.90
3	其他科学技术	35	其他科学技术	647.48
4	药理学与药物学	32	化学	547.47
5	细胞生物学	29	其他生命科学与生物医学	530.14
6	其他生命科学与生物医学	29	工程学	527.39
7	基因遗传学	28	药理学与药物学	457.89
8	免疫学	27	环境生态科学	367.18
9	肿瘤学	26	基因遗传学	321.81
10	实验医学	25	社会科学	269.99

（2）诺贝尔生理学或医学奖获得者科学论文学科合作网络整体属性分析。计算得出图 4-15 所示网络密度为 0.084，平均聚类系数 0.507。由网络整体指标来看，该网络具有小世界的特征，也就说明这些学科之间比较容易发生交叉。其中，处于核心位置的是生物化学和分子生物学，与它关联最紧密的学科是细胞生物学，其次是生物物理学、化学、基因遗传学、药学和其他生命科学等学科，他们共同构成网络中最重要的学科群，是生物医学领域研究的主流学科，大部分科学论文都涉及该学科群。另外，网络中还有分别以神经科学、免疫学和外科学等学科为核心的较大学科群，同样在获得者科学论文合作中处于重要地位。同时，还可以看到网络中存在很多次热点学科，如全科医学、生物技术和应用微生物学、产科学、内分泌和新陈代谢科学等。最后，还有大量处于生物医学领域边缘的其他学科，如医学信息学、卫生保健服务、营养学、公共卫生学、环境和职业病学等。值得注意的是，在整个网络中还有很多不属于生物医学但比较重要的学科，包括工程学、计算机科学、社会科学、教育学等。这些学科也在诺贝尔生理学或医学奖获得者的科研活动中起着重要作用。

（3）诺贝尔生理学或医学奖获得者科学论文学科合作网络发展。经过 100 多年的时间，生物医学许多学科分化成为新的学科，有些学科从重要的地位转为次要的地位，而另外一些学科地位逐渐提高。要探寻这些学科合作网络的变化，有必要对不同时间段学科合作网络进行比较。经过分别构建并比较 20 世纪 50 年代和 21 世纪诺贝尔生理学或医学奖获得者学科合作网络，我们可以直观地看到半个世纪以来学科合作网络的变化。

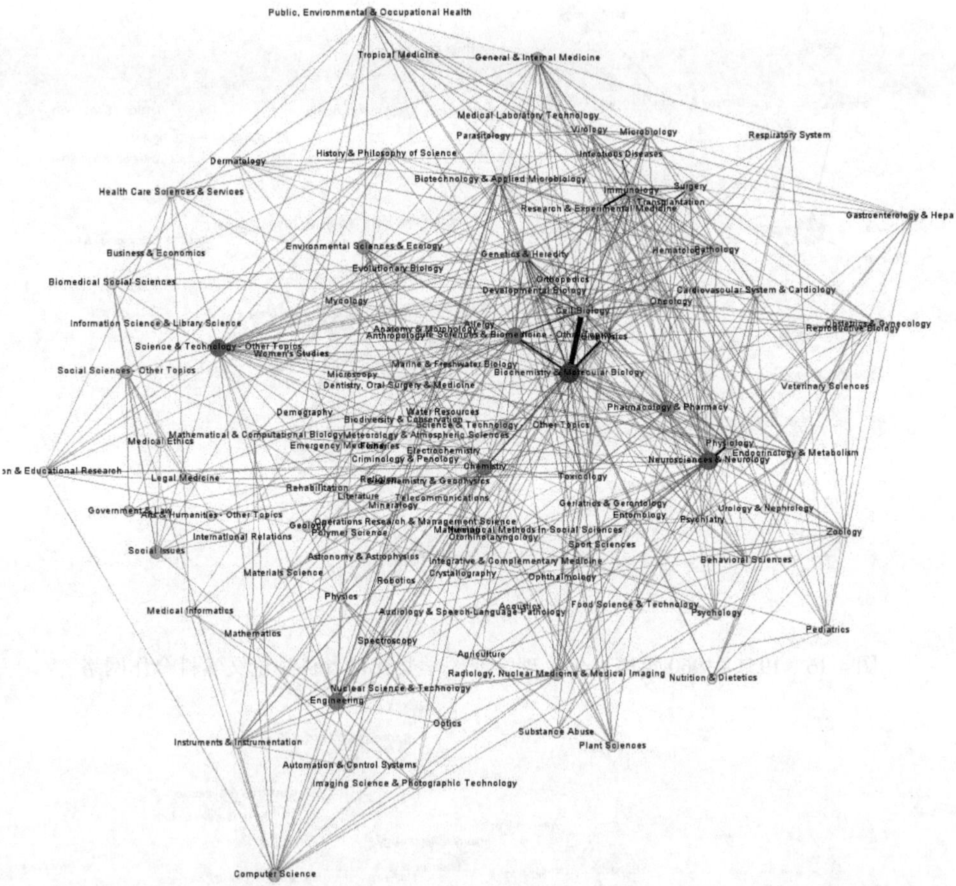

图 4-15　1901～2012 年诺贝尔生理学或医学奖获得者科学论文学科合作网络

图 4-16 所示的是诺贝尔生理学或医学奖获得者 20 世纪 50 年代的论文学科合作网络，可以看到生物化学与分子生物学在当时已经成为获得者研究的主要知识来源，而当时与该学科关系最紧密的是生物物理学和化学，细胞生物学虽然已经成形，但是与分子生物学之间仍未达到后来的紧密程度，处于快速发展时期。以生理学、实验医学和药学为核心的学科合作网络是次重要的学科群。另外，该网络整体并不连通，由基因遗传学、进化生物学和生态学组成的连通学科子群仍独立于主要学科合作网络，远没有如今的地位。

图 4-17 展示了 21 世纪以来获得者所发表科学论文的学科合作网络，对比 20 世纪 50 年代，新世纪的学科合作网络结构发生了极大的变化。这是一个整体连通的网络，各学科之间都可以通过其他学科产生知识流动，联系更加紧密，交叉更加频繁。细胞生物学仍然是最核心的学科，它和分子生物学成为关联最

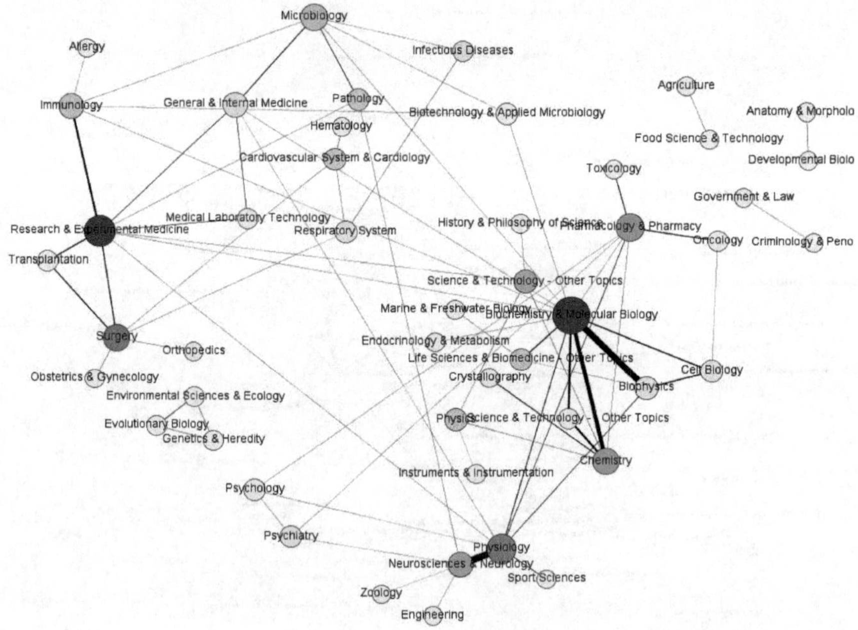

图 4-16　1951~1960 年诺贝尔生理学或医学奖获得者科学论文学科合作网络

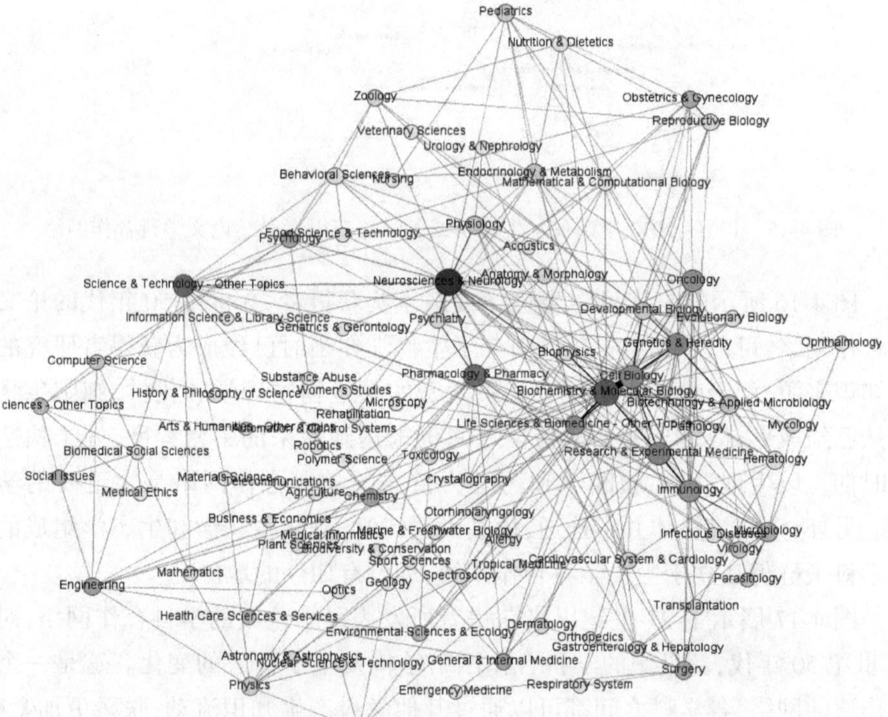

图 4-17　2001~2012 年诺贝尔生理学或医学奖获得者科学论文学科合作网络

密切的学科。基因遗传学已经从独立于主流学科之外转变为网络中的重要组成部分。神经科学的中介中心度在新世纪已成为最高,远超生理学,说明它在当今生物医学研究领域具有最好的知识传播中介作用。同时,在这半个多世纪里,还产生了众多的新学科及无法归类的学科,并且很多不属于生物医学领域的学科大量的出现在网络中,在其中扮演了各种角色。可以预见,随着科研合作的深化和学科的不断细分,未来会有更多新的学科出现,而原本重要的学科会逐渐被超越或取代。

5. 诺贝尔生理学或医学奖获得者科学论文合作网络的思考

(1) 诺贝尔生理学或医学奖获得者科学论文作者合作网络。在 1901～2012 年 201 位的诺贝尔生理学或医学奖获得者中,有 76%通过论文合作直接或间接地与彼此联系,但大多倾向与少数合作者保持紧密的合作关系。同时,在其合作网络中也存在少数紧密团结在一起的合作群体。由获得者组成的合作网络显示出小世界的特征,最大的小团体为 27 核网络。值得一提的是,尽管本研究使用的数据为截至 2012 年获得者的科学论文,但在本研究没有展示出来的出现频次大于 2 的万人合作网络中,包括了 2013 年的 3 位获得者,分别是罗斯曼(J. Rothman, 2013)、谢克曼(R. Schekman, 2013)、苏德霍夫(T. Sudhof, 2013),其中谢克曼曾与 4 位获得者发生过合作。因此,可以推测该网络中极有可能存在其他未来的诺贝尔生理学或医学奖获得者。

(2) 诺贝尔生理学或医学奖获得者科学论文机构合作网络。在诺贝尔生理学或医学奖获得者科学论文的机构合作网络中,占据最中心位置以及起到信息桥梁作用的机构几乎均为美国著名大学。亚洲仅有以日本京都大学为核心的少数机构活跃在获得者参与的机构合作中,而我国并没有高影响力的机构在网络中出现。

(3) 诺贝尔生理学或医学奖获得者科学论文国家合作网络。诺贝尔生理学或医学奖获得者科学论文的国家合作网络是一个以美国为中心向四周辐射的结构。美国是世界各国的主要合作对象与交流平台,在合作网络中越靠近美国的国家其科技实力也越强。我国在网络中处于中游位置,与 7 个西方发达国家保持着频繁的合作关系,其中与美国的合作关系最紧密。

(4) 诺贝尔生理学或医学奖获得者科学论文学科合作网络。整体来说,生物化学与分子生物学在诺贝尔生理学或医学奖获得者的科研活动中起到了最基础的作用,以其为核心学科,组成了获得者们最重要的知识合作网络。另一方面,从对 20 世纪 50 年代与 21 世纪初的两个 10 年段的学科合作网络的对比中可以看到,学科的组成并不是一成不变的,新兴学科的出现和发展可能逐渐取代原有学科的地位,获得者们在进行科研合作的同时,应妥善选择学科以满足研究需要,顺应时代潮流。

第二节　诺贝尔生理学或医学奖获得者之间的科学合作——以 DNA 结构发现为例

作为科学研究竞争的最大胜利者,诺贝尔生理学或医学奖获得者之间有无合作,有着怎样的合作,同样也是人们关注的热点问题。事实上,他们之间不仅有着合作,而且有着引人入胜、堪称范例的合作。

在 20 世纪众多的科学发现中,DNA 双螺旋结构的发现最为引人注目。1953 年 4 月 25 日,克里克和沃森在《自然》杂志发表了不足千字的论文——核酸的分子结构——脱氧核糖核酸的一个结构模型,文中指出双螺旋结构是细胞复制的基础,向世界揭示了生命的奥秘,被誉为 20 世纪最伟大的创新。1962 年,克里克、沃森和威尔金斯获得诺贝尔生理学或医学奖。他们之间的科学合作,同时传为科学史上的佳话,也成为诺贝尔生理学或医学奖获得者之间科学合作的典范。

一、DNA 结构发现前后

人类对于 DNA 的认识和研究经历了漫长的历史时期。早在 1869 年,孟德尔(G.J. Mendel, 1822—1884)就提出了遗传因子的概念。其后,由米歇尔(F. Miescher,)历时十载得出遗传因子存在于细胞核中的结论并定名为核质。1879 年,米歇尔的师弟考赛尔(A. Kssel)又用 10 年时间确定了核质由腺嘌呤(A)、鸟嘌呤(G)、胸腺嘧啶(T)、胞嘧啶(C)4 种物质构成。1898 年,由阿尔特曼将核质定名为核酸。此后大约半个世纪,直到 1938 年,人们经过漫长而痛苦的探索,才抛弃了一些公认的错误,对核糖核酸(RNA)和脱氧核糖核酸(DNA)有了初步认识。在格里菲斯(F. Griffith, 1881—1941)等长达 16 年的马拉松式实验后,艾佛里(O. T. Avery, 1877—1955)等才得出控化因子(基因)是脱氧核糖核酸(DNA)的结论。噬菌体(细菌病毒)是致细胞死亡的元凶,而它只有 DNA 和蛋白质外壳,是最原始的生命形式。由此,埃利斯和德尔布吕克(M. Delbruck, 1969)开创了分子遗传学。1952 年,郝尔希(A. D. Hershey, 1969)和蔡司进行了噬菌体感染试验,证实了 DNA 是基因的化学组成。尽管科学家用 DNA 证明了生命复制的现象,但尚不能说明其分子结构和功能表达。

随着困惑的线索不断被发现,越来越多的物理学家和化学家变得更加有兴趣以他们的知识和技术来研究生命的物质基础。如火如荼的新技术和精细化研究方法,已允许科学家们以新的方法和途径研究分子结构内部的原子位置,同时,所有这些为科学家们提供研究方法和观察的共同因素把所有 DNA 的疑惑更加聚集到一个新的阶段,为爆发做好了准备。

在这样的背景下,虽然威尔金斯、富兰克林及克里克和沃森来自不同背景,有着不同研究方向,但他们都认识到了解 DNA 分子聚集模式的巨大意义及其对于生命运动的重要性,人人都力争成为率先解决这一难题队伍中的一员。伦敦皇家学院的威尔金斯和富兰克林在一起工作,克里克和沃森合作于剑桥大学,但这不是全部;一些其他的团队也认识到对 DNA 三维结构的破译即将实现。所以,竞争异常激烈,因解决了复杂的蛋白分子结构获诺贝尔化学奖的鲍林(L. C. Pauling,1901—1994)也正率领另一团队,致力于识别 DNA 结构。参与者之众,从一开始就形成竞争之势[2]。

克里克和沃森的贡献,恰恰是揭示了其分子结构形态和本质,完成了与人类最直接相关的生命遗传密码的大揭秘。半个多世纪以来,克里克和沃森的贡献对生物学界的影响有目共睹,其影响波及了几乎所有的科学领域。由细胞生物学到分子生物学,由分子生物学到系统生物学,由经院科学到学科交叉。在从事自然科学的学者为之欣喜若狂的同时,社会学家、人文学者趋之若鹜、议论纷纷。

震撼之余,几乎所有的学者都不免对克里克和沃森这两个年轻人的成功秘诀产生兴趣。为什么是他们,而不是其他更有实力的科学家摘取这项最伟大发现的桂冠?克里克和沃森,一个学物理,一个学生物,他们在生物学领域不仅没有深厚的资历,甚至没有必要的基础和设备。至于沃森对物理学、化学更是毫无基础,甚至闹出用酒精灯加热苯的笑话。而在当时,一大批资深学者、生化专家都在对这一困扰人们多年的问题着力进行研究。其中有已经拥有了清晰的 X 线照片的富兰克林和已阐明蛋白质 α 螺旋结构的科学怪杰鲍林。面对与一大批杰出的成名人物竞争,两个初生牛犊为什么能够轻易取胜并且一鸣惊人?

二、成功原因辨析

长达半个多世纪的争议,对人类认知观念的冲击可谓此起彼伏、高潮迭起。各种论文、论著、学说、传记也蜂拥而至。时至今日,在互联网上,无论是用百度、谷歌,还是用雅虎、搜狗搜索,都不难发现数以百万计的相关文章。

主流观点可以概括为以下 4 点:①坚定不移、坚持不懈实现既定目标的精神;②科学的发展和学科的交叉;③批判地继承前人的经验;④敢于竞争,善于合作。

以上结论无疑是权威性的概括,但在对诸多历史文献反复揣摩中,我们仍无法认同这是他们成功的必要条件,或者可以说,以上主流观点过于宽泛。

早在20世纪30年代,就有一大批杰出的物理学家和化学家把目光投向了生物遗传领域,其中有丹麦物理学家波尔(N. Bohr,1885—1962)、德国物理学家德尔布吕克、奥地利科学家薛定谔(E. Schrclinger,1887—1961)。在他们当中,波尔曾发表了《光和生命》,他的学生德尔布吕克与美国物理学家卢里亚(S. E. Lura,1969)等创立了"噬菌体学派",薛定谔在1945年出版的《生命是什么》中提出基因的非周期性晶体模型。

英国结构化学家、物理学家布拉格(S. W. H. Bragg,1862—1942)父子及其团队和学生们,曾用X线衍射技术先后对头发、羊毛、烟草花叶病毒和核酸的结构进行了分析研究,小布拉格(W. L. Bragg,1890—1971)正是克里克和沃森所在的剑桥大学卡文迪什(Cavendish)实验室领导人。

此外,既有美国已破译蛋白质α螺旋结构,并对DNA结构志在必得的鲍林;还有英国伦敦皇家学院的威尔金斯和富兰克林,他们已握有清晰的X线照片,并且已经测得螺旋体的直径和螺距。这三个人,尤其是富兰克林,距成功仅一步之遥。然而,谁都没有料到,由于克里克和沃森两个小人物的出现,会给科学领域带来如此巨大的冲击,一篇不足千字的短文,说明了双螺旋结构是细胞复制的基础,使所有名人大家无一不为之瞠目结舌。

坚定不移、坚持不懈实现既定目标的精神,无疑是获得胜利的必要条件。正如克里克所说:"我想詹姆斯和我最值得称赞的是我们选对了问题并坚持不懈为之奋斗。为了找到黄金,我们一路跌跌撞撞,总是犯错误,这是真的,但是事实是我们一直在寻找黄金。"[2]狂热的追求并持之以恒是必要条件,也是科学家的必备品质。但这毕竟不能作为他们脱颖而出、力克众人的直接原因或充分条件。因为在所有竞争对手中,无一不是在坚持不懈的为之奋斗。例如,富兰克林为科学事业英勇捐躯,鲍林亦为科学事业奋斗并贯彻职业生涯始终[2]。

如果说到学科的交叉、科研的环境和学术背景,无论克里克,还是沃森,都无法与威名显赫的前述大师级人物相提并论。这些大师,或者功勋卓著,或者成绩斐然,而克里克和沃森当时在学术界默默无闻。作为研究生,克里克的毕业论文几乎都难以通过。尽管沃森有过学习生物学经历,克里克也从事过物理学的研究,但人微位卑的他们不可与大师同日而语,其学科背景和学科交叉基础更难望大师项背。

在选择继承方面，两人既没有小布拉格子承父业的先天优势，也没有鲍林的天赋异禀和其幼年所受父亲从医的影响。就师承而言，两人的导师所给予的也不比别人更多。当然，除了直接的传承，他们得益也许更多是间接的。就目前掌握资料而言，很难说是得天独厚。当时的环境，确实是明争暗斗，钩心斗角。沃森曾说："当 DNA 结构研究陷入困境时，克里克萌生新的思想——与威尔金斯沟通，威尔金斯却在吃饭时顾左右而言他，对 DNA 的事闭口不谈。"[3] 因此，他们在直接和间接的关于 DNA 的资料来源上都是非常稀有和困难的。或许，有人认为是富兰克林的 X 线照片为他们的成功奠定了基础，但是毕竟富兰克林本人也没有达到光辉的顶点。因此，传承充其量只是要素之一，而非成功的直接动因。当 DNA 双螺旋结构被理论和实践证明是唯一正确的结论之际，不仅举世皆惊，连发现者沃森本人也被自己的成功震撼，他坦陈："当时真想拧自己一把以证明我不是身处美梦之中。"[3]

多年之后，克里克回忆当时的情况时说道："DNA 分子的螺旋结构不是我和沃森发明的，它是本来就存在着等待着人们去发现的。我觉得我们两人无论谁都不可能独立地发现它。因为在工作时并非是沃森分担生物学部分而我分担物理学部分，而是两人一起工作，并且换来换去，时常互相批评。这样使我们在与其他致力于这一研究的人相比占据了很大的优势。"[3]

恰恰是因为他们性格迥异、刚柔相济、思维方式多角度全方位，以及文韬武略的默契合作、优势互补所形成的如同 DNA 分子链条上的碱基的完美结合，导致了他们摘取生物医学基础研究领域的桂冠。

表 4-9 所示为在 DNA 研究方面，诺贝尔生理学或医学奖获得者发表的 SCI 论文与 PubMed（是一种提供生物医学方面的论文搜寻以及摘要，并且免费搜寻的数据库。它的数据库来源为 MEDLINE。）论文合作情况。从中不难看出，习惯独立思考的科学狂人克里克，共发表 SCI 论文 125 篇、PubMed 论文 83 篇，其中与他人合作的分别占到了 51.20% 和 56.63%。沃森发表的论文较少，但是合作率反而比克里克略高一些。再看二人有关 DNA 双螺旋结构的文章，几乎是哪里有沃森，哪里就有克里克，足见他们在研究生涯中的密切关系。

表 4-9　克里克和沃森有关 DNA 研究论文统计表

	SCI 论文			PubMed 论文		
	独著	合作	合作率(%)	独著	合作	合作率(%)
克里克	61	64	51.20	36	47	56.63
沃森	39	42	51.85	17	25	59.52
合计	100	106	51.46	53	72	57.60

至此,故事还远没有结束。1962 年,沃森在授奖宴会上的答谢词中说道:“我们获得如此崇高的荣誉,非常重要的因素是有幸工作在一个博学宽容的圈子中。科学不是个人的修为,而是许多人的创造。”[3]

三、成功的平台——科研团队

沃森所谓的圈子,应该是他所身处的卡文迪什实验室(世界闻名的剑桥大学物理系杰出团队)。它自 1871 年由麦克斯韦创建以来,先后有近 30 人在此获得诺贝尔奖,因此也成为人才共生效应(symbiotic effect)的绝佳范例。至 1989 年,已有 29 名研究人员获得诺贝尔奖[4]。他们是:

斯特拉斯(尊称瑞利男爵三世)(J. W. Strutt,物理,1904),汤姆逊(S. J. J. Thomson,物理,1906),卢瑟福(E. Rutherfoyd,化学,1908),布拉格(S. W. L. Bragg,物理,1915),巴克拉(C. G. Barkla,物理,1917),阿斯顿(F. W. Aston,化学,1922),威尔逊(C. T. R. Wilson,物理,1927),康普顿(A. H. Compton,物理,1927),里查逊(S. O. W. Richardson,物理,1928),查德威克(S. J. Chadwick,物理,1935),汤姆逊(S. G. P. Thomson,物理,1937),阿普顿(S. E. V. Appleton,物理,1947),布莱克特(L. P. M. S. Blackett,物理,1948),考克饶夫(S. J. D. Cokkcroft,物理,1951),瓦尔顿(E. T. S. Waltom,物理,1951),克里克(生理学或医学,1962),沃森(生理学或医学,1962),佩鲁茨(M. F. Perutz,化学,1962),肯德鲁(J. C. Kendrew,化学,1962),霍奇金(D. M. C. Hodfkin,化学,1964),约瑟夫森(B. Josephson,物理,1973),赖尔(S. M. Ryle,物理,1974),休伊什(A. Hewish,物理,1974),莫脱(S. N. Mott,物理,1977),安德森(P. W. Anderson,物理,1977),卡皮察(P. L. Kapitsa,物理,1978),科马克(A. M. Cormack,生理学或医学,1979),克卢格(A. Klug,化学,1982),拉姆齐(N. F. Ramsey,物理,1989)。

1937 年,布拉格爵士成为该实验室第 5 位掌门人。在面临经费紧张、设备缺乏等困难条件下,布拉格不得不利用战争废弃的雷达改装为射电望远镜,即使如此,他毅然开启了以物理学的 X 线衍射方法研究生物大分子结构的先河。

与之相抗衡的加州理工大学鲍林团队却是粮草充足,他被誉为量子化学家、科学怪杰。在诸多领域有建树的鲍林正以所向披靡之势,挟发现蛋白质 α 螺旋结构的优势对 DNA 结构新战役发起总攻。关于鲍林的贡献和地位,我国科学家卢嘉锡、周光召和钱学森等都给予高度评价。

鼎足而立的还有伦敦皇家学院的富兰克林和威尔金斯。他们对 DNA 结构的贡献得到全世界的公认。学院里有一大幢楼是以他们两人姓名命名的，以此纪念他们对研究 DNA 结构的贡献。富兰克林 1920 年出生于犹太人家庭，自幼矢志于科学。早在 19 岁时就曾思考过 DNA 的结构，她是早期应用 X 衍射手段研究物质结构的杰出人物，被誉为 DNA 先锋。沃森在国王学院大楼命名时说道："富兰克林的贡献是我们能够拥有这项重大发现的关键"。与富兰克林一道工作的威尔金斯及其学生，早在 1950 年就着手于 DNA 结构的分析。沃森当年正是因为听了威尔金斯的学术报告心向往之，甚至为了和威尔金斯沟通而想让姐姐与之交往。

科学的发现，可能像是突然的突破，但每一项突破都事先以大量的工作为基础才有可能获取。一些科学发现更像把许多零乱的难题集中起来，许多的研究有重要的证据线索、谜团的踪迹，当一个团队或个人将这些疑团线索合乎逻辑地整合，这时突破就将显现。在 DNA 发现的个案中，新的发现和技术使得许多疑难踪迹凸现，而将众多疑难线索集中的机会就更加使人振奋，导致最后的跨越通常需要超常的洞察力，而更加重要的是认识所有相关线索，才能获得这种洞察力。具备这种洞察力的非布拉格莫属。

在 DNA 竞争的核心圈子中，克里克和沃森所在的卡文迪什实验室与另外两支团队实力相比并无更多优势。当时情况是：克里克退役时 31 岁，他原本是学物理学的，被布拉格招致麾下从事蛋白质的研究。沃森只对鸟类抱有兴趣，他曾把博物馆（鸟类）馆长当作是人生目标。从美国到丹麦的哥本哈根，又到印第安大学漂流两年，几经辗转，他也被布拉格相中。虽然当时没有安排二人直接从事 DNA 结构研究，但在从事烟草花叶病毒和蛋白质的研究中所积累的知识，都为日后的 DNA 结构研究打下了坚实的基础。不能不说是布拉格独具慧眼，也不能不说是布拉格的精心安排，特别是把多纳休、彼得、克里克和沃森安排在同一个办公室。

在克里克和沃森从事 DNA 结构研究之初，布拉格既不支持也不反对。尤其是在动用设备、人力资源与搭建模型等方面，布拉格佯装不知。在研究进入极大困难甚至濒临失败之时，布拉格十分果断地叫停，并且让二人马上回到自己原来的课题，以积蓄力量。当获知鲍林发表了关于 DNA 结构的一篇文章，并且知道他们所存在的问题的关键时刻，布拉格迅速出击，公开站出来支持建立新的模型。在沃森获取富兰克林的 X 线照片终于取得完美结果之后，布拉格按捺不住，立刻奔向实验室，并当即果断向《自然》杂志推荐发表了那篇惊世骇俗的不足千余字的短文，终于使卡文迪什实验室在这场激烈的顶级科学竞争中笑到了最后。这次胜利的伟大意义，远胜于历史其他的胜利所给人们带来的思考。

布拉格并非对DNA结构的研究没有兴趣。相反，他更清楚这项研究所带来的革命和深远意义。在这场激烈的扣人心弦的角逐中，他兼顾策划与指挥，暗中提供帮助，甚至说他是DNA双螺旋结构发现的始作俑者也并不过分。不难想象，如果没有布拉格的伯乐慧眼，克里克和沃森将不知流落到何方；如果没有布拉格的精心安排设计和先前师从佩鲁茨（M. F. Perutz，1914—2002）的学识积淀，对化学结构一无所知的克里克和沃森又何谈发明创新；如果没有布拉格攻守兼备、奇兵异谋、竞合有道，又怎能有克里克和沃森施展自己才华的空间；如果没有布拉格用心良苦、激励鞭策和关键时刻的支持，克里克与沃森的默契配合，优势互补又将归于何处？如果说克里克与沃森站在了巨人的肩膀上，那位巨人正是布拉格。如果说克里克和沃森的默契配合是他们最终胜出的直接原因，那么其背后看不见的手在关键时刻拉他们一把的也正是布拉格。布拉格在整个DNA结构研究过程中除了以局外人的身份，以貌似不关心的态度站在竞争圈外，其实他还无时无刻不关注着事态的发展，默默地帮助旗下两名小卒后发先至、捷足先登，最终取胜。

在这场竞争中，他们还把圈子扩大到这三个主要团队之外，利用了数学、物理学、化学和生物学各个研究领域最精华的研究成果和研究手段，包括鲍林创立的模型方法。因此，可以说DNA双螺旋结构的发现和其他伟大科学发现一样，都是人类集体智慧的结晶。

四、诺贝尔生理学或医学奖获得者之间科学合作的思考

经典物理学告诉我们，力是改变物体运动状态的原因。在方向相同且作用于同一直线上的合力叠加的作用下所产生的巨大的加速度，是沃森和克里克后来居上、战胜强大对手，在激烈竞争中获得胜利的最直接的原因。诚如列宁所说：“友谊建立在同志中，巩固在真挚上，发展在批评里。”同时，也验证了“二人同心、其利断金”这句古语。反观当时最有希望获胜的鲍林，身为美国加州理工大学实验室领军人物，不仅经费充裕，而且居高临下、名噪一时。然而，他孤掌难鸣、无人可与之争论。自己虽然独创与双螺旋结构几近相似的三螺旋结构模型，终因缺乏理论和实践支撑而落败。威尔金斯和富兰克林虽身处英国伦敦皇家学院，不仅获得了清晰的X线照片，而且通过理论计算得出精确的数据，但却因二人的私人恩怨和内部摩擦功败垂成。

团队是由员工和管理层组成的一个共同体，它合理利用每一个成员的知识

和技能协同工作,解决问题,达到共同的目标。卡文迪什这支优秀团队自创建以来,就以鼓励创造性为主旨,而布拉格把这一传统发挥到了极致。作为百年诺奖最年轻得主,他的博学、宽容与甘为人梯的精神令人敬佩;作为一个领导者,他的慧眼独具、知人善任,调度得当的特点显得更加突出;作为一名科学大家,他运筹帷幄、决胜千里尤为难得。DNA 双螺旋结构的发现,使我们更加感受到了团队的力量。布拉格作为团队之魂,其杰出的领导艺术和竞合谋略值得万人敬仰,是高科技领域以竞争为发端,以合作共赢为结果的经典范式。在布拉格杰出领导之下,DNA 团队远远超出卡文迪什实验室的圈子范围,是集数理化多学科知识之大成的全人类的共同胜利。因此,DNA 双螺旋结构的成功破译,不仅是个人竞合的典范,团队竞合的典范,也是人类竞合的典范。

参 考 文 献

[1] 谢彩霞,梁立明. 科学合作方式及其功能的科学计量学研究[M]. 大连:大连理工大学出版社,2006.

[2] MelinG, Persson. Studying research collaboration using co-authorship[J]. Scientometrics, 1996, 36(3): 363-377.

[3] MelinG, Persson. Hotel cosmopolitan: a bibliometric study of collaboration at some European universities [J]. Journal of the American Society for Information Science, 1998, 49(1): 43-48.

[4] 赵蓉英,温芳芳. 科研合作与知识交流[J]. 图书情报工作,2011,55(20):6-10.

第五章　诺贝尔生理学或医学奖获奖成果与获得者社会影响

科学家的研究水平一般均可通过适当的载体转化为影响力。这种研究水平的表现,可以是科学产出,可以是获奖,也可以是业界与社会的认可;这种影响力首先是学术影响力,社会影响来自其学术影响,他们的学术影响力与社会影响力往往相辅相成。一个科学家能否获得诺贝尔生理学或医学奖,是取决于其学术影响力,取决于其在学科界、学术界、科学界,乃至社会各界的声誉,还是取决于其以学术影响力为主的学术与社会综合影响力,可能是人们更加关注的热点。

第一节　诺贝尔生理学或医学奖获奖成果与获得者社会影响评价要素

对诺贝尔生理学或医学奖获奖成果这样的世界级科学技术成就和诺贝尔生理学或医学奖获得者这样的世界一流科学家进行评价,的确是一件非常困难的事情。从科学的角度来看,首先需要进行分层分级和选好评价要素。北京大学徐光宪院士曾就如何评价20世纪世界一流科学家的学术成就发表过专论[1],我们拟借鉴此成果提出1981~2005年诺贝尔生理学或医学奖获奖成果与获得者社会影响评价要素。

一、关于获奖成果评价要素

科学技术成就的大小可以通过5个要素来评价:①原始创

新性;②重要性;③系统性;④难度;⑤影响的深远程度。其中,“原始创新性”相当于“高度”,“重要性”相当于“深度”,“系统性”相当于“广度”,再加上“难度”和“远度”,可总称为“五度”评价标准。这里没有提到先进性,是因为原始创新的科学成就必须是世界领先的。

1. 原始创新性

一级原始创新	100%
二级原始创新	80%
三级原始创新	60%
四级原始创新	40%
五级原始创新	20%

2. 重要性

一级重要	100%
二级重要	80%
三级重要	60%
四级重要	40%
五级重要	20%

3. 系统性

非常完整的系统	100%
完整的系统	60%~80%
重要创新,但尚未形成系统	20%~40%

4. 难度

不是常人能想象的艰难	100%
很难	80%
难	60%
较难	20%~40%

5. 影响的深远程度

(1) 持久性

1000年以上	100%
500~1000年	80%~95%
100~500年	60%~80%
10~100年	40%~60%
1~10年	10%~40%

(2) 地域范围	
全世界	100%
一个洲	60% ~ 70%
一个大国	40% ~ 60%
一个中小国家	20% ~ 30%
一个地区	10%
(3) 人群界别	
全人类	100%
一个大的界别,如科学界	60% ~ 90%
一个小的界别,如化学界	30% ~ 50%
更小的界别,如无机化学界	10% ~ 20%

二、关于获得者社会影响评价要素

诺贝尔奖获得者科学成就的大小差别很大,大致可以分为三个层次:第一层次是百年一遇的伟大科学家,如爱因斯坦、居里夫人等,只占 1% ~ 2%。第二层次是十年一遇的伟大科学家,如沃森、克里克等,大概占 28%。第三层次是一年一遇的大科学家,约占 70%。

钱学森是 20 世纪第一层次百年一遇的伟大科学家,至少也是第二层次十年一遇的世界级伟大科学家,他的成就远远超过第三层次一年一遇的诺贝尔奖获得者。

第二节 诺贝尔生理学或医学奖获奖成果与获得者社会影响评价步骤

诺贝尔生理学或医学奖获奖成果与获得者社会影响评价采用专题组讨论(focus groups discussion)法。由 9 位不同学科专家组成专题小组,在讨论主持人的引导下,就所研究专题广泛、深入、自由地交换意见和观点,研究者依此归纳、分析、总结。由组织者确定两个具有内在联系的专题讨论内容:1981 ~ 2005 年诺贝尔生理学或医学奖获奖成果社会影响评价排序和获得者社会影响评价排序,按以下步骤进行。

第一步:确定讨论内容。关于 1981 ~ 2005 年诺贝尔生理学或医学奖获奖成果社会影响评价排序的专题组讨论内容，主要是根据获奖理由了解获奖成果对科学和社会发展的影响度；关于 1981～2005 年诺贝尔生理学或医学奖获得者社会影响评价排序的专题组讨论内容，主要是根据获奖理由、获奖成果对科学和社会发展的影响度及获得者在其中的贡献度。

第二步：确定专题小组。考虑不同学科背景、国内外学习工作经历、年龄层次、彼此认识且较熟悉的医科大学教授，按照非随机抽样方法，选择生理学、神经生物学、遗传学、细胞生物学、生物化学与分子生物学、免疫学、法医学、麻醉学 8 个学科的 9 位专家组成。

第三步：制订评价表。根据专题讨论内容，制订 1981～2005 年诺贝尔生理学或医学奖获奖成果与获得者社会影响评价排序表，包括序号、获奖年度、获得者、获奖理由、对获得者的评述、获奖成果社会影响评价排序和获得者社会影响评价排序七个因素。

第四步：专题组讨论工作准备。组织者选择讨论主持人和现场记录员，并进行相关培训。在专题组讨论前 15 天将评价表和《1981～2005 年诺贝尔生理学或医学奖获奖成果与获得者社会影响评价排序参考》（根据本章第一节有关评价要素编写）分送各位专家。

第五步：专题小组讨论前准备。由组织者向各位专家介绍专题相关研究主题、目的、内容、预期成果，解释本次讨论专题、目的、内容、意义。由主持人说明讨论方式及要求，并经专家讨论确定了本次讨论方法，并在获奖成果是否分类的问题上达成了一致。虽然在诺贝尔奖中，最主要的部分是重大科学发现，占 58.7%，重大理论突破占 22.8%，重大技术和方法的发现占 18.5%[2]，但这仅是成果类型的一种分法，实际上对其准确分类是困难的，原因在于它们基本上都属于基础研究及其之上的成果。鉴于研究对象处在诺贝尔生理学或医学奖第四期，综合考虑，对获奖成果不再分类。

第六步：专题小组讨论。按“百年一遇”“十年一遇”“一年一遇”三个层次，逐层进行。均先由每位专家提出 1～2 项并陈述理由，其他专家补充，按层次无记名投标排序。由记录员汇总投票结果，主持人宣读计票结果，取多数（≥5）为定。如此三次，汇总得出第一个专题，即获奖成果社会影响评价排序结果。主持人对第一个专题进行现场小结，各位专家无问题，一致反映此研究方法很好，通过讨论大家都学到很多东西。按获得者在诺贝尔生理学或医学奖获奖成果中的贡献度，即诺贝尔生理学或医学奖评委会颁布当年获得者排名次序，得出第二个专题，即获得者社会影响评价排序结果。主持人对第二个专题进行现场小结，各位专家基本无问题和意见。

第七步:记录员整理会议记录和专题组讨论结果。组织者着手进行结果分析。

第三节　诺贝尔生理学或医学奖获奖成果与获得者社会影响评价结果

以获得者获奖理由、获奖成果对科学和社会发展的影响度和本人在获奖成果中的贡献度为考察依据。以《1981~2005年诺贝尔生理学或医学奖获奖成果与获得者社会影响评价排序表》所列内容为专题组讨论内容,根据专题小组讨论结果,生成诺贝尔生理学或医学奖获奖成果与获得者社会影响评价排序表,见表5-1。

第四节　诺贝尔生理学或医学奖获得者科学产出与社会影响评价分析

将按照层次分析法得到的诺贝尔生理学或医学奖获得者科学产出评价排序,与按照专题组讨论法得到的诺贝尔生理学或医学奖获奖成果与获得者社会影响评价排序,进行相关分析,并作散点图,结果见表5-1和图5-1、图5-2。

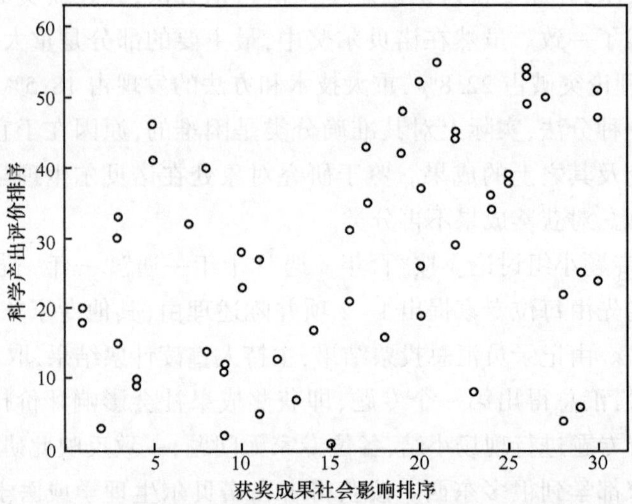

图5-1　1981~2005年诺贝尔生理学或医学奖获奖成果社会影响评价排序与科学产出评价排序散点图($r_s=0.38, P=0.004$)

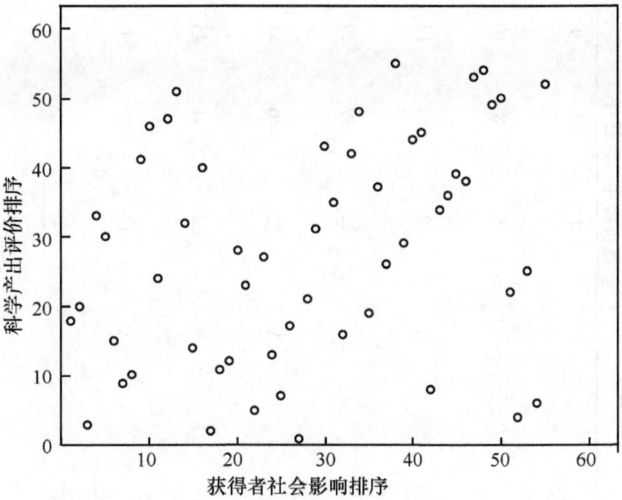

图 5-2 1981~2005 年诺贝尔生理学或医学奖获得者社会影响评价排序与科学产出评价排序散点图($r_s=0.30$, $P=0.026$)

由此可见,两种研究方法产生的诺贝尔生理学或医学奖获得者排序存在正相关关系,其中获奖成果社会影响评价排序与科学产出评价排序的相关系数为 0.38($P=0.004$),获得者社会影响评价排序与科学产出评价排序的相关系数为 0.30 ($P=0.026$)。诺贝尔生理学或医学奖获得者科学产出与社会影响定性与定量评价结果存在一致性,但一致程度不很密切,其原因可能有:

1. 评价内容不完全一致 对获得者科学产出的评价内容,选取的是其获奖前被 SCI 收录的全部期刊论文,而非被 SCI 收录的获奖研究成果期刊论文;而对获得者社会影响的评价内容,选取的则是其由于获奖成果产生的社会影响。说明前者的评价内容虽包括了后者评价内容的表征形式,但不一定能准确反映或代替获奖成果。

2. 科学产出层次分析目标选取不够完善和恰当 1981~2005 年诺贝尔生理学或医学奖处于诺贝尔生理学或医学奖史中的第四期,即基础研究时期,其获奖成果绝大部分属于纯基础研究,其他部分也属于应用基础研究,因而衡量其科学产出的主要标准应为科学论文和著作。对科学论文的评价指标,除本研究层次分析目标选定的 SCI 论文数、SCI 论文被引次数、SCI 论文期刊影响因子、论文作者排序等之外,还有论文类型、论文的创新性、论文的即年被引用情况、论文的参考文献数、论文的获奖情况等,故在第一层子目标的选择上存在着不完善之处。在获得者科学产出评价目标树图的构建中,对第二层子目标及其评价标准选定的恰当与否,也会影响评价结果。

表 5-1 1981~2005 年诺贝尔生理学或医学奖获奖成果社会影响与获得者评价排序表

序号	总序号	获奖年度	获得者	获奖成果	获奖成果社会影响评价排序				获得者社会影响评价排序	科学产出评价排序
					获奖成果层次			获奖成果社会影响评价排序		
					百年一遇	十年一遇	一年一遇			
1	130	1981	D. H. Hubel 休伯尔,D. H.	研究视觉系统的信息处理				4	7	9
2	131	1981	T. N. Wiesel 维厄塞尔,T. N.	同上		√		4	8	10
3	132	1981	R. W. Sperry 斯佩里,R. W.	揭示大脑左右两个半球的功能、专长			√	12	24	13
4	133	1982	S. K. Bergstron 伯格斯特龙,S. K.	研究前列腺素及相关生物活性物质				22	39	29
5	134	1982	B. I. Samuelsson 萨米埃尔松,B. I.	同上			√	22	40	44
6	135	1982	J. R. Vane 文,J. R.	同上				22	41	45
7	136	1983	B. McLlintock 麦克林托克,B.	发现可移动的遗传因子,创立"转座因子"学说			√	15	27	1
8	137	1984	N. K. Jerne 杰尼,N. K.	提出三个免疫学说,推动了免疫学的发展		√		2	3	3
9	138	1984	G. Kohler 克勒,G.	发现生产单克隆抗体的原理,发明制造单克隆抗体的技术				11	22	5
10	139	1984	C. Milstein 米尔斯坦,C.	同上		√		11	23	27

续表

序号	总序号	获奖年度	获得者	获奖成果	获奖成果社会影响评价排序				获得者社会影响评价排序	科学产出评价排序
					获奖成果层次			获奖成果社会影响评价排序		
					百年一遇	十年一遇	一年一遇			
11	140	1985	M. S. Brown 布朗,M. S.	发现胆固醇代谢的调节和血液胆固醇含量过高引起的疾病的治疗			√	25	45	39
12	141	1985	J. L. Goldstein 戈德斯坦,J. L.	同上				25	46	38
13	142	1986	S. Cohen 科恩,S.	发现表皮生长因子(EGF)及其分离方法			√	13	25	7
14	143	1986	R. Montalcini 蒙塔尔西尼,R.	发现神经生长因子(NGF)及其分离方法				14	26	17
15	144	1987	利根川进	提示抗体多样性发生的遗传学机制			√	18	32	16
16	145	1988	J. Black 布莱克,J.	研究受体阻滞药物			√	23	42	8
17	146	1988	G. B. Elion 埃利昂,G. B.	研究选择性抗代谢药物			√	24	43	34
18	147	1988	G. H. Hitchings 希钦斯,G. H.	同上				24	44	36
19	148	1989	J. M. Bishop 毕晓普,J. M.	发现动物肿瘤病毒的致癌基因源出于原癌基因			√	17	30	43
20	149	1989	H. E. Varmus 瓦慕斯,H. E.	同上				17	31	35

续表

序号	总序号	获奖年度	获得者	获奖成果	获奖成果社会影响评价排序				获得者社会影响评价排序	科学产出评价排序
					获奖成果层次			获奖成果社会影响评价排序		
					百年一遇	十年一遇	一年一遇			
21	150	1990	J. E. Murray 默里,J. E.	成功地实施了第一例人肾脏移植手术,为人类的器官和细胞移植铺平了道路		√		7	14	32
22	151	1990	E. D. Thomas 托马斯,E. D.	成功地实施了第一例人骨髓移植手术,为人类的器官和细胞移植铺平了道路			√	21	38	55
23	152	1991	E. Neher 内尔,E.	发现细胞膜存在离子通道,发明和应用膜片钳技术		√		1	1	18
24	153	1991	B. SAakmann 萨克曼,B.	同上				1	2	20
25	154	1992	E. Fischer 费希尔,E.	发现细胞中可逆蛋白质磷酸化控制生物体新陈代谢机制		√		5	9	41
26	155	1992	E. Krebs 克雷布斯,E.	同上				5	10	46
27	156	1993	R. L. Roberts 罗伯茨,R. L.	发现断裂基因		√		8	15	14
28	157	1993	F. S. Sharp 夏普,F. S.	同上				8	16	40
29	158	1994	A. Gilman 吉尔曼,A.	发现 G 蛋白质及其在细胞传导信号方面的奥秘		√		10	20	28
30	159	1994	M. Rodebell 罗德贝尔,M.	同上				10	21	23

续表

序号	总序号	获奖年度	获得者	获奖成果	获奖成果社会影响评价排序				获得者社会影响评价排序	科学产出评价排序
					获奖成果层次			获奖成果社会影响评价排序		
					百年一遇	十年一遇	一年一遇			
31	160	1995	E. B. Lewis 刘易斯,E. B.	发现极为重要的控制早期胚胎发育的遗传机制		√		9	17	2
32	161	1995	E. F. Wieschus 维绍斯,E. F.	同上				9	18	11
33	162	1995	C. N. Volhard 福尔哈德,C. N.	同上				9	19	12
34	163	1996	P. C. Doherty 多尔蒂,P. C.	发现细胞的中介免疫保护特征,阐明免疫系统如何识别受病毒感染细胞的机制			√	19	33	42
35	164	1996	R. Zinkernagel 津克纳格尔,R.	同上				19	34	48
36	165	1997	S. Prusiner 普鲁西纳,S.	发现一种全新致病原种类——毒朊(Prion),并阐明它们潜在的作用机制			√	20	55	52
37	166	1998	R. F. Furchgott 弗奇戈特,R. F.	发现一氧化氮是心血管系统中的信息分子		√		6	11	24
38	167	1998	L. J. Ignarro 伊格纳罗,L. J.	同上				6	12	47
39	168	1998	F. Murad 默拉德,F.	同上				6	13	51
40	169	1999	G. Blobel 布洛伯尔,G.	发现蛋白质内控制蛋白质在细胞内传输定位的信号,揭开了某些遗传性疾病的关键性秘密			√	27	50	50

续表

序号	总序号	获奖年度	获得者	获奖成果	获奖成果社会影响评价排序				获得者社会影响评价排序	科学产出评价排序
					获奖成果层次			获奖成果社会影响评价排序		
					百年一遇	十年一遇	一年一遇			
41	170	2000	A. Carlsson 卡尔松,A.	发现神经细胞间特殊的信号转导形式			√	26	47	53
42	171	2000	P. Greengard 格林加德,P.	同上				26	48	54
43	172	2000	E. kandel 坎德尔,E.	同上				26	49	49
44	173	2001	L. Hartwell 哈特韦尔,L.	发现调控细胞周期的关键分子调节机制			√	20	35	19
45	174	2001	P. Nurse 纳斯,P.	同上				20	36	37
46	175	2001	T. Hunt 亨特,T.	同上				20	37	26
47	176	2002	S. Brenner 布雷内,S.	关于器官发育和程序性细胞死亡过程的基因调节		√		3	4	33
48	177	2002	R. Horvitz 霍维茨,R.	同上				3	5	30
49	178	2002	J. Sulston 苏尔斯顿,J.	同上				3	6	15
50	179	2003	P. C. Lauterbur 劳特布尔,P. C.	在磁共振成像技术领域的突破性成就			√	16	28	21
51	180	2003	P. Mansfield 曼斯菲尔德,P.	同上				16	29	31

续表

序号	总序号	获奖年度	获得者	获奖成果	获奖成果社会影响评价排序				获得者社会影响评价排序	科学产出评价排序
					获奖成果层次			获奖成果社会影响评价排序		
					百年一遇	十年一遇	一年一遇			
52	181	2004	R. Axel 阿克塞尔,R.	发现人类嗅觉系统的奥秘			√	29	53	25
53	182	2004	L. B. Buck 巴克,L. B.	同上				29	54	6
54	183	2005	B. J. Marshall 马歇尔,B. J.	发现幽门螺杆菌及其对消化性溃疡的致病机制			√	28	51	22
55	184	2005	J. R. Warren 华伦,J. R.	同上				28	52	4

3. 专题组讨论质量影响　诺贝尔生理学或医学奖获奖成果学科分布较广，又都是各学科领域的前沿成果，这就对专家的选择提出了很高要求。首先，在组织上，专家的学科代表性和对获奖成果的熟悉程度都可能是影响因素；其次，在专题组讨论中，尽管专家之间互相比较熟悉，但因有师生关系、同事关系、辈分关系等人际关系因素，在公开正式场合可能会成为个别专家的压力，从而影响意见表达；最后，专家受本学科领域局限，在相关学科或其他学科领域的知识与科学研究积累有限，讨论中对不大熟悉的学科成果难以发表有价值意见，从而更多受到其他专家意见的影响。

4. 能否获得诺贝尔奖，可能不完全取决于获得者的学术影响力　在诺贝尔生理学或医学奖获得者科学产出与社会影响评价中，可能存在几种现象：一是其科学论文的有关平均值可能高于实际值。因为有 15.03% 的 SCI 论文未被引用，有平均 15.45% SCI 论文的期刊影响因子未检索到，这部分论文可能大多在低影响因子期刊上发表。二是其所有奖励的平均值可能低于实际值。“由于一些杰出的科学家在地位越来越高时便在正式传记中把一些次要的奖励略而不述，我们便可能在此低估了未来的诺贝尔奖获得者所得到的奖金奖励的实际数字”[3]。三是其学术影响力与其社会影响力往往相辅相成。一个科学家能否获得诺贝尔生理学或医学奖，不仅取决于其学术影响力，还取决于其在学科界、学术界、科学界乃至社会各界的声誉。事实上，“获奖前夕，大多数未来的诺贝尔奖金获得者已经誉满国际”[3]。

参 考 文 献

[1] 徐光宪. 如何评价 20 世纪世界一流科学家的学术成就[J]. 科学对社会的影响,2002,(2):41-47.

[2] 路甬祥. 启示与规律——从诺贝尔自然科学奖与 20 世纪重大科学成就看科技原始创新的规律,中国科学院. 2001 科学发展报告[M]. 北京:科学出版社,2001:3.

[3] 哈里特·朱克曼. 科学界的精英[M]. 北京:商务印书馆,1979.

第六章 诺贝尔生理学或医学奖获得者成因

一个人只要获得诺贝尔奖,就意味着他已稳固地居于科学精英的行列。科学共同体中这些极少数具有原始创造性的科学家如何成为精英人物,一般科学家与他们在成就上的差距为何如此之大,他们的成长、成功、成才与自身素质和社会发展之间究竟怎样关联,引起了人们越来越强烈的兴趣与研究行为。我们试图从诺贝尔生理学或医学奖获得者的一般成因、内在成因和外在成因三个方面进行探讨。

第一节 诺贝尔生理学或医学奖获得者一般成因

诺贝尔生理学或医学奖获得者一般成因,包括其时空特征(出生年代特征、出生月份特征、出生空间特征)、年龄特征(获奖年龄特征、寿命特征)、年度人数特征(年获奖人数特征、年均获奖人数特征)和获奖成果与获奖人数学科特征(获奖成果学科特征、获奖人数学科特征)等。

一、获得者时空特征

1. 获得者出生年代特征 以获得者出生年代为考察依据。根据 1901~2005 年诺贝尔生理学或医学奖获得者科学产出基础情况表中的“生卒年月”,生成诺贝尔生理学或医学奖获得者出生年份统计表,见表 6-1。

表 6-1　1901～2005 年诺贝尔生理学或医学奖获得者出生年份统计表

项目	年份												合计
	1841～1850	1851～1860	1861～1870	1871～1880	1881～1890	1891～1900	1901～1910	1911～1920	1921～1930	1931～1940	1941～1950	1951～1960	
人数	7	10	8	10	13	23	22	31	26	14	19	1	184
占总人数(%)	3. 80	5. 43	4. 35	5. 43	7. 07	12. 50	11. 96	16. 85	14. 13	7. 61	10. 33	0. 54	100

由表 6-1 可以生成 1901～2005 年诺贝尔生理学或医学奖获得者出生年份与颁奖年度时空特征比较图(图 6-1)。

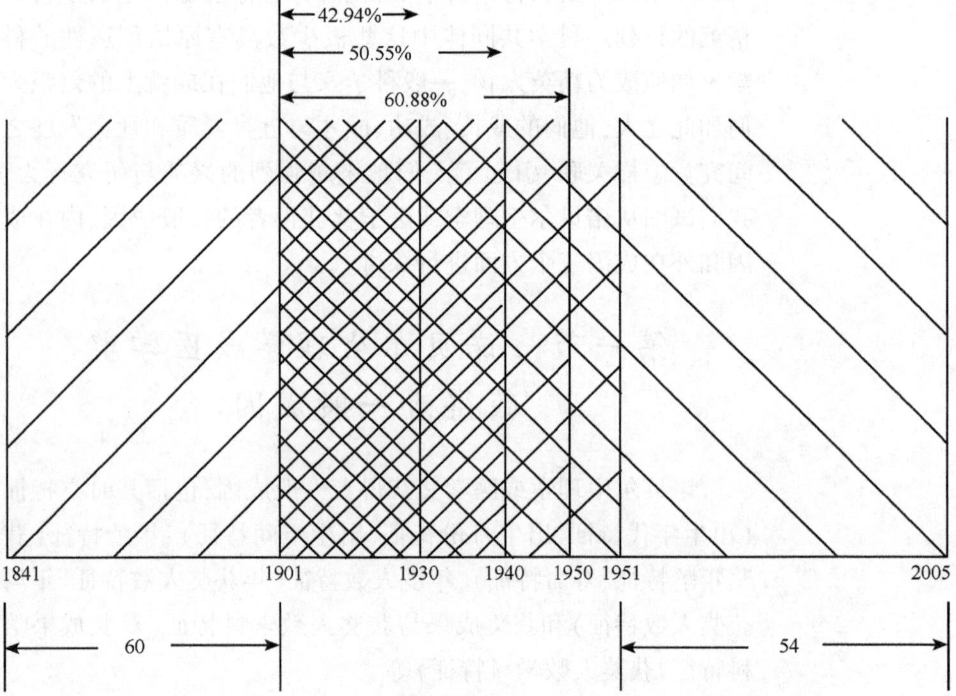

图 6-1　1901～2005 年诺贝尔生理学或医学奖获得者出生年份与颁奖年度时空特征比较图

由表 6-1 和图 6-1 可以看出，在一个多世纪的诺贝尔生理学或医学奖中，获得者出生年份分布在 19 世纪后 60 年至 20 世纪前 50 年的 110 年中，60. 88% 集中在 20 世纪的前 50 年中，50. 55% 集中在 20 世纪前 40 年中，42. 94% 集中在 20 世纪前 30 年中。

2. 获得者出生月份特征　以获得者出生月份为考察依据。根据1901~2005年诺贝尔生理学或医学奖获得者科学产出基础情况表中的“生卒年月”，生成诺贝尔生理学或医学奖获得者出生月份统计表，见表6-2。考虑到各月天数的不同，对各月出生的获得者数量作修正。表中的修正系数即是该月的平均天数，修正值即实际获得者人数除以该月平均天数，其含义为平均每天出生的获得者人数(历史年份累积)[1]。

表6-2　1901~2005年诺贝尔生理学或医学奖获得者出生月份统计表

	月份												合计
	1	2	3	4	5	6	7	8	9	10	11	12	
获得者数量	15	13	14	15	14	25	10	14	18	16	15	15	184
修正系数	31	28.25	31	30	31	30	31	31	30	31	30	31	
修正值	0.48	0.46	0.45	0.50	0.45	0.83	0.32	0.45	0.60	0.52	0.50	0.48	

以修正值为依据，出生月份以6月份最多，占到全年的13.19%，这与德国一项研究认为诺贝尔奖得主多生在3月份的结论有所出入[2]，但在季节上比较接近；其次是9月份、10月份两个月，分别占到9.34%和8.79%；再次是11月份、4月份、12月份、1月份4个月，均占到8.24%；7月份最低，占到5.49%。虽然1901~2005年诺贝尔生理学或医学奖获得者分布在全世界的20个国家，其出生同一月份的温差可能较大，加之前月出生的人数样本量偏小，但结果仍与国内的中国科学院院士和中国工程院院士为例的相关研究有共同之处[1]，可概括为在春夏之交、夏秋之交、冬秋之交等气候变化较大的季节交换时出生的人，成为大科学家的概率较高。1901~2005年诺贝尔生理学或医学奖美国获得者出生月份统计表见表6-3。

表6-3　1901~2005年诺贝尔生理学或医学奖美国获得者出生月份统计表

	月份												合计
	1	2	3	4	5	6	7	8	9	10	11	12	
获得者数量	4	4	4	6	7	6	6	4	3	5	4	10	63
修正系数	31	28.25	31	30	31	30	31	31	30	31	30	31	
修正值	0.13	0.14	0.13	0.20	0.23	0.20	0.19	0.13	0.10	0.16	0.13	0.32	

3. 获得者出生空间特征　以诺贝尔生理学或医学奖获得者人数最多的美国获得者为考察依据，以州为基本地域单元进行探讨。根据1901~2005年诺贝尔生理学或医学奖获得者科学产出基础情况表中的“国籍”，生成诺贝尔生理学

或医学奖美国出生获得者空间分布情况统计表,见表6-4。

表6-4　1901~2005年诺贝尔生理学或医学奖美国出生获得者空间分布情况统计表

州名及英文缩写*	获得者数量	占总数%	州名及英文缩写*	获得者数量	占总数%	州名及英文缩写*	获得者数量	占总数%
亚拉巴马 AL	2	3.22	路易斯安娜 LA			俄亥俄 OH		
阿拉斯加 AK			缅因 ME			俄克拉荷马 OK		
亚利桑娜 AZ			马里兰 MD	2	3.22	俄勒冈 OR		
阿肯色 AR			马萨诸塞 MA	3	4.83	宾夕法尼亚 PA	5	8.05
加利福尼亚 CA	2	3.22	密歇根 MI	2	3.22	罗得岛 RI		
科罗拉多 CO	1	1.66	明尼苏达 MN			南卡罗来纳 SC	2	3.22
康涅狄格 CT	5	8.05	密西西比 MS			南达科他 SD		
特拉华 DE	1	1.66	密苏里 MO			田纳西 TN		
佛罗里达 FL			蒙大拿 MT			得克萨斯 TX	1	1.66
佐治亚 GA			内布拉斯加 NE	1	1.66	犹他 UT		
夏威夷 HI			内华达 NV			佛蒙特 VT		
爱达荷 ID			新罕布什尔 NH			弗吉尼亚 VA		
伊利诺伊 IL	4	6.35	新泽西 NJ	3	4.83	华盛顿 WA	2	3.22
印第安纳 IN	1	1.66	新墨西哥 NM			西弗吉尼亚 WV		
艾奥瓦 IA	2	3.22	纽约 NY	18	28.95	威斯康星 WI	2	3.22
堪萨斯 KS	1	1.66	北卡罗来纳 NC			怀俄明 WY		
肯塔基 KY	2	3.22	北达科他 ND			合计	62	100

*来自李绍明,周敏. 美国地图册.北京:中国地图出版社,1998,41

由表6-4可知:①州之间相差悬殊。在184个诺贝尔生理学或医学奖获得者中,有90个是美国人,其中有62人出生在美国本土。在美国的50个州中,有21个州产生过获得者,29个州一个没有;州之间极不平衡,相差悬殊,最多的纽约州有18个,占到美国出生获得者的28.95%,最少的为零。②获得者集中在人口密集、经济发达、社会发展较快的州。东北部地区的纽约州、伊利诺伊州、宾夕法尼亚州、密歇根州、马里兰州、马萨诸塞州等占美国州数12%的6个州有34个获得者,占到美国出生获得者的54.84%。这些州位于美国东北部工业带和五大湖工业区及中央低地一带,为美国资本主义发展最早的地区。该区面积不到全国的1/3,但人口却占全国的2/3。自然资源丰富,集中有全国3/4的制造业和加工业,科技力量和工程技术人员集中,工业化与城市化的程度最高,是全国经济发展水平最高的地区,有美国"经济心脏"之誉。

二、获得者年龄特征

1. 获得者获奖年龄特征

（1）获得者获奖年龄曲线特征。以1901～2005年诺贝尔生理学或医学奖获得者科学产出基础情况表中的“年平均获奖年龄”为纵坐标轴，以“获奖年度”为横坐标轴，生成诺贝尔生理学或医学奖获得者年平均获奖年龄曲线，见图6-2。

由1901～2005年诺贝尔生理学或医学奖获得者科学产出基础情况表中的“获诺贝尔奖时年龄”可知，获得者个人最大获奖年龄为87岁，共2人，即1966年的劳斯（F. P. Rous）和1973年弗里施（K. Von. Frisch）；个人最小获奖年龄为32岁，共1人，即1923年的班廷（F. G. Banting）；个人平均获奖年龄为56.66岁。由图6-2可知，诺贝尔生理学或医学奖获得者年平均最大获奖年龄为81岁（1983年），年平均最小获奖年龄为37岁（1922年），年平均获奖年龄为56.32岁。诺贝尔生理学或医学奖获得者年平均获奖年龄曲线有以下特征：①获得者年平均获奖年龄曲线是一条波幅起伏较大的不规则曲线，其最高波峰（81.0岁）与最低波谷（37.0岁）距曲线平衡点（年平均获奖年龄56.32岁）基本等距。②获得者年平均获奖年龄集中分布在年平均获奖年龄线上下10岁的波幅内，共有123人，占获得者总人数184人的66.85%。③获得者年平均获奖年龄呈现出前低后高、逐渐上移的趋势。

（2）获得者获奖年龄变化特征。以每5、10和20年分别统计诺贝尔生理学或医学奖获得者最大、最小和平均个人获奖年龄，根据1901～2005年诺贝尔生理学或医学奖获得者科学产出基础情况表中的“获诺贝尔奖时年龄”，生成诺贝尔生理学或医学奖获得者每5、10、20年获奖年龄变化情况表，分别见表6-5～表6-7。

由表6-5～表6-7可以看出，1901～2005年诺贝尔生理学或医学奖获得者获奖年龄变化有以下特征：①个人最大获奖年龄呈现逐渐增高趋势，每5、10和20年获奖年龄变化情况均显示个人最大获奖年龄在20世纪60年代以前均低于平均值，此后均高于平均值。②个人最小获奖年龄呈现逐渐增大趋势，每5、10和20年获奖年龄变化情况均显示个人最小获奖年龄在20世纪90年代以来的近15年中均高于平均值，此前则起伏不定。③个人平均获奖年龄呈现逐渐增大趋势，每5、10和20年获奖年龄变化情况均显示个人平均获奖年龄在20世纪70年代以前基本低于平均值，此后均高于平均值。

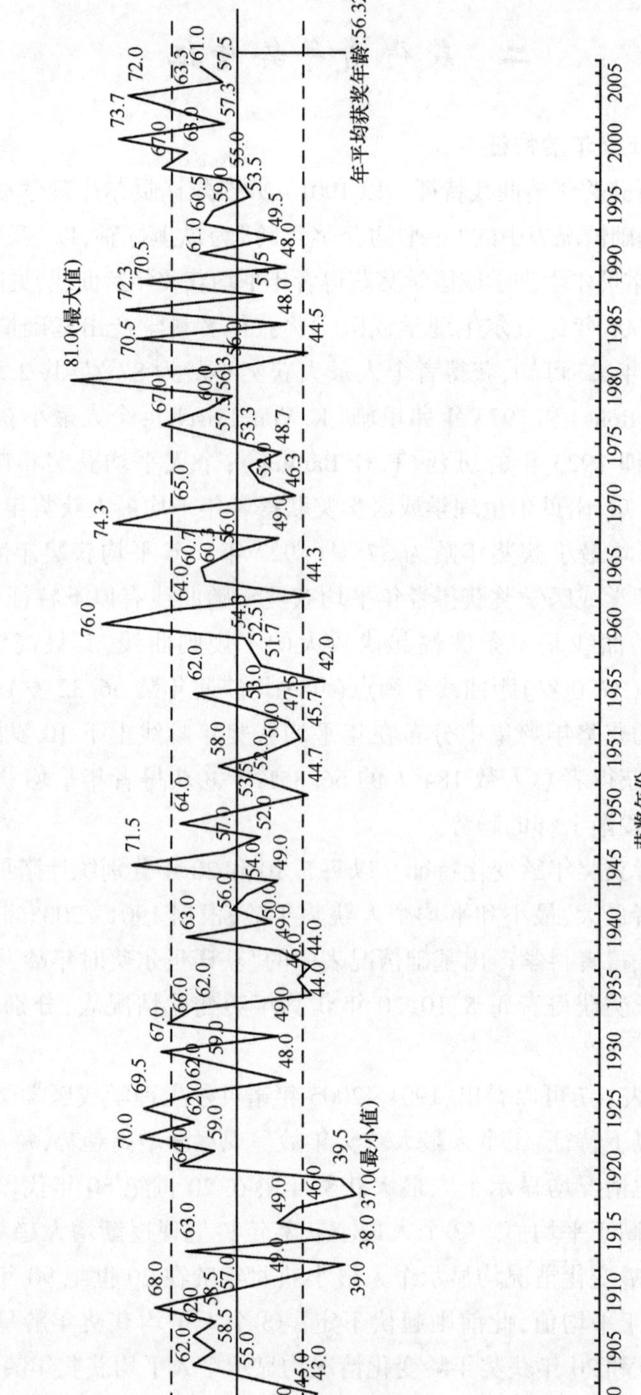

图6-2 1901~2005年诺贝尔生理学或医学奖获得者年平均获奖年龄变化曲线

表 6-5　1901~2005 年诺贝尔生理学或医学奖获得者每 5 年获奖年龄变化情况表

年龄情况	年度																					平均
	1901~1905	1906~1910	1911~1915	1916~1920	1921~1925	1926~1930	1931~1935	1936~1940	1941~1945	1946~1950	1951~1955	1956~1960	1961~1965	1966~1970	1971~1975	1976~1980	1981~1985	1986~1990	1991~1995	1996~2000	2001~2005	
个人最大获奖年龄	62	68	63	49	47	71	75	63	70	75	64	61	63	87	87	77	81	83	77	82	75	70. 48
个人最小获奖年龄	43	54	38	46	32	59	42	44	39	49	38	33	34	41	37	47	38	48	47	52	52	43. 48
个人平均获奖年龄	50. 40	60. 14	47. 25	47. 50	43. 40	65. 33	55. 75	51. 60	53. 43	58. 10	51. 13	51. 09	50. 92	60. 00	59. 25	55. 85	57. 25	65. 00	55. 91	64. 70	61. 92	55. 51

表 6-6　1901~2005 年诺贝尔生理学或医学奖获得者每 10 年获奖年龄变化统计表

年龄情况	年度											平均
	1901~1910	1911~1920	1921~1930	1931~1940	1941~1950	1951~1960	1961~1970	1971~1980	1981~1990	1991~2000	2001~2005	
个人最大获奖年龄	68	63	71	75	75	64	87	87	83	82	75	75.45
个人最小获奖年龄	43	38	32	42	39	33	34	37	38	47	52	39.55
个人平均获奖年龄	56.08	47.33	55.36	54.15	56.17	51.11	55.81	57.48	60.77	60.10	61.92	56.12

表 6-7　1901~2005 年诺贝尔生理学或医学奖获得者每 20 年获奖年龄变化统计表

年龄情况	年度						平均
	1901~1920	1921~1940	1941~1960	1961~1980	1981~2000	2001~2005	
个人最大获奖年龄	68	75	75	87	83	75	77.17
个人最小获奖年龄	38	32	33	34	38	52	37.83
个人平均获奖年龄	53.17	54.71	53.50	56.63	60.44	61.92	56.73

（3）获得者获奖最多年龄区。以每 5 和 10 年分别统计诺贝尔生理学或医学奖获得者不同年龄段获奖人数，根据 1901~2005 年诺贝尔生理学或医学奖获得者科学产出基础情况表中的“获诺贝尔奖时年龄”，生成诺贝尔生理学或医学奖获得者获奖不同年龄段每 5 或 10 年情况表，分别见表 6-8 和表 6-9。

表 6-8　1901~2005 年诺贝尔生理学或医学奖获得者获奖不同年龄段每 5 年情况统计表

人数情况	年龄段												合计
	30~35	36~40	41~45	46~50	51~55	56~60	61~65	66~70	71~75	76~80	81~85	86~90	
获奖人数	3	9	14	32	34	23	32	18	9	5	3	2	184
占总人数(%)	1.63	4.89	7.61	17.39	18.48	12.50	17.39	9.78	4.89	2.71	1.63	1.09	100

表 6-9　1901~2005 年诺贝尔生理学或医学奖获得者获奖不同年龄段每 10 年情况统计表

人数情况	年龄段						合计
	30~40	41~50	51~60	61~70	71~80	81~90	
获奖人数	12	46	57	50	14	5	184
占总人数(%)	6.52	25.00	30.98	27.17	7.61	2.72	100

由表 6-8 和表 6-9 可知,每 5 和 10 年诺贝尔生理学或医学奖获得者不同年龄段获奖人数均显示诺贝尔生理学或医学奖获得者的获奖年龄集中在 41~70 岁年龄区,占到获得者总人数的 75.54%~83.15%。

2. 获得者寿命特征　以已故获得者寿命为考察依据。根据 1901~2005 年诺贝尔生理学或医学奖获得者科学产出基础情况表中的"生卒年月",生成诺贝尔生理学或医学奖已故获得者寿命统计表,见表 6-10。

由表 6-10 和表 6-11 可知,已故诺贝尔生理学或医学奖获得者 109 人的最大寿命为 99 岁,最小寿命为 44 岁,平均寿命为 78.73 岁。

三、获奖人数年度特征

1. 年获奖人数特征　以每年获奖人数为考察依据。根据 1901~2005 年诺贝尔生理学或医学奖获得者科学产出基础情况表中的"获奖年度"和"获奖人数",生成诺贝尔生理学或医学奖获得者年获奖人数统计表和诺贝尔生理学或医学奖获得者获奖人数每 10 年统计表,分别见表 6-11 和表 6-12。

表 6-10　1901~2005 年诺贝尔生理学或医学奖已故获得者寿命统计表*

年龄	人数	占已故人数(%)	平均(岁)	年龄	人数	占已故人数(%)	平均(岁)
44	1	0.92		53			
45				54			
46				55			
47				56			
48				57			
49	1	0.92		58			
50	1	0.92		59	2	1.83	
51				60	2	1.83	
52				61	3	2.75	

续表

年龄	人数	占已故人数(%)	平均(岁)
62			
63	1	0.92	
64			
65	1	0.92	
66	3	2.75	
67	3	2.75	
68	3	2.75	
69	2	1.83	
70	2	1.83	
71	4	3.66	
72	3	2.75	
73	4	3.66	
74	3	2.75	
75	6	5.50	
76	2	1.83	
77	2	1.83	
78	2	1.83	
79	3	2.75	
80	1	0.92	
81	6	5.50	
82	1	0.92	
83	3	2.75	
84	2	1.83	
85	4	3.66	
86	5	4.59	
87	3	2.75	
88	7	6.42	
89	1	0.92	
90	1	0.92	
91	6	5.50	
92	2	1.83	
93	6	5.50	
94	1	0.92	
95	2	1.83	
96	2	1.83	
97			
98	1	0.92	
99	1	0.92	
合计	109	100	78.73

注:统计截止时间为 2004 年

表 6-11　1901~2005 年诺贝尔生理学或医学奖获得者年获奖人数统计表

内容	人数			合计
	1	2	3	
年度合计	37	30	29	96
所占比例(%)	38.54	31.25	30.21	100

表 6-12　1901~2005 年诺贝尔生理学或医学奖获得者年获奖人数每 10 年统计表

年小计(次)年获奖人数	年度											合计	
	1901~1910	1911~1920	1921~1930	1931~1940	1941~1950	1951~1960	1961~1970	1971~1980	1981~1990	1991~2000	2001~2005		
1	8	6	5	6	2	4	1	1	2	2	0	37	
2	2	0	3	2	3	3	2	3	4	5	3	30	96
3	0	0	0	1	3	3	7	6	4	3	2	29	

由表 6-11 和表 6-12 可知，在 1901~2005 年诺贝尔生理学或医学奖实际颁发的 96 个年度中，获得者为 1、2 和 3 人次的比例分别占到 38.54%、31.25% 和 30.21%，虽然 1 人次的稍多一些，但总体上呈现出人数逐渐增多的趋势，特别是 20 世纪 40 年代以来，在每 10 年获奖人数中，2 人次基本占到 30% 以上，3 人次均占到 30% 以上，最高时达到 70%。

2. 年均获奖人数特征 以每 5、10 和 20 年的年均获奖人数为考察依据，根据 1901~2005 年诺贝尔生理学或医学奖获得者科学产出基础情况表中的"获奖年度"和"获奖人数"，生成诺贝尔生理学或医学奖年均获奖人数每 5、10 和 20 年变化图，分别见图 6-3~图 6-5。

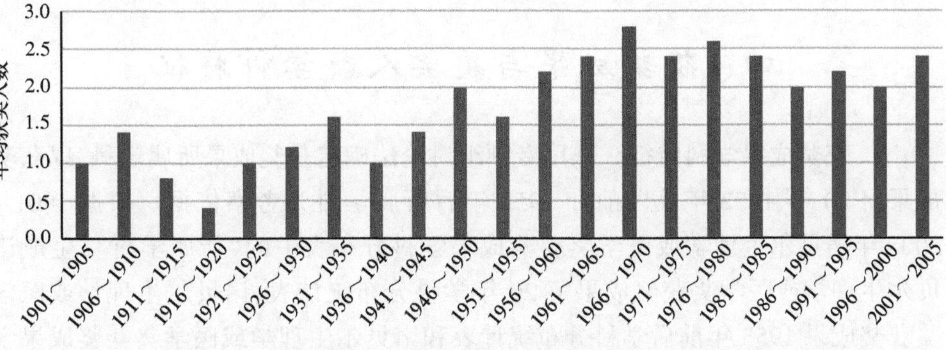

图 6-3 1901~2005 年诺贝尔生理学或医学奖每 5 年年均获奖人数变化图

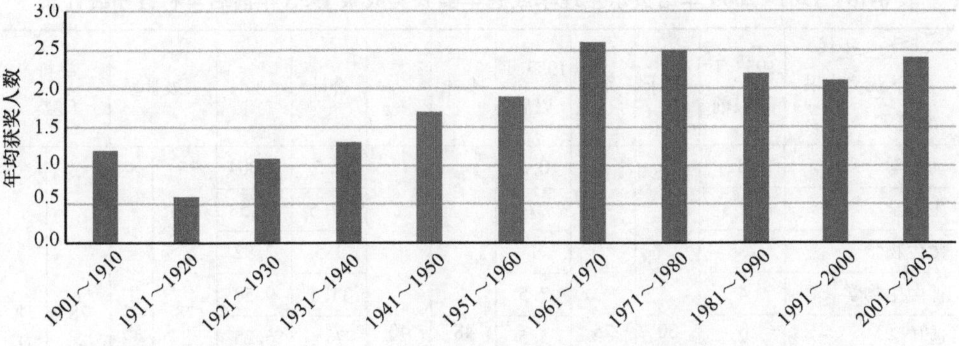

图 6-4 1901~2005 年诺贝尔生理学或医学奖每 10 年年均获奖人数变化图

由图 6-3~图 6-5 可以看出，每 5、10 和 20 年诺贝尔生理学或医学奖年均获奖人数变化一致显示，年度获奖人数在总体上呈现增加的趋势，自 20 世纪 60 年代以来均在 2 人以上，特别是 20 世纪六七十年代最多，平均为 2.50~2.60 人。

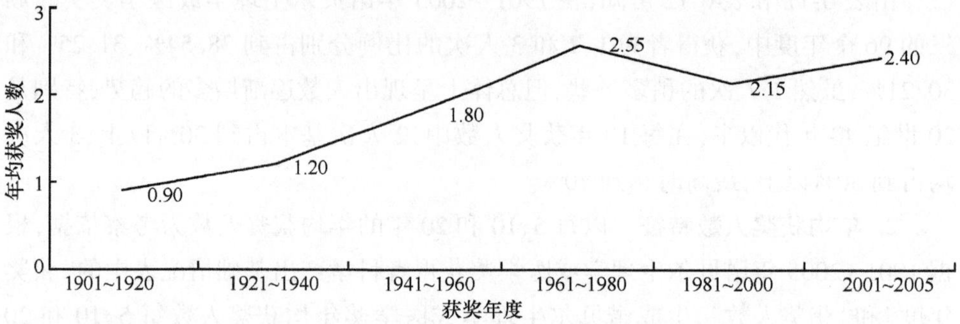

图 6-5　1901~2005 年诺贝尔生理学或医学奖每 20 年年均获奖人数变化图

四、获奖成果与获奖人数学科特征

1. 获奖成果学科特征　采用专题组讨论法确定获奖成果所属学科，以获奖成果每 20 年、1952 年及以前和 1952 年后所属学科为考察依据。根据 1901~2005 年诺贝尔生理学或医学奖获奖成果学科分布表中的“所属学科”，生成诺贝尔生理学或医学奖获奖成果每 20 年学科分布统计表、诺贝尔生理学或医学奖获奖成果 1953 年前后学科分布统计表和诺贝尔生理学或医学奖获奖成果学科分布趋势图，分别见表 6-13、表 6-14 和图 6-6。

表 6-13　1901~2005 年诺贝尔生理学或医学奖获奖成果 1953 年前后学科分布统计表

<table>
<tr><th>年代 / 获奖成果 / 二级学科</th><th>1953 年及以前</th><th>小计</th><th>%</th><th>1953 年以后</th><th>小计</th><th>%</th><th>合计</th><th>%</th><th colspan="2">一级学科</th><th colspan="2">学科门类</th></tr>
<tr><td>动物学</td><td>0</td><td rowspan="8">30</td><td rowspan="8">25</td><td>0. 5</td><td rowspan="8">48</td><td rowspan="8">40</td><td>0. 5</td><td>0. 004</td><td rowspan="8">78
65%</td><td rowspan="8">生物学</td><td rowspan="8">78
65%</td><td rowspan="8">理学</td></tr>
<tr><td>生理学</td><td>10. 5</td><td>7</td><td>17. 5</td><td>14. 58</td></tr>
<tr><td>微生物学</td><td>2. 5</td><td>1</td><td>3. 5</td><td>2. 92</td></tr>
<tr><td>神经生物学</td><td>4</td><td>7. 5</td><td>11. 5</td><td>9. 58</td></tr>
<tr><td>遗传学</td><td>2</td><td>5. 5</td><td>7. 5</td><td>6. 25</td></tr>
<tr><td>发育生物学</td><td>1</td><td>0. 5</td><td>1. 5</td><td>1. 25</td></tr>
<tr><td>细胞生物学</td><td>0</td><td>2</td><td>2</td><td>1. 67</td></tr>
<tr><td>生物化学与分子生物学*</td><td>10</td><td>24</td><td>34</td><td>28. 33</td></tr>
</table>

续表

二级学科 \ 获奖成果 \ 年代	1953 年及以前	小计	%	1953 年以后	小计	%	合计	%	一级学科		学科门类	
免疫学	5.5			5.5			11	9.17				
病原生物学	3.5	9	7.50	1	7.5	6.25	4.5	3.75	16.5 13.75%	基础医学		
放射医学	0			1			1	0.008				
内科学	5			5			10	8.33				
影像医学与核医学	0			2			2	1.67			40.5 33.75%	医学
外科学	2.5	9.5	7.92	1	10	8.33	3.5	2.92	19.5 16.25%	临床医学		
眼科学	1			0			1	0.004				
肿瘤学	1			2			3	2.50				
药理学	1.5	1.5	1.25	3	3	2.5	4.5	3.75	4.5 3.75%	药学		
生物医学工程	0	0	0	1	1	0.008	1	0.008	1 0.008%	生物医学工程	1 0.08%	工学
基础心理学	0	0	0	0.5	0.5	0.004	0.5	0.004	0.5 0.004%	心理学	0.5 0.004%	教育学
合计	50		41.67	70		58.33	120	100				

* 1953 年及以前应为生物化学

表 6-14　1901~2005 年诺贝尔生理学或医学奖获奖成果每 20 年学科分布统计表

一级成果 \ 获奖成果 \ 年代	1901~1920	1921~1940	1941~1960	1961~1980	1981~2000	2001~2005	合计	%	一级学科	学科门类	
动物学	0	0	0	0.5	0	0	0.5	0.004			
生理学	3.5	4	3	5	2	0	17.5	14.58			
微生物学	1	0	2.5	0	0	0	3.5	2.92			
神经生物学	1	2	1	3	3.5	1	11.5	9.58			
遗传学	0	1	3	2	1.5	0	7.5	6.25	生物学	78 65%	理学
发育生物学	0	1	0	0	0.5	0	1.5	1.25			
细胞生物学	0	0	0	1	0.5	0.5	2	1.67			
生物化学与分子生物学	1	4	7	12.5	8	1.5	34	28.33			
小计	6.5	12	16.5	24	16	3	78	65			

续表

获奖成果＼年代 一级成果	1901~1920	1921~1940	1941~1960	1961~1980	1981~2000	2001~2005	合计	%	一级学科	学科门类	
免疫学	5	0.5	1	1.5	3	0	11	9.17	基础医学	40.5 33.75%	医学
病原生物学	2	0	1.5	0	1	0	4.5	3.75			
放射医学	0	0	0	1	0	0	1	0.008			
小计	7	0.5	2.5	2.5	4	0	16.5	13.75			
内科学	1	3.5	1.5	2	1	1	10	8.33	临床医学		
影像医学与核医学	0	0	0	1	0	1	2	1.67			
外科学	1.5	0	1	0	1	0	3.5	2.92			
眼科学	1	0	0	0	0	0	1	0.008			
肿瘤学	0	1	0	2	0	0	3	2.50			
小计	3.5	4.5	2.5	5	2	2	19.5	16.25			
药理学	0	1	1.5	0	2	0	4.5	3.75	药学		
小计	0	1	1.5	0	2	0	4.5	3.75			
生物医学工程	0	0	0	0	1	0	1	0.008	生物医学工程	1 0.008%	工学
小计	0	0	0	0	1	0	1	0.008			
基础心理学	0	0	0	0.5	0	0	0.5	0.004	心理学	0.5 0.004%	教育学
小计	0	0	0	0.5	0	0	0.5	0.004			
合计	17	18	23	32	25	5	120	100			

由表 6-13 和表 6-14 可以看出，1901~2005 年诺贝尔生理学或医学奖 120 项获奖成果的学科分布，涉及理学、医学、工学和教育学等 4 个学科门类。这 4 个学科门类中，生物医学及有关的一级学科有 11 个，获奖成果涉及生物学、基础医学、临床医学、药学、生物医学工程和心理学 6 个，占 54.55%；如果不包括中医学、中药学和中西医结合 3 个一级学科，占 75%。生物医学及有关的二级学科有 68 个，获奖成果涉及 19 个，占 27.94%；如果不包括中医学、中药学和中西医结合等 3 个一级学科的 15 个二级学科，占 38.78%。结合图 6-6，可以发现，获奖成果的学科分布有以下特征：

(1) 各级学科分布不均衡。在一级学科中，生物学最多，达到分布学科总

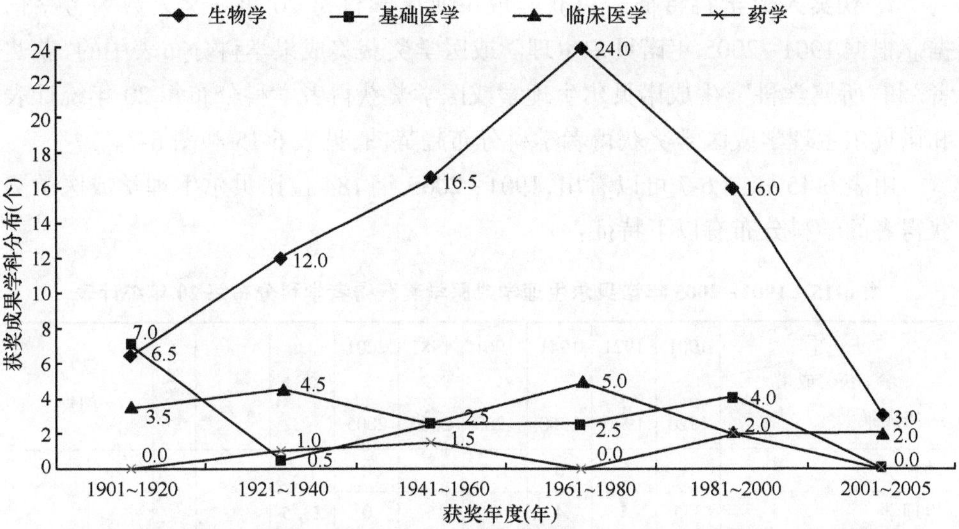

图 6-6 1901~2005 年诺贝尔生理学或医学奖获奖成果每 20 年学科分布趋势图

数的 65%,公共卫生与预防医学、口腔医学等 5 个一级学科则为空白,占生物医学及有关一级学科的 45. 45%;在二级学科中,生物化学与分子生物学最多,达到 28. 33%,其他 49 个二级学科则为空白,占生物医学及有关学科的 72. 06%。

(2) 生物学与医学分布不均衡。在生物医学中生物学作为包括 12 个二级学科的一级学科,占 65%;比作为包括 8 个一级学科、54 个二级学科的学科门类的医学,还多 31. 25%。

(3) 分子生物学处于先导与基础地位。1953 年 4 月 25 日,英国《自然》杂志发表了克里克和沃森的论文《核酸的分子结构——脱氧核糖核酸的结构模型》,以 DNA 双螺旋结构模型为基础的中心法则,被公认为统一生物学的基本理论体系,它促成了分子生物学的诞生,标志着分子生物学时代的开始,决定了 20 世纪后 50 年以分子生物学为核心学科的现代生物学时代。在获奖成果的学科分布中,1953 年以前,生物化学占 8. 33%;1953 年以后,生物化学与分子生物学占 20%。在 105 年的诺贝尔生理学或医学奖中,1953 年恰巧处于中心点,对一个二级学科来说,中心点后 52 年比前 53 年的获奖成果增加了占学科分布总数的 11. 67%,足以证明分子生物学的先导与基础地位。

(4) 生物医学与其他学科的交叉趋势。20 世纪下半叶,诺贝尔生理学或医学奖获奖成果多次分布在生物医学与物理学、化学相交叉的学科,并开始向工学和心理学等渗透,说明现代生物医学已经不是职业生物医学家的生物医学了,它成为多学科精英们探究生物现象与本质的科学竞技场。

2. 获奖人数学科特征　以获奖成果所属学科每 20 年获奖人数为考察依据。根据 1901~2005 年诺贝尔生理学或医学奖获奖成果学科分布表中的“获奖者”和“所属学科”，生成诺贝尔生理学或医学奖获得者学科分布每 20 年统计表和诺贝尔生理学或医学奖获得者学科分布趋势图，见表 6-15 和图 6-7。

由表 6-15 和图 6-7 可以看出，1901~2005 年 184 位诺贝尔生理学或医学奖获得者的学科分布有以下特征：

表 6-15　1901~2005 年诺贝尔生理学或医学奖获得者学科分布每 20 年统计表

年代 / 获奖成果 / 一级成果	1901~1920	1921~1940	1941~1960	1961~1980	1981~2000	2001~2005	合计	%	一级学科	学科门类	
动物学	0	0	0	1.5	0	0	1.5		生物学	129 70.11%	理学
生理学	3.5	5	4	6	5	0	23.5				
微生物学	1	0	5.5	0	0	0	6.5				
神经生物学	2	4	2	4	6.5	2	20.5				
遗传学	0	1	4	3	2.5	0	10.5				
发育生物学	0	1	0	0	1.5	0	2.5				
细胞生物学	0	0	0	3	1	1.5	5.5				
生物化学与分子生物学	1	5	10	23.5	14.5	4.5	58.5				
小计	7.5	16	25.5	41	31	8	129	70.11			
免疫学	5	0.5	2	1.5	4	0	13		基础医学	51.5 27.98%	医学
病原生物学	2	0	1.5	0	1	0	4.5				
放射医学	0	0	0	1	0	0	1				
小计	7	0.5	3.5	2.5	5	0	18.5	10.05			
内科学	1	5.5	3.5	2	1	2	15		临床医学		
影像医学与核医学	0	0	0	2	0	2	4				
外科学	1.5	0	1	0	1	0	3.5				
眼科学	1	0	0	0	0	0	1				
肿瘤学	0	1	0	2	0	0	3				
小计	3.5	6.5	4.5	6	2	4	26.5	14.40			
药理学	0	1	2.5	0	3	0	6.5		药学		
小计	0	1	2.5	0	3	0	6.5	3.53			

续表

年代 / 获奖成果 / 一级成果	1901~1920	1921~1940	1941~1960	1961~1980	1981~2000	2001~2005	合计	%	一级学科		学科门类
生物医学工程	0	0	0	0	2	0	2		生物医学工程	2 1.09%	工学
小计	0	0	0	0	2	0	2	1.09			
基础心理学	0	0	0	1.5	0	0	1.5		心理学	1.5 0.82%	教育学
小计	0	0	0	1.5	0	0	1.5	0.82			
合计	18	24	36	51	43	12	184	100			

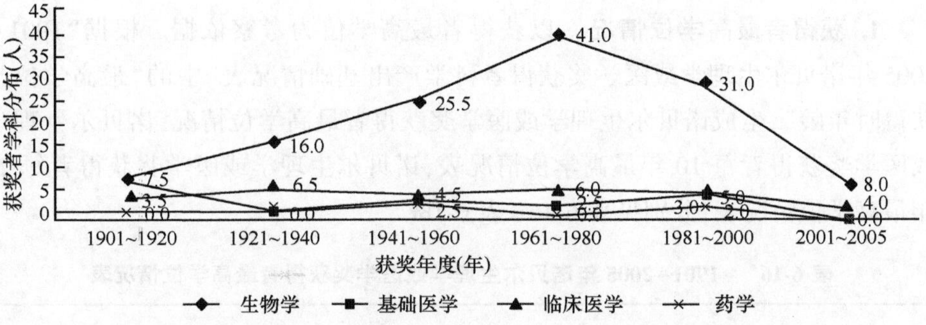

图 6-7 1901~2005 年诺贝尔生理学或医学奖获得者学科分布趋势图

(1) 学科之间分布不均。这一点与获奖成果的学科分布特征相似。生物学家占到获得者总数的 70.11%,医学家占到 27.98%,其中基础医学、临床医学和药学分别占到 10.05%、14.40% 和 3.53%,公共卫生与预防医学和口腔医学等无人获奖。

(2) 获奖人数与本学科在科学界学科地位呈正相关关系。从分子生物学家每 20 年情况中可以看到,20 世纪 60 年代以来,随着分子生物学的诞生并成为先导和基础学科,分子生物学家获奖人数明显增多,占到生物学 12 个二级学科获奖人数的 53.13%。

(3) 获得者中传统生物医学家减少,现代生物医学家和交叉学科科学家增多。物理学、化学和工程技术等多学科领域的科学家争先恐后地跨入生物医学,用他们各自学科比较成熟的理论与技术研究生命科学,探究生命本质。20 世纪下半叶的获奖人数中,分子生物学家独占鳌头,物理学家和化学家越来越多,基础医学家和临床医学家反而少于20世纪上半叶。

第二节　诺贝尔生理学或医学奖获得者内在成因

诺贝尔生理学或医学奖获得者内在成因,包括获得者教育基础(最高学位情况、最高学位获得年龄情况、最高学位授予单位情况)、获得者创新原动力(心理层面的科学创新原动力、精神层面的科学创新原动力)、获得者科学素质(高校学习经历情况、教授/研究员首聘情况、科学素质)和获得者人文底蕴(科学自觉、人文自觉、人文价值)等。

一、获得者教育基础

1. 获得者最高学位情况　以获得者最高学位为考察依据。根据"1901~2005年诺贝尔生理学或医学奖获得者科学产出基础情况表"中的"最高学位与获得时年龄",生成诺贝尔生理学或医学奖获得者最高学位情况,诺贝尔生理学或医学奖获得者每10年最高学位情况表,诺贝尔生理学或医学奖获得者每20年最高学位情况表,分别见表6-16~表6-18。

表6-16*　1901~2005年诺贝尔生理学或医学奖获得者最高学位情况表

内容	学位					
	双博士	医学博士	哲学博士	理学博士	其他博士	无博士学位
人数	21	117	63	11	9	5
占总数(%)	11.41	63.59	34.24	5.98	4.89	2.71

*获得者具有双博士学位者,除按"双博士"单独统计外,又按两个单博士分别进行了统计,故各类学位占总人数的百分比合计中,包括"双博士"和不包括"双博士"的百分比合计均超过了100%

表6-17　1901~2005年诺贝尔生理学或医学奖获得者每10年最高学位情况表

人数	年度											合计
	1901~1910	1911~1920	1921~1930	1931~1940	1941~1950	1951~1960	1961~1970	1971~1980	1981~1990	1991~2000	2001~2005	
双博士	1	2	1	3	0	2	4	4	2	2	0	21
医学博士	11	5	7	13	9	12	11	15	13	10	11	117
哲学博士	1	2	3	2	6	7	15	11	5	11	0	63
理学博士	0	1	2	0	1	2	3	2	0	0	0	11
其他博士	1	0	0	1	1	0	0	0	4	2	0	9
无博士学位	0	0	0	0	0	0	1	1	2	0	1	5

表 6-18　1901~2005 年诺贝尔生理学或医学奖获得者每 20 年最高学位情况表

人数	年度						合计
	1901~1920	1921~1940	1941~1960	1961~1980	1981~2000	2001~2005	
双博士	3	4	2	8	4	0	21
医学博士	16	20	21	26	23	11	117
哲学博士	3	5	13	26	16	0	63
理学博士	1	2	3	5	0	0	11
其他博士	1	1	1	0	6	0	9
无博士学位	0	0	0	2	2	1	5

由表 6-16~表 6-18 可知,1901~2005 年 184 位诺贝尔生理学或医学奖获得者的最高学位,有以下几种情况:

(1) 基本具有博士学位。获得者中有 97.29% 具有博士学位。博士学位是全世界公认的最高学位,其培养目的主要是从事科学研究,可见对某个学科领域的系统理论基础与基本研究技能的正规学习,已成为科学家从事科学研究活动的基本和重要前提条件。

(2) 学位类型不影响原始性创新。获得者中 34.24% 具有哲学学位,63.59% 具有医学学位。欧美等国的学位多分为学术学位(academic degree)和专业学位(professional degree)两种,前者多与一定规格的文化素质相联系,后者多与一定规格的专业职能相联系。哲学博士(Ph. D. ,Doctor of Philosophy)是一种学术学位;医学博士是一种专业学位,因水平较高,通常被称为第一专业学位(first-professional degree)。说明最高学位的类型并不影响科学家在研究中的原始性创新。

(3) 获奖不局限于专业学位。获得者每 10 年和每 20 年最高学位情况反映出,获得者具有医学博士学位的比例基本无变化,具有哲学博士学位的比例在 20 世纪 60 年代明显增大,具有理学等其他博士学位和无博士学位的比例在逐渐增大。提示随着科学的高度分化与综合,学科之间的交叉越来越多,在某一学科领域做出发现和发明的创造者,越来越有可能突破本学科专业学位拥有者的局限。

2. 获得者最高学位获得年龄情况

(1) 获得者最高学位获得年龄一般情况。以获得者最高学位获得时年龄为考察依据。根据“1901~2005 年诺贝尔生理学或医学奖获得者科学产出基础情况表”中的“最高学位与获得时年龄”,生成诺贝尔生理学或医学奖获得者最高学位获得年龄一般情况表(表 6-19)。

表 6-19* 1901～2005 年诺贝尔生理学或医学奖获得者最高学位获得年龄情况表

人数	年龄(岁)																						合计
	21	22	23	24	25	26	27	28	29	30	31	32	33	34	35	36	37	38	39	40	41	42	43	
医学博士	0	6	13	18	24	12	14	8	2	4	3	2	2	3	1	2	0	0	0				0	114
哲学博士	0	2	1	8	9	10	3	4	4	3	2	0	1	0	0	0	0	1	0				1	49
理学博士	2	1	0	0	0	0	1	0	1	1	1	0	0	0	0	0	0	0	1				0	8
其他博士	0	0	2	1	1	3	0	0	0	1	0	0	0	0	0	0	0	0	0				0	8
合计	2	9	16	27	34	25	18	12	7	9	6	2	3	3	1	2	0	1	1				1	179
占总人数(%)	1.11	5.03	8.94	15.08	18.99	13.98	10.06	6.70	3.91	5.03	3.35	1.11	1.68	1.68	0.56	1.11	0	0.56	0.56				0.56	100

*获得者具有双博士学位者,以其中获得时年龄较小者计,不重复计

（2）获得者最高学位获得年龄分段情况。以获得者每 10 年或 20 年最高学位获得时年龄为考察依据。根据“1901～2005 年诺贝尔生理学或医学奖获得者科学产出基础情况表”中的“最高学位与获得时年龄”，生成诺贝尔生理学或医学奖获得者每 10 年最高学位获得年龄情况表和诺贝尔生理学或医学奖获得者每 20 年最高学位获得年龄情况表，分别见表 6-20 和表 6-21。

表 6-20*　1901～2005 年诺贝尔生理学或医学奖获得者每 10 年最高学位获得年龄情况表

年龄	年度											平均
	1901～1910	1911～1920	1921～1930	1931～1940	1941～1950	1951～1960	1961～1970	1971～1980	1981～1990	1991～2000	2001～2005	
平均博士学位获得年龄（岁）	24.83	25.83	25.27	27.77	26.00	26.16	26.48	25.92	27.35	27.29	26.73	26.42

* 获得者具有双博士学位者，以其中获得时年龄较小者计，不重复计

表 6-21*　1901～2005 年诺贝尔生理学或医学奖获得者每 20 年最高学位获得年龄情况表

年龄	年度						平均
	1901～1920	1921～1940	1941～1960	1961～1980	1981～2000	2001～2005	
平均博士学位获得年龄（岁）	25.17	26.63	26.08	26.20	27.32	26.73	26.36

* 获得者具有双博士学位者，以其中获得时年龄较小者计，不重复计

由表 6-19～表 6-21 可知，1901～2005 年诺贝尔生理学或医学奖获得者博士学位获得年龄最大为 43 岁，最小为 21 岁，平均为 26.38 岁；从每 10 年和每 20 年博士学位获得年龄情况看，获得者博士学位获得年龄总体上较小，虽呈现出平缓增大的趋向，但 100 多年来的变化不很明显，主要集中在 23～27 岁，占获得者总人数的 67.04%。说明诺贝尔生理学或医学奖获得者从事科学研究生涯的起点比一般人要早。

3. 获得者最高学位授予单位情况　以获得者最高学位授予单位为考察依据。根据“1901～2005 年诺贝尔生理学或医学奖获得者科学产出基础情况表”中的“最高学位授予单位”，生成诺贝尔生理学或医学奖获得者最高学位授予单位在世界大学前 200 名情况表和诺贝尔生理学或医学奖获得者最高学位授予国家、单位与人数情况表，分别见表 6-22 和表 6-23。

表 6-22[*] 1901~2005 年诺贝尔生理学或医学奖获得者最高学位授予单位在世界大学前 200 名情况表

序号	获奖人数	授予单位名称	在世界大学前 200 名位置	授予单位所在国家
1	15	剑桥大学	6	英国
2	14.5	哈佛大学	1	美国
3	9	霍普金斯大学	25	美国
4	7	巴黎大学	71	法国
5	6	哥伦比亚大学	19	美国
6	5	伦敦大学	34	英国
6	5	哥本哈根大学	63	丹麦
6	5	华盛顿大学	74	美国
6	5	卡罗琳医学院		瑞典
10	4.5	牛津大学	5	英国
11	4	维也纳大学	94	奥地利
12	3	康奈尔大学	23	美国
12	3	哥丁根大学	85	德国
12	3	斯特拉斯堡大学	132	法国
12	3	日内瓦大学		瑞士
12	3	都灵大学		意大利
17	2.5	宾夕法尼亚大学	28	美国
17	2.5	柏林大学	125	德国
19	2	加利福尼亚大学	2	美国
19	2	加州理工学院	4	美国
19	2	耶鲁大学	8	美国
19	2	得克萨斯大学	15	美国
19	2	伊利诺伊大学	35	美国
19	2	威斯康星大学	66	美国
19	2	纽约大学	79	美国
19	2	凯斯西保留地大学	88	美国
19	2	慕尼黑大学	99	德国
19	2	柏林威廉大学		德国
19	2	布拉格日耳曼大学		捷克
19	2	匹兹堡大学		美国

续表

序号	获奖人数	授予单位名称	在世界大学前 200 名位置	授予单位所在国家
31	1.5	海德堡大学	47	德国
31	1.5	布宜诺斯艾利斯大学		阿根廷
31	1.5	莱比锡大学		德国
31	1.5	里昂大学		法国
31	1.5	洛克菲勒大学		美国
31	1.5	巴塞尔大学		瑞士
31	1.5	布达佩斯大学		匈牙利
38	1	麻省理工学院	3	美国
38	1	苏黎世联邦技术学院	10	瑞士
38	1	芝加哥大学	13	美国
38	1	麦克吉尔大学	21	加拿大
38	1	密执安大学	31	美国
38	1	多伦多大学	37	加拿大
38	1	爱丁堡大学	48	英国
38	1	卢万大学	53	比利时
38	1	南澳大利亚阿德莱德大学	56	澳大利亚
38	1	圣安德鲁大学	70	美国
38	1	西北大学	73	美国
38	1	明尼苏达大学	82	美国
38	1	罗切斯特大学	86	美国
38	1	慕尼黑理工学院	95	德国
38	1	阿姆斯特丹大学	98	荷兰
38	1	密执安州立大学	116	美国
38	1	弗吉尼亚医学院	118	美国
38	1	乌特勒支大学	120	荷兰
38	1	赫尔辛基大学	129	芬兰
38	1	莱顿大学	131	荷兰
38	1	斯德哥尔摩大学	139	瑞典
38	1	汉堡大学	147	德国
38	1	基尔大学	149	德国
38	1	谢菲尔德大学	150	英国

续表

序号	获奖人数	授予单位名称	在世界大学前200名位置	授予单位所在国家
38	1	利物浦大学	151	英国
38	1	维尔茨堡大学	169	德国
38	1	隆德大学	171	瑞典
38	1	印第安纳大学	174	美国
38	1	弗赖堡大学	178	德国
38	1	西澳大利亚大学		澳大利亚
38	1	布鲁塞尔大学		比利时
38	1	根特大学		比利时
38	1	列日大学		比利时
38	1	图宾根大学		德国
38	1	圣彼得堡大学		俄罗斯
38	1	军事医学研究院		俄罗斯
38	1	麦克尔大学		加拿大
38	1	布加勒斯特大学		罗马尼亚
38	1	佛罗里达大学		美国
38	1	科英布拉大学		葡萄牙
38	1	伯尔尼大学		瑞士
38	1	苏黎世大学		瑞士
38	1	马德里大学		西班牙
38	1	萨拉戈萨大学		西班牙
38	1	帕度亚大学		意大利
38	1	东英格兰大学		英国
38	1	法拉第·豪斯电气工程学院		英国
38	1	圣巴塞罗缪医学院		英国
86	0.5	澳大利亚国立大学	16	澳大利亚
86	0.5	墨尔本大学	22	澳大利亚
86	0.5	蒙特利尔大学	177	加拿大
合计	184	88所	57所	

*世界大学排名据英国《泰晤士报高教副刊(Times Higher Education Supplement)》2004年11月15日推出的全球大学排行榜。下同

表 6-23　1901~2005 年诺贝尔生理学或医学奖获得者最高学位授予国家、单位与人数情况表

最高学位授予国家	最高学位授予单位数量	最高学位授予单位进入世界大学 200 强数量	进入世界大学 200 强的单位所占比例(%)	最高学位授予国获奖人数	总人数比例(%)	最高学位授予单位进入前 200 强大学人数	占授予国获奖人数比例(%)
美国	27	24	88.89	70.5	38.32	66.0	93.62
英国	9	6	66.67	30.5	16.58	27.5	90.16
德国	12	9	75.00	18.5	10.05	14.0	75.68
法国	3	2	66.67	11.5	6.25	10.0	86.96
瑞士	5	1	20.00	7.5	4.08	1.0	13.33
瑞典	3	2	66.67	7.0	3.80	2.0	28.57
丹麦	1	1	100.00	5.0	2.72	5.0	100.00
比利时	4	1	25.00	4.0	2.17	1.0	25.00
意大利	2	0	0.00	4.0	2.17	0.0	0.00
奥地利	1	1	100.00	4.0	2.17	4.0	100.00
加拿大	4	4	100.00	3.5	1.90	2.5	71.43
澳大利亚	4	3	75.00	3.0	1.63	2.0	66.67
荷兰	3	3	100.00	3.0	1.63	3.0	100.00
俄罗斯	2	0	0.00	2.0	1.09	0.0	0.00
西班牙	2	0	0.00	2.0	1.09	0.0	0.00
捷克	1	0	0.00	2.0	1.09	0.0	0.00
阿根廷	1	0	0.00	1.5	0.82	0.0	0.00
匈牙利	1	0	0.00	1.5	0.82	0.0	0.00
芬兰	1	1	1.00	1.0	0.54	1.0	100.00
罗马尼亚	1	0	0.00	1.0	0.54	0.0	0.00
葡萄牙	1	0	0.00	1.0	0.54	0.0	0.00
总计	88	58	65.91	184.0	100.00	139.0	75.54

尽管目前国内外已有不少关于大学的排行榜，但对于大学的综合性评估和排名仍是一个世界性难题，因而无论国内还是全世界范围，有关大学排名的争议从来就没有间断。本研究仅从基础参考依据角度，选择了一个较有权威且当时最新推出的世界大学排行榜。科学的做法，应该是选取获得者获取其最高学位当年的世界大学排行榜，遗憾的是这一点实在难以做到。

由表 6-22 和表 6-23 可知，1901~2005 年诺贝尔生理学或医学奖获得者最高学位授予单位有88所大学,其中64.77%排在世界前200名,他们共有139人,占到获得者总人数的75.54%。说明他们不仅在从事科学研究生涯的起点上比一般人要早,而且他们接受科学研究生涯基础训练的单位大多都是世界上或国内最好的研究型大学。但同时也还有1/3的最高学位授予单位和1/4获得者的科学研究生涯基础训练场所不在世界大学前200名中,说明在科学研究上取得原创性成果者,也不一定都有世界名校的教育科研培养基础。

二、获得者创新原动力

中国科学院原院长路甬祥院士认为:评价原始科学创新的根本标准,在于其在科学史中的地位,在于其对人类经济社会进步的影响力和推动力[3]。据此对照,1901~2005年184位诺贝尔生理学或医学奖获得者的获奖成果,几乎均为原始性创新成果。人类历史的发展证明,科学创新必须具备的条件之一,是动力因素,即驱动人们从事科学创新的力量。这种力量可以是政治的、经济的,也可以是精神的、心理的。但不论哪一种,其原动力几乎都是人们对自然现象的好奇心、求知欲、兴趣和责任感等非功利化的因素。

1. 好奇心、求知欲、兴趣——心理层面的科学创新原动力 研究认为[4],好奇心是人们对新奇事物积极探求的一种心理倾向,求知欲是人们积极探求新知识的一种欲望,兴趣是人们积极认识某种事物或关心某种活动的心理倾向。从横向看,三者是互相促进、彼此强化的;从纵向看,三者是沿着好奇心—求知欲—兴趣方向发展的。人的兴趣的发展一般要经过有趣—乐趣—志趣三个阶段。一个人的兴趣只有上升到了志趣阶段,他才会全身心地投入学习或工作中去。

诺贝尔生理学或医学奖获得者的成功经历虽各有特点,但却有一个共同点,那就是他们对自然科学强烈的好奇心、旺盛的求知欲和浓厚的兴趣,这正是他们产生奇思异想的土壤。在这些土壤里,科学家们的心灵绝对自由,想象空间无限,随着兴趣层次从起初的有趣到乐趣,再到志趣的逐步提高,促使他们在丰富和掌握知识的同时,培养了全面细致的观察力,提高了敏锐而灵活的思考力,发展了丰富的想象力,推动科学家们在科学活动中孜孜不倦地探索,创新性地做出了贡献。爱因斯坦曾说[5],科学的殿堂里有三种人,一种人是把科学作为谋生的职业,一种人是把科学作为智力的游戏,还有一种人把科学作为自己的“宗教”,他们兢兢业业、废寝忘食地寻找科学现象背后的规律,发现自然的和谐,从中得到无穷的乐趣。诺贝尔生理学或医学奖获得者的成功经历告诉我们,他们几乎都是第三种类型的科学家。因此,可以说好奇心、求知欲和兴趣是诺贝尔生理学或医学奖获得者心理层面的科学创新原动力,它们对科学家们的科学活动起着启动作用,在他们正在进行的科学活动中起着推动作用,在他们科学活动的创造性方面起着促动作用。

(1) 好奇心、求知欲和兴趣对诺贝尔生理学或医学奖获得者的科学活动起着启动作用。从心理层面的科学创新原动力对诺贝尔生理学或医学奖获得者的影响来看,不同科学家的兴趣在性质、层次和作用上并无明显差异,但在产生时间上却不尽一致。从家庭到学校,从小学到中学,从大学到工作,从自身到外界,科学家们的兴趣随时产生,在他们后来的科学活动中起着启动作用。获得者吉尔曼(A. Gilman,1994)似乎生来就注定要从事医学研究工作。他的父亲老吉尔曼当时是纽约爱因斯坦医学院药理学系的创建者,并任该系主任。他父亲在他 10 岁时就隔三岔五地把他带到自己的实验室,经过耳濡目染,吉尔曼很快就萌生了从事医学科学研究的念头和兴趣。获得者中的巴甫洛夫(I. P. Pavlov,1904)、瓦尔堡(O. H. Warburg,1931)、艾德里安(E. D. Adrian,1932)、达姆(C. P. H. Dam,1943)、多伊西(E. A. Doisy,1943)、弗莱明(A. Fleming,1945)、何塞(B. A. Houssay,1947)、韦勒(T. H. Weller,1954)、西奥雷尔(A. H. T. Theorell,1955)、比德尔(G. W. Bedle,1958)、奥伊勒(U. V. Euler,1970)、麦克林托克(B. Mclintock,1983)等均是自小在家庭环境熏陶下,对科学产生了极大的兴趣,养成了自觉钻研和思考问题的好习惯。

(2) 好奇心、求知欲和兴趣在诺贝尔生理学或医学奖获得者正在进行的科学活动中起着推动作用。获得者、分子生物学之父德尔布吕克(M. Delbruck,1969),开始以天文学为主修专业,在研究生后期从天体物理学转到理论物理学,工作后曾在理论物理研究所任客座研究员,但在同著名物理学家波尔(N. H. D. Bohr)的接触中,对物理学本质的互补性原理也适用于生物学的提法深信不疑,并毅然将兴趣转向生物学,正式投入遗传学去落实互补性原理在生物学中的应用。1940 年,在美国物理学年会上,他结识了一位意大利籍的侨民卢里亚(S. E. Luria,1969),共同讨论彼此都感兴趣的理论问题——遗传。年会结束后,他们两人一起到卢里亚的实验室,进行了 48 小时的噬菌体技术交流,从而开始筹建美国噬菌体研究小组。后又于 1944 年在纽约冷泉港共同商定,集中精力专攻 7 个噬菌体(T1~T7),后被科学史家称为“噬菌体条约”。其后又出版小报《内部议论》和《信使》,举办了多次噬菌体学习班,最盛时有来自 37 个国内外研究机构的数百人参加[6]。正是兴趣推动了德尔布吕克科学活动方向的转轨;又是兴趣使众多科学家汇聚一起,推动了噬菌体的研究,催生了他们在分子生物学的科学实验方面和学术的组织活动方面的贡献。

(3) 好奇心、求知欲和兴趣在诺贝尔生理学或医学奖获得者科学活动的创造性方面起着促动作用。获得者福尔哈德(C. N. Volhard, 1995)在中学时十分喜欢生物学,尤其感到有机生物学有趣。在攻读生物学博士学位期间,感到了生物学研究的乐趣,并认为生物是个整体,而不是归结为基因、酶和其他分子的生物。她在大学毕业后从事了科学研究工作,把生物学研究作为志趣,并在欧洲分子生物实验室开始系统地搜寻控制胚胎早期发育的起始基因。有一天夜里,她在实验室阅读一本关于发育生物学的旧书时,发现自己喜欢上了果蝇,就是那种小小的、喜欢吸露水的黑肚皮苍蝇,突然萌发了要从事果蝇研究的念头。书里写了果蝇的一种突变种。这种突变种的体节不是 8 节,而是 4 节。她希望能在蝇卵里找到由基因决定的变化过程,而这些过程是负责把一个受精卵神奇地发育成一只成虫的。在随后的几十年里,果蝇成了福尔哈德饲养的动物。后来,她和维绍斯(E. F. Wieschus, 1995)共同进行的、开拓性的、关于苍蝇卵发育的研究,把希望变成了现实,发现了同样适用于高等有机体(包括人)的遗传原理,这将有助于解释人体先天性发育畸形的机制,为将来治疗提供了一条新路,提示了以后制造器官的可能性。从中可见兴趣在科学家们创造性科学活动中的促动作用。

2. 责任感——精神层面的科学创新原动力 科学研究活动的过程,不仅是一组技术性的和理论性的操作活动的集合,而且也是全面体现和反映科学家责任感的过程。科学家不是自封的,它是一个人的责任感,特别是社会责任感充分表达和积累的结果;科学理论不是信手拈来的,在获取的过程中需要科学家的责任感为内驱力;科学研究活动过程比其他认知活动过程更需要精神力量的支持和维系,这种精神力量的基础和支点就是科学家的责任感。显而易见,责任感是诺贝尔生理学或医学奖获得者精神层面的科学创新原动力。在绝大多数情况下,诺贝尔生理学或医学奖获得者的责任感是以他们的行为作为标志的。

研究认为[7],责任感是指个体对自身在人类社会和自我发展中所承担的责任的一种意识,是对自己在道德活动中完成道德任务的情况是否满足其道德需要而产生的情感体验。一个人复杂的责任感系统可分为个人责任感和社会责任感两个方面或两种形式。一般来说,只有个人责任感与社会责任感相统一,才能在一个人身上实现创造与索取、贡献与享受有机统一的、完整的人生价值形态,实现人的全面发展与社会进步的同步、一致和统一。只有社会责任感高于个人责任感,个人才能对自己身边的他人、群体和所处的社会环境负责,创造出高于自身需要的价值贡献给社会,以组织扩大再生产,维系社会文明,促进社会健康和谐、进步与发展。但无论是历史上,还是现实中,人的社会责任感与个人责任感经常存在着矛盾关系,有时还会出现相互分离、甚至彼此对立的现象。如何处理这种关系,能否把社会责任感放在首位,就成了衡量一个人责任感水平的重要标志。从系统论角度来看[8],社会责任感的层次结构可分为:家庭责任感,他人责任感,集体责任感,国家、民族责任感和人类责任感。此处仅探讨其中的集体责任感和人类责任感与诺贝尔生理学或医学奖获得者创新行为的关系。

(1) 诺贝尔生理学或医学奖获得者具有无处不在的集体责任感。人类历史始终是一部竞争的历史,也是一部合作的历史。群体协作是20世纪科学研究的时代特征之一。因而,在21世纪,"由于竞争成为日常生活各个领域中的一种无处不在的现象,团结互助就变得尤为重要"[9]。能否团结互助的一个核心因素,就是合作者有无良好的集体责任感。获得者摩尔根(T. H. Morgan,1933)缔造的"蝇室(Fly Room)",德尔布吕克和卢里亚共同创建的"噬菌体研究组",埃克尔斯(J. C. Eccles,1963)领导的神经细胞生理学研究集体等,都已成为优秀合作团体的代名词。

蝇室[10]是美国哥伦比亚大学安排给实验动物学教授摩尔根的一间简陋的实验室,位于该校赫姆霍恩楼的613号,面积只有7米×8.2米,靠墙摆放的书架和一排饲养果蝇的牛奶瓶占去了实验室的很大面积,余下的地方仅能放下8张桌子和一张实验台。实验室里显得非常拥挤,四处散发着腐臭气味,常有老鼠、蟑螂,冬天滴水成冰,夏天闷热潮湿。这个实验室中经常饲养着数万只甚至几十万只果蝇,研究人员整天在这里研究果蝇。20世纪上半叶最有权威的遗传学家摩尔根在这里与果蝇打了19年交道。就在这里,摩尔根创立了基因理论,取得了生物学上最优秀的成果,获得了诺贝尔生理学或医学奖。也就在这里,聚集了一群有才华的年轻人,他们中有多位先后荣获诺贝尔生理学或医学奖,把遗传学推向了一个新的高峰。

蝇室的工作人员都是摩尔根亲自挑选出来的。大家在研究工作上独立自主,交流观点时互通有无;发现问题讨论切磋,甚而激烈地争论,坦率地批评他人,包括对摩尔根;摩尔根经常告诉成员们他的想法和建议,但不强求按他说的去做;每当有人提出新思想、新概念时,大家很少考虑发现的优先权问题,实际上有一些具有深远影响的思想最先不是摩尔根,而是他的助手和学生提出来的。因此,摩尔根在获奖后,曾多次对人说:"这是奖给我们集体的,是对实验生物学的褒奖,而不是奖给我个人的[10]"。蝇室成员斯特蒂文特曾说:"这个小组作为一个单位进行工作。每个人做自己的实验,但每个人确切地知道其他人正在做什么,而且对每个新结果都进行畅所欲言的讨论。他们很少关注科学发现的优先权或新思想、新解释的来源,要紧的是工作取得进展”[10]。瑞典皇家卡罗琳学院亨斯切恩教授在1933年诺贝尔生理学或医学奖授奖辞中指出:“我们可以非常公正地谈论摩尔根学派,但是很难区分哪些工作属于摩尔根,哪些工作属于他的助手[10]”。

在诺贝尔生理学或医学奖史上,两位学科带头人志同道合、密切配合、互相支持、共同合作、共同获奖的,大有人在。例如,1923年的班廷(F. G. Banting)和麦克劳德(J. J. R. Macleod),1944年的厄兰格(J. Erlanger)和他的学生加塞(H. S. Gasser),1945年的弗洛里(H. W. Florey)和钱恩(E. B. Chain),1947年的科里夫妇(C. F. Cori, C. T. Cori),1956年的理查兹(D. W. Richards)和库南德(A. F. Cournand),1958年的比德尔和他的学生塔特姆(E. L. Tatum)、塔特姆和他的学生利德伯格(J. Lederberg),1959年的奥乔亚(S. Ochoa)和他的学生科恩伯格(A. Kornberg),1962年的沃森(J. D. Watson)和克里克(F. H. C. Crick),1963年的霍奇金(A. L. Hodgkin)和他的学生赫胥黎(A. F. Huxley),1965年的雅各布(F. Jacob)和莫诺(J. L. Monod),1975年的杜尔贝科(R. Dulbecco)和他的学生特明(H. M. Temin)、杜尔贝科和巴尔的摩(D. Baltimore),1977年的吉尔曼(R. Guillemin)和沙里(A. Schalley),1978年的内森斯(D. Nathans)和史密斯(H. O. Smith),1981年的休伯尔(D. H. Hubel)和维厄塞尔(T. N. Wiesel),1982年的伯格斯特龙(S. K. Bergstrom)和他的学生萨米埃尔松(B. I. Samuelsson),1984年的克勒(G. Kohler)和米尔斯坦(G. Milstein),1985年的戈德斯坦(J. L. Golztem)和布郎(M. S. Brown),1986年的科恩(S. Cohen)和蒙塔尔西尼(R. Montalcini),1988年的希钦斯(G. H. Hitchings)和埃利昂(G. B. Elion),1989年的毕晓普(J. M. Bishop)和瓦慕斯(H. E. Varmus),1991年的内尔(E. Neher)和萨克曼(B. Sakmann),1995年的维绍斯(E. F. Wieschus)和福尔哈德(C. N. Volhard),1996年的多尔蒂(P. G. Doherty)和津克纳格尔(R. Zinkernagel),1998年的弗奇戈特(R. F. Furchgott)和伊格纳罗(L. J. Ihnarro)。是什么把他们的关系凝结在一起?其中1989年获奖的毕晓普自述颇具代表性:“跟我联合在一起的是一批有才华的博士后研究员和研究生组成的逐渐壮大的力量。其中突出的一位是哈罗德·埃利奥特·瓦默斯……在将近15年的时间里,我们一起指导一批年轻的科学工作者,最多时有20多人。我们俩经常会面,交流想法,查考数据,审议结论,并一起推敲我们向科学界发布的新闻稿。我们等于是两人相配合共弹一台大风琴……哈罗德与我的配合异常完美，受到广泛称赞。我们两人的姓氏成了联结在一起的复合姓氏，我们的实验室被称作‘毕晓普-瓦默斯’实验室……人们常常问我，在哈罗德和我合作的那些岁月中，是什么把我们的关系凝结在一起。直接的凝固剂是我们对科学，尤其是对癌病毒研究的共同迷恋”[11]。

(2) 诺贝尔生理学或医学奖获得者具有作为最高层次的人类责任感。创新是科学研究的生命，是一种艰苦探索的过程，是一种批判、质疑、求证的过程，是一种坚持独立见解的过程，是一种接受新事物、维护新观点的过程。求新的结果是创新，从时间过程上看，这个结果的到来有长有短，几月、几年，甚至几十年，这在诺贝尔生理学或医学奖史上屡见不鲜；从研究过程看，这个结果的到来，往往要经历曲折反复、失败、误解，直至最终成功；从评价过程看，外界的惊羡赞叹、讽刺挖苦，甚至排斥打击，不一而足；从接受过程看，人们对其从怀疑、反对、否定，到认可、接纳、借鉴、推广、改进、发展，一应俱全。这些都可以说是科学研究活动中的一般性问题，它们普遍需要科学工作者具有高度、稳定和恒久的对社会、对人类的责任感。纵观诺贝尔生理学或医学奖史，获得者的创新无一不来自其高度的人类责任感。

世界上获得诺贝尔生理学或医学奖的第一个生理学家巴甫洛夫(I. P. Pavlov, 1904)，早在100多年前就具有代表性地践行了这一点。在沙俄政府时期，科学研究不受重视，实验室缺少必要设备，1878~1890年，巴甫洛夫的实验室，其实只是一个浴室改建的破旧简陋的小屋，每年的实验经费也少得可怜。但这丝毫没有影响巴甫洛夫的科研热情，他常用自己有限的收入购置研究所用的设备和动物。有一段时间，为节省开支，他甚至把新婚不久的妻子送到偏僻农村的姐姐家住，自己则借住在实验室或朋友家。同事和朋友为改变他的窘境，请他开设专题讲座，而后以讲课费名义资助了他一些钱。收到钱的第二天他就买了一些实验设备和一大群狗。俄国十月革命后，列宁曾委托大文学家高尔基访问巴甫洛夫，具体了解他的实际困难。他一不提自己的口粮，二不申请燃料，只严肃地说：“需要狗，狗！情况已经到了这种地步，得自己沿街去捉狗！”巴甫洛夫认为，营养是生命的源泉，为了弄清人是怎样构造的，应当从研究消化开始。为了早日破解人的高级神经活动机制，为了人类的健康和幸福，在劳累、失败和讥讽的多重打击下，在设备条件、实验动物和研究经费相当困难的环境下，在国家关心并准备改善其个人生活条件的情况时，巴甫洛夫毅然决然地割舍的是对个人的责任感，几十年如一日实践着的是早已升华的人类责任感。正如1890年巴甫洛夫被亚·彼·奥尔登堡公爵邀请作为军事医学院学术委员会委员、并领导生理学部时，他对公爵所说的那样：“我希望您扩建实验室，这是为了生理学的未来。只有深入研究人的高级神经活动，我们才有可能拯救人类于众多的不治之症"。[12]

同样是一个人，为什么在受到同样致病微生物的侵袭时，会出现不同的结果：有的生病，有的死亡，有的却健康如常？为了揭开这个谜底，获得者梅奇尼科夫（E. Metchnikoff，1908）付出了毕生的精力。19世纪80年代，自德国学成归国的梅奇尼科夫，因欲从事微生物可以致病的研究得不到所在大学的支持，毅然辞去教授职务，到意大利西西里岛建立了私人实验室。这时期，他在观察海星消化食物时，产生了一个奇妙、惊人而富创造性的联想：海星体内的游走细胞能吞噬食物，人体的血液细胞是否能吞噬微生物？为了验证这个猜想，寻找直接证据，他几次设计实验，从1883年建立吞噬细胞理论，到最后正式提出最初的噬菌细胞免疫学说，前后历时近20年。其间，他的研究受到过科赫（R. Koch，1905）的冷淡与藐视，遭到德国学者在学术会议和刊物上猛烈的反对，被俄国医生轻蔑嘲讽，他承受了沉重的精神压力，饱尝了被人漠视的苦闷。为了揭示人体吞噬细胞的功能，他领导助手们集体吞服霍乱弧菌，自己吞服的最多，助手竟因此死于霍乱。这些打击都曾使他动摇、甚至想到自杀。最后在巴斯德（L. Pasteur，1822—1895）的热情支持与真诚帮助下，梅奇尼科夫终于1900年将成果发表，为免疫性研究做出了巨大贡献。梅奇尼科夫的生活中充满了烦恼和不安，但他始终关注着人类的免疫，能把意外看到的海星幼虫的噬菌现象与人的免疫细胞联系起来，并最终发现人的免疫功能。这个飞跃，只有每天关心和思考人类健康的科学家才能做到。毕晓普在其《如何获得诺贝尔奖》一书的结尾，说出了这些科学家们的共同思考："科学受到赞扬，但同时也受到害怕、不信任和蔑视。科学为未来提供希望，但同时也引起道义上的冲突和模糊不清的选择。前进的困难是很大的，但假如后退就会一无所有，所以困难再大也得往前走[13]"。

三、获得者科学素质

1. 获得者高校学习经历情况 以获得者每10年和20年高等学校学习经历中的学校数量及其所在国家为考察依据。根据"1901～2005年诺贝尔生理学或医学奖获得者科学产出基础情况表"中的"高等学校学习经历"，生成诺贝尔生理学或医学奖获得者每10年高校学习经历情况表和诺贝尔生理学或医学奖获得者每20年高校学习经历情况表，见表6-24和表6-25。

表 6-24 1901~2005 年诺贝尔生理学或医学奖获得者每 10 年高校学习经历情况表

平均数	年度											平均
	1901~1910	1911~1920	1921~1930	1931~1940	1941~1950	1951~1960	1961~1970	1971~1980	1981~1990	1991~2000	2001~2005	
高校	1. 67	1. 17	1. 45	1. 38	1. 53	1. 74	1. 50	1. 84	1. 82	1. 67	3. 25	1. 73
国家	1. 08	1. 00	1. 27	1. 08	1. 06	1. 21	1. 19	1. 20	1. 18	1. 19	1. 08	1. 16

表 6-25 1901~2005 年诺贝尔生理学或医学奖获得者每 20 年高校学习经历情况表

平均数	年度						平均
	1901~1920	1921~1940	1941~1960	1961~1980	1981~2000	2001~2005	
高校	1. 50	1. 42	1. 64	1. 67	1. 74	3. 25	1. 73
国家	1. 06	1. 17	1. 14	1. 20	1. 19	1. 08	1. 16

由于获得者本科学习经历资料短缺,此处所指高校学习经历,其实是研究生学习经历。由表 6-24 和表 6-25 可知,诺贝尔生理学或医学奖获得者科学素质的养成基础来自学校的科学教育,或者说,学校中恰当的科学教育为他们充分理解科学提供了最终的基础。他们在大学前的小学和中学阶段所接受的科学素养,不仅限于自然科学,数学、技术科学和社会科学也包括在内。他们就读的大学,绝大多数都是所在国家的优秀高等院校,那里不仅通过系统科学理论和科学方法给他们科学素质的高度,而且确定了他们在科学研究上探知自然或改造世界、实现自我的负责任的生活态度。即使如此,获得者平均高校学习经历为 1.73 所,就是说他们中的大多数就读了两所甚至更多所高校。同时,一个不可忽略的背景是,获得者高度科学素质的养成离不开所在国家社会经济和科技发展的实际情况,尽管他们绝大多数身居发达国家,但高校学习经历中的国家数平均为 1.16 所,说明仍有一部分人接受了不同国家的高等教育。

2. 获得者教授(研究员)首聘情况 以获得者每 10 年和 20 年教授(研究员)首聘时的平均年龄为考察依据。根据"1901~2005 年诺贝尔生理学或医学奖获得者科学产出基础情况表"中的"任教授时年龄",生成诺贝尔生理学或医学奖获得者每 10 年教授(研究员)首聘年龄情况表和诺贝尔生理学或医学奖获得者每 20 年教授(研究员)首聘年龄情况表,见表 6-26 和表 6-27。

表 6-26　1901~2005 年诺贝尔生理学或医学奖获得者每 10 年教授(研究员)首聘年龄情况表

内容	年度											平均
	1901~1910	1911~1920	1921~1930	1931~1940	1941~1950	1951~1960	1961~1970	1971~1980	1981~1990	1991~2000	2001~2005	
首聘年龄(岁)	35. 42	37. 50	33. 09	38. 77	36. 07	40. 74	41. 38	40. 80	38. 90	38. 81	38. 11	38. 79

表 6-27　1901~2005 年诺贝尔生理学或医学奖获得者每 20 年教授(研究员)首聘年龄情况表

内容	年度						平均
	1901~1920	1921~1940	1941~1960	1961~1980	1981~2000	2001~2005	
首聘年龄(岁)	36.11	36.17	38.68	41.10	38.86	38.11	38.79

以获得者教授(研究员)首聘高校为考察依据。根据“1901~2005 年诺贝尔生理学或医学奖获得者科学产出基础情况表”中的“教授首聘单位”,生成诺贝尔生理学或医学奖获得者教授首聘单位在世界大学前 200 名情况表,见表 6-28。

由表 6-26、表 6-27 可知,1901~2005 年诺贝尔生理学或医学奖获得者教授(研究员)首聘年龄平均为 38.79 岁,反映获得者任教授时大多比较年轻;在获得者每 10 年和 20 年教授(研究员)首聘年龄情况中,总体上呈现出 20 世纪 50 年代后大于 20 世纪 50 年代前的趋向,在 20 世纪 50 年代后的 50 多年中,又总体上呈现 20 世纪 50 年代前大于 20 世纪 50 年代后的趋向。由表 6-28 和表 6-29可知,1901~2005 年 184 位诺贝尔生理学或医学奖获得者中具有教授职务的为 178 名,其中有 63. 54% 首聘高校在世界大学前 200 名。结合获得者首聘教授与获最高学位时差平均为 12. 34 年的情况,可以判断,获得者凭借学校阶段养成的科学素质基础,在工作后的较短时间里,逐渐锻炼成学科知识渊博,富于创造性思维和创新意识,有稳定研究方向,能把握学科发展方向,能组织和带动学科梯队,有较突出科研成果,在国际或国内学术界有一定影响的学术或学科带头人,充分表现出他们超越一般人的科学素质。

表 6-28　1901~2005 年诺贝尔生理学或医学奖获得者教授首聘单位在世界大学前 200 名情况表

序号	获奖人数	首聘单位名称	在世界大学前 200 名位置	首聘单位所在国家
1	11	哈佛大学	1	美国

续表

序号	获奖人数	首聘单位名称	在世界大学前200名位置	首聘单位所在国家
2	8	华盛顿大学	74	美国
3	7	伦敦大学	34	英国
4	6	洛克菲勒大学		美国
5	5	哥伦比亚大学	19	美国
6	4	加利福尼亚大学	2	美国
6	4	麻省理工学院	3	美国
6	4	加州理工学院	4	美国
6	4	哥本哈根大学	63	丹麦
6	4	威斯康星大学	66	美国
6	4	卡罗琳医学院		瑞典
12	3	剑桥大学	6	英国
12	3	得克萨斯大学	15	美国
12	3	霍普金斯大学	25	美国
12	3	巴黎大学	71	法国
12	3	纽约大学	79	美国
12	3	弗吉尼亚大学	118	美国
12	3	耶鲁大学	8	美国
12	3	西部保留地大学	88	美国
20	2	牛津大学	5	英国
20	2	杜克大学	52	美国
20	2	明尼苏达大学	82	美国
20	2	哥廷根大学	85	德国
20	2	柏林大学	125	德国
20	2	格拉茨大学		奥地利
20	2	罗斯托克大学		德国
20	2	芝加哥大学	13	美国
20	2	图兰大学	188	美国
20	2	乌普萨拉大学	140	瑞典
20	2	苏黎世大学		瑞士
20	2	日内瓦大学		瑞士
20	2	曼彻斯特大学	43	英国

续表

序号	获奖人数	首聘单位名称	在世界大学前200名位置	首聘单位所在国家
20	2	谢菲尔德大学	150	英国
34	1	墨尔本大学	22	澳大利亚
34	1	康奈尔大学	23	美国
34	1	多伦多大学	37	加拿大
34	1	卢万大学	53	比利时
34	1	慕尼黑大学	99	德国
34	1	宾夕法尼亚大学	28	美国
34	1	伯明翰大学	126	英国
34	1	赫尔辛基大学	129	芬兰
34	1	莱顿大学	131	荷兰
34	1	利物浦大学	151	英国
34	1	范德比尔特大学	156	美国
34	1	布宜诺斯艾利斯大学		阿根廷
34	1	维也纳大学	94	奥地利
34	1	布鲁塞尔大学		比利时
34	1	根特大学		比利时
34	1	比利时大学		比利时
34	1	蒙斯特大学		德国
34	1	柯尼斯堡大学		德国
34	1	圣彼得堡大学		俄罗斯
34	1	鲁昂医学院		法国
34	1	法兰西学院		法国
34	1	索尔本大学		法国
34	1	乌德勒支大学	120	荷兰
34	1	圣路易斯大学		美国
34	1	罗特格斯大学		美国
34	1	兹古腾贝格大学		美国
34	1	斯坦福大学	7	美国
34	1	贝勒大学		美国
34	1	西奈山医学院		美国
34	1	塔夫茨大学	104	美国

续表

序号	获奖人数	首聘单位名称	在世界大学前200名位置	首聘单位所在国家
34	1	密苏里大学		美国
34	1	匹兹堡大学		美国
34	1	普林斯顿大学	9	美国
34	1	威斯塔学院		美国
34	1	纽约州立大学	136	美国
34	1	伊利诺伊大学	35	美国
34	1	里斯本大学		葡萄牙
34	1	哥德堡大学		瑞典
34	1	伯尔尼大学		瑞士
34	1	巴塞尔大学		瑞士
34	1	瓦伦西亚大学		西班牙
34	1	奥塔戈大学	114	新西兰
34	1	塞格德大学		匈牙利
34	1	布达佩斯大学		匈牙利
34	1	帕维亚大学		意大利
34	1	萨萨里大学		意大利
34	1	都灵大学		意大利
34	1	诺丁汉大学	170	英国
34	1	瓦尔德葛雷军医学校		法国
34	1	利物浦热带医科学校		英国
34	1	国家医学研究所		英国
34	1	英国皇家学会		英国
34	1	墨尔本医学研究所		澳大利亚
34	1	皇家病理学院		澳大利亚
34	1	柏林军事医学研究院		德国
34	1	柏林科赫研究所		德国
34	1	柏林威廉生物研究所		德国
34	1	威廉生理研究所		德国
34	1	普朗克发育生物研究所		德国
34	1	军事医学研究院		俄罗斯
34	1	国家卫生研究院		美国

续表

序号	获奖人数	首聘单位名称	在世界大学前200名位置	首聘单位所在国家
34	1	冷泉港卡内基研究所		美国
34	1	杰克逊实验所		美国
34	1	国立精神病研究所		美国
34	1	冷泉港实验室		美国
34	1	巴塞尔免疫学研究所		瑞士
34	1	意大利国家保健研究所		意大利
34	1	盖基化学公司（药剂师）		瑞士
合计	181	101 所	47 所	

注:有 3 名获奖者教授首聘单位待查

表 6-29　1901~2005 年诺贝尔生理学或医学奖获得者教授首聘国家、单位与人数情况表

首聘国家	首聘单位数量	首聘单位占总单位数比例（%）	首聘单位进入世界大学200强数量	进入世界大学200强的单位所占比例（%）	首聘国获奖人数	占总人数比例（%）	首聘单位进入前200强大学人数	占首聘国获奖人数比例（%）
阿根廷	1	0.99	0	0.00	1	0.55	0	0.00
奥地利	2	1.98	1	50.00	3	1.66	1	33.33
澳大利亚	3	2.97	1	33.33	3	1.66	1	33.33
比利时	4	3.96	1	25.00	4	2.21	1	25.00
丹麦	1	0.99	1	100.00	4	2.21	4	100.00
德国	11	10.89	3	27.27	14	7.73	5	35.71
俄罗斯	2	1.98	0	0.00	2	1.10	0	0.00
法国	5	4.95	1	20.00	7	3.87	3	42.86
芬兰	1	0.99	1	100.00	1	0.55	1	100.00
荷兰	2	1.98	2	100.00	2	1.10	2	100.00
加拿大	1	0.99	1	100.00	1	0.55	1	100.00
美国	39	38.61	25	64.10	93	51.38	74	79.57
葡萄牙	1	0.99	0	0.00	1	0.55	0	0.00
瑞典	3	2.97	1	33.33	7	3.87	2	28.57
瑞士	6	5.94	0	0.00	8	4.42	0	0.00
西班牙	1	0.99	0	0.00	1	0.55	0	0.00

续表

首聘国家	首聘单位数量	首聘单位占总单位数比例(%)	首聘单位进入世界大学200强数量	进入世界大学200强的单位所占比例(%)	首聘国获奖人数	占总人数比例(%)	首聘单位进入前200强大学人数	占首聘国获奖人数比例(%)
新西兰	1	0.99	1	100.00	1	0.55	1	100.00
匈牙利	2	1.98	0	0.00	2	1.10	0	0.00
意大利	4	3.96	0	0.00	4	2.21	0	0.00
英国	11	10.89	8	72.73	22	12.15	19	86.36
合计	101	100.00	47	46.53	181	100.00	115	63.54

3. 获得者科学素质

(1) 科学素质的基本理解

1) 科学素质或科学素养的使用选择。在我国,关于科学素质或科学素养,至今还未形成一个可以被科学家和科学教育工作者共同认可的定义。当前界定科学素质或科学素养时,多受心理学“素养”“素质”概念的影响,从认知、非认知或智力、非智力等角度展开论述。科普界受米勒(J. D. Miller)的影响较大,多以科学概念、观点和方法为科学素质的核心内容,一般使用“科学素养”一词。基础教育领域可能是受“素质教育”的影响,一般使用“科学素质”一词[14]。由于一则在现代社会中,科学素养已经成为人们日常生活的必备要求;二则本研究的重点是科学家理解和使用的科学;三则本研究在分析诺贝尔生理学或医学奖内在成因时,按科学素质和人文素质的素质结构分解,故此处采用科学素质表述。

2) 科学素质的概念分析。关于科学素质的概念分析,因对“素质”和“科学”的不同理解,逻辑上有两个出发点:一是以素质为中心词,认为科学素质是素质的一个子概念;二是以科学为中心词,以需要了解和掌握的科学来界定科学素质。两种进路都可能给出各自的科学素质概念基本内涵及结构[14]。实际工作中,两种进路的基本内涵都有使用,如美国科学素质研究代表人物米勒给出的素质进路的基本内涵是“个体具有阅读、理解与表达对科学事件看法的能力[14]”。

《美国国家科学教育标准》给出的科学素质的基本内涵是“了解和深谙进行个人决策、参与公民事务和文化事务、从事经济生产所需的科学概念和科学过程[15]”。

目前,国内外对科学素质内涵的研究和界定,多以素质进路为主,两种进路混合使用。

3）科学素质的定义表述。关于科学素质定义的表述，常见的有两种形式，一种是将科学素质建设的目标和内容用两句话分开表述，如米勒的定义：科学素质是指对科学术语（term）和观点（construct）有一定程度的理解，从而通过阅读日报和杂志，理解给定的争论和论战的相互竞争观点的本质。科学素质包括三个维度：掌握一定量的基本科学观点方面的词汇，能够阅读报纸和杂志中相互竞争的观点；对科学探究的过程和本质有一定的理解；对科学和技术对个人和社会的影响有一定的理解[16]。

另一种是用一句话同时概括出科学素质建设的目标和内容，如美国科学促进协会和中国科学技术协会的定义："科学素质包括数学、技术、自然科学和社会科学等许多方面，这些方面包括：熟悉自然界、尊重自然界的统一性；懂得科学、数学和技术相互信赖的一些重要方法；了解科学的一些重大概念和原理；有科学思维的能力；认识到科学、数学和技术是人类共同的事业，认识它们的长处和局限性。同时，还应该能够运用科学知识和思维方法处理个人和社会问题"。[17]"科学素质是国民素质的组成部分，是指公民了解必要的科学知识，具备科学精神和科学世界观以及用科学态度和科学方法判断及处理各种事务的能力"。[18]

4）科学素质的结构。对科学素质概念分析的素质进路和科学进路，带来对科学素质结构的不同理解：

科学进路的科学素质结构[19]见图 6-8。

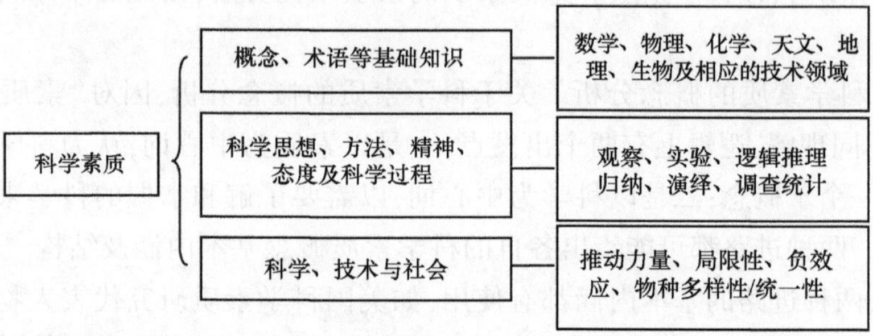

图 6-8　科学进路的科学素质结构

素质进路的科学素质结构[19]见图 6-9。

本研究认为，不论科学进路的科学素质结构，还是素质进路的科学素质结构，都适用于研究科学家的科学素质。

5）科学素质的程度标尺。有一种观点认为，一个人或者具备科学素质，或

- 科学素质
  - 知识结构：基础性、结构性、扎实性
  - 智力因素结构
    - 观察能力：逻辑思维
    - 智力结构：思维能力、形象思维
    - 实践能力：直觉、灵感和想象
  - 非智力因素结构
    - 志趣结构：兴趣、志向、理想
    - 道德结构：诚实、正义、爱心、信心
    - 意志结构：独立性、果敢性、坚持性、心理平衡能力
    - 审美结构：审美、爱美、创美

图 6-9　素质进路的科学素质结构

者不具备科学素质。另一种观点认为,科学素质不是“有或无”,而是程度“高或低”。R. W. Bybee 提出科学素质连续谱论,相当于给出了科学素质的一个程度标尺[19]：

Ⅰ科学文盲(illteracy):有些人由于年龄、贫穷、生理和精神障碍等原因,而对科学一无所知,或者所知甚少。如果他们被问及与科学或技术有关的问题,他们可能茫然不知。

Ⅱ表层素质(nominal literacy):可能对某个科学词汇、问题或主题听说过,但仅仅停留在表面上。

Ⅲ功能性的科学素质和技术素质(functional scientific and technological literacy):能够运用科学或技术术语,但仅仅限于某些特定的场合,如考试、读报、看电视。对该术语所处的学科背景缺乏了解,死记硬背一堆单词。

Ⅳ概念性的和程序性的科学素质(conceptual and procedural literacy):能够了解某学科中的概念与该学科整体之间的关系,了解它与该学科的研究方法和探究过程之间的关系。

Ⅴ多维度的科学素质(multidimensional literacy):了解科学技术的哲学、历史和社会意义。

作为本研究对象的科学家们肯定不属于前一种观点的主体,而且在后一种观点的主体中,也应属于高科学素质者。

(2)获得者科学素质分析。“在各国的学者中,没有争论的是,测度科学素养是可行的,科学素养是可以测度的。关键是如何测度和衡量,这是一个大难题。”[20]因为社会测度是在一种充满不确定因素(如政治、经济、文化、宗教、地

理等)的环境中进行的计算过程。

本研究认为,按照 R. W. Bybee 的科学素质连续谱论,诺贝尔生理学或医学奖获得者应具有多维度的科学素质,至少具有概念性和程序性的科学素质,但如何测度还没有制订出专门指标体系,而是选取他们科学素质的形成过程中,那些和高校学习经历、教授(研究员)首聘年龄、获奖前工作经历等可以量化的指标进行测度分析,有关过程与讨论散见本研究中的相关部分,此处不再赘述。

四、获得者人文底蕴

科学领域的竞争,决定性因素是人,但人的智力和科学素质不是决定性因素的全部。以诺贝尔生理学或医学奖获得者为代表的生物医学科学家的成功经历,无可辩驳地证明了这一点,此处对他们智力和科技能力之外的人文底蕴作一深入分析。

正如人们对科学至今没有一个共同认可的定义一样,对科学精神和人文精神亦如此。因为从不同视角看到的科学精神或人文精神的核心不同。但若单从人的精神层面来看,科学和人文只不过是它的两个不可分割的内容而已。用人文底蕴来整合上述两种观点共同涉及的真善美[21],以对应社会各界热谈的科学创新似乎更为妥帖。此处之人文意指人类社会的各种文化现象[22],非与科学精神相对的人文精神的人文,也就是说,此处之人文包含了科学本身作为一种人文事业角度的科学精神。

1. 人文底蕴的基础——科学自觉 一个人要成为一名生物医学科学家,需要一种知识体系,这种知识体系应该是科学的、全面的、合理的,即包含自然科学、人文科学和社会科学三个子知识体系。科学的内涵之一,是一种知识体系,它包含自然科学、人文科学和社会科学三个子知识体系。可见,一个人成为一名生物医学科学家需要的这种知识体系,就是科学知识体系。科学知识体系从其客观存在转化为生物医学科学家的主观意识,需要通过一个系统训练过程养成,这个过程就是学习。

为什么有众多经历过这种学习过程的人,最终却没能有所创新或成为科学家,其原因在于他们接受的教育设计存在科学与人文知识结构比例失衡的缺陷,或他们自身没能把科学与人文融为一体的教育训练内化为科学自觉。虽然这两方面的原因在不同国家或在同一个国家的不同时代体现不一,但至少有一点应该肯定,那就是科学家们都具有一种科学自觉,即自觉探讨自然界运动变化的规律。这种科学自觉是科学家们深厚人文底蕴的基础,它使科学家在完成基本教育训练后再接受知识时具有理性,在对客观现象和问题的处理中崇尚求真、求实。从人类高级情感或精神层面讲,这种科学自觉是一种理智感,可谓真。

同时,科学家的科学自觉又以科学知识为基础。这里的科学知识是指科学地融合了自然科学知识和人文社科知识的知识,而非纯粹的自然科学知识或人文社科知识。因为当今高新技术的重要特点是创新性,不是原有技术发展轨迹上的线性延伸或在原有实践经验阶梯上的单纯叠加,而是以现代科学研究的最新成就为基础,开辟与以往技术发展有根本性不同的新空间。高新技术的这种创新性源于多学科的交叉和融合。1901~2005 年 184 位诺贝尔生理学或医学奖获得者,几乎都是同时熟悉多个领域、进行跨学科创造性思维的杰出科学家,他们基本具有医学科学、人文科学和社会科学的完整三维知识结构。经统计[23],在 1901~2005 年 184 位诺贝尔生理学或医学奖获得者中,有明确记述专修过数学、物理学、化学、工学、农学、文学、动物学等学科的至少有 76 位,占获奖总人数的 41.30%;其中有 51 位获得了相应学科的学士、硕士甚至博士学位,占获奖总人数的 27.72%;有 61 位又在此基础上获得了医学博士学位,占获奖总人数的 33.15%;即使直接学医者,在其进行医学科学研究的过程中,也多方面地学习和应用了哲学、心理学、工学、数学、物理学、化学等其他相关学科的前沿知识与技术。医学中追求人的利益是其内在的道德责任,这就决定了医学本身的组成应有两大支柱——医学科技和医学人文[24]。这也在理论上为生物医学科学家为什么需要具有深厚的人文底蕴,为什么要以科学自觉为其人文底蕴的基础,又为什么要以科学知识为其科学自觉的基础做了注解。

2. 人文底蕴的彰显——人文自觉 科学的内涵之二,是一种研究活动,这种活动既需要精神、体现精神,也彰显精神。历史证明,科学研究活动需要、体现和彰显的精神,即狭义的科学精神和人文精神。科学家们在科学活动中表现出的这两种精神可认为是其人文底蕴的表象。这是由于,一方面创造性是科学研究活动最根本性的特点,灵感是创造性活动中的一种重要思维类型,产生创新的灵感来自科学家的悟性,而人文精神深刻地影响着悟性,进而影响着灵感和创造性。"从个人经历来看,绝大多数的科学家都兼具哲学、宗教、文学、艺术的头脑,并从中不断获得发明和发现的灵感,而不是单纯的所谓'自然科学家'"[4]。"从研究方法论上说,一个科学的发明和发现,既需要归纳、演绎、分析、综合等逻辑思维,也需要直觉、联想、灵感等非逻辑思维"[25]。另一方面,科学发展具有深厚的人文背景,科学只有在良好的人文背景下才能更飞速地发展,因而科学研究强调非功利化的东西。如克里克和沃森在 1952 年发现后来被认为是20世纪生物学最重要发现之一的DNA双螺旋结构模型时,并没有看到具体的应用,但后来它却开创了规模巨大的基因产业。由此可见,悟性、灵感、创造性都需要思想的碰撞,思想的充实离不开人文知识,人文教育奠定科学家悟性的基础也就不言自明。

"医学在求真的同时更应求善,医学的求真是为了求善[26]"。因为"医学从诞生那一天起就不是单纯的技术,伴随它同时产生的是医学人道主义的思想,对受伤、有病的人的同情、关怀和照顾[27]"。这一点在生物医学科学家们身上得到的体现更为突出和充分。盖达塞克(D. C. Gaidusek,1976)因发现库鲁病的脑病毒和传播机制而获奖。他从事这一方面的研究,完全是一种意外,取决于他那极大的同情心和强烈的责任感。1950年,盖达塞克在南太平洋考察时,发现一种怪病。初期患者抑制不住地震颤发抖、精神错乱,不时发出阵阵痛苦、可怕的笑声,发病后3~6个月内瘫痪、死亡。有些村庄,近半数的人因此丧命。他于是下决心攻克这种长期蔓延的不治之症。在此后的10多年里,他多次深入患者中间,有时一连10个月,考察他们的生活,观察了解各种症状。几经周折,终于凭借杰出的科研成就,拉开了人类对慢性病毒研究的序幕。纵观一百多年来的诺贝尔生理学或医学奖获得者,他们的科学研究活动无一不是为人类和社会造福求进,无一不以对科学、对社会、对人类的责任感为内驱力。当科学家把人文知识内化为人文自觉,再以人文意义上的科学精神彰显出来时,从人类文明情感或精神层面讲,对应于文前提到的作为一种理智感的科学自觉,这种人文自觉是一种道德感,可谓善。

3. 人文底蕴的内核——人文价值 爱因斯坦曾说:"科学发展,以及一般的创造性精神活动的发展,还需要另一种自由,这可以称为内心的自由。这种精神上的自由在于思想上不受权威和社会偏见的束缚,也不受一般违背哲理的常规和习惯的束缚[28]。"几乎每一位诺贝尔生理学或医学奖获得者的生动经历,都充分反映出这种内心的自由,随处表现在他们具有的科学良心、倡导的科学意识、崇尚的科学价值和引领的科学气氛之中;这种内心的自由,无不以他们的科学自觉为基础,无不彰显着他们的人文自觉;这种内心的自由,既取决于他们已有的人文价值观,反映着他们的人文价值理想,又影响着他们进一步的科学活动的人文价值取向。人文价值取向不同,科学家群体所引领的科学活动的气氛也就各异。美籍华人李远哲获得诺贝尔化学奖后,他的老师吴大猷先生说:我国在科学界没有形成学术面前人人平等的风气,没有形成尊重中青年科学家创造力的良好氛围。[28]这也验证和支持了我们的认识,即科学本身是一种人文事业,科学代表了一种最根本的人文精神,虽然科学的直接成果只给人提供可能的选择空间,并不直接规定人的价值选择,但科学最终要走向人文,向人文价值转化。这也就提示我们,科学精神和人文精神的融合点只能是人文价值,因而人文价值可谓科学家人文底蕴的内核。

从人类对于真善美这个人生价值理想境界的追求来看,首先作为人学的医学,在求真、求善的同时,更应求美。或者说,医学的求真、求善,都是为了求美。缺损的能够修复,病痛的得以康复,濒死的转为活生,这些反映的不仅是生物医学科学家和医务工作者的科学技术成就,更是他们的人文价值所在。从人类文明情感和精神层面来看,这种人文价值的追求过程,恰是对美感的体验和完善的过程,这种人文价值的实现,是一种美感,可谓美。至此,作为科学精神和人文精神融合点的人文价值,在形式和本质上都体现了二者在追求真善美的人生价值最高境界上的相通,都说明了狭义的科学精神和人文精神对于科学的归结,因为科学的内涵之三,是与社会政治、经济、文化处于互动之中的社会建制,在这个层面,它被导入社会精神文明之中,影响社会生活的各个方面。

第三节　诺贝尔生理学或医学奖获得者外在成因

诺贝尔生理学或医学奖获得者具有学术优势是肯定的,其学术优势积累的过程是客观存在的,其学术优势积累的影响因素是综合的。默顿(R. K. Merton,1910—2003)在他1942年关于科学的正规结构的论文中曾经指出过"累积优势原则",他在关于马太效应的分析中简要叙述了这个原则在科学领域中某些个别的和普遍的结果。在S·科尔、乔·科尔和斯·科尔、艾利森和斯图尔特,以及费阿等的著作中,进一步发展了这个公式[29]。我们仅在这个公式的基础上,对诺贝尔生理学或医学奖获得者进行系统而深入的分析。我们还可以肯定的是,在这个过程中,除获得者内在因素起作用以外,他们从事科学研究的具体学术环境和所在国家的条件背景等外在因素,也是一系列非常重要的影响因素。

一、获得者学术优势积累的研究环境

1. 获得者研究生时期多在学术研究中心　由表6-22,我们已经知道诺贝尔生理学或医学奖获得者的研究生学习大多是在世界名校度过的。世界名校并非单凭数字比较胜出,也就不仅仅是一个数量上的概念,它们之所以成为世界名校,在内涵上更多地来源于其自身独特的文化积淀,这种独特性使它们成为世界学术研究中心。由此可知,诺贝尔生理学或医学奖获得者的科学研究生

涯,在起点早、获名校博士学位的特色之外,还有起点高,即高于一般人的科学研究训练平台的特点。

2. 获得者工作时期多在学术研究中心

(1) 获得者获奖前工作过的国家情况。以获得者每10年和20年获奖前工作过的国家数量和年限为考察依据。根据"1901~2005年诺贝尔生理学或医学奖获得者科学产出基础情况表"中的"获奖前工作经历",生成诺贝尔生理学或医学奖获得者每10年获奖前国家工作经历情况表和诺贝尔生理学或医学奖获得者每20年获奖前国家工作经历情况表,见表6-30和表6-31。

表6-30 1901~2005年诺贝尔生理学或医学奖获得者每10年获奖前国家工作经历情况表

均值	年度											平均
	1901~1910	1911~1920	1921~1930	1931~1940	1941~1950	1951~1960	1961~1970	1971~1980	1981~1990	1991~2000	2001~2005	
数量	1.92	1.50	1.64	1.92	1.53	1.68	1.96	1.68	1.68	1.71	1.92	1.75
年限(含兼职)	33.33	22.33	29.64	27.15	32.94	25.05	32.38	30.56	35.59	32.62	34.83	31.20
年限(不含兼职)	30.08	22.33	29.64	26.31	32.00	24.79	30.92	29.00	32.18	31.48	34.58	29.84

表6-31 1901~2005年诺贝尔生理学或医学奖获得者每20年获奖前国家工作经历情况表

均值	年度						平均
	1901~1920	1921~1940	1941~1960	1961~1980	1981~2000	2001~2005	
数量	1.78	1.79	1.61	1.82	1.70	1.92	1.75
年限(含兼职)	29.67	28.29	28.78	31.49	34.14	34.83	31.20
年限(不含兼职)	27.50	27.83	28.19	29.98	31.84	34.58	29.84

(2) 获得者获奖前高校工作经历情况。以获得者每10年和20年获奖前工作过的高等学校数量与年限为考察依据。根据"1901~2005年诺贝尔生理学或医学奖获得者科学产出基础情况表"中的"获奖前工作经历",生成诺贝尔生理学或医学奖获得者每10年获奖前高校工作经历情况表和诺贝尔生理学或医学奖获得者每20年获奖前高校工作经历情况表,见表6-32和表6-33。

表 6-32　1901~2005 年诺贝尔生理学或医学奖获得者每 10 年获奖前高校工作经历情况

均值	年度											平均
	1901~1910	1911~1920	1921~1930	1931~1940	1941~1950	1951~1960	1961~1970	1971~1980	1981~1990	1991~2000	2001~2005	
数量	1.83	1.67	1.64	2.46	2.06	1.89	2.15	2.28	2.09	2.24	1.50	2.05
年限(含兼职)	18.00	18.00	20.73	19.77	24.12	16.16	20.31	19.40	20.45	25.00	21.92	20.53
年限(不含兼职)	18.00	18.00	20.73	19.77	24.12	16.05	19.19	18.76	19.86	24.81	21.92	20.18

表 6-33　1901~2005 年诺贝尔生理学或医学奖获得者每 20 年获奖前高校工作经历情况表

均值	年度						平均
	1901~1920	1921~1940	1941~1960	1961~1980	1981~2000	2001~2005	
数量	1.78	2.08	1.97	2.22	2.16	1.50	2.05
年限(含兼职)	18.00	20.21	19.92	19.86	22.67	21.92	20.53
年限(不含兼职)	18.00	20.21	19.86	18.98	22.28	21.92	20.18

(3)获得者获奖前研究机构工作经历情况。以获得者每 10 年和 20 年获奖前工作过的研究机构数量与年限为考察依据。根据“1901~2005 年诺贝尔生理学或医学奖获得者科学产出基础情况表”中的“获奖前工作经历”,生成诺贝尔生理学或医学奖获得者每 10 年获奖前研究机构工作经历情况表和诺贝尔生理学或医学奖获得者每 20 年获奖前研究机构工作经历情况表,见表 6-34 和表 6-35。

表 6-34　1901~2005 年诺贝尔生理学或医学奖获得者每 10 年获奖前研究机构工作经历情况表

均值	年度											平均
	1901~1910	1911~1920	1921~1930	1931~1940	1941~1950	1951~1960	1961~1970	1971~1980	1981~1990	1991~2000	2001~2005	
数量	1.50	0.67	0.82	0.69	0.94	0.95	1.31	0.84	1.14	1.43	1.33	1.09
年限(含兼职)	9.33	2.17	5.55	5.15	5.71	5.68	11.54	7.52	10.50	7.43	9.00	7.83
年限(不含兼职)	7.17	2.17	5.55	4.31	5.71	5.53	11.19	6.60	10.27	6.48	8.75	7.29

表 6-35 1901～2005 年诺贝尔生理学或医学奖获得者每 20 年获奖前研究机构工作经历情况表

均值	年度						平均
	1901～1920	1921～1940	1941～1960	1961～1980	1981～2000	2001～2005	
数量	1.22	0.75	0.94	1.08	1.28	1.33	1.09
年限(含兼职)	6.94	5.33	5.69	9.57	9.00	9.00	7.83
年限(不含兼职)	5.50	4.88	5.61	8.94	8.42	8.75	7.29

(4) 获得者获奖前医疗机构工作经历情况。以获得者每 10 年和 20 年获奖前工作过的医疗机构数量与年限为考察依据。根据"1901～2005 年诺贝尔生理学或医学奖获得者科学产出基础情况表"中的"获奖前工作经历",生成诺贝尔生理学或医学奖获得者每 10 年获奖前医疗机构工作经历情况表和诺贝尔生理学或医学奖获得者每 20 年获奖前医疗机构工作经历情况表,见表 6-36 和表 6-37。

表 6-36 1901～2005 年诺贝尔生理学或医学奖获得者每 10 年获奖前医疗机构工作经历情况表

均值	年度											平均
	1901～1910	1911～1920	1921～1930	1931～1940	1941～1950	1951～1960	1961～1970	1971～1980	1981～1990	1991～2000	2001～2005	
数量	1.17	0.67	0.91	0.77	0.53	0.95	0.15	0.76	0.45	0.05	0.50	0.57
年限(含兼职)	6.00	2.17	3.36	2.23	3.12	3.21	0.54	3.64	4.64	0.19	9.92	2.84
年限(不含兼职)	4.92	2.17	3.36	2.23	2.18	3.21	0.54	3.64	2.05	0.19	3.92	2.38

表 6-37 1901～2005 年诺贝尔生理学或医学奖获得者每 20 年获奖前医疗机构工作经历情况表

均值	年度						平均
	1901～1920	1921～1940	1941～1960	1961～1980	1981～2000	2001～2005	
数量	1.00	0.83	0.75	0.45	0.26	0.50	0.57
年限(含兼职)	4.72	2.75	3.17	2.06	2.47	3.92	2.84
年限(不含兼职)	4.00	2.75	2.72	2.06	1.14	3.92	2.38

(5) 获得者获奖前工作经历情况。"科学共同体像我们的社会中其他组织

一样，拥有自己的文化。最有才智的科学家们的奋斗目标通常是，致力于持续增加科学知识的总量”[30]。表 6-30～表 6-37 所列数字，客观地验证了这种观点。在1901～2005 年诺贝尔生理学或医学奖获得者获奖前工作经历中，平均在 2.05 所高校、1.33 个研究机构和 0.57 个医疗机构工作过，其平均工作年限（不含兼职时间）分别是 20.18 年、7.29 年和 2.38 年，平均在 1.75 个国家工作了 29.84 年。同时从诺贝尔生理学或医学奖获得者每 10 年获奖前工作机构与国家数量变化曲线（图 6-10）和诺贝尔生理学或医学奖获得者每 10 年获奖前不同机构与国家工作年限变化曲线（图 6-11）可以看出，20 世纪 50 年代以后，获得者在高校工作的平均数量和年限、在研究机构工作的平均数量和年限、在不同国家工作的平均数量和年限，都呈现出增加的趋势；在医疗机构工作的平均数量和年限，呈现出减少的趋势。

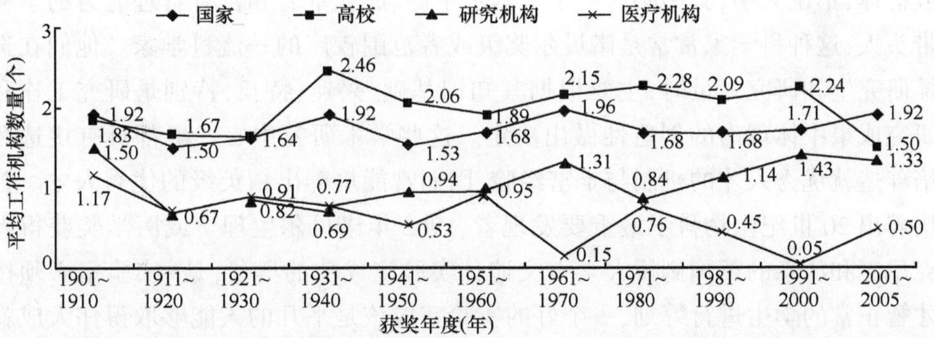

图 6-10　1901～2005 年诺贝尔生理学或医学奖获得者每 10 年获奖前工作机构与国家数量变化曲线

图中数字均不含获得者兼职情况

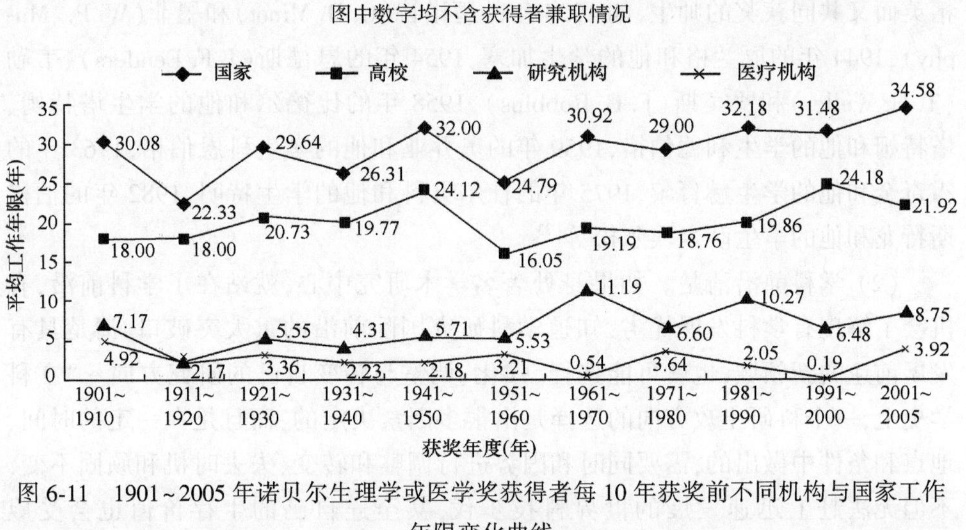

图 6-11　1901～2005 年诺贝尔生理学或医学奖获得者每 10 年获奖前不同机构与国家工作年限变化曲线

图中数字均不含获得者兼职情况

诺贝尔生理学或医学奖获得者的原始性创新,来源于其深厚的学术思想积累,这种积累并非个人苦思冥想之果,是在他人甚至前几代人知识和技术经验积累基础之上形成的。诚如爱因斯坦所说:“一个人要是单凭自己来进行思考,而得不到别人的思考和经验的激发,那么即使是在最好的情况下,他所想的也不会有什么价值,一定是单调无味的”[31]。获得者们在其持续增加科学知识总量的奋斗目标下,长期沉浸在高水平的研究环境中,经常处于高科学素质的科学家和高科学素养的研究机构工作人员中,积累了大量而丰富的常规研究基础。在科学技术飞速发展、科学知识总量数倍增加的时代,要想有所创新,更需如此。前述20世纪50年代后获得者工作机构和年限的变化趋势,正是一个最好的注解。

3. 获得者所在学术研究中心的内部环境

(1) 精英培养精英。每一个著名学术研究中心,都可看作一个科学共同体或群体,不论大小,其中必有一个学术水平高、成就卓著和富有管理能力的学科带头人,这种科学家常常是诺贝尔奖级或者范围较广的一流科学家。他们在选择研究生和研究人员时,主要根据其知识基础、兴趣、特长,特别是研究工作和研究成果中体现出的创造性做出决定。这些学术研究中心一般都具有挑选和培养造就优秀人才的机制与丰富经验,因而常能培养出精英级的优秀人才。曾培养出20世纪生物科学最重要发现者、1962年诺贝尔生理学或医学奖获得者克里克和沃森的英国剑桥大学卡文迪什实验室成功的奥秘,是“实验室必须按才智正常的学生进行筹划,一个好的实验室应该是平凡的人能够取得伟大成就的地方[32]”。可为例证的是,诺贝尔生理学或医学奖史上出现了多对精英培养精英而又共同获奖的师生,如1934年的迈诺特(G. R. Minot)和墨菲(W. P. Muphy),1944年的厄兰格和他的学生加塞,1954年的恩德斯(J. F. Eenders)、韦勒(T. H. Weller)和罗宾斯(F. C. Robbins),1958年的比德尔和他的学生塔特姆、塔特姆和他的学生利德伯格,1959年的奥乔亚和他的学生科恩伯格,1963年的霍奇金和他的学生赫胥黎,1975年的杜尔贝科和他的学生特明,1982年的伯格斯特龙和他的学生萨米埃尔松等[33]。

(2) 学科前沿清楚。如果身处著名学术研究中心,就站在了学科前沿,有机会了解现有学科发展优劣,知道学科研究国际前沿的重大突破口,清楚具有发展前途的新领域,也就可能选择、强化、调整与转变自己的研究方向。“在科学史上,一个科研主攻方向的选择是由很多因素决定的,而且是在一定的时间、地点和条件中做出的,需要同时和因势进行调整和转变,失去时机和顽固不变,不但无法赶上迅速发展的世界科技步伐,甚至连自己的生存价值也会受威胁。”[31]诺贝尔生理学或医学奖史上这样的例子不乏其人,1955年的西奥雷尔

(H. Theorell)是其中之一。20 世纪 30 年代初,为解开体内催化力的本质之谜,西奥雷尔置残疾之苦于不顾,毅然长途跋涉,从瑞典前往德国柏林,求教于世界第一流的酶学研究先驱——1931 年的获得者瓦尔堡(O. H. Warburg),他成功而可逆地把黄素酶分成黄色的辅酶和无色的蛋白质两部分,因此一时轰动了整个生物医学界,传遍了全球。1935 年,西奥雷尔返回瑞典,他深知弄清生物细胞如何利用氧的问题,仅仅有黄素酶方面的工作是不够的。为此,他又把注意力放在研究细胞呼吸链中传递氢的重要物质——细胞色素 c 上面,并最终于 1939 年获得了纯度接近 100% 的细胞色素 c[34]。

(3) 同行交流增加。每一个著名学术研究中心,都要面向世界广揽人才。在这些中心里,研究者可以随时自由地与世界一流科学家们进行交流,从而站在顶级平台,接受精英培训,开阔眼界,拓宽思路,结交良师益友,抓住发展机遇,保持蓄势待发。1962 年诺贝尔化学奖获得者佩鲁兹(M. F. Perutz)在 1996 年写道:"经验使我们懂得,实验室常常由于那儿的科学家们从不互相交谈而失败"[35]。诺贝尔生理学或医学奖史上有许多因善与同一实验室的同行交流而成功的例子。1975 年的巴尔的摩在导师影响下逐渐下决心研究分子生物学。1964 年,他获哲学博士学位后,转入爱因斯坦医学院,同马库斯博士一起从事研究;接着追随富兰克林和西蒙博士学习动物病毒专业;之后在加利福尼亚拉霍沙克研究所同后与他同年获奖的杜尔贝科博士一起工作。在这几年中,他广泛接触了生物学界和医学界的许多专家,因为谦虚好学,博采众长,甚至为了学术问题勇于同权威人士争辩,他得到了很大收益,在学术研究和实验研究上都有了新的进展[34]。

(4) 学术机会较多。在著名学术研究中心,与科学共同体顶层接触容易,可以借助所在组织机构的荣誉影响,因而成为众多研究者跻身世界一流学术研究中心和一流科学家队伍的跳板。不仅如此,事实上,"就学于科学界的精英又正好把这些未来的诺贝尔奖获得者置于科学界联系网之中,增加了他们在发表论文、取得进一步的研究条件、适合心意的工作岗位和能出成果的研究环境等方面的机会。可以把由精英培训看作一种稀有的有利条件,这种条件分布不均匀,并在以后导致不同的科学成就"[29]。著名学术研究中心都有一个在平等竞争与流动中选择人才的成功机制,因此,研究者在可以表现的机会中表现出色者,可能被留下或推荐到其他学术研究中心,这些"未来的诺贝尔奖获得者比其他科学家更早得到学位,也更早和更多发表著作,并在其整个事业中一直如此"[29]。

(5) 学术风气优良。任何一个著名的学术研究中心,都有一整套逐渐形成的优良传统和学风,都有一个适于优秀人才成长和进行创造性研究的优良环境。这些学风的特点是:气氛自由,方法民主,科学批判,平等合作。在这样的环境中,凡是感兴趣的任何方面都可进行研究,各种各样的方法都可加以采用,有能力去做的都会放手进行,这些都会得到支持和鼓励,因而在研究上选题的自由度很大;在形成各种新想法过程中能及时交流,并在讨论中进行批评,这种批评甚至可以指向包括教授在内的任何人;在研究过程中,特别注意思想开放、思维新颖、平等合作,不断揭示新的研究领域,进行原创性的研究。1981~1991 年是 2004 年的获得者阿克塞尔(R . Axel)和巴克(L . B. Buck)在同一个实验室合作的 10 年,这一点在此期间得到了充分体现。1983 年,阿克塞尔已是美国国家科学院院士,可谓一个著名科学家,科学创造正处于其科学生涯的顶峰时期,而年龄仅小他 1 岁的巴克,此间正处于其科学生涯的低谷时期,但他们之间没有随意歧视或盲目崇拜,没有狂妄自大或心生妒忌。巴克提出三个大胆而正确的假设,巧妙地使研究取得惊人突破,阿克塞尔在此间给予充分肯定、全力支持、尽力协调。

(6) 科研经费充足。本部分随后会有专门论述。

二、获得者学术优势积累的条件背景(以美国为例)

1. 获得者中的美国人分布情况 以获得者中每 10 和 20 年美国人分布情况为考察依据。根据"1901~2005 年诺贝尔生理学或医学奖获得者科学产出基础情况表"中的"国籍",生成诺贝尔生理学或医学奖每 10 年美国获得者分布情况表和诺贝尔生理学或医学奖每 20 年美国获得者分布情况表,见表 6-38 和表 6-39。

表 6-38 1901~2005 年诺贝尔生理学或医学奖每 10 年美国获得者分布情况表

小计	年度											合计
	1901~1910	1911~1920	1921~1930	1931~1940	1941~1950	1951~1960	1961~1970	1971~1980	1981~1990	1991~2000	2001~2005	
数量	0	1	1	4	8	12	13	17	13	16	5	90
占总人数%	0	16.67	9.09	30.77	47.06	63.16	50.00	68.00	59.09	76.19	41.67	48.91

表 6-39 1901~2005 年诺贝尔生理学或医学奖每 20 年美国获得者分布情况表

小计	年度						合计
	1901~1920	1921~1940	1941~1960	1961~1980	1981~2000	2001~2005	
数量	1	5	20	30	29	5	90
占总人数%	5.56	20.83	55.56	58.82	67.44	41.67	48.91

由表6-38和表6-39可知,在1901~2005年诺贝尔生理学或医学奖实际颁发的96年中,有50个年度有美国的获得者,占52.08%,超过了半数;在1901~2005年诺贝尔生理学或医学奖的184位获得者中,有90位是美国人,占48.91%,几近半数,超过了其他发达国家获得者的总和。在1901~2005年诺贝尔生理学或医学奖105年的历史中,美国获得者从无到有、从少到多、从多到独占鳌头,呈现出了明显的增加趋势,特别是20世纪50年代以后,每10年都以超过总数一半的获得者稳居榜首,20世纪末占到3/4以上,达到了顶峰。

2. 适宜的宏观政策　从20世纪初到21世纪初的一百多年里,美国始终在经济、科技、军事等方面保持着世界第一强国的领先地位。这为科学家们的学术优势积累营造了一个良好的大环境,这个环境的最大特点是几乎总有适宜的宏观政策,即国家不断在制度建设、物质条件、经费投入、人力资源、舆论导向等方面创造条件,保证教育和科技发展。以国家科技政策为例。研究认为[36],美国国家科技政策的历史过程可以分为三个阶段。第一阶段从1776年独立到19世纪末。这一时期最有代表性的科技政策体现在1787年通过的美国宪法中。第二阶段是20世纪初到第二次世界大战结束。第一次世界大战前,美国的科学技术已经形成了相对独立的四大体系:联邦政府实验室、工业实验室、高校实验室、以私人基金会为主的非营利机构。1920年,美国出现科学高潮,成为世界科学中心[37],开始领先世界科技;1938年国家资源委员会提出重要政策报告《科学研究是一种国家资源》,从而使科技事业在国家政策中的地位得到了巩固[38]。这一时期最有代表性的科技政策是时任国家科学研究开发局局长万尼瓦尔·布什于1945年7月向罗斯福总统提出的著名科技政策报告《科学——无尽的前沿》,其基本思想成为第二次世界大战后美国科技政策的基本框架,根据其建议,于1950年成立了国家科学基金,但"最重要的是,他认为政府要支持基础研究,又必须保持科研机构在研究范围、方法、政策、人员方面的独立自主"[39],这为此后美国学术研究中心管理体制和优良机制的形成定下了基调。第三阶段是第二次世界大战结束至今。这一时期是美国领先世界科技的完成阶段。美国是带着巨大的科学人才的"赤字"进入第二次世界大战后和平时期的,在20世纪40年代中期,它还没有充分理解基础研究和基础研究人才培养的重要性[39];然而到20世纪后半叶,它却已经认识到"没有任何事情比经过训练和教育的人才更重要。20世纪的未来掌握在那些把教育和科学研究置于优先位置的人们手中"[40]。这是因为美国战后科技政策中最重要的一点,就是加强联邦政府对科学进步的责任:加强联邦政府对科学研究的宏观管理,进一步关注研究型大学科学研究;加强联邦政府对教育的责任,发挥研究型大学在战后科技人才培养中的重要作用；加强联邦政府对基础研究的责任，研究型大学是基础研究的主力[39]。同时，第二次世界大战后，加强国家实验室、企业科研机构和高等院校等三者之间的合作，尤其是政府与企业界、高等院校与企业界的联系与合作，构成国家科技政策的一个重要方面。这一时期，为了确保美国在世界科技上的领先地位，历届政府推出了一系列震惊世界的科技政策，如1958 年的《国防教育法》，1976 年的《国家科技政策、组织和优先重点法令》，1990 年的《致国会的美国技术政策》，1994 年的《为了国家利益的科学》，1996 年的《为了国家利益的技术》等。

3. 充足的经费投入 第二次世界大战的爆发和美国的国力与地理优势，使美国取代了 1940 年之前在现代科学繁荣中做出过重要贡献的德国、英国和法国等欧洲国家，成为当代科学大国。但是，美国的崛起并非只是欧洲衰落的结果[41]。“这种转移不是只由科学本身的内在因素所决定的，在很大程度上与国家的经济实力和能否聚集世界水平的大量优秀人才关系甚大”[32]。事实的确如此，在科学家们学术优势积累的过程中，经费投入不是唯一的条件，但没有充足的经费投入则会影响巨大。

有关数据表明，从 20 世纪初美国成为世界经济大国开始，其 R&D 投资虽然随着经济状况涨落有所起伏，但总趋势是连续大增长。1900 年是 200 多万美元，1940 年增至 1 亿美元以上。第二次世界大战结束时的 1945 年，更是达到 15 亿美元，科研经费甚至在国民生产总值中的比例较战前增加了 10 倍多。第二次世界大战以后 R&D 投资（包括政府拨款和企业投资）超过其他 OECD（Organization for Economic Co-operation and Development，经济合作与发展组织）国家的总和（表 6-40）。

表 6-40* 主要国家 R&D 经费投入状况统计表

国家	R&D 经费投入状况			
	R&D 投入（亿美元）	R&D 投入占 GDP 比例（%）		人均 R&D 经费（美元）
OECD 国家				
美国	1662. 99	2. 66	2. 90（2009）	645
日本	743.82	2.94	3. 36（2009）	597
德国	371.49	1.80	2. 82（2010）	344
法国	264.31	2.45	2. 25（2010）	458
英国	215.77	2.19	1. 76（2010）	371
意大利	132.14	1.31	1. 26（2010）	236

续表

国家	R&D 经费投入状况			
	R&D 投入（亿美元）	R&D 投入占 GDP 比例(%)		人均 R&D 经费（美元）
加拿大	83.76	1.50	1. 80(2010)	291
瑞典	47.87	3.26	3. 40(2010)	549
部分亚洲国家				
中国	27	0.49	2. 08(2013)	2.2
印度	24	0.80	0. 76(2007)	2.6
韩国	100.1	2.80	3. 74(2010)	230
其他国家				
西班牙	45.65	0.88	1. 39(2010)	117
巴西	26	0.40	1. 16(2010)	17
俄罗斯		0.82	1. 16(2010)	—

*表中所有国家的 R&D 投入未注明年度的均采用 1993 年数据，转引自何晋秋，曹南燕．美国科技与教育发展[M]．北京：人民教育出版社，2003，134-135。注明年度的均来自：世界主要 66 个国家 R&D 经费 1996-2012. [EB/OL].（2014-05-05）[2015-04-28] http://bbs. pinggu. org/thread-3029412-1-1. html

从历年教育经费投入情况来看，美国教育经费的投入逐年增加，且增加数量较大，其占国内生产总值（GDP）的比例也是逐年稳步上升的趋势。1959～1998 年近 40 年内 GDP 增加 16. 7 倍，教育经费增加 25. 9 倍[38]。

从健康科学资助情况来看，1935 年，《社会保障法令》开始实施，将大量资金投入医学等科学领域。1937 年，成立国立卫生研究院（NIH），它需要进行从基础研究到发展新技术和提供新产品的全过程工作，充分利用拨款、合同和合作协商的资助手段，采用投资于大学和医学院的直接研究，投资于联邦政府机构与大学之间的合作研究两种方式来支持生命科学和与人民健康相关的研究。国立卫生研究院所提供的经费占联邦政府 R&D 投入总数的 15%左右[39]。国家科学基金会也关注医学研究的发展，并以增强对生物科学和医学的理解为目的。在医学研究的历史上，联邦政府的投入一直是高强度的，尤其是 20 世纪 50 年代后期，联邦政府加强了对健康科学的资助。

4. 成功的移民政策　美国从全世界吸引优秀人才的移民政策，保证了其高水平、高素质科技人才的需求。正是一批批科技移民人才，增加了美国学术研究中心吸引一批批国际、国内优秀科学家和优秀博士生的凝聚力，强化和发展了精英培养精英的模式，在科学前沿领域取得一项项研究成就的同时，成倍地增加着优秀人才的学术优势积累。

以研究型大学为例[39]，第二次世界大战前的美国联邦政府，并不大关注大学的研究，但战时的紧急需求使美国研究型大学在战时科研中得到了壮大和成长。美国在国家财力、智力人口、国防力量等方面，都从第二次世界大战中获益良多，但科技事业和研究型大学得到的利益最为重要，大量的高层次外国科技人才移民美国，其中的许多科技精英又主要集中在研究型大学中。随后，美国又修订《移民法》，用优惠条件大力吸引国外优秀人才，从苏联引进了约两万名科学家和专家，近几十年从中国和印度等国大量吸引优秀的留学人员长期留在美国工作。目前，美国的科学家和工程师中有三分之一来自国外[38]。美国的国家综合国力和世界竞争力能持续名列世界首位，这些优秀科技人才的贡献功不可没。

1901~2005 年 184 位诺贝尔生理学或医学奖美国获得者中，移民科学家占到30%，也充分证明了这一点。以美国获得者中每 10 年移民科学家所占人数比例为考察依据，根据《1901~2005 年诺贝尔生理学或医学奖获得者科学产出基础情况表》中的“国籍”，生成诺贝尔生理学或医学奖美国移民获得者情况表，见表 6-41。

表 6-41　1901~2005 年诺贝尔生理学或医学奖美国移民获得者情况表

小计	年度											合计
	1901~1910	1911~1920	1921~1930	1931~1940	1941~1950	1951~1960	1961~1970	1971~1980	1981~1990	1991~2000	2001~2005	
美国获得者	0	1	1	4	8	12	13	17	13	16	5	90
移民获得者	0	1	1	0	2	4	5	7	2	5	0	27
移民获得者占美国获得者(%)	0	100.00	100.00	0	25.00	33.33	38.46	41.18	15.38	31.25	0	30.00

5. 根本的教育改革　美国从 20 世纪初到 21 世纪初在多方面居于世界领先地位的最根本原因之一，是重视发展教育。这一点可以说起源于 19 世纪，贯穿于整个 20 世纪。在 19 世纪 70 年代以前，美国在确定一个庞大的学术体系上落后了一步，但在 1869 年，哈佛大学校长查尔斯·艾略特(Charles Eliot)捕捉到了这一新现象，他指出，美国人面临着一个很好的时机，可以对原有知识进行综合，创建一套自己独有的知识体系[42]。

美国教育与科技是相互促进的，其中教育对科技的促进作用主要体现在两方面：一是国家重视和加强全民教育，提高了国民包括科技素质在内的综合素质。19 世纪末至 20 世纪前半期，美国在全国范围内初步确立了学制及各阶段的衔接关系，初等教育得到普及，中等教育实现大众化，职业教育得到迅速发展，高等教育在迅速发展中创建了社区学院（初级学院）这一具有强烈生命力的新形式；20 世纪后半期，美国的教育经历了较大的变革并一直处在改革的浪潮中，中等教育普及，高等教育实现大众化，社区学院大发展，在 50 年代末至 60 年代末和 70 年代末至 80 年代先后两次开展了教育质量问题的讨论和改革[38]。二是重视和加强高等教育，特别是研究型大学的建设。他们认识到"一所名副其实的大学必须是发源于本土的种子……一所大学不是靠多在报纸上发一些社论，大量发布广告或多拍几封电报就能确立起来的。它不是数目的简单累积，也不是靠金钱可以催熟的东西……它在美国的社会与政治环境中自然缓慢地成长起来[43]"。19 世纪后，从德国开始的研究生教育在美国流行，大学逐渐从单纯的教学机构变为教学和科研相结合的基地。20 世纪以来，社会要求大学的教育和科研直接为国家安全、经济建设等服务。第二次世界大战以后，全美约 2/3 以上的大学设有专门的科研机构和大型研究中心。20 世纪 50 年代以来的半个世纪当中，美国研究型大学具有高水平人才和年轻研究队伍的明显优势，继续使其在许多重要研究领域取得重大成就，特别是在基础研究及知识创新方面一直占据绝对优势；在 20 世纪中期开始的教育改革也逐渐显现效果，大学培养出的高层次研究人员创新能力、实践能力皆优。

这种大背景无疑是诺贝尔生理学或医学奖获得者学术优势积累的根本基础。从美国获得者获奖前的大学工作经历和获奖时的大学工作分布情况，可以非常清楚地看到这一效果。以每 10 年美国获得者获奖前大学工作经历和获奖时大学分布为考察依据，根据"1901～2005 年诺贝尔生理学或医学奖获得者科学产出基础情况表"中的"获奖前工作经历"和"获奖时所在单位"，生成诺贝尔生理学或医学奖美国获得者获奖前大学工作经历情况表和诺贝尔生理学或医学奖美国获得者获奖时大学分布情况表，见表 6-42 和表 6-43。

表 6-42 1901～2005 年诺贝尔生理学或医学奖美国获得者获奖前大学工作经历情况表

小计	年度											合计
	1901～1910	1911～1920	1921～1930	1931～1940	1941～1950	1951～1960	1961～1970	1971～1980	1981～1990	1991～2000	2001～2005	
有大学工作经历人数	0	1	1	4	8	12	12	17	13	16	5	89
占美国获奖人数(%)	0	100.00	100.00	100.00	100.00	100.00	92.31	100.00	100.00	100.00	100.00	98.89

表 6-43　1901~2005 年诺贝尔生理学或医学奖美国获得者获奖时大学分布情况表

小计	年度											合计
	1901~1910	1911~1920	1921~1930	1931~1940	1941~1950	1951~1960	1961~1970	1971~1980	1981~1990	1991~2000	2001~2005	
分布在大学的获奖人数	0	0	0	4	7	12	7	10	9	10	3	62
占美国获奖人数(%)	0	0	0	100.00	87.50	100.00	53.85	58.82	69.23	62.50	60.00	68.89

注:获得者获奖时退休者,其退休前的最后工作单位未统计在内,故表内数字应为低限

6. 创新的科技管理　有关研究资料表明[38,44],美国的科技论文总数占全世界总数的比例,1981 年为 35.9%,1991 年为 35.1%,2003 年为 30.74%,近 20 多年来始终名列第一,占 1/3 左右;SCI 收录的科技论文数中,1995 年以来美国占收录总数的 1/3 左右,始终名列第一;SCI、EI、ISTP 三大系统收录的科技论文数中,1995 年以来,美国占收录总数的 1/3 左右,始终名列第一;1994~2004 年科技论文被引证次数和论文数中,美国双列第一;美国公民在国内外获得的专利最多;美国培养和拥有的科技人才,在世界上数量最多,也最优秀;获诺贝尔奖的科学家人数,美国最多,且占绝对多数;美国建造了大量世界一流水平的科研仪器和设备;美国在数学、物理学、化学、生物医学、天文学等基础研究方面在世界上具有一流的水平,获得了多项重要的科学发现;美国在信息、通信、生物工程、新材料、新能源等 27 个关键技术领域[36],创造了举世公认的成就,在世界上拥有明显优势,处于领先地位。美国之所以有如此强大的科技系统,在相当程度上得益于它有世界上规模最大的国家创新系统,这为包括诺贝尔生理学或医学奖在内的诺贝尔奖获得者,在良好教育基础之上创造了又一个学术优势积累的良好背景。

这个大背景的形成,除去前述适宜的宏观政策、巨额的经费投入、根本的教育改革等因素以外,在科技管理方面有两个具体因素:一是有利原始性创新的创新科研体系;二是支持创新人才发挥作用的创新科技管理机制。

自 19 世纪 20 年代起,美国便创建了一个庞大的科研机构体系来促进它对欧洲在经济与科技方面领先地位挑战能力的发展。19 世纪末,科学与工业必须联合这一理念的形成,对于美国学术界的发展和工业生产的发展都起到了决定性的作用,那时他们已明确认识到"专业带头人不能再仅仅凭借个人的成绩来获得认可,而是要看他们是否能够指导大批志同道合的人进行合作"[43]。这两

个理念促使高等院校、政府和公司企业为进行科研而相互交流合作，并最终成长为一个知识体系，为美国在20世纪的崛起提供了有力保障。特别是第二次世界大战结束时，从“与大学、研究所和工业实验室签订合同”[45]这一新做法开始，联邦政府与大学之间建立了新的关系，大学、研究所和工业界的新的研究伙伴关系成为三螺旋关系，以大学科研系统为中心的国家基础研究体制开始建立，基础研究得到了显著加强，并且成效显著；此后不久，诺贝尔奖的获得者明显增多，而且至今不衰。在科技体制管理方面值得探讨之处，是美国教育不具体管理高等院校，没有全国性的机构管理科研院所，国家科学院只是一个荣誉性的非政府组织，不管理任何科研实体，联邦政府只从大幅度增加科研经费和通过立法手段管理两个方面提供一种环境，而不进行直接具体管理。

与此同时，美国不断创新支持创新人才发挥作用的科技管理机制。20世纪20年代，研究型大学利用欧洲的先进科学培养美国高层次的前沿学科人才；20世纪40年代，大量的欧洲科技人才移民美国，其中研究型大学获益最大；20世纪后半期，强调研究型大学的研究从注重个人力量到个人力量与团队工作(team work)结合[39]。美国的这种科研体系有着特殊的优势，“它具有高度的灵活性，使工业家、企业管理者、科学家、工程师、自学成才的发明家和其他创业者可以在各领域机构内自由流动。而欧洲的类似领域机构之间，彼此间却相对独立，疏于联络[43]”。正是这种流动，带给了研究人员自由，带来了学科之间的交叉，带出了原始性创新思维和成果。经验证明，对研究者个体来说，自由研究对科学的创新具有绝对的优势。这种科研体系的优势和自由研究的优势对诺贝尔奖获得者学术优势积累的影响，可从诺贝尔生理学或医学奖美国获得者获奖前工作经历中看出。以美国获得者获奖前工作经历为考察依据，根据“1901~2005年诺贝尔生理学或医学奖获得者科学产出基础情况表”中的“获奖前工作经历”，生成诺贝尔生理学或医学奖美国获得者获奖前工作经历情况表，见表6-44。

表6-44　1901~2005年诺贝尔生理学或医学奖美国获得者获奖前工作经历情况表

分类	机构		
	大学	研究机构	医疗机构
人数小计	89	52	27
占美国获奖人数(%)	98.89	57.78	30.00
人均年限			
含兼职	22.16	12.15	9.37
不含兼职	21.82	11.00	7.26
人均机构	2.28	1.75	1.89

第四节　诺贝尔生理学或医学奖获得者成长的一般规律

拥有一百多年历史的诺贝尔奖是一个复杂系统,不论是谁本该坐在第 41 席[29],还是有无所谓的权谋[46];不论是评奖曾经选错过成果,还是评奖确实选错过得主;不论是自认为应该得奖者的公开呐喊,还是设奖以来一直伴随的不断争议,都不能动摇它在国际科学奖中的最具权威地位。世界各国科学技术的发展,不仅需要诺贝尔奖,更需要诺贝尔奖级的科学研究,更需要诺贝尔奖级的科学家。

一百多年的诺贝尔生理学或医学奖是一个复杂的系统,只有将分析研究与综合研究结合起来,才有可能更多地了解它,特别是它那更为复杂的成因。只有在回顾性地对诺贝尔生理学或医学奖获得者进行定性与定量相结合研究的基础上,才可能前瞻性地把握未来诺贝尔生物医学科学家成长的一般规律。当然,这种自少数人身上得出的结论,只是这个群体中大多数人的普遍模式,仅可作为科技工作者努力的参照和成长的对比,不可绝对到忽视如班廷(F. G. Banting,1923)和劳斯(F. P. Rous,1966)等特殊情况的存在。

时任美国哥伦比亚大学社会学副教授的哈里特·朱克曼,自 1966 年开始就美国的诺贝尔奖获得者为题撰写其博士论文,到 1976 年写成《科学界的精英》一书,前后用了 10 年时间,最后得出一个书中称之为“特色”的诺贝尔奖获得者成长发展模式:他们很早便发表大量著作,很早便被发现为可造之才,然后,通过一系列交互作用的选择过程,成为名牌大学和著名研究机构的成员。他们大多数人毕业留在著名机构中工作。他们的研究成果极少被人忽视或遭到反对,一般都迅速传播,其科学上的重要性很快获得公认。未来的诺贝尔奖获得者们越来越以“高尚行为”对待自己的年轻的合作者,从而重新扮演他们自己的师傅对徒弟所扮演的那种角色。多数人逐渐在更广泛的科学领域中行使权威,越来越被崇敬。[47]

综合对 1901~2005 年 184 位诺贝尔生理学或医学奖获得者的成因分析,我们提出诺贝尔奖级生物医学科学家成长的一般规律,以期引起更多的探讨。

一、具有科学创新原动力

1901~2005 年 184 位诺贝尔生理学或医学奖获得者的获奖成果,几乎均为原始性创新成果。他们的成功经历虽各有特点,但有一个共同点,那就是他们对自然科学强烈的好奇心、旺盛的求知欲和浓厚的兴趣,这是他们心理层面的科学创新原动力,是他们产生奇思妙想的土壤。在这些土壤里,他们的心灵绝对自由,想象空间无限,随着兴趣层次从起初的有趣到乐趣,再到志趣的逐步提高,促使他们在丰富和掌握知识的同时,培养了全面细致的观察力,提高了敏锐而灵活的思考力,发展了丰富的想象力,推动了获得者在科学活动中孜孜不倦地探索,创新性地做出了贡献。同时,获得者无处不在的集体责任感和高度的人类责任感,成为他们精神层面的科学创新原动力。

二、科学研究生涯起点早而高

诺贝尔生理学或医学奖获得者 97. 29% 具有博士学位,获得年龄平均为 26. 38 岁,虽呈现出平缓增大的趋向,但一百多年来的变化不明显,67. 04% 集中在 23~27 岁,大部分在同龄人中较早获取博士学位;75. 54% 获得者的博士学位由排在世界前 200 名的大学授予。反映出诺贝尔生理学或医学奖获得者基本接受过生物医学及相关学科专业最高水平的正规系统教育,从事科学研究生涯的起点比一般人要早,而且他们接受科学研究生涯基础训练的单位大多是世界上或国内最好的研究型大学。

三、具有充足时间与扎实学术研究基础

1901~2005 年 184 位诺贝尔生理学或医学奖获得者中的大多数就读了两所甚至更多所高校,平均高校学习经历为 1. 73 所;获得者获奖前的工作经历中,平均在 2. 05 所高校、1. 33 个研究机构和 0. 57 个医疗机构工作过,平均工作年限(不含兼职时间)分别是 20. 18 年、7. 29 年和 2. 38 年,平均在 1. 75 个国家工作了 29. 84 年。值得注意的是,20 世纪 50 年代后,获得者在高校工作的平均数量和年限、在研究机构工作的平均数量和年限、在不同国家工作的平均数量和年限,都呈现出增加的趋势,而在医疗机构工作的平均数量和年限,则呈现出减少的趋势。同时,诺贝尔生理学或医学奖获得者教授(研究员)首聘年龄平均为 39. 50 岁,大多较一般人年轻,其中 63. 5% 首聘高校位于世界大学前 200 名。说明他们在获奖前具有充足时间与扎实学术研究基础。

四、具有学术前沿的国际视野

1901~2005 年 184 位诺贝尔生理学或医学奖获得者大多数具有著名学术

研究中心研究经历。这种中心作为一个科学共同体,其中必有一个学术水平高、成就卓著和富有管理能力的学科带头人,他常常是诺贝尔奖级或者范围较广的一流科学家,这就使获得者有了师从名师的机会;这种中心都要面向世界广揽人才,这就使获得者可以随时自由地与世界一流科学家们进行交流;这种中心一般都是顶级平台,这就使获得者站在了学科前沿,有机会了解现有学科发展优劣,知道学科研究国际前沿的重大突破口,清楚具有发展前途的新领域,也就可能选择、强化、调整与转变自己的研究方向。

五、具有良好研究条件与学术氛围和机会

1901~2005 年 184 位诺贝尔生理学或医学奖获得者获奖成果产生的实验室条件,一般不低于国际同行,多为高水平创新基地,获得者本人也有在前期工作基础上进一步研究的条件和适合心意的工作岗位。获得者所在的著名学术研究中心,都有一个适于优秀人才成长和进行创造性研究的优良环境。获得者更能在这种基地中,比较容易地与科学共同体顶层接触,比较方便地借助所在组织机构的荣誉影响,从而把这个基地作为跻身世界一流学术研究中心和一流科学家队伍的跳板。事实上,我们“可以把由精英培训看作一种稀有的有利条件,这种条件分布不均匀,并在以后导致不同的科学成就[29]”。研究表明,学科获奖人数与本学科在科学界地位有正相关关系,也充分证明了这一点。

六、具有充足科研经费与高水平科技产出

由于资料收集原因,我们无法准确地量化诺贝尔生理学或医学奖获得者获奖前的科研经费,但众多史料和获得者所在国家的总体水平表明,在获得者学术优势积累的过程中,经费投入虽然不是唯一条件,但获得者的科研经费一般都能比较充分地满足其科研进展的需要。同时,他们都发表过较多特别是被引次数数倍于同龄科学家的学术论文。1981~2005 年 55 位诺贝尔生理学或医学奖获得者中,获奖前发表 SCI 论文平均为 199.89 篇,平均被引用率为 86.16%;总被引次数平均为22 286.38次,SCI 论文单篇被引次数在 50 次以上者占到 44.77%,SCI 单篇论文平均被引用率为 111.91;总期刊影响因子平均为 1569.32 次,SCI 论文单篇期刊影响因子在影响因子一区(IF≥4.837,根据中国科学院文献情报中心公布的《2003 年 SCI 期刊分区及影响因子》中的医学期刊影响因子确定)者占到 55.35%,SCI 单篇论文平均影响因子为 8.04[48]。同时,获得者

SCI 论文数、被引次数和期刊影响因子之间存在正相关关系，科学论文质量高峰比数量高峰早 2.39~3.29 年。

七、具有高科学素质

学校中恰当的科学教育为诺贝尔生理学或医学奖获得者充分理解科学提供了最终的基础。他们在大学前的小学和中学阶段所接受的科学素养，不仅限于自然科学，数学、技术科学和社会科学也包括在内。他们就读的大学，绝大多数都是所在国家的优秀高等院校，那里不仅通过系统科学理论和科学方法给他们科学素质的高度，而且确定了他们在科学研究上探知自然或改造世界、实现自我的负责任的生活态度。当然，这与他们受教育时所在国家具有很好的科学传统与环境密切相关。结合 1901~2005 年诺贝尔生理学或医学奖获得者首聘教授与获最高学位时间差平均为 12.34 年的情况可以判断，他们凭借学校阶段养成的科学素质基础，在工作后的较短时间里，迅速成为在国际或国内学术界具有一定影响的学科或学术带头人，充分表现出他们超越一般人的科学素质，也是他们持续领先于一般人进行学术积累的又一重要条件。

八、具有原始性创新成果且有重大影响

在众多具有国际性的科学奖项中，诺贝尔自然科学奖之所以被公认为最具权威的科学奖项，是由于它所激励的是对人类社会发展有重大影响的原始性创新。诺贝尔生理学或医学奖获得者一般都具有高水平的科技产出，但这并不是他们获奖的主要依据。从基础研究的真正意义上看，“文章其实不是主要的，文章只不过是科研产出的一种表现形式，最根本的是在科学发展史上、在学科发展史上有没有影响力[49]”。他们获奖凭借的是具有重大影响的原始性创新成果，因此才使得诺贝尔生理学或医学奖成为近 100 多年来生物医学发展史的缩影。获得者们原始性创新成果大多来源于理论思维的突破、客观观察的敏锐和独具匠心的实验，而后及时在高影响因子期刊上发表论文，出现数倍于本国科学院院士的被引次数，且被引持续时间较长，特别是提出一个对本学科发展产生巨大影响的新理论，或研发出一种可以广泛使用的新技术方法，或为某一疾病找到了新的治疗方法，或把基础研究成果转化为疾病诊疗技术手段或药物并在临床得到有效利用。

九、具有深厚的人文底蕴和优良性格

科学领域的竞争,决定性因素是人,但人的智力和科学素质不是决定作用的全部。诺贝尔生理学或医学奖获得者的成功经历证明,他们的科学创新还有赖于其深厚的人文底蕴。1901~2005 年 184 位获得者中有明确记载专修过数学、物理、化学、工学、农学、文学、动物学等专业的占 41.3%,其中 27.72% 获得了相应学科的学士、硕士甚至博士学位,有 33.15% 获得者在此基础上获得了医学博士学位,这种科学自觉是他们人文底蕴的基础。获得者的科学创新来源于他们的悟性,而人文精神深刻地影响着悟性;悟性、灵感和创造性都需要思想的碰撞,而思想的充实离不开人文知识,因此,人文自觉就成为获得者人文底蕴的彰显。这种科学自觉和人文自觉的融合点只能是人文价值,它体现了二者在追求真善美的人生价值最高境界上的相通,也就成了获得者人文底蕴的内核。获得者人文底蕴的培养始终贯穿了这种人文价值,养成了科学自觉和人文自觉,其成功之处在于科技创新与人文底蕴的融合。同时,获得者无不表现出自信、合作、正视困难和耐得住寂寞的意志力。

十、所在国家经济和教育、科技等社会发展状况良好

诺贝尔生理学或医学奖获得者具有的学术优势是肯定的,这种学术优势积累的影响因素是综合的,其中不能忽视的一个重要客观因素,是其学术积累过程中所在国家的条件背景。1901~2005 年期间,美国之所以在 52.08% 的颁奖年度涌现出占总人数 48.91% 的获得者,并且在 20 世纪 50 年代后明显增加,90 年代占到 75% 以上的获得者,不能不承认它从 20 世纪初到 21 世纪初的 100 多年里,始终在经济、教育和科技等方面保持着世界第一强国的领先地位,对科学家们学术优势积累创造的良好条件环境。其特点主要有:适宜的宏观政策,充足的经费投入,成功的移民政策,根本的教育改革,创新的科技管理,特别是建成了世界上规模最大的国家创新系统,形成了大学—产业—政府的三螺旋创新模式[50],既有有利于原始性创新的以大学科研系统为中心的国家基础研究体制,又有支持创新人才发挥作用的创新科技管理机制。

参考文献

[1] 吴殿廷,李东方,刘超,等. 高级科技人才成长的环境因素分析[J]. 自然辩证法研究,2003,19(9):

54-63.
[2] 曹轶群．德国研究显示诺贝尔奖得主多生在 3 月份[N]．北京青年报,2003-9-25.
[3] http://www. pmo. jsinfo. net/wenben/luyong xiangl. htm.
[4] 李伯黍,燕国材．教育心理学(第二版)[M]．上海:华东师范大学出版社,2001.
[5] http://www. chinawriter. org/zjksh/weirong/stwx/wxo200046.asp.
[6] 傅杰青,赵家业,傅缨,等．百年诺贝尔奖．生理学或医学卷[M]．上海:上海科学技术出版社,2001.
[7] 段志光．诺贝尔医学奖与大学生心理教育[M]．北京:中国城市出版社,2000.
[8] 段志光．大学生社会责任感研究中的理论问题探讨(下)[J]．山西高等学校社会科学学报,2000,12(3):69.
[9] 孙云晓,孙宏艳.学会做事[M]．北京:北京出版社,1999.
[10] 李思孟．摩尔根传[M]．长春:长春出版社,1999.
[11] 罗波,周晓林．二十世纪重大科技谋略[M]．成都:四川人民出版社,1996.
[12] 沃罗宁．巴甫洛夫传[M]．郑宇,吴仁富译．郑州:海燕出版社,2001.
[13] J. 迈克尔·毕晓普．如何获得诺贝尔奖[M]．程克雄译．北京:新华出版社,2004.
[14] 全民科学素质行动计划制定工作领导小组办公室,全民科学素质行动计划课题研究论文集[M]．北京:科学普及出版社,2005.
[15] 国家研究理事会．美国国家科学教育标准[M]．北京:科学技术文献出版社,1999.
[16] Miller. The Measurement of civic Scientific Literacy[J]. Public Uederstanding of Science,1998(7).
[17] 美国科学促进协会．面向全体美国人的科学[M]．北京:科学普及出版社,2001.
[18] 中国科协全民科学素质行动计划大纲[N]．中国教育报,2003-2-14.
[19] 圆正．科学素养之我见．file://C:\Documents %20 Settings\fy\my%20Documents\ web_1005. htm
[20] 李大光．科学素养可以测度吗[N]．科技日报,2001-7-6.
[21] 王大珩,于光远．论科学精神[M]．北京:中央编译出版社,2001.
[22] 辞海编辑委员会．辞海[M]．上海:上海辞书出版社,1980.
[23] 段志光.20 世纪的诺贝尔医学奖与 21 世纪的医学生素质[J]．医学与哲学,1998,19(7):385-387.
[24] 赵明杰,宋文波．当今医学缺少的是什么[J]．医学与哲学,2003,24(12):11-13.
[25] 何顺果．自然科学与人文精神[N],光明日报,2004-03-02.
[26] 杜治政．守住医学的境界[J]．医学与哲学,2002,23(9):7-11.
[27] 樊民胜．迎接医学人文学科发展的春天[J]．医学与哲学,2003,21(12):21-24.
[28] 蔡冬梅．高校学科建设与考核评估实务手册[M]．长春:银声音像出版社,2004.
[29] 哈里特·朱克曼．科学界的精英[M].北京:商务印书馆,1979.
[30] 唐英英译．英国皇家学会《公众理解科学》报告．file:\Documents% 20 and %20 Settings \fy\My %20 Documents\北京大学科学传播中心%20-. htm.
[31] 吴海江．诺贝尔奖:原创性与科学积累[J]．科学学与科学技术管理,2002,(11):28-31.
[32] 阎康年．卡文迪什实验室:现代科学革命的圣地[M]．石家庄:河北大学出版社,1999.
[33] 段志光．诺贝尔医学奖与大学生心理教育[M]．北京:中国城市出版社,2000.
[34] 唐得阳．诺贝尔奖获奖者全书[M]．北京:团结出版社,1994.
[35] 吕吉尔泽．带你走进诺贝尔奖工厂[J]．世界科学,2002,(11):2-3.

[36] 朱斌．当代美国科技[M]．北京:社会科学文献出版社,2001.

[37] 赵红州.科学能力学引论[M]．北京:科学出版社,1984.

[38] 何晋秋,曹南燕．美国科技与教育发展[M]．北京:人民教育出版社,2003.

[39] 沈红．美国研究型大学形成与发展[M]．武汉:华中科技大学出版社,1999.

[40] Geiger RL,What Happened after Sputnik? Shaping University Resarch in the United States[M],Minerva 35. Nethelands:Kluwer Academic Publishers,1997:352-353.

[41] Lriye A,The Globalizing of America,1913—1945,vol. 3 of The Cambridge History of American Foreign Relations [M]. New York:Cambridge Uniuersty Press,1933.

[42] Hoftadter R,Smith W,et al.,American Higher Education:A Documentony History[M]. Chicago:University of Chicago Press,1961.

[43] 奥利维尔·如恩斯.为什么 20 世纪是美国世纪[M]．北京:新华出版社,2002.

[44] 中国科学技术信息研究所．2003 年度中国科技论文统计与分析[M]．北京:科学技术文献出版社,2005.

[45] Geiger RL. Research and Releuant Knowledge:American Research Universities Since World War Ⅱ. New York Oxford University Press,1993.

[46] 罗伯特·马克·弗里德曼．权谋——诺贝尔奖的幕后[M]．杨连年译．上海:上海科技教育出版社,2005.

[47] 哈里特·朱克曼．科学界的精英．周年谦译[M]．北京:商务印书馆,1979.

[48] 段志光,卢祖洵,王爱珍,等．诺贝尔生理学或医学奖获得者科学论文影响力研究[J]．科学学研究,2006,24(5):672-676.

[49] 路甬祥．关于基础研究的若干思考,2003 科学发展报告[M]．北京:科学出版社,2003. Vi.

[50] 亨利·埃茨科威兹．三螺旋[M]．周青彦译．北京:东方出版社,2005.

第七章 我国一流生物医学科学家与诺贝尔生理学或医学奖获得者获奖前科学论文比较

——以两院院士为例

尽管论文、专利文献的数量不能完全反映所有的科研产出,但目前还没有更好的反映国家创新能力的定量指标,国际上通常使用发表论文的数量、质量以及申请并取得的专利数量作为定量评价一个国家(地区)科研和创新能力的主要依据[1]。目前,对一个科学家科研和创新能力的定量评价亦是如此。

国家生物医学科技创新能力高低的标志,不是有无诺贝尔生理学或医学奖获得者,而是有无一批诺贝尔奖级的生物医学科学研究成果。做出诺贝尔奖级的生物医学科学研究成果,需要一批诺贝尔奖级的生物医学科学家。我国一流生物医学科学家和一流青年生物医学科学家的群体实力现状,及其与世界一流生物医学科学家群体实力的差距到底有多大,需要一个科学量化的参考依据。我们尝试通过我国一流生物医学科学家与诺贝尔生理学或医学奖获得者获奖前科学论文的比较研究进行探讨。

第一节 我国一流生物医学科学家科学论文情况

中国科学院院士和中国工程院院士是国家设定的科学技术方面的最高学术称号的获得者,可以作为我国一流科学家的代表。科技论文是科研产出的重要形式,其数量和质量反映了科研人员在某领域的学术水平和影响力。因此,本节主要研究中国科学院和中国工程院生物医学院士的科学论文情况。

一、中国科学院生物医学院士科学论文情况

中国科学院院士均为在基础科学研究领域作出系统的、创造性成就的高级科学人才。我们从中国科学院官网公布的院士名单中,筛选生命科学和医学部院士 131 位,将其中从事植物学、生态学等非人和动物方面基础研究的 32 位区分出来,以其他 99 位院士作为研究对象。基础研究成果绝大多数表现为科学论文,中国科学院院士的科学论文几乎均以中英两种文字发表。本部分仍以被引次数和期刊影响因子这两个当前文本评价中衡量科学论文质量的主要计量指标,对中国科学院生物医学院士的 SCI 和中国科学引文数据库(Chinese Science Citation Database,CSCD)论文进行计量分析。

1. 中国科学院生物医学院士 SCI 论文情况 鉴于诺贝尔生理学或医学奖获奖成果绝大多数为基础性研究成果,中国科学院院士均为在基础科学研究领域做出系统的、创造性成就的高级科学人才,基础研究成果绝大多数为科学论文,世界一流生物医学科学家的科学论文绝大多数为 SCI 论文,我们选择中国科学院院士 SCI 论文为研究对象。相关原始数据,一部分由中国科学院文献情报中心根据我们提交的《中国科学院文献情报中心专题检索提问单》采集,一部分由我们在中国科学院文献情报中心自行采集,均自汤森路透(Thomson Reuters) Web of Science 数据库采集,截止时间为 2014 年。没有对观点对立或被杂志收回等论文进行梳理分析。我们将 99 位院士姓名按 K1~K99 进行编码处理,使用 Excel 和 SPSS 进行数据库建立和处理分析,由于所分析数据不满足正态分布,因此运用定性或定序资料的统计描述指标与分析方法。

(1) 中国科学院生物医学院士 SCI 论文一般情况:1961~2014 年间,99 位院士共发表 SCI 论文 11 781 篇(含院士之间合作重复统计的论文 443 篇),其中当选前发表 3792 篇,人均 38.30 篇,年人均 2.36 篇;总被引次数为 152 732,人均 1542.75 次,最高单篇被引次数为 11 083;期刊影响因子最高为 54.420,半数论文发表在影响因子高于 3.262 的期刊。当选后发表 7989 篇,人均 80.70 篇,年人均 8.40 篇;总被引次数为 154 094,人均 1556.51 次,最高单篇被引次数为 3168;期刊影响因子最高为 54.420,半数论文发表在影响因子高于 3.341 的期刊。SCI 论文被引具体情况见表 7-1。

表 7-1　中国科学院生物医学院士 SCI 论文被引情况

分组	总篇数	总被引次数	零被引	被引≥20 次		被引≥50 次		被引≥100 次	
			篇数（%）	篇数（%）	被引次数（%）	篇数（%）	被引次数（%）	篇数（%）	被引次数（%）
当选前	3792	152 732	382(10.07)	1371(36.16)	137 515(90.04)	585(15.43)	112 921(73.93)	270(7.12)	90 867(59.49)
当选后	7989	154 094	1164(14.57)	1928(24.13)	120 455(78.17)	589(7.37)	80 014(51.93)	237(2.97)	56 487(36.66)
合计	11 781	306 826	1546(13.12)	3299(28.00)	257 970(84.08)	1174(9.97)	192 935(62.88)	507(4.30)	147 354(48.03)

（2）中国科学院生物医学院士当选前后 SCI 论文比较分析：将 99 位院士 SCI 论文的被引次数按比例（15%×6+10%×1）分组，得到 7 个被引频谱段，分别记为~1、~3、~6、~12、~22、~49、50+（表 7-2），被引次数最低的三个频段当选后的论文比例高于当选前，最高的两个频段则是当选前高于当选后。同样将期刊影响因子按比例（15%×6+10%×1）分组，得到 7 个影响因子频谱段（表 7-3），可见当选后影响因子以第四个频段为转折点论文比例先上升后降低，而当选前各频段比例变化无明显规律。

被引次数最高频谱段（50+）的论文占到论文总数的 10%，是被引次数最高的论文，本研究称之为该群体的高影响力 SCI 论文。影响因子最高频谱段（9.810+）的论文所发表期刊跻身影响因子排名最前的 10%期刊群之列，本研究称之为该群体的高影响力期刊群 SCI 论文。

表 7-2　中国科学院生物医学院士当选前后 SCI 论文被引次数构成比

分组	~1		~3		~6		~12		~22		~49		50+		合计	
	篇数	%	篇数	%	篇数	%	篇数	%	篇数	%	篇数	%	篇数	%	篇数	%
当选前	622	16.40	396	10.44	396	10.44	583	15.37	562	14.82	648	17.09	585	15.43	3792	100.00
当选后	1840	23.03	1041	13.03	1041	13.03	1261	15.78	1172	14.67	1045	13.08	589	7.37	7989	100.00

表 7-3　中国科学院生物医学院士当选前后 SCI 论文期刊影响因子构成比

分组	≤1.500		~2.281		~2.974		~3.789		~5.007		~9.809		9.810+		合计	
	篇数	%	篇数	%	篇数	%	篇数	%	篇数	%	篇数	%	篇数	%	篇数	%
当选前	586	17.97	474	14.54	465	14.26	354	10.86	467	14.32	545	16.71	370	11.35	3261	100.00
当选后	1028	13.92	1092	14.78	1094	14.81	1259	17.04	1176	15.92	1172	15.87	564	7.63	7385	100.00

注：影响因子源于 Web of Science 数据库 2014 年发布的期刊影响因子

（3）中国科学院生物医学院士 SCI 论文被引次数时间分布：论文发表年限为统计年（2014）减去论文发表年的差值。发表年限分组为[0,2]年、(2,5]年、(5,10]年、…、(45,50]年、51 年及以上，记为~2、~5、~10、…、~50、51+。

随着发表年限的增加,零被引论文的比例在发表后 2~5 年里下降明显,之后缓慢上升,到~15 年出现一个小高峰,转而下降(图 7-1)。由不同发表年限论文的被引频谱分布(表 7-4)可见,~2 年段的论文,由低被引频谱到高被引频谱所占比例逐渐降低;~5 年段的论文较低的两个被引频谱段比例较~2 年段的论文比例减少,其余被引频谱段比例增加,且~5 年段的论文比例先上升至第四个频段,继而下降。~10、~15、~20 年段的论文基本表现为较低两个被引频谱段比例下降,其余被引频谱段比例逐渐上升;发表年限更长的论文,变化趋势不太明显。

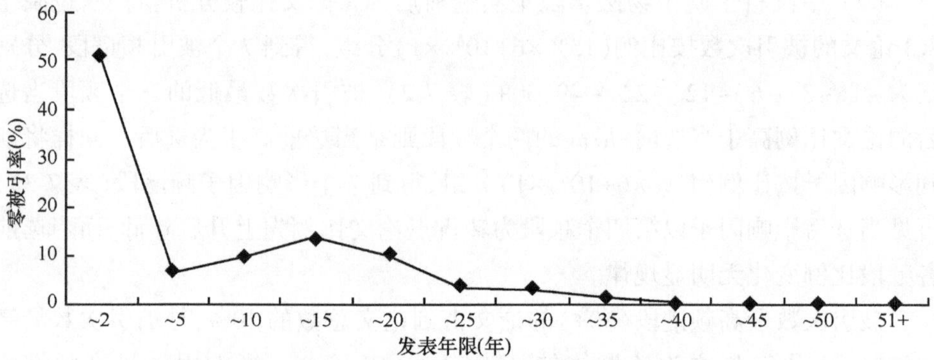

图 7-1　中国科学院生物医学院士 SCI 论文零被引率曲线

图 7-2 为高影响力 SCI 论文被引次数时间分布曲线,其中 A 表示各时段论文数量分布,B 为高影响力论文所占比例分布,为便于展示,将比例用千分率(‰)表示以缩小与论文数量的量值差距。发表 0~2 年内被引次数大于 50 的论文数量极少,2 年后随着发表年限的延长迅速增长。被引 50~100 次在 5~10 年里达到顶峰,101~200、201~1000、1001+次的论文均在发表 10~15 年里达到顶峰。总体来看,高被引频谱段论文比例较绝对数量高峰后延 5~10 年。40 年之后各组段高被引论文数量几乎为 0,论文总数最多也仅有 9 篇,因此比例曲线上出现局部高峰可能是个"假象"。

表 7-4　中国科学院生物医学院士不同发表年限 SCI 论文被引次数构成

发表	≤1 次		2~3 次		4~6 次		7~12 次		13~22 次		23~49 次		50+次		合计	
年限	篇数	%	篇数	%	篇数	%	篇数	%	篇数	%	篇数	%	篇数	%	篇数	%
~2	1185	45.65	500	19.26	360	13.87	297	11.44	143	5.51	84	3.24	27	1.04	2596	100.00
~5	225	10.45	280	13.01	315	14.63	495	22.99	402	18.67	297	13.79	139	6.46	2153	100.00
~10	253	8.57	234	7.92	326	11.04	510	17.27	601	20.35	644	21.81	385	13.04	2953	100.00
~15	300	16.85	166	9.33	197	11.07	245	13.76	277	15.56	293	16.46	302	16.97	1780	100.00
~20	220	23.28	93	9.84	97	10.26	113	11.96	126	13.33	143	15.13	153	16.19	945	100.00

续表

发表年限	≤1 次		2~3 次		4~6 次		7~12 次		13~22 次		23~49 次		50+次		合计	
	篇数	%	篇数	%	篇数	%	篇数	%	篇数	%	篇数	%	篇数	%	篇数	%
~25	81	17.02	49	10.29	48	10.08	64	13.45	73	15.34	87	18.28	74	15.55	476	100.00
~30	68	24.46	30	10.79	29	10.43	37	13.31	29	10.43	50	17.99	35	12.59	278	100.00
~35	32	21.92	26	17.81	18	12.33	19	13.01	11	7.53	24	16.44	16	10.96	146	100.00
~40	3	37.50	2	25.00	0	0.00	1	12.50	1	12.50	0	0.00	1	12.50	8	100.00
~45	0	0.00	0	0.00	0	0.00	0	0.00	0	0.00	0	0.00	0	0.00	0	100.00
~50	0	0.00	0	0.00	0	0.00	0	0.00	0	0.00	0	0.00	0	0.00	0	100.00
51+	1	33.33	0	0.00	0	0.00	2	66.67	0	0.00	0	0.00	0	0.00	3	100.00
合计	2368	20.53	1380	12.17	1390	12.26	1783	15.73	1663	14.67	1622	14.31	1132	9.98	11 338	100.00

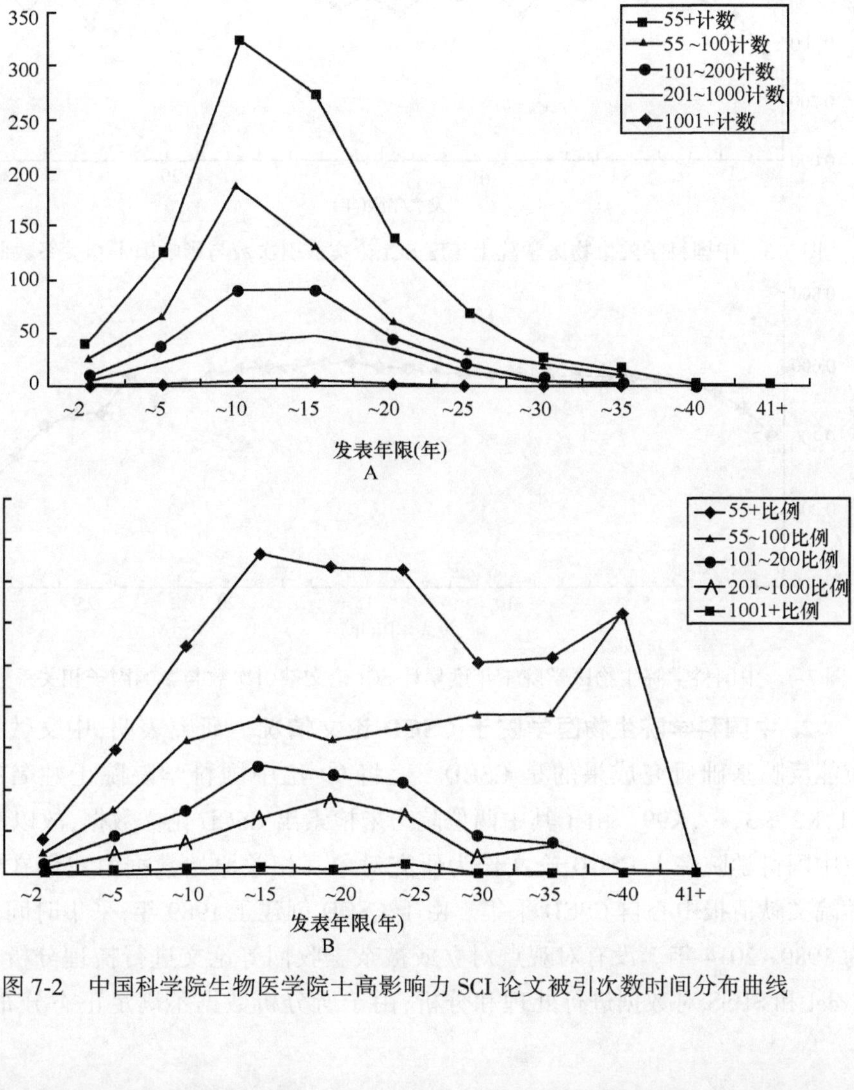

图 7-2　中国科学院生物医学院士高影响力 SCI 论文被引次数时间分布曲线

（4）中国科学院生物医学院士 SCI 论文被引次数与期刊影响因子关系：中国科学院院士 SCI 总论文、高影响力论文和高影响因子期刊群论文分别作被引次数和影响因子两指标的 Spearman 秩相关分析，相关系数分别为 $r_{总}=0.412$，$r_{高引}=0.388$ 和 $r_{高IF}=0.413(P<0.001)$。论文的被引次数和期刊影响因子两指标 Spearman 相关系数与发表年限的关系如图 7-3 和图 7-4。年度发表论文两指标相关系数波动较大，至发表后 27 年二者相关系数无统计学意义。年度累计发表论文两指标相关系数变化平稳，总体表现为上升趋势，至发表后 31 年二者不再相关。

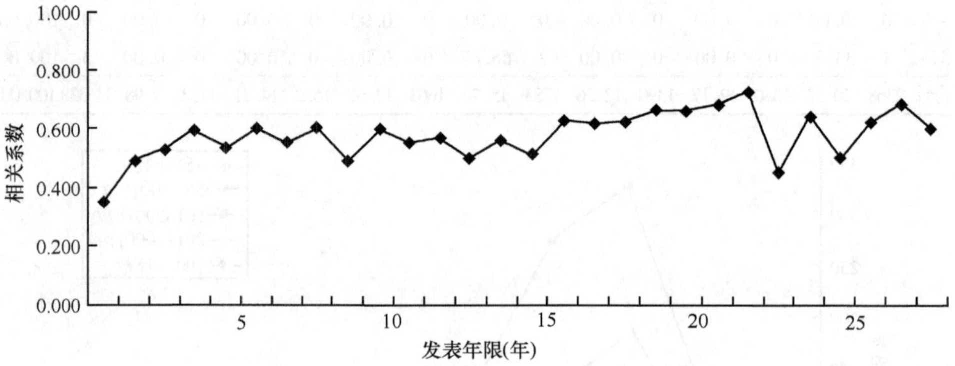

图 7-3　中国科学院生物医学院士年度 SCI 论文被引次数与影响因子相关系数曲线

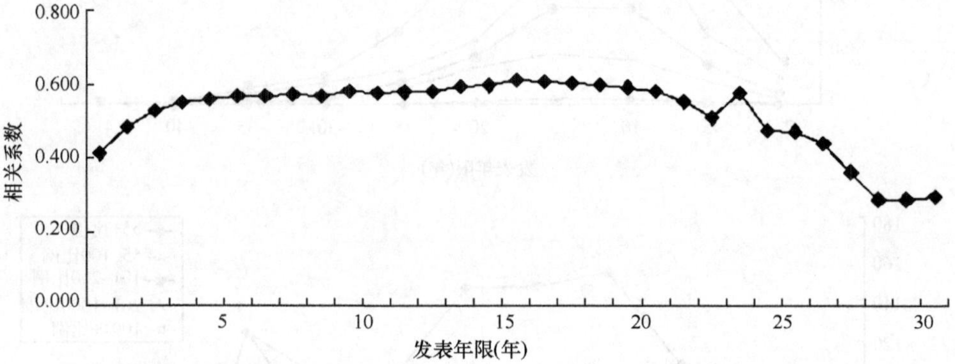

图 7-4　中国科学院生物医学院士年度累计 SCI 论文被引次数与影响因子相关系数曲线

2. 中国科学院生物医学院士 CSCD 论文情况　研究表明，中文数据库中较能反映基础研究成果的是 CSCD[2]。将 99 位中国科学院院士姓名编码为 K1，K2，K3，…，K99。由于其中两位院士未检索出 CSCD 论文数据，故以其他 97 位中国科学院院士 CSCD 论文作为研究对象。相关原始数据由我们在中国科学院文献情报中心自 CSCD 采集。由于 CSCD 创建于 1989 年，采集时间段确定为 1989~2014 年。没有对观点对立或被杂志收回等论文进行梳理分析。利用 Excel 和 SPSS 对数据进行处理和分析，由于所分析数据不满足正态分布，因此运用定性或定序资料的统计描述指标与分析方法。

（1）中国科学院生物医学院士 CSCD 论文一般情况：1989～2014 年间，有 2 位院士未检索出 CSCD 论文，其他 97 位院士共发表 CSCD 论文 9151 篇（含院士之间合作重复统计的论文 179 篇），其中当选前发表 3878 篇，人均 39.98 篇，年人均 3.61 篇；总被引次数为 9907，人均 102.13 次，最高单篇被引次数为 98；期刊影响因子最高为 1.8672，半数论文发表在影响因子高于 0.3877 的期刊。当选后发表 5273 篇，人均 54.36 篇，年人均 3.82 篇；总被引次数为 10573，人均 109 次，最高单篇被引次数为 112；发表期刊影响因子最高为 2.5302，半数论文发表在影响因子高于 0.3714 的期刊。CSCD 论文被引具体情况见表 7-5。

表 7-5　中国科学院生物医学院士 CSCD 论文被引情况

分组	总篇数	总被引次数	零被引	被引≥5 次		被引≥10 次		被引≥20 次	
			篇数（%）	篇数（%）	被引次数（%）	篇数（%）	被引次数（%）	篇数（%）	被引次数（%）
当选前	3878	9907	1576(40.41)	654(16.86)	6691(67.54)	242(6.24)	4065(41.03)	55(1.42)	1644(16.59)
当选后	5273	10 573	2443(46.33)	673(12.76)	6399(60.52)	220(4.17)	3514(33.24)	31(0.58)	1030(9.74)
合计	9151	20 480	4019(46.33)	1327(14.50)	13 090(63.92)	462(5.05)	7579(37.01)	86(0.94)	2674(13.06)

同一时期内，中国科学院院士共发表 SCI 论文 10 904 篇，当选前 3416 篇，人均 34.51 篇，年人均 2.71 篇；总被引次数为 146 411，人均 1478.90 次，最高单篇被引次数为 11 083。期刊影响因子最高为 54.420，半数论文发表在影响因子高于 3.372 的期刊。当选后发表 7897 篇，人均 79.77 篇，年人均 8.34 篇；总被引次数为 150 813，人均 1523.36 次，最高单篇被引次数为 3168；期刊影响因子最高为 54.420，半数论文发表在影响因子高于 3.372 的期刊。

（2）中国科学院生物医学院士当选前后 CSCD 论文比较分析：将 97 位中国科学院院士被引证 CSCD 论文的被引次数由低到高排序，以 25%、50%、75% 和 90% 四个百分位数值为界划分得到 5 个被引频谱段，分别记为～1、～2、～5、～9、10+（表 7-6），被引次数最低的两个频段当选后的论文比例与当选前较高的三个频段比较则是当选前高于当选后。将期刊影响因子按比例（15%×6+10%×1）分组，得到 7 个影响因子频谱段（表 7-7）。

表 7-6　中国科学院生物医学院士当选前后 CSCD 论文被引次数构成比

分组	～1 次		～2 次		～5 次		～9 次		10+次		合计	
	篇数	%	篇数	%	篇数	%	篇数	%	篇数	%	篇数	%
当选前	738	32.06	432	18.77	635	27.58	255	11.08	242	10.51	2302	100.00
当选后	978	34.56	575	20.32	763	26.96	294	10.39	220	7.77	2830	100.00

表 7-7　中国科学院生物医学院士当选前后 CSCD 论文期刊影响因子构成比

分组	≤0.2357		~0.3102		~0.3631		~0.4142		~0.4971		~0.7917		0.7918+		合计	
	篇数	%	篇数	%	篇数	%	篇数	%	篇数	%	篇数	%	篇数	%	篇数	%
当选前	450	12.20	553	14.99	469	12.72	596	16.16	667	18.09	624	16.92	329	8.92	3688	100.00
当选后	849	16.78	886	17.51	742	14.67	723	14.29	633	12.51	752	14.86	474	9.37	5059	100.00

注:影响因子源于中国科学引文数据库(CSCD)2014 年发布的期刊影响因子

被引次数最高频谱段(10+)的论文占到论文总数的 9%,是被引次数排名最高的论文,本研究称之为该群体的高影响力 CSCD 论文。影响因子最高频谱段(0.7918+)的论文所发表期刊跻身影响因子排名最前的 10% 期刊群之列,本研究称之为该群体的高影响力期刊群 CSCD 论文。

(3) 中国科学院生物医学院士 CSCD 论文被引次数时间分布:论文发表年限为统计年(2014)减去论文发表年的差值。发表年限分组为[0,2]年、(2,5]年、(5,10]年、…、(20,25]年。

随着发表年限的增加,零被引论文的比例在发表后 2~15 年里呈明显下降趋势,之后缓慢上升(图 7-5)。由不同发表年限论文的被引频谱分布(表 7-8)可见,~2 年段的论文,由低被引频谱到高被引频谱所占比例逐渐降低;~5 年段的论文,1 频段论文比例较~2 年段的论文比例减少,其余被引频谱段比例增加;~10、~15 年段的论文基本表现为低被引频谱段比例下降,高被引频谱段上升;发表年限更长的论文,这种变化趋势不太明显。

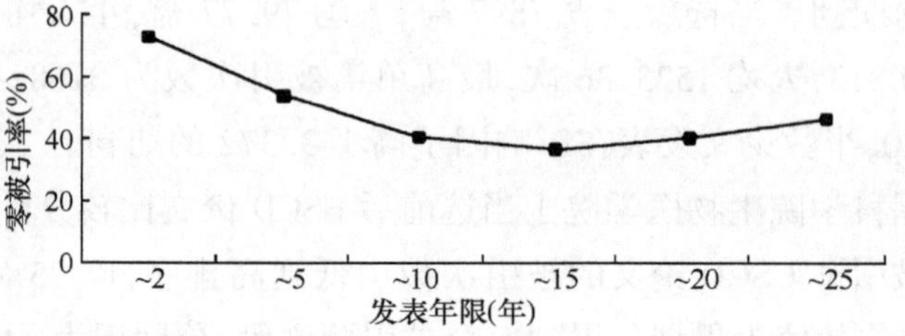

图 7-5　中国科学院生物医学院士 CSCD 论文零被引率曲线

表 7-8　中国科学院生物医学院士不同发表年限 CSCD 论文被引次数构成

发表年限	~1 次		~2 次		~5 次		~9 次		10+次		合计	
	篇数	%	篇数	%	篇数	%	篇数	%	篇数	%	篇数	%
~2	114	61.62	37	20.00	26	14.05	5	2.70	3	1.62	185	100.00
~5	177	43.92	89	22.08	101	25.06	27	6.70	9	2.23	403	100.00
~10	414	32.07	269	20.84	395	30.60	128	9.91	85	6.58	1291	100.00
~15	520	30.82	309	18.32	434	25.73	208	12.33	216	12.80	1687	100.00

续表

发表	~1次		~2次		~5次		~9次		10+次		合计	
年限	篇数	%	篇数	%	篇数	%	篇数	%	篇数	%	篇数	%
~20	281	29.30	184	19.19	289	30.14	108	11.26	97	10.11	959	100.00
~25	184	35.87	106	20.66	126	24.56	57	11.11	40	7.80	513	100.00
合计	1690	33.55	994	19.73	1371	27.21	533	10.58	450	8.93	5038	100.00

图 7-6 为中国科学院院士高影响力 CSCD 论文被引次数时间分布曲线，其中 A 表示各时段论文数量分布，B 为高影响力论文所占比例分布，为便于展示，将比例用千分率(‰)表示以缩小与论文数量的量纲差距。图 7-6 显示，发表0~5 年内被引次数大于 10 次的论文数量极少，5 年后随着发表年限的延长迅速增长。被引 10~15 次、16~20 次、21+次的论文在发表 10~15 年里达到顶峰。

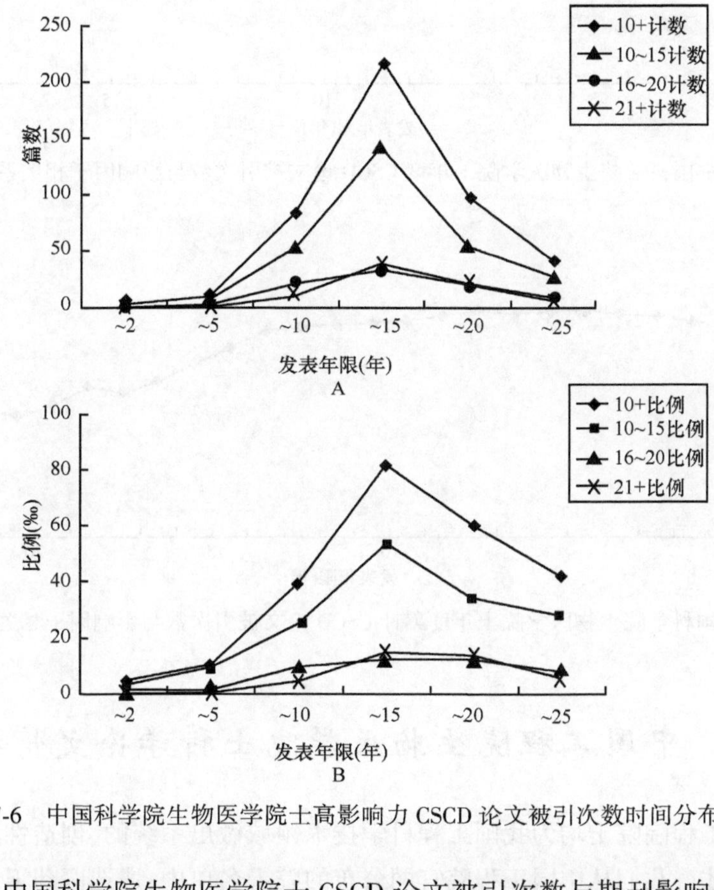

图 7-6　中国科学院生物医学院士高影响力 CSCD 论文被引次数时间分布曲线

（4）中国科学院生物医学院士 CSCD 论文被引次数与期刊影响因子关系：

中国科学院院士 CSCD 总论文、高影响力论文和高影响因子论文分别作被引次数和影响因子两指标的 Spearman 秩相关分析，相关系数分别为 $r_{总}=0.226$，$r_{高引}=0.181$和 $r_{高IF}=0.207(P<0.001)$。论文的被引次数和期刊影响因子两指标 Spearman 相关系数与发表年限的关系如图 7-7 和图 7-8。年度发表论文两指标相关系数波动较大，至发表后 19 年二者相关系数无统计学意义。年度累计发表论文两指标相关系数变化平稳，总体表现为下降趋势，至发表后 23 年二者不再相关。

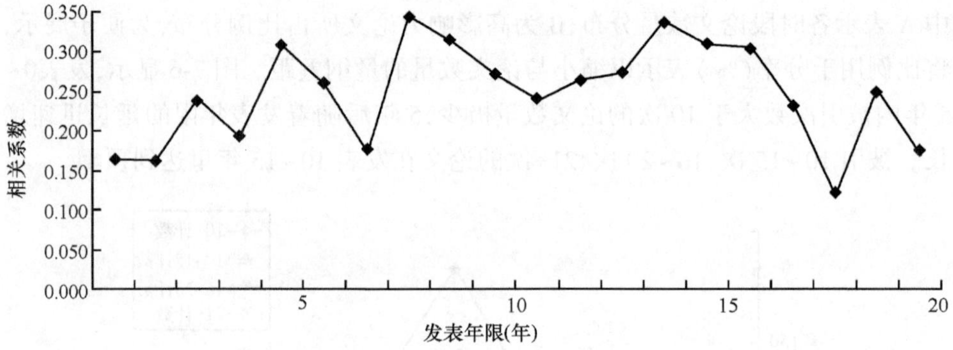

图 7-7　中国科学院生物医学院士年度 CSCD 论文被引次数与影响因子相关系数曲线

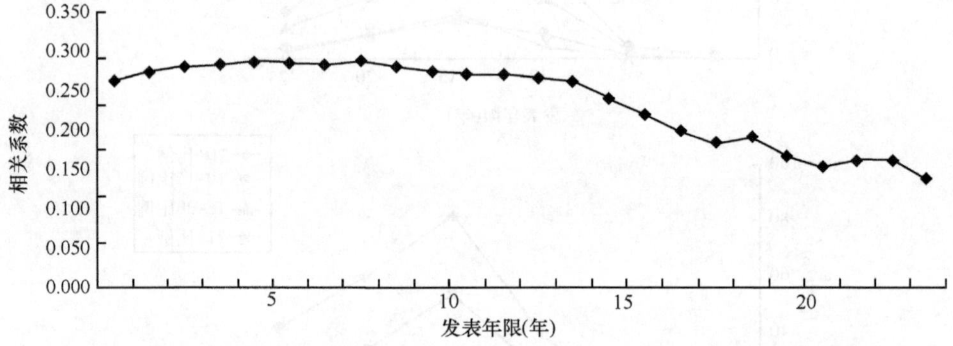

图 7-8　中国科学院生物医学院士年度累计 CSCD 论文被引次数与影响因子相关系数曲线

二、中国工程院生物医学院士科学论文情况

中国工程院院士均为我国工程科学技术领域做出系统的、创造性成就的高级科学人才。我们从中国工程院官网公布的院士名单中，遴选医药卫生学部院士 114 位作为研究对象。生物医学工程科学技术领域的研究成果，除了以专利

形式表现以外,也以科学技术论文的形式表现。中国工程院院士的科学论文亦几乎均以中英两种文字发表。为了与中国科学院院士的科学技术论文情况做一比较,本部分仍以被引次数和期刊影响因子这两个当前文本评价中衡量科学论文质量的主要计量指标,对中国工程院生物医学院士的 SCI 和 CSCD 论文进行计量分析。

1. 中国工程院生物医学院士 SCI 论文情况　我们将中国工程院生物医学院士姓名编码为 G1,G2,G3,…,G114。由于其中两位院士的论文数据未查找到,故以 112 位院士作为研究对象。由我们在中国科学院文献中心自 SCI 采集相关论文的原始数据,采集时间截止到 2014 年。没有对观点对立或被杂志收回等论文进行梳理。使用 Excel 和 SPSS 进行数据库建立和处理分析,由于所分析数据不满足正态分布,因此运用定性或定序资料的统计描述指标与分析方法。

(1) 中国工程院生物医学院士 SCI 论文一般情况:1975~2014 年间,有 2 位院士未检索到 SCI 论文,其他 112 位中国工程院院士共发表 SCI 论文 13 474 篇(含院士之间合作重复统计的论文 273 篇),其中当选前发表 4558 篇,人均 40.70 篇,年人均 2.45 篇;总被引次数为 139 470,人均 1245.27 次,最高单篇被引次数为 2955;期刊影响因子最高为 54.420,半数论文发表在影响因子高于 2.993 的期刊。当选后发表 8916 篇,人均 79.61 篇,年人均 8.49 篇;总被引次数为127 199,人均 1135.71 次,最高单篇被引次数为 4529;期刊影响因子最高为 54.420,半数论文发表在影响因子高于 2.764 的期刊。SCI 论文被引具体情况见表 7-9。

表 7-9　中国工程院生物医学院士 SCI 论文被引情况

分组	总篇数	总被引次数	零被引	被引≥20 次		被引≥50 次		被引≥100 次	
			篇数(%)	篇数(%)	被引次数(%)	篇数(%)	被引次数(%)	篇数(%)	被引次数(%)
当选前	4558	139 470	421(9.24)	1650(36.20)	120 518(86.41)	667(14.63)	89 335(64.05)	245(5.38)	60 043(43.05)
当选后	8916	127 199	1628(18.26)	1549(17.37)	89 981(70.74)	449(5.04)	56 822(44.67)	151(1.69)	36 508(28.70)
合计	13 474	266 669	2049(15.21)	3199(23.74)	210 499(78.94)	1116(8.28)	146 157(54.81)	396(2.94)	96 551(36.21)

(2) 中国工程院生物医学院士当选前后 SCI 论文比较分析:将 112 位中国工程院院士 SCI 论文的被引次数按比例(15% ×6+10% ×1)分组,得到 7 个被引频谱段,分别记为 0、~2、~5、~10、~18、~43、44+(表 7-10),被引次数最低的四个频段当选后的论文比例高于当选前,最高的三个频段则是当选前高于当选后。同样将期刊影响因子按比例(15% ×6+10% ×1)分组,得到 7 个影响因子频

谱段(表7-11),可见当选后影响因子最低两个频段的论文比例逐渐上升,其余频段的论文比例逐渐下降,而当选前各频段比例变化不明显,最高的两个频段当选前论文比例高于当选后。

表 7-10 中国工程院生物医学院士当选前后 SCI 论文被引次数构成比

分组	0		~2 次		~5 次		~10 次		~18 次		~43 次		44+次		合计	
	篇数	%	篇数	%	篇数	%	篇数	%	篇数	%	篇数	%	篇数	%	篇数	%
当选前	421	9.24	533	11.69	566	12.42	642	14.09	692	15.18	924	20.27	780	17.11	4558	100.00
当选后	1628	18.26	1587	17.80	1438	16.13	1447	16.23	1183	13.27	1083	12.15	550	6.17	8916	100.00

表 7-11 中国工程院生物医学院士当选前后 SCI 论文期刊影响因子构成比

分组	≤1.219		~2.132		~2.558		~3.448		~4.372		~8.193		8.194+		合计	
	篇数	%	篇数	%	篇数	%	篇数	%	篇数	%	篇数	%	篇数	%	篇数	%
当选前	662	16.33	474	11.69	560	13.81	583	14.38	546	13.46	729	17.98	501	12.36	4055	100.00
当选后	1229	14.38	1418	16.59	1331	15.57	1308	15.30	1352	15.81	1223	14.31	688	8.05	8549	100.00

注:影响因子源于 Web of Science 数据库 2014 年发布的期刊影响因子

被引次数最高频谱段(44+)的论文占到论文总数的 10%,是被引次数排名最高的论文,本研究称之为该群体的高影响力 SCI 论文。影响因子最高频谱段(8.194+)的论文所发表期刊跻身影响因子排名最前的期刊群之列,本研究称之为该群体的高影响力期刊群 SCI 论文。

(3) 中国工程院生物医学院士 SCI 论文被引次数时间分布:论文发表年限为统计年(2014)减去论文发表年的差值。发表年限分组为[0,2]年、(2,5]年、(5,10]年、…、(30,35]年、36 年及以上,记为~2、~5、~10、…、~35、36+。

随着发表年限的增加,零被引论文的比例在发表后 0~10 年里下降明显,10 年后缓慢上升(图 7-9)。由不同发表年限论文的被引频谱分布(表 7-12)可见,~2 年段的论文,由低被引频谱到高被引频谱所占比例逐渐降低;~5 年段的论文,在 6~10 频谱段达到高峰,继而逐渐下降,与~2 年段相比,较低的 2 个被引频谱段比例减少,较高被引频谱段比例增加;~10、~15 年段的论文比例随着被引频段的上升而增加,并在 44+频段降低:随着发表年限的增加,~10、~15、~20 年段的论文基本表现为低被引频谱段比例上升,高被引频谱段比例下降;发表年限更长的论文,这种变化趋势不太明显。

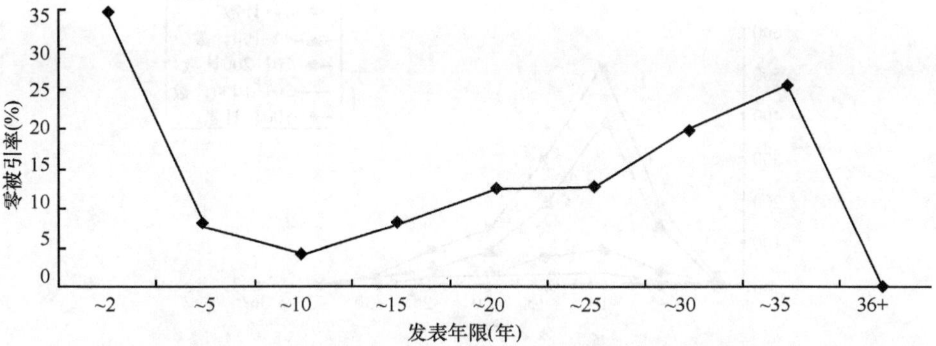

图 7-9 中国工程院生物医学院士 SCI 论文零被引率曲线

表 7-12 中国工程院生物医学院士不同发表年限 SCI 论文被引次数构成

发表	0		1~2 次		3~5 次		6~10 次		11~18 次		19~43 次		44+次		合计	
年限	篇数	%	篇数	%	篇数	%	篇数	%	篇数	%	篇数	%	篇数	%	篇数	%
~2	1277	34.86	996	27.19	629	17.17	417	11.38	213	5.81	106	2.89	25	0.68	3663	100.00
~5	247	8.09	444	14.54	554	18.15	621	20.34	545	17.85	455	14.90	187	6.13	3053	100.00
~10	155	4.54	287	8.40	410	12.00	581	17.00	664	19.43	812	23.76	508	14.87	3417	100.00
~15	132	8.31	175	11.02	174	10.96	228	14.36	250	15.74	336	21.16	293	18.45	1588	100.00
~20	94	12.62	85	11.41	103	13.83	104	13.96	91	12.21	131	17.58	137	18.39	745	100.00
~25	53	12.71	49	11.75	56	13.43	60	14.39	43	10.31	72	17.27	84	20.14	417	100.00
~30	46	20.00	37	16.09	32	13.91	26	11.30	30	13.04	33	14.35	26	11.30	230	100.00
~35	22	25.58	14	16.28	13	15.12	15	17.44	9	10.47	8	9.30	5	5.81	86	100.00
36+	0	0.00	0	0.00	0	0.00	0	0.00	1	50.00	1	50.00	0	0.00	2	100.00
合计	2026	15.35	2087	15.81	1971	14.93	2052	15.54	1846	13.98	1954	14.80	1265	9.58	13 201	100.00

图 7-10 为中国工程院院士高影响力 SCI 论文被引次数时间分布曲线,其中 A 表示各时段论文数量分布,B 为高影响力论文所占比例分布。为便于展示,将比例用千分率(‰)表示以缩小与论文数量的量纲差距。图 7-10 显示,发表 0~2 年内被引次数大于 44 的论文数量极少,2 年后随着发表年限的延长迅速增长。各被引组段论文均在发表 5~10 年里达到顶峰;201~1000 次的论文增长幅度相对小。从各被引频谱段论文所占比例来看,高峰后延 5~10 年,且隔 5 年又出现一个高峰。36 年及之后各组段高被引论文数量均为 0。

(4) 中国工程院生物医学院士 SCI 论文被引次数与期刊影响因子关系:分别对中国工程院院士 SCI 总论文、高影响力论文和高影响因子论文作被引次数和影响因子两指标的 Spearman 秩相关分析,相关系数分别为 $r_{总}=0.411$,$r_{高引}=$

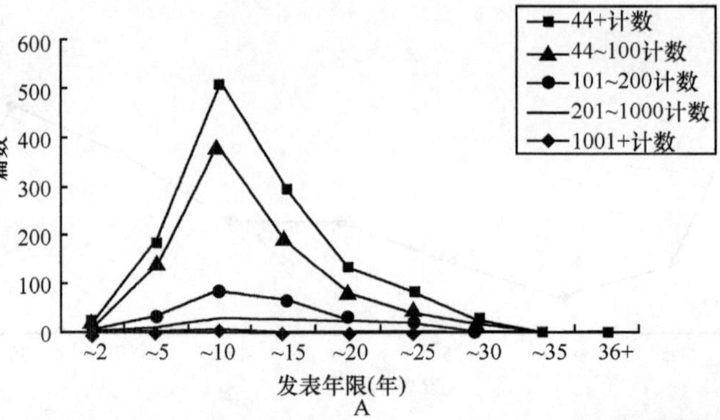

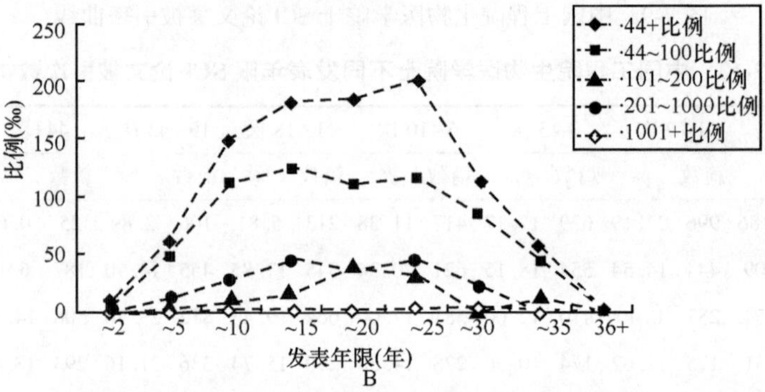

图 7-10　中国工程院生物医学院士高影响力 SCI 论文被引次数时间分布曲线

0.301 和 $r_{高IF}=0.063$（$P=0.034$）。论文的被引次数和期刊影响因子两指标 Spearman 相关系数与发表年限的关系如图 7-11 和图 7-12。年度发表论文两指标相关系数波动较大，至发表后 28 年二者相关系数无统计学意义。年度累计发表论文两指标相关系数变化平稳，至发表后 32 年二者不再相关。

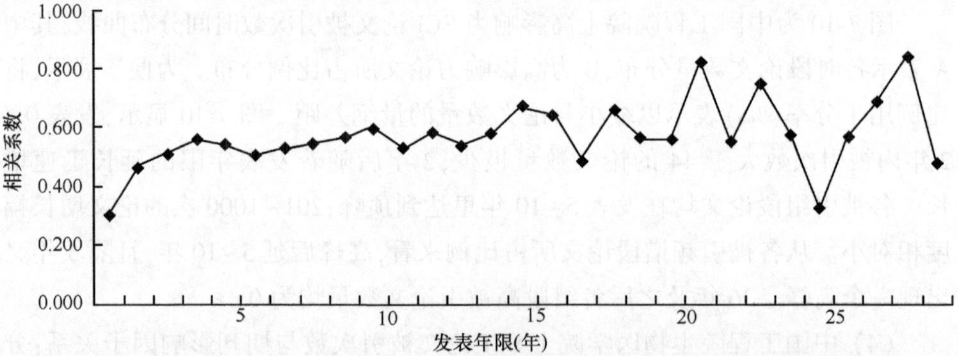

图 7-11　中国工程院生物医学院士年度 SCI 论文被引次数与影响因子相关系数曲线

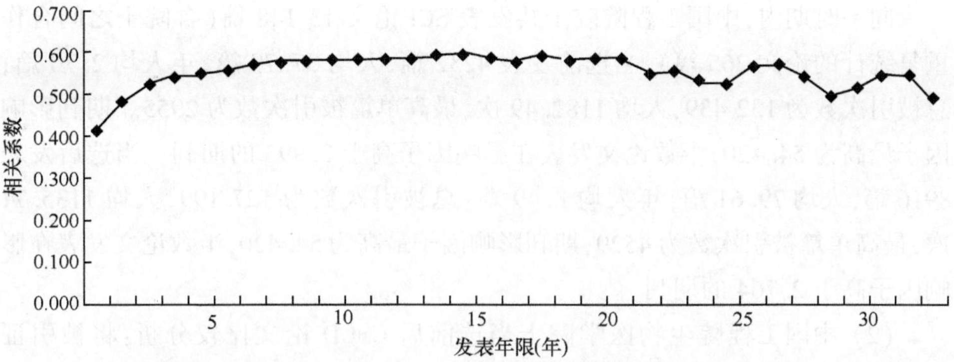

图 7-12　中国工程院生物医学院士年度累计 SCI 论文被引次数与影响因子相关系数曲线

2. 中国工程院生物医学院士 CSCD 论文情况　我们将中国工程院院士姓名编码为 G1,G2,G3,…,G114,在中国科学院文献中心自 CSCD 采集相关中文论文相关原始数据。由于其中一位院士未检索出 CSCD 论文数据,故以其余 113 位院士 CSCD 论文作为研究对象。鉴于 CSCD 创建于 1989 年,采集时间段确定为 1989~2014 年。没有对观点对立或被杂志收回等论文进行梳理。使用 Excel 和 SPSS 进行数据库建立和处理分析,由于所分析数据不满足正态分布,因此运用定性或定序资料的统计描述指标与分析方法。

(1) 中国工程院生物医学院士 CSCD 论文一般情况:1989~2014 年间,有 1 位院士未检索出 CSCD 论文,其他 113 位中国工程院院士共发表 CSCD 论文 21 452篇(含院士之间合作重复统计的论文 402 篇),其中当选前发表 8361 篇,人均 73. 99 篇,年人均 5. 75 篇;总被引次数为 20 805,人均 184. 12 次,最高单篇被引次数为 154;期刊影响因子最高为 1. 4914,半数论文发表在影响因子高于 0. 3852 的期刊。当选后发表 13 091 篇,人均 115. 85 篇,年人均 9. 18 篇;总被引次数为 30 789,人均 272. 47 次,最高单篇被引次数为 107;期刊影响因子最高为 1. 818,半数论文发表在影响因子高于 0. 3877 的期刊。CSCD 论文被引具体情况见表 7-13。

表 7-13　中国工程院生物医学院士 CSCD 论文被引情况

分组	总篇数	总被引次数	零被引	被引≥5 次		被引≥10 次		被引≥20 次	
			篇数(%)	篇数(%)	被引次数(%)	篇数(%)	被引次数(%)	篇数(%)	被引次数(%)
当选前	8361	20 805	3288(39. 33)	1358(16. 24)	13 321(64. 03)	426(5. 10)	7284(35. 01)	83(0. 99)	2810(13. 51)
当选后	13091	30 789	5401(41. 26)	2001(15. 29)	19 691(63. 95)	642(4. 90)	10 959(35. 59)	145(1. 11)	4501(14. 62)
合计	21 452	51 594	8689(40. 50)	3359(15. 66)	33 012(63. 98)	1068(4. 98)	18 243(35. 36)	228(1. 06)	7311(14. 17)

同一时期内,中国工程院院士共发表 SCI 论文 13 148 篇(含院士之间合作重复统计的论文 265 篇),当选前发表 4232 篇,人均 37.79 篇,年人均 2.70 篇;总被引次数为 132 439,人均 1182.49 次,最高单篇被引次数为 2955。期刊影响因子最高为 54.420,半数论文发表在影响因子高于 2.993 的期刊。当选后发表 8916 篇,人均 79.61 篇,年人均 8.49 篇;总被引次数为 127 199,人均 1135.71 次,最高单篇被引次数为 4529;期刊影响因子最高为 54.420,半数论文发表在影响因子高于 2.764 的期刊。

(2) 中国工程院生物医学院士当选前后 CSCD 论文比较分析:将被引证 CSCD 论文的被引次数由低到高排序,以 25%、50%、75% 和 90% 四个百分位数值为界划分得到 5 个被引频谱段,分别记为~1、~2、~5、~9、10+,在被引次数最低的两个频段当选后的论文比例高于当选前,其余频段则是当选前高于当选后(表 7-14)。

表 7-14 中国工程院生物医学院士当选前后 CSCD 论文被引次数构成比

分组	~1 次		~2 次		~5 次		~9 次		10+次		合计	
	篇数	%	篇数	%	篇数	%	篇数	%	篇数	%	篇数	%
当选前	1557	30.69	1004	19.79	1452	28.62	634	12.50	426	8.40	5073	100.00
当选后	2527	32.86	1569	20.40	2065	26.85	887	11.53	642	8.35	7690	100.00

将 CSCD 论文发表期刊的影响因子按比例(15%×6+10%×1)分组,得到 7 个影响因子频谱段,在最低频谱段当选前的论文比例高于当选后,最高的两个频谱段则是当选后高于当选前(表 7-15)。

被引次数最高频谱段(10+)的论文占到论文总数的 8.4%,是被引次数排名最高的论文,本研究称之为该群体的高影响力 CSCD 论文。影响因子最高频谱段(0.6538+)的论文所发表期刊跻身影响因子排名最前的期刊群之列,本研究称之为该群体的高影响力期刊群 CSCD 论文。

表 7-15 中国工程院生物医学院士当选前后 CSCD 论文期刊影响因子构成比

分组	≤0.2327		~0.2857		~0.3555		~0.4136		~0.4629		~0.6537		0.6538+		合计	
	篇数	%	篇数	%	篇数	%	篇数	%	篇数	%	篇数	%	篇数	%	篇数	%
当选前	1257	16.05	812	10.37	1550	19.79	1107	14.13	1310	16.73	1094	13.97	702	8.96	7832	100.00
当选后	1794	14.63	2084	16.99	1588	12.95	1938	15.80	1708	13.93	1872	15.26	1281	10.44	12 265	100.00

注:影响因子源于中国科学引文数据库(CSCD)2014 年发布的期刊影响因子

(3) 中国工程院生物医学院士 CSCD 论文被引次数时间分布:论文发表年

限为统计年(2014)减去论文发表年的差值。发表年限分组为[0,2]年、(2,5]年、(5,10]年、…、(20,25]年。

随着发表年限的增加,零被引论文的比例在发表后2~10年里下降明显,之后缓慢上升(图7-13)。由不同发表年限论文的被引频谱分布(表7-16)可见,~2年段的论文,由低被引频谱到高被引频谱所占比例逐渐降低;~5年段的论文,第1个被引频谱段的论文比例较~2年段减少,其余被引频谱段比例增加;~10、~15年段的论文基本表现为低被引频谱段比例下降,高被引频谱段上升。

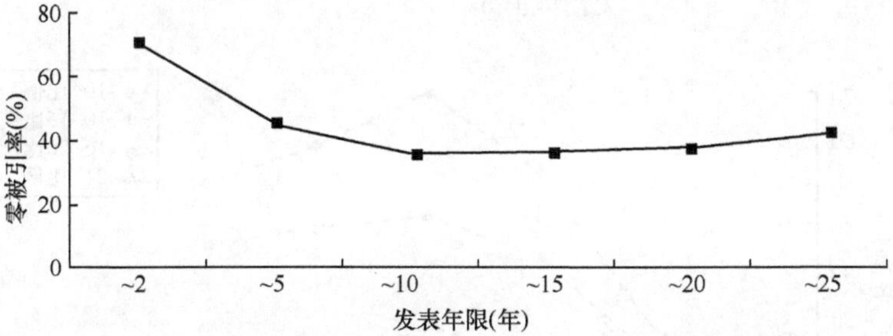

图7-13　中国工程院生物医学院士CSCD论文零被引率曲线

表7-16　中国工程院生物医学院士不同发表年限CSCD论文被引次数构成

发表年限	~1次		~2次		~5次		~9次		10+次		合计	
	篇数	%	篇数	%	篇数	%	篇数	%	篇数	%	篇数	%
~2	279	56.48	113	22.87	79	15.99	14	2.83	9	1.82	494	100.00
~5	596	40.91	361	24.78	356	24.43	102	7.00	42	2.88	1457	100.00
~10	1348	31.34	857	19.93	1213	28.20	535	12.44	348	8.09	4301	100.00
~15	1104	28.17	702	17.91	1131	28.86	552	14.09	430	10.97	3919	100.00
~20	449	28.33	333	21.01	452	28.52	205	12.93	146	9.21	1585	100.00
~25	238	32.34	160	21.74	197	26.77	78	10.6	63	8.56	736	100.00
合计	4014	32.13	2526	20.22	3428	27.44	1486	11.90	1038	8.31	12 492	100.00

图7-14为中国工程院院士高影响力CSCD论文被引次数时间分布曲线,其中A表示各时段论文数量分布,B为高影响力论文所占比例分布。为便于展示,将比例用千分率(‰)表示以缩小与论文数量的量纲差距。图7-14显示,发表0~5年内被引次数大于10的论文数量极少,5年后随着发表年限的延长迅速增长。被引10~15次、16~20次、21+次的论文在发表10~15年里达到顶峰。从各被引频谱段论文所占比例来看,增长幅度均低于绝对数量,高峰一致。

(4)中国工程院生物医学院士CSCD论文被引次数与期刊影响因子关系:中国工程院院士CSCD总论文、高影响力论文和高影响因子论文分别作被引次

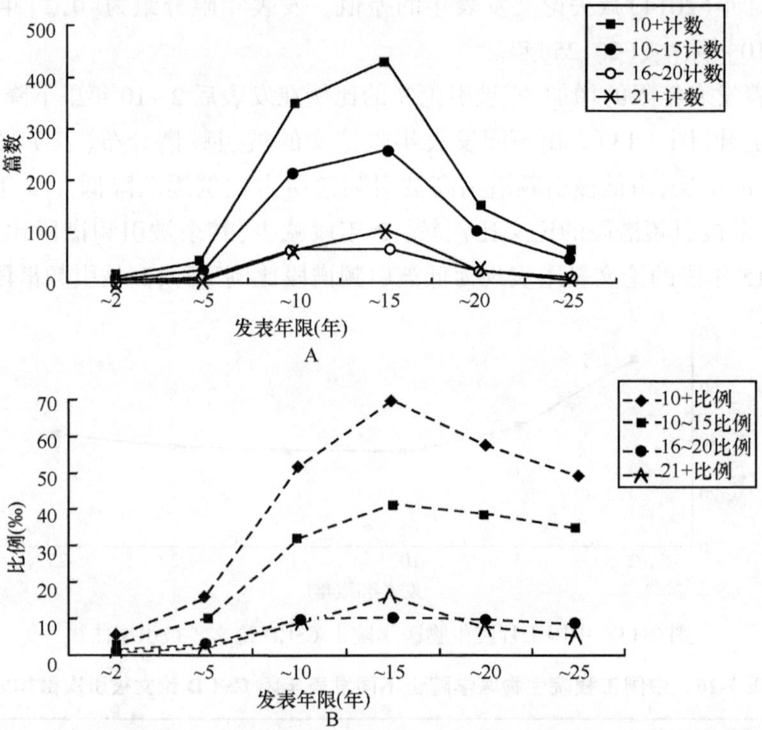

图 7-14　中国工程院生物医学院士高影响力 CSCD 论文被引次数时间分布曲线

数和影响因子两指标的 Spearman 秩相关分析，相关系数分别为 $r_{总}=0.166$，$r_{高引}=0.015(P=0.635)$ 和 $r_{高IF}=0.137(P<0.001)$。论文的被引次数和期刊影响因子两指标 Spearman 相关系数与发表年限的关系如图 7-15 和图 7-16。年度发表论文两指标相关系数波动较大，至发表后 21 年二者相关系数无统计学意义。年度累计发表论文两指标相关系数变化平稳。

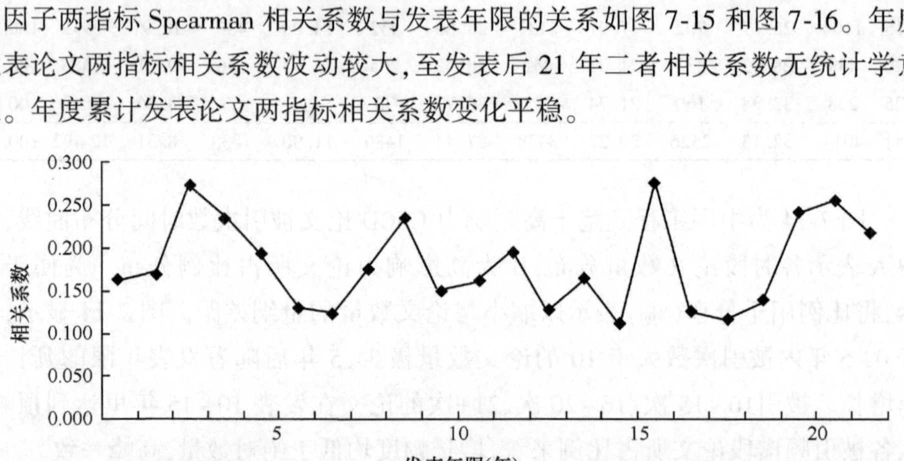

图 7-15　中国工程院生物医学院士年度 CSCD 论文被引次数与影响因子相关系数曲线

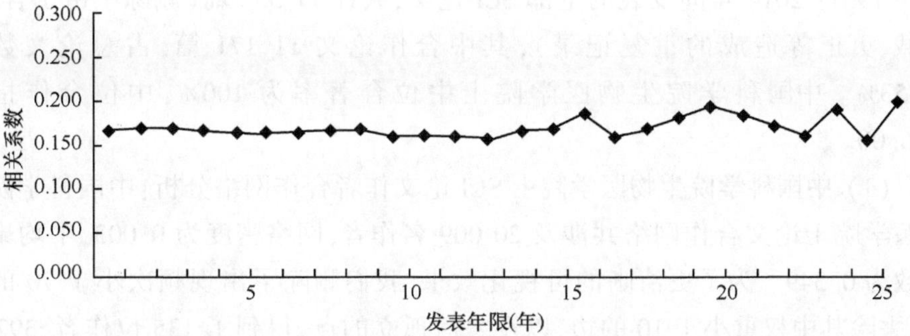

图 7-16　中国工程院生物医学院士年度累计 CSCD 论文被引次数与影响因子相关系数曲线

第二节　我国一流生物医学科学家科学论文合作关系

在大科学时代的背景下，生物医学领域学科分立与交叉融合并进。许多科学问题的范围、规模、成本和复杂性，远远超出一位科学家、甚至一个国家的能力，开展科研合作，组织或参与国际大科学研究计划已成为进入国际科学前沿和提高本国基础研究实力和水平的重要途径[3]。科学论文作为科研合作的产物，几乎是目前为止可以用于对基础研究合作活动进行定量研究的唯一表现形式[4]。本节从作者、学科、机构和国家等四个方面分析我国生物医学领域中国科学院和中国工程院院士科学论文合作关系，探寻我国生物医学科学家科研合作规律。

一、我国生物医学院士 SCI 论文合作关系

1. 中国科学院生物医学院士 SCI 论文合作关系　我们以中国科学院生物医学领域 99 位院士的 SCI 论文作为研究对象。相关原始数据，一部分由中国科学院文献情报中心根据我们提交的《中国科学院文献情报中心专题检索提问单》采集，一部分由我们在中国科学院文献情报中心自行采集，均自汤森路透 Web of Science 数据库采集，截止时间为 2014 年。我们将 99 位中国科学院生物医学院士姓名按 K1 ~K99 进行编码处理，运用 Python 程序分别生成中国科学院生物医学院士 SCI 论文作者、学科、机构、国家共现文件和科研合作网络。借助 Excel 进行数据库建立以及基本的统计描述；运用 Pajek、Bibexcel 和 Gephi 软件绘制合作网络图谱并计算各项指标，然后进行分析。

99 位中国科学院生物医学院士的第一篇 SCI 论文发表于 1961 年，采集他

们在1961~2014年间发表的全部SCI论文,共计11 338篇(删除了由于合作、转载、更正等造成的重复记录),其中合作论文11 171篇,占总论文数的98.53%。中国科学院生物医学院士中位合著率为100%,中位合作指数为6.00。

(1) 中国科学院生物医学院士SCI论文作者合作网络分析:中国科学院生物医学院士论文合作网络共涉及20 009名作者,网络密度为0.003,平均聚类系数为0.349。为了更清晰的可视化效果,我们删除了出现频次小于70的作者,去除其中权重小于10的边,以及之后孤立的点,得到了135位作者、392条边的合作网络(图7-17)。该网络密度为0.043,密度较小,团体合作不紧密,平均聚类系数为0.429;网络中存在部分联系紧密的合作团队,但相互之间缺乏广泛合作,没有形成整体、连通的网络,说明中国科学院院士大多倾向同固定合作者保持频繁的论文合作。

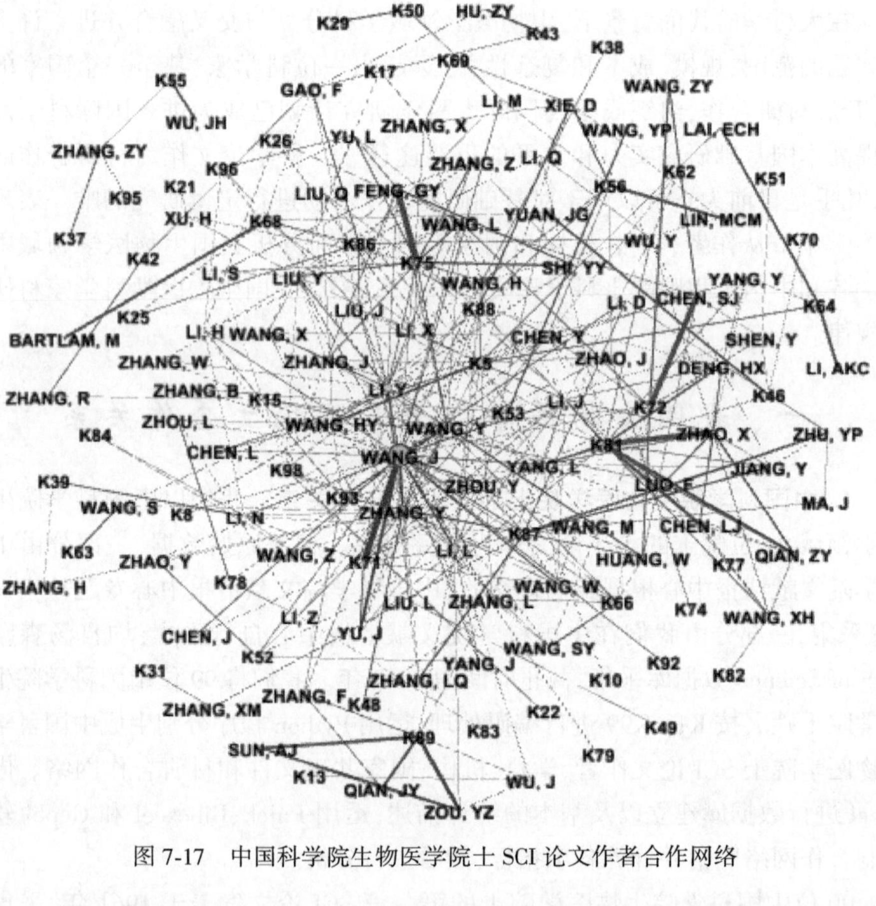

图7-17 中国科学院生物医学院士SCI论文作者合作网络

99 位中国科学院生物医学院士中有 71 位(71.72%)曾经与一个或多个该群体中其他院士至少合作过 1 篇论文。我们绘制了这 71 位中国科学院院士的内部合作网络(图 7-18),分析该群体内的科研合作。该网络包含 135 条边,网络密度为 0.054,平均聚类系数为 0.391,表明在该网络中,与同一人合作产出论文的两位院士之间有 39.1% 的可能性发生合作。其中编号为 K46(14)、K71(14)、K72(14)、K66(12)和 K75(11)的 5 位中国科学院院士的点度中心度较高,与较多的其他中国科学院院士产生过合作论文。编号为 K72、K40、K71、K75 和 K87 等中国科学院院士的中介中心度较高,处于整个网络的核心位置,在网络交流中起到了桥梁和组织者的作用。

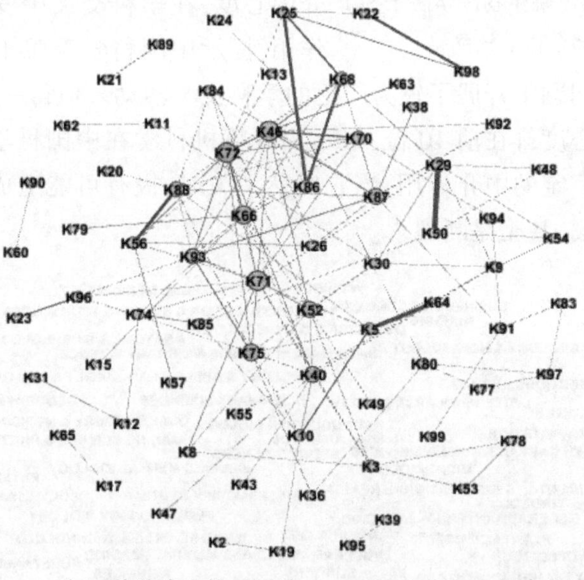

图 7-18　中国科学院生物医学院士 SCI 论文作者内部合作网络

图 7-19 是中国科学院生物医学院士 SCI 论文合作网络中的最大 K 核(5 核)网络,共有 13 个节点,占节点总数的 13.13%;44 条边,占边总数的 32.59%,即约有 30% 的合作关系发生在 13.13% 的院士之间。该小团体是中国科学院生物医学院士群体内部关系最密切的小团体,每个成员都至少与其他 5 个成员有过论文合作关系。

(2) 中国科学院生物医学院士 SCI 论文学科合作网络分析:如图 7-20 所示,中国科学院生物医学院士 SCI 论文学科合作网络包含 106 个节点和 516 条边,网络密度为 0.093,平均聚类系数 0.556,提示这些学科之间有较大的交叉合作的潜在可能性。该网络涉及学科范围很广,其中点度中心度最高的是生物化

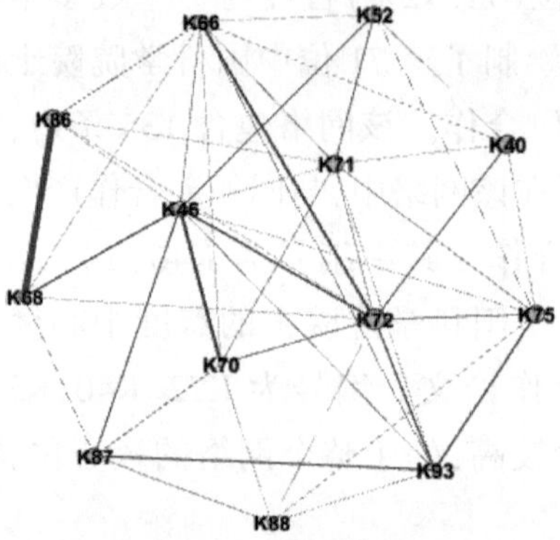

图 7-19　中国科学院生物医学院士 SCI 论文内部合作 5 核网络

学与分子生物学，即该中国科学院院士跨学科 SCI 论文中涉及生物化学与分子生物学的最多，与其交叉最多的是生物物理学，其次是细胞生物学、遗传学等学科；同时其中介中心度也很高，提示以该学科为中心形成了中国科学院院士 SCI 论文学科合作网络中交叉合作最紧密的学科群。

由表 7-17 可见，神经科学和神经病学、环境科学与生态学和肿瘤学具有较高的中介中心度，在学科交叉中发挥重要的中介作用，提示中国科学院院士在探讨解决上述学科领域的问题中开展了较为广泛的学科交叉活动。值得一提的是，计算机科学的中介中心度排在前 10 位，显示出计算机科学在中国科学院院士的科学研究中发挥着一定的中介作用，当它突然消失时，极有可能造成网络中信息交流渠道的不通畅，甚至是断裂[4]。

图 7-20　中国科学院生物医学院士 SCI 论文学科合作网络

表 7-17　中国科学院生物医学院士 SCI 论文学科合作网络中心度指标排名前 10 的学科

排名	学科	点度中心度	学科	中介中心度
1	生物化学与分子生物学	42	神经科学与神经病学	760.999
2	神经科学与神经病学	39	生物化学与分子生物学	670.543
3	肿瘤学	30	环境科学与生态学	567.728
4	药理学与药剂学	29	肿瘤学	502.963
5	工程学	28	工程学	474.277
6	研究与实验医学	27	药理学与药剂学	354.143
7	遗传学	27	遗传学	318.044
8	生物技术与应用微生物学	27	环境与职业卫生学	316.455
9	环境科学与生态学	26	核医学与医学影像学	302.079
10	细胞生物学	23	计算机科学	274.872

（3）中国科学院生物医学院士 SCI 论文机构合作网络分析：中国科学院生物医学院士机构合作网络共涉及机构 3344 个，网络密度为 0.010，平均聚类系数为 0.327。为了辨识我国生物医学领域高端合作交流活动中处于重要位置的机构，我们选择出现频次大于 20 的机构为网络节点，同时删除合作次数小于 20 的边，以及之后孤立的点，构建了中国科学院院士参与的机构合作网络（图 7-21），包含 71 个节点和 144 条边，密度为 0.058，平均聚类系数为 0.744，说明这

图 7-21　中国科学院生物医学院士 SCI 论文机构合作网络

些机构凝聚程度很高,发生合作的可能性很高。此外,该网络中心趋势很明显,中国科学院的点度中心度和中介中心度均远超其他机构,分别为 53 和 1811.773,是最有影响力和控制力的机构,主导着中国科学院生物医学院士的知识交流活动(表 7-18)。

表 7-18　中国科学院生物医学院士 SCI 论文机构合作网络两种中心度指标排名前 10 的机构

排名	机构	点度中心度	机构	中介中心度
1	中国科学院	53	中国科学院	1811.773
2	复旦大学	23	北京大学	425.917
3	上海交通大学	18	复旦大学	227.814
4	北京大学	17	上海交通大学	201.680
5	中国医学科学院	13	香港大学	147.206
6	香港大学	11	中山大学	77.889
7	中山大学	10	中国疾病预防控制中心	69.000
8	香港中文大学	9	天津医科大学	69.000
9	国家人类基因组南方研究中心	8	深圳华大基因研究院	69.000
10	第二军医大学	6	厦门大学	69.000

(4) 中国科学院生物医学院士 SCI 论文国际合作网络分析:在交流便捷的当代社会,生物医学领域的国际合作已是大势所趋。我们绘制了中国科学院生物医学院士 SCI 论文的国际合作网络,并从更加宏观的层面对其合作活动进行展示。

由图 7-22 可见,该网络共 96 个节点,1374 条边。网络密度为 0.301,平均聚类系数为 0.812。中国作为网络中点度中心度(91)和中介中心度(849.152)均最高的国家,与所有核心国家/地区都保持较稳定的合作关系,形成了该网络中以其为核心的最大 27 核小团体,即该团体中所有国家/地区都至少和其他 27 个国家/地区产生过论文合作关系。该小团体中包括 39 个节点,占所有节点的 40.62%;659 条边,占 47.96%,说明中国科学院院士 SCI 论文的国际合作网络中近一半的合作关系产生在 40.62% 的国家/地区之间(图 7-23)。

点度中心度排名前五的还包括美国(84)、英格兰(81)、德国(63)和俄罗斯(63),这些国家/地区在图中显示为最大的几个节点。从中介中心度来看,美国和英格兰仍是继中国之后的排名最前的国家/地区,提示中美英在中国科学院院士的科研交流活动中起着核心与桥梁作用(表 7-19)。

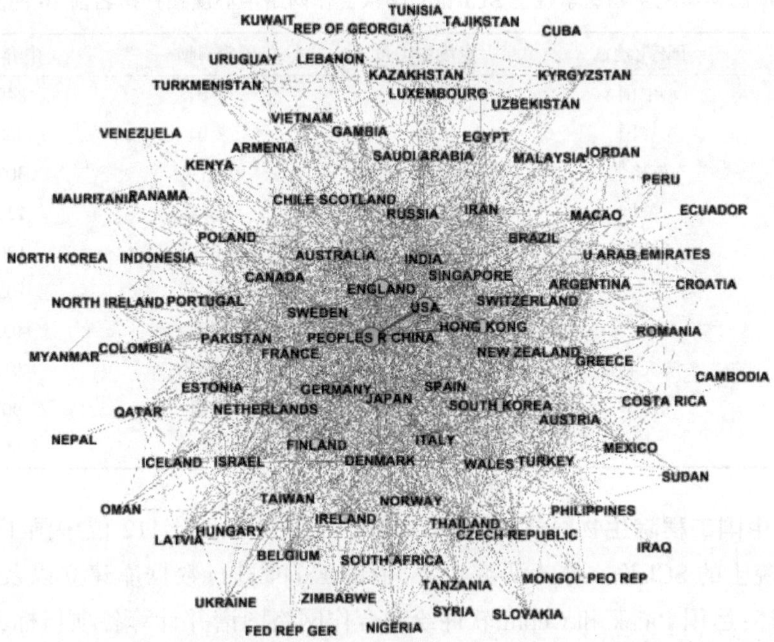

图 7-22　中国科学院生物医学院士 SCI 论文国际合作网络

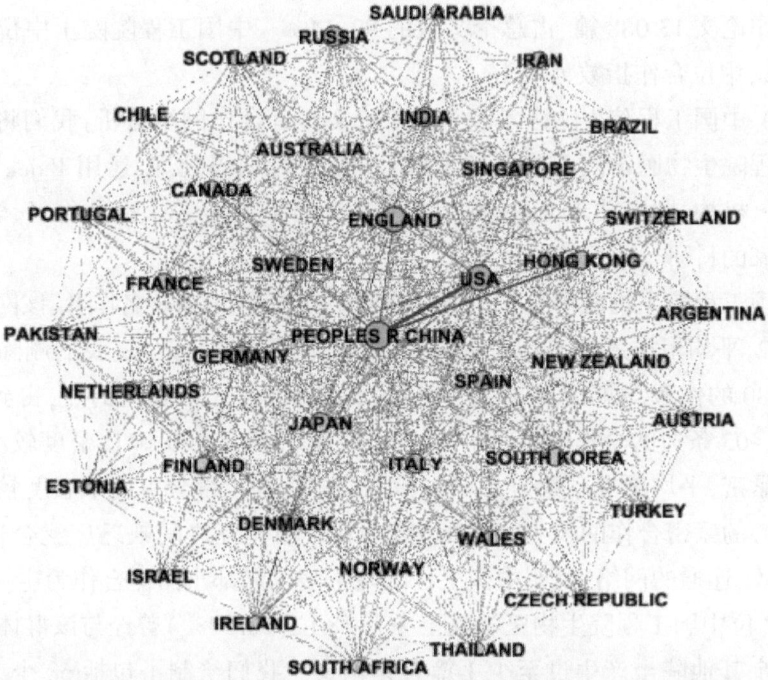

图 7-23　中国科学院生物医学院士 SCI 论文国际合作 27 核网络

表 7-19 中国科学院生物医学院士 SCI 论文国家合作网络中心度指标排名前 10 的国家/地区

排名	国家/地区	点度中心度	国家/地区	中介中心度
1	中国	91	中国	849.152
2	美国	84	美国	400.150
3	英格兰	81	英格兰	307.772
4	德国	63	俄罗斯	122.520
5	俄罗斯	63	印度	120.128
6	意大利	61	意大利	105.492
7	西班牙	61	德国	93.864
8	澳大利亚	59	西班牙	91.817
9	日本	59	法国	90.808
10	法国	57	加拿大	85.071

2. 中国工程院生物医学院士 SCI 论文合作关系 以 112 位中国工程院生物医学院士的 SCI 论文作为研究对象，借助 Excel 进行数据库建立以及基本的统计描述；运用 Pajek 和 Gephi 软件绘制合作网络图谱并计算各项指标，然后进行分析。

1975~2014 年，112 位中国工程院生物医学院士共发表 SCI 论文 13 201 篇，其中合作论文 13 088 篇，占总论文数的 99.14%。中国工程院院士中位合著率为 100%，中位合作指数为 7.16。

(1) 中国工程院生物医学院士 SCI 论文作者合作网络分析：我们将 112 位中国工程院生物医学院士姓名按 G1~G112 进行编码处理，运用 Pajek 生成作者、学科、机构、国家共现文件，并生成中国工程院院士 SCI 论文作者、学科、机构和国家的科研合作网络。

中国工程院生物医学院士论文合作网络共涉及 19 468 名作者，该网络密度为 0.002，平均聚类系数为 0.232。为了更清晰的可视化效果，我们删除出现频次小于 80 的作者，去除其中权重小于 10 的边，以及之后孤立的点，得到了 140 名作者、403 条边的合作网络（图 7-24）。该网络密度为 0.041，密度较小，团体合作不紧密，平均聚类系数为 0.498，该网络中存在以部分点度中心度较高的作者为核心的紧密合作的较为稳定的合作团队，但相互之间缺乏广泛合作，没有形成整体、连通的网络，说明中国工程院院士多以局部小团体合作为主。

112 位中国工程院生物医学院士中有 68 位（60.71%）曾经与该群体内部一个或多个其他院士产生过至少 1 篇合作论文。我们绘制了包括 68 个节点、93 条边的中国工程院院士内部合作网络，分析中国工程院院士之间的内部合作。

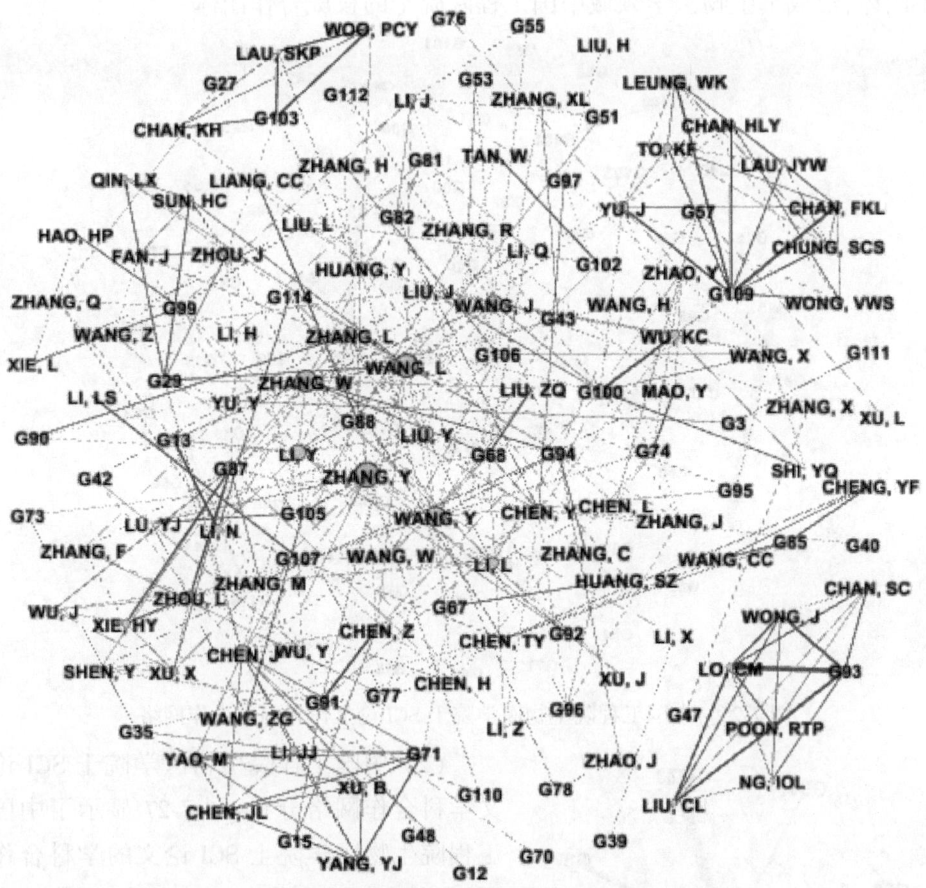

图 7-24　中国工程院生物医学院士 SCI 论文作者合作网络

该网络密度为 0. 041；平均聚类系数为 0. 197，表明在该网络中，与同一人合作产出论文的两位中国工程院院士之间有 19. 7%的可能性发生合作。其中，编码为 G82(9)、G46(8)、G87(8)、G35(8)、G102(7)的中国工程院院士的点度中心度较高，与较多的其他中国工程院院士有过 SCI 论文合作。编码为 G82、G71、G90、G98、G83 等五位中国工程院院士的中介中心度较高，处于整个网络的核心位置，在网络交流中起到了桥梁和组织者的作用(图 7-25)。

图 7-26 显示了中国工程院生物医学院士 SCI 论文作者内部合作网络中的最大 K 核(3 核)网络，在这个团体中，每个成员都至少和其他 3 个成员有过论文合作关系。该小团体共有 9 个节点，占节点总数的 8. 04%；有 19 条边，占边总数的 20. 43%，即约有 20%的合作关系发生在 8. 04%的作者之间。网络密度为 0. 528，平均聚类系数为 0. 499，是整个中国工程院院士群体中关系最密切的

小团体,形成了生物医学领域中国工程院院士的权威合作团体。

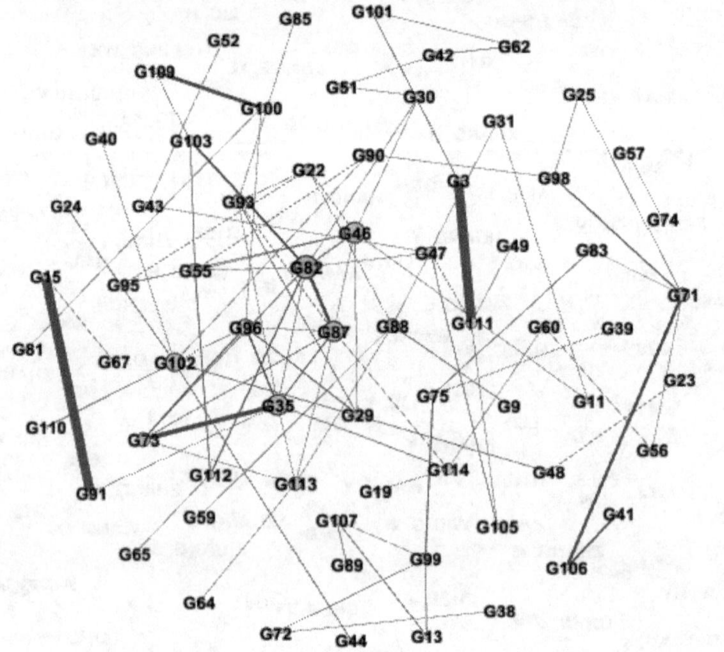

图 7-25 中国工程院生物医学院士 SCI 论文作者内部合作网络

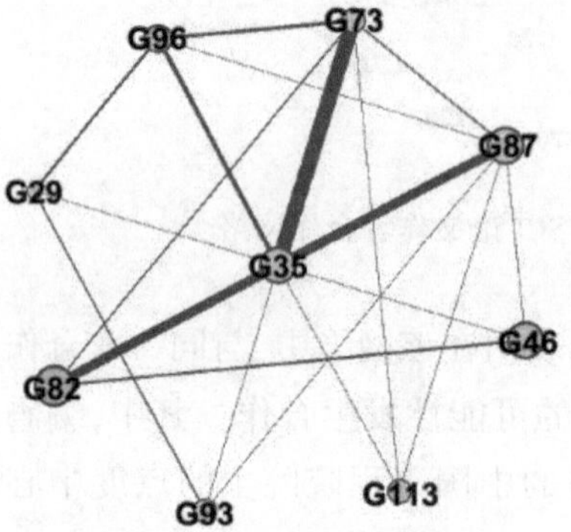

图 7-26 中国工程院生物医学院士 SCI 论文作者内部合作 3 核网络

(2) 中国工程院生物医学院士 SCI 论文学科合作网络分析:图 7-27 显示了中国工程院生物医学院士 SCI 论文的学科合作网络,包含 104 个节点,541 条边,网络密度为 0.101,平均聚类系数为 0.528。

该网络涉及学科范围很广,点度中心度和中介中心度均最高的生物化学和分子生物学,处于该网络的核心位置,与其关联最紧密的学科是生物物理学,其次是化学、基因遗传学等学科,他们共同构成网络中交叉合作最紧密的学科群,是我国生物医学领域中国工程院院士研究的主流学科,同时工程学、材料科学及器官移植科学等应用技术学科,在生物医学领域中国工程院院士的科研合作中发挥着重要的作用(表 7-20)。

图 7-27　中国工程院生物医学院士 SCI 论文学科合作网络

表 7-20　中国工程院生物医学院士 SCI 论文学科合作网络中心度指标排名前 10 的学科

排名	学科	点度中心度	学科	中介中心度
1	生物化学与分子生物学	42	生物化学与分子生物学	596.595
2	药理学与药剂学	35	环境科学与生态学	545.579
3	神经科学与神经病学	33	工程学	542.384
4	工程学	33	环境与职业卫生学	500.077
5	细胞生物学	29	神经科学与神经病学	443.536
6	生物技术与应用微生物学	28	药理学与药剂学	425.839
7	外科学	28	生物技术与应用微生物学	277.144
8	免疫学	26	生物物理学	253.015
9	生物物理学	26	细胞生物学	233.585
10	环境与职业卫生学	25	核医学与医学影像学	207.746

（3）中国工程院生物医学院士 SCI 论文机构合作网络分析：中国工程院生物医学院士机构合作网络共包含 3981 个机构，该网络密度为 0.005，平均聚类系数为 0.225。为了研究中国工程院院士 SCI 论文参与的机构合作，辨识处于我国生物医学领域高端合作交流活动中重要位置的机构，我们选择出现频次大于 20 的

机构为网络节点,同时删除合作次数小于 20 的边,以及之后孤立的点,构建了中国工程院院士参与的机构合作网络,包含 68 个节点,127 条边(图 7-28)。

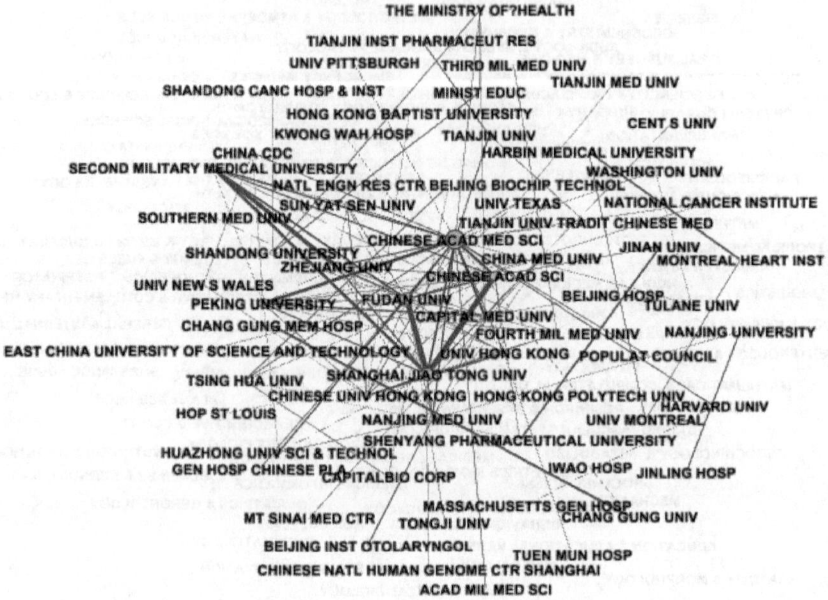

图 7-28　中国工程院生物医学院士 SCI 论文机构合作网络

该网络密度为 0.065,平均聚类系数为 0.58,说明这些机构凝聚程度很高,该网络中心趋势很明显,中国医学科学院的点度中心度和中介中心度均远超其他机构,成为最有影响力和控制力的机构,主导着中国工程院生物医学院士群体的知识交流活动(表 7-21)。

表 7-21　中国工程院生物医学院士 SCI 论文机构合作网络两种中心度指标排名前 10 的机构

排名	机构	点度中心度	机构	中介中心度
1	中国医学科学院	28	中国医学科学院	824.505
2	复旦大学	17	上海交通大学	231.290
3	上海交通大学	17	复旦大学	193.498
4	北京大学	13	中国科学院	172.856
5	中国科学院	12	香港大学	159.397
6	浙江大学	10	首都医科大学	126.374
7	香港大学	10	清华大学	116.843
8	香港中文大学	10	南京医科大学	114.807
9	首都医科大学	9	香港中文大学	108.752
10	第二军医大学	8	山东大学	83.617

(4) 中国工程院生物医学院士 SCI 论文国际合作网络分析:在交流便捷的当代社会,生物医学领域的国际合作已是大势所趋。我们绘制了中国工程院生物医学院士 SCI 论文的国际合作网络,以从更加宏观的层面对院士合作活动进行展示(图 7-29)。该网络共 92 个节点,1400 条边,网络密度为 0.334,平均聚类系数为 0.85。

图 7-29 中国工程院生物医学院士 SCI 论文国际合作网络

该网络中,中国的点度中心度和中介中心度均最高,与所有核心国家/地区都保持较稳定的合作关系,形成了该网络中最大 K 核(38 核)小团体,该团体中所有国家/地区都至少和其他 38 个国家/地区产生过论文合作关系。该小团体包括 39 个节点,占所有节点的 42.39%;741 条边,占 52.93%,说明该网络中一半的合作关系产生在 42.93%的国家/地区之间(图 7-30)。

点度中心度排名前五的其他国家/地区有美国(80)、英格兰(69)、中国香港(69)、澳大利亚(67),这些国家/地区在图中显示为最大的几个节点。从中介中心度来看,排名前五位的仍是中国、美国、中国香港、英格兰和澳大利亚,提示这些国家/地区在我国工程院院士 SCI 论文的合作交流中发挥着核心和桥梁作用(表 7-22)。

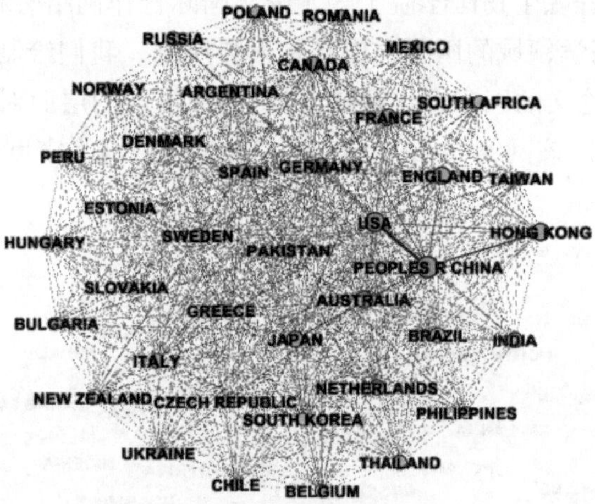

图 7-30　中国工程院生物医学院士 SCI 论文国际合作 38 核网络

表 7-22　中国工程院生物医学院士 SCI 论文国际合作网络中心度指标排名前 10 的国家/地区

排名	国家/地区	点度中心度	国家/地区	中介中心度
1	中国	87	中国	687.762
2	美国	80	美国	403.065
3	英格兰	69	中国香港	268.411
4	中国香港	69	英格兰	190.662
5	澳大利亚	67	澳大利亚	157.344
6	法国	65	日本	111.041
7	日本	64	法国	88.998
8	德国	62	德国	83.013
9	印度	61	巴西	81.667
10	荷兰	61	印度	74.582

二、我国生物医学院士 CSCD 论文合作关系

1. 中国科学院生物医学院士 CSCD 论文合作关系

(1) 中国科学院生物医学院士 CSCD 论文合作一般情况分析:99 位中国科学院院士的第一篇 CSCD 论文发表于 1989 年,采集他们在 1989~2014 年间发表的全部 CSCD 论文,共计 8972 篇,其中合作论文 8578 篇,占总论文数的 95.61%。

(2) 中国科学院生物医学院士 CSCD 论文作者合作网络分析:我们将中国

科学院院士姓名按 K1～K99 进行编码处理，运用 Pajek 生成院士 CSCD 论文作者、学科、机构共现文件，采用 Gephi 社会网络分析工具生成院士 CSCD 论文作者、学科、机构的科研合作网络。

中国科学院院士论文合作网络共涉及 11 730 名作者，该网络密度为 0.0010，密度较小，团体合作不紧密，平均聚类系数为 0.186。为了更清晰的可视化效果，我们删除出现频次小于 40 的作者，去除其中权重小于 5 的边，以及之后孤立的点，得到了 82 名作者、157 条边的合作网络（图 7-31）。其中，每个节点代表一位作者，节点越大，则该作者的点度中心度越高，表示其合作者越多；节点颜色越深，说明该作者的中介中心度越高，提示其在合作网络中的中介作用越大；节点之间的边则代表两位作者之间产生的合作关系，边越粗则合作越多，反之则越少。

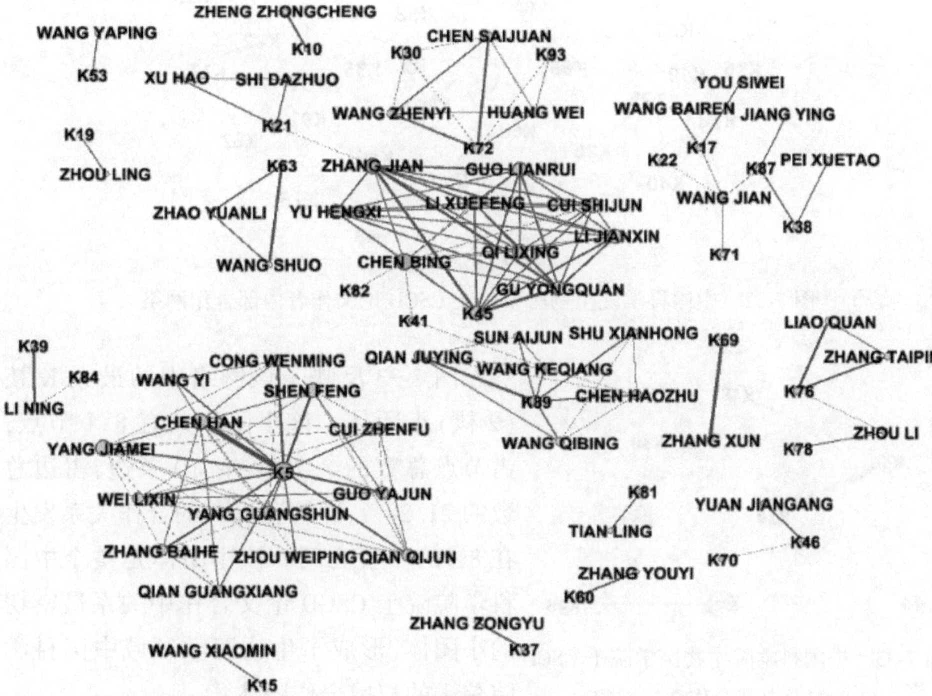

图 7-31　中国科学院生物医学院士 CSCD 论文作者合作网络

该网络密度为 0.047，密度较小，团体合作不紧密，平均聚类系数为 0.704，该网络中存在以部分点度中心度较高的作者为核心的紧密合作的团队，但相互之间缺乏广泛合作，没有形成整体、连通的网络。

99 位中国科学院院士中有 56 位（56.57%）曾经与该群体中一个或多个其

他院士至少合作过1篇CSCD论文。我们绘制了包括56位院士、47条边的中国科学院院士CSCD论文内部合作网络(图7-32)。该网络周围存在较多零散的合作对,网络密度为0.031;平均聚类系数为0.091,表明在该网络中,与同一人合作产出论文的两位院士之间有9.1%的可能性发生合作。

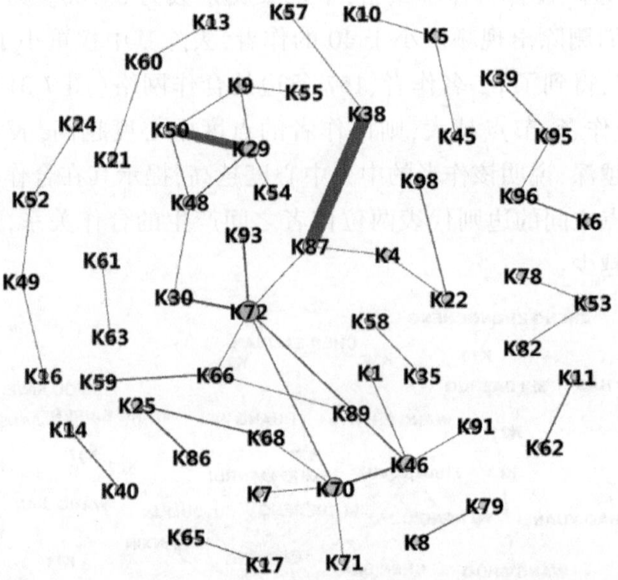

图7-32 中国科学院生物医学院士CSCD论文作者内部合作网络

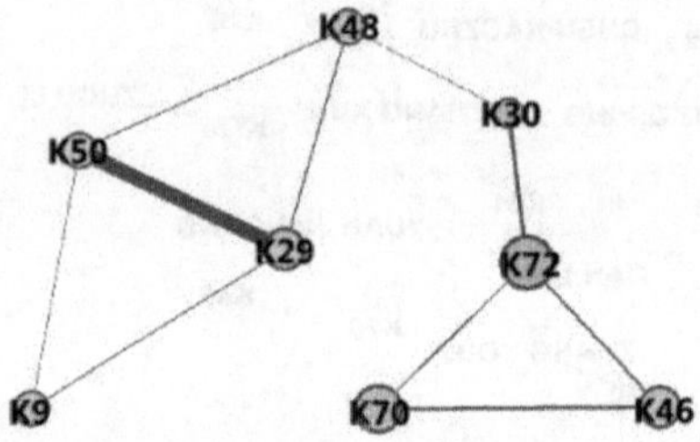

图7-33 中国科学院生物医学院士CSCD论文作者内部合作2核网络

图7-33反映了该网络中的最大K核(2核)小团体。该小团体共有8个节点,占节点总数的8.25%;有10条边,占边总数的21.28%,即约有20%的合作关系发生在8%的作者之间。该小团体是整个中国科学院院士CSCD论文合作中关系最密切的小团体,形成了生物医学领域中国科学院院士的权威合作团体。

其中编号为K72(6)、K70(5)、K46(4)、K29(4)和K66(3)五位中国科学院院士的点度中心度较高,与较多的其他中国科学院院士产生过CSCD论文合作。编号为K72、K30、K70、K87和K48的五位中国科学院院士的中介中心度较高,处于整个网络的核心位置,在网络交流中起到了桥梁和组织者的作用。

(3)中国科学院生物医学院士CSCD论文学科合作网络分析:中国科学院

生物医学院士 CSCD 论文学科合作网络包含 51 个节点，139 条边，网络密度为 0.109，平均聚类系数为 0.538。该网络涉及学科范围很广，其中全科医学与内科学以最高的点度中心度和中介中心度，占据网络的核心位置，与其关联最紧密的学科是肿瘤学，其次是外科学、药学、生物化学与分子生物学等学科，它们共同构成网络中最集中而独特的学科群（表 7-23，图 7-34）。

表 7-23　中国科学院生物医学院士 CSCD 论文学科合作网络中心度指标排名前 10 的学科

排名	学科	SUBJECT	点度中心度	学科	SUBJECT	中介中心度
1	全科医学与内科学	GENERAL & INTERNAL MEDICINE	28	全科医学与内科学	GENERAL & INTERNAL MEDICINE	433.92
2	基因遗传学	GENETICS & HEREDITY	21	基因遗传学	GENETICS & HEREDITY	187.87
3	生物化学与分子生物学	BIOCHEMISTRY & MOLECULAR BIOLOGY	17	动物学	ZOOLOGY	177.93
4	神经科学	NEUROSCIENCES & NEUROLOGY	16	农学	AGRICULTURE	135.90
5	农学	AGRICULTURE	16	神经科学	NEUROSCIENCES & NEUROLOGY	133.75
6	动物学	ZOOLOGY	15	生物化学与分子生物学	BIOCHEMISTRY & MOLECULAR BIOLOGY	126.76
7	药学	PHARMACOLOGY & PHARMACY	13	环境科学和生态学	ENVIRONMENTAL SCIENCES & ECOLOGY	99.41
8	细胞生物学	CELL BIOLOGY	12	化学	CHEMISTRY	68.50
9	肿瘤学	ONCOLOGY	10	药学	PHARMACOLOGY & PHARMACY	67.83
10	外科学	SURGERY	9	计算机科学	COMPUTER SCIENCE	65.66

（4）中国科学院生物医学院士 CSCD 论文机构合作网络分析：中国科学院生物医学院士 CSCD 论文机构合作网络密度为 0.0065，平均聚类系数为 0.168，为了研究中国科学院院士 CSCD 论文的机构合作，辨识处于我国生物医学领域高端合作交流活动中重要位置的机构，我们选择出现频次大于 20 的机构为网络节点，同时删除合作次数小于 5 的边，以及之后孤立的点，构建了中国科学院院士参与的机构合作网络，包含 62 个节点，119 条边（图 7-35）。该网络密度为 0.063，平均聚类系数为 0.374，机构间凝聚程度很高，网络中心趋势很明显，以中国科学院为核心进行合作交流。该网络中各节点几乎均为著名大学和机构，存在不同类型机构间的合作关系，如社会服务部门与大学，大学与科研机构间

等(表 7-24)。

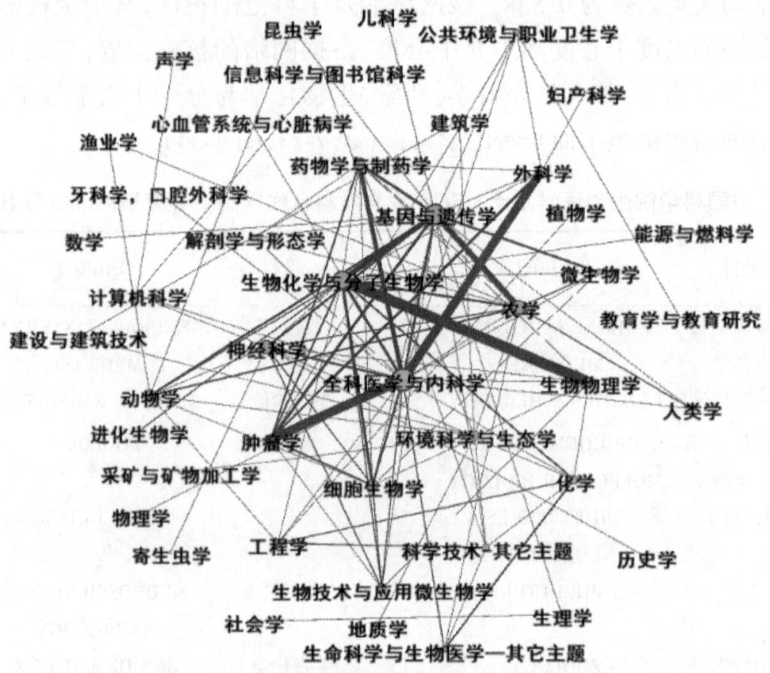

图 7-34　中国科学院生物医学院士 CSCD 论文学科合作网络

图 7-35　中国科学院生物医学院士 CSCD 论文机构合作网络

表 7-24　中国科学院生物医学院士 CSCD 论文机构合作网络两种中心度指标排名前 10 的机构

排名	机构	点度中心度	机构	中介中心度
1	中国科学院	33	中国科学院	1264. 29
2	北京大学	13	军事医学科学院	264. 09
3	复旦大学	11	北京大学	240. 49
4	军事医学科学院	11	上海交通大学附属瑞金医院	214. 34
5	中国医学科学院	9	复旦大学	194. 36
6	中国农业大学	8	中国农业大学	157. 62
7	上海交通大学附属瑞金医院	8	第四军医大学	105. 72
8	中国疾病预防控制中心	6	中国疾病预防控制中心	83. 18
9	复旦大学附属中山医院	6	中国中医科学院西苑医院	79. 50
10	南方医科大学	6	中国医学科学院	78. 59

2. 中国工程院生物医学院士 CSCD 论文合作关系

(1) 中国工程院生物医学院士 CSCD 论文合作一般情况分析:113 位中国工程院院士的第一篇 CSCD 论文发表于 1989 年,采集他们在 1989~2014 年间发表的全部 CSCD 论文,共计 21 050 篇,其中合作论文 19 943 篇,占总论文数的 94. 74%。

(2) 中国工程院生物医学院士 CSCD 论文作者合作网络分析:我们将中国工程院生物医学院士姓名按 G1~G114 进行编码处理,运用 Pajek 生成院士 CSCD 论文作者、学科、机构共现文件,采用 Gephi 社会网络分析工具生成院士 CSCD 论文作者、学科、机构的科研合作网络。

中国工程院生物医学院士 CSCD 论文合作网络共涉及 20 812 名作者,该网络密度为 0. 000 72,密度较小,团体合作不紧密,平均聚类系数为 0. 155。为了更清晰的可视化效果,我们删除出现频次小于 80 的作者,去除其中权重小于 10 的边,以及之后孤立的点,得到了 104 名作者、181 条边的合作网络(图 7-36)。密度为 0. 034,密度较小,团体合作不紧密,平均聚类系数为 0. 738,该网络中存在以部分点度中心度较高的作者为核心的紧密合作的团队,但相互之间缺乏广泛合作,没有形成整体、连通的网络。

113 位中国工程院院士中有 64 位曾经与该群体中一个或多个其他中国工程院院士合作过至少 1 篇 CSCD 论文,占所有节点的 56. 64%。我们绘制了包括 64 个节点、73 条边的中国工程院院士 CSCD 论文内部合作网络(图 7-37)。该网络周围存在较多零散的合作对;网络密度为 0. 036,平均聚类系数为 0. 313,表明在该网络中,与同一人合作产出 CSCD 论文的两位中国工程院院士之间有 31. 3%的可能性发生合作。

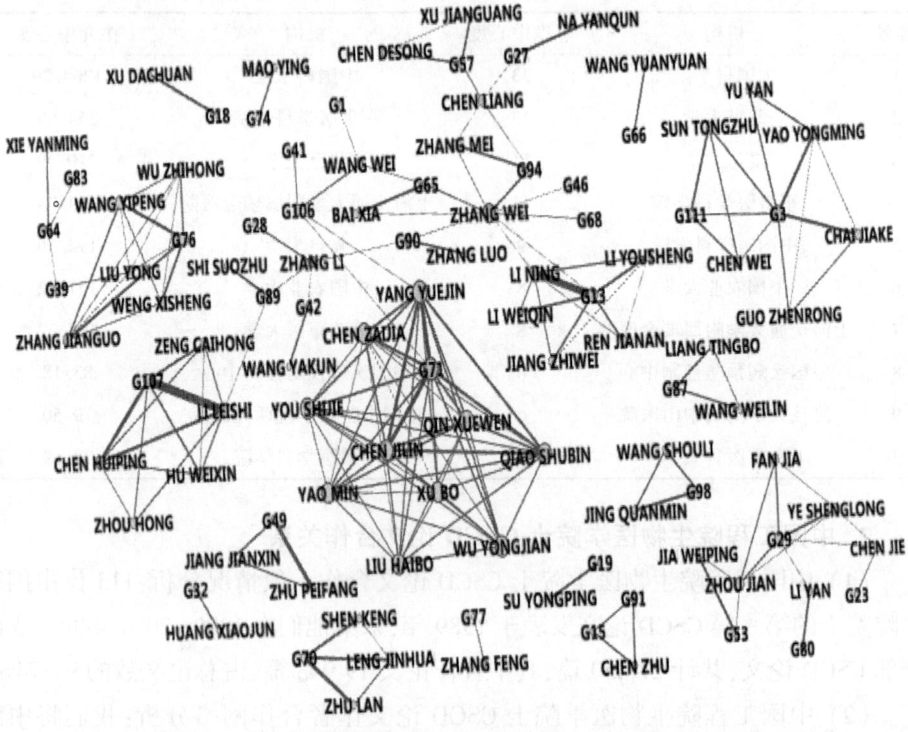

图 7-36　中国工程院生物医学院士 CSCD 论文作者合作网络

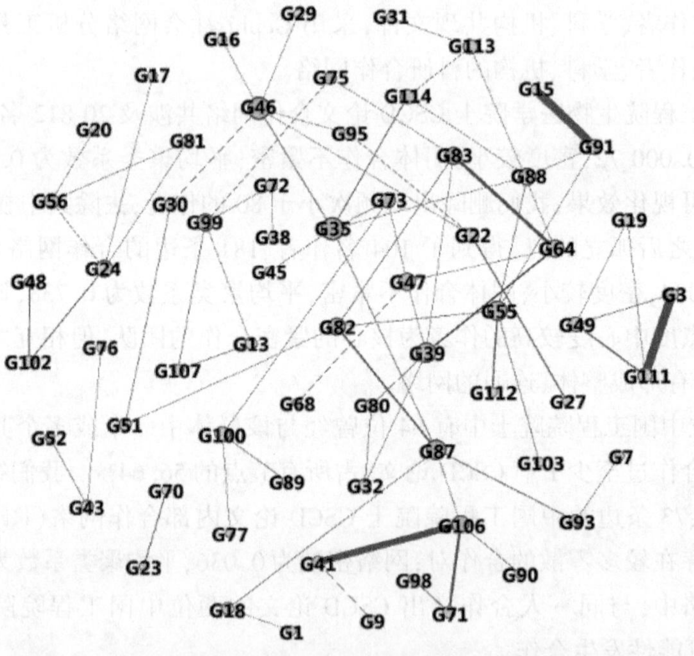

图 7-37　中国工程院生物医学院士 CSCD 论文作者内部合作网络

其中编码为 G35(6)、G46(6)、G55(5)、G87(5)和 G39(5)的五位中国工程院院士点度中心度较高,与较多的其他中国工程院院士产生过合作论文。编码为 G87、G35、G82、G83 和 G46 的五位中国工程院院士中介中心度较高,处于整个网络的核心位置,在网络交流中起到了桥梁和组织者的作用。

图 7-38 显示了中国工程院院士 CSCD 论文内部合作网络中的最大 K 核(2 核),在这个团体中每个成员都至少和其他 2 个成员有过 CSCD 论文合作。该小团体共有 31 个节点,占节点总数的 27.43%;有 42 条边,占边总数的 57.53%,即约有 60%的中国工程院院士 CSCD 论文的内部合作关系发生在 30%的中国工程院院士之间。该小团体是整个中国工程院院士 CSCD 论文中关系最密切的小团体,形成了生物医学领域院士的权威合作团体。

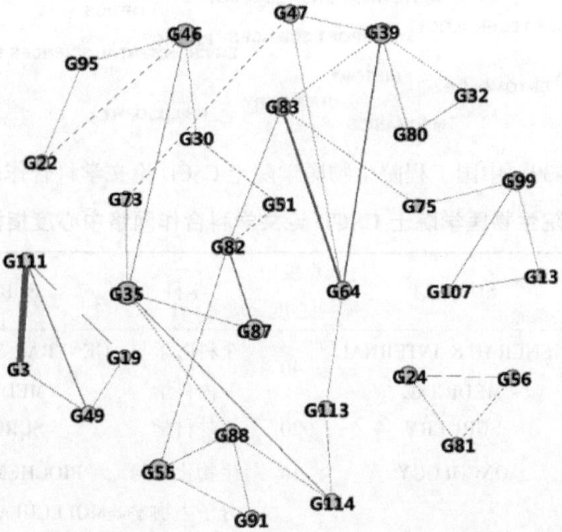

图 7-38　中国工程院生物医学院士 CSCD 论文作者内部合作 2 核网络

(3) 中国工程院生物医学院士 CSCD 论文学科合作网络分析:如图 7-39 所示,中国工程院生物医学院士 CSCD 论文学科合作网络包含 52 个节点,148 条边,网络密度为 0.112,平均聚类系数为 0.608。该网络涉及学科范围很广,其中处于核心位置的是全科医学与内科学,与它关联最紧密的学科是外科学,其次是药学、肿瘤学、基因遗传学等学科,它们共同构成网络中交叉最紧密的学科群。

由表 7-25 可见,全科医学与内科学、外科学和肿瘤学的点度中心度与中介中心度均排在前 5 位,提示中国工程院院士在探讨解决这些临床学科问题时开展了广泛的学科交叉合作;生物化学与分子生物学的中心度也较高,尤其是中介中心度,表明其在中国工程院院士 CSCD 论文的学科交叉中发挥着重要的桥梁作用。

图 7-39　中国工程院生物医学院士 CSCD 论文学科合作网络

表 7-25　中国工程院生物医学院士 CSCD 论文学科合作网络中心度指标排名前 10 的学科

排名	学科	SUBJECT	点度中心度	学科	SUBJECT	中介中心度
1	全科医学与内科学	GENERAL & INTERNAL MEDICINE	40	全科医学与内科学	GENERAL & INTERNAL MEDICINE	793. 72
2	外科学	SURGERY	20	外科学	SURGERY	118. 00
3	肿瘤学	ONCOLOGY	16	生物化学与分子生物学	BIOCHEMISTRY & MOLECULAR BIOLOGY	115. 22
4	环境与职业卫生学	ENVIRONMENTAL & OCCUPATIONAL HEALTH	15	肿瘤学	ONCOLOGY	77. 74
5	生物化学与分子生物学	BIOCHEMISTRY & MOLECULAR BIOLOGY	15	生物技术与应用微生物学	BIOTECHNOLOGY & APPLIED MICROBIOLOGY	76. 72
6	药学	PHARMACOLOGY & PHARMACY	14	农学	AGRICULTURE	58. 81
7	神经科学	NEUROSCIENCES & NEUROLOGY	13	植物科学	PLANT SCIENCES	51. 50
8	遗传学	GENETICS & HEREDITY	11	物理学	PHYSICS	50. 00
9	生物技术与应用微生物学	BIOTECHNOLOGY & APPLIED MICROBIOLOGY	11	化学	CHEMISTRY	44. 10
10	细胞生物学	CELL BIOLOGY	9	环境与职业卫生学	ENVIRONMENTAL & OCCUPATIONAL HEALTH	33. 79

（4）中国工程院生物医学院士 CSCD 论文机构合作网络分析：中国工程院生物医学院士 CSCD 论文机构合作网络密度为 0.0045，平均聚类系数为 0.211。为了研究中国工程院院士 CSCD 论文参与的机构合作，辨识处于我国生物医学领域高端合作交流活动中重要位置的机构，我们选择出现频次大于 50 的机构为网络节点，同时删除合作次数小于 10 的边，以及之后孤立的点，构建了中国工程院院士 CSCD 论文的机构合作网络（图 7-40）。该网络包含 74 个节点，128 条边，密度为 0.047，平均聚类系数为 0.281，机构间的合作不够紧密，凝聚程度较低；未见有明显的中心边缘结构，其中中国医学科学院、解放军总医院与中国科学院的点度中心度和中介中心度较高，提示这些机构在中国工程院院士 CSCD 论文合作中占据着核心和桥梁位置（表 7-26）。

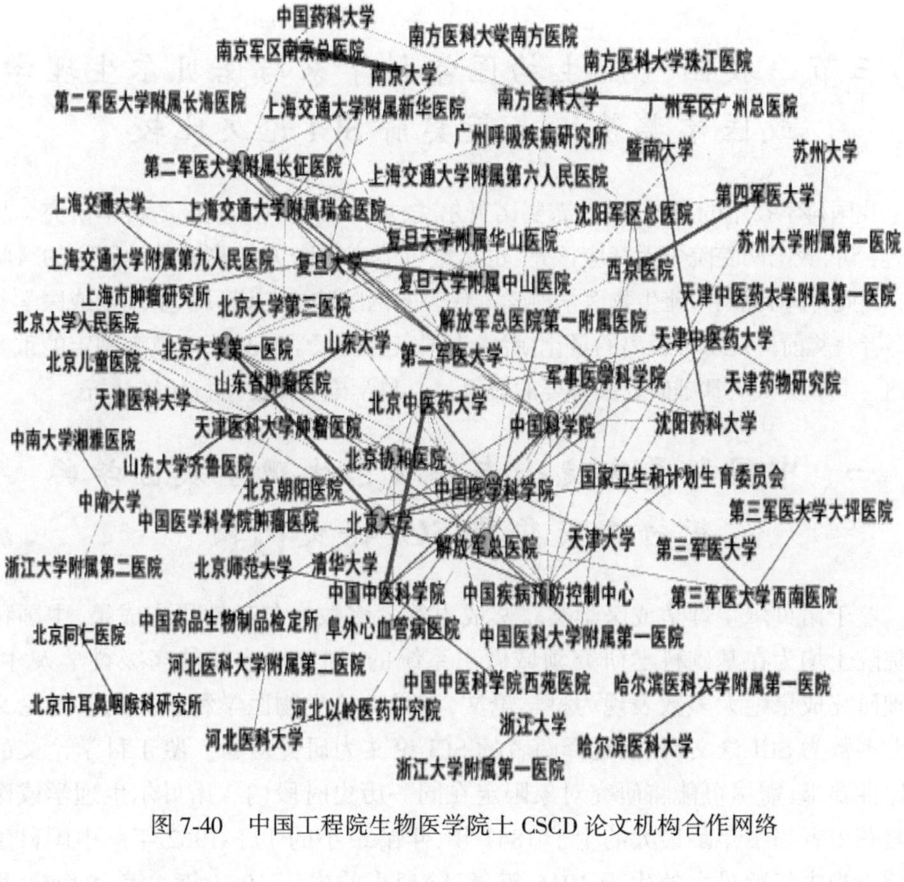

图 7-40　中国工程院生物医学院士 CSCD 论文机构合作网络

表 7-26　中国工程院生物医学院士 CSCD 论文机构合作网络两种中心度指标排名前 10 的机构

排名	机构	点度中心度	机构	中介中心度
1	中国医学科学院	11	解放军总医院	392.01
2	解放军总医院	11	中国科学院	364.46
3	北京大学第一医院	10	军事医学科学院	354.52
4	上海交通大学附属瑞金医院	9	中国医学科学院	329.74
5	北京大学	9	北京大学第一医院	217.36
6	军事医学科学院	9	上海交通大学附属瑞金医院	185.39
7	中国科学院	9	中国疾病预防控制中心	177.96
8	第二军医大学附属长征医院	9	北京大学	177.93
9	中国疾病预防控制中心	8	第二军医大学	161.35
10	北京协和医院	7	第二军医大学附属长征医院	158.48

第三节　我国一流生物医学科学家与诺贝尔生理学或医学奖获得者获奖前 SCI 论文比较

我国科学技术的发展,不仅需要诺贝尔奖,更需要诺贝尔奖级的科学研究。从理论上讲,我国两院院士无疑应该是、也是最可能产出诺贝尔奖级科学研究的科学家。因此,作为我国一流生物医学科学家代表的两院院士与诺贝尔生理学或医学奖获得者获奖前科技水平距离的量化,就成为国家生物医学科技管理政策制定的重要基础。本节尝试从基础研究最重要的成果——科学论文角度进行比较分析。

一、中国科学院院士与诺贝尔生理学或医学奖获得者获奖前 SCI 论文比较

鉴于诺贝尔生理学或医学奖获奖成果绝大多数为基础性研究成果,中国科学院院士均为在基础科学研究领域做出系统的、创造性成就的高级科学人才,基础研究成果绝大多数表现为科学论文,世界一流生物医学科学家的科学论文绝大多数为 SCI 论文,我们选择两者的 SCI 论文为研究对象。鉴于科学论文的可比性要求,需尽可能将研究对象限定在同一历史时段内。诺贝尔生理学或医学奖获得者当中年龄最大的生于 1841 年,年龄最小的生于 1962 年。中国科学院院士当中年龄最大的生于 1916 年,年龄最小的生于 1967 年。综合考虑,我们以 1916 年为时间节点,选择 2012 年以前诺贝尔生理学或医学奖获得者中 1916 年以后出生的 95 位科学家和 2013 年以前当选的中国科学院生物医学院

士中 1916 年以后出生的 99 位科学家为研究对象。

从诺贝尔奖官网（http://www.nobelprize.org/nobel_prizes/）获取诺贝尔生理学或医学奖获得者名单和出生年、获奖年等基本信息，根据本部分时间节点设定筛选出 95 位研究对象。

从中国科学院官网（http://www.casad.cas.cn/chnl/374/index.html）获取生命科学和医学学部 131 位院士的名单和出生年、当选年和研究领域等基本信息，根据研究领域和本部分时间节点设定筛选出 99 位研究对象。

委托中国科学院文献情报中心从汤森路透旗下的 Web of Science 数据库，采集诺贝尔生理学或医学奖获得者（以下简称诺贝尔奖获得者，采集时间 2013 年 7~8 月）、中国科学院院士（以下简称中国科学院院士，采集时间 2015 年 5 月）发表论文的题录信息，包括作者、机构、发表期刊、发表年度、被引次数和学科等。被引次数的统计统一截止到 2012 年。

运用 Excel 建立论文题录信息数据库，进行数据整理，并去掉重复记录。采用 Gephi 软件对两个科学家群体分别构建科学论文合作网络，计算网络成员的点度中心度和中介中心度，并进行标准化处理，以进行不同网络间的比较。数据呈偏态分布，故主要采用中位数和百分位数等指标进行统计描述。

1. 科学论文质量情况　95 位诺贝尔奖获得者获奖前共发表 SCI 论文 12 266篇，人均 129.12 篇；零被引论文共计 369 篇，占总论文数的 3.01%；篇均被引次数为 138.22 次；全部论文被引次数的中位数为 53，即半数论文的被引次数达到或超过 53 次；被引论文被引次数的中位数为 56，即半数被引论文的被引次数达到或超过 56 次。

同期，99 位中国科学院院士共发表 SCI 论文 11 338 篇；人均 114.00 篇；零被引论文共计 3244 篇，占总论文数的 28.61%，是诺贝尔奖获得者的 9.50 倍；篇均被引次数为 19.52 次，约为诺贝尔奖获得者的 1/7；全部论文被引次数的中位数为 4，约为诺贝尔奖获得者的 1/13；被引论文被引次数的中位数为 9，约为诺贝尔奖获得者的 1/6（表 7-27）。

表 7-27　中国科学院生物医学院士与诺贝尔生理学或医学奖获得者获奖前 SCI 论文数量与质量情况表

	人均论文数	零被引率（%）	篇均被引次数	全部论文的被引中位数	被引论文的被引中位数
诺贝尔奖获得者	129.12	3.01	138.22	53	56
中国科学院院士	114.00	28.61	19.52	4	9

以被引证论文被引次数的25分位数、50分位数、75分位数、90分位数和99分位数为界，将两个科学家群体的被引证论文划分为6个被引频谱段：≤8、9～27、28～86、87～215、216～1011、>1011。被引次数最低的2个频谱段，即被引次数≤27的论文比例，诺贝尔奖获得者少于中国科学院院士；高频谱段论文则相反，且随着频谱段的升高，差距逐渐拉大。28～86频谱段，诺贝尔奖获得者和中国科学院院士的论文比例分别为31.52%和15.21%，前者是后者的2.07倍；在>1011的最高频谱段，诺贝尔奖获得者的论文比例为1.58%，中国科学院院士的论文比例为0.14%，前者是后者的11.62倍；从绝对数量上看，差距更大，诺贝尔奖获得者发表188篇，中国科学院院士仅11篇(表7-28)。

表7-28　中国科学院生物医学院士与诺贝尔生理学或医学奖获得者获奖前被引SCI论文的被引频谱分布表

	≤8次	9～27次	28～86次	87～215次	216～1011次	>1011次
	篇数(%)	篇数(%)	篇数(%)	篇数(%)	篇数(%)	篇数(%)
诺贝尔奖获得者	1326(11.15)	2308(19.40)	3750(31.52)	2639(22.18)	1685(14.16)	188(1.58)
中国科学院院士	3814(47.12)	2606(32.20)	1231(15.21)	324(4.00)	108(1.33)	11(0.14)

2. 科学论文作者合作情况　诺贝尔奖获得者获奖前的SCI论文中，两人或多人合作完成11 168篇，合作率91.04%；由两人合作的论文数量最多，半数论文作者数大于或等于3人；单篇作者人数最多为244人，篇均作者数为4.37。同期，中国科学院院士的SCI论文作者合作率为98.53%，高于诺贝尔奖获得者；篇均作者数为8.16，是诺贝尔奖获得者的近两倍(表7-29)。

表7-29　中国科学院生物医学院士与诺贝尔生理学或医学奖获得者获奖前SCI论文合作率统计表

	作者合作率(%)	篇均作者数	机构合作率(%)	国际合作率(%)
诺贝尔奖获得者	91.04	4.37	53.14	45.31
中国科学院院士	98.53	8.16	73.49	24.24

由图7-41A可见，整体上两个群体科学家在作者合作网络中的点度中心度均较低，且分布曲线基本重合；中国科学院院士群体中最大点度中心度为0.151，致使全距(0.151)高于诺贝尔奖获得者。中国科学院院士的相对中介中心度的全距和四分位间距分别为0.036和0.007，均低于诺尔贝尔奖获得者(0.096和0.021)，由此表现为图7-41B中诺尔贝尔奖获得者的曲线增幅较大，中国科学院院士的曲线增幅平缓。提示在生物医学领域的研究中，中国科学院

院士的团队合作水平局部与诺贝尔奖获得者获奖前基本相当,但是在整个生物医学研究领域中尚未占据重要角色,未能承担起重要的桥梁作用。

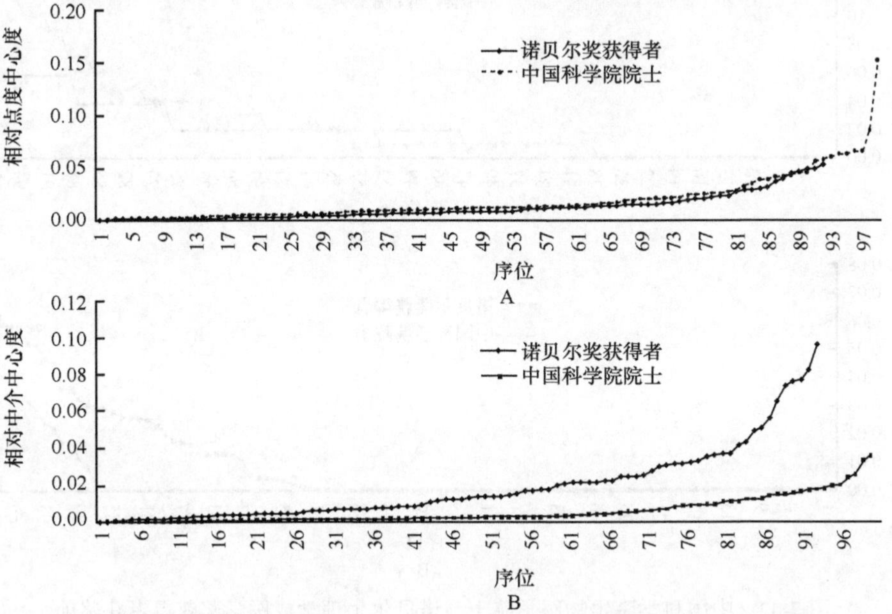

图 7-41　中国科学院生物医学院士与诺贝尔生理学或医学奖获得者获奖前 SCI 论文作者合作网络的中心度分布图

对两个科学家群体分别构建内部合作网络,求得各科学家群体在其内部合作网络中的点度中心度和中介中心度。由图 7-42A 可见,整体上两个群体科学家的点度中心度均较低且分布基本一致,43 位(45. 26%)诺贝尔奖获得者和 28 位(28. 28%)中国科学院院士的点度中心度为 0。中国科学院院士的全距和四分位间距分别为 0. 143 和 0. 041,均高于诺贝尔奖获得者,即中国科学院院士之间的差异较大。因此,在两条曲线的后 1/3 段中国科学院院士的点度中心度高于诺贝尔奖获得者,且在点度中心度愈高的成员之间差距愈明显。同样,两个群体科学家的中介中心度均较低,分别有 84 位(88. 42%)诺贝尔奖获得者和 61 位(61. 62%)中国科学院院士的中介中心度为 0,诺贝尔奖获得者和中国科学院院士的最大中介中心度分别为 0. 031 和 0. 072(图 7-42B)。提示在本科学家群体内部合作中,70% 以上的中国科学院院士已形成了大小不一的合作团体,且有近 40% 的中国科学院院士在其内部合作中充当过“中介”,其中陈竺、杨焕明和强伯勤等几位院士的中介活动较为活跃。

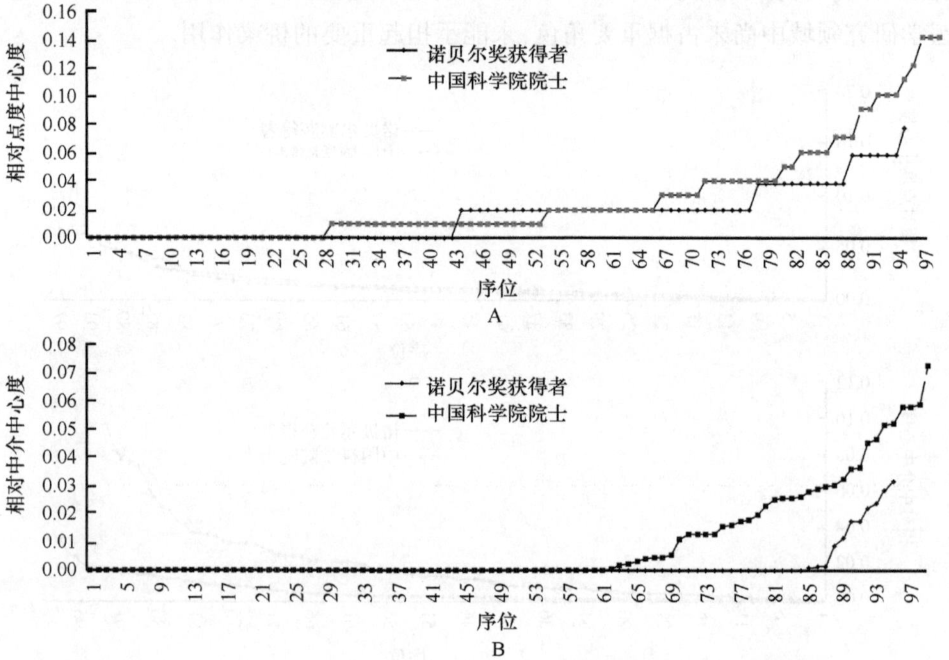

图 7-42　中国科学院生物医学院士与诺贝尔生理学或医学奖获得者获奖前 SCI 论文内部合作网络的中心度分布图

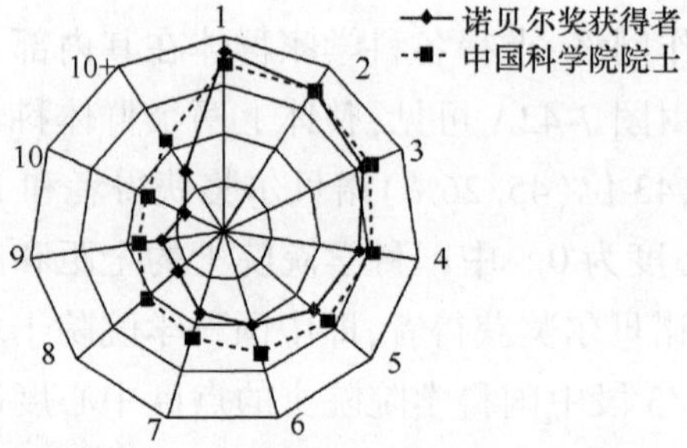

图 7-43　中国科学院生物医学院士与诺贝尔生理学或医学奖获得者获奖前 SCI 论文的机构合作分布图

3. 科学论文机构合作情况　诺贝尔奖获得者 SCI 论文的机构合作率为 53.14%，其中一半论文的参与机构不超过 2 个。中国科学院院士 SCI 论文的机构合作率为 73.49%，特别是多机构合作率高于诺贝尔奖获得者(表 7-29,图 7-43)。

诺贝尔奖获得者的合作机构主要为美国的著名大学；合作网络中，各成员机构的点度中心度和中介中心度均较低，最大值仅为 0.178 和 0.155(图 7-44,表 7-30)。中国科学院院士的合作机构主要为中国科学院、中国医学科学院和国内的著名大学，未见有发挥重要作用的国外机构；合作网络结构也不同于诺贝尔奖获得者，大多数成员机构的中心度较低，中国科学院的点度中心度(0.757)和中介中心度(0.750)具有明显的优势，成为整个合作网络的中心(图 7-44,表 7-31)。

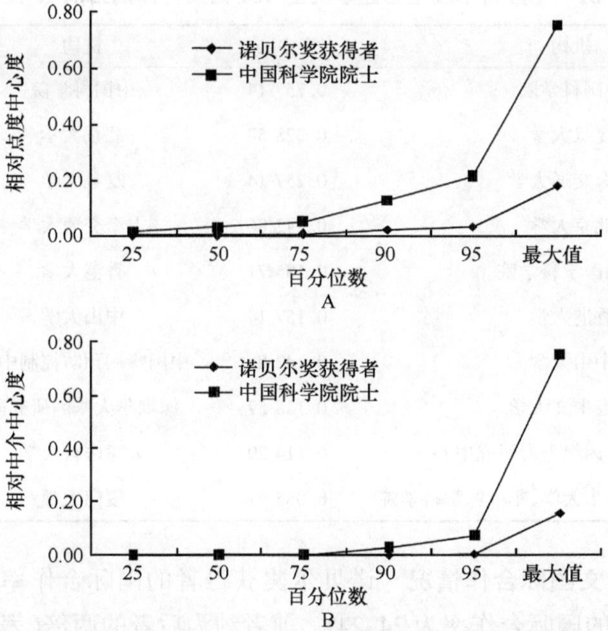

图 7-44　中国科学院生物医学院士与诺贝尔生理学或医学奖获得者获奖前 SCI 论文机构合作网络的中心度分布图

表 7-30　诺贝尔生理学或医学奖获得者获奖前 SCI 论文合作网络前 10 位机构

机构	点度中心度	机构	中介中心度
洛克菲勒大学	0. 178 167	洛克菲勒大学	0. 154 621
哈佛大学	0. 145 211	巴斯德研究所	0. 101 626
加州大学旧金山分校	0. 128 218	加州大学旧金山分校	0. 082 450
斯坦福大学	0. 102 987	剑桥大学	0. 074 304
华盛顿州立大学	0. 100 927	哈佛大学	0. 062 296
巴斯德研究所	0. 100 927	华盛顿州立大学	0. 048 623
德克萨斯大学	0. 099 382	斯克里普斯研究所	0. 045 940
麻省理工学院	0. 096 807		0. 040 915
剑桥大学	0. 090 113	京都大学	0. 037 720
耶鲁大学	0. 089 083	麻省理工学院	0. 037 402

表 7-31　中国科学院生物医学院士 SCI 论文合作网络前 10 位机构

机构	点度中心度	机构	中介中心度
中国科学院	0.757 14	中国科学院	0.750 22
复旦大学	0.328 57	北京大学	0.176 36
上海交通大学	0.257 14	复旦大学	0.094 33
北京大学	0.242 86	上海交通大学	0.083 51
中国医学科学院	0.185 71	香港大学	0.060 95
香港大学	0.157 14	中山大学	0.032 25
中山大学	0.142 86	中国疾病预防控制中心	0.028 57
香港中文大学	0.128 57	深圳华大基因研究院	0.028 57
国家人类基因组上海研究中心	0.114 29	天津医科大学	0.028 57
第二军医大学、清华大学、军事医学科学院	0.085 71	厦门大学	0.028 57

4. 科学论文国际合作情况　诺贝尔奖获得者的国际合作率为 45.31%，中国科学院院士的国际合作率为 24.24%，前者约为后者的两倍(表 7-29)。

由图 7-45 和表 7-32 可见，诺贝尔奖获得者国际合作网络中，各成员国的点度中心度普遍较低，仅有 3 个国家达到或超过 0.600；绝大多数成员国的中介中心度较低，美国和法国等少数国家明显高于其他成员国，提示该网络中心边缘结构明显，其中最核心国家是美国，其次是法国。

表 7-32　诺贝尔生理学或医学奖获得者获奖前 SCI 论文合作网络前 10 位国家/地区

国家/地区	点度中心度	国家/地区	中介中心度
美国	0.855 073	美国	0.390 185
法国	0.623 188	法国	0.275 548
英格兰	0.623 188	英格兰	0.081 892
瑞士	0.536 232	瑞典	0.056 856
瑞典	0.536 232	瑞士	0.035 291
加拿大	0.420 290	德国	0.018 034
荷兰	0.420 290	澳大利亚	0.015 391
澳大利亚	0.420 290	日本	0.007 846
日本	0.405 797	荷兰	0.006 709
德国	0.405 797	加拿大	0.005 753

中国科学院院士国际合作网络中各成员国的点度中心度整体高于诺贝尔奖获得者,中介中心度偏低且差距不大,最大中介中心度(中国)仅为0.190,提示中国科学院院士的国际合作较活跃,直接开展合作的国家/地区广泛,与其他国家开展合作受他国的限制较小,即使在诺贝尔奖获得者合作网络中占据中心地位的美国对该群体参与国际合作的中介作用也不大(图7-45,表7-33)。

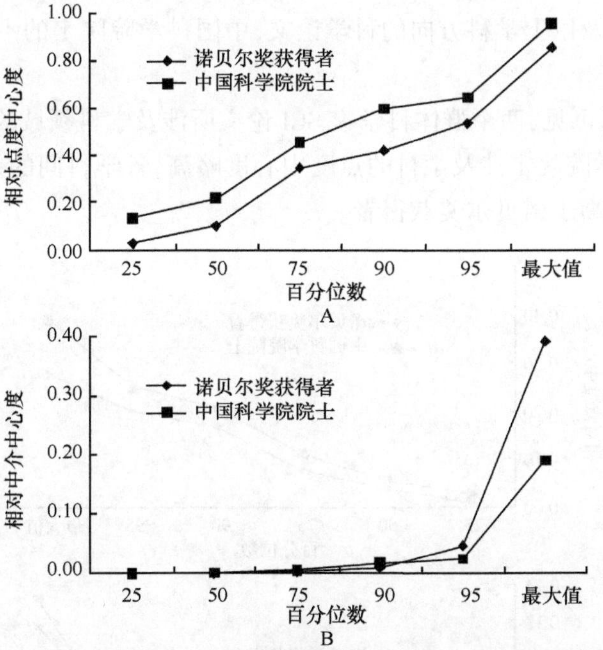

图7-45　中国科学院生物医学院士与诺贝尔生理学或医学奖获得者获奖前SCI论文国际合作网络的中心度分布图

表7-33　中国科学院生物医学院士SCI论文合作网络前10位国家/地区

国家/地区	度数中心度	国家/地区	中介中心度
中国	0.957 89	中国	0.190 18
美国	0.884 21	美国	0.089 62
英格兰	0.852 63	英格兰	0.068 93
俄罗斯	0.663 16	俄罗斯	0.027 44
德国	0.663 16	印度	0.026 90
意大利	0.642 11	意大利	0.023 63
西班牙	0.642 11	德国	0.021 02
澳大利亚	0.621 05	西班牙	0.020 56
日本	0.621 05	法国	0.020 34
印度	0.600 00	加拿大	0.019 05

5. 科学论文学科方向情况 诺贝尔奖获得者跨领域的 SCI 论文为 3602 篇,占总论文数的 29. 37%;中国科学院院士的学科交叉率为 39. 87%,较诺贝尔奖获得者高出 10 个百分点。

我们将研究者单篇论文跨越的最大学科方向数定义为该研究者的学科交叉水平。诺贝尔奖获得者的平均学科交叉水平为 3,即半数诺贝尔奖获得者发表过跨越 3 个及以上学科方向的科学论文,中国科学院院士的平均学科交叉水平为 4。

由图 7-46 可见,两个群体科学家 SCI 论文所涉及学科领域的网络结构基本一致,中国科学院院士涉及学科的点度中心度略高,各学科间的差距也略大;最大中介中心度高于诺贝尔奖获得者。

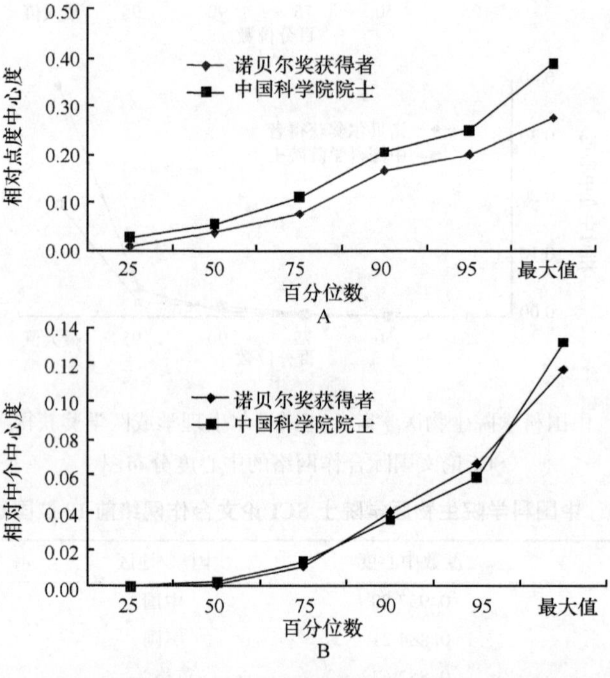

图 7-46 中国科学院生物医学院士与诺贝尔生理学或医学奖获得者获奖前 SCI 论文学科交叉网络的中心度分布图

两个群体科学家关注的主要学科领域大同小异,其中生物化学与分子生物学和神经科学是最受关注的两大领域。诺贝尔奖获得者的学科网络中桥梁学科多属于基础学科,中国科学院院士的学科网络中桥梁学科有较多的应用学科或应用基础学科,如环境与职业健康、核医学与医学影像学等(表 7-34,表 7-35)。

表 7-34　诺贝尔生理学或医学奖获得者获奖前 SCI 论文学科交叉网络前 10 位学科

学科		点度中心度	学科		中介中心度
BIOCHEMISTRY & MOLECULAR BIOLOGY	生物化学与分子生物学	0. 276191	BIOCHEMISTRY & MOLECULAR BIOLOGY	生物化学与分子生物学	0. 116944
NEUROSCIENCES & NEUROLOGY	神经科学	0. 228 571	ENGINEERING	工程学	0. 096 690
GENETICS & HEREDITY	遗传学	0. 209 524	NEUROSCIENCES & NEUROLOGY	神经科学	0. 090 230
PHARMACOLOGY & PHARMACY	药理学与药学	0. 200 000	SCIENCE & TECHNOLOGY-OTHER TOPICS	科学技术其他主题	0. 083 280
LIFE SCIENCES & BIOMEDICINE-OTHER TOPICS	生命科学与生物医学其他主题	0. 200 000	GENETICS & HEREDITY	遗传学	0. 079 697
CELL BIOLOGY	细胞生物学	0. 200 000	PHARMACOLOGY & PHARMACY	药理学与药学	0. 066 467
IMMUNOLOGY	免疫学	0. 200 000	LIFE SCIENCES & BIOMEDICINE-OTHER TOPICS	生命科学与生物医学其他主题	0. 065 521
RESEARCH & EXPERIMENTAL MEDICINE	实验医学	0. 180 952	CHEMISTRY	化学	0. 065 408
ONCOLOGY	肿瘤学	0. 180 952	PHYSIOLOGY	生理学	0. 055 079
PHYSIOLOGY	生理学	0. 171 429	ENVIRONMENTAL SCIENCES & ECOLOGY	环境科学与生态学	0. 046 655

表 7-35　中国科学院生物医学院士 SCI 论文学科交叉网络前 10 位学科

学科		点度中心度	学科		中介中心度
BIOCHEMISTRY & MOLECULAR BIOLOGY	生物化学与分子生物学	0. 388 889	NEUROSCIENCES & NEUROLOGY	神经科学	0. 131 706
NEUROSCIENCES & NEUROLOGY	神经科学	0. 361 111	BIOCHEMISTRY & MOLECULAR BIOLOGY	生物化学与分子生物学	0. 116 051
ONCOLOGY	肿瘤学	0. 277 778	ENVIRONMENTAL SCIENCES & ECOLOGY	环境科学与生态学	0. 098 257
PHARMACOLOGY & PHARMACY	药理学与药学	0. 268 519	ONCOLOGY	肿瘤学	0. 087048
ENGINEERING	工程学	0. 259 259	ENGINEERING	工程学	0. 082 083
RESEARCH & EXPERIMENTAL MEDICINE	研究与实验医学	0. 250 000	PHARMACOLOGY & PHARMACY	药理学与药学	0. 061 292
GENETICS & HEREDITY	遗传学	0. 250 000	GENETICS & HEREDITY	遗传学	0. 055 044
BIOTECHNOLOGY & APPLIED MICROBIOLOGY	生物技术与应用微生物学	0. 250 000	ENVIRONMENTAL & OCCUPATIONAL HEALTH	环境与职业健康	0. 054 769
ENVIRONMENTAL SCIENCES & ECOLOGY	环境科学与生态学	0. 240 741	NUCLEAR MEDICINE & MEDICAL IMAGING	核医学与医学影像学	0. 052 281
CELL BIOLOGY	细胞生物学	0. 212 963	COMPUTER SCIENCE	计算机科学	0. 047 572

二、中国工程院院士与诺贝尔生理学或医学奖获得者获奖前 SCI 论文比较

从诺贝尔奖官网(http://www.nobelprize.org/nobel_prizes/)获取诺贝尔生理学或医学奖获得者名单和出生年、获奖年等基本信息。

从中国工程院官网(http://www.cae.cn/cae/jsp/allAByType.jsp? type=8&ColumnID=167)获取医药卫生学部114位院士的名单和出生年、当选年和研究领域等基本信息。

鉴于科学论文的可比性要求,需尽可能将研究对象限定在同一历史时段内。诺贝尔生理学或医学奖获得者当中年龄最大的生于1841年,年龄最小的生于1962年。中国工程院院士当中年龄最大的生于1916年,年龄最小的生于1964年。综合考虑,我们以1916年为时间节点,选择2012年以前诺贝尔生理学或医学奖获得者中1916年以后出生的95位科学家和2013年以前中国工程院生物医学院士中1916年以后出生的114位科学家为研究对象。

委托中国科学院文献情报中心从汤森路透旗下的 Web of Science 数据库,采集诺贝尔生理学或医学奖获得者(以下简称诺贝尔奖获得者,采集时间2013年7~8月)、中国工程院院士(以下简称中工院院士,采集时间2015年5月)发表论文的题录信息,包括作者、机构、发表期刊、发表年度、被引次数和学科等。被引次数的统计统一截止到2012年。

运用 Excel 建立论文题录信息数据库,进行数据整理,并去掉重复记录。采用 Gephi 软件对两个科学家群体分别构建科学论文合作网络,计算网络成员的点度中心度和中介中心度,并进行标准化处理,以进行不同网络间的比较。数据呈偏态分布,故主要采用中位数和百分位数等指标进行统计描述。

1. 科学论文质量情况 95位诺贝尔奖获得者获奖前共发表 SCI 论文12 266篇,人均129.12篇;零被引论文共计369篇,占总论文数的3.01%;篇均被引次数为138.22次;全部论文被引次数的中位数为53,即半数论文的被引次数达到或超过53次;被引论文被引次数的中位数为56,即半数被引论文的被引次数达到或超过56次。

同期,113位(其中1位未检索到 SCI 论文)中工院院士共发表 SCI 论文10 722篇,人均94.88篇;零被引论文共计1941篇,占总论文数的18.10%,是诺贝尔奖获得者的6倍;篇均被引次数为17.23次,约为诺贝尔奖获得者的1/8;全部论文被引次数的中位数为5,约为诺贝尔奖获得者的1/10;被引论文被引

次数的中位数为 8，为诺贝尔奖获得者的 1/7（表 7-36）。

以被引证论文被引次数的 25 分位数、50 分位数、75 分位数、90 分位数和 99 分位数为界，将两个科学家群体的被引证论文划分为 6 个被引频谱段：≤7、8～25、26～79、80～206、207～970 和>970。被引次数最低的 2 个频谱段，即被引次数≤25 的论文比例，诺贝尔奖获得者少于中工院院士；高频谱段论文则相反，且随着频谱段的升高，差距逐渐拉大。26～79 频谱段，诺贝尔奖获得者和中工院院士的论文比例分别为 31.14% 和 15.36%，前者是后者的 2.03 倍；在>970 的最高频谱段，诺贝尔奖获得者的论文比例为 1.71%，中工院院士的论文比例为 0.03%，前者是后者的 49.95 倍；从绝对数量上看，差距更大，诺贝尔奖获得者发表 203 篇，中工院院士仅发表 3 篇（表 7-37）。

表 7-36　中国工程院生物医学院士与诺贝尔生理学或医学奖获得者获奖前 SCI 论文数量与质量情况表

	人均论文数	零被引率(%)	篇均被引次数	全部论文的被引中位数	被引论文的被引中位数
诺贝尔奖获得者	129.12	3.01	138.22	53	56
中国工程院院士	94.88	18.10	17.23	5	8

表 7-37　中国工程院生物医学院士与诺贝尔生理学或医学奖获得者获奖前被引 SCI 论文的被引频谱分布表

	≤7 次	8～25 次	26～79 次	80～206 次	207～970 次	>970 次
	篇数(%)	篇数(%)	篇数(%)	篇数(%)	篇数(%)	篇数(%)
诺贝尔奖获得者	1188(9.99)	2223(18.69)	3704(31.14)	2812(23.64)	1766(14.85)	203(1.71)
中国工程院院士	4208(47.92)	2854(32.50)	1349(15.36)	279(3.18)	88(1.00)	3(0.03)

2. 科学论文作者合作情况　诺贝尔奖获得者获奖前的 SCI 论文中，两人或多人合作 11 168 篇，合作率 91.04%；由两人合作的论文数量最多，半数论文作者数大于或等于 3 人；单篇作者人数最多为 244 人；篇均作者数为 4.37。同期，中工院院士的 SCI 论文作者合作率为 98.96%，高于诺贝尔奖获得者；篇均作者数为 7.66，是诺贝尔奖获得者的近两倍（表 7-38）。

表 7-38　中国工程院生物医学院士与诺贝尔生理学或医学奖获得者获奖前 SCI 论文合作率统计表

	作者合作率(%)	篇均作者数	机构合作率(%)	国际合作率(%)
诺贝尔奖获得者	91.04	4.37	53.14	45.31
中国工程院院士	98.96	7.66	67.65	20.01

由图 7-47A 可见,整体上两个群体科学家在 SCI 论文作者合作网络中的点度中心度均较低,且分布曲线基本重合;中工院院士群体中最大点度中心度为 0.076,全距(0.076)和四分位间距(0.017)均高于诺贝尔奖获得者(0.053 和 0.011)。中工院院士的相对中介中心度的全距和四分位间距分别为 0.056 和 0.006,均低于诺贝尔奖获得者(0.096 和 0.021),由此表现为图 7-47B 中诺贝尔奖获得者的曲线增幅较大,中工院院士的曲线增幅平缓。提示在生物医学领域的研究中,中工院院士的局部团队合作水平与诺贝尔奖获得者获奖前基本相当,但是在整个生物医学研究领域中尚未占据重要角色,未能承担起重要的桥梁作用。

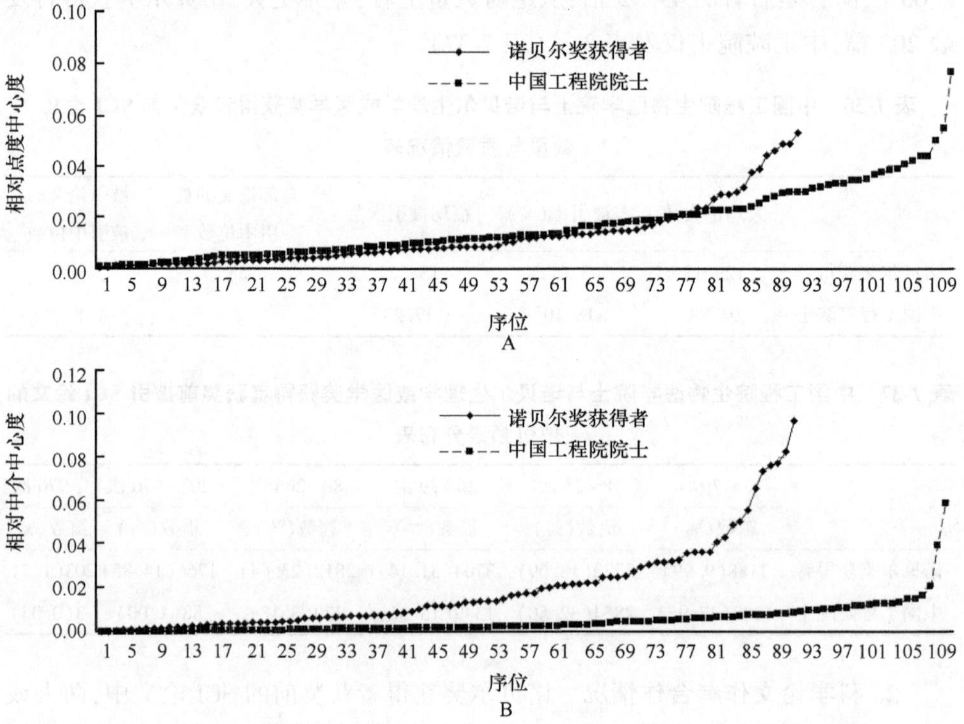

图 7-47 中国工程院生物医学院士与诺贝尔生理学或医学奖获得者获奖前 SCI 论文作者合作网络的中心度分布图

对两个科学家群体分别构建内部合作网络,求得各科学家群体在其内部合作网络中的点度中心度和中介中心度。由图 7-48A 可见,整体上两个群体科学家在 SCI 论文内部合作网络中的点度中心度均较低,43 位(45.26%)诺贝尔奖获得者和 44 位(39.28%)中工院院士的点度中心度为 0。在两条曲线的后 1/3 段中工院院士的点度中心度低于同位次的诺贝尔奖获得者,且在点度中心度愈高的成员之间差距愈明显;但是中工院院士的全距(0.081)和四分位间距(0.018)与诺贝尔奖获得者基本一致。同样，两个群体科学家的中介中心度均较低，分别有84位(88.42%)诺贝尔奖获得者和69位(61.61%)中工院院士的中介中心度为0，诺贝尔奖获得者和中工院院士的最大中介中心度分别为0.031和0.107(图7-48B)。提示在本科学家群体内部合作中，60%的中工院院士已形成了大小不一的合作团体，且有近40%的中工院院士在其内部合作中充当过"中介"。

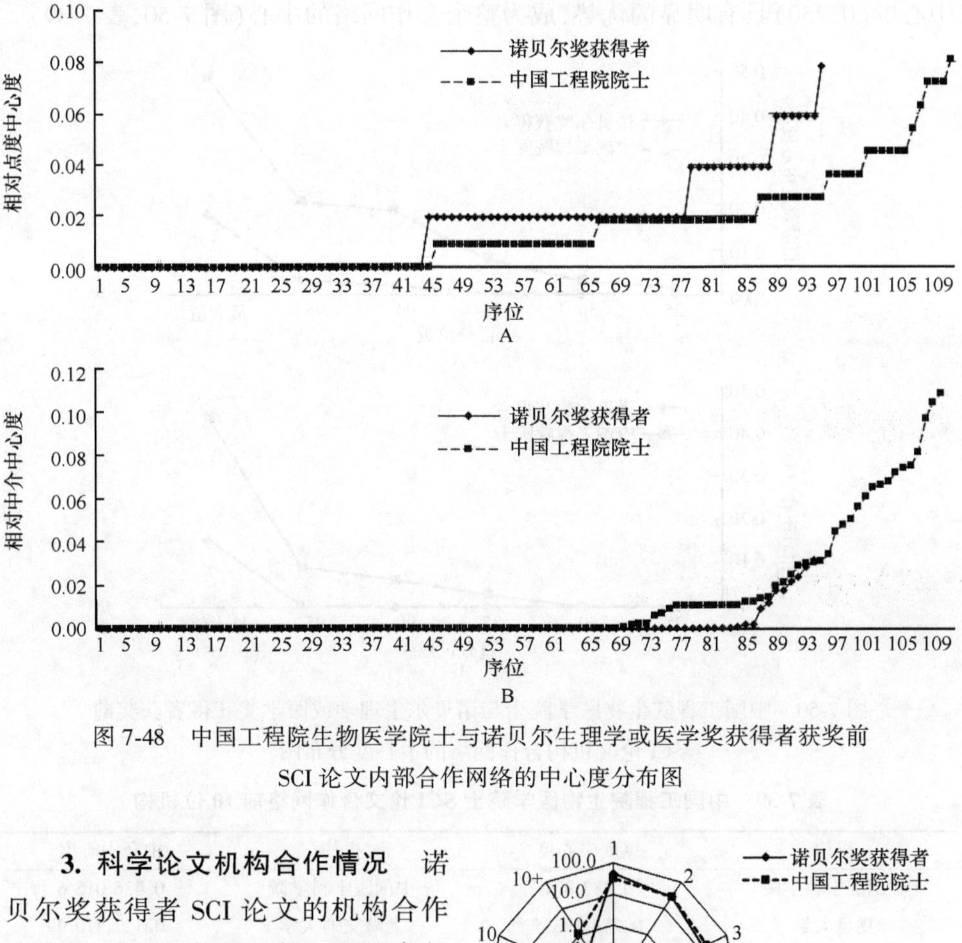

图7-48　中国工程院生物医学院士与诺贝尔生理学或医学奖获得者获奖前SCI论文内部合作网络的中心度分布图

3. 科学论文机构合作情况　诺贝尔奖获得者SCI论文的机构合作率为53.14%，其中一半论文的参与机构不超过2个。中工院院士SCI论文的机构合作率为67.65%，特别是多机构合作率高于诺贝尔奖获得者(表7-38，图7-49)。

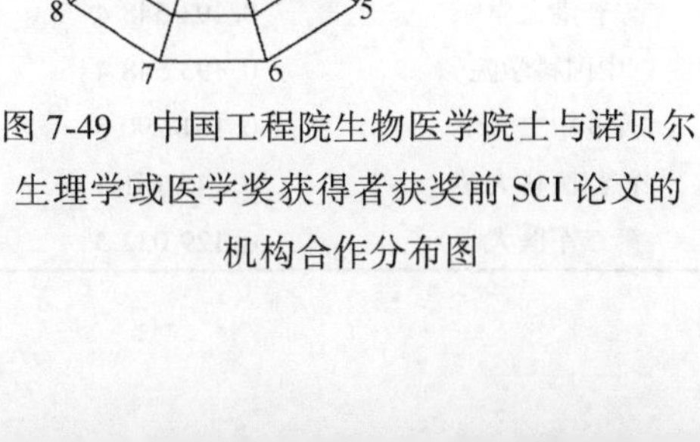

图7-49　中国工程院生物医学院士与诺贝尔生理学或医学奖获得者获奖前SCI论文的机构合作分布图

诺贝尔奖获得者的合作机构主要为美国的著名大学；合作网络中，

各成员机构的点度中心度和中介中心度均较低,最大值仅为 0. 178 和 0. 155(图 7-50,表 7-30)。中工院院士的合作机构主要为中国医学科学院、中国科学院和国内的著名大学,未见有发挥重要作用的国外机构。合作网络结构也不同于诺贝尔奖获得者,中心度整体上高于诺贝尔奖获得者,但是全距和四分位间距大,大多数成员机构的中心度相对较低,中国科学院的点度中心度(0. 757)和中介中心度(0. 750)具有明显的优势,成为整个合作网络的中心(图 7-50,表 7-39)。

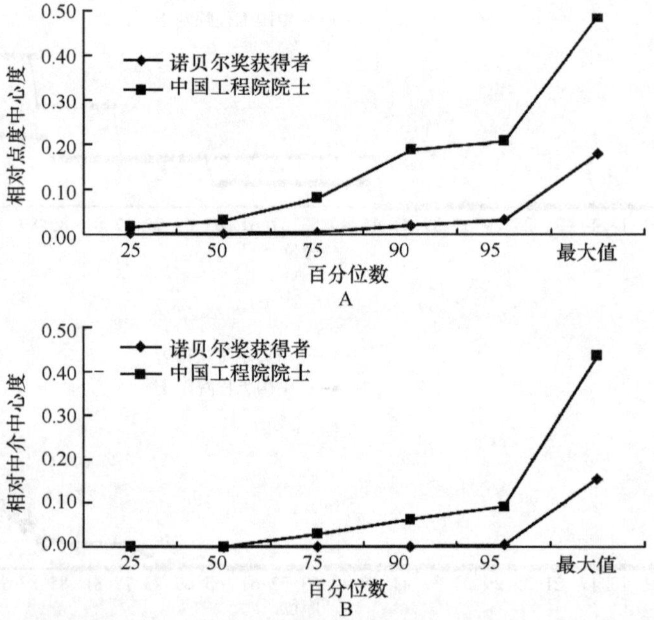

图 7-50　中国工程院生物医学院士与诺贝尔生理学或医学奖获得者获奖前 SCI 论文机构合作网络的中心度分布图

表 7-39　中国工程院生物医学院士 SCI 论文合作网络前 10 位机构

机构	点度中心度	机构	中介中心度
中国医学科学院	0. 483 871	中国医学科学院	0. 436 015 6
复旦大学	0. 274 193 5	上海交通大学	0. 122 310 9
上海交通大学	0. 274 193 5	复旦大学	0. 102 325 5
北京大学	0. 209 677 4	中国科学院	0. 091 409 6
浙江大学	0. 193 548 4	香港大学	0. 084 292 3
香港大学	0. 193 548 4	首都医科大学	0. 066 829 3
中国科学院	0. 193 548 4	清华大学	0. 061 788 9
香港中文大学	0. 161 290 3	南京医科大学	0. 060 712 4
首都医科大学	0. 145 161 3	香港中文大学	0. 057 510 2
第二军医大学	0. 129 032 3	山东大学	0. 044 218 2

4. 科学论文国际合作情况　诺贝尔奖获得者的国际合作率为45.31%,工程院院士的国际合作率为20.01%,前者为后者的两倍(表7-38)。

由图7-51和表7-32可见,诺贝尔奖获得者国际合作网络中,各成员国的点度中心度普遍较低,仅有3个国家达到或超过0.600;绝大多数成员国的中介中心度较低,美国和法国等少数国家明显高于其他成员国,提示该网络中心边缘结构明显,其中最核心国家是美国,其次是法国。

中国工程院院士国际合作网络中各成员国的点度中心度整体高于诺贝尔奖获得者,中介中心度偏低且差距不大,最大中介中心度(中国)仅为0.168。提示中工院院士的国际合作较活跃,直接开展合作的国家/地区广泛,与其他国家/地区开展合作受他国的限制较小,即使在诺贝尔奖获得者合作网络中占据中心地位的美国对该群体参与国际合作的中介作用也不大。值得一提的是中国香港在中工院院士国际合作网络中发挥着一定的作用(图7-51,表7-40)。

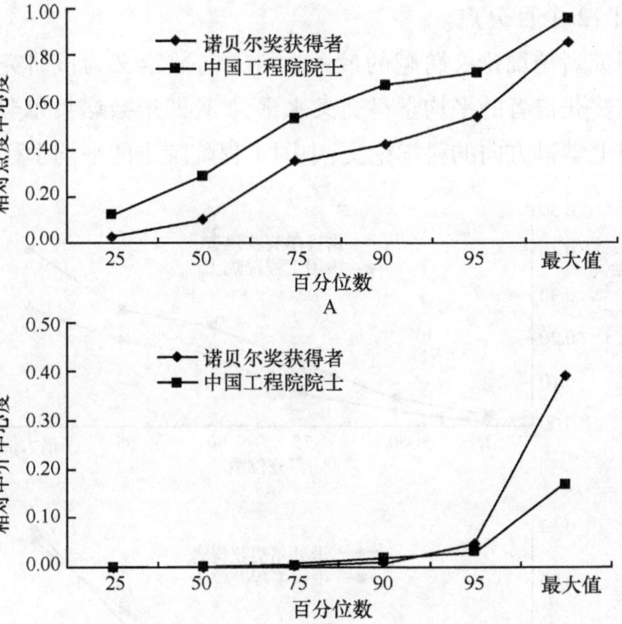

图7-51　中国工程院生物医学院士与诺贝尔生理学或医学奖获得者获奖前SCI论文国际合作网络的中心度分布图

表7-40　中国工程院生物医学院士SCI论文合作网络前10位国家/地区

国家/地区	度数中心度	国家/地区	中介中心度
中国	0.956 044 0	中国	0.167 951 7
美国	0.879 120 9	美国	0.098 428 5

续表

国家/地区	度数中心度	国家/地区	中介中心度
英格兰	0.758 241 8	中国香港	0.065 546 2
中国香港	0.758 241 8	英格兰	0.046 559 7
澳大利亚	0.736 263 7	澳大利亚	0.038 423 4
法国	0.714 285 7	日本	0.027 116 3
日本	0.703 296 7	法国	0.021 733 3
德国	0.681 318 7	德国	0.020 271 7
印度	0.670 329 7	巴西	0.019 943 2
荷兰	0.670 329 7	印度	0.018 212 9

5. 科学论文学科方向情况 诺贝尔奖获得者跨领域的 SCI 论文为 3602 篇,占总论文数的 29.37%;中国工程院院士的学科交叉率为 41.65%,较诺贝尔奖获得者高出 12 个百分点。

我们将研究者单篇论文跨越的最大学科方向数定义为该研究者的学科交叉水平。诺贝尔奖获得者的平均学科交叉水平为 3,即半数诺贝尔奖获得者发表过跨越 3 个及以上学科方向的科学论文;中国工程院院士的平均学科交叉水平为 4。

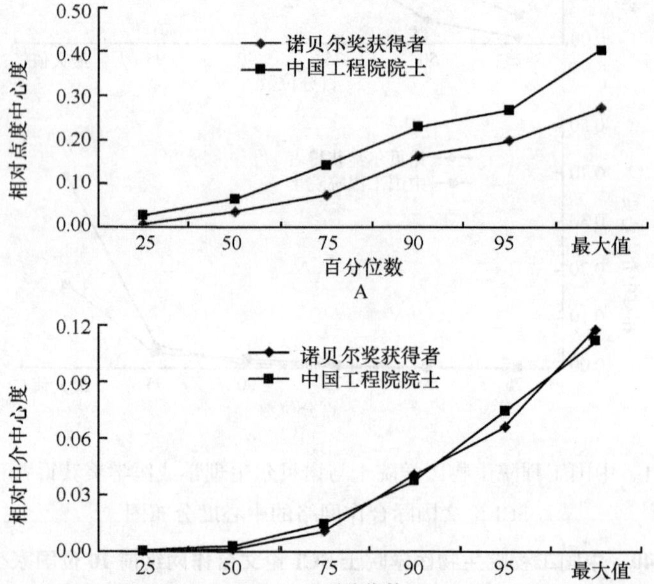

图 7-52 中国工程院生物医学院士与诺贝尔生理学或医学奖获得者获奖前 SCI 论文学科交叉网络的中心度分布图

由图 7-52 可见,两个群体科学家 SCI 论文所涉及学科领域的网络结构基本一致,中国工程院院士涉及学科的点度中心度整体偏高,全距和四分位间距均高于诺贝尔奖获得者;中介中心度曲线与诺贝尔奖获得者近乎重合。

两个群体科学家关注的主要学科领域大同小异,其中生物化学与分子生物学、药理学与药学和神经科学是最受关注的三大领域。诺贝尔奖获得者的学科网络中桥梁学科多属于基础学科,中国工程院院士的学科网络中桥梁学科有较多的应用学科或应用基础学科,如环境与职业健康、生物技术与应用微生物学、核医学与医学影像学等(表 7-34,表 7-41)。

表 7-41　中国工程院生物医学院士 SCI 论文学科交叉网络前 10 位学科

学科		点度中心度	学科		中介中心度
BIOCHEMISTRY & MOLECULAR BIOLOGY	生物化学与分子生物学	0. 40 3846	BIOCHEMISTRY & MOLECULAR BIOLOGY	生物化学与分子生物学	0. 111 388
PHARMACOLOGY & PHARMACY	药理学与药学	0. 336 539	ENVIRONMENTAL SCIENCES & ECOLOGY	环境科学与生态学	0. 101 863
NEUROSCIENCES & NEUROLOGY	神经科学	0. 317 308	ENGINEERING	工程学	0. 101 267
ENGINEERING	工程学	0. 317 308	ENVIRONMENTAL & OCCUPATIONAL HEALTH	环境与职业健康	0. 093 368
CELL BIOLOGY	细胞生物学	0. 278 846	NEUROSCIENCES & NEUROLOGY	神经科学	0. 082 811
BIOTECHNOLOGY & APPLIED MICROBIOLOGY	生物技术与应用微生物学	0. 269 231	PHARMACOLOGY & PHARMACY	药理学与药学	0. 079 507
SURGERY	外科学	0. 269 231	BIOTECHNOLOGY & APPLIED MICROBIOLOGY	生物技术与应用微生物学	0. 051 745
IMMUNOLOGY	免疫学	0. 250 000	BIOPHYSICS	生物物理学	0. 047 240
BIOPHYSICS	生物物理学	0. 250 000	CELL BIOLOGY	细胞生物学	0. 043 612
ENVIRONMENTAL & OCCUPATIONAL HEALTH	环境与职业健康	0. 240 385	NUCLEAR MEDICINE & MEDICAL IMAGING	核医学与医学影像学	0. 038 787

三、我国一流生物医学科学家与诺贝尔生理学或医学奖获得者获奖前 SCI 论文比较的思考

1. 我国一流生物医学科学家科学论文一般情况的思考

(1) 我国一流生物医学科学家当选院士前后的科学知识贡献关系。前述研究结果表明,院士当选前后的 SCI 论文总被引次数和总影响因子,以及高影响力期刊群论文的影响因子均有统计学差异,均为当选前高于当选后;但人均

和年人均 SCI 论文数,均为当选后高于当选前;影响因子最低两个频段的论文比例在当选后逐渐上升,影响因子最高三个频段的论文比例在当选后逐渐下降,虽然影响因子是针对一本期刊而非单篇科学论文,但从总体上还是能说明一些问题的。其原因可能为:①论文被引次数总体上随时间增长有一个积累过程;②不同论文的被引规律不同,被引次数的增长有的先快后慢,有的先慢后快[5],但总体上前者大于后者;③当选院士后,可能因爱惜声誉等因素而致发表高影响力论文的追求趋向"中庸"。这从一个方面反映出科学家学术地位的提升,仅可能在增加科学论文数量方面起到了作用,而在持续不断地贡献重要科学知识方面的作用似乎并不明显。这就提出一个非常重要的问题,当选院士以后,声誉提高,团队合作水平提高,创新环境优于当选前,成长的压力小于当选前,理论上应该更有利于发表和冲击高质量的科学论文,但为什么当选院士前后的科学知识贡献没有明显区别,或者说,当选院士后没有更好地贡献重要的科学知识呢?虽然被引次数和影响因子只是从不同角度对论文影响力的反映,并不是论文质量的全面和直接的反映,利用这两个计量指标对科学论文质量的评价结果也不一定可靠[6],但除了院士平均年龄较高和最佳创造年龄区间等因素以外,这两个指标计量出的院士当选前后的科学知识贡献关系,是否反映出当前的科技管理制度存在问题?

(2) 我国一流生物医学科学家发表高水平论文时的一个两难选择是语言,其 SCI 和国外期刊选择偏好明显。前述研究结果表明,无论同一时间段,还是当选前后,两院 213 位生物医学院士的 SCI 论文在数量和质量主要指标上均高于 CSCD 论文。其原因除 CSCD 创建时间较 SCI 晚,收录论文数量较少以外,最主要的可能与英语已经成为国际科技交流的主流语言及英语数据库的国际地位和我国科技评价体系有关。随着科技事业的国际化,科技评价也日益国际化。SCI 已成为国际通用的文献检索和科研评价指标之一。尤其科研人员或机构被 SCI 收录的论文数量和被引次数,反映着个人、机构或者国家基础研究水平、研究能力及学术水平[7]。院士作为我国一流科学家,其研究成果代表着国家水平,以英文形式表现无可厚非,但也带来 CSCD 或中国期刊论文的发表动力、大量优秀论文流失的尴尬。一方面,这与杂志的国际竞争力和影响力有关,我国的生物医学杂志在总体上还不能与被 SCI 收录的杂志抗衡是一个不争的事实;另一方面,可能更与我国的科技评价机制有关,目前的个人毕业、晋职、奖励、学科遴选、单位排名、评比等,几乎没有不与 SCI 挂钩的。这就需要加强与国际出版集团合作,推进期刊国际化;大力提升我国生物医学期刊的国际影响力和吸引力,改进期刊出版模式;改革科技评价机制,更新个人、机构和国家管理层面的理念,提高期刊载文质量,推动国内相关检索工具的国际化进程,提高我国期刊论文在科技评价中的地位和作用。

2. 我国一流生物医学科学家科学论文合作情况的思考

(1) 院士的科技合作与时俱进。科学进步有赖于科学思想的有效交流。合作是科学交流的一种重要方式,也是当今产生科学突破的研究形式。前述研究结果提示,合作论文已占我国两院院士 SCI 论文的绝大部分,其合著率、合作指数始终处于上升状态。由于生物技术的发展,生命科学研究正酝酿着一系列重大突破,现代生物医学科技研究成为当前最为活跃的科技领域之一,成为新的经济增长点和国际高科技竞争的热点,也成为经济竞争和综合国力竞争的重点之一,生物医学院士在我国建设医学科技强国的战略目标中肩负重要使命和责任,在建立国际一流的现代生物医学研发平台、造就国际一流生物医学人才队伍的战略举措中发挥着不可替代的战略谋划、咨询和引领作用。近现代科学史反复证明了一个规律[8],凡是科学合作活动活跃的国家和地区,科学技术就会大踏步地向前发展;反之亦然。我们欣慰地看到,尽管我国两院院士的平均年龄较大,但在从小科学时代向大科学时代转变的过程中,他们与时俱进,从事、促进和丰富着科学合作活动,为我国生物医学科技研究进步的明显加速、水平提高和发展潜力增大,做出了杰出的贡献。

(2) 院士的科技合作已常态化,但有局限。我国两院院士 CSCD 论文数量在 2000~2001 年达到高峰之后逐渐减少,SCI 论文在当选院士之后逐渐增加,其原因可能是成为院士之后更加注重国际竞争与影响,因而更倾向于发表 SCI 论文。无论 SCI 论文,还是 CSCD 论文,院士们都保持了高水平的合著率,说明在大科学背景下,院士的科研合作已经常态化,院士的论文合著已成主流。科研合作能够建立一个合理结构的科研团队,团队成员间协同合作,也许每位成员不能凸显出自身的最大价值,但是通过科研团队的共同合作,其整体效能却在很大程度上超过了团体中每位成员效能相加的总和[9]。

我国生物医学院士科研合作相对稳定但有局限。参与科研合作的作者基本上形成了以著名院士为关键点的较为稳定的研究集群,机构合作网络图谱揭示出以中国科学院为代表的高水平科研机构是网络中的中心节点。这样的科研团队虽然较为稳定且各成系统,但其内部具有一定的局限性,需要不断拓展科研队伍之间的互动空间,引导不同学科科研人员进行深入合作,共享各自的优势与理念。同时,在国家创新体系的构建与调整中,应彻底消除把科学发展希望主要寄托在科学院系统的痕迹,在大学内择优新建或重组一批国家重点实验室,并由大学管理,加强企业与大学和研究机构的合作[10]。

(3) 院士的研究领域呈现出学科交叉和方法多样化的趋势。科研合作不仅强化了生物化学与分子生物学、基因遗传学等热门传统学科知识的流动,还促进了农学、计算机科学和信息学等不同学科间的流动,从知识整体角度出发,不同学科的知识流动有益于解决交叉科学问题,有利于发展一个新鲜的、流动且稳定的知识整体;从学科知识主体角度出发,不同学科知识的交流,有助于丰富各学科的知识体系;从科研学者角度出发,有利于激发和启迪学者的开拓性思维,促进重大科学创新的产生[11]。因此,一方面要切实明确生物医学在学科领域中的优先地位,国家科技战略规划向生物医学基础研究倾斜,集中力量实现生物医学主流核心学科领域突破,确定生物医学科学战略发展的切入点和突破点,提高国家生物医学科学能力;另一方面,我们应该清楚的是,未来生物医学的长远发展,需要物理、化学、信息、认知等复杂系统的综合,有赖于与其他学科的交叉与结合,同步加快生物医学科学相关学科的发展也就成为必然。

(4) 院士的国际合作有待进一步深化。前述研究结果提示,国内著名科研机构和大学处于我国两院院士科学论文机构合作网络的中心位置并起中介桥梁作用,国外合作活跃的机构仅有美国哈佛大学、霍普金斯大学和丹麦哥本哈根大学;院士 SCI 论文国家合作网络以中美英三国为中心向四周辐射,与发达国家都保持了较稳定的合作关系。近年来,我国国际科技合作的规模不断扩大,合作形式多种多样,合作内容也从过去相互考察、学术会议、技术座谈、展览会等方式为主,发展到合作研究、联合设计、联合调查、合作试验、合作开发和合作生产等更深入的合作方式[12]。在这个过程中,作为我国一流科学家代表的院士群体不断提升着国际科技交流与合作的水平,但抢占国际生物医学科技制高点已成为我国生物医学科技发展的当务之急,以及我国生物医学研究水平在总体上与世界同类研究水平的差距,都提示我国生物医学科研国际合作的广度和深度均有待进一步提高,院士仍需被鼓励深化合作内涵,进行跨国、跨机构的合作交流,特别是与美国的全方位高水平科技与创新合作,加强大科学领域的合作,倡导、参加和推动多边科技合作,进一步提升对外科技交流与合作水平。

3. 我国一流生物医学科学家与诺贝尔生理学或医学奖获得者获奖前 SCI 论文质量比较的思考 目前,最被公认的衡量科学论文质量的指标是被引次数。为了有一个相对直观的总体比较,我们对诺贝尔生理学或医学奖获得者(获奖前成果)、中国科学院生物医学院士、中国工程院生物医学院士和生物医学领域的杰青长特等三个一流群体的生物医学科学家,进行一个不够公平和科学(以 1980 年以前的科技产出来说,对中国科学院院士等中国科学家都不够公平;以科学论文来说,对中工院院士不够公平;从科技产出时限来说,对杰青长特不够公平)的比较。

从 SCI 论文的最高被引次数排序来看,前 100 位中我国一流生物医学科学家占到 25%,其中中国科学院院士 10 位,中工院院士 8 位,青年科学家 7 位;排在前 50 位的共 8 位,其中中国科学院院士 1 位(K71,前 5 位),中工院院士 2 位(G61,22 位;G110,26 位),青年科学家 2 位(Q56,27 位;Q72,28 位)(图 7-53)。

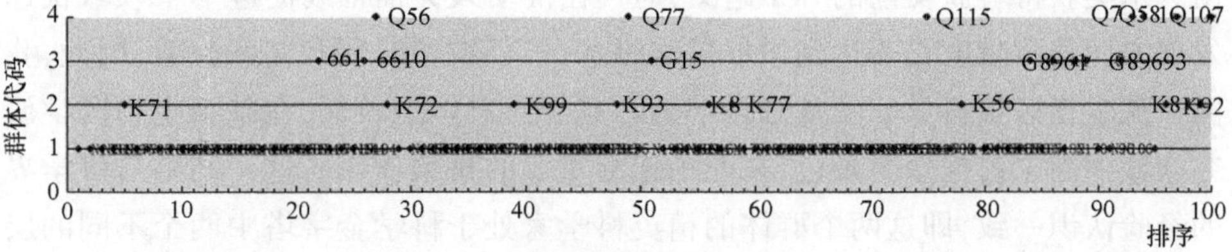

图 7-53 近百年内出生的国内外生物医学科学家 SCI 论文最高被引次数前 100 位示意图

群体代码:1 为诺贝尔奖获得者,2 为中国科学院院士,3 为工程院院士,4 为一流青年科学家

从 SCI 论文的被引次数中位数排序来看,前 100 位中我国一流生物医学科学家占到 13%,其中中国科学院院士 4 位,中工院院士 3 位,青年科学家 6 位;前 50 位中没有,排名最前的是青年科学家 Q96,列 69 位(图 7-54)。

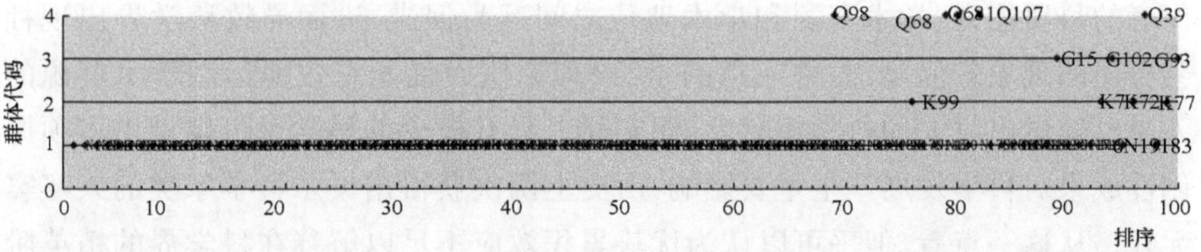

图 7-54 近百年内出生的国内外生物医学科学家 SCI 论文被引次数中位数前 100 位示意图

群体代码:1 为诺贝尔奖获得者,2 为中国科学院院士,3 为工程院院士,4 为一流青年科学家

从 SCI 论文的篇均被引次数排序来看,前 100 位中我国一流生物医学科学家占到 17%,其中中国科学院院士 5 位,中工院院士 6 位,青年科学家 6 位;排在前 50 位的仅 1 位,为中国科学院院士 K71,列 42 位(图 7-55)。

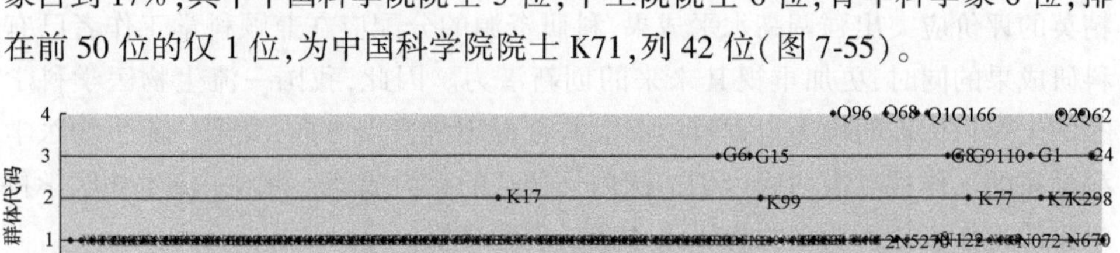

图 7-55 近百年内出生的国内外生物医学科学家 SCI 论文篇均被引次数前 100 位示意图

群体代码:1 为诺贝尔奖获得者,2 为中国科学院院士,3 为工程院院士,4 为一流青年科学家

结合前述研究可知,我国两院生物医学院士与诺贝尔奖获得者获奖前 SCI 论文的被引次数呈现出明显的层次性,诺贝尔奖获得者获奖前 SCI 论文在平均水平和最高水平上均处于绝对优势,我国一流生物医学科学家科技产出数量和质量均相对较低,尤其高水平原创性研究成果欠缺。虽然院士的团队局部合作水平与诺贝尔奖获得者获奖前基本相当,极个别论文质量的计量角度甚至超过诺贝尔奖获得者获奖前的 SCI 论文,但其在推动人类福祉或促进一个领域快速发展方面的贡献度是否达到诺贝尔奖级水平,仍有待时间和实践检验,因此,我国一流生物医学科学家的基础科学国际竞争力总体上较弱,在整个生物医学研究领域中尚未占据重要角色,未能承担起重要的桥梁作用。这一结果与科学界的经验认识一致,即这两个群体的精英科学家处于科学金字塔中两个不同的层次。同时,也验证了我们前期提出的一个假设:科学金字塔的进阶并不是通过累积效应螺旋上升,而是靠原创性成果实现层级“跃迁”[13]。正如科尔兄弟所言[14],“当我们以历史的眼光来看问题时,即使是当代的精英也可能会被视为科学界的砌砖工而不是建筑师。最杰出的科学家通过对科学知识的贡献,通过在科学中得到最高评价的活动形式而达到其至高无上的地位。”

默顿曾经提出优势累积理论。优势累积效应确实可以很好地解释科技工作者的科研能力、学术资源和学术地位之间互为促进,进而导致科学界出现社会分层的现象。但是,需要注意的是,该理论假设最能有效地运用学术资源的人是已经做出巨大的科学贡献者,而实际上只有极少的科学家可以做出多项原创性成果对科学发展产生重要影响,历史上两次获得诺贝尔科学家奖的人寥寥无几。从这一点看,似乎可以认为优势累积效应不足以解释在科学界的精英阶层里的分层;换句话说,优势累积效应可以促使科学家步入科学界的精英阶层,但并非是进一步进阶取得诺贝尔奖级科学成果的充分条件。

此外,实证研究显示科学工作者有最佳创造年龄区间[15]。提示我国一流生物医学科学家应加强高水平原创性研究成果的突破,科研评价尤其是对科学精英的评价应突出强调高水平成果,科研资源的分配应在兼顾科学工作者已有科研成果的同时,更加重视其未来的创新潜力。因此,我国一流生物医学科学家的工作目标需明确为占据科学前沿并把握重大发展方向,我国一流生物医学科学家的工作重点需明确为创造国内外公认的重大成就,我国一流生物医学科学家的工作责任需明确为青年人才成长创造环境。

4. 我国一流生物医学科学家与诺贝尔生理学或医学奖获得者获奖前 SCI 论文合作比较的思考 我国生物医学院士已形成了大小不一的合作团体,团队合作率与诺贝尔奖获得者获奖前基本相当,在个人和机构层面的合作率远高于诺贝尔奖获得者,尽管有少数中国科学院院士积极地在精英科学家之间搭桥引线,但是能够发挥桥梁作用的成员仍很缺乏,难以促成科学家之间的链式/网状合作和优势资源的互补。这可能是我国精英科学家在全球生物医学领域中尚未占据重要角色,未能承担起重要的桥梁作用的一个重要原因。

诺贝尔奖获得者的机构合作网络呈现一定数量的小团体特征,每个小团体具有各自的中心机构,但是整个合作网络未见明显的中心机构。诺贝尔奖获得者来自全球多个国家和地区,所属机构甚为广泛;且各机构有独特的研究方向,属于本领域顶级的学术机构,拥有相对稳定的合作联盟。与诺贝尔奖获得者不同,我国生物医学院士的机构合作网络呈现明显的中心边缘结构,中国科学院在网络中有绝对的中心优势,一方面体现了中国科学院在我国生物医学研究领域的突出地位,另一方面也反映出我国生物医学研究领域可能存在"一枝独秀"现象,资源配置过度集中。同时,提示我国生物医学院士科学论文的国际合作水平偏低,尤其是与国际著名研究机构的合作较少,合作模式上还需进一步优化。

此外,两个科学家群体的科研合作和科研产出呈现出反向关系,虽然科学家参与科学合作的模式可以解释一部分,但是我们不能排除这样一个假设:科研合作是开展科学工作的必然趋势,但不是产生原创性成果的充分条件。合作更多解决的是科研工作中基础性的问题,如数据采集与统计学分析等,而原创性成果的产生从根本上来说是源于"思想"。尽管科研交流与合作可以促进思想碰撞产生火花,但火花的捕捉与燎原必须依靠科学家个人。

5. 我国一流生物医学科学家关注的学科领域相对均衡发展,但需要扩大和深化与国际跨学科领域优质资源的交流,学科带头作用需要集成 我国生物医学院士关注的主要学科方向与诺贝尔奖获得者之间有异同,除共同关注生物化学与分子生物学、神经科学、药理学与药学等学科外,诺贝尔奖获得者的学科网络中桥梁学科多属于基础学科,生物医学院士的学科网络中桥梁学科有较多的应用学科或应用基础学科,如环境与职业健康、核医学与医学影像学等。值得注意的是,在我们此处的分析中,诺贝尔奖获得者和我国两院院士虽然在出生年限上基本可比,但在 SCI 论文发表的年限特点上却存在不完全地对等性。1980 年之前,院士发表的 SCI 论文数量非常有限,而诺贝尔奖获得者发表了相当数量的 SCI 论文;院士的绝大多数 SCI 论文发表在近 15 年内,而诺贝尔奖获得者在近 15 年内发表的 SCI 论文不足其总数的 1/5;诺贝尔奖获得者的 SCI 论文近半数发表在 20 世纪 90 年代。不同时期科学界关注的研究热点本身就会有所变化,这可能是我国两院院士与诺贝尔奖获得者获奖前研究方向存在差异的一个重要原因。同时，由前述研究可知，虽然院士关注的学科领域除了基础学科，还有应用基础学科或应用学科，相对均衡发展，但其科学论文的国际合作率仅为诺贝尔奖获得者的二分之一，与当今科技最发达的美国的交流不够深入，需要扩大和深化与国际跨学科领域优质资源的交流。

我国两院院士均为学科带头人，在SCI论文合作网络中的中心度指标较高者，可以视为学科带头人中的带头人。前述研究结果提示，我国两院院士SCI论文作者网络中虽存在多个以著名院士为核心的紧密团结的合作团体，但尚未形成整体、连通的网络；虽然74.58%的院士都通过论文合作直接或间接地彼此联系，但大多倾向与少数合作者保持密切的合作关系。这种现象不利于知识的交流与传播，最终会影响学科的发展和进步。19世纪末，科学与工业必须联合这一理念的形成，对于美国学术界的发展和工业生产的发展都起到了决定性的作用，那时他们已明确认识到“专业带头人不能再仅仅凭借个人的成绩来获得认可，而是要看他们是否能够指导大批志同道合的人进行合作”[16]。我国有丰富的科技人力资源，雄厚的科技积累，但尖子人才少，且分散在不同的研究机构。因此，加强生物医学创新体系建设，加强基础医学研究，加强转化医学研究，促进临床医学跨越发展，就应该成为我国生物医学创新的战略重点。这个战略重点的实现，需要打破固有的合作模式，集成研究领域优势，汇聚院士队伍，强化和集成院士的学科带头作用，加强整个学科领域的交流，促进更顺畅的信息沟通，更好实现科技创新，并最终培育出一个持续不断贡献重要科学知识的创新体系。

6. 生物医学期刊影响因子计算中论文被引次数的时间跨度需要延长为5~10年 越来越多的科技管理者认为，期刊影响因子不适合评价单篇论文质量，但为数众多的科学家们仍希望论文能在高影响因子的期刊发表。实际上，期刊影响因子的高低完全取决于论文在某一时间内的被引次数，这就意味着怎样科学地设定这一时间段的长短非常重要。前述研究结果提示，被引次数在55+、55~100次和101~200次的高影响力论文的被引次数分别在5~10年和10~15年间达到顶峰。因此，我们认为，当前生物医学期刊影响因子计算中论文被引次数为两年的设定已不符合本领域论文影响力扩展规律，需要延长为5~10年，这将有助于引导期刊避免“短视”，发掘更多真正高影响力论文。已有研究认为[17]，原始性创新超出了现有的学术范式，开辟了一个全新的领域，很难用现有理论和知识评价其学术价值，验证、理解及社会认同，需要有相当长的时间。这个结果也支持我们的结论。

7. 作为一流生物医学科学家的院士的成长成才环境也需要创新 前述研

究结果表明,生物化学与分子生物学是生物医学院士科研活动中最重要、最活跃的带头学科,以其为核心学科,组成了他们最重要的知识合作网络;同时,计算机科学在生物医学领域的桥梁作用已不容忽视。因此,在生物医学科技战略上,需要根据21世纪我国生物医学科学技术发展的需求,检讨我们的科学制度。不仅应当重视"当采学科"在科研活动中的重要作用,面向多学科交叉融合凝练的科学问题开展原创性研究[18],更要有针对性地对主流领域,尤其是院士牵头的主流学科领域给以长期、稳定和持续性的优先支持,更要重视生物医学与其他学科的交叉,掌握必要的信息应用和处理技术,发挥各学科优势,达到科研创新之目的。

创新驱动的实质是人才驱动,人才是创新驱动的核心要素,人才驱动需要更加突出领军人才的引领作用。中国要想在世界高科技领域占有一席之地,必须有一批世界一流科学家。如何在现有条件和基础上加紧造就一批世界一流生物医学科学家,成为我国生物医学科研发展的当务之急。生物医学院士群体正是成为世界一流生物医学科学家最直接、最现实和最可能的冲击者和引领者。对于一个科学家来说,自由研究对其科学创新具有绝对的优势;科技管理及其密切相关的环境条件,对他们的科学创新同样具有绝对优势[19]。作为我国最高学术荣誉拥有者,院士群体有着比一般科学家较为宽松的创新环境,但从我们前期研究结果来看,要想让他们在成为院士之后仍然能持续不断地贡献重要的科学知识,同样需要通过更加宽松的环境来激发其创造动力,这个宽松环境就是把他们灵魂深处的潜在动力转变为现实动力的体制和机制。因此,创新中的价值体现,除了他们个人的努力,还需要创新生态环境,改革科研评价机制和人才评价机制,改良我们的科研"土壤",给予院士们研究问题的时间,不受限制地自由探究,寻求最重要的发现。

8. 研究对象选择与数据分析局限对于一流生物医学科学家成长成才规律研究的影响　科学产出质量评价是一个非常复杂的问题,涉及很多因素,即便对于基础研究为主、产出成果以科学论文为主的中国科学院院士而言,仅就科学论文的被引次数和所发期刊影响因子进行评价,即使在文本评价的语境中依然不够全面,甚至没有涉及根本。数据分析是连接理论与实践的关键,大数据分析有可能帮助我们分析一流科学家成长成才规律的可循性和复杂性,但其自身本质上具有的"不完全代表性"[20],决定了它也仅仅是对一流科学家群体的抵近考察,尚不是全数据那样足够意义上的客观考察。科学家的成长成才规律是一个非常复杂的问题,涉及世界、国家、单位、家庭和个人等诸多因素。因此,本研究结果的局限性在所难免,我们将在后续研究中予以弥补。

参考文献

[1] 中国生物技术发展中心. 中国现代医学科技创新能力国际比较[M]. 北京:中国医药科技出版社,2009:47.

[2] 梁立明,武夷山. 科学计量学:理论探索与案例研究[M]. 北京:科学出版社,2006:104.

[3] 于琦,段志光. 生物医学领域科研合作现状及预测研究——以心血管病、肿瘤和健康管理研究领域为例[D]. 太原:山西医科大学,2014:19-20.

[4] 赵蓉英,温芳芳. 科研合作与知识交流. 图书情报工作,2011,55(20):6-10.

[5] 单文戈,姜晓舜. 文献计量学指标在科技论文评价中的应用[J]. 中华医院管理杂志,2007,(2):133-135.

[6] 段志光,章娟,张妍. 诺贝尔生理学或医学奖获得者科学论文质量的计量分析[J]. 科学技术哲学研究,2010,27(01):86-91.

[7] 高罕翔,于光. 中国 SCI 科技论文科学计量分析[D]. 黑龙江:哈尔滨工业大学,2009:2-3.

[8] 谢彩霞. 科学合作的功能与计量[M]. 北京:中国社会科学出版社,2010:1-2.

[9] 马骁,寸淑梅. 对高校教师合作关系的隐喻及其模式构建[J]. 南工科技,2012,(1):84.

[10] 段志光,卢祖洵. 诺贝尔生理学或医学奖成因研究[D]. 武汉:华中科技大学,2005:152.

[11] 徐晓艺,杨立英. 科研合作视角下的学科知识流动分析方法研究——以药物化学学科为例[J]. 图书情报工作,2014,58(19):83-91.

[12] 中国生物技术发展中心. 中国现代医学科技创新能力国际比较[M]. 北京:中国医药科技出版社,2009.

[13] 章娟,段志光,王彤等. 诺贝尔生理学或医学奖获得者科学论文排序-频度分布研究[J]. 科学学与科学技术管理,2010(3):5-9.

[14] 乔纳森·科尔,斯蒂芬·科尔.科学界的社会分层[M]. 赵佳苓,顾昕,黄绍林等译. 北京:华夏出版社,1989:44.

[15] 段志光,卢祖洵. 诺贝尔生理学或医学奖成因研究[D]. 华中科技大学,2005.

[16] 奥利维尔·如恩斯.为什么 20 世纪是美国世纪?[M]. 北京:新华出版社,2002:12.

[17] 陈劲,宋建元,葛朝阳等. 试论基础研究及其原始性创新[J]. 科学学研究,2004,(03):317-321.

[18] 席酉民,郭菊娥,李怀祖. 大学学科交叉与科研合作的矛盾及应对策略[J]. 西安交通大学学报,2006,26(1):79-83.

[19] 段志光,卢祖洵. 诺贝尔生理学或医学奖成因研究[D]. 武汉:华中科技大学,2005.

[20] 王馥芳. 从大数据危机到全数据革命[N]. 中国社会科学报,2015-03-23(B01).

第八章　我国一流青年生物医学科学家与诺贝尔生理学或医学奖获得者获奖前科学论文比较

——以国家杰出青年科学基金获得者和长江学者特聘教授为例

当今世界以科技进步和知识创新为核心的综合国力竞争日趋激烈,人才特别是高层次创造性人才成为该竞争中越来越具有决定性意义的因素。但从总体上来说,我国的科研能力与世界先进国家还有较大差距,突出表现在我国高层次拔尖创新人才还不太多,尤其是缺乏国际一流的科学大师。在此背景下,我国及时实施了人才强国战略,推出了多项国家人才工程,其中国家杰出青年科学基金获得者、教育部长江学者特聘教授、中国科学院的“百人计划”入选者和中央人才工作协调小组的“海外高层次人才引进计划”(简称“千人计划”)等可称为国内一流青年科学家,他们正逐步成长为我国各学科领域的学术骨干和学科带头人,有些已经成为院士。

本部分从我国基础研究创新的管理角度出发,选取我国高校生物医学领域杰出青年科学基金获得者和长江学者特聘教授为研究对象,探讨其科研产出状况、受资助前后的变化以及与世界一流同行的差距,旨在帮助我国一流青年生物医学科学家了解自身定位,为我国科技管理部门的政策制定提供科学依据,进而加快我国科技自主创新能力的提高。

第一节　我国一流青年生物医学科学家科学论文情况

国家杰出青年科学基金是国家自然科学基金的重要资助项目之一，旨在培养和造就一批进入世界科技前沿的优秀学术带头人；教育部开展实施的"长江学者"发展计划，着眼于吸引、遴选和造就一批具有国际领先水平的学科带头人。二者均要求受资助者年龄在45岁以下（自然科学领域），已经做出突出成绩，取得国内外同行承认，而且拟开展的研究要瞄准国际前沿，具有创新性构想和战略性思维。因此，国家杰出青年科学基金获得者和长江学者特聘教授可以作为我国一流青年科学家的代表。我们自定义国家杰出青年科学基金获得者（以下简称杰青，生物医学）和长江学者特聘教授（以下简称长特，生物医学）为我国一流青年生物医学科学家。我们根据杰青和长特数量对我国高校进行排序，选择排序靠前的三所高校，将其1994～2014年96位杰青和1999～2014年80位长特，共计133位（既是长特又是杰青者共43位）的SCI和CSCD论文作为研究对象。

一、我国一流青年生物医学科学家SCI论文情况

SCI论文的相关原始数据由中国科学院文献情报中心根据我们提交的《中国科学院文献情报中心专题检索提问单》，自汤森路透（Thomson Reuters）Web of Science数据库采集，截止时间为2014年。没有对观点对立或被杂志收回等论文进行梳理分析。借助Excel进行数据库建立以及基本的统计描述，运用Bibexcel和Gephi软件绘制合作网络图谱并计算各项指标，采用科学计量学方法进行分析。

1. 我国一流青年生物医学科学家SCI论文一般情况　1974～2014年，我国一流青年生物医学科学家共发表SCI论文11 831篇（未包含其合作发表而重复的论文），其中合作论文11 778篇，占总论文数的99.55%，中位合著率为100%，中位合作指数为7.55。助聘（杰青获得资助，长特获得聘任，下同）前：发表3721篇，人均28篇，年人均2.75篇；总被引次数为144 207，人均为1084次，年均被引次数为3605，最高单篇被引次数为2866。期刊影响因子最高为54.420，半数论文发表在影响因子高于3.259的期刊。助聘后：发表9320篇，人均70篇，年人均8.09篇；总被引次数为143 859，人均为1082次，年均被引次数为7572，最高单篇被引次数为3170。期刊影响因子最高为54.420，半数论文发

表在影响因子高于 3.396 的期刊(表 8-1)。

表 8-1　我国一流青年生物医学科学家 SCI 论文被引情况

分组	总篇数	总被引次数	零被引	被引≥20 次		被引≥50 次		被引≥100 次	
			被引篇数(%)	被引篇数(%)	被引次数(%)	被引篇数(%)	被引次数(%)	被引篇数(%)	被引次数(%)
助聘前	3721	144 207	266 (7.15)	914 (24.56)	28 405 (19.70)	374 (10.05)	25 712 (17.83)	340 (9.14)	75 039 (52.04)
助聘后	9320	143 859	1597 (17.14)	1391 (14.92)	41 423 (28.79)	384 (4.12)	25 878 (17.99)	178 (1.91)	38 170 (26.53)
合计	13 041	288 066	1863 (14.29)	2305 (17.68)	69 828 (24.24)	758 (5.81)	51 590 (17.91)	518 (3.97)	113 209 (39.30)

2. 我国一流青年生物医学科学家助聘前后 SCI 论文比较分析　将 133 位一流青年生物医学科学家 SCI 论文的被引次数按比例(15%×6+10%×1)分组，得到 7 个被引频谱段，分别记为≤1、~3、~6、~12、~22、~50、≥51(表 8-2)，被引次数最低的 4 个频段助聘后的论文比例高于助聘前，后 3 个频段则是助聘前高于助聘后。同样将期刊影响因子按比例(15%×6+10%×1)分组，得到 7 个影响因子频谱段(表 8-3)，可见除了最低频谱段和最高频谱段助聘前的论文比例高于助聘后外，其余各频谱段都是助聘后的论文比例高于助聘前。

表 8-2　我国一流青年生物医学科学家助聘前后 SCI 论文被引次数构成比

分组	≤1 次		~3 次		~6 次		~12 次		~22 次		~50 次		≥51 次		合计	
	篇数	%	篇数	%	篇数	%	篇数	%	篇数	%	篇数	%	篇数	%	篇数	%
助聘前	418	11.23	291	7.82	384	10.32	533	14.32	620	16.66	776	20.85	699	18.79	3721	100.00
助聘后	2474	26.55	1221	13.10	1209	12.97	1529	16.41	1242	13.33	1095	11.75	550	5.90	9320	100.00

表 8-3　我国一流青年生物医学科学家助聘前后 SCI 论文期刊影响因子构成比

分组	≤1.627		~2.331		~3.009		~3.675		~4.959		~9.284		≥9.285		合计	
	篇数	%	篇数	%	篇数	%	篇数	%	篇数	%	篇数	%	篇数	%	篇数	%
助聘前	578	15.53	504	13.54	519	13.95	432	11.61	484	13.01	473	12.71	402	10.80	3392	91.15
助聘后	1218	13.07	1321	14.17	1404	15.06	1441	15.46	1369	14.69	1435	15.40	801	8.59	8989	96.44

注：影响因子源于 Web of Science 数据库发布的 2013 年期刊影响因子

对一流青年生物医学科学家助聘前后 SCI 论文的被引次数和影响因子两指标分别进行 Mann-Whitney 检验，结果显示均存在统计学差异($P_{引}<0.001$，$P_{IF}=0.032$)，表现为被引频次助聘前高于助聘后，影响因子助聘后高于助聘前。

我们将被引次数最高频谱段(≥51),即被引次数排名前10%的论文定义为高影响力论文。Mann-Whitney 秩检验显示,助聘前后高影响力论文的影响因子和被引次数均有统计学差异($P_{引}<0.001$,$P_{IF}<0.001$),且被引次数和影响因子都表现为助聘前高于助聘后。

将影响因子最高频谱段(IF≥9.285),即影响因子排名前10%的期刊视为高影响力期刊。Mann-Whitney 秩检验显示,助聘前后高影响力期刊群论文的被引次数存在统计学差异($P_{引}<0.001$),且助聘前高于助聘后,但影响因子无统计学差异($P_{IF}=0.097$)。

3. 我国一流青年生物医学科学家 SCI 论文被引次数时间分布 论文发表年限为统计年(2014)减去论文发表年的差值。发表年限分组为[0,2]年、(2,5]年、(5,10]年、…、(35,40]年,记为~2、~5、~10、…、~40。

随着发表年限的增加,零被引论文的比例在发表后2~5年里下降明显,之后缓慢上升(图8-1)。由不同发表年限论文的被引频谱分布(表8-4)可见,~2年段的论文,由低被引频谱到高被引频谱所占比例逐渐降低;~5年段的论文,较低的2个被引频谱段比例较~2年段的论文比例减少,其余被引频谱段比例增加;~10年段的论文,较低的4个被引频谱段比例较~2年段的论文比例减少,其余被引频谱段比例增加;~15年段,自~3频谱段起,随着被引频谱的升高论文比例呈上升趋势,≥55被引频谱段论文比例较前3个年段继续升高;发表年限更长的论文,这种变化趋势不太明显。

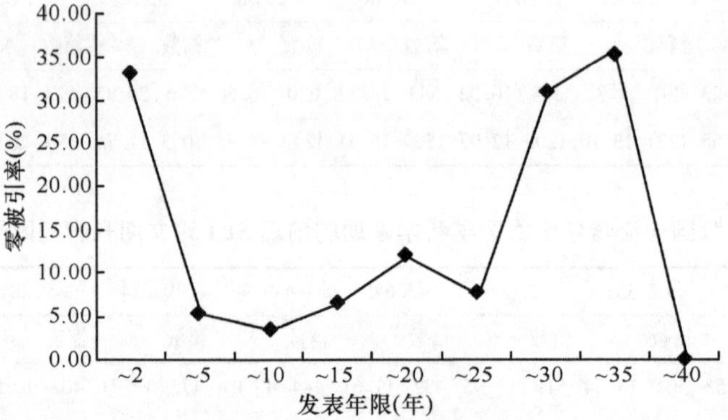

图8-1 我国一流青年生物医学科学家 SCI 论文零被引率曲线

图8-2为高影响力论文被引次数时间分布曲线,其中A表示各时段高影响力论文数量分布,B为各时段高影响力论文所占比例分布。为便于展示,将比例用千分率(‰)表示以缩小与论文数量的量值差距。发表5年内被引次数大于51的论文数量较少,5年后随着发表年限的延长迅速增长。被引≥51、51~

100 次、101~200 次、≥300 次的论文数量分别在发表 5~10 年里达到顶峰。从各被引频谱段论文所占比例来看,增长幅度均低于绝对数量,高峰后延 5~10 年。发表时间超过 35 年的论文总量仅有 25 篇,高被引论文数量几乎为 0,因此比例曲线在~35 年和~40 年段的抬升是总量偏低、曲线不稳定形成的波动。

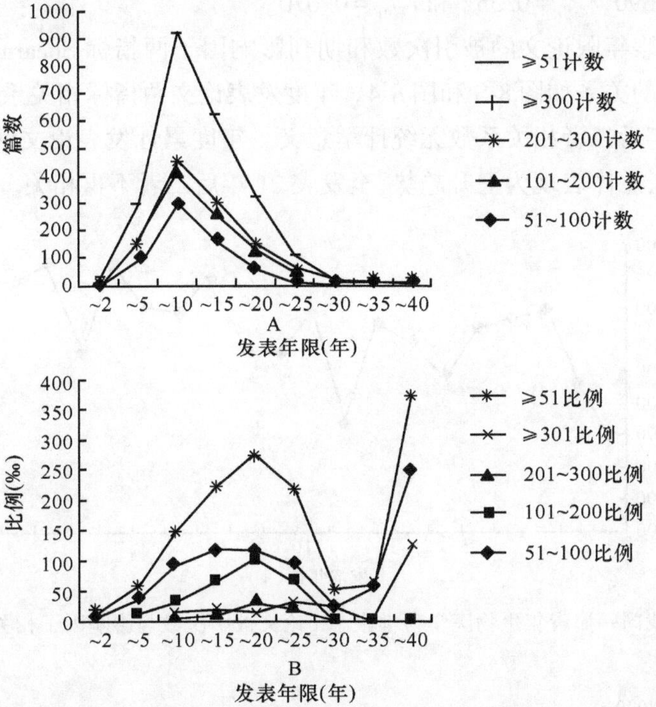

图 8-2 我国一流青年生物医学科学家高影响力 SCI 论文被引次数时间分布曲线

表 8-4 我国一流青年生物医学科学家不同发表年限 SCI 论文被引次数构成

发表	≤1 次		~3 次		~6 次		~12 次		~22 次		~50 次		≥51 次		合计	
年限	篇数	%	篇数	%	篇数	%	篇数	%	篇数	%	篇数	%	篇数	%	篇数	%
~2	1821	48.65	711	37.11	483	12.90	417	11.14	201	5.37	93	2.48	17	0.45	3743	118.1
~5	290	10.82	305	11.38	413	15.42	631	23.55	501	18.70	389	14.52	150	5.60	2679	100.00
~10	224	7.24	213	6.89	329	10.64	542	17.52	639	20.66	689	22.28	457	14.78	3093	100.00
~15	165	11.57	105	7.36	121	8.49	179	12.55	212	14.87	330	23.14	314	22.02	1426	100.00
~20	98	16.58	35	5.92	60	10.15	43	7.28	71	12.01	122	20.64	162	27.41	591	100.00
~25	31	13.19	15	6.38	13	5.53	37	15.74	38	16.17	49	20.85	52	22.13	235	100.00
~30	13	33.33	2	5.13	4	10.26	4	10.26	6	15.38	8	20.51	2	5.13	39	100.00
~35	8	47.06	2	11.76	1	5.88	2	11.76	2	11.76	1	5.88	1	5.88	17	100.00
~40	0	0.00	1	12.50	1	12.50	2	25.00	1	12.50	0	0.00	3	37.50	8	100.00
合计	2650	22.40	1389	11.74	1425	12.04	1857	15.70	1671	14.12	1681	14.21	1158	9.79	11 831	99.91

4. 我国一流青年生物医学科学家 SCI 论文被引次数与期刊影响因子关系

对我国一流青年生物医学科学家 SCI 总论文、高影响力论文和高影响力期刊群论文分别作被引次数和影响因子两指标的 Spearman 秩相关分析,相关系数分别为 $r_{总}=0.390$,$r_{高引}=0.352$ 和 $r_{高IF}=0.070$。

不同发表年限论文的被引次数和期刊影响因子两指标 Spearman 相关系数与发表年限的关系如图 8-3 和图 8-4。年度发表论文两指标相关系数波动较大,至发表 21 年后二者相关系数无统计学意义。年度累计发表论文两指标相关系数变化平稳,总体表现为上升趋势,至发表 21 年后二者不再相关。

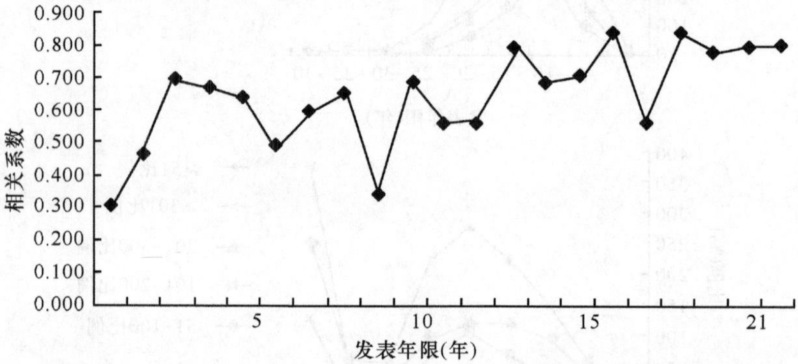

图 8-3 我国一流青年生物医学科学家 SCI 论文被引次数与影响因子相关系数曲线

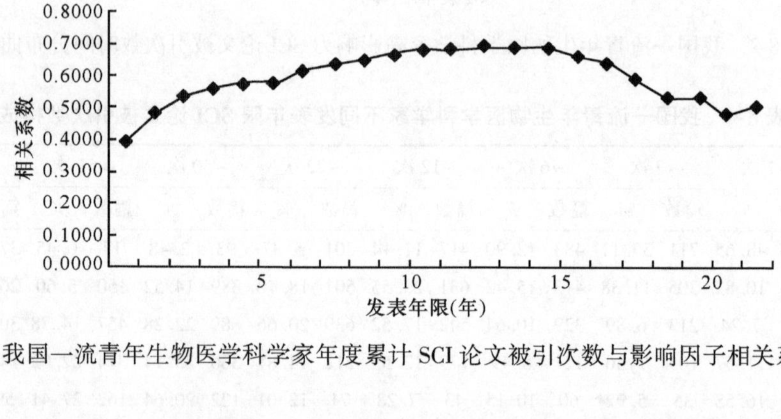

图 8-4 我国一流青年生物医学科学家年度累计 SCI 论文被引次数与影响因子相关系数曲线

二、我国一流青年生物医学科学家 CSCD 论文情况

目前,国内科技工作者的科学论文多以中英两种文字发表,其中 SCI 论文数被当作衡量科研产出的质量指标之一,因此产生了国内学界追求 SCI 论文的

倾向，且人才层次越高，似乎这种倾向越明显。在完成我国一流青年生物医学科学家 SCI 论文计量的基础上，我们选用 CSCD 论文进一步分析我国一流青年生物医学科学家使用两种文字发表的科学论文之间到底有着怎样的特征？

相关原始数据由中国科学院文献情报中心根据我们提交的《中国科学院文献情报中心专题检索提问单》，自 CSCD 采集。鉴于 CSCD 创建于 1989 年，采集时间段确定为 1989 ~2014 年。没有对观点对立或被杂志收回等论文进行梳理分析。在 Excel 中建立数据库并进行基本的统计描述，采用科学计量学方法进行分析。

1. 我国一流青年生物医学科学家 CSCD 论文一般情况　1989 ~ 2014 年间，我国一流青年生物医学科学家共发表 CSCD 论文 8072 篇（未包含其合作发表而重复的论文），其中合作论文 7851 篇，占总论文数的 97. 26%。中位合著率为 100%，中位合作指数为 4. 87。助聘前发表 3736 篇，人均 28 篇，年人均 2. 61 篇；总被引次数为 10 145，人均为 76 次，年均被引次数为 405，最高单篇被引次数为 101。助聘后发表 4695 篇，人均 35 篇，年人均 3. 66 篇；总被引次数为 10 158，人均为 76 次，年均被引次数为 535，最高单篇被引次数为 319。CSCD 论文被引具体情况见表 8-5。

表 8-5　我国一流青年生物医学科学家 CSCD 论文被引情况

分组	篇数	被引次数	零被引	被引≥5 次		被引≥10 次		被引≥20 次	
			篇数（%）	篇数（%）	被引次数（%）	篇数（%）	被引次数（%）	篇数（%）	被引次数（%）
助聘前	3736	10 145	1504（40. 26）	394（10. 55）	2547（25. 11）	182（4. 87）	2406（23. 72）	62（1. 66）	1999（19. 70）
助聘后	4695	10 158	2369（50. 46）	335（7. 14）	2114（20. 81）	100（2. 13）	1322（13. 01）	67（1. 43）	3327（32. 75）
合计	8431	20 303	3873（45. 94）	729（8. 65）	4661（22. 96）	282（3. 34）	3728（18. 36）	129（1. 53）	5326（26. 23）

2. 我国一流青年生物医学科学家助聘前后 CSCD 论文比较分析　133 位一流青年生物医学科学家的 8072 篇 CSCD 论文中，零被引论文有 3713 篇（46%），剔除掉零被引论文，对被引≥1 的论文按被引次数的 25%、50%、75%、90%、95%分组，得到 6 个被引频谱段，分别记为 1、~ 2、~ 5、~ 9、~ 14、≥15（表 8-6），被引次数最低的两个频谱段助聘后的论文比例高于助聘前，后四个频谱段则是助聘前高于助聘后。将期刊影响因子按比例（15%×6+10%×1）分组，得到 7 个影响因子频谱段（表 8-7），可见≤0. 239、~0. 289 频谱段和 ~0. 414 频

谱段助聘后的论文比例高于助聘前,其余各频谱段都是助聘前的论文比例高于助聘后。

表 8-6 我国一流青年生物医学科学家助聘前后 CSCD 论文被引次数构成比

分组	1 次		~2 次		~5 次		~9 次		~14 次		≥15 次		合计	
	篇数	%	篇数	%	篇数	%	篇数	%	篇数	%	篇数	%	篇数	%
助聘前	688	30.81	420	18.81	615	27.54	266	11.91	128	5.73	116	5.19	2233	100.00
助聘后	887	38.12	490	21.06	563	24.19	220	9.45	68	2.92	99	4.25	2327	100.00

表 8-7 我国一流青年生物医学科学家助聘前后 CSCD 论文期刊影响因子构成比

分组	≤0.239		~0.289		~0.351		~0.414		~0.508		~0.800		≥0.801		合计	
	篇数	%	篇数	%	篇数	%	篇数	%	篇数	%	篇数	%	篇数	%	篇数	%
助聘前	489	15.66	433	13.86	461	14.76	459	14.70	494	15.82	488	15.63	299	9.57	3123	100.00
助聘后	684	15.71	752	17.28	565	12.98	715	16.43	640	14.70	671	15.41	326	7.49	4353	100.00

注:影响因子源于中国科学引文数据库(CSCD)发布的 2014 年期刊影响因子

对一流青年生物医学科学家助聘前后 CSCD 论文的被引次数和影响因子两指标分别进行 Mann-Whitney 检验,结果显示均存在统计学差异($P_{引}<0.001$,$P_{IF}=0.001$),且被引次数和影响因子均表现为助聘前高于助聘后。

我们将被引次数最高频谱段(被引≥15)的论文定义为高影响力 CSCD 论文,助聘前后高影响力 CSCD 论文的 Mann-Whitney 秩检验显示,其助聘前后的影响因子和被引次数均有统计学差异($P_{引}=0.008$,$P_{IF}<0.001$),且被引次数和影响因子都表现为助聘后高于助聘前。

将影响因子最高频谱段(IF≥0.801)的期刊视为高影响力期刊。对助聘前后高影响力期刊论文的 Mann-Whitney 秩检验显示,其助聘前后的影响因子存在统计学差异($P_{IF}<0.001$),且助聘后高于助聘前,但被引次数无统计学差异($P_{引}=0.273$)。

3. 我国一流青年生物医学科学家 CSCD 论文被引次数时间分布 论文发表年限为统计年(2014 年)减去论文发表年的差值。发表年限分组为[0,2]年、(2,5]年、(5,10]年、…、(20,25]年,记为~2、~5、~10、…、~25。

随着发表年限的增加,零被引论文的比例在发表后 23 年里呈下降趋势,之后缓慢上升(图 8-5)。由不同发表年限论文的被引频谱段分布(表 8-8)可见,~2年段的论文,由低被引频谱段到高被引频谱段所占比例逐渐降低;~5 年段,~15 年段和~20 年段的论文,除~5 被引频谱段和≥15 被引频谱段所占比例增加外,其余被引频谱段所占比例下降;~10 年段论文,除~5 被引频谱段所占比例增加外,其余被引频谱段所占比例下降,~14 被引频谱段和≥15 被引频谱段所占比例相同;~25 年段的论文,除≥15 被引频谱段所占比例增加外,其余被引频谱段所占比例下降;≥15 被引频谱段论文比例随着发表年限的增加呈上升趋势;发表年限更长的论文,这种变化趋势不太明显。

图 8-6 为高影响力 CSCD 论文被引次数时间分布曲线,其中图 8-6A 表示各时段高影响力 CSCD 论文数量分布,图 8-6B 为各时段高影响力 CSCD 论文所占比例分布,为便于展示,将比例用千分率(‰)表示以缩小与论文数量的量纲差距。发表 5 年内被引次数大于 15 的论文数量极少,5 年后随着发表年限的延长迅速增长,被引 15~20、21~25、26~30、≥31 次的论文分别在发表 10~15 年里达到顶峰。从各被引频谱段论文所占比例来看,增长幅度均低于绝对数量,高峰后延 5~10 年。

表 8-8　我国一流青年生物医学科学家不同发表年限 CSCD 论文被引次数构成

发表	1 次		2 次		~5 次		~9 次		~14 次		≥15 次		合计	
年限	篇数	%	篇数	%	篇数	%	篇数	%	篇数	%	篇数	%	篇数	%
~2	943	89.05	58	5.48	42	3.97	11	1.04	3	0.28	2	0.19	1059	100.00
~5	965	71.69	157	11.66	162	12.04	39	2.90	11	0.82	12	0.89	1346	100.00
~10	1582	60.22	330	12.56	411	15.65	176	6.70	64	2.44	64	2.44	2627	100.00
~15	1221	56.09	234	10.75	378	17.36	180	8.27	75	3.45	89	4.09	2177	100.00
~20	327	53.34	68	11.09	92	15.01	55	8.97	35	5.71	36	5.87	613	100.00
~25	171	68.40	30	12.00	28	11.20	10	4.00	5	2.00	6	2.40	250	100.00
合计	5209	64.53	877	10.86	1113	13.79	471	5.83	193	2.39	209	2.59	8072	100.00

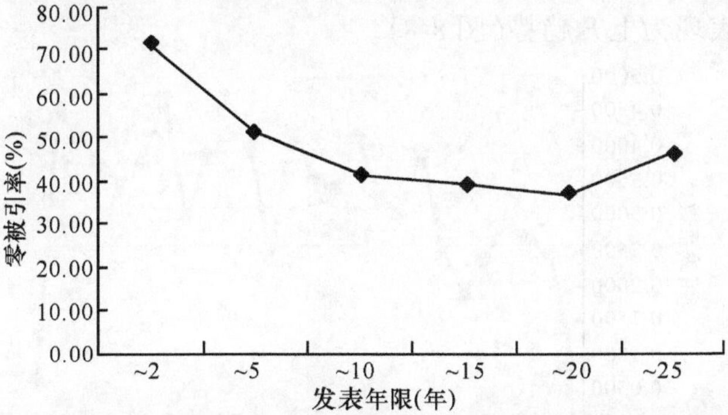

图 8-5　我国一流青年生物医学科学家 CSCD 论文零被引率曲线

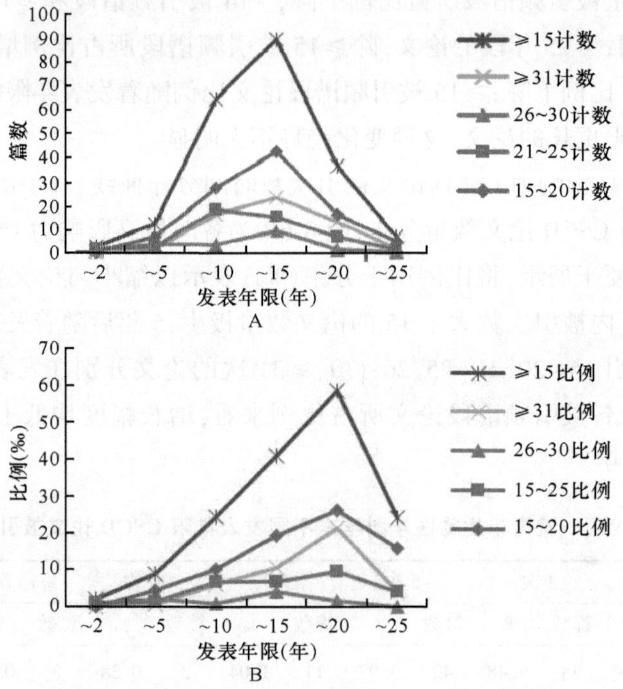

图 8-6　我国一流青年生物医学科学家高影响力 CSCD 论文被引次数时间分布曲线

4. 我国一流青年生物医学科学家 CSCD 论文被引次数与期刊影响因子关系　我国一流青年生物医学科学家 CSCD 总论文、高影响力论文和高影响因子论文分别作被引次数和影响因子两指标的 Spearman 秩相关分析，相关系数分别为 $r_{总}=0.313$，$r_{高引}=0.382$ 和 $r_{高IF}=0.263$（$P<0.001$）。不同发表年限论文的被引次数和期刊影响因子两指标 Spearman 相关系数与发表年限的关系如图 8-7。年度发表论文两指标相关系数波动较大，年度累计发表论文两指标相关系数变化平稳，总体表现为上升趋势（图 8-8）。

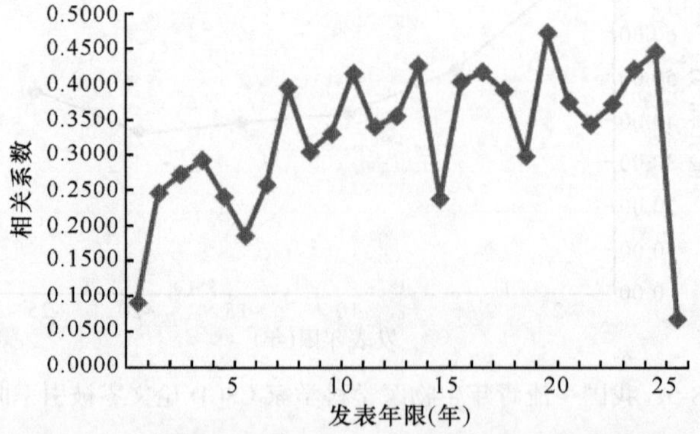

图 8-7　我国一流青年生物医学科学家 CSCD 论文被引次数与影响因子相关系数曲线

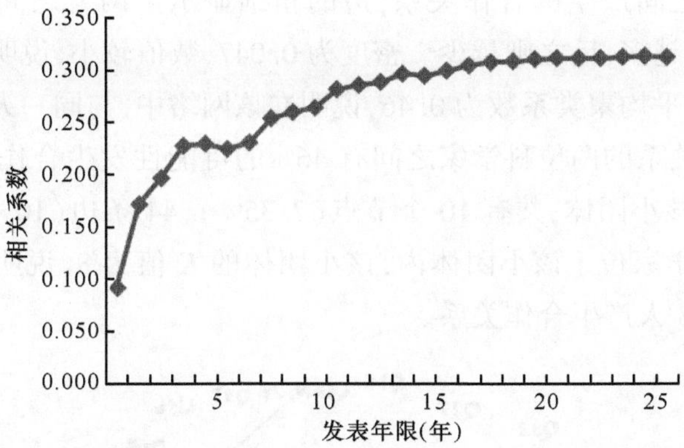

图 8-8　我国一流青年生物医学科学家年度累计 CSCD 论文被引次数与影响因子相关系数曲线

第二节　我国一流青年生物医学科学家科学论文合作关系

人类最显著的特征之一，就是人与人可以合作；人类合作行为背后又存在着竞争，尤其年轻人之间。本节仍从作者、学科、机构和国家等层面，对我国一流青年生物医学科学家 SCI 和 CSCD 论文合作关系进行研究。

一、我国一流青年生物医学科学家 SCI 论文合作关系

1. 我国一流青年生物医学科学家 SCI 论文作者合作关系　我们将 113 位一流青年生物医学科学家姓名按 Q1 ~ Q133 进行编码处理，使用 Python 程序生成作者、学科、机构和国家的 . net 文件，利用 Pajek、Gephi 将所产生的 . net 文件进行论文作者合作网络的绘制。

（1）我国一流青年生物医学科学家 SCI 论文作者合作网络分析。133 位一流青年生物医学科学家发表的 11 831 篇 SCI 论文中，涉及作者 20 880 名。以 20 880 名作者为节点，作者间的合作关系为边构建合作网络图。密度为 0. 006，平均聚类系数为 0. 936。为了更清晰的可视化效果，我们选取出现频次大于 75 的作者，去除其中权重小于 8 的边，以及之后孤立的点，最终形成了 136 个节点、428 条边的合作网络（图 8-9）。该图形象地展示了这些作者的合作网络拓扑图，其中每一个顶点代表一位获得者，顶点越大，则该点的点度中心度越高，代表该作者与越多其他获得者产出过合作论文；颜色越深，说明该点的中介中心度越高，代表该作者在论文合作中所起到的中介作用越大；顶点之间的边则

代表两位作者之间产生的合作关系，边的粗细显示了两者之间合作频次的多少，越粗则合作越多，反之则越少。密度为 0.047，数值较小，说明成员之间的联系不是很密切；平均聚类系数为 0.46，说明在该网络中，与同一人合作但二者之间无直接合作关系的两位科学家之间有 46% 的可能性发生合作。图 8-10 为该网络的最大 K 核小团体，共有 10 个节点（7.35%），44 条边（10.28%），其中 Q6 和 Q85 两位科学家位于该小团体内，该小团体的 *K* 值为 8，说明当中的每个人都至少与其他 8 人产生合作关系。

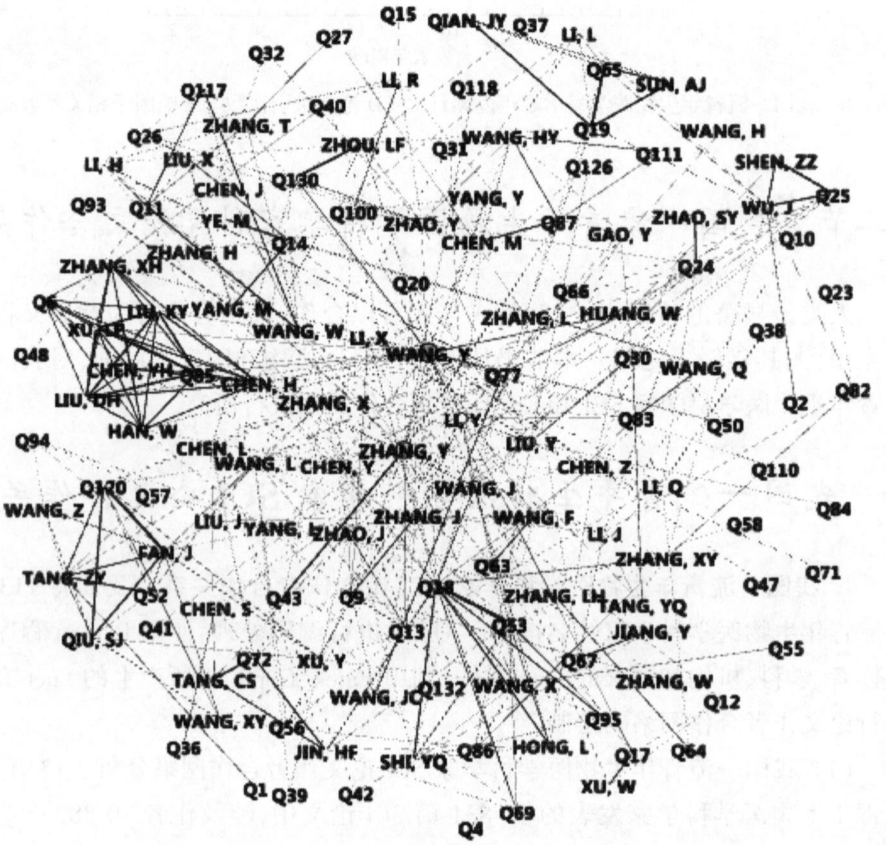

图 8-9　我国一流青年生物医学科学家 SCI 论文作者合作网络

在 133 位一流青年生物医学科学家中，有 112 位（84.21%）曾与该群体中一位或多位其他科学家至少合作过 1 篇论文，以这些人为节点构建我国一流青年生物医学科学家 SCI 论文作者内部的合作网络图（图 8-11）。该网络包含节点数 112、边 233，密度为 0.037，平均聚类系数为 0.337，密度和聚类系数均较小，提示我国一流青年生物医学科学家群体内部合作度不高，没有形成紧密的合作团体。

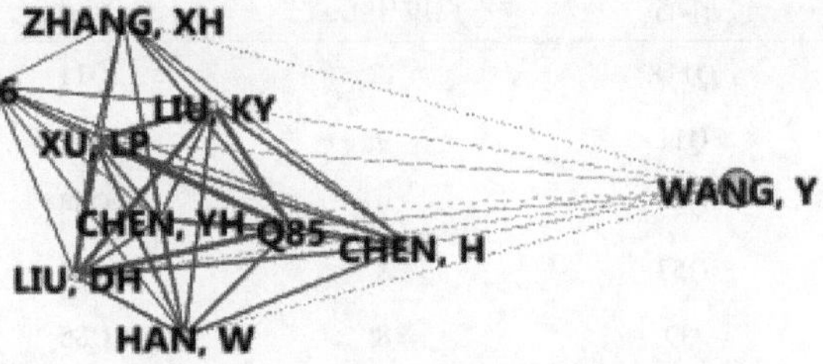

图 8-10　我国一流青年生物医学科学家 SCI 论文作者合作 8 核网络

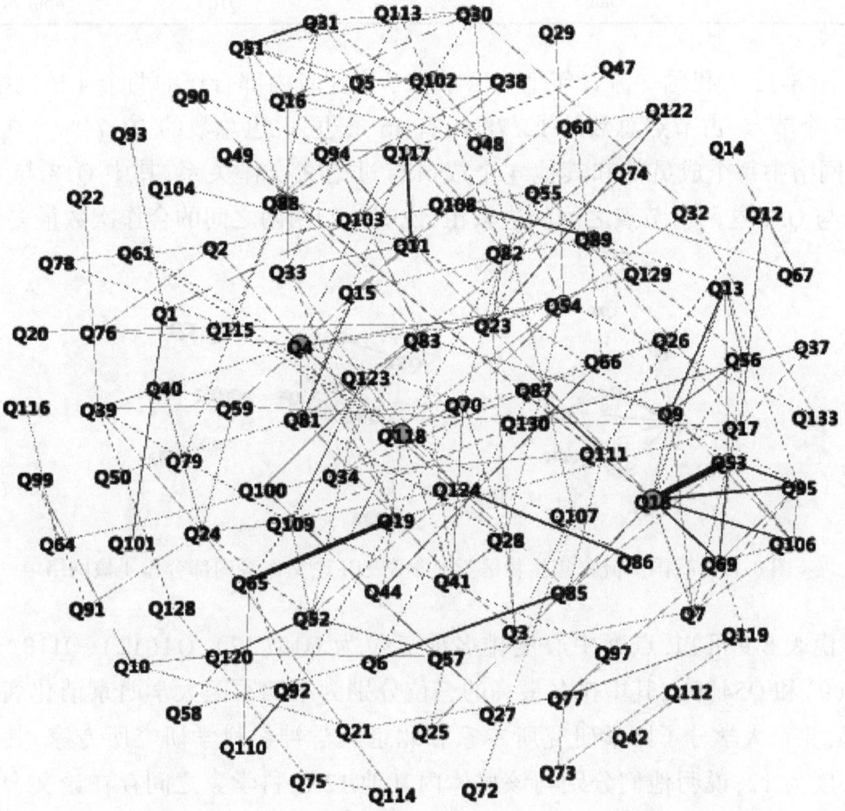

图 8-11　我国一流青年生物医学科学家 SCI 论文作者内部合作网络

表 8-9　我国一流青年生物医学科学家 SCI 论文群体内部合作中心度指标排名前 10

排名	作者	点度中心度	作者	中介中心度
1	Q18	12	Q118	1514. 83
2	Q4	12	Q4	1211. 18

续表

排名	作者	点度中心度	作者	中介中心度
3	Q118	12	Q11	908. 67
4	Q11	9	Q52	745. 03
5	Q54	9	Q54	606. 65
6	Q53	8	Q18	597. 78
7	Q9	8	Q85	573. 21
8	Q81	8	Q16	462. 70
9	Q70	8	Q81	457. 24
10	Q88	8	Q103	450. 24

图 8-12 为我国一流青年生物医学科学家作者内部合作的两个 4 核网络,共有 17 个节点,占节点总数的 12. 78%;有 46 条边,占边总数的 19. 74%。在各个 4 核网络中每个成员都和其他 4 个成员有过论文合作关系;其中 Q18 与 Q53、Q51 与 Q31 这两对节点之间的边较粗,说明他们两两之间的合作次数最多。

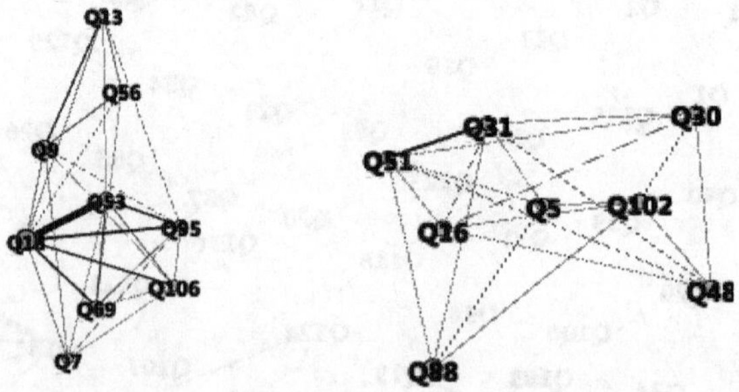

图 8-12　我国一流青年生物医学科学家 SCI 论文作者内部合作 4 核网络

由表 8-9 可知,点度中心度排名前五位为 Q18(12)、Q4(12)、Q118(12)、Q11(9)和 Q54(9),其中排名最高的三位分别为第四军医大学西京消化病医院专家,北京大学分子医学研究所专家和北京大学神经科学研究所专家,其点度中心度为 12,说明他们分别与该群体内其他 12 位科学家之间存在论文合作关系;排名前五位中有三位属于北京大学,两位属于第四军医大学。

中介中心度排名前五的科学家分别为 Q118(1514. 83)、Q4(1211. 18)、Q11(908. 67)、Q52(745. 03)和 Q54(606. 65),其中有 4 位的点度中心度也排在前五位。这些科学家处于整个网络的中心位置,是网络中最权威、影响力最大的几位。

(2) 我国一流青年生物医学科学家 SCI 论文学科合作网络分析。以学科为节点,学科间的合作关系为边,剔除掉孤立的点,构建学科合作网络(图8-13)。该网络由113个节点、557条边组成,密度为0.088,平均聚类系数为0.552,其中生物化学和分子生物学处于核心位置,细胞生物学,生物物理学、化学、基因遗传学、药学等学科在其周围环绕,说明它们是网络中最重要的学科群。从网络中还可以看到很多次热点学科、新兴学科和不属于生物医学的学科,如计算机科学、社会学科和教育学等,这些学科对生物医学的发展也具有举足轻重的作用。

图8-14为学科合作网络中最大K核结构,共有24个节点,占节点总数的21.05%;有160条边,占边总数的28.73%;其中每个学科都和其他10个学科有过论文合作关系。该小团体位于网络的核心,说明这些学科是我国一流青年生物医学科学家关注的核心学科。

由表8-10知,网络中点度中心度排名前10的学科为一流青年生物医学科学家SCI论文中与其他学科直接交叉合作最多的学科。中介中心度排名前10的学科,如环境科学与生态学、神经科学是在学科交叉中起重要桥梁作用的学科,即在完成这些学科领域的研究中促成了更多其他学科之间的交叉。

表8-10 我国一流青年生物医学科学家SCI论文学科合作网络中心度指标排名前10学科

排名	学科	点度中心度	学科	中介中心度
1	生物化学与分子生物学	40	环境科学与生态学	736.01
2	神经科学	40	神经科学	719.20
3	药学	31	生物化学与分子生物学	662.52
4	工程学	31	工程学	645.54
5	生物技术与应用微生物学	30	环境与职业健康	458.33
6	环境科学与生态学	30	生物技术与应用微生物学	359.69
7	细胞生物学	29	计算机科学	337.77
8	肿瘤学	27	药学	325.53
9	基因遗传学	24	细胞生物学	315.16
10	免疫学	24	核医学与医学影像	247.44

(3)我国一流青年生物医学科学家SCI论文机构合作网络分析:133位一流青年生物医学科学家发表的11 831篇SCI论文中,涉及3568个机构。以3568个机构为节点,机构间的合作关系为边构建合作网络图。该网络的密度为0.010,平均聚类系数为0.542。

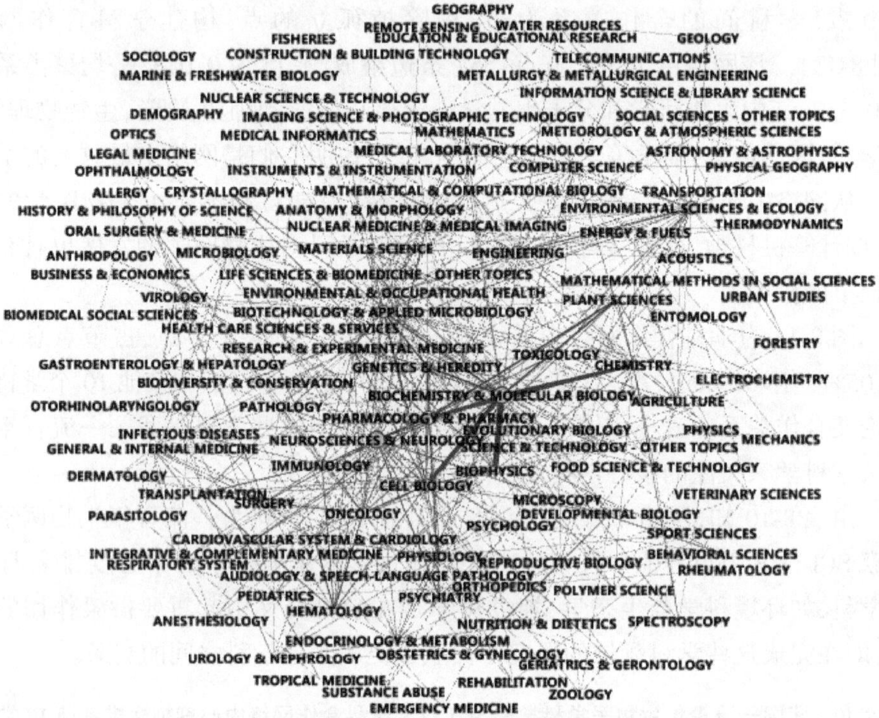

图 8-13　我国一流青年生物医学科学家 SCI 论文学科合作网络

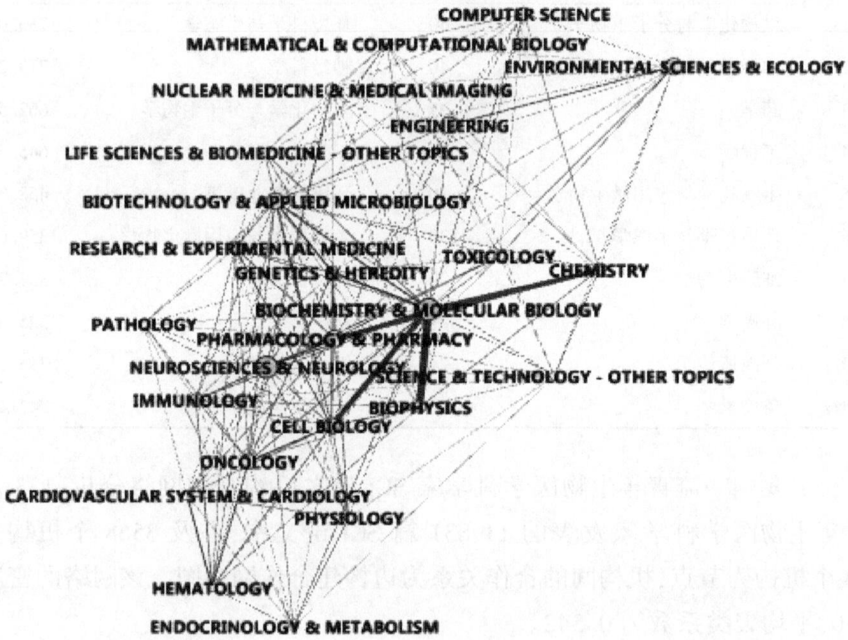

图 8-14　我国一流青年生物医学科学家 SCI 论文学科合作 10 核网络

为了更清晰的可视化效果,剔除出现频次小于 20 的机构,保留合作次数不小于 10 的边,并去掉孤立的点,构建合作网络(图 8-15)。该网络共有 119 个节点、302 条边;密度为 0.043,平均聚类系数为 0.821。北京大学、复旦大学、中国科学院、第四军医大学和上海交通大学等国内院校和科研机构处于网络的中心位置,说明国内的知名院校和科研机构是青年生物医学科学家合作交流活动的主要机构。

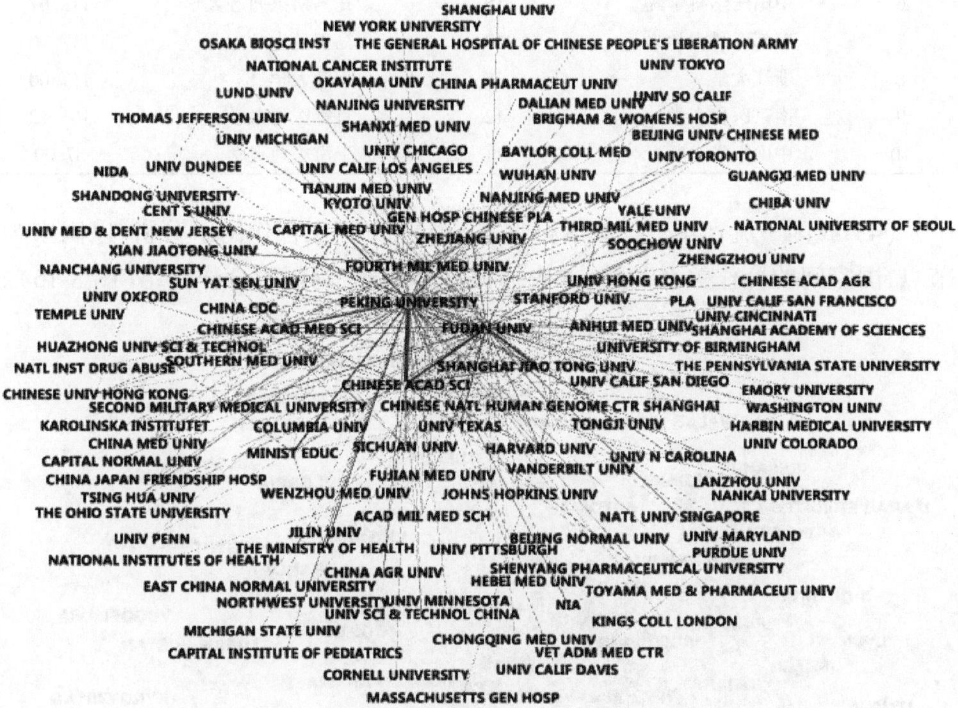

图 8-15　我国一流青年生物医学科学家 SCI 论文机构合作网络

从表 8-11 可以看出,点度中心度排名前五位的为北京大学(90)、复旦大学(68)、中国科学院(37)、第四军医大学(35)和上海交通大学(20),这些机构在图中显示为最大的几个节点。值得注意的是,在点度中心度最大的前 10 位机构中,全部是中国的大学。

从中介中心度来看,排名最高的仍是北京大学(4032.36),结合它最高的点度中心度来看,提示是青年生物医学科学家交流活动最频繁的机构。此外,可以看到哈佛大学等外国高校在我国一流青年科学家的机构合作中发挥着一定的桥梁作用(表 8-11)。

表 8-11　我国一流青年生物医学科学家 SCI 论文机构合作中心度指标排名前 10 机构

排名	机构	点度中心度	机构	中介中心度
1	北京大学	90	北京大学	4032.36
2	复旦大学	68	复旦大学	2237.37
3	中国科学院	37	第四军医大学	725.17
4	第四军医大学	35	中国科学院	515.42
5	上海交通大学	20	哈佛大学	350.95
6	中国医学科学院	18	托马斯杰弗逊大学	118.67
7	首都医科大学	17	马里兰大学	117.00
8	浙江大学	15	千叶大学	117.00
9	南京医科大学	12	首都医科大学	103.12
10	中山大学	11	上海交通大学	57.00

（4）我国一流青年生物医学科学家 SCI 论文国家合作网络分析：以国家为节点，国家间的合作关系为边，并去掉孤立的点，绘制国家合作网络（图 8-16）。

图 8-16　我国一流青年生物医学科学家 SCI 论文国家/地区合作网络

该网络共 95 个节点,1276 条边,网络密度为 0.286,平均聚类系数为 0.846,网络中心趋势很明显,以中国和美国为核心进行合作交流。团聚在美国周围的国家中心性指标较高,大多为西方发达国家。中国与五个核心国家保持较稳定的合作关系,其中与美国的合作次数最多。

该网络中最大团体为图 8-16 中心的 36 核小团体,包括 37 个节点,占节点总数的 38.54%;666 条边,占边总数的 52.19%。该群体既包含了点度中心度排名前 10 的国家中的 9 个国家,还有澳大利亚和西班牙等国(图 8-17)。

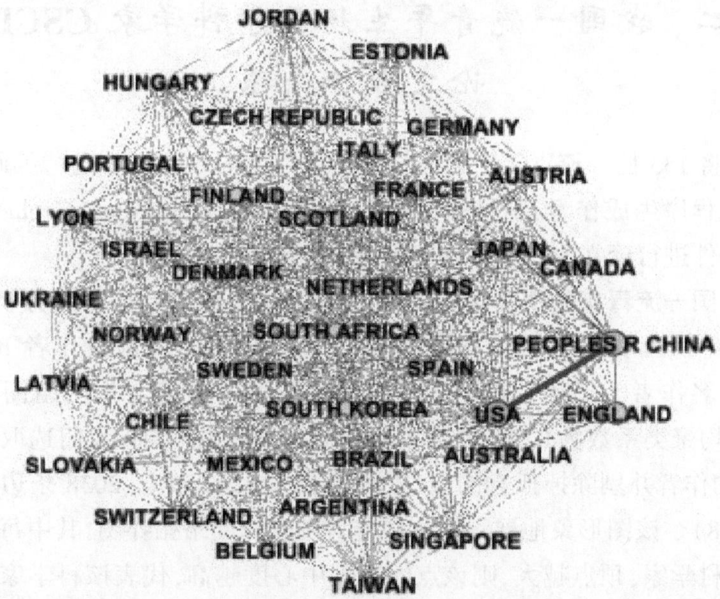

图 8-17　我国一流青年生物医学科学家 SCI 论文国家/地区合作 36 核网络

由表 8-12 知,点度中心度排名前五位的国家是美国、中国、英国、日本和澳大利亚,中介中心度排名前五位的国家是中国、美国、英国、日本和德国。

表 8-12　我国一流青年生物医学科学家 SCI 论文国家合作网络中心度指标排名前 10 国家/地区

排名	国家/地区	点度中心度	国家/地区	中介中心度
1	美国	85	中国	848.07
2	中国	81	美国	834.29
3	英国	70	英国	281.49
4	日本	60	日本	119.75
5	澳大利亚	59	德国	92.56
6	德国	57	俄罗斯	75.80

续表

排名	国家/地区	点度中心度	国家/地区	中介中心度
7	西班牙	55	加拿大	73.64
8	加拿大	54	澳大利亚	69.38
9	荷兰	54	中国香港	69.29
10	法国	53	意大利	56.96

二、我国一流青年生物医学科学家 CSCD 论文合作关系

我们将 133 位一流青年生物医学科学家姓名按 Q1-Q133 进行编码处理,使用 Python 程序生成作者、学科和机构的 . net 文件,利用 Pajek、Gephi 将所产生的 . net 文件进行论文作者合作网络的绘制。

1. 我国一流青年生物医学科学家 CSCD 论文作者合作网络分析 133 位一流青年生物医学科学家发表的 8072 篇 CSCD 论文中,涉及作者 10 810 名。以 10 810 名作者为节点,作者间的合作关系为边构建合作网络图。密度为 0. 001,平均聚类系数为 0. 248。为了更清晰的可视化效果,我们选取出现频次大于 50 的作者并剔除掉孤立的点,最终形成了 82 个节点、2038 条边的合作网络(图 8-18)。该图形象地展示了这些作者的合作网络拓扑图,其中每一个顶点代表一位科学家,顶点越大,则该点的点度中心度越高,代表该科学家与越多其他科学家产出过合作论文;颜色越深,说明该点的中介中心度越高,代表该科学家在论文合作中所起到的中介作用越大;顶点之间的边则代表两位科学家之间产生的合作关系,边的粗细显示了两者之间合作频次的多少,越粗则合作越多,反之则越少。该网络的密度为 0. 061,数值较小,说明成员之间的联系不是很密切;平均聚类系数为 0. 672,说明在该网络中,与同一人合作但二者之间无直接合作关系的两位科学家之间有 67. 2% 的可能性发生合作。图 8-19 为该网络的最大 K 核小团体,共有 10 个节点(10. 75%),45 条边(22. 17%),其中科学家 Q85 位于该小团体内,该小团体的 K 核值为 9,说明当中的每个人都至少与其他 9 人产生合作关系。

在 133 位一流青年生物医学科学家中,有 62 位(46. 62%)曾经与该群体内一位或多位其他科学家至少合作过 1 篇论文,以这些人为节点构建青年生物医学科学家 CSCD 论文作者内部合作网络图(图 8-20)。该网络的密度为 0. 034,

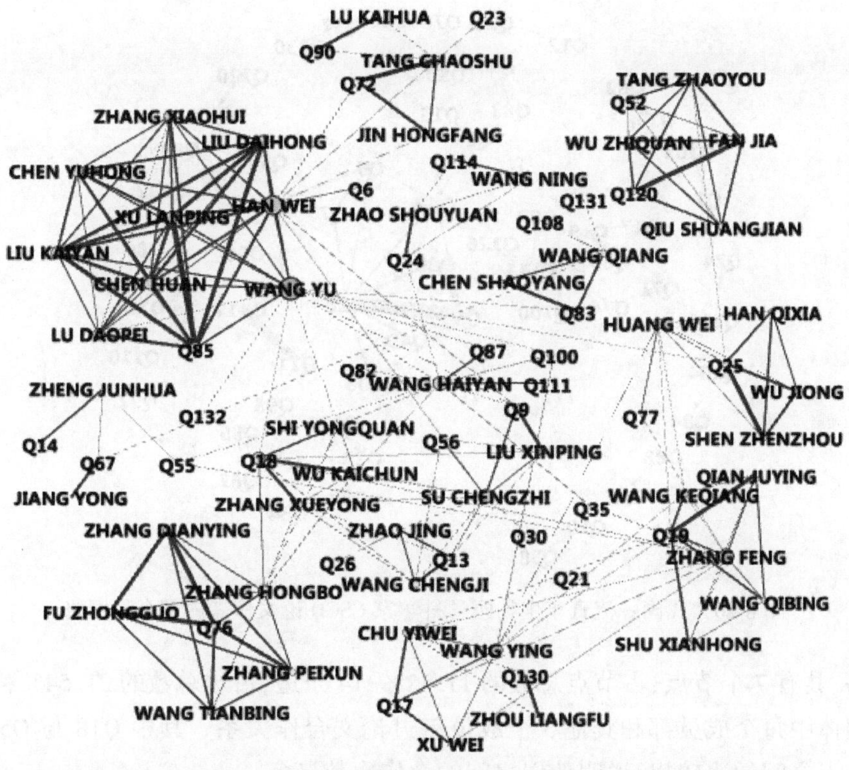

图 8-18　我国一流青年生物医学科学家 CSCD 论文作者合作网络

图 8-19　我国一流青年生物医学科学家 CSCD 论文作者合作 9 核网络

平均聚类系数为 0.444，从较低的密度和较小聚类系数可以看出，我国一流青年生物医学科学家群体内部合作度不高。从图 8-20 可以看到，该网络中存在四个小团体，其中三个小团体通过 Q81、Q69、Q111 和 Q18 连接起来；更多的是两两作者间的合作且合作关系较固定。

图 8-21 为我国一流青年生物医学科学家 CSCD 论文作者内部合作的 3 核

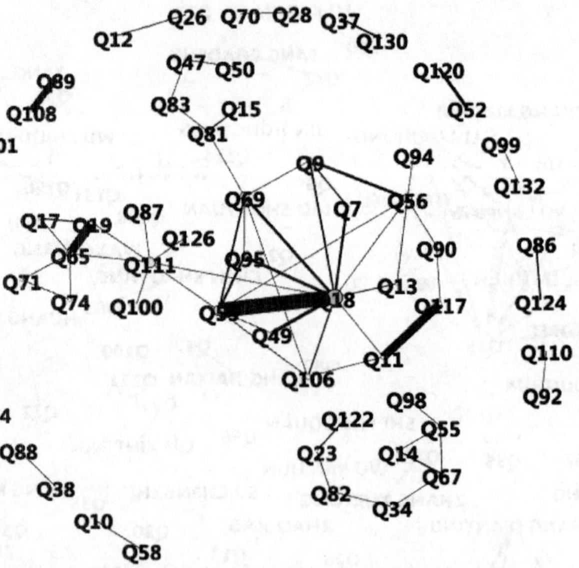

图 8-20　我国一流青年生物医学科学家 CSCD 论文作者内部合作网络

网络,共有 7 个节点,占节点总数的 11. 11%;14 条边,占边总数的 21. 54%;在这个团体中每个成员都和其他 3 个成员有过论文合作关系。其中 Q18 与 Q53 这对节点之间的边较粗,说明他们之间的合作次数最多。

由表 8-13 可知,点度中心度排名前五位为 Q18(11)、Q53(7)、Q111(7)、Q69(6)和 Q56(6),其中排名最高为第四军医大学西京消化病医院专家,说明他与其他 11 位科学家之间存在论文合作关系;排名前五位中有四位属于第四军医大学,一位属于北京大学。

从中介中心度来看,排名前五的科学家有四位与点度中心度排名前五的科学家相同,其中介中心度分别为 Q111(170.00)、Q18(153.33)、Q69(111.67)、Q81(95.00)和 Q53(68.67)。这些科学家处于整个网络的中心位置,是网络中最权威、影响力最大的几位。

表 8-13　我国一流青年生物医学科学家 CSCD 论文作者内部合作中心度指标排名前 10

排名	作者	点度中心度	作者	中介中心度
1	Q18	11	Q111	170.00
2	Q53	7	Q18	153.33
3	Q111	7	Q69	111.67
4	Q69	6	Q81	95.00

续表

排名	作者	点度中心度	作者	中介中心度
5	Q56	6	Q53	68.67
6	Q65	5	Q65	61.50
7	Q9	4	Q56	51.33
8	Q106	4	Q83	50.00
9	Q55	3	Q47	26.00
10	Q67	3	Q11	22.00

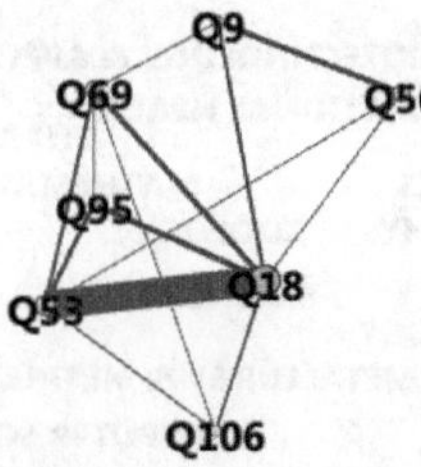

图 8-21　我国一流青年生物医学科学家 CSCD 论文作者内部合作 3 核网络

2. 我国一流青年生物医学科学家 CSCD 论文学科合作网络分析　以学科为节点，学科间的合作关系为边，剔除掉孤立的点，构建学科合作网络(图 8-22)。该网络由 54 个节点、131 条边组成，密度为 0.092，平均聚类系数为 0.57。其中全科医学与内科学处于核心位置，神经科学，肿瘤学、外科学、细胞生物学、药学等学科在其周围环绕，说明他们是网络中最重要的学科群。从网络中还可以看到很多次热点学科、新兴学科和不属于生物医学的学科，如计算机科学、社会学科和教育学等，这些学科对生物医学的发展也具有举足轻重的作用。

图 8-23 为学科最大 K 值为 6 的网络，在这个团体中每个学科都和其他 6 个学科有过论文合作关系。共有 12 个节点，占节点总数的 18.46%；有 48 条边，占边总数的 36.46%。该小团体位于网络的核心，说明这些学科处于生物医学研究领域的核心地位。

由表 8-14 知，网络中点度中心度排名前 10 的学科为一流青年生物医学科学家 CSCD 论文中与其他学科交集最多的学科。中介中心度排名前 10 的学科，则是间接传递其他学科知识最多的学科。

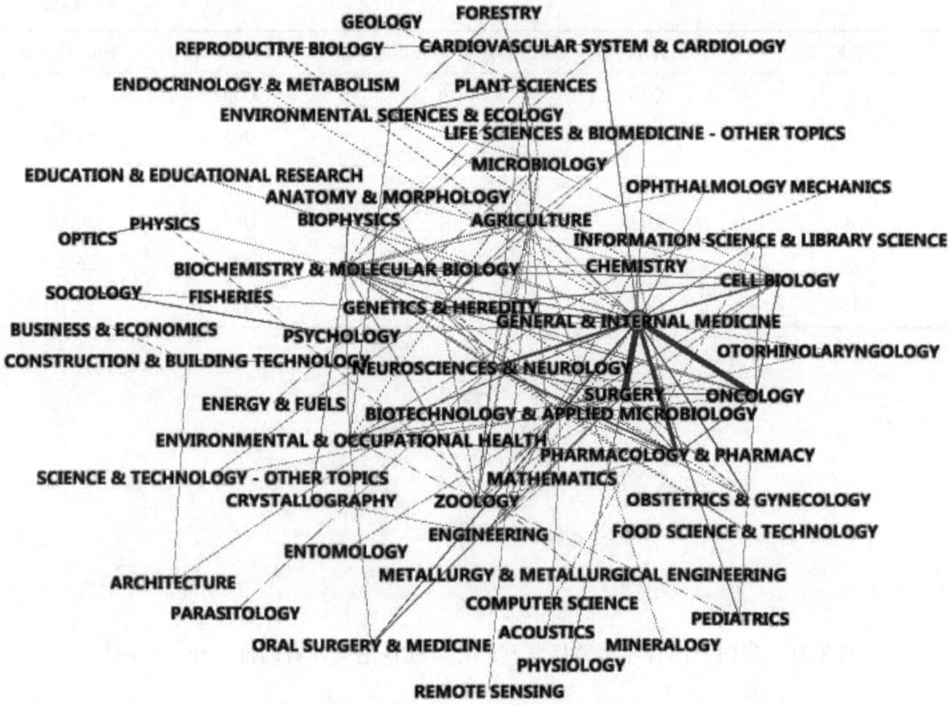

图 8-22　我国一流青年生物医学科学家 CSCD 论文学科合作网络

表 8-14　我国一流青年生物医学科学家 CSCD 论文学科合作网络中心度指标排名前 10 学科

排名	学科	点度中心度	学科	中介中心度
1	全科医学与内科学	28	全科医学与内科学	526.55
2	生物化学与分子生物学	19	生物化学与分子生物学	350.03
3	基因遗传学	13	农学	226.121
4	神经科学	13	神经科学	222.57
5	农学	13	生物技术与应用微生物学	172.30
6	生物技术与应用微生物学	13	物理学	103.00
7	药学	11	植物学	97.97
8	肿瘤学	10	化学	77.94
9	公共、环境与职业卫生学	10	基因遗传学	75.45
10	外科学	10	微生物学	61.20

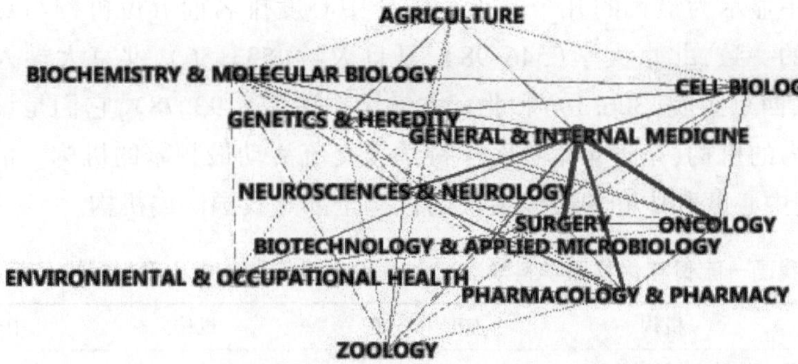

图 8-23　我国一流青年生物医学科学家 CSCD 论文学科合作 6 核网络

3. 我国一流青年生物医学科学家 CSCD 论文机构合作网络分析　133 位一流青年生物医学科学家发表的 8072 篇 CSCD 论文中，涉及 1060 个机构。以 1060 个机构为节点，机构间的合作关系为边构建合作网络。为了更清晰的可视化效果，剔除出现频次小于 15 的机构，保留合作次数不小于 10 的边，并去掉孤立的点，构建合作网络（图 8-24）。该网络共有 52 个节点、99 条边，密度为 0.075，平均聚类系数为 0.643。分别以北京大学、复旦大学、北京大学人民医院、西京医院和北京大学第一医院为核心形成五个合作小团体，各小团体之间通过中国科学院、中国医学科学院和北京大学第三医院连接起来，可见国内的知名院校和科研机构是青年生物医学科学家合作交流的主要机构。

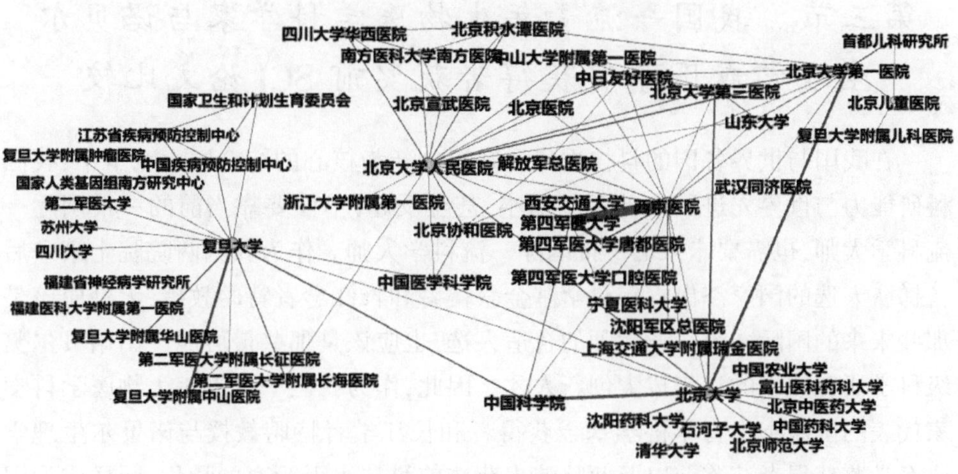

图 8-24　我国一流青年生物医学科学家 CSCD 论文机构合作网络

从表 8-15 可以看出，点度中心度排名前五位的为北京大学人民医院（18）、西京医院（17）、北京大学（15）、复旦大学（14）和北京大学第一医院（12），这些机构在图中显示为最大的几个节点。中介中心度排名前五位机构与点度中心度前五位的一致,北京大学(546.98)、复旦大学(533.56)、北京大学人民医院(344.74)、西京医院(306.19)和北京大学第一医院(193.78),它们是该网络中最有控制力的机构,是青年生物医学科学家交流活动最频繁的机构。值得注意的是,点度中心度和中介中心度最大的机构全部是我国国内机构。

表 8-15 我国一流青年生物医学科学家 CSCD 论文机构合作中心度指标排名前 10 机构

排名	机构	点度中心度	机构	中介中心度
1	北京大学人民医院	18	北京大学	546.98
2	西京医院	17	复旦大学	533.56
3	北京大学	15	北京大学人民医院	344.74
4	复旦大学	14	西京医院	306.19
5	北京大学第一医院	12	北京大学第一医院	193.78
6	北京大学第三医院	7	复旦大学附属华山医院	98.00
7	中日友好医院	7	中国科学院	90.21
8	第四军医大学	6	第四军医大学	70.93
9	中山大学附属第一医院	6	第二军医大学附属长海医院	67.61
10	北京积水潭医院	5	中国医学科学院	50.79

第三节 我国一流青年生物医学科学家与诺贝尔生理学或医学奖获得者获奖前 SCI 论文比较

在我国与世界各国的科技进步和知识创新为核心的综合国力竞争中,我国科研能力与世界先进国家差距的缩小、甚至反超,不仅要靠当前的一批国际一流科学大师,也需要未来的一批国际一流科学大师。作为我国两院院士第一后备梯队人选的国家杰出青年科学基金获得者和长江学者特聘教授,无疑应该是那些未来的国际一流科学大师的合适人选,也应该是那些最可能产出诺贝尔奖级科学研究成果的青年拔尖创新人才。因此,作为我国一流青年生物医学科学家代表的国家杰出青年科学基金获得者和长江学者特聘教授与诺贝尔生理学或医学奖获得者获奖前以及两院院士获选前科技水平距离的量化,同样成为国家生物医学科技管理政策制定的重要基础。本节亦尝试从基础研究最重要的成果——科学论文角度进行比较分析。

一、我国一流青年生物医学科学家与诺贝尔生理学或医学奖获得者获奖前 SCI 论文比较

鉴于科研成果的可比性,需尽可能将研究对象限定在同一历史时段内。我国一流青年科学家当中年龄最大的生于 1949 年,最小的生于 1975 年;诺贝尔生理学或医学奖获得者当中年龄最大的生于 1841 年,年龄最小的生于 1962 年,1949 年及以后出生的仅有 8 人。从年龄的角度看,二者的可比性较差。因此,适宜采用研究成果发表时间段做比较。

诺贝尔生理学或医学奖获得者和我国一流青年生物医学科学家的科研成果绝大多数为基础性研究成果,其表现形式又绝大多数为科学论文。当前,对科学论文质量的评价没有直接有效的指标,其中被引次数是最基础、也是最受认可的。因此,我们采用被引次数来分析诺贝尔生理学或医学奖获得者获奖前和我国一流青年生物医学科学家的科学论文质量。由于不同时期发表的论文得到的引证机会不同,虽然可以通过加权处理,但是权重设置的合适度很难把握。为此,我们退而选择限定时间窗的办法,尽量在一个较短时期内进行研究。1980 年,随着改革开放,我国包括科研在内的各个方面开始面向世界;1980 年,我国一流青年生物医学科学家的 SCI 论文也开始发表。因此,我们将我国一流青年生物医学科学家和诺贝尔生理学或医学奖获得者获奖前在 1980~2012 年期间发表的 SCI 论文进行比较分析,论文被引次数的统计时间均截止 2012 年。

从诺贝尔奖官网获取诺贝尔生理学或医学奖获得者名单和出生年、获奖年等基本信息。在国家自然科学基金委官网获取北京大学、复旦大学和第四军医大学三所高校自 1994 年以来获批的国家杰出青年基金项目人员名单,根据申报学科筛选出生物医学领域的获批人员;在中国学位与研究生教育信息网获取北京大学、复旦大学和第四军医大学三所高校自 1998 年以来获批的长江学者特聘教授名单,根据设岗学科筛选出生物医学领域 133 名一流青年生物医学科学家。

Web of Science 数据库提供生物医学领域中高质量、可信赖的学术信息,我们将研究对象定位于 Web of Science 数据库收录的 SCI 论文。因此,自 Web of Science™以 Web of Science™核心合集,采集诺贝尔生理学或医学奖获得者(以下简称诺贝尔奖获得者,采集时间 2013 年 7~ 8 月)获奖前、我国一流青年生物医学科学家(以下简称青年科学家,采集时间 2015 年 5 月)发表论文的题录信

息,包括作者、机构、发表期刊、发表年度、被引次数和学科等。被引次数的统计统一截止到 2012 年。运用 Excel 建立论文题录信息数据库,进行数据整理,并去掉重复记录。数据呈偏态分布,故主要采用中位数和百分位数等指标进行统计描述。

1. 科学论文质量情况　诺贝尔奖获得者获奖前 1980~2012 年期间共发表 SCI 论文 7383 篇,其中被引次数为 0 的 202 篇,零被引率为 2. 74%;半数被引证论文的被引次数达到 60 次,1%的论文被引次数大于 1355 次,单篇论文最高被引次数为 16 776 次(表 8-16)。

青年科学家自 1980 年到检索时共发表 SCI 论文 9185 篇,其中被引次数为 0 的 1464 篇,零被引率为 15. 94%;半数被引证论文的被引次数达到 10 次,1%的论文被引次数大于 247 次,单篇论文最高被引次数为 2875 次(表 8-16)。

表 8-16　我国一流青年生物医学科学家与诺贝尔生理学或医学奖获得者获奖前 SCI 论文及被引情况(1980~2012 年)

	总论文数	零被引率(%)	被引证论文被引次数百分位数						最高被引次数
			25	50	75	90	95	99	
诺贝尔奖获得者获奖前	7383	2. 74	23	60	151	317. 90	499. 90	1355. 19	16 776
青年科学家	9185	15. 94	4	10	23	54	94	247. 56	2875

以被引证论文被引次数的 25 分位数、50 分位数、75 分位数、90 分位数和 99 分位数为界,将两个科学家群体的被引证论文划分为 6 个被引频谱段:1~7、8~22、23~72、73~194、195~864 和≥865。被引次数最低的 2 个频谱段,即被引次数≤22 的论文,诺贝尔奖获得者获奖前在绝对数量和相对数量上均低于青年科学家;高频谱段论文则相反,且随着频谱段的升高差距逐渐拉大。73~194 频谱段,诺贝尔奖获得者获奖前的论文比例为 25. 33%,青年科学家为 5. 32%,前者约为后者的 5 倍。在最高频谱段(≥865),诺贝尔奖获得者获奖前和青年科学家的论文比例分别为 2. 01%和 0. 05%,前者是后者的 40 倍;在绝对数量上差距更大,诺贝尔奖获得者获奖前发表 144 篇,青年科学家仅有 4 篇(图 8-25)。

从两个群体科学家的年人均 SCI 论文产出(图 8-26)可以看出,1980 年以来,诺贝尔奖获得者年人均 SCI 论文保持在 4 篇以上,2009 年以后超过了 8 篇;我国一流青年科学家的年人均 SCI 论文数少于前者,但自 20 世纪 80 年代末开始增长,尤其是 1996 年后近乎直线增长,与前者的差距逐步缩小,这可能与其

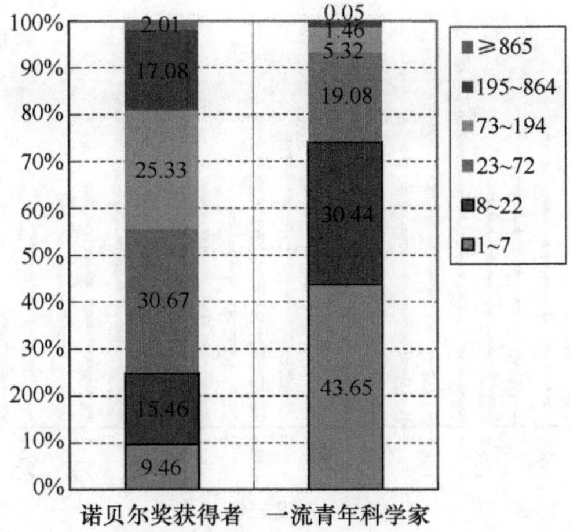

图 8-25　我国一流青年生物医学科学家与诺贝尔生理学或医学奖获得者获奖前被引 SCI 论文的被引次数频谱分布图(1980~2012 年)

群体平均年龄较小,正处于产出高峰期有关;也可能与其获助(受聘)的动力和压力有关,值得进一步研究证实。

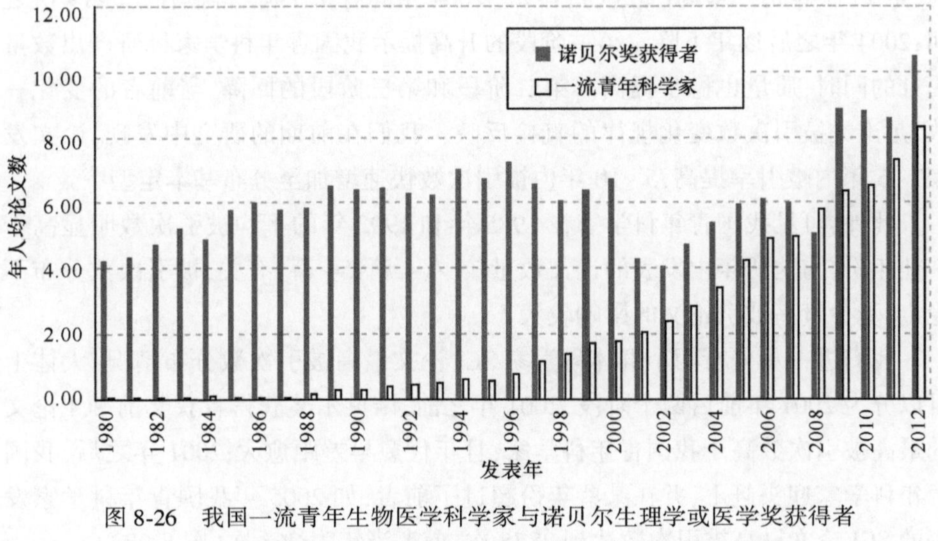

图 8-26　我国一流青年生物医学科学家与诺贝尔生理学或医学奖获得者获奖前年人均 SCI 论文数量分布图(1980~2012 年)

由图 8-27 可以看到,诺贝尔奖获得者获奖前在 1980~1996 年间 SCI 论文被引次数的中位数基本稳定在 60~70 次,即论文的平均被引水平保持在一个较高水平;1997~2004 年间有所下降,徘徊在 50 次左右;近 10 年内继续下降。

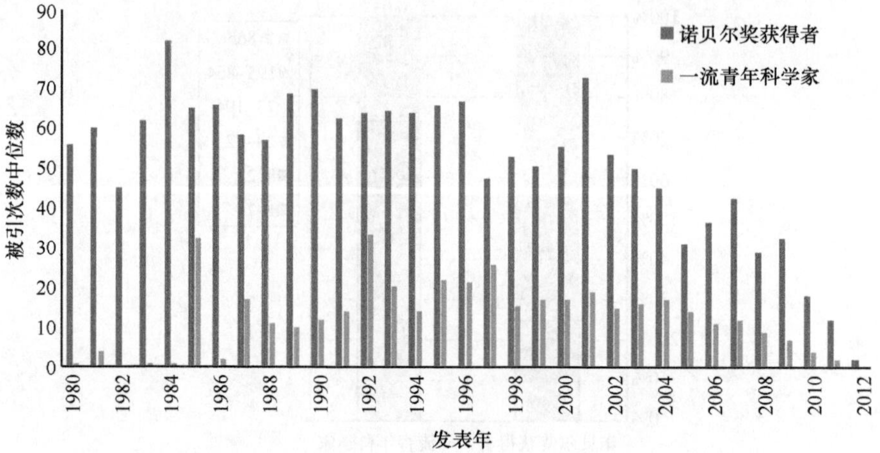

图 8-27　我国一流青年生物医学科学家与诺贝尔生理学或医学奖获得者获奖前年度 SCI 论文被引次数中位数比较(1980~2012 年)

总体上,我国青年科学家 SCI 论文的平均被引水平远低于诺贝尔奖获得者获奖前,其年度变化情况与前者略有不同,在 20 世纪 80 年代末与产量同步提高,至 1997 年达到最高(26 次);1998~2004 年间有所下降,徘徊在 15~19 次之间;2004 年之后逐年下降。第一阶段的升高提示我国青年科学家科研产出数量提升的同时,质量也稳步提高。第二阶段和第三阶段的回降,与前者的变化一致,是论文被引次数变化规律的直接反映。我们在前期的研究中发现,论文发表2~5 年内被引率提高,5~10 年内被引次数快速增加至分布基本定型[2]。

此外,可见我国青年科学家在 1985 年和 1992 年的平均被引次数明显高于其他年份,与这两年内发表的论文数量较少(4 篇,54 篇)有关,被引次数分布不稳定,受少量高被引论文的影响较大。

我们进一步分析两个群体科学家 SCI 论文最高被引次数分布情况,大体上可以分为 2001 年前后两个阶段,2001 年之前,诺贝尔奖获得者获奖前 SCI 论文的最高被引次数高于我国青年科学家,且年代愈早差距愈大;2001 年之后,我国青年科学家迎头赶上,并在某些年份超过了前者,如 2005 年我国青年科学家发表的 SCI 论文最高被引次数达到 2875 次,前者当年为 768 次(图 8-28)。

获得最高被引次数的论文虽然不一定是做出最大科学贡献的成果,但做出大科学贡献的科研成果必定获得高被引。因此,从宏观的角度看,最高被引次数可以看作是科学贡献大的指征。前述结果提示,我国青年科学家已经并正在高质量科研成果上取得突破。

2. 科学论文作者合作情况　诺贝尔奖获得者获奖前发表的 SCI 论文中,合

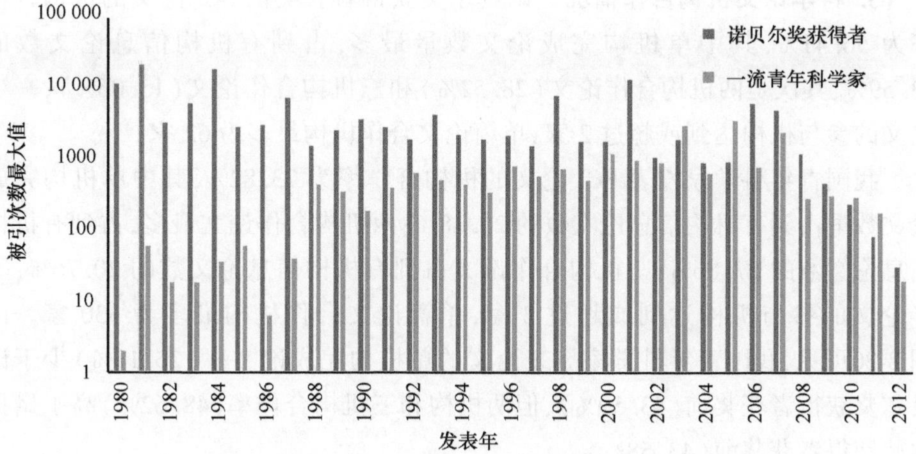

图 8-28　我国一流青年生物医学科学家与诺贝尔生理学或医学奖获得者获奖前年度 SCI 论文最高被引次数比较(1980~2012 年)

作论文 6380 篇,合作率为 86.41%;篇均作者数为 5.05,半数论文作者数大于或等于 4 人,由 2 人合作的论文数量最多(17.26%),单篇作者数最高为 244 人。

我国青年科学家 SCI 论文的合作率为 99.43%,高于诺贝尔奖获得者获奖前;篇均作者数为 7.45,半数论文作者数大于或等于 6 人,由 6 人合作的论文数量最多(13.06%),单篇作者数最高达 1268 人。整体上,我国青年科学家 SCI 论文的作者数分布曲线峰值后移,作者合作率,尤其是多作者合作率高于诺贝尔奖获得者获奖前(图 8-29)。

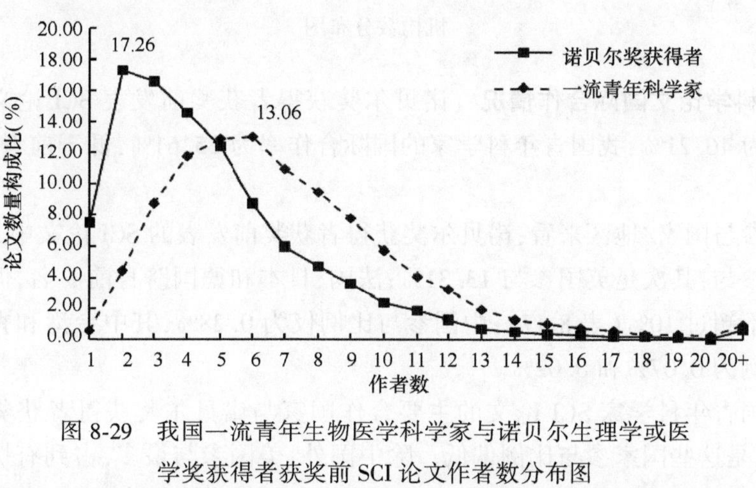

图 8-29　我国一流青年生物医学科学家与诺贝尔生理学或医学奖获得者获奖前 SCI 论文作者数分布图

3. 科学论文机构合作情况 诺贝尔奖获得者获奖前 SCI 论文的机构合作率为 56.41%，其中单机构完成论文数量最多，占到有机构信息论文数的 43.59%，其次是两机构合作论文（28.52%）和三机构合作论文（15.06%）；一半论文的参与机构达到或超过 2 家，单篇论文合作机构最多为 62 家。

我国青年科学家发表 SCI 论文的机构合作率为 73.82%，其中单机构完成论文数量占到有机构信息论文数的 26.18%；两机构合作论文最多，占到有机构信息论文数的 27.86%；三机构合作论文占到有机构信息论文数的 20.76%；一半论文的参与机构达到或超过 3 家，单篇论文合作机构最多为 330 家。由图 8-30可见，我国青年科学家 SCI 论文的单机构完成论文率（26.18%）少于诺贝尔奖获得者获奖前（43.59%），但两机构和三机构合作率（48.62%）高于诺贝尔奖获得者获奖前（43.58%）。

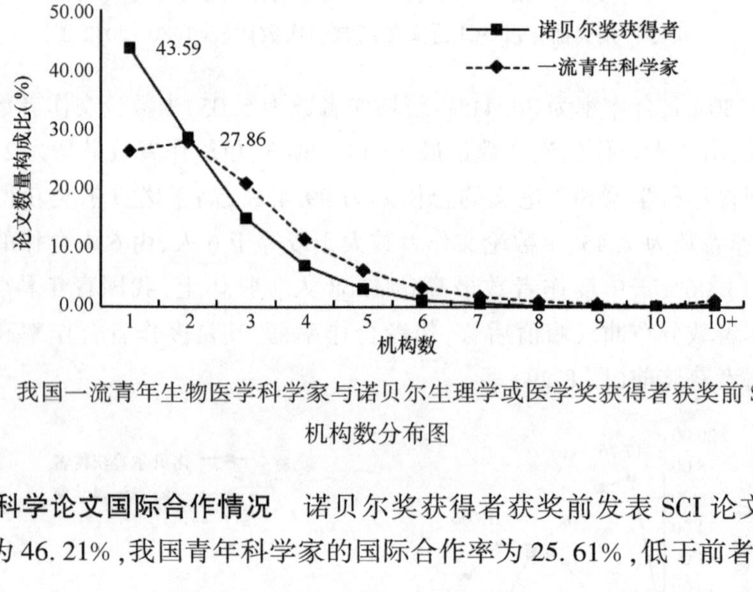

图 8-30 我国一流青年生物医学科学家与诺贝尔生理学或医学奖获得者获奖前 SCI 论文机构数分布图

4. 科学论文国际合作情况 诺贝尔奖获得者获奖前发表 SCI 论文的国际合作率为 46.21%，我国青年科学家的国际合作率为 25.61%，低于前者 20 个百分点。

从参与国家/地区来看，诺贝尔奖获得者获奖前发表的 SCI 论文中，72.14% 有美国参与；其次是英国参与 13.31%；法国、日本和德国跻身前 5 名，但是参与比例均不超过 10%（表 8-17）；中国参与比例仅为 0.28%，其中台湾和香港分别参与比例为 0.07% 和 0.02%。

我国青年科学家 SCI 论文的主要合作国家与诺贝尔奖获得者获奖前基本一致，但是这些国家参与比例偏低。除中国外，美国参与最多，占到有机构信息论文的 24.64%，其次是日本（5.38%），其他参与较多的国家/地区合计参与有机构信息论文的 12.18%（表 8-17）。

表 8-17　我国一流青年科学家与诺贝尔生理学或医学奖获得者获奖前 SCI 论文的前 10 位参与国

诺贝尔奖获得者			一流青年科学家		
国家	篇数	比例(%)	国家	篇数	比例(%)
美国	4164	72.14	中国	7726	85.63
英国	768	13.31	美国	2223	24.64
法国	426	7.38	日本	485	5.38
日本	338	5.86	英国	353	3.91
德国	327	5.67	德国	189	2.09
瑞典	262	4.54	加拿大	160	1.77
瑞士	200	3.47	新加坡	154	1.71
加拿大	102	1.77	瑞典	120	1.33
澳大利亚	82	1.42	法国	80	0.89
意大利	80	1.39	荷兰	43	0.48

5. 科学论文学科情况　诺贝尔奖获得者获奖前发表的跨领域 SCI 论文为 2434 篇,占总论文数的 32.97%。我国青年科学家发表的跨领域 SCI 论文比例为 42.55%,高于诺贝尔奖获得者获奖前近 10 个百分点。

诺贝尔奖获得者获奖前 SCI 论文为:化学领域 1985 篇,占总论文数的 26.89%;生物化学与分子生物学领域 1884 篇,占总论文数的 25.52%;科学技术其他主题、细胞生物学和免疫学位居前 5 位,依次为 1276 篇(17.29%)、1198 篇(16.23%)和 855 篇(11.58%)。排名前 10 的学科领域的论文数占到总论文数的 77.49%(图 8-31A)。

我国青年科学家 SCI 论文最多的两个学科领域同样为化学(2836 篇,30.88%)和生物化学与分子生物学(1925 篇,20.96%),且这两个学科领域的合计论文比例与诺贝尔奖获得者获奖前基本一致,约占各群体总论文数的一半。科学技术其他主题(542 篇,5.90%)和细胞生物学(803 篇,8.74%)领域的论文比例较诺贝尔奖获得者获奖前分别低 11 个百分点 和 7 个百分点。诺贝尔奖获得者获奖前关注的第 5 大领域——免疫学发表论文仅有 333 篇,占总论文数的 3.67%;在神经科学(1057 篇,11.51%)、药理学与药学(939 篇,10.22%)和肿瘤学(772 篇,8.41%)发表的论文分别占到总论文数的一成左右。排名前 10 的学科领域的论文数占到总论文数的 67.19%(图 8-31B)。

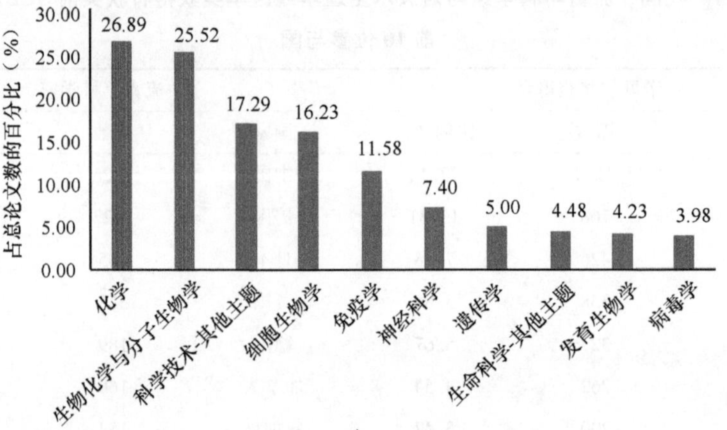

A

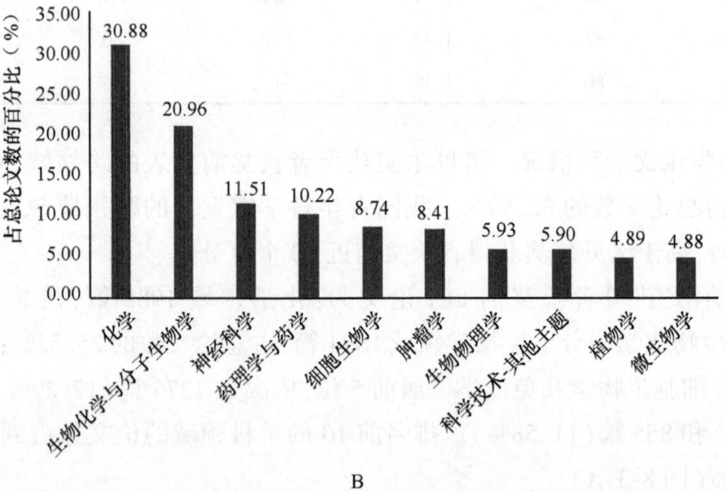

B

图 8-31　我国一流青年生物医学科学家与诺贝尔生理学或医学奖获得者获奖前 SCI 论文主要学科分布图

二、我国一流青年生物医学科学家与诺贝尔生理学或医学奖获得者获奖前 SCI 论文比较的思考

1. 我国一流青年生物医学科学家科学论文的数量和质量在总体上低于诺贝尔生理学或医学奖获得者获奖前，高水平原创性研究成果整体欠缺，但论文质量呈现出连年持续走高的趋势，特别是少数年份论文的质量已超过诺贝尔生理学或医学奖获得者获奖前，展现出中国基础科学国际竞争力增长的趋势，预

示着我国诺贝尔奖级生物医学科学家队伍正在形成,诺贝尔奖级成果正在出现

由前述研究可知,我国一流青年生物医学科学家助聘前后发表的 SCI 论文和 CSCD 论文,在数量和被引次数上均表现为助聘后高于助聘前,且助聘后 SCI 论文数量明显多于 CSCD 论文。反映了随着科研资助经费的增加和社会声誉的提高,杰青和长特助聘后的科研条件、学术团队和学术环境等得到了改善,科研产出随之增加,科研质量有所提高,学术影响力进一步扩大。说明对一流青年生物医学科学家的资助,不仅是增加了科研经费,也极大地调动了他们科学贡献的积极性,使他们进一步得到了展现原始创新能力的机会与平台,充分彰显了杰青和长特计划的战略价值,提示一流青年科学家的支持办法可以确立为长期规划,实践经验可以推广,也证明这些措施是促进我国高层次拔尖创新人才脱颖而出、健康成长的重要途径之一。

我国一流青年生物医学科学家科研论文产出质量受资助前高于受资助后,体现了我国在筛选长特和杰青时的高标准,同时也在一定程度上反映出获得国家高层次科研资助后产出质量不高。尽管评价指标本身的不足会影响评价结果:一是被引次数本身的时间累积性特征决定,受资助前的论文具有相对的时间优势,积累了较高的被引次数;二是期刊影响因子基于期刊全年刊载论文发表后 2 年或 5 年之内的被引情况计算,是集体效应也是短期效应,不足以反映一篇文章的质量,但是不会完全左右评价结果。

科学论文的被引次数与发表时间存在一定关系,普通论文会随着发表时间的延长而获得更多地被引次数,但其增长有限。高质量论文(如被引次数≥100)的被引次数要远高于普通论文,但其价值的发挥体现在经过检验、验证,获得科学界乃至社会的承认之后,而这个时间是不确定的。

与诺贝尔生理学或医学奖获得者获奖前相比,从 SCI 论文的数量来看,虽然我国一流青年生物医学科学家的总体产出较之明显偏少,但二者在年度产出上有一个明显的变化,即在研究时间窗口的前 15 年,诺贝尔生理学或医学奖获得者获奖前的产出明显多于我国一流青年生物医学科学家,但出现了逐渐减少的趋势;在研究时间窗口的后 15 年,我国一流青年生物医学科学家的产出迅速增长,与诺贝尔生理学或医学奖获得者获奖前的差距逐步缩小。这可能与科学家的最佳创造年龄段有关,可能与杰青和长特在前 15 年时的平均年龄较小有关,也可能与杰青和长特的研究水平提高有关。从 SCI 论文的质量来看,我国一流青年生物医学科学家 SCI 论文的零被引率与之基本持平,半数被引证论文的被引次数和 1% 论文被引次数均约为其 1/4,单篇论文最高被引次数约为其 1/6,论文的被引平均水平较之明显偏低,虽然在总体上与诺贝尔奖级科学家同期水平的差距还很大，突出表现在“经典引文”的缺乏，高质量原创性科研成果稀少，尚未在科学界金字塔中进入“诺贝尔奖”层级，而徘徊在较低层级；但在后15年中有所改变，论文平均被引水平与诺贝尔生理学或医学奖获得者获奖前的差距缩小，尤其是最高被引次数差距的缩小更为明显，个别年度甚至超过了前者。这反映出我国一流青年生物医学科学家正在高质量科研成果上取得明显进步并开始突破，展现出中国基础科学国际竞争力增长的趋势，预示着我国诺贝尔奖级生物医学科学家队伍正在形成，诺贝尔奖级成果正在出现。

科学界金字塔中的分层是间断的，不连续的，科学家在其中的进阶不是靠普通论文累积效应螺旋上升，而是靠高质量成果实现层级“跃迁”[1]。加菲尔德(E. Garfied)博士指出诺贝尔奖得主或者诺贝尔级别的科学家有一个共性，就是都会发表几篇“经典引文”，这些“经典引文”的被引次数是普通论文的30~50倍[2]。

原始性创新超出了现有的学术范式，进而开辟了一个全新的领域，是一个厚积之上突破的过程，不能以功利为目的，不能急于求成，只有基于长期的传统理论的积累，长期的实验、调研等基础性工作的积累，反复的对实验结果和新发现的现象与传统理论之间矛盾的质疑、思考，才能有所突破，才能获得基础研究最根本的灵性——原创性。我国目前科研管理中的“定时”和“短时”制度不利于科研工作者潜心研究、不利于科研项目的深度探索，不利于科研成果的创新突破。因此，管理部门将科学研究的时间控制权交给科学工作者，交给科学研究本身，才是尊重科学，科学研究才能达到自由探索。

2. 我国一流青年生物医学科学家科学论文合作的广泛性超过诺贝尔生理学或医学奖获得者获奖前，但国际合作的广度与深度仍需加强

由前述研究可知，我国一流青年生物医学科学家的国内合作令人欣慰。研究结果提示，绝大多数一流青年生物医学科学家的SCI论文是合作的产物，绝大多数一流青年生物医学科学家之间有过合作。成为杰青或长特本身已经证明了他们的学术能力和学术竞争力，合作行为反映了他们的影响力和领导力，也实践和检验着日后他们能否成为领军人物甚至领袖人物的能力。研究表明[3]，科学研究者追求自身效果最大化，科学合作产生问题的一个重要根源在于科学合作的利益分配问题。他们之间经历过激烈的竞争，成为杰青和长特以后仍有激烈的竞争，在此过程中能有如此高比例的合作，确实令人欣慰。

我国一流青年生物医学科学家的论文合作程度和学科合作程度均表现为SCI强于CSCD。CSCD论文学科网络以全科医学与内科学、生物化学与分子生物学为核心，SCI论文学科网络以生物化学与分子生物学、神经科学、药学、工程学、化学和细胞生物学为核心，可见两者学科网络结构存在较大差异，且CSCD论文的学科交叉程度低于SCI论文，提示中英文期刊关注点的不同，中文期刊难以吸引或某种程度上限制了交叉研究的发表。鉴于杰青和长特研究方向、研究环境、研究平台和研究团队的相对稳定性，这种现象一方面反映了杰青和长特在论文发表时对期刊选择的价值取向，另一方面也反映了他们对国际科研评价、人才评价和我国科技评价导向适应的价值取向，并不意味着他们研究选题和研究内容的分离，因而只是一种表面上的假象。

我国一流青年生物医学科学家的SCI论文机构合作以国内外著名院校和研究机构为主，CSCD论文机构合作以国内著名院校和研究机构为核心。反映出中文期刊的国际化程度不足；并且这种不足限制了中文期刊论文的跨学科程度与学科交叉深度。结合CSCD和SCI论文被引次数的差异，我们可以推测，由于杰青和长特等高层次拔尖创新人才在投稿时对论文影响力的期待不同，使得他们在追求提高国际影响力和得到国际同行认同的同时，也有意无意地造成了优秀论文的外流和中文期刊的尴尬。

我国一流青年生物医学科学家的国际合作需要深化。研究结果提示，在一流青年生物医学科学家SCI论文合作网络中，占据最中心位置以及起到信息桥梁作用的机构几乎均为国内高校与科研机构；也有一些国际合作，但没有占到主要地位，甚至重要地位。科学无国界，科学研究只有第一，没有第二，全球化进程已使国际化合作成为必然选择，国际科学合作已经成为解决全球化问题的主要途径，只有置身于国际科学发展的潮流中，才能做到一流的工作。在科学合作成为科学研究必要方式和科学活动主流的今天，作为一个国家的一流青年科学家，的确需要加强国际合作，特别是深化国际合作。在全球化的背景下，作为院士之下、一般青年科技人才之上的一流青年生物医学科学家，理应加强与发达国家、世界一流学术机构和学术团队的交流与合作，尤其加强与世界一流生物医学科学家的沟通，充分利用发达国家的国际资源，积累学术优势，提升学术能力，扩大学术影响力，锻炼学术领导力，早日走向国际学术舞台，更好、更快、更深地融入国际交流与合作，建立长期稳定合作关系，争取有更多的人在国际学术组织中任职，成为站在世界科技前沿、具有国际领先水平的优秀学术领军乃至领袖人物。

我国一流青年生物医学科学家的受助力度仍需加大，学术环境仍需优化。一流青年生物医学科学家几乎均有丰富的海外学习研究工作经验和人际关系，但其国际科技合作机构和国家的广度和深度却明显不够。提示除了研究力量和研究水平等因素以外，他们是否存在研究经费不足和研究环境需要优化的问题。近20年来,国家对于杰青和长特的资助额度大幅增加,但与其他项目相比比例却在下降。基础研究有一个厚积薄发的过程,作为高层次拔尖创新人才的标志和旗帜,作为院士主要来源的预备队和主力军,工作需要、实力展现、声誉维持、心理预期、高水平人才队伍稳定发展等,都迫切需要再度提高至少同比增加这类人才的资助额度,以便能在基本不受经费局限的环境中自由研究。同时,切实加强科学文化建设,为一流青年生物医学科学家成长提高营造良好环境。特别在资源配置、人才评价、国际学术交流等方面加大支持力度,鼓励他们加强与国际一流医学科研机构和大学的实质性合作,为他们创造不低于国外同类前沿研究的环境条件,为他们创造一种鼓励现有拔尖人才不断以其已有高水平成果获取更多研究资助的机制,鼓励和支持更多的不同国籍、不同年龄、不同学科专业、不同知识结构的科技同行的密切交流与合作,帮助他们早出、快出、多出高水平标志性科技成果,早日登上国际学术舞台。

我国一流青年生物医学科学家需要特别重视学术团队建设和学科合作。在科技创新中,机构与国际合作到底是产生高水平科技成果的必要条件,还是充分条件,有待进一步的研究证明;但学术团队与学科合作是产生高水平科技成果的必要条件,已成定论。因此,一流青年生物医学科学家需要特别重视学术团队和学科合作。科学家并不是依赖一个人的思想,而是取决于众人的智慧;所有的人想一个问题,每一个人做它的部分工作。因此,一流青年生物医学科学家需要特别重视学术团队建设,积极发起或参与大型国际科技合作计划。科学往往在几个学科的交叉点上出现突破。因此,一流青年生物医学科学家需要特别重视不同学科领域间的科学合作,建立具有自身特色的科学组织。

与诺贝尔生理学或医学奖获得者获奖前相比,从SCI论文的作者合作来看,我国一流青年生物医学科学家SCI论文的合作率较之多出13个百分点,篇均合作人数较之多出2人,半数以上论文的合作人数较之多出2人,单篇论文最多合作人数较之多出1024人,可见我国一流青年生物医学科学家SCI论文作者合作的广泛性,特别是多作者合作率超过诺贝尔生理学或医学奖获得者获奖前。从SCI论文的机构合作来看,我国一流青年生物医学科学家SCI论文的机构合作率较之高出17个百分点,两机构和三机构合作率较之高出5个百分点,单机构完成率低于其17个百分点,半数论文的参与机构数较之多1个,可见我国一流青年生物医学科学家SCI论文机构合作的广泛性,特别是多机构合作率亦超过诺贝尔生理学或医学奖获得者获奖前,但是否同时说明我国一流青年生物医学科学家受聘机构的学术平台支撑力不足,有待进一步研究。从SCI论文的国际合作来看,我国一流青年生物医学科学家SCI论文的国际合作率低于其

20个百分点,主要合作国家基本一致,但在合作率中,除美国基本持平以外,其他国家合作率均相差较大,可见在我国尚没有成为科技强国、尚缺乏世界级重大原始创新成果、尚没有很好解答"钱学森之问"的语境下,杰青和长特SCI论文国际合作的深度仍然存在相当大的提升空间,需要进一步加强,他们可持续受助进而成为帅才的体制机制和政策环境也仍然存在相当大的改进空间。

3. 我国一流青年生物医学科学家科学论文的主流学科方向与诺贝尔生理学或医学奖获得者获奖前基本一致,需要稳定,学科前沿方向的集中性需要加强,学科的跨领域性需要保持

由前述研究可知,从SCI论文的主流学科方向来看,我国一流青年生物医学科学家与诺贝尔生理学或医学奖获得者获奖前基本一致,均为化学和生物化学与分子生物学两个领域,且均占到各自科学论文数的半数以上,即51.84%和52.41%,反映了我国一流青年生物医学科学家在主流学科研究前沿方向上与世界一流生物医学科学家的一致性。从SCI论文的学科方向前10来看,我国一流青年生物医学科学家包括了67.19%的论文,世界一流生物医学科学家包括了77.49%的论文,二者相差10个百分点,反映出前者在学科方向的集中性上稍弱于后者,或者说,前者在学科方向的分散性上稍大于后者。从SCI论文的学科领域来看,我国一流青年生物医学科学家的跨领域SCI论文为42.55%,诺贝尔奖获得者获奖前的跨领域SCI论文为32.97%,前者高于后者近10个百分点,反映出前者在学科的跨领域性上稍强于后者。可见我国一流青年生物医学科学家需要稳定主流学科方向,加强学科前沿方向的集中性,保持学科的跨领域性。值得注意的是,我国一流青年生物医学科学家在主流学科方向的重大原创性成果上需要取得更大和更多突破,在学科前沿方向和学科跨领域上需要更加突出特色,从而在促使我国生物医学科学研究更多领域由跟跑变并跑、乃至领跑的过程中做出突出贡献。

参考文献

[1]章娟,段志光,王彤等. 诺贝尔生理学或医学奖获得者科学论文排序-频度分布研究[J]. 科学学与科学技术管理. 2010,31(3):5-9.

[2]张婧."SCI之父"加菲尔德博士:为SCI正名[EB/OL]. http://news.sciencenet.cn/htmlnews/2009/9/2.

[3]谢彩霞. 科学合作的功能与计量[M]. 北京:中国社会科学出版社,2010. 256.

第九章 我国一流生物医学科学家发明授权专利分析
——以两院院士、国家杰出青年科学基金获得者和长江学者特聘教授为例

科学技术成果既包括学术论文、学术著作和学术报告，也包括专利。专利文献几乎记载了人类取得的每一个新技术成果，据世界知识产权组织（World Intellectual Property Organization，WIPO）的有关统计资料表明[1]，全世界每年90%~95%的发明创造成果都可以在专利文献中查到，其中约有70%的发明成果从未在其他非专利文献上发表过。专利是世界上最大的技术信息源，世界上最先进的国家无一不是技术力量强大的国家。这充分反映了专利在技术创新以及推动国民经济和社会发展中的独特作用。

近年来，专利指标在科技发展战略以及政策研究中的运用越来越广泛而充分。在我国现行的发明、实用新型和外观设计三类专利中，发明专利的技术水平较高、创造性最强，尤其是发明授权专利往往意味着技术已接近商业应用，也就意味着国家高新技术产品甚至新兴产业发展控制权的累积与争夺。尽管重发现、轻发明是诺贝尔奖的基本取向，但近一个多世纪以来的若干重大技术发明还是获得了诺贝尔奖。由于多种原因，我们暂时无法整理分析诺贝尔生理学或医学奖获得者的发明专利情况，也就不能像科学论文那样与我国一流生物医学科学家进行比较研究。因而，只能对我国一流生物医学科学家的发明授权专利作一分析，这可能成为本书的最大缺憾。

第一节　我国一流生物医学科学家发明授权专利分析

鉴于发明专利的技术水平较高、创造性最强，在我国三种专利类型中更能反映专利权人的创新水平；由于专利制度的特征，专利授权量比专利申请量更能反映专利权人对知识产权的重视与投入，更能揭示专利权人凭借专利权对不同技术领域的控制状况，更能准确地反映地区或个人对技术创新的重视程度和产业(事业)发展水平。我们选择发明授权专利指标分析我国一流生物医学科学家的发明专利基本情况和发明专利合作关系。

中国科学院院士是在基础科学研究领域做出系统的、创造性成就的高级科学人才，中国工程院院士是在工程科学技术领域做出系统的、创造性成就的高级科学人才。虽说前者从事的主要是自然科学研究，后者从事的主要是工程技术科学研究，两者的科学技术研究领域有所区别，但技术科学是自然科学和工程技术科学的综合，“技术科学的研究方法又有什么和自然科学研究方法不同的地方呢？我们可以说这里没有绝对的差别[2]”，“由于技术科学有很宽的谱，所以在它的基础研究方面同纯粹的基础研究的差别，有时仅仅是在观点方面[3]”。这意味着在发明授权专利方面，两者不应有绝对的区别。因而，在本节中我们将中国科学院院士和中国工程院院士作为我国一流生物医学科学家一同进行研究。

一、中国科学院院士发明授权专利分析

我们从中国科学院官网公布的院士名单中遴选生物医学领域院士132位，将其中从事植物、生态等非人和动物方面基础研究的33位区分出来，剩余99位，将其姓名编码为K1，K2，K3，…，K99。中国科学院生物医学院士的相关原始数据，除专利权人变化情况委托国家知识产权局专利局太原代办处查询以外，其余均自上海知识产权信息平台自行采集，起始时间自中国科学院院士第一件发明授权专利所在年份起算，截止时间为2014年12月。文中界定的科研机构是申请人(专利权人)，人才即专利发明人，科研机构之间的合作即共享知识产权，人才之间合作即共同发明一项专利。借助Excel进行数据库建立以及基本的统计描述；运用Pajek和Gephi软件绘制合作网络图谱并计算各项指标，然后进行分析；同时，基于世界知识产权组织(World Intellectual Property Organization，WIPO)2013年版《国际专利分类号与技术领域对照表》[4]，以每件发明授

权专利申请时的主国际专利分类号为依据，进行分类统计。

1. 一般情况 在99位中国科学院生物医学院士中，共采集到66位的专利信息，占到66.67%。在采集到专利信息的66位院士中，共有授权专利701项，其中发明授权专利626项（1991~2014年间），实用新型专利32项，外观设计专利43项，分别占到授权专利量的89.30%、4.56%和6.13%；采集到发明授权专利信息的院士有61位，占采集到专利信息的院士的92.42%，占作为研究对象的院士的61.62%。在除去个人与个人、个人与一个职务申请人联合申请的情况后，中国科学院院士发明授权专利一般情况如表9-1和图9-1所示。

表9-1 中国科学院生物医学院士发明授权专利一般情况表

人数	授权专利数	联合授权专利数（%）	合作发明专利数（%）	当选前（受聘前）专利数	当选前（受聘前）年人均	当选后（受聘后）专利数	当选后（受聘后）年人均	中位合作率（%）	中位合作指数
61	626	115（18.37）	618（98.72）	93	0.418 （0.386*）	546	0.860 （0.792*）	100	5.00

*按99位科学家计算的年人均数量

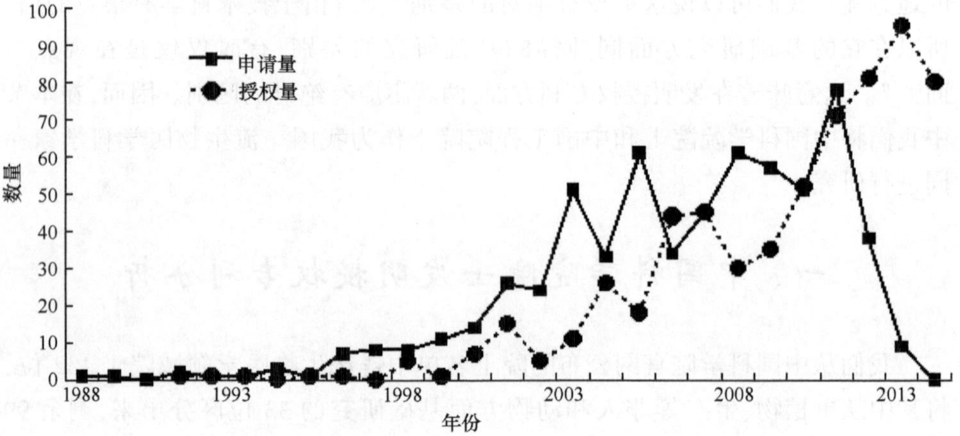

图9-1 中国科学院生物医学院士发明授权专利时间分布图

统计分析年专利数量是预测某领域发展态势的手段之一。一般认为[5]，某领域的专利申请量在近年呈增长态势，则该领域正处于发展阶段，可以投入资金和科研力量进行大力开发；反之，则表明该领域正处于衰退阶段，应收缩或停止对该领域的开发和投入，及时调整技术战略。由图9-1可见，按发明专利申请日期统计，中国科学院院士发明专利申请量和授权量，自20世纪90年代中后期开始平稳上升，2000年后进入快速增长的阶段，2011年左右数量有所下降；整体上授权量略低于申请量，但在2011~2014年出现了反转，这一现象是由于我们采集的发明专利申请量并非科学家们的所有发明专利申请,而是仅限于被授权专利对应的专利申请,所以二者的总量是一致的,只是由于专利从申请到授权之间需要花费长短不一的时间,导致二者在时间分布上不吻合,授权专利量的时间分布略有后延。

2. 技术领域分类情况　世界知识产权组织(WIPO)2013 年版《国际专利分类号与技术领域对照表》,包括 5 大技术领域及 35 个子技术领域,如表 9-2 所示。考虑到以中药为代表的传统药物发明专利授权大幅增长以及传统药物与西药研发上存在巨大差异,参照相关研究[6],我们将中药等传统药物作为一子技术领域从药品子技术领域中独立出来。因而,药品子技术领域仅含西药,子技术领域就成为 36 个。国际专利分类法 IPC 采用等级结构,以等级形式将与发明专利有关的全部技术和知识领域按照部、大类、小类、主组和分组逐级分类,构成完整的分类体系[7]。IPC 的第一位代表类,用大写字母表示,第二位和第三位是阿拉伯数字,和第一位一起表示大类,第四位是大写字母,这样:部号+大类号+小类号(字母)即 IPC 的前四位表示小类。根据国际专利分类表,专利共分为 8 个部。A 部为人类生活必需(农、轻、医);B 部为作业、运输;C 部为化学、冶金;D 部为纺织、造纸;E 部为固定建筑物(建筑、采矿);F 部为机械工程;G 部为物理;H 部为电学。

表 9-2　世界知识产权组织(WIPO)技术领域分类表

1	Electrical engineering (电气工程)	1	Electrical machinery, apparatus, energy	电器机械设备及电能
		2	Audio-visual technology	声像技术
		3	Telecommunications	电信
		4	Digital communication	数字通信
		5	Basic communication processes	基础通信方法
		6	Computer technology	计算机技术
		7	IT methods for management	管理信息技术方法
		8	Semiconductors	半导体
2	Instruments (工具)	9	Optics	光学
		10	Measurement	测量
		11	Analysis of biological materials	生物材料
		12	Control	控制
		13	Medical technology	医疗技术

续表

3	Chemistry（化学）	14	Organic fine chemistry	有机精细化学
		15	Biotechnology	生物技术
		16	Pharmaceuticals	药品
		17	Macromolecular chemistry, polymers	高分子化学及聚合物
		18	Food chemistry	食品化学
		19	Basic materials chemistry	基础材料化学
		20	Materials, metallurgy	材料及冶金
		21	Surface technology, coating	表面技术及涂敷
		22	Micro-structure and nano-technology	微观结构和纳米技术
		23	Chemical engineering	化学工程
		24	Environmental technology	环境技术
4	Mechanical engineering（机械工程）	25	Handling	处理
		26	Machine tools	机床
		27	Engines, pumps, turbines	发动机、泵及叶轮机
		28	Textile and paper machines	纺织及造纸
		29	Other special machines	其他特殊机器
		30	Thermal processes and apparatus	热处理及设备
		31	Mechanical elements	机械零件
		32	Transport	运输
5	Other fields（其他领域）	33	Furniture, games	家具及娱乐
		34	Other consumer goods	其他消费品
		35	Civil engineering	土木工程

基于2013年版《国际专利分类号与技术领域对照表》，以每件发明授权专利申请时的主国际专利分类号为依据，按5大技术领域及36个子技术领域，对中国科学院院士发明授权专利予以分类统计。可见其发明授权专利技术领域分类排名前10依次为：生物技术、药品、有机精细化学、生物材料、传统药物、计算机技术、医疗技术、高分子化学及聚合物、测量和其他特殊机器，如表9-3所示。

表9-3 中国科学院生物医学院士发明授权专利技术领域分类前10及比例表

排名	技术领域	数量(%)
1	生物技术	338(54.00)
2	药品	110(17.57)

续表

排名	技术领域	数量(%)
3	有机精细化学	65(10.38)
4	生物材料	23(3.67)
5	传统药物	21(3.35)
6	计算机技术	21(3.35)
7	医疗技术	14(2.24)
8	高分子化学及聚合物	9(1.44)
9	测量	8(1.28)
10	其他特殊机器	6(0.96)

3. 技术领域显性比较优势指数　显性比较优势指数(Revealed Technology Advantage Index,RTA)是 Pavitt 和 Patel 在 1988 年建立的指数[8]：

$$RTA_{ij}=(P_{ij}/\sum_i P_{ij})/(\sum_j P_{ij}/\sum_{ij} P_{ij}),$$

其中,P_{ij} 表示国家 i 在技术领域 j 所获得的专利数量,$\sum_i P_{ij}$ 表示国家 i 在所有技术领域获得的专利数量之和,$\sum_j P_{ij}$ 表示在技术领域 j 中所有国家的专利数量之和,$\sum_{ij} P_{ij}$ 表示专利总量。它用于衡量各国技术间的比较优势。RTA 大于 1 时,该技术领域具有比较优势;低于 1 则相对疲弱。

我们借用 RTA 的思想和算法,将本研究中涉及的我国生物医学领域三个群体科学家发明授权专利视为总体,对其技术领域显性比较优势进行比较,并运用雷达图将其表示出来。此处计算的 RTA 值,仅限于我们研究中三个群体科学家之间的比较,不宜与其他研究的结果相比较。

由图 9-2 可以看出,中国科学院生物医学院士发明授权专利优势子领域有 7 个,按比较优势指数大小排列为:基础通信方法(3.38)、机床(3.38)、计算机技术(2.96)、高分子化学及聚合物(1.79)、生物材料(1.37)、其他特殊机器(1.35)、生物技术(1.27)。

4. 转化推广情况　科技成果转化率(the rate of technology transfer),是指为提高生产力水平而对科学研究与技术开发所产生的具有实用价值的科技成果所进行的后续试验、开发、应用、推广直至形成新产品、新工艺、新材料,发展新产业等活动占科技成果总量的比值[9]。有专家认为科技成果转化率是计划经济时代的概念[9]。关于中国"科技成果转化率"是多少、如何计算等问题,不少专家都表示:"没有统一的计算口径",科技部、国家发展改革委等都以知识产权

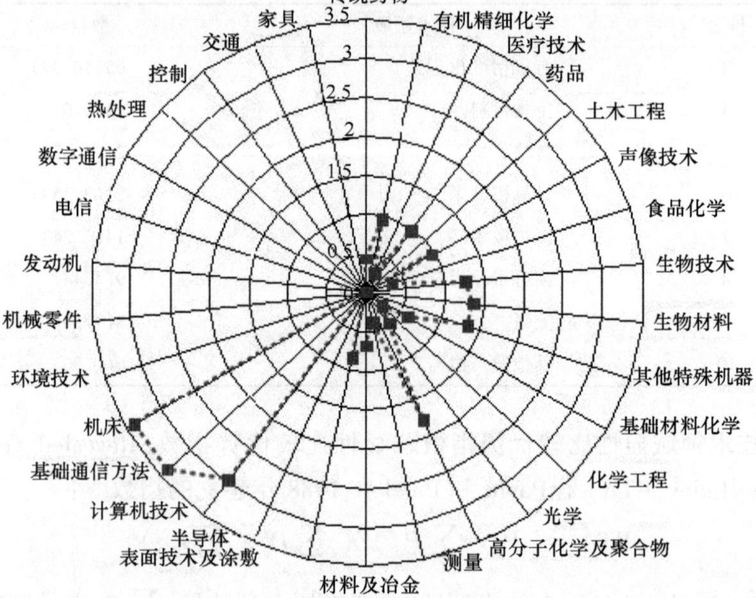

图 9-2　中国科学院生物医学院士发明授权专利显性比较优势指数

局发布的数据为准，从知识产权局来看，成果转化率就是知识产权交易率[9]。知识产权的转化最常见的是专利的转让和许可，我们以专利权人变化及专利许可分别计算专利转化率。

中国科学院生物医学院士发明授权专利权人发生变化的是 29 件，其发明授权专利转化率为 4. 63%；许可合同备案的发明授权专利为 17 件，占其专利总数的 2. 72%。中国科学院生物医学院士专利权人发生变化的发明授权专利所涉及的技术领域排名前三位为生物技术、有机精细化学和药品。这表明生物医药技术商业转化价值更高，正由于其自身具备高风险、高投入和周期长等诸多复杂特性，也更加需要产学研管之间的紧密合作，但在当前，这些并未得到包括中国科学院院士在内的科技工作者、生物医药企业和政府部门的足够重视。

二、中国工程院院士发明授权专利分析

我们从中国工程院官网公布的院士名单中，遴选医药卫生学部院士 114 位，将其姓名编码为 g1，g2，g3，…，g114。中国工程院生物医学院士的相关原始数据，除专利权人变化情况委托国家知识产权局专利局太原代办处查询以外，其余均自上海知识产权信息平台自行采集，起始时间自中国工程院院士第一件

发明授权专利所在年份起算，截止时间为 2014 年 12 月。文中界定的科研机构是申请人（专利权人），人才即专利发明人，科研机构之间的合作即共享知识产权，人才之间合作即共同发明一项专利。借助 Excel 进行数据库建立以及基本的统计描述；运用 Pajek 和 Gephi 软件绘制合作网络图谱并计算各项指标，然后进行分析；同时，基于世界知识产权组织（World Intellectual Property Organization，WIPO）2013 年版《国际专利分类号与技术领域对照表》，以每件发明授权专利申请时的主国际专利分类号为依据，进行分类统计。

1. 一般情况　在 114 位中国工程院生物医学院士中，共采集到 100 位的专利信息，占到 87.72%。在采集到专利信息的 100 位中，共有授权专利 1452 项，其中发明授权专利 1188 项（1986~2014 年间），实用新型专利 236 项，外观设计专利 28 项；分别占到授权专利量的 81.82%、16.25% 和 1.93%；采集到发明授权专利信息的院士有 96 位，占采集到专利信息的院士的 96%，占作为研究对象的院士的 84.21%。在除去个人与个人、个人与一个职务申请人联合申请的情况后，中国工程院院士发明授权专利一般情况如表 9-4 和图 9-3 所示。

表 9-4　中国工程院生物医学院士发明授权专利一般情况表

人数	授权专利数	联合授权专利数（%）	合作发明专利数（%）	当选前（受聘前）		当选后（受聘后）		中位合作率（%）	中位合作指数
				专利数	年人均	专利数	年人均		
96	1188	176（14.81）	1128（94.95）	198	0.408 （0.392*）	1049	1.033 （0.992*）	100	5.04

*按 114 位科学家计算的年人均数量

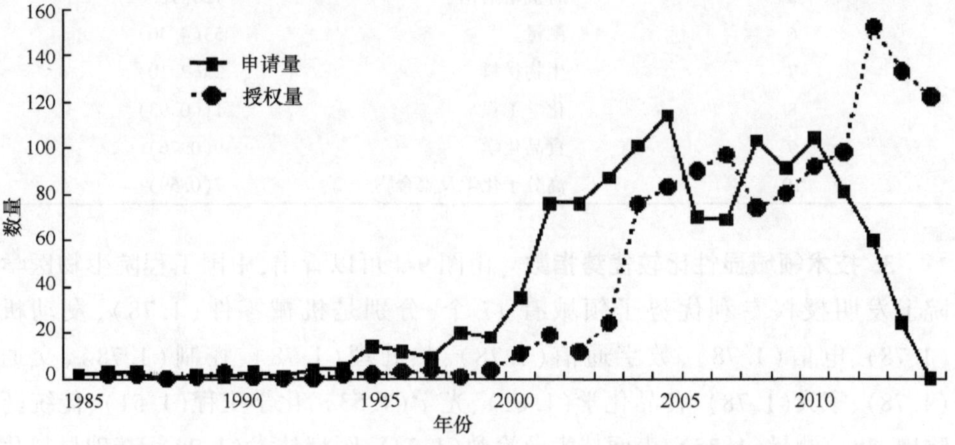

图 9-3　中国工程院生物医学院士发明授权专利时间分布图

按发明专利申请日期统计，我国工程院院士发明专利申请量和授权量，自20世纪90年代中期开始平稳增长，从2000年始进入快速发展阶段；从2010年开始发明专利申请量下降，但同期的发明专利授权量仍持续上升。后期出现的发明专利申请量下降与授权量持续上升的“矛盾”，是由于我们采集的发明专利申请量并非科学家们的所有发明专利申请，而是仅限于被授权专利对应的专利申请，所以二者的总量是一致的，只是由于专利从申请到授权之间需要花费长短不一的时间，导致二者在时间分布上不吻合，授权专利量的时间分布略有后延。

2. 技术领域分类情况 基于2013年版《国际专利分类号与技术领域对照表》，以每件授权发明专利申请时的主国际专利分类号为依据，按5大技术领域及36个子技术领域，对中国工程院院士发明授权专利予以分类统计。可见其发明授权专利技术领域分类排名前10依次为：生物技术、药品、医疗技术、传统药物、有机精细化学、测量、生物材料、化学工程、食品化学和高分子化学及聚合物，如表9-5所示。

表9-5 中国工程院生物医学院士发明授权专利技术领域分类前10及比例表

排名	技术领域	数量(%)
1	生物技术	444(37.37)
2	药品	210(17.68)
3	医疗技术	129(10.86)
4	传统药物	128(10.77)
5	有机精细化学	126(10.61)
6	测量	53(4.46)
7	生物材料	25(2.10)
8	化学工程	11(0.93)
9	食品化学	9(0.76)
10	高分子化学及聚合物	7(0.59)

3. 技术领域显性比较优势指数 由图9-4可以看出，中国工程院生物医学院士发明授权专利优势子领域有17个，分别是机械零件(1.78)、发动机(1.78)、电信(1.78)、数字通信(1.78)、热处理(1.78)、控制(1.78)、交通(1.78)、家具(1.78)、食品化学(1.61)、光学(1.53)、化学工程(1.51)、传统药物(1.38)、测量(1.35)、表面技术及涂敷(1.34)、医疗技术(1.28)、基础材料化学(1.14)、声像技术(1.02)。由图9-5可以看出，与中国科学院生物医学院士相比，中国工程院生物医学院士发明授权专利技术表现为在多个领域略具优

势,但未见具有明显优势的子领域。

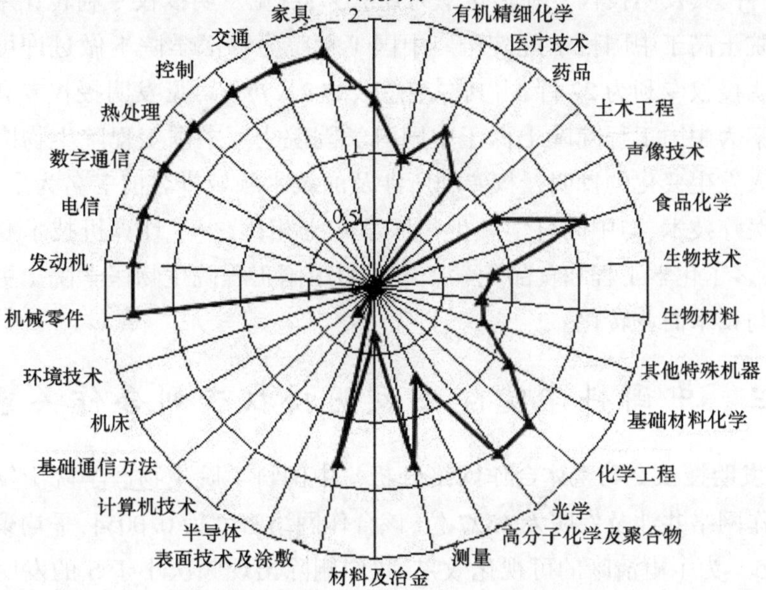

图 9-4 中国工程院生物医学院士发明授权专利显性比较优势指数

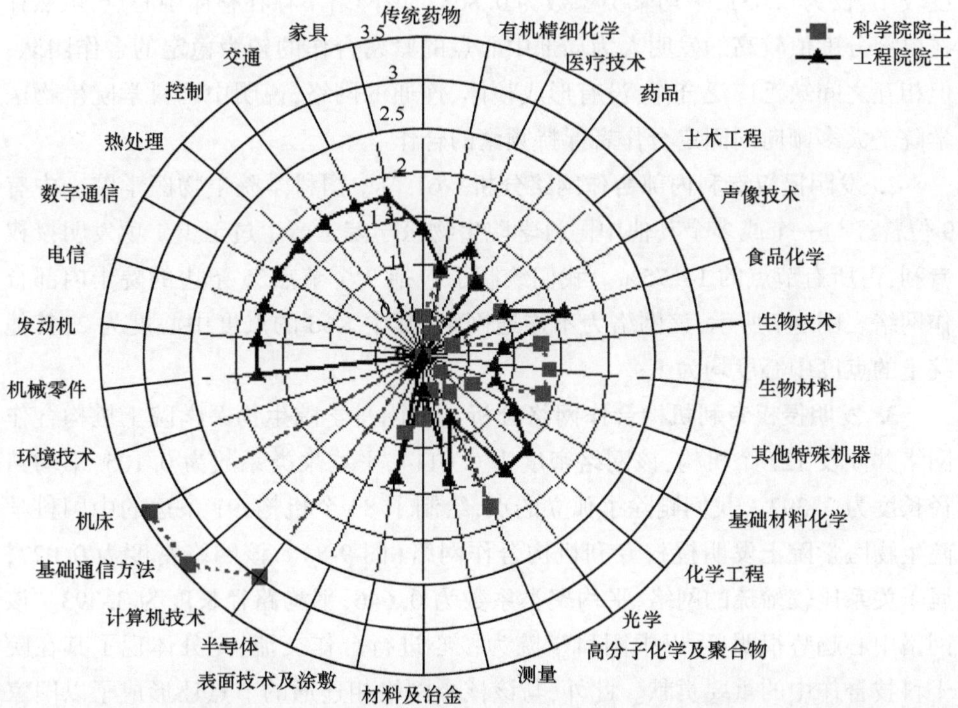

图 9-5 中国科学院与工程院生物医学院士发明授权专利显性比较优势指数

4. 转化推广情况 中国工程院生物医学院士发明授权专利权人发生变化的是80件,其发明授权专利转化率为6.73%;可见发明授权专利转让率为中国工程院院士高于中国科学院院士。中国工程院生物医学院士做过许可合同备案的发明授权专利为27件,占其专利总数的2.27%;可见发明授权专利的许可合同备案为中国工程院院士低于中国科学院院士。中国工程院生物医学院士专利权人发生变化的发明授权专利所涉及的技术领域排名前三名为生物技术、药品和医疗技术,与中国科学院生物医学院士相比,少了计算机技术和其他特殊机器,多了化学工程和食品化学。这表明中国工程院生物医学院士更加重视生物医药技术商业转化。

三、中国科学院院士发明授权专利合作关系

1. 发明授权专利整体合作网络分析 中国科学院生物医学院士发明授权专利合作网络共涉及发明人1527位,该合作网络密度为0.0054,平均聚类系数为0.485。为了更清晰的可视化效果,我们删除出现频次小于5的发明人以及孤立的点,得到了114个点、201条边的合作网络(图9-6)。经计算,该网络密度较小,仅为0.031,平均聚类系数为0.863。该网络不存在整体中心点,虽然存在以部分度值较高的发明人为局部中心点的紧密合作的较为稳定的合作团队,但相互之间缺乏广泛合作,没有形成整体、连通的网络,说明中国科学院生物医学院士大多倾向同固定合作者保持频繁的合作。

2. 发明授权专利内部合作网络分析 61位中国科学院生物医学院士中有9位曾经与一个或多个其他中国科学院生物医学院士产生过至少1项发明授权专利,占所有节点的14.75%。我们绘制了包括9个节点、5条边的院士内部合作网络。图9-7所示,该网络为不连通网络,其中K66的点度中心度为2,其他院士的点度中心度均为1。

3. 发明授权专利机构合作网络分析 中国科学院生物医学院士机构合作网络共涉及127个机构,该网络密度为0.0114,平均聚类系数为0.105,平均路径长度为3.393。我们删除了孤立的点,绘制了83个机构,91条边的中国科学院生物医学院士发明授权专利机构合作网络(图9-8)。该网络密度为0.027,属于关系比较稀疏的网络,平均聚类系数为0.646,平均路径长度为3.393。该网络中心趋势很明显,以中国科学院为核心进行合作交流,充分体现了其在院士科技合作中的重要贡献。此外,与该核心网络相连通的节点还形成了以国家人类基因组南方研究中心、上海交通大学等为局部中心点的合作小网络,同时

网络周围还存在较多散在的合作对(图 9-8)。

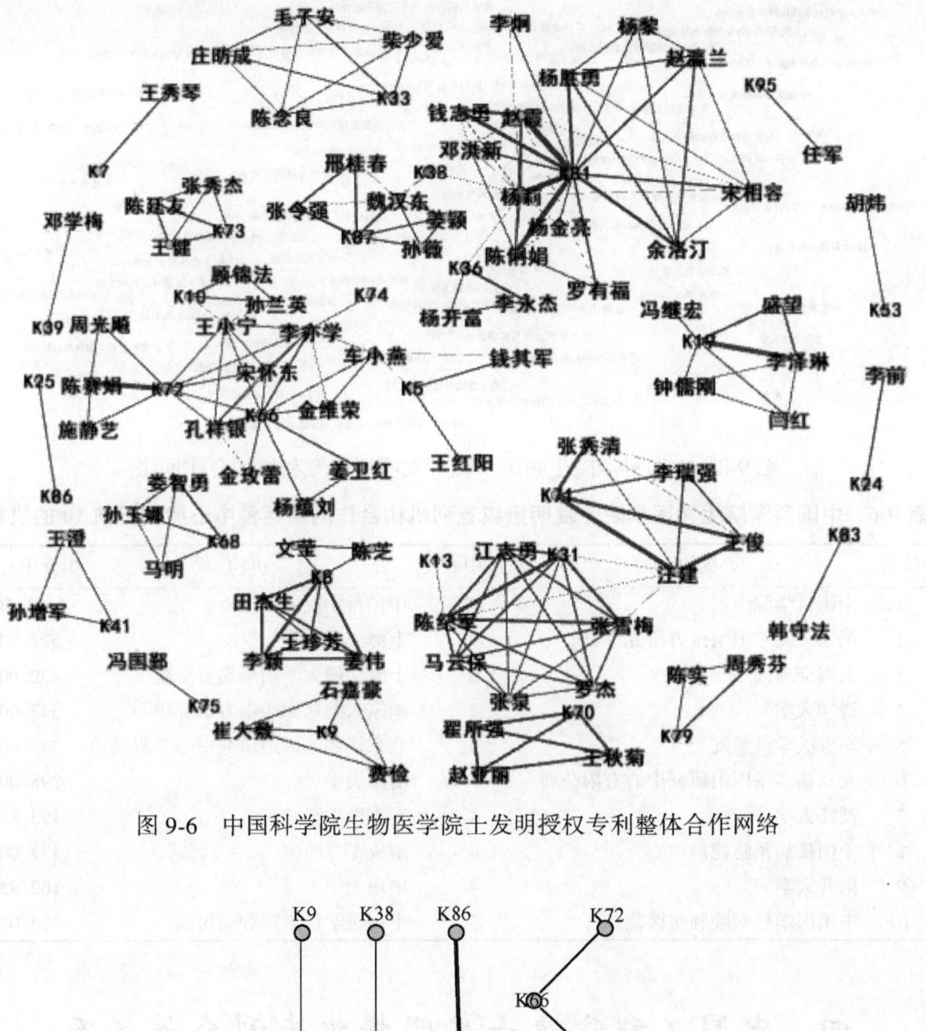

图 9-6　中国科学院生物医学院士发明授权专利整体合作网络

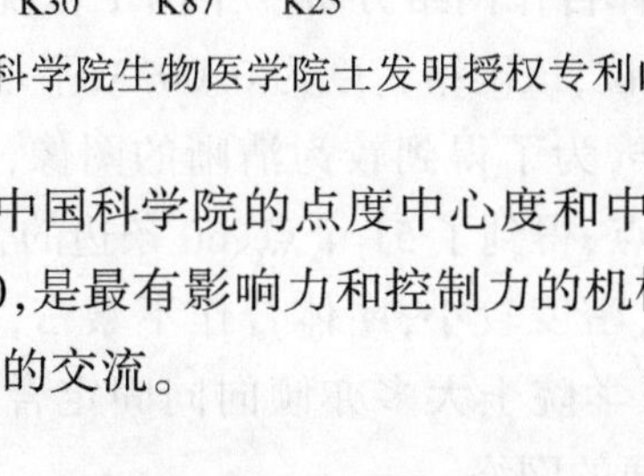

图 9-7　中国科学院生物医学院士发明授权专利内部合作网络

从表 9-6 可以看出,中国科学院的点度中心度和中介中心度均远超其他机构,分别为 27 和 1651.50,是最有影响力和控制力的机构,很大程度上控制着院士群体知识的共享、信息的交流。

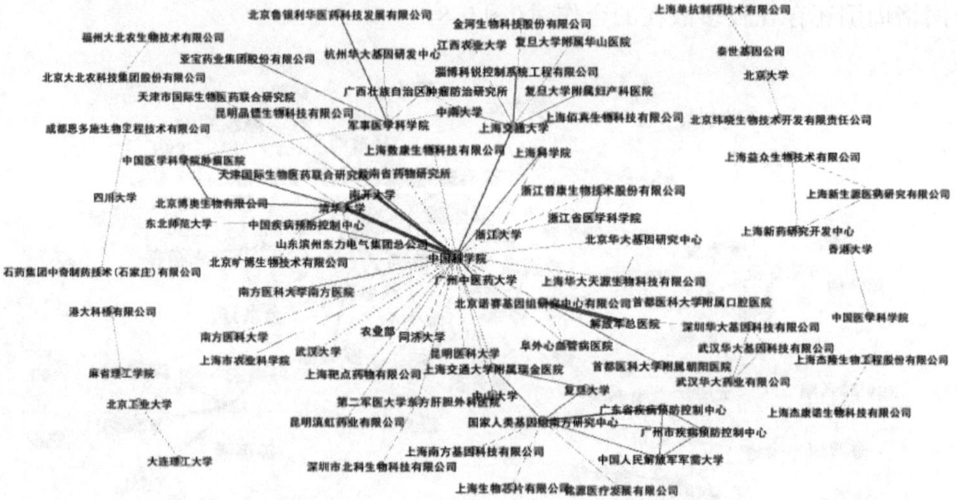

图 9-8　中国科学院生物医学院士发明授权专利机构合作网络

表 9-6　中国科学院生物医学院士发明授权专利机构合作网络两种中心度指标前 10 的机构

排名	机构	点度中心度	机构	中介中心度
1	中国科学院	27	中国科学院	1651.50
2	国家人类基因组南方研究中心	8	上海交通大学	522.00
3	上海交通大学	8	上海交通大学附属瑞金医院	432.00
4	清华大学	7	国家人类基因组南方研究中心	347.00
5	军事医学科学院	6	北京诺赛基因组研究中心有限公司	345.00
6	北京诺赛基因组研究中心有限公司	5	清华大学	298.00
7	浙江大学	4	军事医学科学院	193.83
8	中国疾病预防控制中心	4	解放军总医院	177.00
9	南开大学	4	中南大学	162.83
10	中国医学科学院肿瘤医院	3	中国医学科学院肿瘤医院	123.00

四、中国工程院院士发明授权专利合作关系

1. 发明授权专利整体合作网络分析　中国工程院生物医学院士专利合作网络共涉及发明人 2515 位，该网络密度为 0.0033，平均聚类系数为 0.414，平均路径长度为 7.324。同样，为了得到较为清晰的图像，我们删除出现频次小于 10 的发明人以及孤立的点，得到了 51 个点、60 条边的合作网络（图 9-9）。经计算，该网络密度为 0.047，密度较小，团体合作不紧密，平均聚类系数为 0.819。同样，中国工程院生物医学院士大多亦倾向同固定合作者保持频繁的论文合作，并没有形成整体、连通的网络。

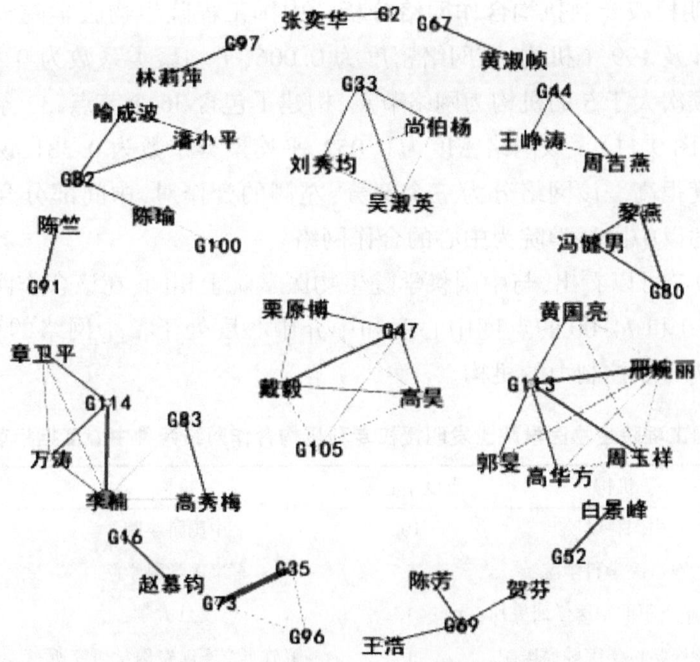

图 9-9　中国工程院生物医学院士发明授权专利整体合作网络

2. 发明授权专利内部合作网络分析　96 位中国工程院生物医学院士中有 16 位曾经与一个或多个其他中国工程院生物医学院士产生过至少 1 项发明授权专利,占所有节点的 16.67%。图 9-10 显示了包括 16 个节点、10 条边的中国工程院生物医学院士内部合作网络。该网络为不连通网络,其中 G35、G73、G96、G47 院士的点度中心度为 2,处于网络的核心位置,在网络交流中起到了桥梁和组织者的作用。

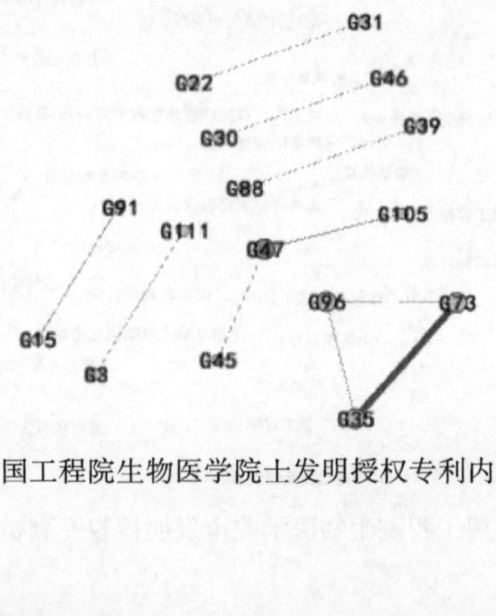

图 9-10　中国工程院生物医学院士发明授权专利内部合作网络

3. 发明授权专利机构合作网络分析 中国工程院生物医学院士机构合作整体网络涉及199个机构,该网络密度为0.006,平均聚类系数为0.168。我们选择出现频次大于5的机构为网络节点,构建了包含36个节点,33条边的机构合作网络(图9-11)。该网络密度为0.052,平均聚类系数为0.381,说明这些机构凝聚程度很高。该网络分为三个部分:左侧的合作对,中间部分合作小网络以及右侧的以中国科学院为中心的合作网络。

从表9-7可以看出,与中国科学院生物医学院士相同,在该合作网络中中国科学院以10和74.00的点度中心度和中介中心度处于整个网络的核心位置,是最有影响力和控制力的机构。

表9-7 中国工程院生物医学院士发明授权专利机构合作网络两种中心度指标前10的机构

排名	机构	点度中心度	机构	中介中心度
1	中国科学院	10	中国科学院	74.00
2	军事医学科学院	5	军事医学科学院	27.00
3	解放军空军航空医学研究所	3	复旦大学	22.00
4	中国医学科学院肿瘤医院	3	解放军空军航空医学研究所	14.00
5	南方医科大学	3	中国医学科学院肿瘤医院	14.00
6	复旦大学	2	第二军医大学	12.00
7	北京博奥生物有限公司	2	上海交通大学附属儿童医院	12.00
8	清华大学	2	北京泰达新兴医学工程技术有限公司	8.00
9	第三军医大学	2	南方医科大学	6.00
10	香港大学	2	香港大学	6.00

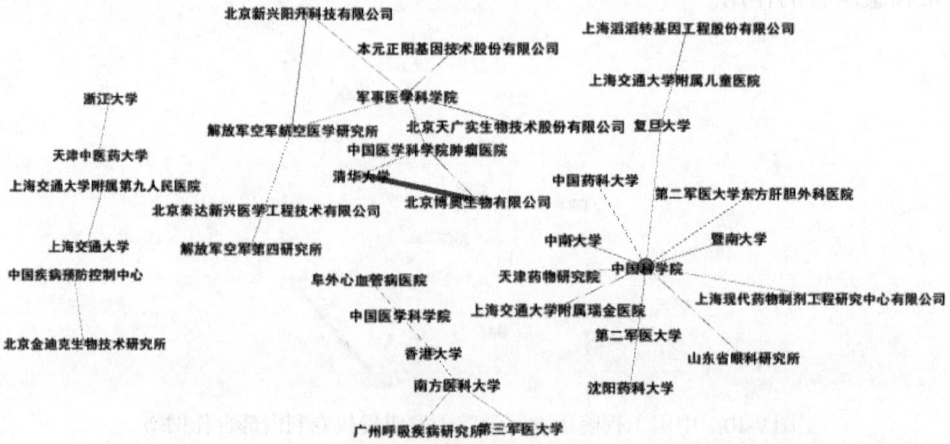

图9-11 中国工程院生物医学院士发明授权专利机构合作网络

第二节　我国一流青年生物医学科学家发明授权专利分析

近年来,在我国由科技大国向科技强国进军的过程中,青年人才已成为科技创新的主力军,无论是在尖端基础研究领域,还是在战略性核心应用和产业技术领域,他们不仅越来越多地承担国家重任,也日益活跃在国际科技创新的舞台上。其中的国家杰出青年科学基金获得者、长江学者特聘教授和“千人计划”入选者等均可谓国家一流青年领军人才。在生物医学科学技术领域的发明授权专利方面,他们作为我国一流青年生物医学科学技术家,与作为我国一流生物医学科学技术家的两院院士有何不同表现,我们将在本节进行分析。

由于国家杰出青年科学基金获得者和长江学者特聘教授研究对象的选择仅在三所高校,其代表性受到局限,发明授权专利分析的局限性显而易见,故此部分分析结果的参考应用需要特别注意。

一、我国一流青年生物医学科学家发明授权专利分析

根据国家杰出青年科学基金获得者和长江学者特聘教授数量对我国高校进行排序,我们选择排序靠前的三所高校 1994~2014 年的 99 位国家杰出青年科学基金获得者和 1999~2014 年的 77 位长江学者特聘教授,共计 133 位(既是长江学者特聘教授又是国家杰出青年科学基金获得者共 43 位),将其姓名编码为 Q1,Q2,Q3,…,Q133。我国一流青年生物医学科学家的相关原始数,据除专利权人变化情况委托国家知识产权局专利局太原代办处查询以外,其余均自上海知识产权信息平台自行采集,起始时间自国家杰出第一件发明授权专利所在年份起算,截止时间为 2014 年 12 月。文中界定的科研机构是申请人(专利权人),人才即专利发明人,科研机构之间的合作即共享知识产权,人才之间合作即共同发明一项专利。借助 Excel 进行数据库建立以及基本的统计描述;运用 Pajek 和 Gephi 软件绘制合作网络图谱并计算各项指标,然后进行分析;同时,基于世界知识产权组织(World Intellectual Property Organization,WIPO)2013 年版《国际专利分类号与技术领域对照表》,以每件发明授权专利申请时的主国际专利分类号为依据,进行分类统计。

1. 一般情况　在作为研究对象的 133 位国家杰出青年科学家基金获得者和长江学者特聘教授中,共采集到 61 位的专利信息,占到 45.86%。在采集到

专利信息的61位中，共有授权专利407项，其中发明授权专利305项（1993~2014年间），实用新型专利102项，分别占到授权专利量的74.94%和25.06%。采集到发明授权专利信息的有57位，占采集到专利信息的国家杰出青年科学家基金获得者和长江学者特聘教授的93.44%，占作为研究对象的国家杰出青年科学家基金获得者和长江学者特聘教授的42.86%。在除去个人与个人、个人与一个职务申请人联合申请的情况后，我国一流青年生物医学科学家发明授权专利一般情况如图9-12和表9-8所示。

按发明专利申请日期统计，我国国家杰出青年科学家基金获得者和长江学者特聘教授发明专利申请量和授权量，从2000年始进入快速增长阶段，申请量整体上高于授权量，2011~2012年后二者均有下降趋势，且授权量超过申请量。这一现象是由于我们采集的发明专利申请量并非科学家们的所有发明专利申请，而是仅限于被授权专利对应的专利申请，所以二者的总量是一致的，只是由于专利从申请到授权之间需要花费长短不一的时间，导致二者在时间分布上不吻合，授权专利量的时间分布略有后延。

表9-8　我国一流青年生物医学科学家发明授权专利一般情况表

人数	授权专利数	联合授权专利数(%)	合作发明专利数(%)	当选前(受聘前)		当选后(受聘后)		中位合作率(%)	中位合作指数
				专利数	年人均	专利数	年人均		
57	305	35(11.48)	302(99.02)	134	0.670 (0.626*)	186	2.070 (1.934*)	100	4.46

*按113位科学家计算的年人均数量

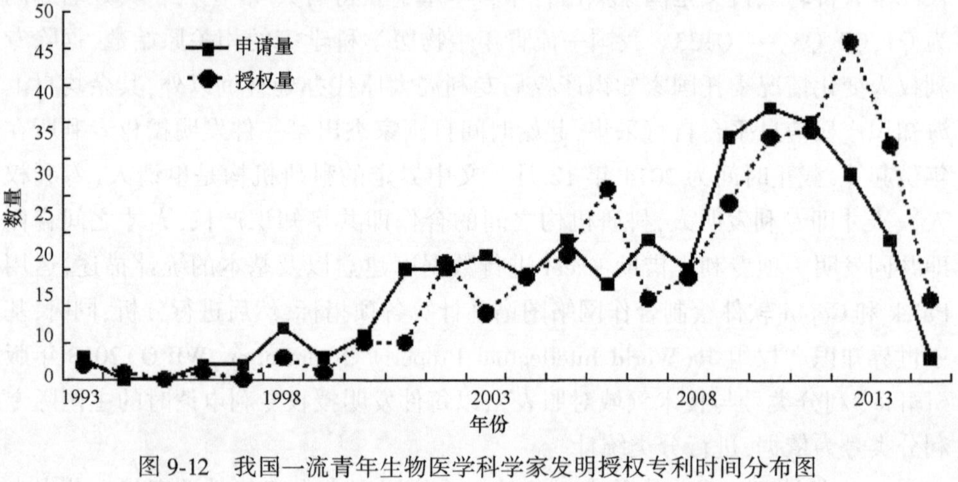

图9-12　我国一流青年生物医学科学家发明授权专利时间分布图

2. 技术领域分类情况　基于 2013 年版《国际专利分类号与技术领域对照表》,以每件授权发明专利申请时的主国际专利分类号为依据,按 5 大技术领域及 36 个子技术领域,对国家杰出青年科学家基金获得者和长江学者特聘教授发明授权专利予以分类统计。可见其发明授权专利技术领域分类排名前 10 依次为:生物技术、药品、有机精细化学、医疗技术、传统药物、测量、生物材料、材料及冶金、基础材料化学和其他特殊机器,如表 9-9 所示。

表 9-9　我国一流青年生物医学科学家发明授权专利技术领域分类前 10 及比例表

排名	技术领域	数量(%)
1	生物技术	121(39.67)
2	药品	60(19.67)
3	有机精细化学	40(13.11)
4	医疗技术	37(12.13)
5	传统药物	16(5.25)
6	测量	9(2.95)
7	生物材料	9(2.95)
8	材料及冶金	3(0.98)
9	基础材料化学	2(0.66)
10	其他特殊机器	2(0.66)

3. 技术领域显性比较优势指数　由图 9-13 可以看出,国家杰出青年科学家基金获得者和长江学者特聘教授优势子领域有 9 个,按比较优势指数大小排列为:土木工程(6.95)、环境技术(6.95)、半导体(6.95)、材料及冶金(4.17)、医疗技术(1.43)、基础材料化学(1.26)、有机精细化学(1.20)、药品(1.10)、生物材料(1.10)。值得注意的是,某些技术领域(如材料及冶金、交通、家具和娱乐等)的比较优势是在很小的授权数量上占据大的份额,这种技术优势并不具有长期性和稳定性。

某群体在特定技术领域中具有比较优势,并不意味着该群体这一领域专利授权量会超过其他群体。因此,有必要对三个群体生物医学科学家发明专利授权量优势子技术领域进行分类比较(图 9-14)。

在中国科学院生物医学院士优势子技术领域中,从其他两个群体生物医学科学家发明专利授权量与中国科学院院士的比值来看,前述中国科学院院士优势领域又可区分为两组:其他群体绝对优势明显子领域和中国科学院院士绝对优势明显子领域。前者由生物技术组成,该领域三个群体生物医学科学家发明专利授权量共计 903 件,占所有中国科学院院士优势领域三个群体生物医学科

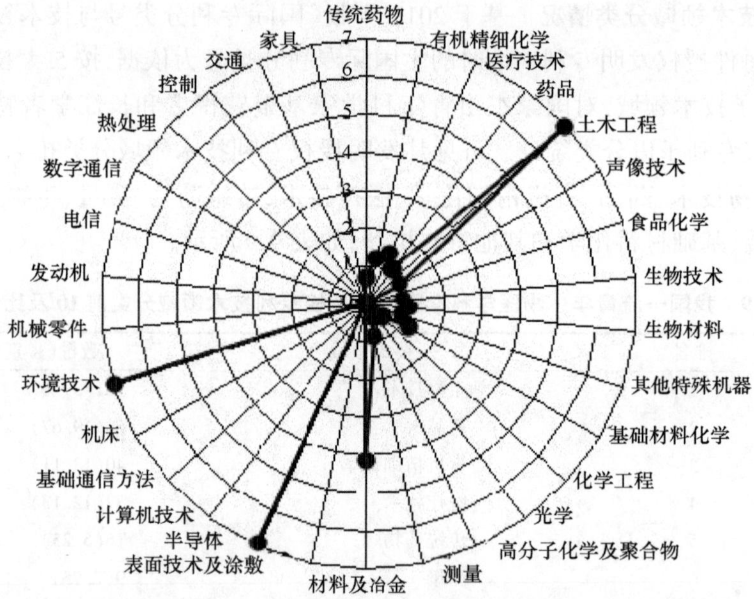

图 9-13　我国一流青年生物医学科学家发明授权专利显性比较优势指数

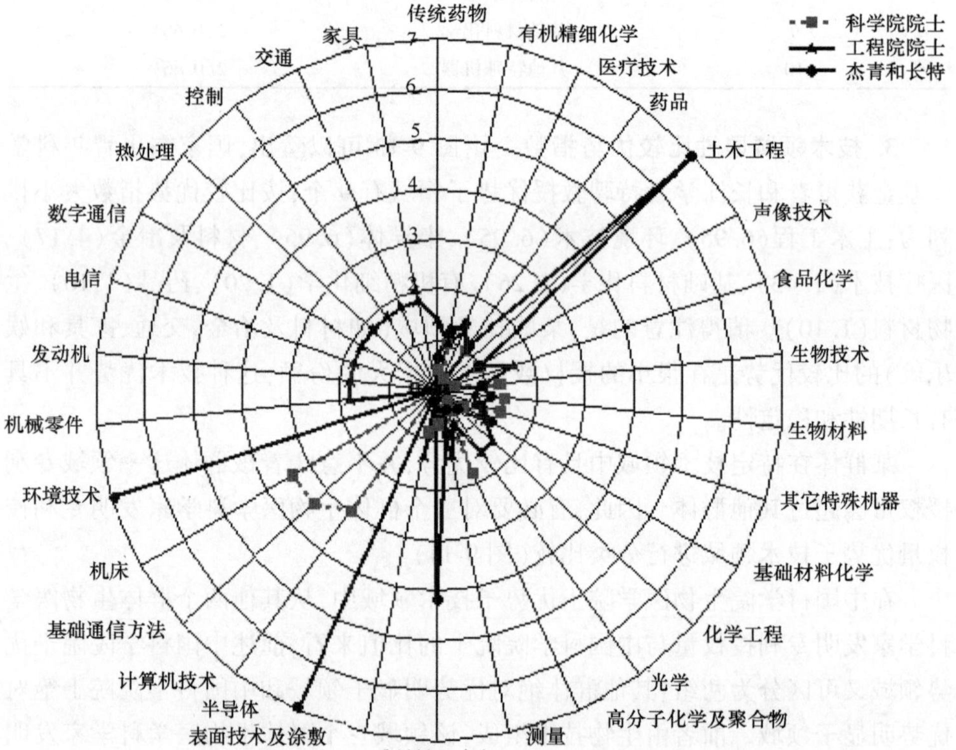

图 9-14　我国两个层次三个群体生物医学科学家发明授权专利显性比较优势指数

学家授权量的 88.70%。其中,中国科学院院士 338 件,占 37.40%,其他两个群体生物医学科学家 565 件,占 62.60%。后者由生物材料、其他特殊机器、高分子化学及聚合物、计算机技术、基础通信方法和机床等 6 个领域组成,该领域三个群体生物医学科学家发明专利授权量共计 115 件,占所有中国科学院院士优势领域三个群体授权量的 11.30%,其中,中国科学院院士 61 件,占到 53.04%,其他两个群体生物医学科学家 54 件,占 46.96%。

在中国工程院生物医学院士优势子技术领域中,三个群体生物医学科学家发明专利授权量共计 482 件,占所有领域授权量的 22.75%,其中中国工程院院士 365 件,占 75.73%,其他两个群体生物医学科学家 117 件,占 24.2%,中国工程院生物医学院院士发明专利授权量相当于其他两个群体生物医学科学家的三倍,且在多个领域多于其他两个群体生物医学科学家。在中国工程院院士不同优势子技术领域中,从其他两个群体发明专利授权量与中国工程院院士的比值来看,前述中国工程院院士优势领域又可区分为两组:中国工程院院士绝对优势强的子领域(比值小于 3.12)与中国工程院院士绝对优势极强的子领域(比值大于 3.12)。前者由医疗技术、声像技术、基础材料化学、测量、表面技术及涂敷等 5 个子领域组成,三个群体生物医学科学家发明专利授权量共计 272 件,占所有中国工程院院士优势子领域三个群体生物医学科学家发明专利授权量的 56.43%,其中,中国工程院院士 196 件,占 72.06%,其他两个群体 76 件,占 27.94%,中国工程院院士发明专利授权量是其他两个群体的近 3 倍。后者由传统药物、食品化学、化学工程、光学、机械零件、发动机、电信、数字通信、热处理、交通、控制和家具等 12 个子领域组成,其中三个群体生物医学科学家发明专利授权量共计 210 件,占所有中国工程院院士优势子领域三个群体生物医学科学家发明专利授权量的 43.57%,其中,其他两个群体 41 件,占 19.52%,中国工程院院士 169 件,占 80.48%,中国工程院院士发明专利授权量是其他两个群体的 4 倍。

在国家杰出青年科学家基金获得者和长江学者特聘教授优势子技术领域中,从两院生物医学院士发明专利授权量与国家杰出青年科学家基金获得者和长江学者特聘教授的比值来看,国家杰出青年科学家基金获得者和长江学者特聘教授优势领域又可区分为两组:两院院士绝对优势明显子领域和国家杰出青年科学家基金获得者和长江学者特聘教授绝对优势明显子领域。前者由有机精细化学、药品和生物材料等 3 个领域组成。三个群体生物医学科学家发明专利授权量共计 668 件,占所有国家杰出青年科学家基金获得者和长江学者特聘教授优势领域三个群体生物医学科学家发明专利授权量的 77.05%。其中,国家杰出青年科学家基金获得者和长江学者特聘教授109件，占16.32%，两院院士559件，占83.68%。后者由医疗技术、土木工程、基础材料化学、材料及冶金、半导体及环境技术等6个领域组成。三个群体生物医学科学家发明专利授权量共计199件，占所有国家杰出青年科学家基金获得者和长江学者特聘教授优势领域三个群体生物医学科学家发明专利授权量的22.95%。其中，国家杰出青年科学家基金获得者和长江学者特聘教授45件，占22.61%，两院院士154件，占77.39%。

4. 转化推广情况 我国国家杰出青年科学家基金获得者和长江学者特聘教授发明授权专利权人发生变化的是23件，其发明授权专利转化率为7.50%，可见发明授权专利转让率为国家杰出青年科学家基金获得者和长江学者特聘教授高于两院院士。国家杰出青年科学家基金获得者和长江学者特聘教授做过许可合同备案的发明授权专利为0件，占其专利总数的0.00%。与专利转让率结果恰好相反，国家杰出青年科学家基金获得者和长江学者特聘教授发明授权专利的许可合同备案低于两院院士。我国国家杰出青年科学家基金获得者和长江学者特聘教授专利权人发生变化的发明授权专利所涉及的技术领域排名前三位为医疗技术、生物技术和药品。与两院院士相比，多了医疗技术，而且排在首位。

二、我国一流青年生物医学科学家发明授权专利合作关系

1. 发明授权专利整体合作网络分析 国家杰出青年科学家基金获得者和长江学者特聘教授专利合作网络涉及发明人716位。以716位发明人为节点，发明人间的合作关系为边构建合作网络图。该整体网络密度为0.010，平均聚类系数为0.629。同样的，我们选取出现频次大于5的发明人并去除孤立的点，最终形成了60个节点、128条边的合作网络(图9-15)。

该网络密度为0.072，数值较小，说明成员之间的联系不是很密切；平均聚类系数为0.931，说明在该网络中，与同一人合作发明但二者之间无直接合作发明关系的两位科学家之间有93.1%的可能性发生合作。

2. 发明授权专利内部合作网络分析 在57位一流青年生物医学科学家中，有8位曾经与一位或多位其他一流青年生物医学科学家合作发明过至少1项发明授权专利，占所有节点的6.02%，以这些人为节点构建一流青年生物医学科学家间的合作网络图(图9-16)。经计算，得到节点数为8、边为4的合作网

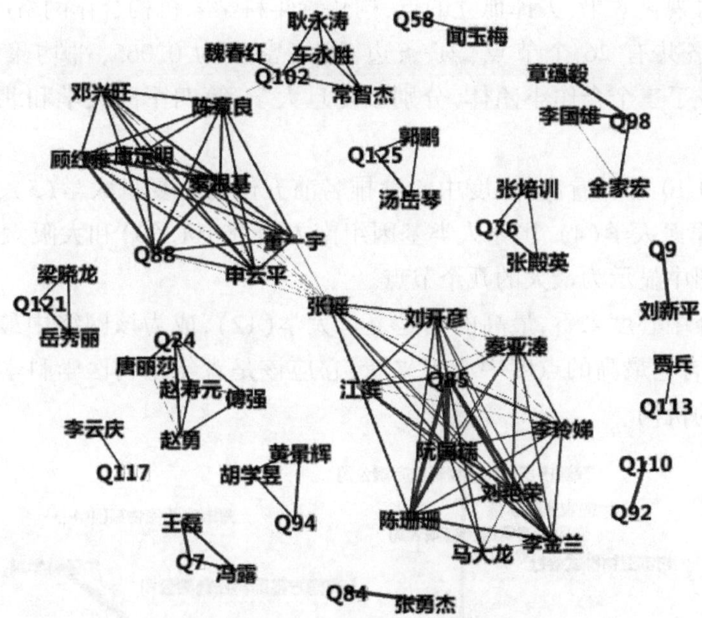

图 9-15　我国一流青年生物医学科学家发明授权专利发明人合作网络

络。该网络的密度为 0.143，平均路径长度为 1，从较低的密度可以看出我国一流青年生物医学科学家群体间合作度不高，没有形成紧密的合作团体，仅存在 4 个合作对且合作关系较固定，其中 Q89 与 Q108、Q92 与 Q110 这两对节点之间的边较粗，说明他们两两之间的合作次数最多。这 8 位一流青年生物医学科学家的点度中心度均为 1，中介中心度均为 0，其中有两位属于北京大学，两位属于复旦大学，四位属于第四军医大学。

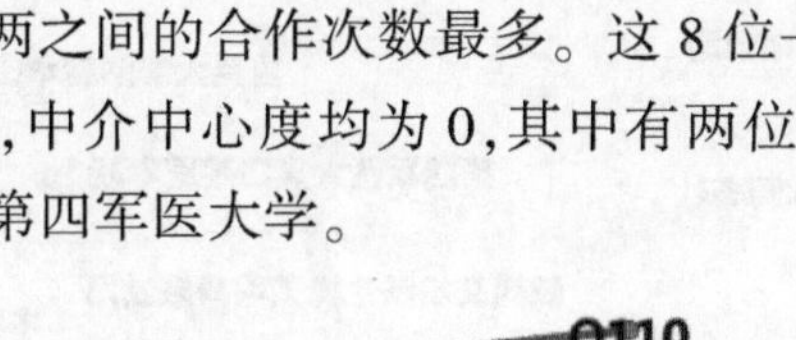

图 9-16　我国一流青年生物医学科学家发明授权专利内部合作网络

3. 发明授权专利机构合作网络分析　57 位一流青年生物医学科学家的 305 项发明授权专利中，共涉及 46 个机构。以 46 个机构为节点，机构间的合作关系为边构建合作网络图。该网络密度为 0.020，平均聚类系数为 0.207。为了更清晰的可视化效果，去掉孤立的点，构建青年科学家机构合作网络（图 9-17）。该合作网络共有 26 个节点，21 条边，网络密度为 0.065，平均聚类系数为 0.554；形成了三个合作小团体，分别以复旦大学、第四军医大学和北京大学为中心。

从表 9-10 可以看出，点度中心度排名前五位的为复旦大学（5）、北京大学（4）、第四军医大学（4）、国家人类基因组南方研究中心（3）和大阪大学（2），这些机构在图中显示为最大的几个节点。

从中介中心度来看，最高的仍是复旦大学（12），成为该网络中最有控制力的机构，结合它最高的点度中心度来看，它应该是青年生物医学科学家交流活动最频繁的机构。

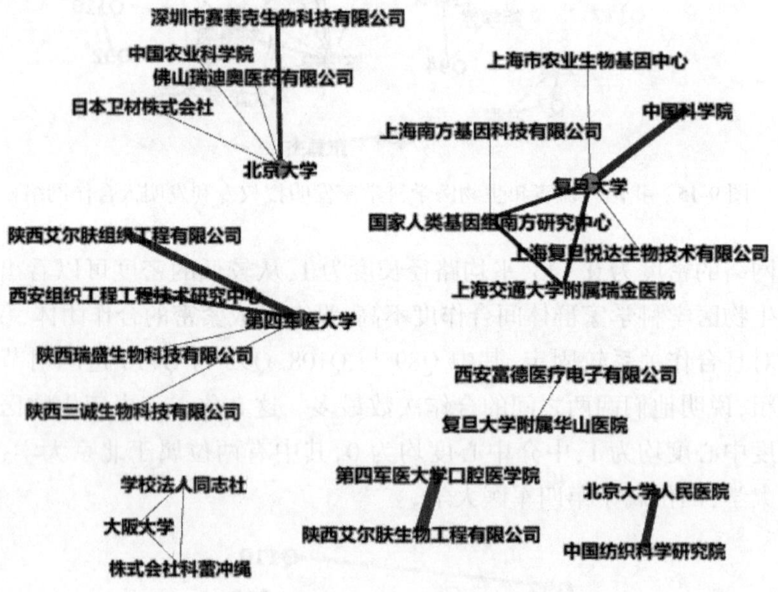

图 9-17　我国一流青年生物医学科学家发明授权专利机构合作网络

表 9-10　我国一流青年生物医学科学家发明授权专利机构合作中心度指标前 10 机构

排名	机构	点度中心度	机构	中介中心度
1	复旦大学	5	复旦大学	12
2	北京大学	4	北京大学	6
3	第四军医大学	4	第四军医大学	6
4	国家人类基因组南方研究中心	3	国家人类基因组南方研究中心	5
5	大阪大学	2	大阪大学	0
6	学校法人同志社	2	学校法人同志社	0

续表

排名	机构	点度中心度	机构	中介中心度
7	株式会社科蕾冲绳	2	株式会社科蕾冲绳	0
8	上海交通大学附属瑞金医院	2	上海交通大学附属瑞金医院	0
9	北京大学人民医院	1	北京大学人民医院	0
10	陕西艾尔肤组织工程有限公司	1	陕西艾尔肤组织工程有限公司	0

第三节　我国一流生物医学科学家发明授权专利的思考

现代经济发展史证明,凡是科技进步与经济繁荣的国家,无一不是知识产权保护完善的国家,知识产权保护是激发创新的催化剂和发动机。知识产权已成为创新驱动发展的重要保障,发展的重要资源和竞争力的核心要素。自1985年4月1日我国实行专利制度以来,专利法分别于1992年、2000年和2008年进行了三次重大修改。2014年,我国知识产权事业开启了前所未有的战略机遇期;2015年,是我国深入实施国家知识产权战略行动计划、建设知识产权强国新目标的开局之年。如何创造一个能从根本上激发人们创新动力的环境?最大限度地提高我国一流生物医学科学家们技术创新对经济建设和社会发展的贡献率,让知识产权在促进科技进步和经济社会发展中发挥重要作用,确实需要我们认真深入地思考。

一、基本情况的思考

我国国家知识产权局的数据统计表明[10],2015年上半年,我国共授权三种专利74.9万件,其中,发明、实用新型和外观设计专利授权量分别为16.1万件、37.6万件和21.2万件,分别占到专利授权总量的21.50%、50.20%和28.30%,亦即发明授权专利占到授权专利总量的五分之一。截至2014年12月,中国科学院和工程院生物医学院士共有专利授权量为2153件,其中发明授权专利为1814件,占到授权专利总量的84.25%,亦即发明授权专利占到授权专利总量的五分之四稍多一点。可见,即便在当前发明授权专利量同比增长最为迅猛的背景下,发明授权专利仍然是我国两院院士专利授权的绝大多数类型。这种专利结构的显著优化情况,充分反映了我国两院院士专利的质量,也反映了我国两院院士的创新实力。

由前述研究可知,在作为研究对象的99位中国科学院生物医学院士中,有66.67%具有授权专利,61.62%具有发明授权专利;发明授权专利占到授权专利量的89.30%。在作为研究对象的114位中国工程院生物医学院士中,有87.72%具有授权专利,84.21%具有发明授权专利;发明授权专利占到授权专利量的81.82%。在作为研究对象的133位国家杰出青年科学家基金获得者和长江学者特聘教授中,45.86%具有授权专利,42.86%具有发明授权专利;发明授权专利占到授权专利量的74.94%。可见在我国两个层次三个群体一流生物医学科学家中,具有授权专利科学家比例的排序为中国工程院院士、中国科学院院士、国家杰出青年科学家基金获得者和长江学者特聘教授;具有发明授权专利科学家比例的排序为中国工程院院士、中国科学院院士、国家杰出青年科学家基金获得者和长江学者特聘教授;发明授权专利占到授权专利量比例的排序为中国科学院院士、中国工程院院士、国家杰出青年科学家基金获得者和长江学者特聘教授。这反映了我国一流生物医学科学家在科学创新的同时,对技术创新的重视,反映了中国工程院院士作为国家顶尖技术创新人才的特征;中国科学院院士授权专利占比较低和发明授权专利占比授权专利量较高的现象,反映了其作为国家顶尖科学创新人才的特征;国家杰出青年科学家基金获得者和长江学者特聘教授所有占比均较低的现象,一方面与其年龄较低的特征有关,一方面与其多属于科学创新人才有关,另一方面是否与其重视程度不够有关,有待进一步研究验证。同时,值得引起重视的是,尚有33.33%的中国科学院院士、12.28%的中国工程院院士、54.14%的国家杰出青年科学家基金获得者和长江学者特聘教授没有授权专利,尚有38.38%的中国科学院院士、15.79%的中国工程院院士、57.14%的国家杰出青年科学家基金获得者和长江学者特聘教授没有发明授权专利,这个比例似乎与我国一流生物医学科学家群体的创新特征出入较大,但也从另一个侧面反映了我国遴选这些科学家时的条件标准的某些缺失,比如发明授权专利作为工程院院士遴选必要条件的门槛设置等。

二、技术领域情况的思考

由前述研究可知,我国一流生物医学科学家和一流青年生物医学科学家发明授权专利的技术领域大同小异,优势技术领域基本一致,中国科学院院士生物技术和药品子领域优势明显,中国工程院院士传统药物和医疗技术子领域优势明显。在我国两个层次三个群体一流生物医学科学家发明授权专利的技术领域分类中,排名前 10 位均出现了生物技术、医疗技术、药品、传统药物、有机精细化学、测量和生物材料等 7 项子技术领域,可见这些子领域既是目前我国生物医学领域科学家开发和合作较深入的领域,亦是目前我国两个层次一流生物医学科学家技术创新最活跃和较深入的领域。两个层次三个群体生物医学科学家发明授权专利所涉及的技术领域,均覆盖了生物医学领域的基础技术和我国优势明显的传统药物领域。可见,我国一方面需要加大对生物技术、医疗技术和传统药物等技术领域的支持力度,以保持优势子领域的优势更加突出;另一方面要制定加快技术追赶的有效政策,以改变国内相关高技术产品发展由国外企业主导的被动局面。

三、成果转化情况的思考

由前述研究可知,从发明授权专利的数量来看,两院院士均高于国家杰出青年科学家基金获得者和长江学者特聘教授,当选(受聘)前后年人均发明授权专利的数量均为工程院院士最高、国家杰出青年科学家基金获得者和长江学者特聘教授最低,反映出前者作为顶尖技术创新科学家的题中应有之义和国家杰出青年科学家基金获得者和长江学者特聘教授技术创新意识和能力的亟待增强。从发明授权专利的知识产权共享率分别为中国科学院院士 18.37%、中国工程院院士 14.81%、国家杰出青年科学家基金获得者和长江学者特聘教授 11.48%,合作发明专利率分别为中国科学院院士 98.72%、中国工程院院士 94.95%、国家杰出青年科学家基金获得者和长江学者特聘教授 99.02% 来看,科学家们表现出普遍的合作意识与强烈的竞争意识和知识产权意识。从发明授权专利转化率分别为中国科学院院士 4.63%、中国工程院院士 6.73%、国家杰出青年科学家基金获得者和长江学者特聘教授 7.50%,发明授权专利技术应用商品化率分别为中国科学院院士 3.51%、中国工程院院士 5.56%、国家杰出青年科学家基金获得者和长江学者特聘教授 6.89% 来看,与我国专利大户之一的高校的专利转化率普遍低于 5%、我国科技成果转化率仅为 10% 左右、我国专利技术应用商品化率不到 20%[11] 的现状相比并不出色,反映出科学家们普遍重视科技成果转化不够,尤其是工程院院士对科技成果转化重视不够的现象值得引起注意。根据我国经济社会发展现实的需要,专利的价值不是体现在专利的申请数量上,专利的质量不只是表现在技术创新水平上,更表现在专利的商业运用上。因而,过低的发明授权专利转化率反映出科学家们普遍重视科技成果转化不够,尤其是以工程科学技术创新见长的工程院院士和国家杰出青年科学家基金获得者和长江学者特聘教授们对科技成果转化重视不够的现象值得引起注意。

可见,我国一流生物医学科学家和一流青年生物医学科学家发明授权专利的数量有所差别,转化推广率过低,数量仍有提升空间,质量亟待大幅提高。从哲学层面来看,反映出我国两个层次一流生物医学科学家的专利价值观与一般科学家并无明显区别,同样体现在重视专利的申请数量,甚至是为了申请专利而申请专利,为了科研课题结题验收交差而申请专利,而不是体现在专利转化过程中为经济社会发展创造的价值上。

四、合作情况的思考

由前述研究可知,从涉及发明人来看,中国工程院生物医学院士人均为25.03、中国科学院生物医学院士人均为26.20、国家杰出青年科学家基金获得者和长江学者特聘教授人均为12.56,前两者为后者的2倍;从涉及机构来看,中国科学院生物医学院士人均为2.08,中国工程院生物医学院士人均为2.07,国家杰出青年科学家基金获得者和长江学者特聘教授人均为0.81,前两者为后者的2倍多。可见,两院院士发明授权专利合作的人员机构网络规模更大,包含节点更多,国家杰出青年科学家基金获得者和长江学者特聘教授与其之间的差别明显;两个层次三个群体生物医学科学家的合作网络中更多的是独立的合作小团体及散在的合作对,没有形成整体贯通的网络,反映出他们个人合作局限,合作的整体强度不够,需要高效利用合作资源要素,强化技术创新合作,形成更有广度和深度的合作网络。说明我国一流生物医学科学家和一流青年生物医学科学家发明授权专利的合作广度与深度均有所欠缺,两个层次差别明显,合作的整体强度均不够,高校与科研机构合作较多,高校和科研机构均与企业合作较少。

在两个层次三个群体生物医学科学家的合作网络中,高校、科研机构与企业三者之间均相互产生过合作关系,其中高校处于更加主动的地位,高校与科研机构之间有较高比例的专利合作,高校和科研机构与企业之间的专利合作均较少,反映出作为国家基础研究主体的高校和科研机构与作为国家自主创新主体的企业之间缺少良性互动,协同创新有限。研究认为[12,13],尤其是大学与企业,推进产学合作的空间还很大,产学合作能够整合社会科技资源,解决企业技术创新的障碍,同时也能够为大学的研究开发活动提供市场导向和资金支持,从而促进科研成果向现实生产力转化。在联合申请专利过程中,大学和企业之间自发地形成一种非正式的合作网络，大学-企业间非正式合作网络形成的宏观过程正是网络成员间信任形成的微观过程的反映。这种非正式的合作网络能够实现大学向企业的知识溢出，从而提高作为市场主体的企业的自主创新能力和专利保护意识，促进企业开展技术创新活动。

五、创新管理情况的思考

伴随着知识经济的深入发展，知识的积累和创新越来越成为促进经济社会发展的决定性因素。专利数量反映了一个国家及企业技术创新的活跃程度。专利申请最难的是发明专利，发明专利在知识产权中占有重要地位，它与技术进步和自主创新能力关系最为密切，在国际上讲到专利基本上都是单纯地指发明专利。2014 年，我国发明专利申请受理量达到 92.8 万件，同比增长 12.5%，连续四年居世界首位[14]。截至 2014 年底，我国每万人口发明专利拥有量已达到 4.9 万件，比“十二五”规划纲要指标超出了 1.6 件；在我国有效发明专利中，国内专利为 70.8 万件，占比接近 60%，在数量上已经超过国外来华专利，但是从有效发明专利的平均维持年限看，国内专利为 6.0 年，而国外来华专利为 9.4 年，国内专利与国外来华专利在质量上仍存在不小差距[15]。2014 年，全国人大常委会执法检查组指出[16]，我国专利质量总体上还处在较低水平，表现在三方面：关键产业和核心技术领域的专利占有率低，专利维持时间明显偏低，面向国外的发明专利申请还较薄弱。

2015 年，国务院印发了《中国制造 2025》。自从中国制造成为世界切实感受中国经济发展的一个突出标识以来，这是国家第一次对新中国成立以来尤其是改革开放以来中国制造的发展进行系统研判，也是第一次对中国制造的未来发展——建设制造强国做出总体战略部署。制造业发展的核心是创新，但在现阶段，我国制造业大而不强，包括医药企业在内的大多数企业的技术创新能力比较弱，关键核心技术与高端装备对外依存度高。在此背景下，如何提高我国尤其是科学家们发明授权专利的质量，建设开展技术合作和促进产学研转化的政策平台，的确有许多值得我们思考之处。

发明专利在知识产权中占有重要地位。在我国发明专利、实用新型专利和外观设计专利等三种专利类型中，发明专利的技术水平较高、创造性最强，更能反映专利权人的创新水平。尽管专利法上所指的发明与通常人们理解的广义上的发明有所区别[17]；尽管对于自然定律的发现、抽象的智力活动规则等这些院士尤其中国科学院院士专长的成果不能申报专利，只有具备实施可能性的科学技术成果才能申请专利，但专利尤其发明授权专利仍然是院士们科技成果的重要组成部分。

由前述研究和思考可知，我国一流生物医学科学家发明授权专利的数量和质量均有较大提升空间，所拥有的优势技术领域还不能在根本上改变国内相关高技术产品发展由国外企业主导的被动局面，科技成果转化率仍处在较低水平，技术创新中的合作广度与深度均有欠缺，产学研合作的空间还很大，更重要的是，他们的专利价值观还没有明显区别于一般科学家。这些都成为他们更好地承担自身责任、发挥角色作用、做出更大贡献的制约或障碍。

进入创新发展与经济竞争的新阶段，世界各国对发明创造更加重视。研究认为[15]，从整体上讲，我国企业的知识产权创造、运用、保护、管理能力和知识产权质量，与发达国家同类企业相比，还存在不小的差距；我国在先进制造方面对外支付的专利权使用费持续升高。要改变这些不利因素，实现转型与创新发展，深入实施知识产权战略、进一步提升高价值发明专利的数量和质量显得更加刻不容缓。

在这些历史责任的承担中，国家需要增加研发投入，解决专利创新源头的基础；需要强化战略意识，建立激励机制，培育创新主体，完善风险机制，优化交易环境，培植实施载体；国家需要把科研重大专项等项目的自主知识产权拥有和知识产权运用，作为其对经济社会发展作用的重要评价指标与贡献度内涵；国家应该比以往任何时候都更加重视专利尤其是发明授权专利等创新性成果的运用，更加充分利用知识产权制度提高我国科技创新水平。院士在学术组织和活动中，具有领导权、话语权和主动权，需要十分注意自身的主流、主导和主体地位，始终成为引领青年科学家成才的精神旗帜和实践榜样；院士所代表的国家最顶尖科学家在推动国家竞争力提升过程中的楷模、示范作用与实质性贡献，应该成为其首要的考核评价要素；青年科学家的专利价值观及其专利水平状况事关国家未来发展，需要通过改进和创新的培养方式，增强他们对正确专利价值观的思想认同和行动自觉性，需要有针对性地为他们的成长成才成功提供条件，创造环境。

参考文献

[1]樊亚芳．中外专利数据库的检索与利用[EB/OL]．http://www.docin.com/p-103681771.html，2010-11-29/2015-08-09.

[2]钱学森．论技术科学[A]．王大中，杨叔子．技术科学发展与展望——院士论技术科学(2002年卷)[M]．济南：山东教育出版社，2002：9.

[3]张光斗．我国技术科学必须大力发展[A]．王大中，杨叔子．技术科学发展与展望——院士论科学(2002年卷)[M]．济南：山东教育出版社，2002：83.

[4] World Intellectual Property Organization：IPC-Technology Concordance Table [DB/OL]. http://www.wipo.int/ipstats/en/statistics/technology_concordance.html，2013-01/2015-08.

[5]唐小利．国际乙型肝炎防治技术的专利计量分析[J]．中华医学图书情报杂志，2011，20(12)：67-68.

[6]俞文华．发明专利、比较优势、授权差距——基于中国国内外发明专利授权量比较分析[J]．中国软科学，2009，(6)：19-32.

[7]苗红，刘海丽，黄鲁成，等．基于专利合作网络的北京国际科技合作分析[J]．情报杂志，2014，33(10)：106-107.

[8]Henk F M，Wolfgang G，Ulrich S. Handbook of Quantitative Science and Technology Research [M]. Kluwer Academic Publishers，2004：532-547.

[9]倪思洁．"科技成果转化率"咋衡量？[EB/OL]. http://news.sciencenet.cn/ htmlnews/2014/1/287312.shtm，2014-01-09/2015-08-21.

[10]李凤新，刘磊．上半年我国发明专利申请受理量同比增长20.9%[N]．中国知识产权报，2015-07-22(1).

[11]董金林．谁来唤醒沉睡的专利[EB/OL]. http://ip.people.com.cn/n/2015/0119/ c136655-26407256.html，2015-01-19/2015-08-09.

[12]马艳艳，刘凤朝，孙玉涛．中国大学-企业专利申请合作网络研究[J]．科学学研究，2011，29(3)：390-391.

[13]RoderikPonds，FrankG. VanOort，KoenFrenken. Innovaion，spillovers，and university-industry collaboration：an extended knowledge production function approach[R]. Utrecht：Utrecht University，2010：231-255.

[14]谭谟晓，董峻．2014年我国发明专利申请受理量92.8万居世界首位[EB/OL]. http://news.eastday.com/eastday/13news/auto/china/u7ai3814273_k4.html. 2015-04-20/2015-08-09.

[15]李顺德．发明专利是体现创新发展的重要指标[N]．中国知识产权报，2015-08-12(1).

[16]吴通义，高胜华．树立加强专利保护的信心[N]．中国知识产权报，2015-07-29(10).

[17]吴汉东．知识产权法学[M]．北京：北京大学出版社，2014：133.

第十章 我国诺贝尔奖级生物医学科学研究战略管理思考

我国正处于经济起飞的关键时期，处于全面实现小康社会和实现国家现代化的关键时期，经济和社会表现出对科技发展越来越强烈的需求。诚如周光召院士所言，“这个关键时期需要在中国大地上出现伟大的科学家”[1]。这些伟大的科学家至少应该是诺贝尔奖级的科学家。

越来越多的专家认为[2]：生物技术将引领新的科技革命，生物产业正在成为新的经济增长点，生物经济将推动第四次浪潮。中国能否在生物经济时代实现建设生物医学科技强国、健康产业大国的战略目标？中华民族能否在生物经济时代实现伟大复兴？需要一批诺贝尔奖级生物医学科技成果为标志，需要出现一批诺贝尔奖级生物医学科学家。因此，无疑需要加强我国诺贝尔奖级生物医学科学研究的战略管理思考。

第一节 SCI 作为评价指标的分类应用——以 SCI 评价指标与基础研究成果评价为例

SCI 作为美国开发的期刊文献检索工具，被越来越多的高等学校和科研院所派生出了科研绩效评价功能[3]。我国将之作为科技进步的主要评价指标以来，使得 SCI 论文数量和质量得到了大幅提高，但 SCI 被绝对化、唯一化，也致使部分 SCI 论文质量差强人意，其消极影响也不可避免地出现[4]，SCI 作为各类评价的重要指标,甚至唯一指标带来的弊端日益凸显。以至于国家教育部和科技部于2020年初印发《关于规范高等学校SCI论文相关指标使用树立正确评价导向的若干意见》。这将有助于改进学科和学校评估,规范各类评价工作中SCI论文相关指标的使用,鼓励定性与定量相结合的综合评价方式,探索建立科学的评价体系,引导评价工作突出科学精神、创新质量、服务贡献,树立正确政策导向,推动高等学校回归学术初心,净化学术风气,优化学术生态。我们试图以SCI评价指标与基础研究成果评价为例,从科学规范地分类评价认识SCI评价指标。

一、SCI评价指标在诺贝尔生理学或医学奖获得者与中科院生物医学院士论文影响力比较中的应用

在当前的科学论文评价中,最能成为共识的质量测度指标是被引频次,但其在论文影响力评价上存有很多不足。比如,难以区分引用的性质、引用的功能,甚至实际被引用的次数[5],以至于使20世纪很多伟大的成果未能进入被引频次TOP100排行榜[6]。因此,h 指数、g 指数等新的指标不断推出。目前,基于内容的引用分析以其对引用评价的深入性和精准性等优势越来越受青睐[7-9],但是这些均难以掩盖被引频次在大样本数据中的优势与价值[10][11]。本节仍以被引频次为测度论文影响力的基本指标,从影响力水平和变异程度两个维度分析科学家的论文影响力特征,并尝试构建影响力水平分区和影响力稳定性分区对科学家进行学术影响定位,为科研评价与科技资源配置提供参考。

诺贝尔生理学或医学奖获得者(以下简称诺贝尔奖获得者)获奖前的研究成果承载了其对科学和社会的巨大贡献,也代表着世界一流生物医学的研究水平。中国科学院生物医学院士(以下简称我国院士)是我国一流生物医学科学家的代表。前期研究结果显示,我国院士的研究成果与诺贝尔奖获得者之间存在层级落差[12]。本节以上述两群体科学家为研究对象进行实证分析。同一时代的科学家之间具有可比性,1916年至今出生的诺贝尔奖获得者和院士被纳入本研究。

SCI论文是目前较为认可的量化研究资料,也是两群体科学家最有代表性的研究成果,故以二者的SCI论文为初始资料,其中诺贝尔奖获得者的论文是其获奖前的成果。有引证论文体现着科学家的学术影响力,因此筛选二者的有引证的SCI论文为分析数据。在小样本(数据量 $n<30$)下,均值和标准差自身的估计误差较大,因此删除有引证的SCI论文数少于30篇的科学家,最终进入

分析的有159位科学家,其中诺贝尔奖获得者82位,我国院士77位。

不同论文的被引频次差距悬殊,为便于描述进行自然对数变换,并命名为被引对数。计算每位科学家的全部有引证SCI论文的被引对数的中位数、90分位数、最大值和标准差,分别代表其论文影响力的平均水平、TOP10水平、最高水平和变异程度。两群体科学家的论文影响力在各水平上均呈正态或近似正态分布,故采M±SD进行统计描述。

1. 两群体科学家SCI论文影响力的整体情况 诺贝尔奖获得者论文影响力的平均水平为4.19±0.640,TOP10水平为5.73±0.608,最高水平7.51±0.938。我国院士论文影响力的平均水平为2.19±0.563,TOP10水平为3.77±0.715,最高水平5.29±1.165,较诺贝尔奖获得者低1.96~2.22,在最高水平上差距最大。

从变异程度看,整体上表现为论文水平层次愈高科学家之间的差异愈大,表明高影响力论文的区分度大于一般论文,即科学家的学术影响力需要高影响力论文来衡量区分。此外,诺贝尔奖获得者在论文影响力的高水平上的差异较小,我国院士在平均水平上差异较小,可能与二者评选的基础不同有关,诺贝尔奖的评选是基于单项突出成果,我国院士的评选更多是基于科学家的累积性成果。

2. 两群体科学家SCI论文的影响力水平 从两群体159位科学家整体看,科学家论文影响力的平均水平与TOP10水平、最高水平呈正相关关系,相关系数分别为0.950和0.792,意味着科研平均水平较高的科学家产出高水平成果的可能性更大。对诺贝尔奖获得者和我国院士分别研究,发现论文影响力的平均水平与TOP10水平、最高水平同样为正相关关系,但是相关程度降低,且两群体有差异(表10-1),验证了我国院士与诺贝尔奖获得者在科研成果上尚不能划为一个总体,二者之间存在层级差异。

最高水平与平均水平的相关性弱于TOP10水平与平均水平的相关性,如实反映出科研成果的特征。科学家尤其是精英科学家具有最高影响力的论文往往是突破性的研究成果,在科研产出链上常常表现为“异常值”,偏离一般科研产出的影响力趋势。

表10-1 两群体科学家论文影响力的平均水平、TOP10水平与最高水平的相关系数(*R*)

	平均水平与TOP10水平	平均水平与最高水平	TOP10水平与最高水平
两群体	0.950	0.792	0.875
诺贝尔奖获得者	0.860	0.467	0.696
我国院士	0.818	0.503	0.719

注:Pearson Correlation, $P<0.001$

以论文被引对数的平均水平和最高水平作双变量散点图,在平均水平 3.0 和最高水平 6.0 上建立直角坐标系,将两群体科学家投射在四个象限中(图 10-1A)。诺贝尔奖获得者当中,76 位(92.68%)分布在第一象限,表明其科研成果的平均水平和最高水平均较高,即科研表现"优中有经典";4 位(4.88%)分布在第四象限,第二和第三象限分别有 1 位。绝大多数我国院士论文被引对数的平均水平低于 3.0,其中 56 位(72.73%)分布在第三象限;14 位(18.18%)位于第二象限,科研成果"偶有经典";5 位(6.49%)跻身第一象限,显示出诺贝尔奖级科学家的影响力。

论文被引的最高水平具有偶然性,用以测量科学家高水平的科研成果时稳定性欠佳,进一步以论文被引对数的平均水平和 TOP10 作双变量散点图(图 10-1B),可以看到两群体科学家分别以第一和第三象限为主阵地呈对角之势,90.24%(74 位)的诺贝尔奖获得者的科研表现"优中有经典",分布在第一象限;90.91%(70 位)的我国院士科研成果表现"平平",分布在第三象限;6 位(7.79%)院士跻身第一象限,但均处在坐标交叉点附近。

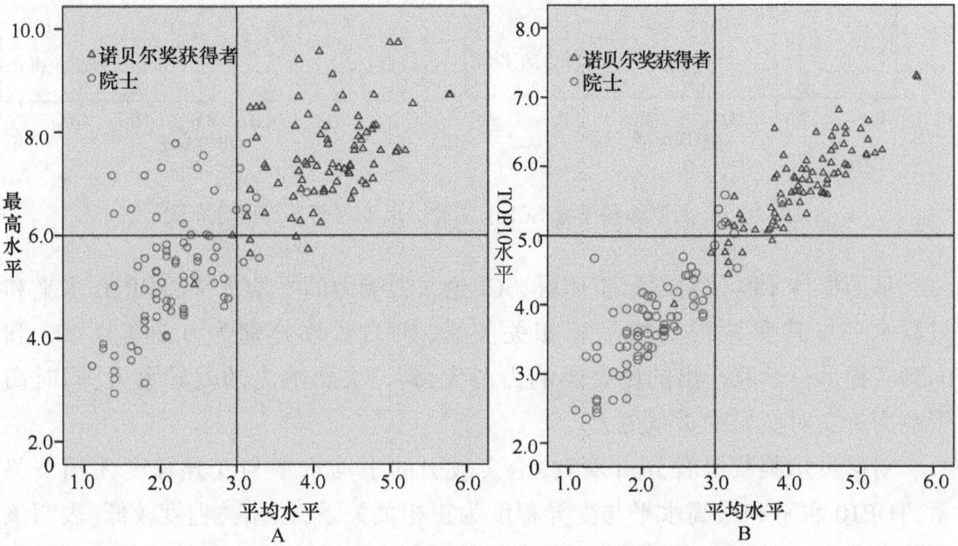

图 10-1　两群体科学家 SCI 论文被引水平分布图

3. 两群体科学家 SCI 论文影响力的变异程度　以论文被引对数的变异程度 1.0 和 1.5 为分割点,将科学家科研成果影响力的变异程度划分为稳定、波动和起伏三种类型。66 位(80.49%)诺贝尔奖获得者属于波动型,14 位(17.07%)为起伏型,2 位(2.44%)为稳定型;58 位我国院士(75.32%)属于波动型,9 位(11.69%)为稳定型,10 位(12.99%)为起伏型。

在图 10-2 中,根据论文被引的水平与变异程度将科学家划分在六个区域,可以看到绝大多数诺贝尔奖获得者分布于右中区,其 SCI 论文在一个较高的水平上波动,被引对数的变异程度为 1.0~1.5;大多数院士分布于左中区,其 SCI 论文在一个较低的水平上波动。

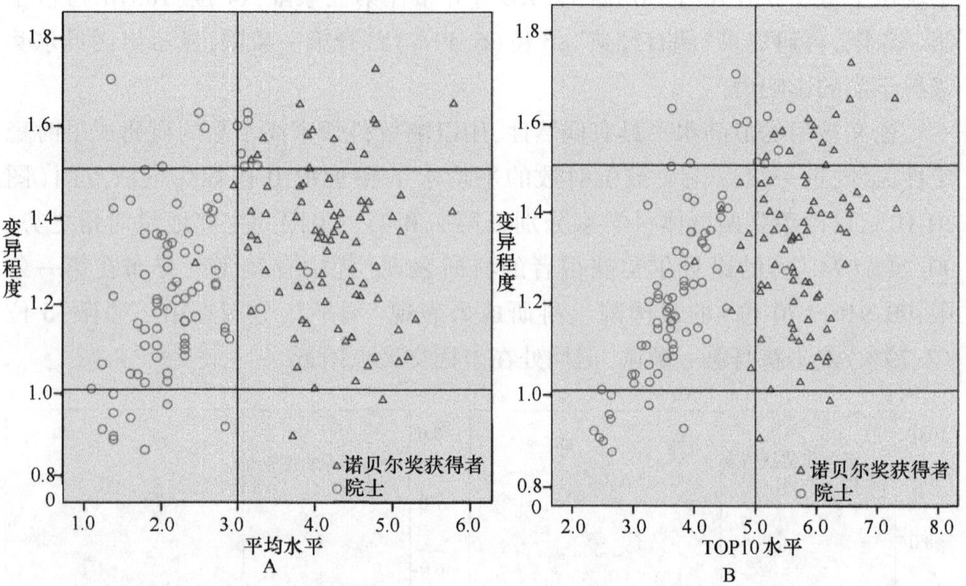

图 10-2 两群体科学家 SCI 论文被引水平与变异程度分布图

从两群体 159 位科学家整体看,SCI 论文影响力的平均水平、TOP10 水平和最高水平与其变异程度均呈正相关关系,相关系数分别为 0.293、0.493 和 0.598,提示科学家产出的论文影响力愈大,其论文影响力的差异愈大,同时高影响力论文对变异的贡献更大。

对诺贝尔奖获得者分析发现,论文被引的平均水平与变异程度无相关关系,TOP10 水平和最高水平与变异程度为正相关关系,但相关程度较低,表明该群体科学家的科研产出保持在一个相当高的水平,并有突破性研究成果。对我国院士分析发现,其论文影响力的三个水平与变异程度均呈正相关关系,且相关程度较高,由图 10-2 可以看到稳定型的我国院士科研产出影响力的水平较低,波动型的科研产出影响力居中,起伏型的科研产出影响力较高。两群体科学家论文影响力水平与变异程度相关程度的分离,再一次验证了我国院士与诺贝尔奖获得者在科研成果上尚不能划为一个总体(表 10-2)。

表 10-2　两群体科学家 SCI 论文的影响力水平与变异程度的相关系数(*R*)

	平均水平	TOP10 水平	最高水平
两群体	0.293	0.493	0.598
诺贝尔奖获得者	–	0.234	0.358
我国院士	0.432	0.785	0.842

注:Pearson Correlation,$P<0.001$

二、SCI 评价指标在诺贝尔生理学或医学奖获得者与中科院生物医学院士论文影响力比较应用中的思考

论文影响力平均水平与最高水平的二维分区将科学家划分为“优中有经典”、“偶有经典”、“表现平平”和“经典缺乏”四个类型,兼顾了一个科学家科研产出的平均水平和高水平成果,可以较为全面地评价科学家的论文影响力。首先,平均水平考虑了一个科学家全部科研产出的影响力,但是又不同于累计被引频次,可以引导科研人员关注自身每一项产出的质量而不是一味地追求数量;其次,最高水平特别考虑了科学家的代表性成果,可以引导科研人员更加重视高水平原创性研究。此外,这种分区法不同于目前流行的排名法,不硬性追求“谁比谁强”,而是帮助科研人员找准定位,瞄准层级跃迁,因为科研人员在科学界确立地位是依靠代表性的原创性成果而非累积性成果[13]。这是一种多维角度看问题的思路,Sidiropoulos 等也由此思路提出了天际线遴选优秀科学家的方案[14]。这种分区法同样可以拓展应用到期刊、研究机构和国家等不同主体的评价中。当然,分区的界限需依据评价的主体层次、学科领域、评价目的等因素的不同而确定。最高水平的论文可以显示一个科学家对科学的最突出贡献。由于单篇论文获得最高被引频次具有偶然性,且被引频次不等同于论文质量,因此,最高水平的论文不应仅指被引频次最高的那一篇论文,而应是一个具有高影响力的论文集,如 TOP10 论文。

论文影响力水平与变异程度的二维图将科学家投射在六个区域中,将科学家的论文影响力划分为高水平起伏型、高水平波动型、高水平稳定型、低水平起伏型、低水平波动型和低水平稳定型 6 个类型,可以为科研基金资助对象的遴选提供参考。对于正处于科研创新高峰年龄的科研人员,前期研究成果属于高水平稳定型者应该优先资助,其次考虑资助高水平波动型和高水平起伏型,反之,低水平稳定型者建议不予资助。

本样本中 90%以上的诺贝尔奖获得者获奖前 SCI 论文的被引频次平均达

到 e^3，其 TOP10 论文和最高被引论文的被引频次更是高达到 e^5 和 e^6，说明诺贝尔奖获得者的科研成果整体上的影响力较高，而且还不乏影响力突出的“经典”[15]。与诺贝尔生理学或医学奖获得者相比，我国院士的整体 SCI 论文影响力较低，被引频次在数量上约为前者的 $1/e^2$。换言之，我国院士要在科学金字塔内进阶到诺贝尔奖层级，需要在科研成果的影响力上扩大 e^2（约等于 7.4）倍。少数几位我国院士已经显示出诺贝尔奖级科学家的影响力。

样本中的每一个数据都会对该样本的变异程度产生影响，且越靠近分布两端的数据对变异的影响强度越大。本研究中两群体科学家 SCI 论文影响力的平均水平、TOP10 水平和最高水平对其变异程度呈正相关关系，且相关性逐一增大，提示高影响力论文是一个科学家科研成果影响力变异的重要因素。这也解释了为什么几乎所有的诺贝尔奖获得者 SCI 论文的影响力都是在一个较高水平上波动或起伏。当下，我国院士的 SCI 论文，大部分在一个较低的水平上波动，还有一部分停留在一个较低水平。

第二节　SCI 作为评价指标的辩证应用——以 SCI 评价指标与高校建设发展为例

学术评价充满了复杂性，已成为一道待解的世界性难题；如何正确地认识和规范利用 SCI，发挥其积极作用，切实促进科学事业发展，又成为其中一个重要课题。我们试图以 SCI 评价指标与高校建设发展为例，科学辩证地认识 SCI 评价指标。

一、SCI 评价指标在高校建设发展中的应用

SCI 作为国际公认的反映基础研究水准的代表性工具，对科技工作者查阅最新文献、跟踪国际学术前沿、科研立项以及在课题研究时有极大的帮助。但 SCI 同时被异化为科技评价指标，SCI 论文、被引频次和影响因子作为科技评价中一些重要的量化指标，已被广泛应用于高等学校、科研机构、学术团体和人才的水平评价，成为科技成果评价和人员考核的重要条件。

1. SCI 评价指标在高等学校的应用　20 世纪 80 年代，英国高校基金会采用 SCI 对大学科研水平进行研究评估考核（Research Assessment Exercise, RAE），并于 1986 年第一次公布结果，是最早对大学进行科学评价的国家。RAE 对论文质量的要求优于对数量的要求；基金在科研评价中占的权重弱化；

对提交的论文来说,不管作者与单位顺序如何排列都可以提交,这对于科研合作具有明显的促进作用[4]。在我国,SCI 作为评价指标最早由南京大学于 20 世纪 80 年代末引入,在当时属于管理创新,取得了明显成效。20 世纪 90 年代,南京大学 SCI 论文数量连续多年居于全国首位。1995 年 10 月美国 Science 杂志曾在其"中国科学"专刊中,对南京大学的这一做法进行了介绍。随后国内高校和研究机构竞相模仿,将 SCI 评价指标用于科研评价,对于促进国内一流大学的竞争,提高我国学术论文的国际水平起到了很大作用[16,17]。

如今,我国科技论文数量已居世界第二,高校成为最大贡献者。2013 年度,我国 SCI 论文中有 82.77% 产自高等院校,又绝大多数来自重点院校,诸如浙江大学、上海交通大学等动辄一年 3000 篇左右的 SCI 论文[18]。近十多年来,我国高校也先后开展了以 SCI 论文为导向的科技评价,一定程度上对学校、学科及学者的学术水平提高和学术影响力扩大,起到了积极的推进作用,因而被更多的院校所效仿。

2. SCI 评价指标在高校建设发展中的作用　SCI 论文已成为评价高校排名、学科实力、学者学术地位的主要依据之一。国内外许多一流大学"要么发表,要么出局"(publish or perish)与"非升即走"(up or out)成为人才引用的流行语和潜规则[19]。在大学排名、学科评审和人才评价中,SCI 论文数量和质量已经成为极其重要的指标。

(1) 有效促进了学者的个人成长,提升了科研能力:对于广大教师来说,SCI 使多数从事生物医学基础研究的教师看到了努力的方向,找到了奋斗的目标。通过比较创新的课题或者思路,进行严谨的设计,进行科学的思维,就可能产生科学的成果,发表高水平的 SCI 论文,并以此为基础,申请到国家自然科学基金等基础研究项目,进而进行更深入的科学研究,研究成果可以发表更高水平的 SCI 论文,如此形成一个良性循环,教师的学术水平和学术地位得到大幅提高。教师们国家自然科学基金重点项目的获得往往都是通过其多年 SCI 论文的积累,获得了多项国家自然科学基金的资助,又以其更多更高质量的 SCI 论文为基础;青年教师获得国家自然科学优秀青年基金的项目亦是如此。对于经济欠发达地区的高校,这些工作较之部属院校的同行付出的更多,但成绩的取得与高质量 SCI 论文的产出具有决定性的关系。

(2) 有效促进了学科的整体发展,提升了学科影响力:对于学科来说,学科带头人和团队成员拥有足够数量的高质量 SCI 论文,团队就具备了获批多项国家级基础研究项目的潜力,也就具备了申报各层次科技创新团队的能力和申报国家级重点学科及重点实验室的能力。某校生理学国家重点学科是全国该学科中唯一来自地方医学院校的国家级重点学科,从 2002 年首次获批,到 2007

年、2010年先后通过审核,学科拥有的SCI收录论文起到了重要的作用。高水平的SCI论文使学科团队成员的学术水平得到提高,学科创新能力得以增强,学科特色与水平得以彰显,学科影响力得以提升。

(3)有效促进了学校的建设发展,提高了学校的学术影响力:SCI促进了教师学术水平提高,学科影响力提升,相关奖励激励机制进一步调动了广大教师进行科学研究的积极性,广大教师主动进行和参与科学研究,主动加强与校外发达地区的交流和合作,科研学术氛围日益浓厚,科研创新能力日益加强,科研成果的数量和质量日益提高,学校的学术地位和影响力日益提升。汤森路透对某医科大学2014年前10年SCI和SSCI论文及影响力分析认为,该校科研成果的影响力近年呈现出十分明显的增长趋势,受到了100多个国家和地区科研人员关注,学术影响力正辐射到全世界4100多所高校和研究机构,在全球学术圈中已具有相当的影响力,尤其是国际社会科学类论文总量排名本省第一。

二、SCI评价指标在高校应用中的问题

SCI自身存在明显的优缺点,将SCI作为科技和人才评价指标也是一把"双刃剑"。科研成果评价的"功利性"和科研人员绩效评价的"逐利性",鼓励了科技创新的动力,又阻碍了创新成果的产出。SCI之功与过和是与非被科研管理人员和科研人员推崇着而又诟病着。

1. SCI评价指标在科技评价中的问题

(1)忽视了学科的多样性,致使科技评价指标单一化:科技成果的表现形式呈现多样性,不同领域的学者呈现多类性。SCI作为单一科研评价指标只能部分说明被评价对象在基础研究领域的相对学术水平,并不能完全反映一个教师或者学科的学术影响力和科技创新能力。科研成果不仅表现为学术论文,更重要的是科研成果向实践的转化。SCI论文作为科研阶段性的学术成果,还有待同行的评议与引用,有待通过学术争鸣得到补充和完善,有待实践证明其可重复性,有待转化为实际生产力[20,21]。被誉为"SCI之父"的加菲尔德博士首次在中国公众面前亮相接受专访时就已经明确表示:不能仅仅以SCI评价科研水平。SCI是一个国际标准数据库,单纯用这样的标准衡量生物医学科研人员是不合适的,更不能唯SCI或SCI至上。

(2)忽视了人才类型的多样性,致使科技评价指标误导化:在各级各类人才竞争的时代,培养和选拔有高学术和高技术水平的生物医药人才已经成为一个国家生物医学教育和医药卫生事业发展的关键。对各类人才采用单一SCI

评价指标就很容易导致误导或误判。SCI 用于评价基础医学研究领域的科技人才是相对准确和客观的,但对于非基础研究领域人才的考核评价则不适合。我们显然不能用发表 SCI 论文的数量多少和质量高低去评价一个教师的教学水平和能力,同样也不能用 SCI 去评价一个医师的医疗技术和水平,但是在"唯 SCI 论"的背景下,各类人才的评价体系都或多或少地把 SCI 作为评价指标之一,有的甚至作为唯一指标。这样就会颠倒医疗、教学和科研的主从关系,甚至会出现一批只会写论文、不会上课的教师,或者只会写论文、不会看病的医生。如果各类人才评价都把 SCI 论文作为重要指标进行考核,势必影响各级各类人才评价的客观性和准确性。

2. SCI 评价指标应用不当导致的后果

(1) 论文低质化:SCI 收录了 7000 多种期刊,其中有影响因子很高的《Cell》、《Nature》和《Science》等顶级期刊,也有影响因子不到 0.1 的极普通期刊,即使被认为代表期刊水平的影响因子也不能完全代表单篇论文的质量,而且不同学科之间的影响因子不具有可比性。换句话说,SCI 论文的质量高低不一,除去科学研究本身创新性的差异,"趋易"的心理会促使多数教师将文章投往质量较低的期刊,SCI 收录文章的数量提高了,但是质量却得不到保证。至 2014 年 9 月,我国发表国际论文排世界第 2 位,论文被引用排世界第 4 位,可见"性价比"还不够高[21]。科技论文平均被引用次数世界是 11.05 次,我国是 7.57 次,亦即我国科技论文发表后没有影响或影响很小的论文所占比例甚高。某些高校 SCI 论文产出规模很大,但其高被引论文占论文总量的比例非常低,特别是零被引博士论文所占比例相当高,其科技贡献率显得微不足道[18]。

(2) 管理简单化:尽管早在 2003 年 5 月,科技部、中国科学院、国家自然科学基金委员会、教育部和中国工程院五部委就联合发文,要求改进科技评价工作,并特别指出,"SCI、EI 等收录论文数量只是科学技术评价中的定量指标之一,反对单纯以论文发表评价个人学术水平和贡献的做法[22]",一些高校依然将 SCI 论文数作为获得学位、专业技术职务评定、基金申请、成果奖励以及评价学校学术成就的重要或唯一指标,这种相对简单化的评价方式容易被绝对化,也会带来一些误导。当发表 SCI 论文被当成一条举足轻重的考核指标时,一些具有急功近利思想的人就会将水平不高的论文投往那些水平不高的杂志,为了增加自己的 SCI 论文数,个别研究人员也会出现一稿多发或将一篇论文拆成几篇发表。如此一来,不仅浪费了国家科研资源,助长了不正之风,也给我国国际学术声誉造成了负面影响。2005 年美国物理学会(American Physical Society, APS)期刊总编马丁・布鲁姆(M. Blume)访问中国时,直言不讳地批评很多中国作者一味追求论文数量,质量显著下降。SCI 相对简单、单一和量化的特点被滥用现象,都是科技管理简单化的表现,如任其发展,将影响科技评价的准确性和权威性,也会制约高等院校的科技发展。

三、SCI 评价指标与高校建设发展的思考

SCI 作为评价指标带来的问题,导致学界关于 SCI 是否继续作为科技评价指标的争论一直在持续。对于不同类别、不同领域的医药人才如何进行分类评价,在评价中如何才能避免"唯 SCI 论"和"SCI 绝对论"的研究也一直在进行。因而,在高校建设发展中如何正确应用 SCI,值得我们科学辩证地思考。

1. SCI 作为测量学者、学科、学校基础研究贡献度的评价指标之一具有合理性 学术人才的评价是科技管理体制的重要组成部分,合理的人才评价体系对于创造宽松的创新环境、激励科技人才从事原创性研究,激发广大科技人才的科研热情和科研创造力具有重要作用[23]。SCI 在一定程度上反映出科研人员的基础研究水平,反映出科研人员与世界同行的学术交流水平,反映出科研人员的科技创新能力。加菲尔德博士认为:用 SCI 作为标准,来衡量科研的成果,这的确不太合理,但这种现象并不是今天才出现的。40 年前的美国、30 年前的意大利都是因为管理者们在评审职称时发现,备受推崇的"同行评议"评价方法根本没有办法进行,SCI 就成了替代的评估方法。因此,SCI 在评价学者、学科、学校科学研究水平方面有其相对适当和客观的一面,作为评价指标之一具有合理性。对于研究型与教学研究型教师、研究型临床工作者等学术人才和学科评价仍然需要考量其高水平学术论文的产出情况,仍然离不开 SCI 作为重要内容的科技评价指标;而对于教学型、临床型、开发应用型人才和学科评价,则不能以 SCI 论文作为主要评价指标,而应根据各类人才成果的呈现方式逐步建立不同分类考核体系。

2. SCI 作为学者、学科和学校多元化评价指标之一具有可行性 SCI 作为科技成果评价指标在一定程度上促进了中国科技界与世界同行的交流,对推动我国科学技术,特别是基础科学与国际接轨至关重要。但在当前科技界还不存在一个完美的、标准的评价体系的前提下,SCI 的量化与质化的评价方式还需要使用很长的一段时间。合理地应用 SCI,将其作为多元化科技评价中的指标之一是可行的,对于基础研究成果评价仍具有重要的意义,仍然是其科技评价体系中重要的量化标准之一[22],科技评价是一个复杂的系统工程,只有不断完善,不断调整,逐步建立起同行评议和 SCI 量化评价相结合的综合评价体系,才

可能更加公平公正地评价科研成果。实质上，SCI 本身也在经历完善的过程，也在发展为更科学的评价方法，如通过 ESI 了解 SCI 论文数、论文被引频次、论文篇均被引频次、高被引论文、热点论文和前沿论文等 6 大指标，从各个角度对国家/地区科研水平、机构学术声誉、科学家学术影响力以及期刊学术水平进行全面衡量。

3. SCI 作为学者、学科和学校分类评价指标之一具有现实性　2013 年，教育部《关于深化高等学校科技评价改革的意见》明确提出："实施科学的分类评价"，根据不同类型科技活动的特点，对基础研究人员的评价以有利于潜心研究、长期积累，催生重大原创性成果为重点[24]。但如何评价，需要有科学合理公正的评价标准，要将发展性评价与形成性评价相结合，同行评议与量化指标相结合，既要尊重同行评议，防止评价指标化和指标妖魔化，又要通过指标评价保证评价的公平公正。此过程中，SCI 评价指标仍是此类人才评价的主要手段之一。而对于应用研究人员的评价以聚焦需求，具有自主知识产权和重大技术突破为重点。对软科学研究人员的评价以服务决策需求，形成战略研究报告，支撑思想库智囊团建设为重点。对于基础研究型教师或医师与基础研究型学科，SCI 评价指标仍是现实意义上的重要评价手段；对于教学型、教学研究型和临床研究型教师（医师）和学科，SCI 将不作为或仅作为辅助评价手段，从而实现分类评价的目的。

4. SCI 评价指标与高校建设发展关系的辩证性　高等院校作为国家创新体系的基础和基础研究的主体，不论是还原 SCI 本来功能作为检索工具也好，还是发挥其派生功能作为评价指标也好，都会在高等学校建设发展中发挥着重要的作用。"985""211""双一流"大学作为国家创新体系中的重要平台和基地，SCI 在其中作用的权重更大；作为国家区域经济社会发展重要支撑的地方高校，在人才培养方面需要"顶天立地"，既要接地气为区域经济社会发展培养大量应用型人才，也要为国家第一梯队积蓄创新性人才。因此，SCI 在高校中的作用，既不能全面高举，也不能一概否定，应该合理认识其中的辩证关系。这就决定了高校在提高论文质量的同时，还要追求一定的数量，还得根据学校定位与学科特色，合理应用 SCI 评价指标。

5. SCI 评价指标与高校建设发展关系的科学性　SCI 评价指标与高校建设发展的关系，从根本上说，还有一个更深层的问题，即学术水平评价的科学性，或如何科学评价学术水平[25]。首先，大学除了传授知识，还要创造知识，亦即大学还是一个创新的地方；大学教师除了教学，还要科研，要通过科研促进教学水平提高；对大学教师的分型管理，是为了科学管理，不是要割裂教师的内涵发展,不是要限制教师在某一方面的发展,不是要误导教师片面发展。因此,对大学教师绩效评价的关键,一是科学分类,二是科学设置不同评价要素的权重。其次,SCI收录期刊基本上是英文期刊,从学校总体科技评价来说,有三个关系需要处理:即"以刊评文"的价值导向与学术成果评价的价值取向关系问题;国内学者在中文期刊发表论文和外文期刊发表论文的评价标准关系问题,是否各种外文期刊发表的论文(包括SCI收录)水平就一定比中文权威期刊发表的论文水平高?中外文期刊论文评价能否纳入一个科学评价体系?SCI评价指标应用与学校办学定位和战略发展目标的重点选择关系问题。再次,对于过去的"985""211"学校当今争创"双一流"高校来讲,大量投入经费、大额度进行奖励、大批延聘大师级人物,甚至合并其他学校,这些都可能使一所大学的科学能力在短期内呈现规模效应,但地方院校指望地方政府这样大把的拨款简直就是奢望,因而也就难以把科研能力的规模效应作为发展目标。

在SCI评价指标与高校建设发展关系上,高校在宏观上需要根据学校办学定位和战略发展目标区分SCI评价指标应用,在中观上需要在学术、科技、学科、学者等方面的具体发展目标上进行规范管理,在微观上需要在科技成果评价、人才绩效评价、特色学科与特殊人才评价等方面创新性的分类、分层管理。对学术论文的评价,主要是对论文内容和学术价值的评价,显而易见,单纯量化评价有失偏颇,从定性角度加上同行评价也不一定全面,还可以引入第三方评价,甚至国际评价等。因而,对学术成果的评价需要多元评价,对人才的评价需要分类评价。

总之,学校对评价指标的应用、评价指标体系的构建与完善,都是基于最大限度科学地进行学校成果的评价和对人才的考核,目的在于最大限度科学地调动各学科学者的积极性,鼓励他们发表高质量的中外文成果,或进行高水平的实践,提升学者、学科、学校在国内和世界范围内的影响力,最终促进学校又好又快地建设发展。

第三节　我国诺贝尔奖级生物医学科学研究战略管理思考

中国科学院院长白春礼院士认为[26],人类文明发展到现在,共有五次科技革命。第一次是16~17世纪以哥白尼、伽利略、牛顿等为代表的科学革命,建立了近代科学的理论体系;第二次是18世纪中叶,以蒸汽机为标志的工业革命,突破了人类体能极限,开辟了生产力的巨大发展空间;第三次是19世纪下半叶，以电动机和内燃机为标志的电气革命，大幅拓展了人类的活动空间，人类进入电气时代；第四次是19世纪后期至20世纪中叶，以相对论、量子论等为标志的科学革命，引发了原子能、信息通讯、航空航天等一系列技术和产业的兴起，极大地延伸了人类的认知空间；第五次是20世纪90年代以来的信息通信技术革命，极大地促进了网络经济、知识经济的形成和发展，并催化了整体经济的转型升级，人类进入了新的信息社会。中国错失前四次科技革命，抓住了第五次科技革命的机遇。目前，世界正处于第六次科技革命前夜、新一轮科技革命的"拂晓"。第六次科技革命方向很有可能得益于第五次信息科技革命的推动，在物质科学、生命科学等学科及其交叉领域开辟出新的空间。第六次科技革命将是中华民族复兴的伟大历史事业的一次难得战略机遇期，需要科技界和全社会重视和思考。

近一百多年来，世界多数国家在经济、教育、科技等方面发展都很快，但诺贝尔生理学或医学奖的获得者绝大多数集中在欧美发达国家。我国正处在经济体制转型的关键时期，国家在经济、教育、科技等方面正经历着重大变革，此时加强诺贝尔奖级生物医学科学研究的管理，有些关键问题是必须认真解决的，比如如何在原始性创新方面走在世界前列？如何产生一批诺贝尔奖级生物医学科学家？

周光召院士认为[27]，在科学发现的过程中，只要紧紧抓住人才、战略和学术环境这三个环节，充分发挥科研单位和科学家个人的主观能动性这个关键，主动自觉地克服各种各样的困难，寻求突破的新途径，那么以弱胜强、后来居上是完全可能的。我国要实现这种可能性，创造出一批诺贝尔奖级生物医学科学研究成果，就需要加强生物医学科学研究的战略管理，开展符合诺贝尔奖级生物医学科技创新规律的科研管理。

一、我国诺贝尔奖级生物医学科学研究战略思考

在原始性创新的诸多因素中，国家战略管理本身的原始性创新程度高低属于其中之一。21世纪是生命科学的世纪。由于生物技术的迅速发展，生命科学正酝酿着一系列重大突破，现代生物医学科技研究成为当前最为活跃的科技领域之一，它与健康产业已成为新的经济增长点和国际高科技竞争的热点，以及经济竞争、综合国力竞争的重点之一。世界许多国家在寻找新的经济增长点的过程中，都把生物医学科技提到了前所未有的战略地位。

中国生物技术发展中心组织开展的研究认为[28]，美国在国家战略上继曼

哈顿计划、阿波罗计划之后，于 1985 年提出并制定了人类基因组计划，使美国继信息技术之后，再一次在生命科学研究及生物技术产业中独占鳌头。2001 年，美国前总统布什明确提出“生物技术对生活质量、环境保护以及经济振兴极为重要，美国占据全球科技研发的领导地位很大程度上是因为我们成功理解和应用生命科学和生物技术”，“美国要占据世界领导地位，很大程度上要利用生物技术”。奥巴马政府更加积极重视现代医学科技创新，把医药产业作为美国新一轮经济增长点。美国政府在制定和实施生物医学科技创新战略中发挥了积极而关键的作用。日本作为亚洲获得诺贝尔奖最多的国家，科技已达到世界一流水平，在信息产业特别是第五代计算机角逐失败后，毅然转向生物产业，提出了“生物产业立国”战略，采取了一系列重大措施，其中之一是在 2001 年出台的第二个科学技术基本计划中，提出要在 50 年内拿 30 个诺贝尔奖。德国于 1999 年明确生命科学和生物技术是 21 世纪最重要的创新领域，确立了其后若干年内政府科技政策的指导方针和科技发展总体战略，并确立 2001 年为德国的“生命科学年”，提出包括五个科技计划在内的“高技术战略”。印度于 1982 年成立了生物技术部，1998 年提出到 2020 年成为世界举足轻重的生物技术大国，为此制订了生物医学产业的远期战略及其实施措施。

我国缺乏原始性创新的原因有多个，国家战略管理本身原始性创新不够也是其中之一。21 世纪初，中国科学院院士裴钢就认为：“全世界的生命科学在自然科学领域中的比重已达到 50%。一个国家生命科学的发展状况，直接体现着国家的整个科学发展水平。在美国，其生命科学在自然科学中所做的贡献率已达 60%”[29]，而“我国生命科学在自然科学中的研究比重在 25% 左右，距发达国家的差距更大，而且缺少世界级的科学家[29]”。这一现状的形成，与我国国家战略管理本身的原始性创新程度不无关系。可见，在我国进行诺贝尔奖级生物医学科学研究战略管理，不是无足轻重，更不是可有可无。

实际上，我国获诺贝尔奖的难度在增加。这主要与科学技术的发展特点有关，因为在大科学和高技术时代，个人在其中做出自己独特贡献越来越难，一是难在基础理论的突破上，二是难在科学的发展对技术的依赖程度越来越大，以致所需经费越来越昂贵[30]。这两点又恰恰是我国开展诺贝尔奖级生物医学科学研究的薄弱之处。同时，诺贝尔生理学或医学奖已完成从应用研究向基础研究过渡而几乎完全进入基础研究阶段，我国的经济水平难以在短期内迅速提高，这两点决定了我国对生物医学科学研究的经费投入难以在短期内大幅度增加。当下的问题是，我国又必须加强诺贝尔奖级生物医学科学研究的战略管理，这是由我国必须更加坚定地把科技进步和创新作为经济社会发展的首要推动力量所决定的。

中国科学院院士、中国科学院原院长路甬祥曾在对诺贝尔自然科学奖的奖励宗旨和分类、诺贝尔自然科学奖的国别与时间分布、诺贝尔自然科学奖获奖机构分布和诺贝尔自然科学奖获奖人年龄分布等进行量化分析的基础上,提出十点讨论意见[31],有学者认为可以算作是对诺贝尔获奖者的一个评价,可以称为中国科学家要获得诺贝尔奖的"十大标准条件"[32]:

(1) 自然科学的重大理论突破,需要善于发现已有理论与实际的矛盾,需要勇于挑战传统理论的自信与勇气;重大理论的创建和形成,往往经历时间的争论以至非难,在得到反复验证后才被承认。

(2) 原始性重大发现多来源于对实验事实敏锐的观察和独具创新的实验。

(3) 新的科学仪器和装置的发明,往往打开一扇新的科学之门。

(4) 重大科学发现和技术与方法的发明,往往对人类健康、社会与经济的进步产生巨大的推动作用和深远的影响。

(5) 良好的科学基础和前沿性、交叉性的研究也可能偶发重大的科学发现,偶然中寓必然。

(6) 数学与计算机工具创造性的应用,也可能带来自然科学、工程技术、经济与管理科学方法与理论的突破。

(7) 对已有知识的科学整理与发掘,也可能有新的重大发现与理论创新。

(8) 良好的创新氛围和高水平的创新基地是产生高水平的创新成果的温床。

(9) 创新意识、原始性创新思想与创新战略比经费与设备更具有决定意义。

(10) 科技创新突破及其推广应用,需要相应的创新体制和科学管理机制作为保证。

中国科学院院士、中国科学院原院长周光召曾发文介绍我国产生重大科学发现的条件和对策[27]。有学者认为可以称为我国要获得诺贝尔奖的"十大行动纲领[32]":

(1) 正视产生重大科学发现的困难。

(2) 充分认识科学发现的偶然性和必然性。

(3) 有创新力的科学家必备的素质。

(4) 自信、善于学习和做好战略选择是有所发现的基本条件。

(5) 要形成创新的学术集体和良好的科学生态环境。

(6) 充分发挥哲学和科学方法论的作用。

(7) 攀登顶峰永不停歇,处于逆境更应奋进。

(8) 青年要成为科研的主力军。

(9) 搞好老中青三结合,发挥中年科技工作者的骨干作用。

(10) 尊重和发挥老师的作用。

诚如一位美国记者所言,中国当前最需要培养创新能力[33]。只有具备足够的创新能力,才能产生如诺贝尔奖一般世界水平的科学技术创新成就,才能建成生物医学科技强国。若要如此,必需对策和行动。根据对1901~2005年诺贝尔生理学或医学奖的成因分析,结合我国的现实条件,就我国诺贝尔奖级生物医学科学研究成果的产生,我们提出以下几点战略思考。

1. 重新构建和调整国家创新体系,建立国家生物医学研究中心,统筹生物医学研究 目前,我国已经初步形成学科门类齐全的卫生科技体系,也初步形成了现代医药产业体系,但未真正确立国家级生物医学科技机构统领国家生物医学科技创新的地位和作用。我国生物医学基础研究力量分散在科研机构、大学和其他系统,大学在其中已占据主体地位,但未得到应有重视。科技创新能力缺乏、低水平仿制生产成为制约我国医药企业发展的重要因素,我国全部医药生产企业的新产品研发投入仅相当于发达国家一家中型制药公司的研发经费,医药企业本应成为技术创新的主体,却实实在在地出现了缺位。基础研究成果转化率极低,医药企业不愿投入非营利的基础研究,双方之间产学研有机联系的体制机制存在若干障碍。纵观世界,主要国家都有集生物医学研究和科研管理于一身的国家级生物医学研究机构,如美国的NIH(National Institute of Health,国立卫生研究院),英国的MRC(Medical Research Council,国家医学研究委员会),印度的ICMR(Indian Council of Medical Research,印度医学研究委员会)和法国的INSERM(Institut Natoinal de Ia Sante et de Ia Recherche Medicale,法国国家健康和医学研究院)等。因此,我国需要建立一个国家生物医学研究中心,使其成为负责领导、统筹、整合、协调和推动全国生物医学科技创新的研究机构。2003年抗击SARS过后,我国生物医学界相当一部分顶级拔尖创新人才和巴尔的摩等5位诺贝尔生理学或医学奖获得者及部分海外生物医学家提出了"中国的NIH(国立健康研究院)计划"[34]。

未来医学的发展越来越依赖于生命科学基础研究的推动。在国家创新体系的构建与调整中,在科技体制上,彻底消除把科学发展希望主要寄托在科学院系统、对大学科学研究重视不够的痕迹,稳定科学院规模,使之与大学有机结合,建立以大学与科学院为主的基础研究体制;在大学内择优新建或重组一批国家重点实验室,并由大学管理;加强研究机构与大学的交流与合作,加大企业研发比重,加强企业、大学和研究机构的协同创新。“当前我国的基础研究,或者说是发展中国家的基础研究往往共同存在着一个问题,即国家投入水平低,基础研究的发展水平也低”[35],解决的关键措施有二,一是高比例、多渠道、强重点地增大基础研究经费投入;二是在中国科学院和研究型大学中“树立起基础研究的真正价值与意义的观念,真正地按照基础研究本来的意义与作用来加以发展,做出世界一流的工作”[35]。

2. 切实确立生命科学在学科领域中的优先地位　中外科学家无不预言,在新的世纪里,科学的学科结构重心将转移到生命科学领域,21 世纪将是生物医学的时代。美国等主要发达国家在近几年纷纷积极部署了国家层面的相关战略布局。虽然当前在全世界的生命科学在整个自然科学领域中的比重已达50%的时候,我国才达到 25%,但是,我国地大物博,人口众多,疾病谱广,天然药物丰富,有着发展现代生物医学得天独厚的条件和氛围,“有关疾病发生发展机制的研究一直是医学研究的方向与重点,我国的医学研究已初步具备冲击国际先进水平的能力”[36]。我国在生物医学领域一些子领域的科技发展基本与国际同步,甚至有些领域达到国际领先水平,生物医学领域专家认为我国已达到美国技术水平的 74.09%[37]。诸如结构生物学、肿瘤基因、蛋白质组、免疫学、食管癌治疗方案研究等已经或可能达到国际领先水平,成为主导国之一;也就是说,某些领域正在由跟跑者向并行者或领跑者转变。目前,急需加强国家层面的引导,在科技战略规划中向生物医学科学基础研究倾斜,建立国家系统生物学战略平台,确定生物医学科学战略发展的切入点和突破点,设立国家生物医学科技重大专项,切实明确生命科学在学科领域中的优先地位。若此,“在未来的 15~20 年时间内,中国完全有能力跨入世界生命科学和生物技术强国的行列”[38]。

3. 尽快培养一批世界级的生物医学科学家　“美国之所以能造就众多的诺贝尔奖,一个重要的因素就在于它拥有足够多的、训练有素的、水平较高的杰出科学家作为后盾”[39]。我国要产生诺贝尔奖级生物医学科学研究成果,必须有一批诺贝尔奖级的生物医学科学家。否则,即使获得一两项诺贝尔生理学或医学奖,对国家科技创新能力的整体提高也影响不大。因此,对国家而言,科技拔尖创新人才是实现其战略目标的希望和保证。我们当前应该关心和注重的是怎样创造有助于产生诺贝尔奖级生物医学科学家的环境条件,而不是如何产生诺贝尔生理学或医学奖的候选人。

4. 确定大学的基础研究主体地位,加速建设世界级研究型大学　我国基础研究执行主体是高等院校和研究机构。研究表明[40],2000 年以来,我国高校基础研究经费呈现持续增长态势。从2006年起,其基础研究经费规模超过研究机构,成为我国最大的从事基础研究活动的部门;2009年,高校基础研究经费为45.5亿元,占全国基础研究经费的53.8%,其基础研究的活动规模首次超过全国半数。同时,与科技院所相比,研究型大学开展基础研究的产出效益更大[41]。近些年来,我国高校科技稳中有进、量增质升,科研实力不断提升,对国家科技创新和经济发展的贡献越来越大。从2003年至2015年,国家自然科学一等奖共授奖6项,高校获得4项;国家技术发明一等奖共授奖14项,高校获得12项。在2014年度国家科学技术奖励大会上,高校获得国家自然科学奖唯一的1项一等奖,获二等奖26项,占授奖项目总数的58.7%;技术发明奖一等奖共3项,其中2项专用项目一等奖均为高校获得,获技术发明奖通用项目二等奖38项,占该项目授奖总数的70.4%,说明高校已经成为原始创新的领头羊[42]。因此,在对国家科技体制进行顶层设计时,有必要把大学在我国基础研究中的主体地位确定下来。

不论国家创新系统的重点有何不同,每一个国家的世界知名研究型大学都是其基础研究创新的重点和带头者之一,都担负着国家高层次科学研究和高层次人才培养的重大任务。我国当前需要尽快确定高等学校分类分层建设目标,引导高校增强自主创新能力,应对飞速发展的科技需求,创建与之相适应的体制和机制,重点建设少数几所世界一流研究型大学,并在其中形成以国家重点学科、重点实验室为核心的国家高水平科技创新平台;在大学发展与科技体制关系调整上,国家对大学特别是研究型大学的依靠重点,在高层次人才培养之外,大幅加强科学研究尤其是基础研究,应为科学战略。

5. 创新科技管理,创造科学家学术优势积累的良好环境条件 对一个科学家来说,自由研究对其科学创新具有绝对的优势。除此之外,科技管理及其密切相关的环境条件,对他们的科学创新同样具有绝对的优势。科学家的科技创新,首先需要通过管理创新创造有利于原始性创新的国家基础研究体制,需要激励科学创新的、宽松自由的学术环境;其次需要支持创新人才发挥作用的创新科技管理机制,比如国际交流、同行评议等。美国著名战略科学家Rustun Roy认为,同行评议系统是美国科学家成功的源泉[43]。美国NSF(国家自然科学基金)前主任Rita R. Colwell在纪念诺贝尔奖颁奖100周年的演讲中,理直气壮地宣称:“自1950年成立NSF以来,已资助了78位诺贝尔奖得主,同行评议是美国科学创新的驱动器”[44]。

6. 加强全民教育,提高国民科学素质 当今时代,我们的社会几乎不存在与科学或技术无关的事务,科学素质已成为人们日常生活的必备要求,国民科学素质与科学技术一样成为一个国家国力的重要标志。从长远看,以科技实力和经济实力为主的综合国力竞争,最终更多地体现为国民科学素质的竞争。因而,国民科学素质成为创新发展和社会进步的重要基础,提升国民科学素质成为加快经济发展方式转变的迫切要求,成为加强国家自主创新能力的重要基础,成为增强我国文化软实力的重要内容,成为促进人的全面发展的重要途径。但提高国民科学素质,是一个比造就一批科学精英更为艰难的任务。

1905 年科举制废止后,作为近代 Science 译词的"格致"才逐渐退出历史舞台[31]。或许与此有关,我国公民科学素质水平与发达国家相比差距甚大。公民科学素质水平低下,已成为制约我国经济发展和社会进步的瓶颈之一。当前,许多国家都制定了以提高国民科学素质为目标的国家政策,尤以美国重视。我国公众科学素质水平 2003 年为 1.98%,2013 年为 4.48%;2011 年在《全民科学素质行动计划纲要实施方案(2011~2015 年)》中提出 2015 年超过 5%时,美国早在 1985 年达到 5%,差距约为 30 年;2018 年,我国为 8.47%,美国为 28%,美国 1988 年为 10%,差距依然约为 30 年。因此,"美国把科学教育植根于中小学课堂之中这种从根本上解决国民科技素质问题的做法是很值得我们深思和借鉴的"[44]。因为公众理解科学的最终基础在于学校里的科学教育。前述研究中诺贝尔生理学或医学奖获得者的高科学素质,正来源于学校中恰当的科学教育为他们充分理解科学提供了最终的基础。我们需要引导全社会通过发展科学技术教育、传播与普及,尽快使全民科学素质在整体上有大幅度的提高。

研究认为[45],提升公民科学素质水平需要多方投入,一是推动共建机制有效落实,健全全社会动员机制;二是抓住大数据时代重要机遇,大力加强推进科普信息化和现代化;三是面向基层夯实基础,切实加强重点人群科学素质建设;四是着眼青少年科学素质养成,推动提升学校科学教育水平;五是促进科研与科普有机结合,加大科普资源开发与开放力度;六是加强科普公共服务能力建设,从注重建设发展向构建现代科普公共服务体系转变;七是加强科普投入和人才队伍建设。

二、我国诺贝尔奖级生物医学科学家成长成才思考

1. 培养一支规模宏大的青年生物医学科学家队伍　在科技创新中,人才已成为当今世界上最重要的、可持续发展的第一资源。可见,规模宏大、结构合理、素质优良的创新型科技人才队伍是加快我国科技进步、实现创新驱动的根本保障。

我国有世界上最多的人口，按照人群天然结构分布规律，也应有着世界上最多的青年，亦即我国的人才总量是世界上任何国家无可比拟的，也是我国独具的走创新型国家发展道路的最大优势。生命科学在社会发展中的地位作用和生物产业在经济发展中的地位作用，以及我国在生命科学领域与世界主要发达国家特别是世界最先进国家——美国的差距，前已述及。眼下的问题，是如何按照科技人才成长成才规律，培养一支规模宏大、结构合理、素质优良的创新型生物医学科学家队伍。

科技拔尖创新人才产生于科学共同体，科学共同体的水平高低又在根本上取决于教育质量高低。以美国为例，正是私立研究型大学所培养的“少数精英”和公立研究型大学所培养的“精英群体”，组成了美国强大的科学技术人员阵容，而强大的科学技术队伍是美国在世界众多科技领域中处于领先地位的前提条件，美国研究型大学在培养高层次人才方面的成功，具有三个特点，一是以博士生教育为重点的人才培养战略选择，它是研究型大学能在科学研究工作中取得重大成绩的重要条件[46]；二是大学必须承担高层次研究项目，它使美国研究型大学把人才培养和科学研究在世界上最好地紧密结合起来，使美国的高层次人才培养和高层次科研处于相互促进的良性循环之中[47]。三是把创新创业教育贯穿于人才培养全过程。

近些年，我国国家自然科学基金面上项目的研究人员主要集中在高等院校和科研机构，且高等院校有逐年增加的趋势；面上项目研究人员的专业技术职务基本上为教授、副教授、讲师和助教等高校教师专业技术职务，其中可以指导培养研究生的教师人数比例基本没变，但他们的学位结构都发生了重大变化，博士明显增加；面上项目组成人员结构也发生了明显变化，高、中、初级人员比例均呈逐年下降趋势，而博士后、博士生和硕士生比例均呈逐年上升趋势。问题在于，作为研究人员的研究生指导教师学位层次的大幅提高和作为项目组成员的研究生比例明显上升，可能在增加我国科技论文数量方面起到了重要作用，但在提高科技论文质量方面发挥的作用似乎并不同步。这就提示我国科研人员的总体素质是否明显提高？如没有，我国一流生物医学科技人才队伍的建设是否需要反思？一流生物医学科技人才队伍的建设，无非包括引进和培养两个方面。当前的引进工作主要借助国际化招聘和流动人才的方式，通过形成国内、外人才同等待遇的聚才用才机制实施。当前的培养工作主要从两头抓起，一头是国内科技拔尖创新人才的造就，一头是未来科技拔尖创新人才的培养。

如何充分借鉴发达国家高层次人才培养经验，做好未来科技拔尖创新人才培养工作，实属当务之急。研究生教育质量高低极大地关系到一个国家基础研究是否能出成果。"我国一些研究型大学和国外大学的差距主要是在研究生阶段,而研究生教育的差距主要表现在博士生的教育上"[48]。从诺贝尔生理学或医学奖获得者几乎均为博士和在博士阶段做出获奖成果的事实,可知研究生尤其博士生教育的好坏极大地关系着国家基础研究是否能出成果。美国正是对欧洲的研究生教育模式进行改革创新,才奠定了研究型大学全球最强的基础。当前应在重视培养基础研究人才的基础上,更加重视基础研究精英人才的培养,力争在近些年内使博士成为我国生物医学科学家中的主体。目前,我国在博士生、博士后培养上与发达国家存在四个方面差距:一是国民经济发展水平上的差距即 GDP 差距,二是导师水平参差不齐即导师差距,三是基础教育与本科教育阶段创新能力的缺失即素质差距,四是人才培养机制体制方面的差距即机制差距[49]。"一个重要原因是没有一所大学能够按照培养科学技术发明创造人才的模式去办学,没有自己独特的创新的东西,老是'冒'不出杰出人才[50]"。由此可知,我国在培养未来科技拔尖创新人才方面任重道远。

2. 选拔一批世界级的生物医学战略科学家　虽然我国具有走创新型国家发展道路的最大人力资源优势,但目前的关键问题是还没有形成一批具有国际先进水平的拔尖创新人才队伍,缺乏高水平的战略科学家。对于创造诺贝尔奖级研究成果而言,应该说我们目前缺乏的高水平战略科学家是第一位的。2000年诺贝尔化学奖获得者麦克迪尔米德(A. D. Macdiarmid)曾说:"我们一再强调——科学研究在于人,人是第一位的"[51]。各国诺贝尔生理学或医学奖获得者的研究水平,都生动地证明了这一点。

就科技发展来讲,科技拔尖创新人才的有无与多少,只是一个重要影响因素;但对创造诺贝尔奖级研究成果来讲,国际一流的科技拔尖创新人才,就成了一个不可缺少的绝对因素。从近些年科技论文被 SCI、EI、ISTP 收录总数来看,目前我国已成为论文大国,已具有相当的科技实力和科技创新水平,说明我国科技人才的绝对量已达到一个相当的程度;从近些年发表论文的质量来看,我国论文质量与世界强国的差距在缩小,正在向全球高质量科研产出者迈进。同时,我国科学家在国际组织中任职的还不多,且多处于配角位置,说明我国还不是科技强国。这里除了我国科技人才的相对量较少以外,更主要地正如中国科学院前院长路甬祥院士所言:"中国科学界最缺少的是将帅级人才[52]"。

由前述可知,目前我国基础研究队伍的整体水平优势更多地体现在数量上,而非质量上。研究表明[53],在科学共同体只有少数拔尖创新人才在科学上能够做出创造性贡献。因此,如何在现有条件和基础上加紧造就一批世界级生物医学科学家,成为我国生物医学科技发展的当务之急。在我国科技投入普遍不足的情况下，充分发挥好中国科学院的“百人计划”，国家自然科学基金的“国家杰出青年科学基金”、“优秀创新研究群体”、教育部的“长江学者奖励计划”和中央人才工作协调小组的“千人计划”等科技拔尖创新人才培养计划，继续提高资助力度，创造不低于国外同类前沿研究的条件环境；在年轻研究人员越来越多地把欧美的一流大学用作在国内发展的孵化器时，创造一种鼓励现有拔尖创新人才不断以其已有高水平成果获取更多研究资助的机制；在优秀科技人才和国内研究条件环境有一定基础的情况下，充分利用发达国家的国际资源培养和吸引科技拔尖创新人才，努力为他们学术优势积累创造机会；在科技体制改革已进入到一个更深层次的改革层面上时，许多问题已不是科技界自身能解决的，亟须相关体系的政策配套，如社会保障体系和人事制度等。

3. 把高等教育发展列为国家优先发展战略地位，大学回归根本，充分发挥大学在人才培养和基础研究中的主体作用　在美国的国家创新体系中，大学是人才培养和基础研究的主体，大学承担着全国科技人才培养和60%以上的基础研究任务，大学的基础研究与产业界有紧密的联系。这些大学主要是研究型大学，它们既是美国高层次人才训练的主要基地，又是美国高层次科学研究的主要承担者，这是否是美国成为诺贝尔奖获得者最多国家的主要因素，有待进一步研究，但它们至少是其中的必要因素。前述有关研究结果也充分证明了这一点。国内学者研究认为[54]，从美国研究型大学形成与发展的进程看，这主要是由美国大学发展与科技体制关系的特殊性决定的，其特殊之处有三：一是研究型大学与美国联邦政府之间关系，二是研究型大学在美国高等教育体系中的地位和作用，三是研究型大学在美国研究与开发体系中的地位和作用。这位学者进行的其他发达国家大学发展与科技体制之间关系的国际比较研究结果，反证了这种特殊性。德国：大学不仅相互之间要为研究基金和研究人力而激烈竞争，而且大学整体还要与具有很大优势的大学外的研究所整体相抗衡，因而不能成为基础研究首选的地方。英国：历史上小规模的“学院制”大学中，研究只是被加到教学责任之上，并未成为大学组织和大学教学工作的基础，因而只有少数大学的科学家和实验室在世界上享有高声誉。法国：大多数国家科学研究中心实验室被放在大学内，因而它的兴衰影响到大学的兴衰；同时，放在大学内的这些实验室并不由大学支持和控制，因而大学内进行的许多重要研究活动又并不属于大学，法国大学在国家的主要研究中处于从属地位。日本：自明治维新时代起，日本就具有加强工业的单一目的的实用性传统，最好的年轻人并不一定在大学的研究生队伍中，工业界的技术力量强于大学的科学力量，从而形成了国家的技术进步超前于科学发展的状况。

以我国高校科技论文数和作者数占全国比例为考察依据,从中可以看出,尽管我国把科学发展希望主要寄托在科研机构,对大学科学研究重视不够的痕迹还较明显,但在现行由科研机构、高等院校和企业组成的国家研发体系中,1989~2004年的15年间,高校占国内科技论文数由51.77%增至66.20%,占SCI收录科技论文数由59.71%增至74.70%,占ISIP收录科技论文数由59.35%增至83.80%,占产出基金与资助论文数由73.20%增至78.70%;科技论文作者占CSTPCD(中国科技论文与引文数据库)论文全部第一作者的60.41%~71.53%,占SCI论文全部第一作者的69.17%~73.63%,占合著科技论文的80.87%(2000~2003年均值),占第一作者国际合著论文由57.40%(1996年)增至79.52%(2003)。高校在10多年前已无可争辩地成为我国基础研究的主力。2014年,我国(包括港澳台)共有141位(159人次)科学家入选ESI高被引科学家名单,其中内地高校68位;2019年,我国(包括港澳台)共有735人次入选ESI高被引科学家名单,其中内地高校379位,高校从高端人才的角度证明了自身国家基础研究主力的地位。

然而,我国大学的基础研究经费占全国基础研究经费的比例与此并不协调,1987~1990年我国的比例为40.3%,而1988~1992年我国高校占国内论文数的平均比例为53.23%,占SCI收录论文数的平均比例为51.48%,占ISTP收录论文数的平均比例为59.59%,占产出基金与资助论文数的平均比例为72.61%,而此时因机构设置臃肿和研究课题重复造成科技资源大量浪费的事实却是,“44.6%的研究机构,一年竟然没有发表一篇论文”[55]。20世纪80年代后期,美国、德国、法国和日本大学的基础研究经费在本国基础研究经费中的比例分别约为59%、60%、67%和59%[52]。另一方面,就前几年的研发体系经费来看[56],中国科学院所属和政府部门所属的科研院所所占的比重过大,为30%~40%,美国是9.8%,美国、英国、法国、德国、日本五国平均为14%;中国企业界研究机构所占的比重又过低,为30%~40%,美国是71%,以上五国平均为66%;我国大学所占的比重为20%,美国为15.7%,以上五国平均为18%。我国大学在研发体系经费中所占比重不低于其他国家,但基础研究与产业界缺少紧密的联系。这与“建立国家创新体系过去是科技部的工作,面对的重点是科研院所”[57]有关。因此,在我国国家创新体系的构建与调整中,在科技体制改革上,稳定科研院所规模,加大企业界研发比重,加大大学基金研究比重,是一个关键。在高等教育体制改革上,实行大学分类分层管理,特别是明确研究型大学的定位与建设,实属当务之急。一则国家对高校的投入及其社会地位的确定主要取决于学校的层次,二则诺贝尔生理学或医学奖获得者多出现在高校和几乎都有高校工作经历及美国等发达国家的经验证明；三则我国高校科技产出方面的层次现状。

事实上，就我国高等教育改革而言，当前比基础研究经费更重要的是创新创业教育改革。2015 年，国家印发了《国务院办公厅关于深化高等学校创新创业教育改革的实施意见》；同年 5 月，教育部召开了深化高等学校创新创业教育改革视频会议。党中央、国务院前所未有地重视创新创业人才培养，把深化高校创新创业教育改革作为加快实施创新驱动发展战略的迫切需要，作为推进高等教育综合改革的突破口。这是大学充分发挥在国家基础研究人才培养中的主体作用的又一次大好机会。这就需要大学牢固树立先进的创新创业教育理念，努力实现创新创业教育与专业教育由"两张皮"向有机融合的转变，由注重知识传授向注重创新精神、创业意识和创新创业培养的转变，由单纯面向有创新创业意愿的学生向全体学生的转变，切实增强学生的创新精神、创业意识和创新创业能力，努力造就大众创业、万众创新的生力军。

关于大学的职能，世界各国基本相同，即人才培养、科学研究、社会服务和文化传承与引领。其中，人才培养是大学的根本任务。当今，中国大学的首要任务是回归大学根本，即人才培养。只有培养大批高质量的大学生，才能为培养一支规模宏大的青年科技人才队伍和选拔一批世界级的战略科学家奠定坚实基础。政府需要对高校分层管理，支持高校分层发展；国家需要支持建设一批领军高校，推动一批高水平大学和学科进入世界一流行列或前列，重视和支撑高校培养高质量人才需要的条件保障。因此，就我国高等教育的综合改革而言，比基础研究经费增加和创新创业教育改革更重要的是，把高等教育发展放在国家优先发展战略地位。

4. 确立生物医学交叉学科在学科领域中的优先地位 国家科学技术部原副部长李学勇认为[58]，无论是科技界还是产业界，都基本认同这样一个重要判断：在新的世纪里，生命科学的新发现，生物技术的新突破，生物技术产业的新发展都将极大地改变人类及其社会发展的进程。尽管世界各国对高科技领域范围的界定不完全相同，但几乎无一例外地将生命科学和生物技术放在重要位置，而且越来越多的国家把发展生命科学、生物技术及其产业作为赢得未来竞争的战略选择。中国科学院前院长路甬祥院士公开预测[59]：一些传统学科仍将保持相当的独特性，物理科学作为整个自然科学发展的基础地位一时还不会动摇，但是科学的学科结构重心将转移到生命领域。这可能是因为，一则在某种意义上说，生物医学科技是人类最高和最终的科学归宿，是一个国家基础研究和各类科学研究综合水平的具体体现；二则 21 世纪世界上有两大趋势正在发生,即中国将成为世界经济大国和全球范围内生命科学的商业化崛起[60],21世纪将是生物医学的时代。因此,把生物医学科学作为优先的学科发展领域,无论对发达国家还是对发展中国家都是一次全新的选择,对我国来说更是一次难得的战略机遇。

近70年来,现代生物医学科学遵循以DNA双螺旋为基础的分子生物学的范畴和内涵系统不断发展和完善。在此进展过程中,美国通过国家实验室、NIH和大学(地方)医学研究中心三位一体所形成的基金运作和研发体系,奠定了其雄厚的生物医学科学基础,成为世界领先的生物医学科学强国,创造了富含科技原创力和持续创新力的生物科技及其产业的成功模式[61]。据前述《1901~2005年诺贝尔生理学或医学奖获奖成果学科分布表》可知,自1955年出现分子生物学的第一个获奖成果至2005年的50年中,美国有70人获得诺贝尔生理学或医学奖,占此间获奖总人数的59.32%,其中37人的获奖项目在学科分类上属于分子生物学,占此间美国获奖人数的52.86%。这其中有许多影响因素,不能忽略的一个重要因素是美国国家层面的生物医学科学研究战略布局。在由两个五年计划(1993~1998年和1998~2003年)组成的“人类基因组计划”进入尾声时,美国于2002年底不失时机地提出了其后续计划“生命基因组计划[62],与此同时,英国、法国、德国和日本等国也都积极部署后基因时代的战略转移。其主要依据是,以生物信息学和计算生物学引导的、以整体和相互关系为研究对象的系统生物学(systems Biology)应运而生,成为当今生物学研究领域中的新热点[63]”,它既是一门新兴的交叉学科,也是正在形成的新生物学的标志性学科。新生物学的核心特征是[64],生命科学与其他学科的高度整合,生物学家与物理学家、化学家、计算机科学家、数学家以及工程师等不同学科的密切交流与合作,形成一个有利于更深层次地理解生物复杂系统、能够处理重大科学和社会问题的新生物学研究共同体。有学者预测,以“DNA复制调控和人类疾病”为主线的系统分子生物学以更全面的研究体系取代分子生物学,是下一个50年生命科学的主要内容[65]。

近10多年来,现代生物医学领域研究模式开始发生革命性转变[60]。2003年,美国国立卫生研究院正式提出“转化型研究”(translational research)的新研究模式,即形成“从实验到病床”的一个双向开放的研究过程。当前,基于转化型研究模式的转化医学已经得到了美欧等发达国家和地区的高度重视。美国政府已在40多所大学建立了转化医学中心;美国国会于2011年12月批准在美国国立卫生研究院成立一个专门开展转化型研究的新机构——国立转化科学推进中心(National Center for Advancing Translational Sciences),通过政策和经费等各种措施,推动美国医学研究机构之间转化型研究的合作。在我国,转化医学也正在得到人们越来越多的关注和支持,许多高等院校和科研单位都成立了转化医学研究中心。可以说,转化型研究的出现代表了新生物学在生物医学领域研究模式的革命性转变,也必将促进生物医学交叉学科在学科领域中的优先地位的确立。

由此可见,20 世纪生物医学之所以能有如此之快的发展,归根到底是因为现代科学的发展。因此,未来生物医学科学的发展,需要物理、化学、信息、计算科学的交叉与综合;未来生物医学科学上突破性的进展,有赖于与其他学科的交叉与结合,同步加快生物医学科学相关学科的发展也就成为必然。

5. 保持科技经费投入的高比例、多渠道、强重点 环顾 21 世纪的全球,各主要国家都把科技创新作为国家基本战略,把科技投入作为战略性投入,一个国家的研究与开发活动在其国民经济中的地位和作用反映了这个国家对科学技术的重视程度。近 20 多年来,我国科技论文产出的总量、比上一年的增长率、占世界论文总数比例和在世界所处位置,都基本保持了一个持续增长的势头,特别是 1997 年增大科技投入以后,这几方面的增长率呈现出一个加速的过程,反映出国家在科学技术方面给予了前所未有的投入,效益上也就有了跨越式的进步。

但从横向来看,事实并不令人乐观。近几十年来,我国科学论文的国际排名平稳上升,生命科学领域却成为制约我国科学整体推进的短板[66]。我国的生命科学论文,在表现不俗论文(ESI 数据库中被引次数高于世界篇均引文的论文)中的比例全面低于美国、英国、德国、法国和瑞士,在高端论文(美国、英国、德国、法国、日本、中国和瑞士等七国表现不俗论文数据集中被引次数高于篇均引文的论文)中的权重微乎其微,在卓越论文(前述七国表现不俗论文数据集中被引次数位于前 10% 的论文)中与科技强国的差距进一步拉大。因此,我国的生命科学要在世界舞台上有相当的显示度,除了需要有足够的时间和足够的努力以外,当前更需要有足够的科技经费投入。

美国作为世界生物医学研究最高和生物技术最强大的国家,其巨额科技经费的来源除高比例外,渠道是多元的,主要有政府和民间两大方面。2009 年,奥巴马总统宣誓就职的第一年,奥巴马、白宫科技政策办公室和国家经济委员会联合发布了《美国创新战略:促进可持续增长和高质量就业》的报告,提出恢复美国在基础研究方面的领先地位[67]。并在科研投入上同步采取支持措施。2009 年 1 月,奥巴马宣布了《美国复兴与再投资计划》。同年 2 月 15 日,美国正式出台了《2009 美国复兴与再投资法案》。根据该法案,国立卫生研究院得到一次性的增量投入 104 亿美元,这一数值甚至超过了其 290 亿美元标准年度预算的 1/3[67]。我国除比例低外,来源渠道单一,重点不够突出,缺乏法律保障等是主要问题。其中,第一方面,近些年研发投资增长缓慢的主要原因是企业没有大幅度增加研发投资,政府原拟到 2000 年使研发投资占 GDP 1.5%的目标直到 2012 年才实现。第二方面,虽然我国当前已成为世界第二大研发投入国家,但大量的科研投入集中在核心技术和与之相关的物理学,基础研究和应用研究所占份额大大低于 OECD 国家[68]。西方发达国家把全社会研发经费中的 15%左右用来开展基础研究,而近十年来我国基础研究经费占全社会研发经费之比基本上没有超过 5%。第三方面,在国家经济实力短期内难以赶上最发达国家的情况下,集中财力建设的国家重点实验室不够。

1995 年,《中华人民共和国国务院关于加速科学技术进步的决定》中首次提出实行科教兴国战略,确立科技和教育是兴国的手段和基础方针。自此以后的二十年间,我国科研和教育经费投入不足的情况发生了巨大变化,但与发达国家相比,仍然存在较大差距。比如,我国国家自然科学基金从 2003 年的 22.36 亿元人民币[69]快速增长到 2014 年的 250.68 亿元人民币[70],而美国仅国立卫生研究院 2014 年的医学科研经费即达 310 亿美元[71]。因此,在未来相当长的时期内,我们不能期望科研经费和最发达的国家比照。虽然物质条件在重大科学发现和重大科学工程的实现上都只是必要条件,而非充分条件[27],但如果 21 世纪最有前景和最需要重视的生命科学和生物技术领域的科研投入不能达到发展和赶超发达国家的需要,如果科技人员平均直接用于科研的经费达不到相关问题研究的临界阈值,如果优秀科研人员没有足够的研究经费,如果高风险、超前布局的项目没有必需的经费,如果国家重点实验室等国家重点研究基地没有得到集中支持,我国生物医学科学研究就难以实现跨越发展。

三、我国诺贝尔奖级生物医学科学家学术环境思考

1. 创造诺贝尔奖级生物医学成果的学术环境的思考 经过多年的努力,虽然我国科技工作发生了历史性的深刻变化,但在全球知识创造和技术创新的速度明显加快的发展趋势下,与世界主要发达国家相比,仍然在诸多方面存在差距。个中缘由,除科技经费投入等因素以外,学术环境可谓最重要的基础。

由前述可知,美国之所以成为诺贝尔生理学或医学奖获得者最多的国家,是它成功地建立了一个由联邦政府提供资助的大规模科技体制。但同时我们也发现,这并不是唯一原因,或许在科技投入与条件环境基本满足科学家研究

需要时,在有高素质人才队伍和优良学术传统作为基础时,更重要的是科学创新的激励和宽松自由的学术环境。在本书第六章第三节中,我们曾专门研究过诺贝尔生理学或医学奖获得者学术优势积累的研究环境,以及以美国为例的诺贝尔生理学或医学奖获得者学术优势积累的条件背景。1957 年诺贝尔物理学奖获得者、著名华裔科学家李政道在谈到如何产生划时代的基础科学成果、如何能真正实现创新时认为[72],科学成就出于青年,但是仅仅靠人才还不够,还有几个条件必须具备,才能在科学上取得成功,这些条件包括认识学术方向、营造学术环境、抓住时间和机遇。

诺贝尔生理学或医学奖获得者成功的表现形式是一样的,但成就他们这些研究成果的科学管理体制却是多种多样的。美国占主导地位的模式是要求研究者在近几年内要在影响力大的杂志上发表论文,这无疑来自管理者竞争思想的指导,又加剧了研究者同行之间的竞争。即使在这样的管理体制下和竞争环境中,科学家以及他们与同行之间的合作仍是显而易见的。2004 年诺贝尔生理学或医学奖获得者阿克塞尔在获奖后回答美联社记者提问时说道:“使科学研究成功的因素在于:深入细致(intensive)、耐心(patient)与合作(collaboration)。就像我们从事人类嗅觉基因作用机理的研究一样,这一科研的成功取决于很多人的努力。我们就是在实验室营造出了这样的合作氛围,使得科研人员喜欢在实验室搞科研,喜欢在实验室搞交流与合作”[73]。国际著名实验室——英国剑桥大学分子生物学实验室(Laboratory of Molecular Biology,LMB)的管理模式则有所不同。LMB 曾产生过 12 位诺贝尔奖获得者,其中有 7 位诺贝尔生理学或医学奖获得者:1962 年的克里克和沃森,1984 年的柯勒和米尔斯坦,2002 年的希雷内、霍维茨和苏尔斯顿。史蒂夫·康纳尔认为,“只有当你与科学家本人交谈的时候,某些特别的东西才开始显现出来。他们谈到不必忍受他们的大学同事所遭受的那种官僚主义;实验室内部具有的团队精神和协作的感觉;以及给予他们的那种追求发现之梦想的自由度。最重要的是,他们谈到‘LMB 文化’——某种似乎人人都察觉得到、但却没有几个人能精确定义的东西。如果有任何单独一种要素代表‘LMB 文化’的话,那么它就是给予科学家们研究问题的时间”[74]。就是这种文化培育了或许是最成功的生物学领域的研究作业方式。在这种环境中,他们没被要求填写过工作进度或责任书,不鼓励发表论文的数目,也不在乎在什么杂志上发表,而是支持扎扎实实做有长期深远或重大意义的研究,使科学家对科学生涯有信赖感,对自己科学工作的要求会特别高;他们不分年资,互相激励,互相支持,不抢他人的发现,形成了良性循环。正因如此,才有了 1962 年同一实验室 4 位师生[还有化学奖获得者佩鲁兹

(M. F. Perutz)和肯德鲁(J. C. Kendrew),佩鲁兹与肯德鲁是师生,佩鲁兹与克里克是师生,肯德鲁与沃森是师生]在斯德哥尔摩同台的景观[71]。德国最重要研究机构——马普学会的管理模式也不同于美国。

尽管发达国家著名实验室的管理模式不尽相同,但有一点它们是共同的,那就是交流。科学是国际性的,研究过程和交流过程是密不可分的,只有置身于国际科学发展的潮流中,才能做到一流的工作。诺贝尔生理学或医学奖获得者们获奖前的丰富工作经历,充分证明了这一点。1962 年诺贝尔化学奖获得者、1962 年诺贝尔生理学或医学奖获得者克里克的导师、沃森的导师的导师、LMB 首任主任佩鲁兹在 1996 年写道:“经验使我懂得,实验室常常由于那儿的科学家们从不互相交流而失败”[60]。北京大学教授、原美籍华裔科学家饶毅认为[75],原始创新精神的欠缺,部分是中国习惯跟“热门”,而错过自己创新的机会,生命科学有几个方面,中国原有一点基础,当世界重新在这些方面有突破时,中国并没起到应有的作用;更重要的原因是,中国科学工作者平时交流不够活跃,有些人精神还在古代家传技艺的时代,怕别人知道自己做什么想什么,中国科学界的相互关系,目前还没达到理想状态,没有形成一种普遍的、以科学利益为最高原则、以学术标准为根本基础的科学文化。在优良科学文化欠缺的情况下,我国科技界除投入、条件和队伍等因素外的诸多不协调现象,科技拔尖创新人才凤毛麟角,也就不难理解。当前,加强我国生物医学科技拔尖创新人才国际交流的一个最好桥梁,就是海外华裔生物医学科学家。诺贝尔生理学或医学奖评委会主席 Janake Gustafsson 先生曾说,获得诺贝尔奖对中国来讲并不遥远,现在就有很好的机会,目前世界《自然》《科学》等著名学术期刊发表的论文中,有一多半亚裔人的名字,其中相当多的人是在美国的中国人,如果这些人回到中国,政府继续支持他们独立自主地从事基础研究,获得诺贝尔奖是完全可能的[76]。我们不奢望诸多学有所成的外籍华裔生物医学科学家回国定居,只要在培养我国生物医学科技拔尖创新人才方面充分发挥他们的作用,即可影响无限。

以上有关发达国家激励创新与创造学术环境的模式有值得我们借鉴之处,因为从中可以看出我们还有许多需要改进之处,但并非要我国有关单位完全照搬。如何根据科学内容和发展规律,更好地进行科学决策;如何放宽管理权限、放活管理方式,保证科技拔尖创新人才研究选择中的更大自由;如何在注重科学传统的同时,更大力度地支持科技拔尖创新人才与国际科学界主流保持密切联系;如何从文化的根本上寻找哪些适应或不适应我国科技发展的因素;如何引导和鼓励更多的科技拔尖创新人才耐得住寂寞、抵御住各种诱惑、踏踏实实地进行科学积累，不受限制地自由探究，寻求最重要的发现；如何鼓励和支持更多的不同国籍、不同年龄、不同学科专业、不同知识结构的科技同行的密切交流与合作；如何使更多的科技拔尖创新人才明白“科学家并不是依赖于单独一个人的思想，而是取决于综合数以千计的人们的智慧，所有的人想一个问题，并且每一个人做他的部分工作，添加到正在建设的知识大厦之中[77]；如何通过国家战略高度的原始创新，通过科技拔尖创新人才的工作质量评判导向，激发科技拔尖创新人才更努力地追求创新，这些问题都值得进一步探讨，对目前我国包括生物医学科技在内的科技创新环境的创造都具有重要的现实意义。

2. 激励生物医学创新和创造公平竞争的学术环境的思考 研究认为[78]，生命科学显现出新的时代特征。一是由20世纪50年代开始的分子生物学时代步入后基因组时代；二是生命科学越来越依赖于多学科交叉、渗透和相互促进；三是生命科学研究的伦理道德问题日显重要。美国显然最早认识并适应了这些特征反映的学科规律，因而生物医学等各学科领域论文的学科贡献率1996~2009年累计份额大都为31%~37%，远大于其他国家在相同学科领域的学科贡献率[79]。这是我国生物医学发展的国际学科背景。同时，在我国科技整体实力呈不断上升之势，学科相对比较优势的持续竞争力显著增强的情况下，我国1996~2009年生物学科贡献率为4.09%和医学学科贡献率为2.12%的事实[79]，显示生物和医学仍为我国学科贡献率较小的领域和相对比较强度及相应学科研究产出影响力较弱的学科。这是我国生物医学发展的国内学科背景。这两个背景的比较提示我们，我国科学目前处于研究规模快速扩张阶段，虽然研究工作已经引起国际同行的广泛关注，“总量”和“总质”都取得了不俗进步，但“总质”的提高速度还是落后于“总量”的发展速度。这两个背景下的我国生物医学发展面对的差距成为影响我国国际学术竞争力的战略性科技问题。

差距问题将是今后我国科学家和科技决策者长期求解的问题[80]。这个问题的“解”之一，就是以管理创新促进科技创新。为抢占未来科技发展制高点，世界主要发达国家都将迎接新科技革命作为主要的战略选择，从战略高度布局。新中国成立特别是改革开放以来，我国的科学技术取得了长足的进步。最重要的一个原因，是党中央、国务院与时俱进，不断根据国际国内政治、经济和科技发展趋势，进行战略布局。1956年，在中共中央召开的知识分子会议上，毛泽东发出了“向科学进军”的伟大号召；1978年，在全国科学大会上，邓小平指出“科学技术是生产力”，随后进一步提出“科学技术是第一生产力”；1995年，全国科技大会提出“实施科教兴国战略”；1997年，党中央、国务院做出建设国家创新体系的重大决策;2006 年,在新世纪的第一次全国科技大会上提出建设创新型国家的宏伟目标;2012 年 7 月,党中央、国务院召开了全国科技创新大会,会前颁布《关于深化科技体制改革加快国家创新体系建设的意见》;2014 年,党中央、国务院先后 15 次召开会议专题研究创新驱动工作。2015 年 3 月 13 日,党中央、国务院颁布《关于深化机制体制改革加快实施创新驱动发展战略的若干意见》,意味着科技体制变革的大幕正式拉开。这是党中央、国务院着眼全面建成小康社会、全面深化改革、全面依法治国和全面从严治党“四个全面”战略,对创新驱动发展战略做出的重要顶层设计和重大改革部署,具有极强的系统性、前瞻性、针对性和指导性,是当前和今后一个时期实施创新驱动发展战略的纲领性文件,成为我国科技创新发展的又一个重要里程碑。

改革进程发展到今天,需要我们更多地从宏观管理层面思考深化改革问题。在国家创新体系整体框架和创新驱动发展战略布局下,我国生物医学方面需要持续开展战略研究,不断明晰战略定位。当前,现行科技体制中一些不适应生物医学发展需要的问题日益凸现,如生物医学创新体系整体效能亟待提升,科研资源分散、重复、封闭问题日益突出,科研评价导向不够合理,创新文化建设薄弱,科技人员的积极性和创造性还没有得到充分发挥等,科技体制改革和创新体系建设面临一些新的任务和挑战。

新任务和挑战,既有构建基于转化型研究、系统生物医学研究和汇聚医学基础之上、中西医结合的新型生物医学体系;更有营造激励创新的公平竞争学术环境。这方面的总体目标是尽早形成适应生物医学创新驱动发展要求的制度环境和政策体系。具体任务和挑战主要有,加强科学普及,提高公民科学素养,营造尊重知识、尊重人才、尊重创造的社会氛围;改革基础研究领域科研计划管理方式,消除“部门利益高于一切”,改变目前严重的条块分割、政出多门情况;改变重设备轻人才、重物质轻文化的现象;扩大高校、科研院所学术自主权和科技人员科研选题选择权,建立包容和支持“非共识”创新项目的制度,改变现有项目多数是跟踪性、国际热点项目的现状,支持研究机构自主布局科研项目,支持立项高风险、超前布局项目;完善稳定支持和竞争性支持相协调的机制,加大稳定支持力度,使大部分优秀科研人员不再为筹措足够的研究经费疲于多头申请、答辩、评审、汇报,浪费宝贵时间与精力,消除急功近利和浮躁,能够潜心研究,从而提高研究效率;健全鼓励创新创造的分配激励机制,加大对科研工作的绩效激励力度,公开公正安排绩效支出,充分体现科研人员的创新价值;建立健全科研人才双向流动机制,促进科研人员在事业单位和企业间合理流动,允许高校和科研院所设立流动岗位;深化国际合作,鼓励创新要素流动,放宽科研人员因公出国管理政策，设立国际大科学计划和工程，吸引海外顶尖科学家和团队参与；改革科研评价制度，强化科研活动分类考核，逐步建立和不断完善注重科技创新质量、原始价值和实际贡献的科研评价体系；切实加强科学文化建设，加强科学道德规范建设，强化职业伦理精神，为科技人才成长提高营造良好环境。

清华大学薛澜教授认为[81]，在运行模式与使命定位严重脱节的情况下，我国各类研究机构和高校疲于要经费跑项目，无法真正实现其在基础研究领域引领创新的根本使命！当今，全球知识创造和技术创新的速度明显加快，国家、社会和人类对科技发展的期望越来越多，科技工作的责任越来越大。我们诚愿通过符合科技创新规律的宏观和微观层面的科技管理创新，营造出激励创新的公平竞争学术环境，使广大科技人才把他们灵魂深处的潜在动力转变为现实动力，真正实现其在生物医学领域引领创新的根本使命，早日创造出一批诺贝尔奖级成果。

我们高兴地看到，新中国成立以来，我国生物医学科学家们一直致力于一些世界前沿水平的科学研究，并不断创造出诺贝尔奖级的重大原始创新性成果：汤飞凡教授于 1954 年开始、1955 年在世界上首次分离出沙眼衣原体，将沙眼发病率从 95% 降至不到 10%；王应睐、曹天钦、钮经义、邹承鲁等科学家于 1958 年开始、1965 年完成的牛结晶胰岛素的合成，在世界上第一次人工合成多肽类生物活性物质；屠呦呦等于 1969 年开始、1972 年分离出新型结构的抗疟有效成分青蒿素，挽救了全球特别是发展中国家数百万人的生命（本书第 1 版出版次月，屠呦呦获得诺贝尔生理学或医学奖，实现我国本土科学家诺贝尔科学奖零的突破）；张亭栋等于 1972 年开始、1979 年明确用三氧化二砷治疗白血病特别是急性早幼粒细胞白血病，王振义、陈竺、陈赛娟等于 1980 年开始、1986 年在国际上首创应用全反式维甲酸诱导分化治疗急性早幼粒细胞白血病，极大地提高了该病的完全缓解率和长期生存率；施一公团队于 2009 年开始、2015 年在世界上首次捕获 RNA 剪接体高分辨率结构，做出了“近 30 年中国在基础生命科学领域对世界科学作出的最大贡献”[82]。

在 2000 年出版的拙著《诺贝尔医学奖与大学生心理教育》的结尾，著者曾经写道“目前，在科研要求越来越高而科研经费相对不足的条件下，如何利用有限的资金做出创新的工作，解决科学和实际中的重大问题，除了面对现实的勇气和雄心壮志，还需要积极寻找智力、知识和技能以外的东西。只有重视这一点，并实际体现在未来的高等医学教育和对 21 世纪医学生的培养引导中，才能走出自己的路，才能在向诺贝尔奖冲击的过程中，在贡献人类和世界的同时，实现我国诺贝尔医学(应为生理学或医学)奖零的突破"[82]。

可喜的是,在15年后的今天,我们看到了这方面最有代表性的成功事例。2015年8月20日前后,我国的主流媒体集中报道了清华大学施一公团队在结构生物学研究方面代表中国基础生命科学领域对世界科学做出的重大贡献。在这个RNA剪接体领域里程碑式的重大原创性突破中,除了国家和清华大学在激励他们创新和为他们创造良好的学术环境以外,几篇文章的共同第一作者——几位"85后"的年轻人在研究过程中所表现出的良好精神和心理品质值得称道。施一公介绍说[83],这个过程并不容易,我们一直做得很苦,甚至中间有很长时间,学生们什么成果都没有,压力都非常大,但他们都能"沉得住气"。共同第一作者之一、26岁的杭婧说[84],"不管多么困难,我们自己都要不抛弃、不放弃"!

我们有理由相信,只要切实确立生命科学在学科领域中的优先地位,只要切实培养一支规模宏大的青年生物医学科学家队伍、选拔一批世界级的生物医学战略科学家,只要不断激励生物医学创新和创造公平竞争的学术环境,科技人才灵魂深处的潜在动力一定会转变为现实动力,我国诺贝尔奖级的生物医学科学家和重大原始性创新性成果就一定会不断涌现。

参考文献

[1]周光召. 历史的启迪和重大科学发现产生的条件[J]. 科技导报,2000,(1):3-9.

[2]中国生物技术发展中心. 中国现代医学科技创新能力国际比较[M]. 北京:中国医药科技出版社,2009:1.

[3]邱均平. 一流大学及学科竞争力评价研究报告[R]. 北京:科学出版社,2007.

[4]何华,夏华向. SCI论文与科研评价[J]. 医学与哲学,2014,(35)10A:4-7.

[5] 胡志刚,陈超美,刘则渊,等. 从基于引文到基于引用:一种统计引文总被引次数的新方法[J]. 图书情报工作,2013,57(21):5-10.

[6] Van Noorden R, Maher B, Nuzzo R. The top 100 papers[J]. Nature,2014,514(7524):550-553.

[7] Anderson M H, Sun Peter Y T. What have scholars retrieved from Walsh and Ungson (1991) ? A citation context study[J]. Management Learning, 2010, 41 (2) : 131-145.

[8] Chang Y W. The influence of Taylor's paper, question-negotiation and information-seeking in libraries [J]. Information Processing and Management, 2013 (49) : 983-994.

[9] Ding Y, Liu X Z, Guo C, et, al. The distribution of references across texts: Some implications for citation analysis[J]. Journal of Informetrics, 2013, 7(3): 583- 592.

[10] 刘盛博,王博,唐德龙,等. 基于引用内容的论文影响力研究—以诺贝尔奖获得者论文为例[J]. 图书情报工作, 2015,59(24):109-114.

[11] 祝清松,冷伏海. 引文类型识别研究进展[J]. 图书情报知识, 2013,(6) : 70-76.

[12] 章娟,段志光,于琦,等. 中科院院士与诺贝尔生理学或医学奖获得者获奖前 SCI 论文比较. 医学与哲学,2016, 37(1A):22-26.

[13] 章娟,段志光,王彤,等. 诺贝尔生理学或医学奖获得者科学论文排序—频度分布研究[J]. 科学学与科学技术管理. 2010,(3):5-9.

[14] Sidiropoulos A, Gogoglou A, Katsaros D, et,al. Gazing at the skyline for star scientists[J]. Journal of Informetrics, 2016, 10(3):789-813.

[15] 张婧. "SCI 之父"加菲尔德博士:为 SCI 正名[EB/OL]. (2009-09-23). [2016-09-20]. http://news.sciencenet.cn/htmlnews/2009/9/223614.shtm.

[16] 朱晓明,李艳红,杨华光,等. 正确认识 SCI 在医学科研成果评价中的作用[J]. 西北医学教育, 2011,19(1):25-26.

[17] 鄢琦,鄢佳程. SCI、中文核心期刊与高校科研论文水平的评价[J]. 经济师,2008,(12): 7-8.

[18] 阎光才. "要么发表要么出局",研究型大学内部的潜规则[J]. 教书育人:高教论坛,2009,(7):4-7.

[19] 杜治政. 正确评估当前医院、学校的 SCI 论文热[J]. 医学与哲学,2014,35(11A):1-5.

[20] 董尔丹,胡海,张俊. 学术评价应更科学[J]. 科学通报,2014,59(1):96-106.

[21] 李大庆. 用 SCI 论文考核高校:"巨型"失去优势[N]. 科技日报,2014-10-07.

[22] 周刚. SCI 科技评价误区与科学性分析[J]. 科技管理研究,2009,(8): 134-135.

[23] 王松梅,成良斌. 我国科技人才评价中存在的问题及对策研究[J]. 科技与管理. 2005,7(6): 129-131.

[24] 教育部. 关于深化高等学校科技评价改革的意见. [EB/OL]. (2013-11-29)[2014- 10-30]. http://www.moe.edu.cn/publicfiles/business/htmlfiles/moe/moe 784/201312/160920.html.

[25] 段志光,张岩波,杨利军. SCI 评价指标与地方医学院校建设发展[J]:医学与哲学,2015,36(1A).

[26] 白春礼. 新科技革命的拂晓,2013 科学发展报告[M]. 北京:科学出版社,2013:i-vi.

[27] 周光召. 历史的启迪和重大科学发现产生的条件[J]. 科技导报,2000,(1):3-9.

[28] 中国生物技术发展中心. 中国现代医学科技创新能力国际比较[M]. 北京:中国医药科技出版社, 2009:2891-2910.

[29] 张炳升,李春淼. 面向世界吸引一流科学家[N]. 光明日报,2005-06-02.

[30] 陈其荣,袁闯,陈积芳. 理性与情结:世纪诺贝尔奖[M]. 上海:复旦大学出版社,2002:24.

[31] 路甬祥. 启示与规律. 2001 科学发展报告[M]. 北京:科学出版社,2001:10.

[32] 张九庆. 自牛顿以来的科学家[M]. 合肥:安徽教育出版社,2002:544-546.

[33] Thomas L. Friedman. From Gunpowder to Next Big Bang [N]. The New York Times,2005-11-4:Editorials/Op-Ed.

[34] 陈竺. 建立中国现代生物医学研究机构[J]. 新华文摘,2004,(22):110.

[35] 路甬祥. 关于基础研究的思考. 2003 科学发展报告[M]. 北京:科学出版社,2003:i.

[36] 中国科学院生物学部生命科学发展战略研究小组. 迎接生命科学世纪的挑战. 2001 科学发展报告[M]. 北京:科学出版社,2001:141.

[37] 国家技术预测总体研究组. 我国技术总体处于怎样的水平——关于国内外技术竞争的调研报告[J]. 新华文摘,2015,(14):119-122.

[38] 陈竺. 中国生命科学的现状与展望. 2004 科学发展报告[M]. 北京:科学出版社,2004:12.

[39]陈其荣,袁闯,陈积芳．理性与情绪:世纪诺贝尔奖[M]. 上海:复旦大学出版社,2002:306.
[40]韩宇,吴善超．中国基础研究 10 年发展概要,2012 科学发展报告[M]. 北京:科学出版社,2012:268-276.
[41]周程．应该确立大学在我国基础研究中的主体地位[J]. 新华文摘,2012:121-123.
[42]万玉凤,代欣彤．2014 年国家科技大奖七成花落高校[N]. 中国教育报,2015-01-10.
[43]吴述尧．要做别人没做过的事情[J]. 中国科学基金,2005,19(5):313-317.
[44][美]国家研究理事会．美国国家科学教育标准[M]. 北京:科学技术文献出版社,1999:6.
[45]罗晖,何薇,张超等．公民科学素质也是核心竞争力[J]. 新华文摘,2015,(15):140-142.
[46]沈红．美国研究大学形成与发展[M]. 武汉:华中科技大学出版社,1999:233-235.
[47]何晋秋,曹南燕．美国科技与教育发展[M]. 北京:人民教育出版,2003:217.
[48]杨卫．再不控制博士点,教育质量将下降[N]. 中国青年报,2005-07-05.
[49]孙自法．中国已累计培养博士后逾 3 万专家称仍存在四差距．http://news. tom. com/1988/20050820-2403311. html.
[50]李斌．亲切的交谈[N]. 中国青年报,2005-07-31.
[51]杨福家．我对高等教育发展若干现象的迷惑[N]. 中国青年报,2004-11-17.
[52]辛语仲．中国科学界最缺什么人才? [J]. 科学对社会的影响,2004,(4):46-48.
[53][美]乔纳森・科尔,斯蒂芬・科尔・科学界的社会分层[M]. 北京:华夏出版社,1989.
[54]沈红．美国研究型大学形成与发展[M]. 武汉:华中科技大学出版社,1999:238-247,257.
[55]游光荣．我国研究开发机构综合科技实力的评价与分析[J]. 中国科技信息,1996,(4):8-10.
[56]沈红．美国研究型大学形成与发展[M]. 武汉:华中科技大学出版社,1999:257-268.
[57]邓楠．未来中国科技发展的战略选择[J]. 中国软科学,2003,(2):6.
[58]李学勇．把握生命科学和生物技术发展的战略机遇[J]. 中国软科学,2003,(3):1-4.
[59]王光荣．科学重心将转移到生命领域[N]. 光明日报,2005-06-08.
[60]David stipp. China' s Biotech Is Starting to Bloom. Fortune, Monday, 2002-09-02.
[61]徐恒,何维,刘谦．关于我国生物医学科学中长期战略发展和生物医学战略平台建立的建议[J]. 中国科学基金,2004,18(4):218-221.
[62]www. doegenomestolife. org. Genomes to Life program.
[63]石铁流,李亦学．系统生物学的现状与展望[J]. 中国科学基金,2005,19(5):282-285.
[64]吴家睿．新生物学:生命科学的第二次多学科交叉浪潮,2013 科学发展报告[M]. 北京:科学出版社,2013:2-9.
[65]徐恒,何维,刘谦．关于我国生物医学科学中长期战略发展和生物医学战略平台建立的建议[J]. 中国科学基金,2004,18(4):218-221.
[66]杨立英,周秋菊,岳婷,等．中国科学:对差距的理性思考——2009 年 SCI 论文统计分析[J]. 科学观察,2010,5(1):16-44.
[67]汪凌勇,叶小梁,胡智慧,等．2009 年世界主要国家科技与创新战略新进展,2010 科学发展报告[M]. 北京:科学出版社,2010:206-230.
[68]张利华．2008 年 SCI 收录我国作者论文和被引用情况分析,2010 科学发展报告[M]. 北京:科学出版社,2010:249-253.

[69]国家自然科学基金委员会 2003 年度报告[EB/OL]. http://www. nsfc. gov. cn/nsfc/ cen/ndbg/ 2003ndbg/index. htm,2004-04-01/2015-06-06.

[70]杨卫. 国家自然科学基金委员会 2014 年度报告[EB/OL]. http://www. nsfc. gov. cn/nsfc/cen/ndbg/ 2014ndbg/ y. html,2015-01-01/2015-06-06.

[71] NIH2014 年医学科研经费高达 310 亿美元[EB/OL]. http://www. med66. com/ new/201307/ g1201307192604. shtml,2013-07-19/2015-06-06.

[72]李斌,邬焕庆. 李政道提出当代科学四大问题: http://www. hpc-contest. edu. cn/20011008/ 3003907. shtml.

[73]D. Julius and L. C. Katz. A Nobel for smell. *Cell*,2004,119:747-752.

[74]史蒂夫·康纳尔著,吕吉尔译·带你走进诺贝尔奖工厂[J]. 世界科学,2002,(11):2-3.

[75]饶毅. 科学环境:一个诞生了 DNA 模型和 12 个诺贝尔奖的实验室[J]. 科学对社会的影响,2003,(2):61-64.

[76]冯国梧. 诺贝尔生理医学奖评委会主席认为中国离获诺贝尔奖并不遥远[N]. 科技日报,2003 年 12 月 23 日.

[77]J. B. Birks. Rutherford At Manchester. 1962:100.

[78]李家洋. 创新发展,开创生命科学研究新局面,2010 科学发展报告[M]. 北京:科学出版社,2010: 287-292.

[79]谭宗颖,阳宁辉,朱相丽,等. 中国学科发展态势的国际比较分析——基于科学计量的分析,2011 科学发展报告[M]. 北京:科学出版社,2011:308-325.

[80]杨立岳,岳婷,丁洁兰,等. 中国科学五年产出评估——基于 WOS 数据库论文的统计分析(2007~2011 年),2013 年科学发展报告[M]. 北京:科学出版社,2013:268-280.

[81]薛澜. 关于中国基础研究体制机制问题的几点思考[J]. 新华文摘,2012,(6):120-121.

[82]原春琳. 施一公团队首次捕获剪接体高分辨率结构[N]. 中国青年报,2015-08-24(1).

[83]段志光. 诺贝尔医学奖与大学生心理教育[M]. 北京:中国城市出版社,2000:278.

[84]万玉凤. 1 个“65 后”+3 个“85 后”:清华科研团队取得生命科学领域重大突破[N]. 中国教育报,2015-08-24(1).

著者相关论著参考资料

一、学位论文

[1]段志光,卢祖洵. 诺贝尔生理学或医学奖成因研究[D]. 博士学位论文,武汉:华中科技大学,2005.

[2]章娟,段志光. 世界一流科学家科学论文计量分析——以诺贝尔生理学或医学奖获得者为例[D]. 硕士学位论文,太原:山西医科大学,2009.

[3]梁少宇,段志光. 生物医学基础研究中竞争与合作关系研究[D]. 硕士学位论文,太原:山西医科大学,2010.

[4]许丹青,段志光. 诺贝尔生理学或医学奖获得者科学论文合作关系研究[D]. 硕士学位论文,太原:山西医科大学,2014.

[5]李文丽,段志光,于琦. 我国一流生物医学科学家科技产出研究——以我国两院院士为例[D]. 硕士学位论文,太原:山西医科大学,2016.

[6]张瑜,段志光,章娟. 我国一流青年生物医学科学家科技产出研究——以国家杰出青年科学基金获得者和长江学者特聘教授为例[D]. 硕士学位论文,太原:山西医科大学,2016.

二、学术论文

[7]段志光. 从医学诺贝尔奖看医学生应建立的学习观[J]. 医学与哲学,1995,16(5):258-259.

[8]段志光. 从医学诺贝尔奖看医学生创造性思维的培养[J]. 医学与哲学,1996,17(8):440-441.

[9]段志光. 诺贝尔医学奖:我们何时有缘[J]. 医学与哲学,1997,18(7):372-373.

[10]段志光. 要重视和科学研究诺贝尔奖[J]. 医学与哲学,1998,19(2):100-102.

[11]段志光. 20 世纪的诺贝尔医学奖与 21 世纪的医学生素质[J]. 医学与哲学,1998,19(7):385-387.

[12]段志光. 面向 21 世纪,需要重视和科学研究诺贝尔医学奖. 迈向 21 世纪的山西科技——首届山西青年科技发展论坛优秀论文集[M]. 北京:中国青年出版社,1999,305-311.

[13]段志光. 诺贝尔医学奖的教育价值[J]. 医学与哲学,2000,21(4):61-62.

[14]段志光. 诺贝尔医学奖获得者人文底蕴思考[J]. 医学与哲学,2004,25(12):69-70.

[15]段志光,卢祖洵. 诺贝尔奖获得者医学创新的原动力探析[J]. 医学与哲学,2005,26(1):16-19.

[16]段志光. 2004 年诺贝尔医学奖获得者科学论文测度及思考[J]. 中国科学基金,2005,19(3):161-165.

[17]Duan zhiguang. Estimation and Reflection on Medical Science Papers Published by 2004 Nobel prize Laureates Physiology and Medicine [J]. Science Fundtion in China,2005,13(2):54-59.

[18]段志光,卢祖洵. 我国医学科学技术的发展需要诺贝尔奖级研究[J]. 医学与哲学,2005,26(9):70-71,75.

[19]段志光. 诺贝尔奖级生物医学科学家的成长规律研究[J]. 中国软科学,2006,(增):29-31,36.

[20]段志光,卢祖洵,王爱珍,等. 诺贝尔生理学或医学奖获得者科学论文影响力研究[J]. 科学学研究,2006,24(5):672-676.

[21]段志光,卢祖洵. 诺贝尔生理学或医学奖美国获得者学术条件背景研究[J]. 医学与哲学,2007,28(6):78-79.

[22]段志光,卢祖洵. 诺贝尔生理学或医学奖获得者科学素质分析[J]. 医学与哲学,2007,28(10):75-76,81.

[23]段志光,卢祖洵,王彤. 杰出生物医学科学家科学论文数量与质量关系研究[J]. 中华医学科研管理杂志,2007,20(2):100-102,114.

[24]段志光,卢祖洵. 诺贝尔生理学或医学奖获得者学科特征分析[J]. 中华医学科研管理杂志,2007,20(3):138-141.

[25]段志光,卢祖洵,王彤. 诺贝尔生理学或医学奖获得者科学产出年龄

特征分析[J]. 中华医学科研管理杂志,2007,20(4):211-214.

[26]段志光,卢祖洵. 试论我国诺贝尔奖级生物医学研究的战略管理措施[J]. 中华医学科研管理杂志,2007,20(5):264-266,277.

[27]段志光,卢祖洵,王彤. 诺贝尔生理学或医学奖获得者学术影响力研究[J]. 科学学研究,2007,25(2):222-227.

[28]段志光,卢祖洵. 诺贝尔生理学或医学奖获得者学术研究环境分析[J]. 科学技术与辩证法,2007,24(2):106-109.

[29]章娟,段志光*. 科学论文评价方法运用的比较分析——以世界一流生物医学科学家为例[J]. 科学学研究,2009,27(12):1792,1809-1814.

[30]段志光. 探寻生物医学科技创新思维的桥梁——对《医学与哲学》诺贝尔生理学或医学奖研究的感悟[J]. 医学与哲学(人文社会医学版),2009,30(10):77-79.

[31]段志光,章娟,张妍. 诺贝尔生理学或医学奖获得者科学论文质量的计量分析[J]. 科学技术哲学研究,2010,27(1):86-91.

[32]章娟,段志光*,王彤,等. 世界一流科学家科学论文排序-频度分布研究——以诺贝尔生理学或医学奖获得者为例[J]. 科学学与科学技术管理,2010,(3):5-9.

[33]段志光,章娟,邵红芳,等. 我国一流青年生物医学科学家科学论文计量分析[J]. 科学技术哲学研究,2011,28(6):78-82.

[34]段志光,张岩波,杨利军. SCI评价指标与地方医学院校建设发展[J]. 医学与哲学,2015,36(1A):4-7.

[35]段志光,许丹青. 诺贝尔生理学或医学奖获得者科学论文作者合作关系研究[J]. 科学技术哲学研究,2015,32(2):92-96.

[36]段志光,许丹青. 诺贝尔生理学或医学奖获得者科学论文国家、机构与学科合作关系研究[J]. 科学技术哲学研究,2015,32(3):98-104.

[37]段志光,李文丽,于琦,等. 我国生物医学院士SCI论文被引次数和影响因子的计量分析[J]. 医学与哲学(人文社会医学版),2015,36(5A):66-69.

[38]李文丽,段志光*,于琦,等. 我国生物医学院士SCI论文质量的计量分析[J]. 医学与哲学(人文社会医学版),2015,36(5A):70-74.

[39]张瑜,段志光*,章娟,等. 我国一流青年生物医学科学家科学论文合作关系研究[J]. 医学与哲学(人文社会医学版),2015,36(5A):75-79.

[40]李文丽,段志光*,于琦,等. 我国生物医学院士CSCD论文被引次数和合作关系研究[J]. 山西高校社会科学学报,2015,(6).

[41]张瑜,段志光*,章娟,等. 我国一流青年生物医学科学家CSCD论文被引次数和合作关系研究[J]. 山西高校社会科学学报,2015,(7).

[42]李文丽,张瑜,段志光*等. 我国生物医学科学家发明授权专利分析[J]. 医学与哲学(人文社会医学版),2015,36(10A):21-26,39.

[43]章娟,段志光*,于琦,等. 中国科学院院士与诺贝尔生理学或医学奖获得者获奖前SCI论文比较研究[J]. 医学与哲学(人文社会医学版),2015,36(12A).

[44]段志光,张妍婕. 屠呦呦获诺贝尔生理学或医学奖之启示:特殊性与一般性[J]. 自然辩证法通讯,2016,38(1):32-37.

三、著　作

[45]段志光. 诺贝尔医学奖与大学生心理教育[M]. 北京:中国城市出版社,2000.

[46]段志光. 医学创新的轨迹[M]. 北京:中国协和医科大学出版社,2009.

[47]柯杨,张大庆,赵明杰,等(段志光副主编). 医学哲学[M]. 北京:人民卫生出版社,2014.

[48]段志光. 诺贝尔生理学或医学奖获得者成功之路[M]. 北京:科学出版社,2015.

(*为通讯作者)

附录1 1901~2019年诺贝尔生理学或医学奖获得者简况

序号	获奖年度	姓名	国籍 出生	国籍 获奖	生卒年月	最高学位与获得时年龄(岁)	任教授时年龄(岁)	获诺贝尔奖时年龄(岁)	院士(会员)	从事学科专业
1	1901	E.A.von Behring 冯·贝林,E.A.	德国		1854.03~1917.03	24/26	34	47	5	细菌学、免疫学
2	1902	R. Ross 罗斯,R.	印度	英国	1857.05~1932.09	22	42	45	1	细菌学
3	1903	N.R.Finsen 芬森,N.R.	丹麦		1860.12~1904.09	30	38	43		皮肤病学
4	1904	I.P.Pavlov 巴甫洛夫,L.P.	俄国		1849.09~1936.02	34	41	55	2	生理学
5	1905	R.Koch 科赫,R.	德国		1843.12~1910.05	23	42	62	2	细菌学
6	1906	C.Golgi 戈尔季,C.	意大利		1843.07~1926.01	22	32	63		细胞学、生物组织学
7	1906	S.R.Y.Cajal 卡哈尔,S.R.Y.	西班牙		1852.05~1934.10	25	31	54	2	神经组织学
8	1907	C.LA.Laveran 拉韦朗,C.L.A.	法国		1845.06~1922.05	22	39	62	1	寄生虫病学
9	1908	P.Ehrlich 埃尔利希,P.	德国		1854.03~1915.08	24	36 *	54		细菌学、免疫学
10	1908	E.Metchnikoff 梅奇尼科夫,E.	俄国		1845.05~1916.07	23(动物学)	25	63	1	生物学
11	1909	E.T.Kocher 科歇尔,E.T.	瑞士		1841.08~1917.07	24	31	68		外科学

续表

序号	获奖年度	姓名	国籍 出生	国籍 获奖	生卒年月	最高学位与获得时年龄(岁)	任教授时年龄(岁)	获诺贝尔奖时年龄(岁)	院士(会员)	从事学科专业
12	1910	A.Kossel 科塞尔,A.	德国		1853.09~1927.07	25	34	57	1	生理学、化学
13	1911	A.Gullstrand 古尔斯特兰德,A.	瑞典		1862.06~1930.07	26/28	32	49		眼科学
14	1912	A.Carrel 卡雷尔,A.	法国	美国	1873.06~1944.11	27	33 *	39		生理学、组织学、外科学
15	1913	C.Richet 里谢,C.	法国		1850.08~1935.12	27/28(理学)	37	63	1	生理学、细菌学、病理学
16	1914	R.Barany 巴拉尼,Z	奥地利		1876.04~1936.04	24	41	38		耳科神经学
1915~1918 年　未颁奖										
17	1919	J.Bordet 博尔德,J.	比利时		1870.06~1961.04	22	31	49		微生物学、免疫学
18	1920	A.Krogh 克劳,A.	丹麦		1874.11~1949.09	/29	51	46	2	动物生理学
1921 年未颁奖										
19	1922	A.V.Hill 希尔,A.V.	英国		1886.09~1977.06	21(理学)	34	36	1	生理学
20		O.Meyerhof 迈尔霍夫,O.F.	德国		1884.04~1951.10	25	40 *	38	2	生理学、生物化学

续表

序号	获奖年度	姓名	国籍 出生	国籍 获奖	生卒年月	最高学位与获得时年龄(岁)	任教授时年龄(岁)	获诺贝尔奖时年龄(岁)	院士(会员)	从事学科专业
21	1923	F.G.Banting 班廷,F.G.	加拿大		1891.11~1941.02	31	30	32		医药学
22		J.J.R. Macleod 麦克劳德,J.J.R.	英国		1876.09~1935.03	26	27	47	2	生理学
23	1924	W.Einthoven 爱因托文,W.	荷兰		1860.05~1927.09	/25	26	64	1	病理学、眼科学
1925 年未颁奖										
24	1926	J.Fibiger 菲比格,J.	丹麦		1867.04~1928.01	23/28	30	59		病理学
25	1927	J.W.Jauregg 姚雷格,J.W.	奥地利		1857.03~1940.09	/23	32	70		病理学、神经病学
26	1928	C.J.H.Nicolle 尼科尔,C.J.H.	法国		1866.09~1936.02	27	28	62	1	细菌学、病理学
27	1929	C.Eijkman 艾克曼,C.	荷兰		1858.08~1930.11	25	39	71		病理解剖学、细菌学
28		F.G.Hopkins 霍普金斯,F.G.	英国		1861.06~1947.05	学 33/29(理学)	37	68	1	生物化学
29	1930	K.Landsteiner 兰德斯坦纳,K.	奥地利	美国	1868.06~1943.06	23	41	62		病理学
30	1931	O.H.Warburg 瓦尔堡,O.H.	德国		1883.10~1970.08	23/28(化学)	33	48	1	生物化学

续表

序号	获奖年度	姓　名	国籍		生卒年月	最高学位与获得时年龄(岁)	任教授时年龄(岁)	获诺贝尔奖时年龄(岁)	院士(会员)	从事学科专业
			出生	获奖						
31	1932	E.D.Adrian 艾德里安,E.D.	英国		1889.11~1977.08	26	40	43	1	生理学
32		C.S.Sherrington 谢林顿,C.S.	英国		1857.11~1952.03	36	38	75	1	神经生理学
33	1933	T.H.Morgan 摩尔根,T.H.	美国		1866.09~1945.12	34/34	38	67		生物学
34	1934	G.R.Minot 迈诺特,G.R.	美国		1885.12~1950.02	27	43	49		血液病学
35		W.P.Muphy 墨菲,W.P	美国		1892.02~1987	28	56	42		血液病学
36		G.H.Whipple 惠普尔,G.H.	美国		1878.08~1976.02	27	36	56		病理学、教育学
37	1935	H.Spemann 施佩曼,H.	德国		1869.06~1941.09	25	39	66	20*	生物学、胚胎学
38	1936	H.H.Dale 戴尔,H.H.	英国		1875.06~1968.07	34	39*	61		生理学
39		O.Loewi 勒韦,O.	德国		1873.06~1961.12	23	36	63		生理学
40	1937	A.S.Gyorgyi 焦尔季,A.S.	匈牙利		1893.09~1986.10	24/34	38	44		生物化学
41	1938	C.J.F.Heymans 海曼斯,C.J.F.	比利时		1892.03~1968.07	28	38	46		生物学
42	1939	G.Domagk 多马克,G.	德国		1895.10~1964.04	26	30	44	1	病理解剖学

续表

序号	获奖年度	姓名	国籍		生卒年月	最高学位与获得时年龄(岁)	任教授时年龄(岁)	获诺贝尔奖时年龄(岁)	院士(会员)	从事学科专业
			出生	获奖						
1940~1942年　未颁奖										
43	1943	C.P.H.Dam 达姆,C.P.H.	丹麦		1895.02~1976.04	39(理学)	34	48	1	生物化学、营养学
44		E.A.Doisy 多伊西,E.A.	美国		1893.11~1986.10	/27	30	50		生物化学
45	1944	J.Erlanger 厄兰格,J.	美国		1874.01~1965.12	25	32	70	1	生理学
46		H.S.Gasser 加塞,H.S.	美国		1888.07~1963.05	27	33	56	1	生理学
47	1945	E.B.Chain 钱恩,E.B.	德国	英国	1906.06~1979.08	/24	42	39	1	病理化学
48		A.Fleming 弗莱明,A.	英国		1881.08~1955.03	25	(讲师38)	64	1	细菌学
49		H.W.Florey 弗洛里,H.W.	澳大利亚	英国	1898.09~1968.02	/29	33	47	1	病理学
50	1946	H.J.Muller 缪勒,H.J.	美国		1890.12~1967.04	/26	31	56	1	生物学
51	1947	C.F.Cori 科里,C.F.	捷克斯洛伐克	美国	1896.12~1894.10	24	35	51		生物化学
52		G.T.Cori 科里,C.F.	捷克斯洛伐克	美国	1896.8~1957.10	24	51	51		生物化学
53		B.A.Houssay 何塞,B.A.	阿根廷		1887.04~1971.09	23	20	60		生物学

续表

序号	获奖年度	姓　名	国籍		生卒年月	最高学位与获得时年龄(岁)	任教授时年龄(岁)	获诺贝尔奖时年龄(岁)	院士(会员)	从事学科专业
			出生	获奖						
54	1948	P.Muller 米勒,P.	瑞士		1899.01~1965.10	26(化学)	(药剂师26)	49		化学
55	1949	E.Moniz 莫尼茨,E.	葡萄牙		1874.11~1955.12	25	37	75		神经生理学
56		W.R.Hess 赫斯,W.R.	瑞士		1881.03~1973.08	25	36	68		生理学
57	1950	P.S.Hench 亨奇,P.S.	美国		1896.02~1965.03	24	51	54		生理化学
58		E.C.Kendall 肯德尔,E.C.	美国		1886.03~1972.05	/24	35	64		生理化学
59		T.Reichstein 赖希施泰因,T.	波兰	瑞士	1897.07~1996	/25	41	53		化学
60	1951	M.Theiler 蒂勒,M.	南非		1899.01~1972.08	23	31 *	52		病毒学
61	1952	S.A.Waksman 瓦克斯曼,S.A.	俄国	美国	1888.07~1973.08	/30	42	64	2	微生物学
62	1953	H.A.Krebs 克雷布斯,H.A.	德国	英国	1900.08~1981.11	25	54	53	2	生物化学
63		F.A.Lipmann 李普曼,F.A.	德国	美国	1899.06~1986.07	25/28	50	54	2	生物化学

续表

序号	获奖年度	姓　名	国籍		生卒年月	最高学位与获得时年龄(岁)	任教授时年龄(岁)	获诺贝尔奖时年龄(岁)	院士(会员)	从事学科专业
			出生	获奖						
64		J.F.Eenders 恩德斯,J.F.	美国		1897.02~1985.09	/33	45	57		医学
65	1954	F.C.Robbins 罗宾斯,F.C.	美国		1916.08~	24	36	38		微生物学
66		T.H.Weller 韦勒,T.H.	美国		1915.06~2008.08	25	39	39		病毒学
67	1955	H.Theorell 西奥雷尔,H.	瑞典		1903.07~1982.08	27	34	52	8	生物化学
68		A.F.Cournand 库南德,A.F.	法国	美国	1895.09~1988.02	35	65	61	3	内科学
69	1956	D.W.Richards 理查兹,D.W.	美国		1895.10~1973.02	28	50	61	1	内科学
70		W.Forssmann 福斯曼,W.	德国		1904.08~1979.06	24	57(兼)	52		内科学
71	1957	D.Bovet 博维特,D.	瑞士	意大利	1907.03~1992	22(理学)	40 *	50	3	药理学
72		G.W.Beadle 比德尔,G.W.	美国		1903.10~1989.06	/28	34	55	5	生物学、遗传学
73	1958	J.Lederberg 利德伯格,J.	美国		1925.05~	/22	29	33	2	遗传学
74		E.L.Tatum 塔特姆,E.L.	美国		1909.12~1975.11	/25	37	49	1	生物化学

续表

序号	获奖年度	姓名	国籍		生卒年月	最高学位与获得时年龄(岁)	任教授时年龄(岁)	获诺贝尔奖时年龄(岁)	院士(会员)	从事学科专业
			出生	获奖						
75	1959	A.Kornberg 科恩伯格,A.	美国		1918.03~	23	35	41	2	生物化学
76		S.Ochoa 奥乔亚,S.	西班牙	美国	1905.09~1993	24	49	54	1	生物化学
77	1960	F.M.Burnet 伯内特,F.M.	澳大利亚		1899.09~1985.08	24/29	45	61	3	免疫学
78		P.B.Medawar 梅达沃,P.B.	巴西	英国	1915.02~1987	30(理学)	32	45	2	生物化学
79	1961	G.Von Bekesy 贝凯西,G.	匈牙利		1899.06~1972.06	/24	33	62	1	生物物理学
80	1962	F.H.C.Crck 克里克,F.H.C	英国		1916.06~2004.07	/38	43	46	5	生物物理学、遗传学
81		J.D.Watson 沃森,J.D.	美国		1928.04~	/22	33	34	4	生物学
82		M.H.F.Wilkins 威尔金斯,M.H.F.	新西兰	英国	1916.12~2004.10	/24	54	46	2	生物物理学
83	1963	J.C.Eccles 埃克尔斯,J.C.	澳大利亚		1903.01~1997	/26	41	60	4	生理学
84		A.L.Hodgkin 霍奇金,A.L.	英国		1914.02~1998	22	38	49	5	生物物理学
85		A.F.Huxley 赫胥黎,A.F.	英国		1917.11~2012.05	硕 24(文学)	43	46	4	生理学

续表

序号	获奖年度	姓名	国籍 出生	国籍 获奖	生卒年月	最高学位与获得时年龄(岁)	任教授时年龄(岁)	获诺贝尔奖时年龄(岁)	院士(会员)	从事学科专业
86	1964	K.E.Bloch 布洛赫,K.E.	德国	美国	1912.01~2000.10	/26	38	52	2	生物化学
87	1964	F.Lynen 吕南,F.	德国	德国	1911.04~1979.08	/26	36	53	5	生物化学
88	1965	F.Jacob 雅各布,F.	法国	法国	1920.06~2013.04	27/34(理学)	44	45	1	生物化学、分子生物学
89	1965	J.L.Monod 莫诺,J.L.	法国	法国	1910.02~1976.05	31(理学)	47	55	5	生物学
90	1965	A.M.Lowff 雷沃夫,A.M.	法国	法国	1902.05~1994	25/30(理学)	57	63	1	微生物学
91	1966	C.B.Huggins 哈金斯,C.B.	加拿大	美国	1901.09~1997	23	35	65	1	医学
92	1966	F.P.Rous 劳斯,F.P.	美国	美国	1879.10~1970.02	26	41*	87	4	医学、病毒学
93	1967	R.A.Granit 格拉尼特,R.A.	芬兰	瑞典	1900.10~1991	27	37	67	2	生理学
94	1967	H.K.Hartline 哈特兰,H.K.	美国	美国	1903.12~1983.03	24	46	64	3	生物物理学
95	1967	G.Wald 沃尔德,G.	美国	美国	1906.11~1997	/26	42	61	1	生物化学

续表

序号	获奖年度	姓 名	国籍		生卒年月	最高学位与获得时年龄(岁)	任教授时年龄(岁)	获诺贝尔奖时年龄(岁)	院士(会员)	从事学科专业
			出生	获奖						
96	1968	R.W.Holley 霍利,R.W.	美国		1922.01~1993	/25	4	46	2	生物化学
97	1968	H. G. Khorana 霍拉纳,H.G.	印度	美国	1922.01~2011.11	/26	36	46	2	生物化学
98	1968	M.W.Nirenberg 尼伦伯格,M.W.	美国		1927.04~	/30	33 *	41	1	生物化学
99	1969	M.Delbruck 德尔布吕克,M.	德国	美国	1906.09~1981.03	/24	41	63	1	生物学、物理学
100	1969	A.D.Hershey 赫尔希,A.D.	美国		1908.12~1997	62/26	42 *	61	2	遗传学
101	1969	S.E.Luria 卢里亚,S.E.	意大利	美国	1912.08~1991	23	38	57	2	生物学
102	1970	J.Axelrod 阿克塞尔罗德,J.	美国		1912.05~2004.12	/43	58 *	58	1	生物化学
103	1970	B.Katz 卡茨,B.	德国	英国	1911.03~2003	23/27	41	59	2	生物学
104	1970	U.Von Euler 奥伊勒,U.	瑞典		1905.02~1983.03	25	34	65		生理学
105	1971	E.W.Sutherland 萨瑟兰,E.W.	美国		1915.11~1974.03	27	38	56	1	生物化学、药理学
106	1972	G.M.Edelman 埃德尔曼,G.M.	美国		1929.07~2014.05	25/31	37	43	2	生物化学
107	1972	R.R.Porter 波特,R.R.	英国		1917.10~1985.09	32	43	55	2	生物化学

续表

序号	获奖年度	姓名	国籍 出生	国籍 获奖	生卒年月	最高学位与获得时年龄(岁)	任教授时年龄(岁)	获诺贝尔奖时年龄(岁)	院士(会员)	从事学科专业
108	1973	K.Von Frisch 冯·弗里施,K.	奥地利	德国	1886.11~1982.06	/24	35	87	1	动物学
109	1973	K.Z.Lorenz 洛伦滋,K.Z.	奥地利	奥地利	1903.11~1989.02	25/30	37	70	4	动物学
110	1973	N.Tinbergen 廷伯格,N.	荷兰	英国	1907.04~1988.12	/25	59	66	3	动物学
111	1974	A.Claude 克劳德,A.	比利时	美国	1898.08~1983.05	30	52	76	4	细胞学、生物化学
112	1974	G.de Duve 迪夫,C.	英格兰	比利时	1917.10~2013.05	24	34	57	2	细胞学、医学
113	1974	G.E. Palade 帕拉德,G.E.	罗马尼亚	美国	1912.11~	28	44	62	2	细胞生物学
114	1975	D.Baltimore 巴尔的摩,D.	美国	美国	1938.03~	/26	34	37	1	病毒学、生物化学
115	1975	R.Dullbecco 杜尔贝科,R.	意大利	美国	1914.02~2012.02	22	35	61	1	病毒学
116	1975	H.M. Temin 特明,H.M.	美国	美国	1934.12~1994	/25	35	41	2	病毒学
117	1976	B.S.Blumberg 布卢姆伯格,B.S.	美国	美国	1925.07~	26/32	45	51	1	医学
118	1976	D.C.Gajdusek 盖达塞克,D.C.	美国	美国	1923.09~	23	32 *	53	2	医学、病毒学

续表

序号	获奖年度	姓 名	国籍		生卒年月	最高学位与获得时年龄(岁)	任教授时年龄(岁)	获诺贝尔奖时年龄(岁)	院士(会员)	从事学科专业
			出生	获奖						
119		R.Guillemin 吉尔曼,R.	法国	美国	1924.01~	25/29	39	53		内分泌学
120	1977	A.Schalley 沙里,A.	波兰	美国	1926.11~	/31	41(兼)	51	1	生物学、内分泌学
121		R.S.Yalow 雅洛,R.S.(女)	美国		1921.07~	/24	47(兼)	56	2	医学物理学
122		W.Arber 阿尔伯,W.	瑞士		1929.06~	/29	36	49		微生物遗传学
123	1978	D.Nathans 内森斯,D.	美国		1928.10~1999	26	29 *	50		微生物遗传学
124		H.O.Smith 史密斯,H.O.	美国		1931.08~	25	42	47		微生物遗传学
125		A.M.Cormack 科马克,A.M.	南非	美国	1924.02~1998	21(理学)	40	55	1	理论物理学
126	1979	G.N.Hounsfield 豪斯菲尔德,G.N.	英国		1919.08~2004.08	学 32(电气)	59(兼)	60	1	电学
127		B.Benacerraf 贝纳塞拉夫,B.	委内瑞拉	美国	1920.10~2011.08	25	36/30 *	60		免疫学
128	1980	J.Dausset 多塞,J.	法国		1916.10~2009.06	27	43	64	2	免疫学、医学
129		G.D.Snell 斯内尔,G.D.	美国		1903.12~1996	27(理学)	54 *	77	2	遗传学

续表

序号	获奖年度	姓名	国籍 出生	国籍 获奖	生卒年月	最高学位与获得时年龄(岁)	任教授时年龄(岁)	获诺贝尔奖时年龄(岁)	院士(会员)	从事学科专业
130	1981	D.H.Hubel 休伯尔,D.H.	加拿大	美国	1926.02~2013.09	25	39	55	1	神经生理学
131	1981	T.N.Wiesel 威厄塞尔,T.N.	瑞典	美国	1924.06~	30	35	57		医学、生理学
132	1981	R.W.Sperry 斯佩里,R.W.	美国	美国	1913.08~1994	28	41	68	4	心理生物学、神经学
133	1982	S.K.Bergstrom 伯格斯特龙,S.K.	瑞典	瑞典	1916.01~	28	31	66	3	生物化学、生理学
134	1982	B.I.Samuelsson 萨米埃尔松,B.I.	瑞典	瑞典	1934.05~	27/26(生化)	33	48		生理学
135	1982	J.R.Vane 文,J.R.	英国	英国	1927.03~	/26	28	55	1	医学、药理学
136	1983	B.McLintock 麦克林托克,B.(女)	美国	美国	1902.06~1992.09	/25	34	81		遗传免疫学
137	1984	N.K.Jerne 杰尼,N.K.	英国	丹麦	1911.12~1994	36	49	73	3	免疫学
138	1984	G.Kohler 克勒,G.	德国	德国	1946.04~1995	/28	30 *	38		免疫学
139	1984	C.Milstein 米尔斯坦,C.	阿根廷	英国	1927.10~2002.03	30/33	31 *	57	2	生物化学
140	1985	M.S.Brown 布朗,M.S.	美国	美国	1941.04~	25	35	44	2	分子生物学、遗传学
141	1985	J.L. Goldstein 戈德斯坦,J.L.	美国	美国	1940.04~	26	36	45	2	分子生物学、遗传学

续表

序号	获奖年度	姓　名	国籍		生卒年月	最高学位与获得时年龄(岁)	任教授时年龄(岁)	获诺贝尔奖时年龄(岁)	院士(会员)	从事学科专业
			出生	获奖						
142	1986	S.Cohen 科恩,S.	美国		1922.11~2020.02	26(生化)	45	64	2	生物化学
143		R.Levi-Montalcini 莱维-蒙塔尔西尼,R.(女)	意大利		1909.04~2012.12	31	49	77	1	生物学
144	1987	Susumu Tonegawa 利根川进	日本		1939~	30(化学)	42	48		分子生物学
145	1988	J.Black 布莱克,J.	英国		1924.06~2010.03	学 21	49	64	2	药理学
146		G.H.Hitchings 希钦斯,G.H.	美国		1905.04~1998	/28	(兼)	83	2	药物学
147		G.B.Elion 埃利昂,G.B.(女)	美国		1918.01~1999.02	硕 23(化学)	52(兼)	70		化学
148	1989	J.M.Bishop 毕晓普,J.M.	美国		1936.02~	26	32	53		生物化学、病毒学
149		H.E.Varmus 瓦慕斯,H.E.	美国		1939.12~	硕 27/23(文学)	40	50	1	微生物学、病毒学
150	1990	J.E.Murray 默里,J.E.	美国		1919.04~2012.11	24	51	71	1	医学
151		E.D.Thomas 托马斯,E.D.	美国		1920.03~2012.10	26	35	70		医学
152	1991	E.Neher 内尔,E.	德国		1944.03~	/26	39	47	1	细胞生理学
153		B.Sakmann 萨克曼,B.	德国		1942.06~	32	45	49		细胞生理学

续表

序号	获奖年度	姓　名	国籍		生卒年月	最高学位与获得时年龄(岁)	任教授时年龄(岁)	获诺贝尔奖时年龄(岁)	院士(会员)	从事学科专业
			出生	获奖						
154	1992	H.Fischer 费希尔,H.	中国	美国	1920.04~	/27	41	72		生物化学
155		E.Krebs 克雷布斯,E.	美国		1918.06~2009.12	25	39	50		生物化学
156	1993	R.J.Roberts 罗伯茨,R.J.	英国	美国	1943.09~	/25	29 *	50	1	分子生物学、化学
157		P.A.Sharp 夏普,P.A.	美国		1944.06~	/25	30	49		分子生物学、化学
158	1994	G.Gilman 吉尔曼,G.	美国		1941.07~	28/28	36	53	1	药理学
159		M.Rodebell 罗德贝尔,M.	美国		1925.12~1998.12	/29	42	68		医学
160	1995	E.B.Lewis 刘易斯,E.B.	美国		1918.05~	/24	38	77	1	遗传学
161		E.Wieschus 维绍斯,E.	美国		1947.06~	/27	40	48		遗传学
162		C.N.Volhard 福尔哈德,C.N.(女)	美国		1942.10~	/31	43 *	52		遗传学
163	1996	P.C.Doherty 多尔蒂,P.C.	澳大利亚		1940.10~	/30	35	55	1	兽医学
164		R.M.Zinkernagel 津克纳格尔,R.M.	瑞士		1944.01~	26/31	44	52		医学、免疫学
165	1997	S.B.Prusiner 普鲁西纳,S.B.	美国		1942.05~	26	42	55	1	生物学

续表

序号	获奖年度	姓名	国籍		生卒年月	最高学位与获得时年龄(岁)	任教授时年龄(岁)	获诺贝尔奖时年龄(岁)	院士(会员)	从事学科专业
			出生	获奖						
166	1998	R.Furchgott 弗奇戈特,R.	美国	美国	1916.06~2009.05	24(生化)	40	82		药理学
167	1998	L.J.Ignarro 伊格纳罗,L.J.	美国	美国	1941.05~	25(药理学)	38	57		药理学
168	1998	F.Murad 默拉德,F.	美国	美国	1936.09~	29	39	62	1	药理学
169	1999	G.Blobel 布洛伯尔,G.	德国	美国	1936.05~	31	40	63		细胞与分子生物学
170	2000	A.Carlsson 卡尔松,A.	瑞典	瑞典	1923.01~	28	36	77		神经药理学
171	2000	P.Greengard 格林加德,P.	美国	美国	1925.12~	28	34	74		生化药理学、精神病学
172	2000	E.R.Kandel 坎德尔,E.R.	奥地利	美国	1929.11~	27	45	70		神经生理学
173	2001	L.H.Hartwell 哈特韦尔,L.H.	美国	美国	1939.10~	25	29	62		生物化学与分子生物学
174	2001	P.Nurse 纳斯,P	英国	英国	1949.01~	24	38	52	4	生物化学与分子生物学
175	2001	T.Hunt 亨特,T.	英国	英国	1943.02~	25		58		生物化学与分子生物学

续表

序号	获奖年度	姓　名	国籍		生卒年月	最高学位与获得时年龄(岁)	任教授时年龄(岁)	获诺贝尔奖时年龄(岁)	院士(会员)	从事学科专业
			出生	获奖						
176	2002	S.Brenner 布雷内,S.	南非	英国	1927.01~	27		75		细胞与分子生物学
177	2002	H.R.Horvitz 霍维茨,H.R.	美国		1947.05~	27	39	55		细胞与分子生物学
178	2002	J.E.Sulston 苏尔斯顿,J.E.	英国		1942.03~	24		60	1	细胞与分子生物学
179	2003	P.C.Lauterbur 劳特布尔,P.C.	美国		1929.05~2007.03	33	40	74		化学和放射学
180	2003	S.P.Mansfield 曼斯菲尔德,S.P.	英国		1933.10~	29	46	70	1	物理学
181	2004	R.Axel 阿克塞尔,R.	美国		1946. 07~	24	32	58	1	生物化学与分子生物学
182	2004	L.B.Buck 巴克,L.B.	美国		1947. 01	33	54	57	1	分子生物学
183	2005	B.J.Marshall 马歇尔,B.J.	澳大利亚		1951.09~	硕 23	34 * /35	54	1	内科学、微生物学
184	2005	J.R.Warren 华伦,J.R.	澳大利亚		1937.06~	硕 24	30 *	68		病理学
185	2006	A.Z.Fire 法尔,A.Z.	美国		1959~	24		47		病理学、遗传学
186	2006	C.C.Mello 梅洛,C.C.	美国		1960~	30		46		分子医学

续表

序号	获奖年度	姓　名	国籍		生卒年月	最高学位与获得时年龄(岁)	任教授时年龄(岁)	获诺贝尔奖时年龄(岁)	院士(会员)	从事学科专业
			出生	获奖						
187		M.R.Capecchi 卡佩奇,M.R.	美国		1937~	30		70	2	人类遗传学、分子生物学
188	2007	O.Smithies 史密西斯,O.	美国		1925~	26		82		分子生物学
189		S.M.J.Evans 埃文斯,S.M.J.	英国		1941.01~	27	40	66		动物遗传学
190		H.Z.Hausen 豪森,H.Z.	德国		1936.03~	24	36	72		病毒学
191	2008	F.Barre-Sinoussi 巴尔-西诺西,F.	法国		1947~	27	41	61		病毒学
192		L.Montagnier 蒙塔尼,L.	法国		1932~			76		病毒学
193		E.H.Blackburn 布莱克本,E.H.	美国/澳大利亚		1948.11~	27	42	61		生物学、生理学
194	2009	C.W. Greider 格雷德,C.W.	美国		1961~	26	36	48		分子生物学
195		J.W.Szoslak 绍斯塔克,J.W.	美国		1952~	25		57		遗传学
196	2010	R.Edwards 爱德华兹,R.	英国		1925.06~2013.04	30	38	85		生殖医学
197	2011	B.A.Beutler 博伊特勒,B.A.	美国		1957.12~	24	39	54		遗传学、免疫学

续表

序号	获奖年度	姓 名	国籍 出生	国籍 获奖	生卒年月	最高学位与获得时年龄(岁)	任教授时年龄(岁)	获诺贝尔奖时年龄(岁)	院士(会员)	从事学科专业
198	2011	J.A.Hoffmann 霍夫曼,J.A.	法国		1941.08~	28		70	6	免疫学
199		R.M.Steinman 斯坦曼,R.M.	加拿大		1943.01~2011.09	25	45	68	1	免疫学
200	2012	S.J.B.Gurdon 格登,S.J.B.	英国		1933.10~			79	1	发育生物学
201		Shinya Yamanaka 山中伸弥	日本		1962.09~	31	41	50		分子生物学
202	2013	J.E.Rothman 罗斯曼,J.E.	美国		1950.11~	26	58	62		生物学
203		R.W.Schekman 谢克曼,R.W.	美国		1948.12~	27	43 *	64	1	分子和细胞生物学
204		T.C.Sudhof 聚德霍夫,T.C.	德国		1955.12~	28/28 (神经化学)	36 *	57		生物化学
205	2014	J. O'keefe 欧基夫,J.	美国/美,英		1939~	28	48	75		认知神经科学
206		M. B. Moser 莫泽,M. B.	挪威		1963~	32	45	51		心理学/神经科学
207		E. lMoser 莫泽,E. l.	挪威		1962~	33	48	52		心理学/神经科学
208	2015	屠呦呦	中国		1930.12~	学 25	55	85		中药学
209		W.C.Campbell 坎贝尔,W. C.	爱尔兰	美国	1930.06~	27		85		寄生虫生物学
210		Satoshi ōmura 大村智	日本		1935.07~	33(药学)/35(化学)		80	4	微生物学

续表

序号	获奖年度	姓　名	国籍		生卒年月	最高学位与获得时年龄(岁)	任教授时年龄(岁)	获诺贝尔奖时年龄(岁)	院士(会员)	从事学科专业
			出生	获奖						
211	2016	Yoshinori Ohsumi 大隅良典	日本		1945.02~	29	64	71		分子生物学
212	2017	J.C.Hall 霍尔,J. C.	美国		1945.03~	26	41	72	1	遗传学
213		M.Rosbash 罗斯巴什,M.	美国		1944.03~	26(物理)	42	73	1	遗传学
214		M.W. Young 杨,M.W.	美国		1949~	26		68	1	遗传学
215	2018	J.P. Allison 艾利森,J.P.	美国		1948.08~	25	37	70	1	免疫学
216		Tasuku Honjo 本庶佑	日本		1942.01~	33	37	76	2	免疫学
217	2019	W.G.Kaelin Jr 凯林,W.G.	美国		1957.11~	25	45	62		癌症
218		S.P.J.Ratcliffe 拉特克利,S.P.J	英国		1954~		42	65		医学
219		G.L.Semenza 塞门扎,G.L.	美国		1956~	28	43	63		医学

注：1. 本表1901~1999年获得者信息转引自段志光．诺贝尔医学奖与大学生心理教育[M]．北京：中国城市出版社．2000,279-292.

2. 本表2000~2019年获得者信息由著者根据近年有关报刊和网络资料编制。

3. 表内“最高学位与获得时年龄”栏内,“24/26”意为获医学博士学位时24岁、获哲学博士学位时26岁；如单为医学博士,则以“××”表示；如单为哲学博士,则以“/××”示；如为其他学科博士学位,则以“××(　　)”示；如为硕士或学士学位,则以“硕××”或“学××”示。

4. 获最高学位和任教授时年龄,如各资料不一致,则以较早者计。

5. 表内“任教授时年龄”栏内,带“＊”者为任研究员时年龄；带“(兼)”者为任兼职教授时年龄。

6. 表内“院士(会员)”栏内,“1”示一个国家院士(会员),“2”示两个国家院士(会员),以此类推。

附录 2　1901~2019 年诺贝尔生理学或医学奖的获奖理由与对获奖者的评述

序号	获奖年度	获奖者	获奖理由	对获奖者的评述
1	1901	E.von Behring 冯·贝林,E.	发现血清疗法,特别是将该疗法应用于治疗白喉	贝林从日本学者北里柴三郎(Shibassaburo Kitasato)那里了解到中国医学中以毒攻毒的医理,由此联想到既然病毒菌能产生毒素,就一定能产生一种能攻毒的抗毒素。他们在非致死范围内给试验动物注射毒素,结果发现当剂量逐渐增加时,这些动物的血液具有中和毒素的免疫能力。他们还证实,经过免疫的动物血液中产生了一种抗毒素,可抗御细菌或毒素。贝林此后还制出了白喉抗毒素,挽救了成千上万儿童的生命。从此,血清疗法成为征服传染性疾病的一种普遍有效的手段,贝林本人也被誉为免疫学尤其是血清疗法的创始人。此外,贝林还进行了结核病的研究,发现了牛结核菌苗,并把全部财产和包括所获的诺贝尔奖奖金捐献出来,创办结核病研究所
2	1902	Sir Ronald Ross 罗斯,R.	对疟疾的研究,特别是揭示了疟原虫的生活史	罗斯从小就知道疟疾的危害,并产生了这种病究竟是怎样传染的疑问。他在工作中观察到疟疾横行的地区,蚊子多得出奇,就想到会不会是由蚊子之类的东西传播疟疾?经过多年的努力,罗斯终于在一种"按蚊属"的蚊子胃肠道里发现了人类疟原虫的卵囊,从而首次证明疟蚊是疟疾传播的中间载体,只有消灭疟蚊,才可以预防疟疾的传播。他后来还提出了消灭疟蚊的有效方法
3	1903	N.R.Finsen 芬森,N.R.	创用聚焦光线的方法治疗疾病,特别是治疗寻常性狼疮	芬森是揭开光线治病奥秘的先驱,这一发现为现代医学开辟了一条崭新的途径。他证实日常的杀菌作用是由于光谱中的蓝光、紫光和紫外光部分。在治疗天花的过程中,他发现红外线能加快天花痊愈,还能预防正常光照下引起的并发症;他还试用紫外线治疗狼疮,取得了满意的疗效。芬森自幼染上胞虫囊病,在求学、工作和研究中,健康状态每况愈下,后来只能坐在轮椅上。他的一生是与病魔斗争的一生,是坚忍不拔为人类造福的一生。他把诺贝尔奖奖金分别捐赠给光学治疗研究所和一家疗养院
4	1904	I.P.Pavlov 巴甫洛夫,L.P.	在消化生理学方面的研究,特别是发现了主要消化腺的分泌规律,阐明了神经系统在调节整个消化过程中的主导作用	巴甫洛夫最初研究血液循环生理学,提示了神经对心脏功能的调节作用。他把兴奋神经的影响归结为营养方面的影响,开辟了生理学的一个新分支——神经营养学。他研究了消化生理学,发现了主要消化腺的分泌规律,成功地进行狗的"假饲"实验,阐明了神经系统在调节整个消化过程中的主导作用。巴甫洛夫还对高级神经活动生理学进行了研究,建立了条件反射学说,探讨了人类高级神经活动规律,提出第一信号系统和第二信号系统的学说,从而建立了一个完整的高级神经活动学说,为大脑皮质生理学开辟了新的研究领域,奠定了心理学的生理学基础

续表

序号	获奖年度	获奖者	获奖理由	对获奖者的评述
5	1905	R.Koch 科赫,R.	有关结核病的研究,发现结核杆菌和结核菌素	科赫是现代细菌学的奠基人之一,发明了用于分离纯种细菌的“固体培养基”;最先采用染色法观察细菌的形态;分离出结核杆菌和炭疽杆菌,在人类历史上第一次证明一种特定的微生物是引起一种特定疾病的原因;提出了判断某种微生物是否为某种传染病病原的“科赫原则”。除此以外,他还发明了预防炭疽病的接种法,这种方法被公认为细菌病理学上的杰作,这是一个重大发明,是现代细菌学的一个重要里程碑,他为此耗尽了自己的全部积蓄
6	1906	C.Golgi 戈尔季,C.	对神经系统结构的研究,特别是发现神经细胞,创建现代神经学基础	戈尔季发明了神经组织染色方法(即铬酸盐—硝酸银方法),并且利用这种方法研究了中枢神经系统。后来被认为是神经系统显微结构概念的一次革命。这项工作为神经元学说奠定了基础。此外,在病理学方面,他也有许多贡献,如描述了神经元的变化,解释了成年期肾病结构的特征;在疟疾防治上做出了巨大成绩,描绘了人体血液中疟原虫发热及无性发育情况,并于 1890 年拍摄出第一张疟原虫照片
7		S.R.Cajal 卡哈尔,S.R.		卡哈尔在戈尔季工作的基础上,改良和证明了铬银染色法,并运用于神经系统的研究,建立了神经系统结构的新学说——神经元理论,否定了神经系统结构的“网络学说”,使得人们能够从正确的解剖学角度去认识神经系统的构成和信息在神经系统中的传递方式。他还创立了升汞-氯化金染色体,给神经科学和临床神经病理学的发展带来深远影响。他对神经细胞之间突触联系的伟大发现和描述的脑精细结构,构成了现代神经学的主要基础,由此成为神经元学说的奠基人
8	1907	C.L.A.Laveran 拉韦朗,C.L.A.	发现了病源性原生动物(原虫)的致病作用	拉韦朗毕生从事寄生虫传染病的研究和防治工作,最早提出了疟疾偶发症的寄生性理论;经过热带非洲实地考察,发现了睡眠症病原和利什曼病的传播媒介。由于他发现并阐明了原生动物在引起疾病中所起的作用,他的理论在各国研究细菌、寄生虫和传染病工作中起了很大的作用,被世人誉为“公共卫生的拓荒者”
9	1908	P.Ehrlich 埃利希,P.	免疫学和血清疗法方面的研究,共同发明“六零六”	埃利希是化学疗法的先驱。他最早用化学反应解释免疫过程,第一个定量地研究了毒素与抗毒素的沉淀反应,建立起抗体理论,由于他的研究,科学家开始使用“免疫化学”这个名词。他发现了可安全地用于临床并能中和白喉毒素的抗毒素剂。他研究了有机体对染料的感受性,提出用组织染色技术来鉴别有机体细胞和组织。他和日本科学家秦佐八郎(1873~1938)合成了数千种化合物,并对其一一筛选,共同发明了“六零六”(二氨基二氧偶胂苯),把非洲人从昏睡病的威胁中解救出来,后又成功治疗梅毒患者

续表

序号	获奖年度	获奖者	获奖理由	对获奖者的评述
10	1908	E.Metchnickoff 梅奇尼科夫,E.	对免疫的研究,特别是提出免疫的"细胞"理论	梅奇尼科夫入大学前受达尔文《物种起源》影响,决心致力于胚胎学研究。他建立了吞噬细胞具有清除微生物或其他异物的功能、有抗病和灭病的作用、白细胞在机体的炎症过程中有防御作用的理论,为免疫性研究做出了巨大贡献。他早年从事无脊椎动物胚胎学研究,发现了无脊椎动物和脊椎动物发育的共同规律,为比较解剖学奠定了基础;后来进行人和动物衰老原因的研究,揭示出衰老的一些内在原因
11	1909	E.T.Kocher 科歇尔,E.T.	在甲状腺的生理学、病理学和外科学方面的研究	科歇尔通过临床和实验发现,甲状腺肿与饮食中碘的含量有关;甲状腺调节身体的新陈代谢并影响生长发育,当甲状腺激素分泌不足时,就会引起种种病态。他在对手术治疗甲状腺肿和黏液水肿方面积累了丰富的临床经验。由于他的大量实践和科学总结,使过去让人望而生畏的甲状腺肿的外科手术变成了最普通的手术。被誉为研究甲状腺生理学、病理学和外科治疗的先驱。在培养医学人才方面,以严格有方著称,主张首先考察学生品德。此外,科歇尔对其他许多类型的外科手术方法进行了研究,发明了止血钳等手术器械和多种消毒防腐技术
12	1910	A.Kossel 科塞尔,A.	对包括细胞核物质在内的蛋白质的研究,建立细胞化学	科塞尔最先应用有机化学的提取方法和微量的化学分析方法研究核蛋白和细胞蛋白质,在确定核素的化学特性及化学组成等方面取得了巨大成就,系细胞化学的奠基人。他将核蛋白分为两个部分——蛋白质和核酸,并认为核酸的基本组成成分与蛋白质根本不同,从而使核酸的研究走上了正确的道路。科塞尔还预见到核酸是遗传信息的储存者和传递者这一现代研究课题
13	1911	A.Gullstrand 古尔斯特兰德,A.	眼睛屈光学的研究	古尔斯特兰德在眼睛屈光学方面取得了杰出成就。他以其丰富的数学、物理、医学知识,经过20多年百折不挠的研究,搞清了光线从空气通过角膜、水晶体等几种折光指数不同的媒介而在视网膜上成像的原理,阐明了近视调节的机制,归纳出光学成像的一般定理,得到了各国学者的承认。他发明的裂隙灯,与显微镜结合就可检查眼内的变化,观察炎症早期变化和发展过程,为眼科临床诊断带来极大的方便。他从理论到实践,对几何光学、生理光学和眼科学都有划时代的贡献
14	1912	A.Carrel 卡雷尔,A.	对血管缝合术及器官移植术的研究	卡雷尔首先提出血管缝合方法并获得成功;发现了组织培养法和白细胞发育促进物质——滋养素。他大胆预言人体的任何器官都可以从人体上取下来培养,而且可以移植到另一人体上。他发明了世界第一个人工心脏。晚年创作了不少富有哲理的作品

续表

序号	获奖年度	获奖者	获奖理由	对获奖者的评述
15	1913	C.R.Richet 里谢,C.R.	发现过敏反应	里谢关于血清治疗法的来源、对过敏性的研究两大重要发现,是对医学的最大贡献。他发现将一个免疫动物的血清输到第二个动物身上,第一个动物的免疫性也就传给第二个动物,从而使人类第一次利用血清注射体内治疗成功,为现代医学开创了一条新路。他还对过敏反应做出了理论解释。他还是一位诗人、小说家、戏剧家、和平主义者
16	1914	R.Barany 巴拉尼,R.	对前庭器官的生理学和病理学方面的研究	巴拉尼从医学上的“眼球震颤”着手,发现内耳的前庭器官与小脑有关,影响身体平衡。进一步的研究发现,前庭器官中有三个互相垂直的半规管,它们分别感受三维空间中不同的旋转刺激。他结合自己的临床观察,提出大胆的推测,经研究试验提出了“热检验”方法,可以很容易地测试前庭器官的功能,大大促进前庭疾病的早期诊断
1915~1918 年未颁奖				
17	1919	J.Bordet 博尔德,J.	在免疫性方面的重大发展以及建立新的免疫学诊断法	博尔德证实了注入人体内的细菌,常在几分钟内就被从血液中清除掉,而体液的杀菌能力是有限的,显然还有一种细胞性的机制参与其中,并由此创立了抗菌血清理论和利用血浆治疗种种细菌疾病的方法。他的一系列发现具有重大意义,在理论上扩大了免疫的概念范畴,在实践上建立了新的免疫学诊断方法。此外,他的补体结合反应可用来测定病人血清中的抗体;他还发现了百日咳杆菌,对血液凝结和噬菌体做了研究
18	1920	S.A.S Krogh 克劳,A.	发现毛细血管舒缩运动及其调节机制	克劳发现毛细血管运动的调节机制,设计和制作了微量气体张力计。创造了气体交换机理中的“弥散论”,认为肺泡中的氧气以分子弥散的方式进入氧气压力较低的血液中去。他不仅开创了毛细血管生理学的新方向,并深入研究了体液和神经因素对毛细血管运动机制的调节。他是第一位发现肌肉内微血管调节血液循环原理的人。他还研究了许多生理学的问题,如热的调节、呼吸、代谢、做功对饮食的影响,等等,并自己动手、设计和制作了多件测量仪器
1921 年未颁奖				
19	1922	A.V.Hill 希尔,A.V.	发现肌肉中热的产生	希尔主要从事肌肉活动过程的研究。他以青蛙肌肉为研究对象,发现肌肉内产生热的过程,提出肌肉产热量取决于肌纤维收缩前的长度理论。设计、制作了非常精巧、灵敏的热电偶。设计并实现了一种测热方法,即设法用热遇偶,把肌肉微小的温度变化转变成电流变化,再用精密的电流计来测量和记录出温度的微小上升,进而推算出肌肉抽搐时产生的热量,从而解决了一个“当代世界科学之最”的问题。他运用广博的数学知识,推导出血红蛋白与氧气结合的方程,即著名的“希尔公式”。他与迈尔霍夫用化学方法测量肌肉的耗氧量和肌肉中碳水化合物与乳酸的转化和肌肉活动的关系,并分别得出类似的结果。希尔因此被誉为将物理学、化学概念和精细测量用以研究生理学的先驱。他曾督促英国政府于 1944 年颁发了特别优待青年科学家的法令

续表

序号	获奖年度	获奖者	获奖理由	对获奖者的评述
20	1922	O.Meyerhof 迈尔霍夫,O.F.	发现肌肉组织中氧的消耗与乳酸代谢之间的固定比例关系	迈尔霍夫早年从事有关生物能量转换问题的研究,他以肌肉为研究对象,研究了肌肉收缩过程中糖原和乳酸的循环性转变以及两者的关系。解释了肌肉的收缩功能,指出乳酸是肌纤维收缩的原因,糖原是能量的主要来源;阐明了在有氧条件下,酵母细胞会氧化酒精而重新合成糖原的现象实质;认为肌肉活动的全部化学过程可分为无氧期和氧化期两个阶段。此后,他又研究了糖酵解的一般过程及与之有关酶的作用;首先提出了“能量偶合”的概念,并通过许多精密实验证明,生物能量转移和磷酸化作用之间存在着密切的联系。这些贡献对近代生物化学的发展有着重要影响
21	1923	Sir F.G.Banting 班廷,F.G.	发现胰岛素	班廷与麦克劳德、贝斯特(C.H.Best)、柯利普(J.B.Collip)等一起,结扎狗的胰导管,使胰腺萎缩,获得萎缩胰腺的提取液,再将得到的提取液注射到除去胰腺而患糖尿病的狗身上,结果成功地降低了狗的血糖,尿糖消失。与麦克劳德等共同发现胰岛素。发明了糖尿病特效药。后来还对癌症、冠心病及矽尘沉着病等疑难问题做了研究
22		J.J.R. Macleod 麦克劳德,J.J.R.		麦克劳德早期从事呼吸作用生理学研究,后来转向实验性糖尿和糖代谢的研究。在他的指导下,班廷等用狗做实验,把胰腺提取液注射到除去胰腺患糖尿病的狗身上,结果发现狗的血糖恢复正常,尿糖消失。他们用不到一年的时间,就在实验室里发现了胰岛素。麦克劳德等还成功地将胰岛素用于糖尿病治疗,使许多病人因得到治疗而病情好转
23	1924	W.Einthoven 爱因托文,W.	发明心电图机,发现心电图机制,建立心电图学	爱因托文具有丰富的物理学及医学知识,他发现了心电图机制,在世界上第一个从患者身上记录到心电图,并开始深入研究。他在记录心电图的同时,记录了心脏活动时伴随的心音,利用心音和心电图相对照,来说明心电图与心脏活动的关系。他提出的“爱因托文三角”,进一步为心电图奠定了基础,使心电图应用于临床诊断,为成千上万的心脏病病人带来福音。他的研究课题比较广泛,曾涉猎无线电通讯等,现代的玻璃眼镜片便是根据他的眼科学理论设计改进的
1925 年未颁奖				
24	1926	J.Fibiger 菲比格,J.	发现致癌螺旋虫(后未被医学科学实践所证实,从而成为诺贝尔生理学或医学奖授奖史上至今发现的唯一一次重大失误)	菲比格是最早用实验方法研究癌症的科学家。他成功地进行了使老鼠致癌的实验,并使癌瘤转移到其他老鼠身上,使它们也患上癌症。菲比格人工致癌方法的成功,开辟了癌症研究的新途径,这在当时被认为是一个重要的发现。菲比格还认为,癌症绝非不治之症。这一大胆预言极大地鼓舞了人们进一步探索

续表

序号	获奖年度	获奖者	获奖理由	对获奖者的评述
25	1927	J.W.Jauregg 姚雷格,J.W.	发现接种疟疾治疗麻痹性痴呆的高热疗法	姚雷格的研究范围十分广泛,他首创了治疗疟疾的特效药——奎宁,是人类历史上第一个用奎宁有效地治疗疟疾的名医,为医药界求得一个颠扑不破的断论:疟疾绝对不是不治之症！他用疟疾发热疗法治疗麻痹性痴呆病人,现在有很多治疗麻痹和疟疾的新药,全是根据他的理论推衍开来的。痴呆、软骨病等病的病理与治疗,多半是他创立或发现的。他还发明了用碘治疗呆小病的方法
26	1928	C.J.H.Nicolle 尼科尔,C.J.H.	对斑疹伤寒研究的贡献	尼科尔专心致力于细菌和传染病的研究,尤其对斑疹伤寒的研究有独特贡献。他首先发现了斑疹伤寒的传播方式和发疹规律。他发现斑疹伤寒的病原体是一种介于细菌和病毒之间的立克次体,它以虱、蚤等为传播媒介,从而引发疾病。他的这项成果为预防和治疗斑疹伤寒提供了理论依据和具体途径,把不计其数的人从这种传染病的危害中拯救出来。他还发现了黑热病的致病原因,并且指出,麻疹、斑疹伤寒或波型热患者的血清可保护未受传染的人免受这些疾病的传染
27	1929	C.Eijkman 艾克曼,C.	发现抗脚气病的维生素 B_1	脚气病流行于东印度群岛一带,由于具有流行性的特点,一般认为它是一种有病原菌的传染病。艾克曼经过实验发现不存在这样的病原菌,而进一步的实验表明,糙米和米糠对鸡的多发性神经炎有疗效。艾克曼确认糙米的米皮里有一种保护素,它能预防和治疗多发性神经炎。他提倡人们吃糙米和喝米糠水来防治脚气病,结果获得成功。后来的科学家正是从米糠中提取出一种抗脚气的化合物——维生素 B_1。他最先发现食物中有生命必需的微量物质,为后来研究维生素在营养学中的作用奠定了基础
28		F.G.Hopkins 霍普金斯,F.G.	发现促进生长的维生素	霍普金斯最早意识到现代生物化学的重要及人类对它的迫切需要,首先开始关于蛋白质机制的研究,并分离和提纯出色氨基酸,确定了这种氨基酸对于营养的重要性。他认为,天然食物中除了含有蛋白质、脂肪、糖、无机盐和水这些基本成分外,还必须含有少量但为生命所必需的其他物质,即现在众所周知的维生素。他的“人工合成饮食”实验,引起学者们对维生素的普遍关注。他的工作在营养学领域具有开拓性意义。此外,霍普金斯还研究了肌肉代谢,分离谷胱甘肽,确定了其化学结构、性质以及在细胞内部氧化过程中所起的作用;他对中间代谢的研究,为理论生物化学的创立做出了巨大贡献

续表

序号	获奖年度	获奖者	获奖理由	对获奖者的评述
29	1930	K. Landsteiner 兰德斯坦纳,K.	发现人类血型	兰德斯坦纳从红细胞的凝集反应出发,经过广泛的实验和临床实践,发现红细胞表面含有一些抗原性物质,而血清中则含有相应的特异性抗体,前者统称为凝集原,后者统称为凝集素。根据红细胞中所含凝集原的不同,他首先将人类血型分为A、B、AB和O四种类型。后来,他和美国免疫学家列文(P.Levine)共同发现了血液中的M、N和P因子,导致以后MNS_S血型系统的发展;与英国医师维纳(A.S.Wiener)共同发现血液中的Rh因子存在,为Rh血型系统的发展打下了基础。人类血型的分类,对免疫、遗传、法医、输血以及防治新生儿溶血症等均有重大意义
30	1931	O.H.Warburg 瓦尔堡,O.H.	发现呼吸酶的性质和作用方式	瓦尔堡利用自己研制的仪器成功地研究了细胞呼吸酶的性质、结构及作用方式,并证实它确实存在于细胞的线粒体中。这一发现把细胞呼吸研究推向了新的阶段。他创立了一系列重要的生化研究方法,如鉴定和分析细胞组分的分光光度法,研究细胞代谢的测压法、多种微量分析法及细胞组分的分离等,这些方法对解决生化学和细胞生理学中的许多重大课题发挥了极其重要的作用,尤其被后人誉为"瓦尔堡呼吸器"的生化测压法,对细胞呼吸及细胞代谢的研究,发挥了极其重要的作用,至今仍被广泛采用。他的研究涉及的领域达40多个,还揭示了光合作用中光能转变的机制,为量子生化学奠定了基础。瓦尔堡还曾于1944年被提名为诺贝尔奖候选人
31	1932	E.D.Adrian 艾德里安,E.D.	发现神经细胞的功能	艾德里安在研究控制肌肉活动的运动神经冲动时发现,外界刺激引起神经冲动存在一定的阈值,即所谓的"全或无"法则。他研究了单根运动神经纤维的冲动,发现和感觉神经纤维上的结论基本一致,搞清了神经控制骨骼肌随意活动的信息,从而澄清了神经生理学中许多早期得出的不完善结论,大大推动了这一学科的发展。他研究了脑的电活动和脑电力的临床应用,为神经学开辟了新的重要分支——脑电图学,为脑电图技术的发展奠定了基础
32		C.S.Sherrington 谢林顿,C.S.		谢林顿在对待神经系统研究的问题上,反对简单化的机械论观点,强调完整的生物体及其反应的统一性,认为应把神经系统作为一个完整的功能单位来研究。他发现了中枢神经反射活动的规律,揭示了神经细胞及能量在神经系统中传递的情况。他描述了运动神经通道,证实了肌肉中存在感受神经,探索了脊髓后根的皮肤分布情况;发现神经协调的秘密是反射配合;反射配合是通过反射弧的活动建立的;支配这种活动的,是他命名的"突触"。他对神经解剖学的这三大贡献,构成了神经生理学研究所需的解剖学基础。他一生中的最大贡献,是对交互神经支配和抑制不可分割的分析,对肌肉张力的研究,对产生神经细胞单独行为和整合行为的研究,对突触作用性质的定义。他的这些思想体现在《神经系统的整合作用》,这本书已成为神经生理学的经典著作

续表

序号	获奖年度	获奖者	获奖理由	对获奖者的评述
33	1933	T.H.Morgan 摩尔根,T.H.	发现染色体在遗传中的作用	摩尔根发展了孟德尔的遗传学理论。他在对果蝇进行的实验遗传学研究中,发现了伴性遗传规律:连锁、互换和不分离现象等,发展了染色体遗传学说,认为染色体是孟德尔式遗传性状传递机制的物质基础。创立了现代遗传学的基因学说,认为基因是组成染色体的遗传单位,并在染色体上做线性排列;在个体发育中,一定的基因在一定条件下控制着一定的代谢过程,从而体现在一定的遗传特性和特征的表现上;基因可通过突变而改变。他使普通生物学特别是遗传学和胚胎学,从描述性的科学转变成为运用定量分析和实验方法的科学
34	1934	G.R.Minot 迈诺特,G.R.	发现贫血病的肝脏疗法	迈诺特与墨菲合作,对恶性贫血症进行了研究,他们根据惠普尔关于"肝作为食物因素对血红蛋白再生作用有影响"的理论,用实验方法进行了药理研究,为治疗恶性贫血找到了有效药物:供肌内注射用的肝制剂,达到疗效高、成本低、简单易行的目的。迈诺特的研究课题十分广泛,包括肿瘤、关节炎及营养缺乏,主要兴趣在血液学方面。墨菲多年从事糖尿病、血液病学特别是恶性贫血症的研究
35		W.P.Murphy 墨菲,W.P.		
36		G.H.Whipple 惠普尔,G.H.		惠普尔发现了贫血病的肝脏疗法:在贫血患者身上,所有色素因子都大量存在,只是缺乏一种红细胞产生时所必需的物质,这种物质正好存在于肝脏中,它能刺激骨髓加速制造和形成红细胞,因此,给贫血患者食用肝脏能起到治疗作用。他注重研究教育学,主张必须把教学和临床实践紧密结合起来,创立现代化医学院新体制,使教与学、理论与实践形成一体,使学生在毕业后成为既懂理论、又能实践的全能医师。他还十分重视"太空医药的研究"
37	1935	H.Spemann 施佩曼,H.	发现胚胎发育中"组织者"的作用	施佩曼通过蝾螈卵的结扎实验,证明早期胚胎的各个细胞核在发育能力上是没有差别的,从而突破了原有的胚胎学理论,否定了魏斯曼(August Weismann,1834~1914)的"决定子"理论。他提出了"组织者"(wrganizer)的概念,并发现两栖动物原肠胎的背唇起"组织者"作用。施佩曼关于"组织者"的理论,为实验胚胎学开辟了一条新的途径,他的理论至今仍然是胚胎研究的主流
38	1936	H.H.Dale 戴尔,H.H.	发现神经冲动的化学传递	戴尔通过实验证实,动物体内存在着天然的乙酰胆碱,神经冲动的传递都是通过神经末梢释放的乙酰胆碱实现的。这就证明乙酰胆碱是传递神经冲动的化学物质。戴尔等的发现,丰富了人类对神经活动过程的认识,对生理学、生化学、医学尤其是神经化学的发展,具有重大意义;医药的临床与配制因此受到影响,医药科学从此迈入崭新的时代;为高血压、重症肌无力、青光眼、精神抑郁症等患者带来了希望。他还对麦角和组胺的生理功能做了深入的研究;发现了肾上腺素的逆效应;分离出后来定名为缩宫素的物质,成为垂体后叶具有催产效应的第一个发现者

续表

序号	获奖年度	获奖者	获奖理由	对获奖者的评述
39	1936	O.Loewi 勒韦,O.	发现神经冲动的化学传递	20世纪初,神经和肌肉间信息的传递是一个有争议的问题。勒韦用青蛙的心脏做实验,试图通过研究迷走神经的冲动传递机制,来回答上述问题。实验结果证实他原来的猜想:迷走神经受到刺激后,它的神经末梢会释放出一种化学物质。后来,戴尔等证明这种迷走神经物质就是乙酰胆碱。神经冲动化学传递的发现,为现代药理学和内科学提供了新的理论基础,同时也具有重大的临床医学价值。正如一位生理学家所言,“很少有一个发现像化学传递的发现那样,对生理学有如此巨大的冲击”
40	1937	A.V.S.Gyorgyi 焦尔季,A.V.S.	发现生物氧化过程及维生素 C 与延胡素酸的催化作用之间的特殊关系	对于生物体氧化过程,当时存在着两种对立的学说,即瓦尔堡的氧激活学说和弗兰特的氢激活学说。焦尔季用实验证明这两种激活是一个完整过程的不同阶段,从而把两种理论有机地统一起来。他在研究肾上腺与生物氧化关系时发现并提出维生素 C。他对维生素 P 的发现、ATP 的分离和肌肉收缩的研究也都做出了贡献
41	1938	C.J.F.Heymans 海曼斯,C.J.F.	发现颈动脉窦和主动脉弓在呼吸调节中的作用	海曼斯改进了用于生理研究的交叉循环技术,设计出孤立头灌流和孤立颈动脉窦区灌流两种动物实验制备,后均成为生理学和药理的经典方法。通过大量实验,海曼斯证明颈动脉窦和主动脉弓内壁有压力感受器;它可以感受血压;颈动脉体和主动脉体中有化学感受器,它可以感受血液中化学成分的变化;它们都由主动脉神经传入脑中枢。他还证明呼吸和血压除了对中枢直接作用以来,还存在一种外周反射机制,尤其是外周的化学性反射机制。他还潜心研究脑循环生理学和高血压等问题
42	1939	G.Domagk 多马克,G.	发现百浪多息(prontosil)的抗菌作用	多马克把染料合成与新医药研究结合起来,试图发现抗菌药物。他在白鼠身上做试验,先给它们注射链球菌使之感染,然后对当时已合成的1000多种偶氮化合物逐一进行动物试验。大量试验后终于发现百浪多息(商品名)具有抗菌作用,并以亲生女儿试验获得成功。从此,人类对感染性疾病的治疗又增添了一个强大的武器。后来,多马克研究了结核病和癌症的化学治疗,并发现了能有效对付耐链霉素的结核杆菌的新药——异烟肼(商品名“雷米封”),它的疗效高、毒性小、价格低,与链霉素结合使用时可弥补链霉素的缺点,给无数结核病患者带来福音
1940~1942年未颁奖				
43	1943	C.P.H.Dam 达姆,C.P.H.	发现与凝血有关的维生素 K	实验表明,用去除胆固醇的饲料喂养小鸡,小鸡会出现发育不良和皮肤、肌肉及器官出血等症状。达姆希望通过实验来寻找这种实验性疾病的病因,以及某些动物器官和植物组织对防治该病的效用,结果他在多次实验后发现,猪肝和绿叶的防治作用最强,其中的脂溶性有效成分就是维生素 K。后来,达姆和卡勒(P.Karrer,1889~1971,1973年诺贝尔化学奖获得者)成功地从绿叶中提取出接近纯品的维生素 K。此外,达姆还对胆固醇代谢、维生素 E、生长因子以及胆结石做了研究

续表

序号	获奖年度	获奖者	获奖理由	对获奖者的评述
44	1943	E.A.Doisy 多伊西,E.A.	合成维生素 K 并确定其化学成分	多伊西不仅成功地分离出维生素 K,确定了它的化学结构,还完成了维生素 K 的人工合成。使临床医学对因缺乏维生素 K 所引起的出血性疾病,有了明确的病因学上的根据和有效的治疗手段。他研究了结构类似维生素 K 的维生素 K_1 和维生素 K_2,证明它们具有相同的生理功能。他还对胰岛素的提供和制备、血液缓冲体系、抗生素、性激素等都做了颇有成效的研究。特别是他领导的关于性激素的系统研究,为人类两性问题的探讨阐明了一条新路,从而把长期以来视为神秘的生理现象,及囿于传统道德而难以解答的问题,放到了严肃的科学研究基础之上
45	1944	J.Erlanger 厄兰格,J.	用电子技术研究神经活动并发现单一神经纤维的高度分化功能	厄兰格和他的学生加塞共同将处于摇篮时代的电子技术用于神经活动的研究,发现了单一神经纤维的高度功能分化,利用示波器首次不失真地记录了神经电脉冲,开辟了神经电生理学研究的新纪元。他后来通过进一步的实验,研究了神经电脉冲的传导,提示出神经兴奋传导的奥秘,他的研究还包括血液循环、心脏病生理学、血压、神经生理学和外伤性休克的治疗
46		H.S.Gasser 加塞,H.S.		加塞的主要工作是与他的老师厄兰格一起完成的,这些工作包括外伤性休克和神经生理学等,特别是他们首先使用示波器研究神经的电脉冲,提示了不同类神经细胞的电传导能力各不相同。他后来对神经动作电位的复合本质、神经纤维直径和电脉冲传导速度的关系的研究,阐明了神经生理学领域的许多问题
47	1945	A.F.leming 弗莱明,A.	发现青霉素及其在各种传染病中的疗效	弗莱明最先发现了青霉素,并对其抗菌作用进行了详细研究,开创了抗生素治疗疾病的新纪元。世人普遍认为,青霉素的发现和制造,是科学上的一项奇迹,是第二次世界大战中堪与原子弹和雷达并驾齐驱的三项重大发现之一。他还对血液化学、消毒剂、溶菌酶研究等都有贡献
48		E.B.Chain 钱恩,E.B.		钱恩与弗洛里共同对利用微生物产生的抗菌物质进行了系统研究,在此基础上提纯了弗莱明发现的青霉素,分析了青霉素的性质和化学结构,制成了青霉素化学制剂,并成功地进行了临床试验。钱恩还对溶菌酶、肿瘤代谢和胰岛素作用进行了研究。头孢霉菌素 C 的研究是弗洛里在抗生素方面的又一重要成果。弗洛里的兴趣十分广泛,曾长期专心于小血管的结构功能的研究,对黏液分泌的生理学做过许多有价值的工作
49		H.W.Florey 弗洛里,H.W.		
50	1946	H.J.Muller 缪勒,H.J.	发现 X 线照射可诱发基因突变	缪勒第一个成功地以果蝇为材料系统地研究基因的突变现象。他把突变定义为基因的可遗传的改变,从而赋予这一概念以明确的科学含义。他发现 X 线是强有力的基因突变剂。他的工作为实验遗传学开辟了新的领域,奠定了辐射遗传研究的基础

续表

序号	获奖年度	获奖者	获奖理由	对获奖者的评述
51	1947	C.F.Cori 科里，C.F.	发现糖原的催化转化过程	科里夫妇详细研究了糖原的合成与分解代谢途径，阐明了由动物糖原转化成可利用糖的全过程，并将上述过程中的酶和中间化合物磷酸酯分离出来，而且用实验方法论证了上述转化过程的可逆性。科里夫妇几十年亲密合作的事业，以及他们所取得的很多出色成就，几乎无法区分究竟是谁的工作为主。但关于糖代谢的酶促反应的实验工作，则几乎是科里夫人一手完成的。科里在激素与糖代谢关系的研究中做出过重大贡献
52	1947	G.T.Cori 科里，G.T.	发现糖原的催化转化过程	
53	1947	B.A.Houssay 何塞，B.A.	发现脑下垂体前叶激素在糖代谢中的作用	何塞在大学学习期间，就对研究脑下垂体产生了兴趣，决心对内分泌腺的生理机制进行研究。他发现脑下垂体也是一种内分泌腺体，它能分泌多种促进动物和人体生长的激素，同时又能在神经系统的控制下刺激多种内分泌腺发挥作用，进而对全身的内分泌腺起调节作用。何塞对脑下垂体的研究，进一步阐明了糖尿病的发病机制和治疗途径，为临床治疗糖尿病提供了可靠的理论依据，给以前被视为“绝症”的患者带来了生的希望
54	1948	P.H.Mueller 米勒，P.H.	发明高效接触性杀虫剂 DDT	米勒开始从事植物染料和天然鞣化剂研究，后来转向研究消毒剂和杀虫剂。他首先发现并合成了具有杀虫剂作用的 DDT。后来，DDT 被用来防治疟疾、斑疹伤寒以及其他由节肢动物传播的疾病，并被广泛用于农业、畜牧业、林业及卫生保健事业。他还对消毒剂、纺织的防虫剂和一般杀虫剂有所研究。现在，DDT 已被空前发展的新农药所淘汰，但它在科学史上的里程碑作用是不可磨灭的
55	1949	E.Moniz 莫尼茨，E.	发现前脑额叶脑白质切除术在治疗某些精神病中的作用	莫尼茨早期研究的一大贡献就是发明了脑血管造影术，通过研究人脑的血液循环来检查颅内病变。这一发明大大促进了颅内疾病的诊断与治疗。另外，莫尼茨一直是政治舞台上的活跃人物，是著名的外交家和社会活动家
56	1949	W.R.Hess 赫斯，W.R.	发现间脑对内脏器官活动的调节功能	赫斯采用严格局部的刺激方法，研究清醒、无约束动物内脏活动的调控。他在猫的脑内埋藏金属丝作为电极，然后接通电流以刺激或损毁间脑的局部点，观察间脑如何控制猫的内脏活动与行为。通过大量的实验研究，赫斯终于弄清了内脏器官活动的功能组织。他的这一成果对生理学、心理学和医学都产生了很大影响。他曾是闻名欧洲大陆的眼科医生

续表

序号	获奖年度	获奖者	获奖理由	对获奖者的评述
57	1950	P.S.Hench 亨奇,P.S.	发现肾上腺皮质激素及其结构和生化作用	亨奇长期从事类风湿关节炎的研究。在探索内分泌腺对类风湿病的影响和作用时,他与同事发现,从动物肾上腺皮质中分离出的一些化合物对治疗风湿性关节炎有效。他们后来还人工合成了这些物质,从而为风湿性关节炎患者找到了一条激素治疗的途径。此外,他还是一位研究黄热病史的学者
58		E.C.Kendall 肯德尔,E.C.		肯德尔分析了肾上腺皮质提取物的化学成分和结构,用合成的方法制成了皮质激素A和E。后来,他研究了可的松的合成,使它成为第一个用来治疗类风湿关节炎的激素药物。他早年首先成功地提取出甲状腺素的结晶,这一研究成果使甲状腺素很快在临床上得到应用
59		T.Reichstein 赖希施泰因,T.		赖希施泰因先是成功地合成了维生素C,后转向对肾上腺皮质激素的提取液进行广泛研究,他从肾上腺皮质中分离出20多种类固醇化合物,弄清了一些肾上腺皮质激素的生理功能;分离出的可的松,现已广泛应用于临床
60	1951	M.Theiler 蒂勒,M.	对黄热病及其防治的研究	经过长期努力,蒂勒查明了黄热病的传播途径,并且以老鼠作为实验动物,采用组织培养法培制出17-D黄热病疫苗,从而使非、美两大洲成千上万的居民摆脱了黄热病的威胁。在疫苗的研制过程中,他曾冒着生命危险在自己身上注射经过稀释的黄热病病毒。此外,蒂勒对阿米巴痢疾、脑脊髓炎、日本型脑炎、钩端螺旋体病、立克次体病以及科罗拉多壁虱热等疾病,都做了深入的研究
61	1952	S.A.Waksman 瓦克斯曼,S.A.	发现链霉素	瓦克斯曼从链丝菌中分离出一种细菌丝,发现它对结核杆菌有抑制作用,他由此发现了链霉素。链霉素是第一种能够消除由结核杆菌引起的炎症的化学药物,它的出现标志着抗结核杆菌化学药物研制的一个转折点。他一生中最大的科学研究成果,就是对放线菌属的分类与定性。自19世纪末叶以来,只有他破天荒地从土壤微生物中提炼出许多著名的抗生素。抗生素这一名词,是他1941年提出并首先使用的。链霉素的出现,还促进了放线菌素、土霉素、金霉素和新霉素的发现,从而使人类、禽畜和植物的许多疾病被征服,延长了人类的寿命
62	1953	H.A.Krebs 克雷布斯,H.A.	发现柠檬酸循环	克雷布斯阐明了合成尿素的鸟氨酸循环,提出了著名的三羧酸循环理论,这在研究上都是近代生物化学发展的里程碑。柠檬酸循环后来亦被称作克雷布斯循环,它解释了食物在经过一系列变化后如何最终氧化成二氧化碳和水,在氧化过程中如何放出维持生命活动所需的能量
63		F.A.Lipmann 李普曼,F.A.	发现辅酶A及其在中间代谢中的重要作用	李普曼发现了辅酶A及其在中间代谢中的重要作用,开创了研究代谢反应的一个重要领域。辅酶A的发现补充了克雷布斯循环的内容,因为草酰乙酸和丙酮酸作用生成柠檬酸的反应,是在辅酶A的参与下进行的,亦即辅酶A的发现说明了代谢物进入循环的途径。李普曼的主要贡献是发现了生物能量传递的一般规律。他的研究兴趣广泛,主要有能量代谢、维生素B的代谢功能、氟化物对酵解和发酵的影响等,后来更多地注意肽和蛋白质的生物合成机制

续表

序号	获奖年度	获奖者	获奖理由	对获奖者的评述
64	1954	J.F.Enders 恩德斯,J.F.	发现脊髓灰质炎病毒可在非神经组织培养中培养	罗宾斯、恩德斯和韦勒合作,成功地发现了在各种类型的组织中培育脊髓灰质炎病毒的方法。它标志着在脊髓灰质病毒的研究中,使用猴子做试验的时代已经结束。他们不仅成功地在试管中培育出脊髓灰质炎病毒,而且第一次向全世界表明:在人体的任何一部分组织中,都可以培育出这种病毒。这一重大发现,为预防小儿麻痹症做了重要贡献,并对病毒组织培养、病毒分离和病症诊断提供了新的途径。这一研究成果的重要意义,远远超出了防治脊髓灰质炎的范围,他们所发现的免疫方法,使麻疹等疾病都终于得到控制
65		F.C.Robbins 罗宾斯,F.C.		
66		T.H.Weller 韦勒,F.C.		
67	1955	A.H.T.Theorell 西奥雷尔,A.H.T.	发现氧化酶的性质和作用方式	西奥雷尔成功地得到纯净的黄素酶,又成功地、可逆地把这种酶分成两部分,一部分是辅酶,包括维生素 B_2 和磷酸基团,另一部分是酶蛋白;他进一步阐明了辅酶氧化葡萄糖的机制;还提制出纯度接近100%的细胞色素 *c*,它是细胞呼吸链中传递氢的重要物质。对过氧化氢酶,特别是乙醇脱氢酶作了深刻的研究,这一研究导致了血液乙醇含量检测的发展
68	1956	A.F.Cournand 库南德,A.F.	发现心脏导管插入术及对心脏循环系统病理变化的研究	库南德和理查兹在福斯曼试验的基础上,改进了心导管技术,发展和扩大了心导管技术的临床应用,为诊断心血管病,特别是先天性心血管病,提供了可靠的方法。库南德在血液循环、呼吸生理、病理和治疗方面的研究成果,在医学界和生理学界具有深远的影响;他后来对科学史、科学伦理学及科学心理学做了研究。理查兹长期致力于心肺生理学及心肺系统疾病的研究,最早把心脏导管插入技术应用于心肺疾病的治疗,使以往一些被认为无法救治的患者重新获得了生命,对临床医学做出了重大贡献
69		D.W.Richards 理查兹,D.W.		
70		W.Forssmann 福斯曼,W.		福斯曼勇敢地在自己身上做试验,证明心脏导管插入术对人体无害,利用这种方法可以诊断心脏病变,第一个为研究循环系统病理变化开辟了新的道路。由于研究成果没有受到德国医学界的重视和支持,他被迫放弃自己的研究转学泌尿科。又由于研究成果受到美国的库南德和理查兹两位医生的重视,他的理想变成了现实
71	1957	D.Bovet 博维特,D.	发现并合成抗组胺药物	博维特发现并合成抗组胺药物。抗组胺可以限制某些体内物质的作用,特别是这些物质对血管系统和骨骼肌的影响,所以抗组胺可以用于抗过敏。研究了美洲箭毒的基本成分,合成了肌肉松弛剂,提高了手术的安全性。最早揭开了磺胺药抗感染的奥秘,合成了多种低毒、抗细菌感染药物

续表

序号	获奖年度	获奖者	获奖理由	对获奖者的评述
72		G.W.Beadle 比德尔,G.W.	在遗传生化学和遗传微生物学领域做出贡献,开创了遗传生化学的研究	比德尔先后以玉米、果蝇和红色面包霉为实验材料从事遗传学研究。将红色面包霉等简单生物体作为实验材料,这本身就是对生化遗传学研究的一大贡献。比德尔和他的助手用 X 线照射霉菌,获得了大量合成某些有机物能力的突变体。鉴别这些突变体后发现,基因突变引起酶的改变,而且每一基因一定控制着某一种特定酶的合成,他们提出"一个基因一种酶"的假说。他的工作为生化遗传学奠定了基础。他同时还是一位出色的社会活动家、组织家和科普活动家
73	1958	J.Lederberg 利德伯格,J.	发现细菌的基因重组和遗传物质结构	利德伯格通过细菌杂交实验,发现了细菌结合作用,证明细菌具有性重组机制,这为遗传学从经典阶段过渡到分子阶段创造了条件。还发现了细菌的转导作用。这两种作用的发现,对微生物遗传学的迅速发展和分子遗传学的建立都起到了巨大的推动作用;在医学方面,对癌的研究和治疗,具有重要的理论指导意义
74		E.L.Tatum 塔特姆,E.L.	发现基因控制特定的化学过程,开创了遗传生化学的研究	塔特姆研究了果蝇的营养和代谢,揭示出基因乃是果蝇眼睛色素遗传性缺陷的原因。他与比德尔一道,在研究了红色面包霉后,提出了"一个基因一种酶"的假说。他们还通过赤霉链菌分析微生物对营养的需求和遗传变异的问题,论述了单个基因控制生物体内一定的化学反应。塔特姆还培养出大肠杆菌 K-12,得到了突变菌株间的基因重组,证明只有有性生殖才会有基因重组。塔特姆创立了生化遗传学并在这一方面做出了巨大贡献
75	1959	A.Kornberg 科恩伯格,A.	发现 RNA(核糖核酸)和 DNA(脱氧核糖核酸)的生物合成机制,并人工合成	科恩伯格研究了一些重要辅酶的形成机制,从大肠杆菌中分离出一种催化 DNA 合成的酶,合成了人造 DNA 分子,这种 DNA 分子具有确定的化学物理性能,人类首次掌握了遗传物质基础的制造方法,为改变基因、控制生物体的遗传性能创造了条件。接着又人工合成 DNA,为人类控制病毒和癌症开辟了道路。他后来集中研究了克雷布斯循环和磷脂的合成
76	1960	S.Ochoa 奥乔亚,S.	发现获得性免疫耐受性	奥乔亚对生物化学的发展,特别是对酶反应机理的研究起了重要作用。他的研究表明了能量的新陈代谢作用是合成核酸和基因的基础,阐明了在酶的合成过程中光是怎样给予辅酶反应能量的,描述了固定二氧化碳的关键步骤,证明了维生素 B_1 和维生素 H 作为辅酶的功能,并且成功地进行了核酸试管合成,发现了核酸的生理作用。这一发现填补了 20 世纪 60 年代医学上的空白,对于研究人体各种罕见的疾病,探索人类生命的奥秘,作出了重要贡献,不仅具有重要的理论意义,而且对解决工、农、林、牧等方面的实际问题和提高人的生活水平也极为重要。他还研究了克雷布斯循环反应的酶催化作用

续表

序号	获奖年度	获奖者	获奖理由	对获奖者的评述
77	1960	F.M.Burnet 伯内特,F.M.	发现获得性免疫耐受性	伯内特把无性繁殖等方法应用于病毒研究,提出了新的免疫学理论——间接模板学说和获得性免疫和无性繁殖系选择学说。他从理论上预言,产生抗体的能力可能不是先天的,它是一种细胞对异物的主动的反应过程;在免疫反应中,免疫耐受性是由于“自我识别”发生在胚胎期的适当阶段。这对于临床医学、免疫学及分子遗传学具有极其重要的意义。他还利用体细胞连续突变理论对癌症的发生做出了解释
78		P.B.Medawar 梅达沃,P.B.		梅达沃在研究皮肤移植时,从大量实验中发现,移植的排斥现象乃是一种获得性免疫反应。他接受了伯内特的免疫假说,并且按照伯内特假说思想,对于机体对移植物的获得性免疫耐受性等免疫学问题进行了研究,终于用实验证明了伯内特的免疫假说,促进了器官移植的临床研究。他还写过不少极富哲理性的科学哲学著作
79	1961	G.Bekesy 贝凯西,G.	发现耳蜗感音的物理机制,在感觉生理学领域内发展了许多技术和方法	贝凯西早在当电话通讯工程师时就对研究人耳的机械性能感兴趣,后致力于人耳结构的研究,他采用精巧的工具和手段,通过大量的实验,创立了“行波学说”,替代了19世纪德国科学家赫尔姆霍兹(H.L.F.Helmholtz,1821～1894)的“共振学说”,对听觉理论做出了创造性的贡献。他还发明了新型听力计,做了一系列耳的电生理实验
80	1962	F.H.C.Crick 克里克,F.H.C.	发现DNA(脱氧核糖核酸)的双螺旋结构及其对生物遗传信息传递的意义	克里克和沃森通过深入的化学分析和X线衍射分析,提出了DNA双螺旋结构模型理论,从而揭开了生物遗传信息传递的秘密,标志着分子生物学体系开始形成,被认为是20世纪生物学中最重要的发现。此后,克里克继续研究遗传密码的解读问题,提出存在一种转移RNA,将DNA分子中的遗传信息传递到蛋白质中的氨基酸顺序上,从而确立了遗传信息从DNA传到RNA再传到蛋白质这一分子生物学的“中心法则”。此外,沃森对病毒的分子结构和蛋白质的生物合成也做了卓有成就的研究
81		J.D.Watson 沃森,J.D.		
82		M.H.F.Wilkins 威尔金斯,M.H.F.		威尔金斯早年从事固体物理研究,曾参加美国的“曼哈顿计划”。后来转向生物学,对细胞中的脱氧核糖核酸进行了紫外显微分光光度和圆二色性的研究。在罗莎琳·富兰克林(R.Franklin,1920～1958)等的协助下,他最早分析了DNA的X线衍射照片,表明了DNA是高度规则的、呈螺旋状的,为DNA双螺旋分子结构模型的建立提供了宝贵的数据资料,并证明该模型是唯一正确的模型。此外,他还对核糖核酸和神经细胞膜进行了X线衍射分析的研究

续表

序号	获奖年度	获奖者	获奖理由	对获奖者的评述
83	1963	J.C.Eccles 埃克尔斯,J.C.	研究神经细胞之间的信息传递机制	埃克尔斯等人在研究猫和蛙神经肌肉信息传递时发现,神经电脉冲通过由神经末梢释放乙酰胆碱引起的终板电位传向肌肉。这一研究弄清了终板电位的基本原理和药理学基础,给外科手术提供了肌肉松弛剂,使许多无法进行的手术得以实现。他以精心设计的实验系统地检验中枢神经中突触传递的假说,证实了抑制性神经递质开放突触后膜的阴离子通道假说。这些工作揭开了神经细胞间信息传递的秘密,为神经系统生理和功能的研究做出重要贡献
84	1963	A.L.Hodgkin 霍奇金,A.L.	研究神经的兴奋和传导	霍奇金和他的学生赫胥黎以乌贼巨轴突为材料,研究动物神经细胞的活动规律。他们采用电压钳制技术分析兴奋过程中的神经膜电流,提出神经活动过程中的钠离子的浓度决定神经细胞膜电位的假说,并且证实了这一假说的正确性。还设计出描述神经冲动的数学方程。他们关于神经冲动的理论是理解细胞兴奋本质的基础。霍奇金等的这一发现,使人们开始从细胞学的角度出发,定量地研究机体的生命活动。霍奇金对肌肉和视觉也做了研究。赫胥黎转向研究肌肉的收缩和研制干涉显微镜等
85	1963	A.F.Huxley 赫胥黎,A.F.	研究神经的兴奋和传导	
86	1964	K.E.Bloch 布洛赫,K.E.	发现胆固醇和脂肪酸的新陈代谢机制	布洛赫在类脂生物化学和新陈代谢方面有较深的研究,在胆固醇和脂肪酸生物合成方面做出了杰出的贡献。他最早将化学领域的同位素示踪技术引入课题研究,来追踪乙酸合成胆固醇的代谢途径。在研究生物机体的新陈代谢中,广泛应用同位素方法,对生物化学的发展具有十分重要的意义。他还研究了脂肪酸的代谢机制和谷胱甘肽的酶促合成,并且获得重要成果
87	1964	F.Lynen 吕南,F.	发现胆固醇和脂肪酸的新陈代谢机制	吕南研究了活性醋酸脂、异间二烯、碳酸氢盐的化学结构,阐明了脂肪酸生物氧化作用和乙酰乙酸酯形成过程,弄清了半胱氨酸、萜烯、橡胶、脂肪酸等在生物合成中涉及反应的复杂图像,在有机化学和生物化学研究方面取得了重要成果。他还发现了乙酰辅酶A,为脂肪酸生物合成研究开辟了新路。他对脂类代谢失调与心脏病之间的联系也做了研究
88	1965	F.Jacob 雅各布,F.	提出信使核糖核酸和操纵子理论	雅各布在研究溶源性细菌的遗传基础时,鉴定了两组主要的病毒基因,一组涉及病毒遗传物质的再生,另一组涉及提供外壳和形成浸乳糖苷酶诱导的生物合成进行遗传分析,又通过细菌结合实验探索合成酶的条件,发现正常雄性细菌和雌性突变体细菌在合成β-半乳糖苷酶时,酶的诱导起着主导作用。1961年,他们提出了两个重要概念:信使核糖核酸(即mRNA)和操纵子,前者导致遗传密码破译的研究,后者解释了细菌在酶合成调节方面的许多困难。雅各布的这些工作为分子生物学做出了巨大贡献

续表

序号	获奖年度	获奖者	获奖理由	对获奖者的评述
89	1965	J.L.Monod 莫诺,J.L.	提出信使核糖核酸和操纵子理论	莫诺和雅各布进行了雌性突变型细菌和正常雄性细菌的结合实验。为了解释诱导作用超过结构作用这一现象,他们提出了信使核糖核酸(即 mRNA)的概念,正是这种核糖核酸将遗传信息传送到核蛋白体上。这一假设很快得到证实。莫诺的另一成就是提出了“操纵子”学说。他研究了大肠杆菌中调节 β-半乳糖苷酶生产的乳糖操纵子。操纵子模型有助于解释酶的合成。他还深入阐述了他的导师雷沃夫发现的前噬菌体的诱导作用
90		A.M.Lowff 雷沃夫,A.M.	研究病毒遗传组合对分子生物学做出的贡献	雷沃夫在研究微生物生成因子、病毒生理学、酶的感应作用和手段等方面富有成效。他的第一项研究是关于原生动物的形态形成过程,使他成为当代第一流的原生动物学家。第二项研究是证明了维生素是微生物的生长因素,并阐明了其作用,使他成为营养学发展史上一位伟大的人物。第三项研究是证明了溶源性细菌具有以非传染性前噬菌体形式不断产生病毒的能力,从而解释了溶源性细菌现象,促使有关前噬菌体的研究迅速扩展开来,在病毒研究中起了重要的推动作用,为根治癌症开辟了一条崭新的途径,在医学上有着巨大的意义
91	1966	C.B.Huggins 哈金斯,C.B.	发现前列腺癌的内分泌疗法	哈金斯花了数十年时间研究内分泌与癌之间的关系。他发现,一些雄性激素可以使前列腺癌恶化,而雌性激素则对前列腺癌有抑制作用。后来,哈金斯将雌性激素应用于临床并获得成功,使许多前列腺癌患者恢复了健康。这一发现在医药学上开辟了一新的领域——癌的内分泌疗法,首次打破了恶性肿瘤不可征服的迷信
92		F.P.Rous 劳斯,F.P.	提出病毒复制的有关调节过程,发现诱发肿瘤的病毒	劳斯通过实验发现,母鸡的某些恶性肿瘤的浸出液可以使小鸡产生肿瘤,而且特定的肿瘤浸出液产生特定的肿瘤。劳斯由此发现了肿瘤病毒,证明某些病毒在动物体内可使正常细胞癌变,对于研究肿瘤病因和癌的本质都具有重要意义。此外,劳斯在血液保存等方面也做出了突出成就
93	1967	R.A.Granit 格拉尼特,R.A.	研究视觉生理,特别是发现视网膜中的抑制过程	格拉尼特在视觉生理学方面做出了突出贡献。他用一系列精巧实验把视网膜电图分解成三个基本过程,并论证了这些过程分别反映不同种神经细胞的活动,从而发展和完善了视网膜电图技术;他将微电极技术应用于感觉生理,对阐明色觉机制做出了贡献;他提出的视网膜内存在抑制现象的观点,已经得到证实。此外,他的研究领域还包括神经生理学等

续表

序号	获奖年度	获奖者	获奖理由	对获奖者的评述
94	1967	H.K.Hartline 哈特兰,H.K.	研究视觉和视网膜的生理功能	哈特兰记录到视网膜动作电位,并且发现,在视觉感知过程中,视网膜电位发生变化。后来通过研究鲎的单根视神经纤维活动,他证实光的强度会影响所产生电脉冲的速度,微弱光线的作用效果能被积累起来。哈特兰进一步研究了脊椎动物和鲎的视网膜,提示了视觉神经细胞和神经纤维的相互作用。他的研究阐明了视网膜生理学的一些基本原理,为视觉生理学多方面的进展奠定了坚实的基础
95		G.Wald 沃尔德,G.		沃尔德最先鉴定了视网膜中的维生素 A,提示了维生素 A 与生理过程的直接联系,为现代视觉生理、生化投下了一块奠基石。他和他的同事用实验阐明了视色素的基本结构,即视色素由蛋白质部分(视蛋白)和载色基团(视网醛)组成,他提出了视觉兴奋的模式图。还分析了视色素的光学变化,发现光照使视色素发生同分异构的变化,其两种成分发生分离,产生一股沿视网膜神经网移动的能量流。他发现眼锥体包含三种色素,对应着三种基本光,这可以解释色盲等现象
96	1968	R.W.Holley 霍利,R.W.	提出遗传密码的解释及对蛋白质合成功能的阐明	霍利通过实验发现,在肝脏匀浆液所含酶的催化下,活化氨基酶与其相应的转移 RNA 的结合是蛋白质合成的重要中间反应。他提出分析核糖核酸中核苷酸的种类和排列顺序的两个步骤:从酵母中提出了高纯度的丙氨酰转移核糖核酸,分析出其化学结构,并且阐明了它与遗传密码的关系及在蛋白质合成中的作用,这对深入研究蛋白质合成的机制及探索生命奥秘起了极重要的作用
97		H.G.Khorana 霍拉纳,H.G.		霍拉纳成功地合成了辅酶 A,这一成果对于研究辅酶 A 机制的意义很大。他使用 DNA 聚合酶和 RNA 聚合酶合成了长链多核苷酸。他还合成了按照给定核糖核酸顺序排列的人工信使核糖核酸,又用它来检验三联体基因密码理论,不仅证实了构造基因密码的一般原则和单个密码子的词义,而且发现了其他一些规则和词义。他据此破译了全部基因密码,随后又成功地合成了转移核糖核酸(tRNA)对应的基因
98		M.W.Nirenberg 尼伦伯格,M.W.		尼伦伯格通过实验发现合成的多核苷酸可起信使 RNA 的作用,这为用化学方法破译基因密码打开了大门。他又用改进的研究技术,解开了遗传密码之迹,并列出密码表。基因密码的破译是分子生物学的一个里程碑,大大提高了人们认识 DNA 和 RNA 在生命运动中的作用和认识遗传现象的能力,提供了对生命本质更清楚的理解,使人们更接近纠正基因缺陷、控制遗传、甚至创造生命的目标

续表

序号	获奖年度	获奖者	获奖理由	对获奖者的评述
99	1969	M.Delbruck 德尔布吕克，M.	发现病毒的复制机制和基因结构	德尔布吕克和赫尔希、卢里亚组成美国噬菌体研究小组，研究病毒的自我复制。他们证明噬菌体和它的寄主细菌都发生自发突变，不同噬菌体的遗传材料可以组合。他们找到了噬菌体机制的特点，而在噬菌体中所证明的复制机制适用于所有病毒。这一成果带来了生物学的革命，在细菌和遗传学领域具有开拓性意义，对医学界探索治疗病毒疾病具有重要的实际意义，从而使当时的微生物遗传学产生了迅猛的飞跃，也奠定了现代分子生物学的坚实基础。德尔布吕克早年从事原子物理研究，后转向研究遗传学，再后又转向感觉生理学及心理与意识问题的研究，他是研究小组的领衔人物，被誉为分子生物学之父
100		A.D.Hershey 赫尔希，A.D.		
101		S.E.Luria 卢里亚，S.E.		
102	1970	J.Axelrod 阿克塞尔罗德 J.	发现儿茶酚胺类神经递质的代谢过程及参与代谢的酶	阿克塞尔罗德通过分离、鉴定，查明了在去甲肾上腺素的分解过程中，不但有酶参与的氧化作用，也有酶参与的甲基化作用。在测定两种肾上腺素在体内分布的去甲肾上腺素在神经末梢的回收作用，使许多周围神经性药物和中枢神经性药物的作用机制得到深刻的阐明。还发现了去甲肾上腺互泊反馈调节机制。由于他阐明了儿茶酚胺类神经递质的代谢过程，分离并鉴定出参与代谢的酶，查明能够影响这些单胺代谢的许多药物在心脏病学、精神和神经病学中的作用，这些既为交感神经系统和中枢神经系统的基础研究做出了突出贡献，也使治疗高血压和帕金森病的新药得以问世，更为药理学进入分子药理学阶段做出重大贡献
103		B.Katz 卡茨，B.	研究神经末梢传递物质的释放机制	卡茨在研究神经肌肉连接处的传递机制时发现，“小终板电位”在刺激之后的静息状态下依然出现，并且它的变化是不连续的，属于全或无事件。他进而提出递质量子释放假说，即小终板电位是乙酰胆碱以量子方式自发随机释放的结果，而一般性终板电位则是乙酰胆碱在神经冲动作用下许多个量子同步释放造成的，并用实验证实。他还通过研究证实了钙离子和与之拮抗的镁离子在递质释放过程中的重要作用，彻底否定了关于神经肌肉传递的“不同障垒”论。他对从神经纤维到肌纤维神经兴奋传递点上神经和肌肉的作用的研究，对神经传递的化学介质的发现，都对神经生理学做出了杰出贡献
104		Ulf Von Euler 奥伊勒，U.	研究肾上腺能神经递质的功能	奥伊勒早年发现了前列腺素，后转向交感神经系统研究。他发现并鉴定出去甲肾上腺素为肾上腺能神经递质，研究证实神经中的去甲肾上腺素在颗粒中的合成和储存，这种颗粒就是突触小泡。他对“肾上腺能神经递质”合成、储存和释放过程的研究，无论在理论上、还是在临床上，都具有重要意义
105	1971	E.W.Sutherland 萨瑟兰，E.W.	发现并分离出 cAMP（环磷腺苷），发现激素调节作用的机制	萨瑟兰主要从事与糖代谢有关的酶和激素的研究，从事激素和药物作用机制、环状核苷酸等方面的研究。他发现并分离出环磷腺苷（即 cAMP），确定了它的结构，提出了环腺苷酸行使第二信使作用的途径，他的工作从分子水平上阐明了激素的作用机制。由他发现环磷腺苷而发展起来的环化核苷酸研究，已经成为生物化学中的一个专门领域

续表

序号	获奖年度	获奖者	获奖理由	对获奖者的评述
106	1972	G.Edelman 埃德尔曼,G.M.	研究抗体的化学结构	抗体结构是个困难重重的领域,其中最大的困难有两个:一是抗体分子量极大,二是抗体极不均一。埃德尔曼利用波特裂解抗体分子的方法,对人体免疫球蛋白的结构进行了研究。为了克服酶解法的缺点,他发明了用浓尿素还原抗体分子二硫键的方法,将免疫球蛋白G裂解为更小的片断,并确认它们是构成免疫球蛋白G的两种多肽链。他还发现,肽链的构型与抗体的结合能力有关,而肽链的氨基酸顺序是抗体特异性的根源。在弄清抗体分子最详尽的化学结构即其氨基酸顺序后,埃德尔曼又研究了抗体生物合成的遗传学问题
107		R.R.Porter 波特,R.R.		波特发明了选择性断裂酸解方法,成功地将免疫球蛋白G裂解为三个片断。前两个片断性质极相似,能与抗原结合,称为“可变段”;第三个片断不能现抗原结合,称为“恒定段”。前者与抗体特异性有关,后者在抗原抗体的结合中起调节器作用。这个研究结论被誉为抗体结构研究的“突破性成果”,破除了抗体结构问题无法研究的迷信。后来,波特进行了抗体酶解和抗原的比较实验,提出抗体分子结构的第二个模型,即四肽链模型。这个模型被称为抗体结构与成能研究中的划时代成就,为阐明抗体的结构和它的特异性之间的关系提供了极重要的依据,对抗体在其与抗原结合反应中的作用机制做出了形象的解释,更重要的是,为后来测定抗体多链的氨基酸顺序提供了关键性资料,为在分子水平上开展免疫学研究打下了基础
108	1973	K.Von Frisch 冯·弗里施,K.	研究动物的行为,提出动物个体和社会行为模式	弗里施发现鱼类对颜色和光线强度敏感,同时还具有听觉功能,否定了鱼类没有听觉和色觉的看法。他还通过条件反射的方法,研究了蜜蜂的色觉和嗅觉,特别是发现蜜蜂可以通过“舞蹈语言”传递信息,实现彼此的通讯。他因此成为个体生态学的创造人之一
109		K.Lorenz 洛伦滋,K.Z.		洛伦滋对鸟类特别是鹅的行为作了细致的研究,包括它们的“侵略行为”和印记(imprinting)等。他认为,动物行为中一部分是由于遗传而天生固有的,另一部分是由于环境刺激而后天形成的。他提出动物行为是适应进化的产物的理论,因而成为现代个体生态学的先驱。他对动物行为的深入研究,使其成为一门特殊学科——比较动物行为学
110		N.Tinbergen 廷伯格,N.		廷伯格主要研究动物的社会行为和对复杂刺激的反应。除了研究鸥的习惯行为以外,他还研究了穴蜂的归巢本能、棘鱼的交配仪式和蝴蝶的颜色变化。后来,他致力于儿童早期孤僻症的性格形成学研究,对儿童早期孤僻症做出了新颖的解释,并且取得了一定的临床成果。他的主要贡献,是为研究动物行为提出了多种多样的研究途径和方法

序号	获奖年度	获奖者	获奖理由	对获奖者的评述
111	1974	A.Claude 克劳德,A.	研究细胞内部的结构和功能,为细胞生物学的先驱	克劳德率先踏上深入细胞世界的道路,采用高速离心法分离癌细胞的提取液,经分析发现,其中的感染成分是一种含有丰富核糖核酸的微小颗粒。他发现了定量分离细胞成分的差速离心分离法,这一经典方法一直沿用至今。他还首次使用电子显微镜观察研究细胞的内部结构。这些工作奠定了以电子显微镜和细胞组分离等新技术为标志,把细胞结构和功能结合起来研究的现代细胞生物学基础
112		C.de Duve 迪夫,C.		迪夫采用电子显微镜和生化分析的方法,发现并详细讨论了细胞质内的两种细胞器——溶酶体和过氧化氢小体,阐明了它们在生物学和病理学上的功能和地位。他后来深入研究了与溶酶体有关的人类"贮积症"以及药物对溶酶体的作用,对现代医学做出了贡献
113		G.E.Palade 帕拉德,G.E.		帕拉德改进了电子显微镜的样品固定技术,首次用缓冲液配制锇酸固定液。除了发现和研究线粒体的结构外,他还发现了细胞中的核糖核蛋白体,推测它们与蛋白质的合成有关,并且通过示踪原子实验证明细胞中蛋白质合成的具体过程。这个实验,后来被人们认为是生物学史上最精彩的实验之一。这一发现和推测,标志着蛋白质生物合成研究的开端,使整个生物学研究迈向分子水平
114	1975	D.Baltimore 巴尔的摩,D.	在组织培养中证明病毒通过染色体遗传到子细胞	巴尔的摩研究了 RNA 病毒的各种遗传系统及 RNA 肿瘤病毒生化学与其增殖能力的关系。他和特明提出反向转录酶解释 RNA 肿瘤病毒的 DNA 合成,从而用新的分子生物学理论说明了肿瘤病毒破坏正常细胞的过程。他的研究成果,不单证明了肿瘤病毒和遗传物质之间的相互作用,而发现了研究这种肿瘤病毒的实验技术及其理论基础,使分子生物学的应用领域逐渐受到重视,使癌症研究进入了一个新阶段。值得一提的是,哺乳动物血红蛋白基因的部分合成,使得他支持对遗传工程研究应加以限制的主张
115		R.Dulbecco 杜尔贝科,R.		杜尔贝科提出了许多研究动物病毒分子生物学的技术,在 DNA 肿瘤病毒引起基因改变方面也做了开拓性工作。他发现在紫外光照射下失去活性的噬菌体,可以产生光致复活现象;发明了在组织培养中形成疫病从而鉴定动物病毒的方法;研究了脊髓灰质炎病毒和劳斯肉瘤病毒(RSV)等病毒的致癌作用及其生理特征,使人类征服癌症的研究向前迈进了一大步
116		H.M.Temin 特明,H.M.		特明和巴尔的摩彼此独立地提出 RNA 肿瘤病毒中 DNA 合成的解释:存在一种"反向转录酶",它能指导 RNA 中的信息转录到 DNA 上去。显然,"反向转录酶"理论与沃森(J.D.Watson)的"中心法则"是相对立的。后来,特明和水谷哲(Satosh Mizutani)用实验证明,劳斯肉瘤病毒(RSV)的病毒粒子中存在一种酶,它能把单股病毒 RNA 转录到 DNA 上去。巴尔的摩也发现了同样的酶。这就证明了"反向转录酶"的存在

续表

序号	获奖年度	获奖者	获奖理由	对获奖者的评述
117	1976	B.S.Blumberg 布卢姆伯格,B.S.	发现乙型肝炎的澳大利亚抗原和传播机制,打开了研究肝炎的突破口	布卢姆伯格研究了不同地域背景的人对疾病的不同反应及其原因。他在澳大利亚患者的血清中发现了乙型肝炎病毒表面抗原,即澳大利亚抗原,并论述了它的病因与传播方式。后来经过大量研究证实:肝炎病患者血清中带有肝炎病毒,从而发现澳大利亚抗原与乙型肝炎病毒密切联系的证据。这项成果已成为乙型肝炎检测和疫苗研制工作的基础
118		D.C.Gajdusek 盖达塞克,D.C.	发现库鲁病的脑病毒和传播机制	库鲁病是一种发生在新几内亚的中枢神经系统疾病。盖达塞克对它进行了深入研究,并且确认库鲁病是由一种侵害人的脑和神经系统的慢性病毒引起,这种病毒以脑组织为主要寄主,可以长期潜伏。此外,他对原始隔离部落的许多其他医学问题做了研究。由于他杰出的科研成就,人们对慢性病毒引起的、感染多年以后发病的慢性神经性疾病,引起了注意,也从此揭开了人类对慢性病毒研究的序幕
119	1977	R.Guillemin 吉尔曼,R.	研究分离、鉴定和合成控制脑下垂体前叶激素分泌的下丘释放因子	吉尔曼和沙里通力合作了 5 年,但没有取得任何结果。后各自单独致力于分离、鉴定和合成下丘脑激素的研究。他们发现和合成了三种脑激素——促甲状腺激素释放因子、促黄体激素释放因子和生长激素抑制因子,下丘脑正是通过这三种脑激素调节脑下垂体激素的释放。他们为基础和临床内分泌学做出了巨大贡献,为生物学和医学研究开辟了一个新的领域。吉尔曼分离出三种内啡肽,为研究神经和精神疾病病因及治疗、深入了解脑功能,开辟了新途径
120		A.Schally 沙里,A.		
121		R.S.Yalow 雅洛,R.S.	发现和发展放射免疫测定法	雅洛夫人把核物理学应用于临床医学,把放射性同位素元踪技术和免疫学结合起来,发明了放射免疫分析法。它可以方便、准确地测定人体血液和组织中多种含量极低的活性物质的浓度,为医学科学的进一步发展奠定了基础,为许多疑难病症的诊断和治疗提供了重要依据。这一发明,被认为是"第二次世界大战之后基础研究在临床医学中最重要的应用"
122	1978	W.Arber 阿尔伯,W.	发现限制性内切酶及其对分子遗传学问题的应用	阿尔伯在研究细菌病毒寄主控制修饰现象的分子基础时发现,修饰包含着 DNA 的变化,抑制包含着 DNA 的降解。他提出了这样一个模型:DNA 中含有一些特殊位置,它们可以被特定细菌株的限制性内切酶识别和切割开;细菌可以在 DNA 分子内甲基化,使之免于被切割,但这样一来就发生了 DNA 的修饰。阿尔伯模型合理地解释了噬菌体寄主限制修饰现象,同时首次从理论上提出了脱氧核酸限制性内切酶的存在。这一理论后被内森斯和史密斯的工作证实。他从而成为遗传工程这个新学科的先驱者

续表

序号	获奖年度	获奖者	获奖理由	对获奖者的评述
123	1978	DNathans 内森斯，D.	将限制性内切酶用于研究遗传组织和遗传工程	内森斯第一次把脱氧核酸限制性内切酶应用于基因结构和功能研究。他用史密斯分离、纯化的Ⅱ型脱氧核酸限制性内切酶 Hind Ⅱ，切割分析猕猴肾肿瘤病毒 SV_{40} 的脱氧核酸，确定了这些切割片断在基因组中的排列次序，建立了第一个脱氧核酸的物理图谱。随后又分离出不同感染时期的 SV_{40} 病毒的信使核糖核酸，并用其与 SV_{40} 的脱氧核酸的不同片断进行分子杂交，建立了第一个核酸的转录图谱
124		H.O.Smith 史密斯，H.O.		在阿尔伯理论的指导下，史密斯从一种嗜血流感杆菌中分离、纯化出一种Ⅱ型脱氧核酸限制性内切酶 Hind Ⅱ，并确定了它所识别和切割的特定顺序，揭开了遗传工程研究的序幕，开创了分子遗传学的新篇章
125	1979	A.M.Cormack 科马克，A.M.	发明电子计算机操纵的 X 线断层照相诊断技术	科马克给出了图像重构所必需的公式。所谓图像重构过程，就是利用计算机将样品各个不同角度的 X 线投影组合起来，形成扫描样品的物像。计算机辅助断层照相（即 CAT，我国通称为 CT）已经成为医疗诊断技术中一项极有价值的补充手段。虽然科马克没有最终发明这项技术，但他首先解决了计算机断层扫描技术的理论问题，为计算机操纵的 X 线断层扫描仪的发明奠定了基础
126		G.N.Hounsfield 豪斯菲尔德，G.N.		豪斯菲尔德曾主持研制了英国第一台晶体管电子计算机，后成功地发明了电子计算机化的 X 线断层扫描仪。这一发明引起了应用 X 线的医疗诊断技术的革新。此外，他对雷达系统、计算机大容量存储器等亦做了研究
127	1980	B.Benacerrd 贝纳塞拉夫，B.	研究和阐明控制免疫反应的细胞表面的遗传决定结构	贝纳塞拉夫主要研究免疫病理学和免疫遗传学。他在研究移植排斥现象时发现，主要组织相容性复合体（MHC）中存在一些基因，它们控制免疫细胞的相互作用，决定人体的免疫应答。这一成果不仅具有理论意义，在临床实践中也有重大价值，有利于战胜自身免疫疾病，使器官移植手术进一步完善
128		J.Dausset 多塞，J.		多塞最先证实人体内主要组织相容性复合体（MHC）的存在，最早开始研究组织相容性抗原与疾病间关系，发现了人体白细胞抗原系统（HLA）。他将这些成果与临床实践结合起来，进行了提高器官移植成功率和个体对感染、疾病、肿瘤敏感性的研究，创立了可简便、迅速地判断组织或器官相容性的 HLA 组织分类血液试验法
129		G.D.Snell 斯内尔，G.D.		斯内尔是移植免疫和免疫遗传学的主要奠基人。他最初研究小白鼠的 X 线诱发突变，后转向研究器官组织移植中的免疫学和遗传学。他培养了 69 种纯品系小鼠，并在其染色体上找到了 11 个位点与组织相容性相关联，其中有一个位点（H-2）在决定移植接受中的作用最强。后证明 H-2 是一个复合体，也并非小鼠所特有，人和动物的染色体中都存在，他因此提出了“主要组织相容性复合体”（MHC）的概念。他还对免疫强化现象进行了研究

续表

序号	获奖年度	获奖者	获奖理由	对获奖者的评述
130	1981	D.H.Hubel 休伯尔,D.H.	阐明大脑视皮质细胞对视网膜编码信息的解释	休伯尔与维厄塞尔长期合作,共同研究大脑生理功能,特别是大脑视皮质机制。他们发现,视觉系统中的每个神经细胞对某一特定的刺激反应最强,这些细胞结构复杂地排列在一起,共同完成视功能。他们提出了皮质结构的分级或串联学说:皮质细胞的输入要通过逐级连接才能得到;视觉通道由低级到高级,各级上的细胞感受野及反应性质越来越复杂。他们证明了视皮层也有细胞柱结构并对其认为视觉刺激在视觉发育初期十分重要。维厄塞尔提出视觉经验对于先天特异性联系的保护和完善是必要的。这些发现,提示了大脑是如何分析从视网膜传来的编码信号并进行信息加工的,使人们对视觉系统内部的信息分析,及形成视觉印象的基本过程均有了进一步的了解
131		T.N.Wiesel 维厄塞尔,T.N.		
132		R.W.Sperry 斯佩里,R.W.	提示大脑左右两个半球的功能、专长	斯佩里在长达 40 多年的研究生涯中,一直努力阐明意识过程,至少通过三个领域的研究来提示人脑的机制,这些领域是:实验心理学、发育神经生物学和人类裂脑(split-brain)研究。特别是他通过裂脑术将左右脑半球间的神经联络切断,发现了“大脑半球功能分工”,即左脑半球长于语言、计算、抽象思维、对细节的逻辑分析等,右脑半球对图形、音乐、情绪的感受和具体思维能力、对空间的认识能力、对复杂关系的理解能力等优于左脑
133	1982	S.K.Bergstron 伯格斯特龙,S.K.	分离、确定前列腺素的化学结构,阐明其在人体内形成和发生作用的生物学过程	伯格斯特龙和他的学生萨米埃尔松合作,分离和鉴定了前列腺素,测定了其分子结构,阐明了前列腺素在人体内形成和发展的过程。萨米埃尔松还发现了类似前列腺素的生物活性物质——凝血腺素,它能使各种平滑肌收缩和血小板凝集;还发现了抗凝血腺素——前列环素,它能抑制血小板凝集。这些研究成果,对于征服癌症和食用脂肪研究具有重大意义
134		B.I.Samuelsson 萨米埃尔松,B.I.		
135		J.R.Vane 文,J.R.	研究前列腺素及相关生物活性物质	文发明了使用血管紧张肽的动态生物测定法,它可用于辨别各种前列腺素。他在患过敏性反应的豚鼠的肺部,分离出一种能引起动脉收缩的物质,这种物质的释放能被抗炎药物抑制。他认为,阿司匹林和相关药物可以抑制花生四烯酸向前列腺互泊转变。他后来还发现了凝血腺素和凝血腺素(即前列环素),为某些疾病的治疗提供了新的途径
136	1983	B.McLlintock 麦克林托克,B.	发现可移动的遗传因子,创立“转座因子”学说	麦克林托克通过玉米杂交实验,首次证实在细胞分裂过程中,染色体可以交换遗传信息和物理片段,基因重组和染色体物质交换具有一致性。后来,她对玉米的研究表明,DNA 上控制其他基因的部分可在染色体位点之间自由移动,因此创立了“转座因子”(transposable elements)学说。这一学说是生物学史上第一个基因调控模型,具有重大的理论意义和实际意义,使认识和攻克癌症多了一道曙光

续表

序号	获奖年度	获奖者	获奖理由	对获奖者的评述
137	1984	N.K.Jerne 杰尼,N.K.	提出三个免疫学说,推动了免疫学的发展	杰尼反对动物在需要时产生抗体的观点,提出了抗原选择抗体学说,即动物体内免疫活性细胞在和抗原接触以前就已具备制造各种抗体的遗传信息,抗原分子刺激相应的活性细胞增生并产生抗体。提出了抗体多样性发生学说,解释了含有种系基因的淋巴细胞识别外来抗原、产生相应抗体的过程。提出了免疫系统的网络学说,认为一个抗体的个体型决定簇可引起抗体,抑制该抗体的产生,而抗抗体的个体型决定簇又可引起抗抗抗体;如此反复,产生多重抗体和抗抗体,构成一个复杂的网络,保持抗体的免疫自稳状态。这三个学说为现代免疫学的建立奠定了基础,因而他被誉为“现代免疫学之父”
138		G.Kohler 克勒,G.	发现生产单克隆抗体的原理,发明制造单克隆抗体的技术	克勒与米尔斯坦工作,共同研究开发了制造单克隆抗体的新技术。他们将生命较短的小鼠脾细胞与骨髓瘤细胞杂交融合,培养出一种生命较长的杂交瘤细胞。这种细胞可大量繁殖,不断产生出单克隆抗体。单克隆抗体是多种生物医学研究工作的基础,可用于激素、酶等生物活性物质的鉴定、纯化,以及癌症的早期诊断,近年来已将它用于癌症治疗和获得性免疫缺乏并发症(AIDS)的检查。总之,这项新技术是20世纪70年代生物学和医学领域中的一次革命,为生物学和医学的基础理论与应用研究开辟了崭新的领域
139		C.Milstein 米尔斯坦,C.		
140	1985	M.S.Brown 布朗,M.S.	发现胆固醇代谢的调节和血液胆固醇含量过高引起的疾病的治疗	戈德斯坦和布朗发现人体细胞表面存在低密度脂蛋白(LDL)受体,它们能结合来自血液、负载着胆固醇的低密度脂蛋白(LDL),进入细胞内为细胞所利用。如果细胞表面的LDL受体过少,LDL就无法经过正常途径进入细胞而大量堆积于血液之中。这正是临床上高胆固醇血症和动脉粥样硬化的原因。这一发现,不仅从细胞和分子水平上阐明了胆固醇代谢和高胆固醇血症的发病机理,也为它的诊断和治疗提供了新的途径
141		J.L.Goldstein 戈德斯坦,J.L.		
142	1986	S.Cohen 科恩,S.	发现表皮生长因子(EGF)及其分离方法	科恩发现小鼠唾液腺的提取物能促进初生小鼠提早开眼和长出门牙,这说明其中含有能直接刺激表皮生长并使其角质化的物质。他分离到这种低分子量、对热稳定的多肽类物质,取名为表皮生长因子(EGF)。后来,他发现人体中亦有这种表皮生长因子,并且成功地从孕妇的尿中分离到了它
143		R.Montalcini 蒙塔尔西尼,R.	发现神经生长因子(NCF)及其分离方法	蒙塔尔西尼长期从事神经病学的研究,她从小鼠的唾液腺中提取了一种物质,发现它对交感神经系统有显著影响,能促进神经节生长。后来证明这种物质是一种多肽,并命名为神经生长因子(NGF)。此外,她对其他类型的生长因子也进行了研究。这一研究,有可能提示生长因子与致瘤基因、脑中多肽和神经性疾病之间的关系

续表

序号	获奖年度	获奖者	获奖理由	对获奖者的评述
144	1987	Susumu Tonegawa 利根川进	提示抗体多样性发生的遗传机制	利根川进在DNA水平上研究了负责编码小鼠免疫球蛋白可变部分与恒定部分的基因的结合方式。他认为，存在两个DNA片断，一个负责编码可变部分，另一个负责编码恒定部分。在胚胎时期，它们在染色体上彼此隔离；在淋巴细胞分化过程中，它们靠拢以形成一个连续的多核苷酸链。后来，他证明在B细胞个体发育中重链基因的重排现象：B淋巴细胞分化时，基因的表达不仅受DNA顺序重排的制约，还会受到RNA转录的鉴别应用的控制。这些工作，不仅解决了抗体多样性产生的遗传机制这一免疫学理论难题，在疫苗、免疫疗法和器官移植等实际应用上也将具有重大意义
145	1988	J.Black 布莱克，J.	研究受体阻滞药物	布莱克最先提出β受体阻滞剂可能具有降低心脏耗氧量的作用，因而可用β肾上腺能受体阻滞剂治疗冠心病。他领导研制出第一种应用于临床的β肾上腺能受体阻滞药——萘心定，随后又研制出新一代治疗冠心病的代表药物——心得安。他发现了组胺H_2受体阻滞药西咪替丁（cimetidine），它可十分有效地治疗十二指肠溃疡和胃溃疡等消化性溃疡，是消化性溃疡治疗的重大突破
146	1988	G.B.Elion 埃利昂，G.B.	研究选择性抗代谢药物	埃利昂作为希钦斯的助手，通过长期的合作研究，他们根据人体的正常细胞与癌细胞之间的核酸新陈代谢的不同，发明了一系列阻止癌细胞中核酸合成而又不损害人体内正常细胞的药物，如硫鸟嘌呤（6TG）和6-硫基嘌呤（6MP）、硫唑嘌呤（AZa）等。他们研究这些药物的原理，已经成为研制医药癌症等许多疑难病症药物的基础。他们还先后研制出抗白血病药巯嘌呤、抗疱疹病毒药ACV和治疗艾滋病药叠氮胸腺嘧啶核苷（AZT）等重要药物
147	1988	G.H.Hitchings 希钦斯，G.H.	研究选择性抗代谢药物	
148	1989	J.M.Bishop 毕晓普，J.M.	发现动物肿瘤病毒的致癌基因源出于原癌基因	毕晓普和瓦慕斯用实验证实病毒癌基因并不真正来自病毒，实际上是来源于细胞原癌基因，通过某种途径整合进逆转录病毒基因组后，被活化成癌基因，从而使受到病毒感染的细胞转化为癌细胞。他们的这一重要成果，不仅提出了细胞内控制生长的某些基因发生变异而导致正常细胞变成癌细胞的观点，而且也解决了长期以来关于癌基因之源的争论，这一发现，使癌症研究进入了一个崭新的时代
149	1989	H.E.Varmus 瓦慕斯，H.E.	发现动物肿瘤病毒的致癌基因源出于原癌基因	
150	1990	J.E.Murray 默里，J.E.	人体器官和细胞移植的研究	默里是美国著名外科医生，现代医学史上器官移植的新纪元，就是由他开创的。1954年，他成功地施行了首例双胞胎肾移植手术，并使患者生命延长了8年。这样，人类几千年以来的梦想终于在他的成功中变成了现实。之后，他又开展了异体肾移植手术，并在20世纪60年代初期使用免疫抑制剂抑制器官排异取得成功。器官移植手术的胜利开展，还促进了临床医学和基础医学的结合，推动了免疫、生化、生理和药理等基础科学的发展，为医学发展开拓了一条新途径

续表

序号	获奖年度	获奖者	获奖理由	对获奖者的评述
151	1990	E.D.Thomas 托马斯,E.D.	人体器官和细胞移植的研究	托马斯一生致力于研究白血病。在他之前,已有医生开展用骨髓移植治疗这类病的手术,但都失败了。1957 年,托马斯首创对受体先进行全身放射预处理后再行骨髓移植的技术,结果提高了骨髓移植的成功率,为此后发展奠定了基础。1970 年,托马斯又提出自身健康供体采集骨髓的技术,并改善了预防处理方案,在给全身放射的同时加用化疗。现在,这些经验已得到普遍承认和应用,成为治疗白血病的标准方法,已可使 50% 的白血病患者得以生还,而 80% 的儿童白血病患者得以治愈。这一成就,大大推动了全世界同行们的工作
152	1991	E.Neher 内尔,E.	发现细胞膜存在离子通道,发明和应用膜片钳技术	在一个完整的细胞上,要测定单离子通道的工作状况,用经典的方法是无法进行的。主要的困难是受到外来电杂音的干扰。内尔和萨克曼发明和应用膜片钳技术解决了这个难题。不仅首次证实了细胞膜上存在各种离子通道,而且还可以研究活细胞是怎样通过这些离子通道与外界进行物质交换的,这就为查明一些疾病的病因和治疗研究开拓了新的天地,这一发现也就成为神经科学和细胞生物学发展史上的重要里程碑。其实际意义十分明显,它揭示了许多神经肌肉系统、心血管系统疾病以及糖尿病等,都与离子通道功能异常有关,据此,有可能通过药物乃至基因治疗等手段纠正这些缺陷
153		B.SAakmann 萨克曼,B.		
154	1992	E.Fischer 费希尔,E.	发现细胞中可逆蛋白质磷酸化控制生物体新陈代谢机制	费希尔和克雷布斯的共同发现,对后来的生物化学研究起到了关键性作用,开创了分子生物学新的研究领域。20 世纪 50 年代末期,他们共同深入研究了美国学者萨瑟兰关于“CAMP”广泛存在于动物体内多种组织、细胞及细胞外液中,调节细胞的生理活动和新陈代谢的重大发现,并开始共同探索 CAMP 控制生物体新陈代谢的机制。探明了传递生命第二信使的真谛,从而使蛋白质可逆磷酸化及其有关的第二信使调控、蛋白质激酶和磷酸酯酶的研究成为当代生物化学、生理学、细胞生物学、分子生物学和医学研究的一个最活跃、最吸引人的研究领域。他们发现的“蛋白质可逆磷酸化作用”,现在已成为研究生理调节机制的一种基本原理,对现代生物化学和现代医学具有重要意义;探明了生命信息传递的真谛,为查清基因表达的调控铺平了道路;探明了动脉粥样硬化的隐秘,成为查清癌症起因的重要线索,也为人类研究癌症的发病机理及防治癌症指明了一条道路
155		E.Krebs 克雷布斯,E.		
156	1993	R.L.Roberts 罗伯茨,R.L.	发现断裂基因	罗伯茨和夏普在纽约长岛冷泉实验室研究腺病毒,试图确定基因组里不同基因的位置时,各自独立地发现了断裂基因。这种发现冲击而重绘了基因图谱。他们证实,断裂基因在高等生物更为普遍;他们查清了断裂基因特殊的转录方式以及进行复制的剪接机制;他们发现断裂基因产生的机制,是不等交换的基因改组事件;他们帮助分子生物学家们终于悟出了生物进化的真谛,并指出对于断裂基因的提示将成为探秘生物进化的热点;他们的发现提供了查明遗传病的途径,找到了一种查清癌症隐秘的手段。诺贝尔委员会指出:“断裂基因的发现,改变了我们对高等生物基因在进化中是如何发展的观点,对今天生物学的基础研究有着十分重要的意义,对有关癌症和其他遗传病发展的研究也有十分重要的意义”
157		F.S.Sharp 夏普,F.S.		

续表

序号	获奖年度	获奖者	获奖理由	对获奖者的评述
158	1994	A.Gilman 吉尔曼,A.	发现 G 蛋白质及其在细胞传导信号方面的奥秘	从未共过事的吉尔曼和罗德贝尔分别在不同的实验室中发现 G 蛋白质以及它们在向细胞传导信号方面的作用,从而成为生物学方面的一项开拓性工作。G 蛋白质是鸟苷三磷酸(Guanosine Triphosphate)的缩写,它传导和调节细胞中的信号,控制着细胞中基本的生命过程,这种蛋白质出现功能紊乱就会导致疾病。20 世纪 70 年代末,吉尔曼在导师萨瑟兰的实验室里,从正常白细胞和白血病细胞中分离出一种 G 蛋白质。这种物质存在于正常白细胞中并发挥正常的信息传递作用,在发生突变的白血病细胞中则不能再发挥这种作用。然而,利用从其他组织(如脑组织)中提取的 G 蛋白质可以恢复其功能。60 年代末至 70 年代初,罗德贝尔在美国国立卫生研究院的实验室里证明,细胞膜内的生命信息传递结构由三部分组织,即受体(辨别结构)、G 蛋白质(信息转换结构)和放大装置。G 蛋白质是将生命信息从细胞外传至细胞内的生理结构中的一个至关重要的部分。他们的工作可能会彻底改革霍乱、哮喘和某些癌症的疗法
159		M.Rodebell 罗德贝尔,M.		
160	1995	E.B.Lewis 刘易斯,E.B.	发现极为重要的控制早期胚胎发育的遗传机制	刘易斯、维绍斯和福尔哈德三位科学家利用果蝇作为实验系统,发现了同样适用于高等有机体(包括人)的遗传原理。刘易斯自 20 世纪 40 年代起就独立进行研究,他研究了基因是如何使个体细胞分裂发育成特化器官的。他发现这些基因在染色体上的排列顺序同其控制的体节顺序是一致的。这一发现为基因研究工作奠定了基础。维绍斯和福尔哈德 20 世纪 70 年代在瑞士做博士后时开始研究果蝇,他们大胆决定共同以一个新的方法研究果蝇发育的原理,这个方法是大量筛选影响胚胎形成的基因。他俩分辨出了 15 组基因,就果蝇而言,它们是决定躯体形态和体节形状、器官和翼状部分的关键。这三位科学家研究的这些基因中,大多数都在人体胚胎早期发育中发挥着重要作用。其中包括人体枢椎的形成,人体细胞分裂和个体细胞分裂特化成不同的器官。尽管人类的先天性畸形中,尚有一些还不知道的原因,但妇女怀孕早期自然流产可能与这些基因突变有关。这三位科学家的工作加在一起就构成了一项突破,这项成就将有助于解释人体先天性发育畸形的机制,为将来治疗提供了一条新路,揭示了以后制造器官的可能性
161		E.F.Wieschus 维绍斯,E.F.		
162		C.N.Volhard 福尔哈德,C.N.		

续表

序号	获奖年度	获奖者	获奖理由	对获奖者的评述
163	1996	P.C.Doherty 多尔蒂,P.C.	发现细胞的中介免疫保护特征,阐明免疫系统如何识别受病毒感染细胞的机制	1973~1975 年,多尔蒂和津克纳格尔一起用小鼠做实验,以探究机体如何保护自己不受乙脑病毒的感染。他们发现,受感染的小鼠体内的 T 细胞,在试管内能够杀死被乙脑病毒感染的细胞,并证实 T 细胞需要先识别才能行使功能,进而确认 T 细胞是杀灭病毒的免疫细胞。他们还意外地发现,T 细胞能够通过免疫反应杀灭同一品系小鼠体内的病毒,而不能杀灭另一品系小鼠体内的病毒。在完成一系列精心设计的 T 细胞识别机制实验后,他们提出了两个著名的免疫学原理。第一个称为“自我改变”的原理:当发生免疫缺损时,外来病毒可以修饰感染机体细胞邻近的组织相容性抗原,使未感染的细胞膜的结构发生改变,从而成为 T 细胞的靶细胞,导致自身免疫现象。第二个称为“双重识别”的原理:T 细胞必须同时识别外来病毒抗原与自身组织相容性抗原,才能起到免疫杀灭作用。这两个称为“多—津模型”的原理,已成为现代免疫学的一个里程碑。它揭示了自身免疫病的隐秘,如对类风湿病、甲状腺功能亢进、胰岛素依赖性糖尿病、多发性硬化症等疾病的疫苗的研制奠定了理论基础,从而为这类对人类危害严重的疾病的科学方法指明了道路。在这一研究成果的指引下,临床医学家们创建了肿瘤的免疫治疗,现已成为肿瘤治疗的第五手段
164		R.Zinkernagel 津克纳格尔,R.		
165	1997	S.Prusiner 普鲁西纳,S.	发现一种全新致病原种类——毒朊(Prion),并阐明它们潜在的作用机制	普鲁西纳一人独自得奖是 1987 年以来没有过的记录,也是 1957 年以来的第 6 位;获奖成果至今仍有争论,也是诺贝尔生理学或医学奖史上不多见的。1972 年,普鲁西纳开始这项研究。他的贡献不在于这项成果的设想,因为在他之前就有人提出过这类病的病原物可能既不含有 DNA,也不含有 RNA;而在于用自己实验室艰苦工作所得到的一批批扎实数据,把这种离经叛道的大胆设想变成有根有据的科学结论。他据此提出所发现的这种蛋白质性质的感染粒子,即普列昂(Prion),是除细菌、病毒、真菌和寄生虫外的一种全新的传染病的病原体。尽管当时和现在仍有不少科学家对普鲁西纳的发现持怀疑态度,认为仅靠普列昂即可完成感染是不能令人信服的,真正起病原物作用的,可能还是一种特殊的带有核酸的病毒,只是迄今未能分离出来。严格来说,普鲁西纳关于蛋白质性质的感染粒子的成果目前还处于一种假说阶段,而这种假说又仅仅是以绵羊的瘙痒病作为实验对象的。不论如何,普鲁西纳的研究成果对于理解痴呆症具有重要意义,为研制治疗痴呆症的新药提供了理论基础。诺贝尔委员会甚至更为乐观,他们预计,普鲁西纳的发现将有益于攻克老年痴呆症等至今情况不明的神经系统退行性疾病

续表

序号	获奖年度	获奖者	获奖理由	对获奖者的评述
166	1998	R.F.Furchgott 弗奇戈特,R.F.	发现一氧化氮是心血管系统中的信息分子	默拉德对于一氧化氮分子在生物体内作用机制研究的贡献,在于他于1977年提出了硝化甘油和其他扩张血管的药物可释放一氧化氮分子的推测。但在当时,没有实验证据支持这一想法。差不多在同时,弗奇戈特在研究药物对血管的作用时遇到了一个难以解释的矛盾现象:同一药物有时能引起血管收缩,但偶尔又能使血管扩张。1980年,弗奇戈特发现血管扩张起因于细胞内部生成的信号分子,随后与伊格纳罗合作或相对独立地进行了一系列极具新意的实验分析,终于1986年一起证明该分子即为一氧化氮分子。三位科学家的杰出研究结合在一起,使一种新的生物学原理第一次被发现:气体可以作为机体的信息分子而调节细胞功能。这与已知的化学递质作用机理完全不同,其意义极为重大。三位科学家的发现,不仅弄清了硝酸甘油扩张心脏血管的机制,而且开辟了一个新研究领域,为深入研究一氧化氮在调节血压、控制血流、抵御感染、传输心血管系统和神经系统信号等方面的作用奠定了基础,而有关的研究成果已成为治疗心脏病、中风、肺病、癌症、阳痿及哮喘和肠道疾病诊断中的参考依据,还导致了许多新的药物的出现,如风靡全球的美国辉瑞制药公司的抗阳痿新药"万艾可"。可以预见,一氧化氮这种随处可见的污染性气体,在未来医学中将会大显身手
167		L.J.Ignarro 伊格纳罗,L.J.		
168		F.Murad 默拉德,F.		
169	1999	G.Blobel 布洛伯尔,G.	发现蛋白质内控制蛋白质在细胞内传输定位的信号,揭开了某些遗传性疾病的关键性秘密	布洛伯尔于1971年首次系统地提出了"信号假说",假定细胞分泌出的蛋白内含有引导细胞穿越膜的信号。1975年,他对这一过程的各个阶段做了描述,阐明信号是由类似于"条码"的特殊排列的氨基酸组成,蛋白通过一个通路穿越细胞器。此后的20年里,他详细研究出这个过程各个阶段中的分子机制,证明"信号假说"不仅正确,而且是适用于XIAO(西加考)母菌、植物和动物细胞的普遍规律。他还很快发现,类似的蛋白内信号控制着细胞间细胞器的蛋白转移。在此基础上,布洛伯尔于1980年总结出了如何分类鉴别对应于不同细胞室的蛋白,提出每个蛋白都有指明其在细胞中正确位置的信息,氨基酸顺序决定了一个蛋白都有指明其在细胞中正确位置的信息,氨基酸顺序决定了一个蛋白是否会穿过膜进入另一个细胞器、或者转移出细胞。布洛伯尔的发现开辟了一个全新的领域,尤其对医学和现代细胞生物学研究产生了重大影响,它有助于解释多种遗传疾病的分子机制,为人类探索治疗这些遗传性疾病的途径找到了新的思路,开创了广阔前景,还将有助于更好地利用细胞作为"蛋白工厂"生产贵重药品

续表

序号	获奖年度	获奖者	获奖理由	对获奖者的评述
170	2000	A.Carlsson 卡尔松,A.	发现神经系统中的信号传递	卡尔松发现脑内神经递质多巴胺(一种治疗脑神经的药物)可以作为人脑中的信号传送器,而且这种药物对于人类控制其身体动作具有非常重要的作用。使人们认识到帕金森病是因脑内特定部位缺乏多巴胺而引起的,继而开发出有效的治疗药物——左旋多巴。卡尔松通过一系列的发现进一步确定了多巴胺在脑内作用。他已经建立了抗精神分裂症药物作用的模型。格林加德发现多巴胺和其他一些信号传递物质通过蛋白质磷酸化的化学反应起作用。他的研究还显示当多巴胺刺激细胞膜上的受体时,细胞内会产生大量的第二信使 cAMP。它活化蛋白激酶 A,而蛋白激酶 A 可以将磷酸分子结合到神经细胞其他蛋白分子上。格林加德接着证实了在神经细胞中有更复杂的反应发生。 坎德尔通过一个由金属细片组成的模拟神经系统进行相关的试验并最终证实了神经键功能的变化对学习和记忆起着关键作用,而且神经键中的蛋白磷酸化作用对于短期记忆和长期记忆都必不可少。坎德尔同时还发现了参与其改进过程的分子组成系统。 卡尔松发现的多巴胺能使脑对我们的视觉和听觉做出反应,格林加德阐明的第二信使把信号运进神经细胞,坎德尔发现记忆功能是由于突触形状和功能发生完全改变。他们的发现确切改变了人们对脑功能的认识,从原理上为了解大脑疾患和帕金森病、精神分裂症、忧郁症、阿尔茨海默病的生物病因,设计良好的药物提供了可能性,进而可能开发出一大批不良反应较小的新一代高效药物
171		P.Greengard 格林加德,P.		
172		E.R.kandel 坎德尔,E.R.		
173	2001	L.H.Hartwell 哈特韦尔,L.H.	发现调控细胞周期的关键物质	他们识别出了所有真核生物中调节细胞周期的关键分子,亦即发现了调节细胞周期的分子机制。真核生物包括酵母菌、植物、动物和人。这些基础的发现对细胞生长的所有方面都具有巨大的影响。细胞周期控制的缺陷会导致见于肿瘤细胞中的某种染色体改变。很多生物领域都会从这些基础发现中受益,会导致在很多不同领域的广泛应用,比如创造治疗癌症的新方法
174		P.M.Nurse 纳斯,P.M.		
175		R.T.Hunt 亨特,R.T.		

续表

序号	获奖年度	获奖者	获奖理由	对获奖者的评述
176	2002	S.Brenner 布雷内,S.	发现器官发育和程序性细胞死亡过程中的基因规则	他们的成果为其他科学家研究“程序性细胞死亡”提供了重要基础,后来的科学家又在这一领域取得了一系列新成绩。科学家们发现,控制“程序性细胞死亡”的基因有两类,一类是抑制细胞死亡的,另一类是启动或促进细胞死亡的。两类基因相互作用控制细胞正常死亡。如果能发现所有的调控基因,分析其功能,研究出能发挥或抑制这些基因功能的药物,那么就可加速癌细胞自杀,达到治疗癌症的目的,提高免疫细胞的生命力,达到抵御艾滋病的目的。目前一些国家的科学家已经开始利用“程序性细胞死亡”的机制,研究可以治疗多种疾病的新方法,一些医药生物科技公司已经开始在进行这方面的临床试验
177		H.R.Horvitz 霍维茨,H.R.		
178		J.E.Sulston 苏尔斯顿,J.E.		
179	2003	P.C.Lauterbur 劳特布尔,P.C.	发明了磁共振成像技术(MRI)	20世纪70年代初期,磁共振成像技术研究取得了突破。1973年,劳特布尔发现,把物体放置在一个稳定的磁场中,然后再加上一个不均匀的磁场(即有梯度的磁场),再用适当的电磁波照射这一物体,这样根据物体释放出的电磁波就可以绘制成物体某个截面的内部图像。随后,曼斯菲尔德又进一步验证和改进了这种方法,并发现不均匀磁场的快速变化可以使上述方法能更快地绘制成物体内部结构图像。此外,他还证明了可以用数学方法分析这种方法获得的数据,为利用计算机快速绘制图像奠定了基础。在他们成果的基础上,第一台医用核磁共振成像仪于20世纪80年代初问世。后来,为了避免人们把这种技术误解为核技术,一些科学家把核磁共振成像技术的“核”字去掉,称其为“磁共振成像技术”,英文缩写为MRI
180		S.P.Mansfield 曼斯菲尔德,S.P.		
181	2004	R.Axel 阿克塞尔,R.	发现人类气味和嗅觉系统的奥秘	人类的嗅觉长期以来一直是一个非常神秘的领域,人类认识和记忆1万种不同气味的基本原理一直不为人所知。阿克塞尔和巴克解决了这一问题,即从分子层面到细胞组织层面清楚地阐明了嗅觉系统的工作原理。他们所进行的一系列先驱性的研究向我们清楚地阐释了人类的嗅觉系统是如何运作的。他们发现了一个大型的基因家庭。这一基因家庭由1000种不同的基因组成(占人类基因总数的3%),构成了相当数量的嗅觉受体种类。这些受体位于嗅觉受体细胞之内,可以探测到吸入的气味分子
182		L.B.Buck 巴克,L.B.R.		
183	2005	B.J.Marshall 马歇尔,B.J.	发现幽门螺旋杆菌及其对消化性溃疡病的致病机制	1979年,华伦在胃黏膜活体标本中意外地发现后被命名为幽门螺旋杆菌(*Helicobacter Pylori*,*HP*)的一种新的细菌种类。1981年,马歇尔为华伦提供了一些样本,进行了相关试验,并从中成功地培养出HP。马歇尔和华伦一起发现并证实HP是胃炎、胃溃疡和十二指肠溃疡的病原,推翻了先前人们认为这是一种生理疾病或由精神压力和生活方式问题导致的疾病的认识,使它们从原先的慢性病变成了一种采用短疗程的抗生素和酸分泌抑制剂就可治愈的疾病。创造了过去50年人们对医疗条件的理解中最根本、最重要的变化之一,革命性地改变了世人对胃病的认识,大幅度提高了胃溃疡等患者获得彻底治愈的机会,启发人们研究微生物在风湿性关节等发病中是否也起到作用,加深了人类对慢性感染、炎症和癌症之间关系的认识,为改善人类生活质量做出了贡献
184		J.R.Warren 华伦,J.R.		

续表

序号	获奖年度	获奖者	获奖理由	对获奖者的评述
185	2006	A.Z.Fire 法尔,A.Z.	发现了RNA(核糖核酸)干扰机制——双链RNA沉默基因	为了增加矮牵牛花花瓣的颜色深度,生物学家将一种形成花朵红色的基因注入花中,结果不仅花朵的颜色没有增加,而且花儿完全褪色,花瓣变成了白色。基因的表达究竟是如何被控制的?获奖者对生物周期只有9天的秀丽隐杆线虫进行一系列简单而出色的实验研究后,认为双链RNA能抑制含同样密码的特定基因的表达,这种RNA干扰现象可在细胞间扩散甚至能遗传,这种RNA干扰是一种催化过程。这个发现澄清了许多令人迷惑和矛盾的实验结果,揭开了大自然控制遗传信息流动的一种机制,开创了一个崭新的研究领域。RNA干扰是生命体尤其是低等动物对付病毒的一种自然防御机制。RNA干扰技术不仅是研究基因功能的一种强大工具,在未来,这种技术也许能用来直接从源头上让致病基因"沉默",以治疗癌症甚至艾滋病,在农业上也将大有可为
186		C.C.Mello 梅洛,C.C.		
187	2007	M.R.Capecchi 卡佩奇,M.R.	在涉及胚胎干细胞和哺乳动物DNA重组方面的一系列突破性发现	他们的发现为"基因靶向"技术的发展奠定了基础。在"基因靶向"技术的帮助下,科学家可以使小鼠体内的特定基因丧失功能。此类"基因敲除"试验可以帮助人们了解基因在胚胎发育等多种现象中发挥何种作用。"基因靶向"技术在阐明人类疾病的发生机制方面发挥了至关重要的作用
188		O. Smithies 史密西斯,O.		
189		S.M.J Evans 埃文斯,S.M.J.		
190	2008	H.Z.Hausen 豪森,H.Z.	发现人乳突淋瘤病毒引发子宫颈癌	基于豪森的发现,人类研制出了两种能够预防女性第二常见癌症——宫颈癌的有效疫苗。HPV(人乳头状瘤病毒)的发现,使得宫颈癌成为迄今病因最明确的一种癌症。在此基础上,葛兰素史克等制药公司开发出宫颈癌疫苗,使宫颈癌成为人类可以预防和根除的第一种恶性肿瘤
191		F.Barre-Sinoussi 巴尔-西诺西,F.	发现人类免疫缺陷病毒(艾滋病病毒,HIV)	在20世纪80年代,巴尔—西诺西和蒙塔尼成功复制出一型艾滋病病毒(HIV-1)基因组片段,最终发现了艾滋病病毒循环复制及与主体病毒相互配合的病理,由此确立了诊断艾滋病病毒感染者的方式。值得一提的是,他们得到了美国科学家罗伯特·加洛的帮助,才真正确认HIV就是他们要寻找的艾滋病病毒。后来,双方一度为到底谁是艾滋病病毒的发现者争论不休,这一争论曾引起法国和美国两个国家之间的法律甚至外交纠纷。双方的争论实际上集中在这之后诸如以发现病毒为基础的诊断工具开发等事务上。诺贝尔奖评审委员认为对巴尔—西诺西和蒙塔尼首先发现艾滋病病毒这一点没有争议
192		L.Montagnier 蒙塔尼,L.		

续表

序号	获奖年度	获奖者	获奖理由	对获奖者的评述
193	2009	E.H.Blackburn 布莱克本,E.H.	发现端粒和端粒酶保护染色体的机制	“解决了生物学一个长期存在的重大问题”,即在细胞分裂时染色体如何进行完整复制,如何免于退化。其中奥秘全部蕴藏在端粒和端粒酶上。由染色体根冠制造的端粒酶(telomerase)是染色体的自然脱落物,能引发衰老和癌症。端粒也被科学家称作“生命时钟”,在新细胞中,细胞每分裂一次,端粒就缩短一次,当端粒不能再缩短时,细胞就无法继续分裂而死亡。生老病死,这或许是人类生命最为简洁的概括,但其中却蕴藏了无数的奥秘。他们这一成果揭开了人类衰老和罹患癌症及特定遗传病等严重疾病的奥秘。值得一提的是,在诺贝尔生理学或医学奖实际上第 100 次颁发(期间因两次世界大战停颁 9 年)时,两位女科学家同时获奖在诺贝尔奖史上非常罕见
194		C.W.Greider 格雷德,C.W.		
195		J.W.Szostak 绍斯塔克,J.W.		
196	2010	R.Edwards 爱德华兹,R.	在人类试管授精技术方面(IVF)的发展	1950 年,爱德华兹就认为 IVF 可以有助于不育症的治疗。通过系统研究工作,他发现了人类受精的重要原理,并成功实现人类卵细胞在试管中受精。1978 年 7 月 25 日 23 时 47 分,世界上第一例试管婴儿路易丝 · 布朗在英国诞生。随后,爱德华兹与同事将 IVF 进行改良,并将其与世界分享。他们对 IVF 疗法的许多重要发现,使治疗不育症成为可能,诞生了一门新医学领域,使全球超过 10% 的夫妇在内的人因此获益匪浅。到目前为止,因 IVF 而得以出生的人大约有 400 万之多。值得一提的是,爱德华兹的研究与成就,是与妇科专家帕特里克 · 斯特普托共享的,后者由于去世,遗憾地不能共享 2010 年的诺贝尔奖生理学或医学奖
197	2011	B.A.Beutler 博伊特勒,B.A.	发现了激活免疫系统的法则	人类及其他动物依靠免疫系统抵抗细菌等微生物的侵害。博伊特勒和霍夫曼的主要研究方向在于免疫防御的第一道防线——先天性免疫系统,他们发现了关键受体蛋白质,它们能够识别微生物对动物机制的攻击并激活免疫系统,这是免疫反应的第一步。斯坦曼的主要研究方向在于免疫系统的第二道防线——获得性免疫系统,他发现了能激活并调节适应性免疫的树突细胞,这种细胞促使免疫反应进入下一阶段并将微生物清除出机体。他们的成果,使人们对免疫系统的理解发生“革命性”变化,进而为免疫系统疾病研究提供了新的认识,并为传染病、癌症等疾病的防治开辟了新的道路
198		J.A.Hoffmann 霍夫曼,J.A.		
199		R.M.Steinman 斯坦曼,R.M.		
200	2012	S.J.B.Gurdon 格登,S.J.B	体细胞重编技术领域的革命性贡献	一直以来,人体干细胞都被认为是单向地从不成熟细胞发展为专门的成熟细胞,生长过程不可逆转。格登和山中伸弥发现,成熟的、专门的细胞可以重新编程,成为未成熟的细胞,并进而发育成人体的所有组织。他们的发现彻底改变了人们对细胞和器官生长的理解。教科书因之改写,新的研究领域被建立起来。通过对人体细胞的重新编程,科学家们创造了诊断和治疗疾病的新方法
201		Shinya Yamanaka 山中伸弥		

序号	获奖年度	获奖者	获奖理由	对获奖者的评述
202	2013	J.E.Rothman 罗斯曼,J.E.	发现细胞内部囊泡运输调控机制	谢克曼发现了能控制细胞传输系统不同方面的三类基因,从基因层面上为了解细胞中囊泡运输的严格管理机制提供了新线索;罗斯曼发现了一种蛋白质复合物,可令囊泡基座与其目标细胞膜融合;基于谢克曼和罗斯曼的研究,聚德霍夫发现并解释了囊泡如何在指令下精确地释放出内部物质。他们的研究成果解答了如何组织其内部最重要的运输系统之一——囊泡传输系统的奥秘,即细胞如何在准确的时间将其内部物质传输至准确的位置,揭示出细胞生理学的一个基本过程。若囊泡运输系统发生病变,细胞运输机制随即不能正常运转,可能导致神经系统病变、糖尿病及免疫紊乱等严重后果
203		R.W.Schekman 谢克曼,R.W.		
204		T.C.Sudhof 聚德霍夫,T.C.		
205	2014	J. O' Keefe 欧基夫,J.	发现大脑中的 GPS—组成大脑定位系统的细胞	尽管三位科学家研究所处的时空不同,但他们的研究都和大脑定位系统的细胞有关,揭示了大脑中的"GPS"定位和导航系统是如何工作的。他们解答了"我们如何知道我们身处何方?我们怎么找到从一个地方到另一个地方的路径?我们如何储存这些信息,从而能够在下一次立即找到这条路?",解决了一个困扰科学家和哲学家几个世纪的问题——大脑如何对我们生活的环境产生一个地图并为我们导航,也就是控制方向感的细胞群。 1971 年,欧基夫发现了构成这一体系的第一个组成部分,即海马脑区的"位置细胞",这些细胞构成了空间位置的地图。2005 年,在欧基夫发现的基础上,莫泽夫妇在海马脑区上游的"内嗅皮层"区域发现了"网络细胞",这些细胞构成了一个协调系统,促发空间运动,与其他细胞一起在海马区形成回路,在大脑中构成一个广泛的定位系统,一个内部的 GPS。发现大脑定位系统对于我们理解特能化细胞群工作机制来说,是一个范式转变,它为理解其他认知过程,比如记忆、思考、计划等,开辟了新的途径
206		M. B. Moser 莫泽,M. B.		
207		E. l. Moser 莫泽,E. l.		
208	2015	屠呦呦	发现抗疟药物青蒿素	屠呦呦多年从事中药和中西药结合研究,突出贡献是创制新型抗疟药青蒿素和双氢青蒿素。疟疾是一种主要由蚊虫传播的疾病,每年全球有超过 45 万人因感染疟疾而死亡,另外还有数十亿人受到这种疾病的威胁。1972 年她成功提取到了一种分子式为 $C_{15}H_{22}O_5$ 的无色结晶体,命名为青蒿素,被广泛应用于世界各地的抗疟疾治疗之中,有效降低了疟疾患者的死亡率,挽救了全球特别是发展中国家数百万人的生命。她成为首获诺贝尔生理学或医学奖的华人科学家,首获诺贝尔科学奖的中国本土女科学家。这也是中医药成果获得的最高奖项,中国医学界获得的最高奖项

续表

序号	获奖年度	获奖者	获奖理由	对获奖者的评述
209	2015	W.C.Campbell 坎贝尔,W. C.	发现对抗线虫类寄生虫新药	坎贝尔发现了蛔虫寄生引发感染的新疗法。寄生虫病困扰着全世界超过 1/3 的人口并导致多种严重疾病,其中就包括盘尾丝虫病以及淋巴丝虫病。他进一步延续了大村智的工作并发现其中一种成分具有强烈的抗寄生虫疗效,这种物质被称作阿维菌素。在经过进一步改良后,这种物质被制成"伊维菌素"并被广泛应用于对盘尾丝虫病(也叫河盲症)和淋巴丝虫病(也叫象皮病)的治疗,取得了极大成功,从根本上降低了河盲症和象皮病的发病率,以至于线虫感染疾病现在几乎已经接近被彻底根除的边缘
210		Satoshi ōmura 大村智		大村智发现了治疗丝虫寄生虫的新疗法。他主要致力于对土壤样品中的微生物进行研究,挑选出一些可能具有潜力的细菌菌株,并从中提取能够对抗疾病的新药。他深入研究了许多微生物代谢产物的生物合成途径,在基因水平上阐述微生物二次代谢产物,率先在全球通过基因整合合成了第一个杂交抗生素 mederrhodins-A 和-B。他建立起了许多筛选天然活性物质的原创性方法,在其整个科学生涯期间一共发现了超过 470 种新的化合物。其中,avermectin 等 16 种化合物已经作为人类的治疗药物、兽药或者农用化学药物在全球得到了广泛使用;Ivermectin 自 1983 年作为在全球兽药中最畅销的药物一直保持至今。他和其他科学家们的工作导致了阿维菌素的诞生,将数以亿计的人从失明的危险中挽救出来
211	2016	Yoshinori Ohsumi 大隅良典	发现并阐明了细胞自噬的机制	自噬已经被发现了 50 多年,但直至 20 世纪 90 年代大隅良典公布研究结果后,其在生理学和医学领域的功能重要性才被意识到。大隅良典利用面包酵母找到了与自噬作用有关的关键基因。随后他开始致力于阐明酵母菌体内自噬作用机制,并发现与之相似的复杂过程也同样存在于人类细胞内。他的发现为我们了解细胞如何循环利用自身成分树立了新典范,为我们了解并意识到细胞自噬在饥饿适应、感染反应等许多生理过程中的至关重要性开辟了新道路。自噬基因的突变会导致疾病的产生,自噬过程在包括癌症和神经性疾病在内的多种体内环境中充当不可或缺的角色
212	2017	J.C.Hall 霍尔,J. C.	研究阐述了生物钟的理论基础	包括人类在内的所有生命体,内部都有一个生物钟来让其适应昼夜变换。这个生物钟到底是如何工作的?霍尔、罗斯巴什和杨等三人从果蝇身上分离出了一种用来控制其日常生物节律的基因,并解释了工作原理。他们的研究成果揭示出该基因所编码的信使核糖核酸和蛋白质含量随昼夜节律而变化,解释了植物、动物以及人类是如何适应这种生物节律,并同时与地球的自转保持同步。霍尔研究小组克隆了果蝇的 period 基因,他们把这个基因编码的蛋白命名为"PER"。他们发现,在晚上 PER 会在果蝇体内积累,到了白天又会被分解,PER 的浓度会循环震荡,周期为 24 小时,和昼夜节律相同。因此,这个基因能够调节果蝇的生物钟

续表

序号	获奖年度	获奖者	获奖理由	对获奖者的评述
213	2017	M. Rosbash 罗斯巴什,M.	研究阐述了生物钟的理论基础	罗斯巴什和霍尔的研究小组克隆了果蝇的 period 基因。1990 年他提出了生物钟的转录翻译负反馈回路的概念。1998 年,他们在果蝇体内发现了 period 基因、时钟基因。PER 这个蛋白如何保持稳定的震荡周期?罗斯巴什和霍尔提出了一个假说:PER 蛋白可以让 period 基因失去活性。他们三人还发现了其他一些蛋白可以维持 period 的活性,以及外界的光如何调节生物钟
214		M.W. Young 杨,M.W.		罗斯巴什和霍尔提出的模型非常有趣,但有几个问题没有解决。PER 蛋白质只有从细胞质进入细胞核,才能抑制 period 基因。罗斯巴什和霍尔的研究表明,每当晚上的时候,PER 蛋白会在细胞核里积累,但是它是如何进入细胞核的?杨的团队在克隆出果蝇的 period 基因以后,于 1994 年发现了第二个节律基因 timeless。Timeless 可以编码 TIM 蛋白,同样为正常节律所需。杨做了一个漂亮的实验,发现 TIM 会结合到 PER 上,然后两个蛋白可以一起进入细胞核,并且在那里抑制 period 基因的活性。那么,这种震荡的频率周期为什么维持在 24 小时?杨又发现了第三个基因 doubletime,可以编码 DBT 蛋白。DBT 可以延迟 PER 蛋白的积累
215	2018	J.P. Allison 艾利森,J.P.	发现负性免疫调节治疗癌症的疗法方面的贡献	艾利森对一种对免疫系统具有抑制作用的蛋白质开展研究。在这一过程中,他敏锐地意识到如果暂时性地抑制这种蛋白质,将可能释放我们身体免疫系统对癌细胞发起攻击的潜力。在这一想法的基础上,他发展出一套针对癌症的全新疗法,并被证明极具效果。他们利用能抑制“刹车”并解开抗肿瘤 T 细胞活性的抗体,治愈了患有癌症的小鼠。2010 年,该疗法对晚期黑色素瘤效果显著。在一些患者中,还出现了癌症残留消失的迹象。“免疫检查点疗法”使癌症治疗取得了革命性突破,从根本上改变了我们对癌症治疗的看法
216		Tasuku Honjo 本庶佑		在艾利森取得发现之前,本庶佑通过一系列精巧的实验,花了 20 年时间发现了一种针对免疫细胞的蛋白质,即 T 细胞表面受体 PD-1 抑制剂,并揭示该蛋白也可以作为一种抑制肿瘤的“刹车片”,只是作用的机制有所不同。PD-1 阻断在动物实验中被证明是一种非常有前景的抗癌策略。2012 年,该疗法对不同类型的癌症患者疗效显著,几位患有远端转移癌症的患者出现了长期缓解甚至治愈的迹象。目前已有多项针对大多数癌症的检查点疗法正在开展临床试验,还有新的检查点蛋白质正在作为目标接受测试。美国 FDA 已经核准了多种 PD-1 抗体试验新药

续表

序号	获奖年度	获奖者	获奖理由	对获奖者的评述
217	2019	W. G. Kaelin Jr 凯林,W.G.	发现了细胞如何感知和适应氧气的可用性	几个世纪以来,人们虽然了解氧的重要性,但细胞如何适应氧水平的变化一直是未知的。凯林等三位科学家从各自的领域出发,最终汇聚并共同解决人类谜团,揭示了生命中最重要的适应性过程之一的机制。他们的发现为我们理解氧水平如何影响细胞代谢和生理功能奠定了基础,也为有望对抗贫血、癌症和许多其他疾病的新策略铺平了道路。凯林在研究希佩尔-林道综合征(VHL 病)这种遗传综合征时发现,VHL 基因编码一种可预防癌症发生的蛋白质。他还发现缺乏功能性 VHL 基因的癌细胞会异常高水平表达低氧调节基因,但是 VHL 基因重新引入癌细胞后,恢复了正常水平,这表明 VHL 以某种方式参与了对缺氧反应的控制。通过这一线索,凯林团队发现氧气感应机制及其工作原理,进一步发现低氧诱导因子-2α 的抑制是抑制肾脏肿瘤的必须充分条件。凯林表示,最新临床试验表明,低氧诱导因子-2α 抑制剂对癌症治疗有良好效果
218		S. P. J. Ratcliffe 拉特克利,S.P.J.		拉特克利和凯林都怀疑 O_2 感知的关键位于该蛋白结构域中的某个位置。2001 年,他们发现在正常的氧气水平下,羟基会被加到 HIF-1α 的两个特定位置。这种蛋白质修饰称为脯氨酰羟基化,使 VHL 能够识别并结合到 HIF-1α,从而解释了正常的氧气水平如何通过对氧敏感的酶(即脯氨酰羟化酶)来控制 HIF-1α 的快速降解。拉特克利研究小组做出了一个关键发现:证明 VHL 可以与HIF-1α发生物理相互作用,并且是正常氧水平下 HIF-1α 降解所必需的。这一发现最终将 VHL 与 HIF-1α 联系到一起。拉特克利还研究了 EPO 基因的 O_2 依赖性调节
219		G. L. Semenza 塞门扎,G.L.		塞门扎研究了 EPO 基因,以及其如何受变化的氧气含量所调控;通过使用基因修饰小鼠,位于 EPO 基因旁边的特定 DNA 片段被发现参与介导对缺氧的反应。塞门扎和拉特克利两个研究小组都发现,不仅在通常产生 EPO 的肾细胞中,几乎所有组织中都存在氧感知机制。这些重要发现表明,该机制在许多不同的细胞类型中通用并且发挥功能。塞门扎在鉴定介导这种反应的细胞成分的过程中,发现了缺氧诱导因子(HIF)。他付出了大量的努力去纯化 HIF 复合物,并发现 HIF 由两种不同的 DNA 结合蛋白组成,即现在称为 HIF-1α 和 ARNT 的转录因子。塞门扎指出,大约有 4000 多个靶向基因受 HIF-1 调节,其中一些基因可以增加氧气传输,降低红细胞的生成,或实现血管生成和红细胞生成

注:1. 本表 1901~1999 年获得者信息转引自段志光. 诺贝尔医学奖与大学生心理教育[M]. 北京:中国城市出版社. 2000:279-292

2. 本表 2000~2019 年获得者信息由著者根据近年有关报刊和网络资料编制

附录3 屠呦呦获诺贝尔生理学或医学奖之启示:特殊性与一般性

段志光 张研婕

2015年10月5日下午17时30分,诺贝尔生理学或医学奖获奖名单揭晓,我国药学家屠呦呦以对疟疾治疗所做的贡献名列其中,从而成为我国本土第一个诺贝尔生理学或医学奖获得者、第一个诺贝尔科学奖获得者和第一个诺贝尔奖的女性获得者。她的获奖具有标志性意义,在带来贺潮的同时,也引发了一场白热化的争议,相关的研究蜂拥而至。与这些研究相比,本文仅从屠呦呦获奖的特殊性与一般性角度进行探讨。

一、屠呦呦获奖的特殊性

屠呦呦获奖引发的贺潮,是因为她实现了我国本土科学家获得诺贝尔科学奖的零的突破;屠呦呦获奖引起的争议,主要还不是因为她的"三无背景(无博士学位、无出国经历、无院士头衔)",而是由于人们对其特殊性的关注。假如之前已有几位我国本土科学家获得诺贝尔科学奖、特别是诺贝尔生理学或医学奖,至少争议不会如此激烈。经过梳理,我们发现屠呦呦获奖的特殊性至少表现在以下八个方面。

1. 特殊时代 一是当时。在20世纪70年代,新型抗疟药物的研制作为一项政治任务、保密任务,在全国范围内征召人马,不计成本地展开。"为供应足够的青蒿有效部位用于临床,我们曾用水缸作为提取容器。由于缺乏通风设备,又接触大量有机溶剂，导致一些科研人员的身体健康受到了影响”[1]。二是当今。我国的综合国力明显增强，科技创新正处于由大变强的阶段，国际交流频繁，对诺贝尔科学奖组织评审机构和具有推荐资格人员的国际影响日益扩大。

2. 特殊需要 一是战争。1964年，美国出兵攻打越南，双方都因疟疾造成很大的战争减员。因此，是否能在短时间内拥有无抗药性的药物成为决定胜负的关键因素。1967年5月23日，应越共请求，毛泽东主席指示、周恩来总理亲自组织成立了“全国疟疾防治研究领导小组办公室（代号523办公室）”，作为保密性质的重点军工项目，以应对战争需要。研制防治抗药性恶性疟疾新药的任务就此展开。二是诺奖情结。自新中国成立以来，在世界自然科学界享有最高声誉的诺贝尔科学奖获得者中，在屠呦呦以前没有一位我国本土科学家，这是一个令人尴尬而又无法回避的事实。因而，近几十年来引起了科学界内外的人们越来越多的关注与讨论，以至于形成了国人的“诺贝尔奖情结”。

3. 特别模式 主要是全国总动员和大兵团作战。1967年，研发抗疟药物的任务异常艰巨，时间异常紧张；此时如果仅仅依靠部队的科研力量，在短时期内完成如此巨大的任务几乎是不可能的。因此，由中国人民解放军总后勤部商请国家科委，会同国家卫生部、化工部、国防科委和中国科学院、医药工业总公司、组织所属的科研、医疗、教学、制药等单位，在统一计划下分工合作，把全国的仪器设备、科技人员等集中起来，共同承担此项研究任务[2]。在青蒿素的研究开发中，各个部门如同接力赛跑，组内人员互相交流、互相讨论、互相促进，总结经验、相互配合、集中管理、统一计划，研发出以青蒿素为主要贡献的一系列优良成果，使抗疟药的研究和应用至今处于世界领先地位。如此迅速、高效的研发过程，令人不可思议，甚至难以置信。

4. 特别时机 一是中西医结合。在20世纪50年代，毛泽东多次做出关于中医工作的批示，特别是关于西医学习中医的重要批示，在全国范围内形成了一股西医学习中医的热潮。在此背景下，屠呦呦自1955年从北京大学医学院药学系毕业后，又于1959年到1962年参加西医学习中医班，系统学习了中医药知识，形成了交叉的学科知识结构。二是大批学术权威被打倒。1969年，为了响应“加强中草药方面的研究力量”的指示，中医研究院中药研究所参加了“523”项目组。在那个特殊年代，大批学术权威被打倒，只有38岁、助理研究员身份的屠呦呦被指定为“523”课题组负责人，承担抗疟中药的研发。

5. 特别关注 一是诺贝尔生理学或医学奖评审委员会对人类健康、拯救人类生命做出卓越贡献的重大科技成果，基本上都被授予了诺贝尔生理学或医学奖。疟疾是危害严重的世界性流行病，全球百余国家约三亿多人感染疟疾。青蒿素在全球范围内、特别是发展中国家已挽救了百万人的生命,因此自然进入诺奖评委会的视野。二是拉斯克奖的特别关注。拉斯克奖是美国最有声望的生物医学奖,也是世界上最有声望的大奖之一,还是仅次于诺贝尔生理学或医学奖的生物医学奖,虽然在中国并没有太大的名声,但它作为"诺贝尔奖的风向标"却得到了全世界业内人士认可。拉斯克奖倾向于授予最初始的发现者。屠呦呦是第一个把青蒿素带到"523"项目组、第一个提取出有100%抑制率的青蒿素,也是第一个做了临床试验。所以,她第一次被提名便顺利地获得了拉斯克奖,从而成为离诺贝尔科学奖最近的中国人。

6. 特别推荐 一是美国科学院院士连年极力推荐。路易斯·米勒(Louis H. Miller)是知名的疟疾研究专家、美国国家科学院院士,他自2007年始开始寻找青蒿素的发现者,并一直关注此事。2010年,米勒先后向诺贝尔奖和拉斯克奖推荐屠呦呦,并且为配合拉斯克奖撰写了一篇文章"青蒿素:源自中草药园的发现",发表在著名的《细胞》杂志上。从2010年开始,他每年向诺贝尔奖评审委员会推荐屠呦呦,成为屠呦呦获得2015年诺贝尔生理学或医学奖的重要推手[3]。二是美国华裔科学家鼎力举荐。美籍华人、米勒实验室的同事、美国国家卫生研究院资深研究员苏新专是让米勒知道、了解、认可、推荐屠呦呦的鼎力举荐者。

7. 特别学科 在诺贝尔生理学或医学奖史中,传染病学科作为一个小学科,得奖的概率较小;其中,关于疟疾及抗疟药研究成果曾分别于1902、1907、1927和1948年四次获奖。最近一次获奖距今已67年之久。加之,近几年世界范围的烈性传染病造成的危害很大。因此,从学科均衡的角度和学科显性影响的角度,与传染病有关的成果就自然进入诺奖评委会的视野,而抗疟药物青蒿素的表现又非常抢眼。

8. 特别角色 现年84岁的屠呦呦为中国中医科学院终身研究员兼首席研究员、青蒿素研究开发中心主任。在她获得诺贝尔生理学或医学奖之后,因其无博士学位、无海外留学背景、无院士称号,而被戏称为"三无"科学家。她以这样一种特别的身份第一个获得这样一个特别的奖项,引起比任何一个有博士学位、有海外留学背景、有院士称号的科学家获奖更为广泛的争议和思考,似乎也在情理之中。

二、屠呦呦获奖的一般性

我们曾在对诺贝尔生理学或医学奖获得者的成长经历研究之后,提出诺贝尔生理学或医学奖获得者成长的一般规律,即:具有科学创新原动力、科学研究生涯起点早而高、具有充足时间与扎实学术研究基础、具有学术前沿的国际视野、具有良好研究条件与学术氛围和机会、具有充足科研经费与高水平科技产出、具有高科学素质、具有原始性创新成果且有重大影响、具有深厚的人文底蕴和优良性格、所在国家经济和教育科技等社会发展状况良好等[4]。我们发现,屠呦呦的获奖在表现出以上特殊性的同时,也反映出诺贝尔生理学或医学奖获得者成长的一般性特征。但这个作为必然的“一般性”,并不单纯是“艰苦的试验、千百次的试错”[5]。

屠呦呦的成长过程表现出了科学家成长的基本动力,或者说是科技创新原动力。她在高中时期就是“只要喜欢的事情,就会努力去做”[6]。进入“523”项目组以后,不仅对抗疟药的寻找达到了乐趣及志趣的程度,而且表现出那个时代人共有的社会责任感、国家责任感和人类责任感。这也是为什么她可以在平凡岗位上大有作为的根本所在。“一个科技工作者,是不该满足于现状的,要对党、对人民不断有新的奉献”;“我主张中医和其他传统医学展开一项全球合作研究,最大限度地造福人类健康”。她的话为我们找到了答案。经过 190 次的失败,屠呦呦一直没有放弃过青蒿素的研制,她的行为我们提供了注解。

屠呦呦有北京医学院药学系这个国内顶尖平台的本科经历,毕业不久即参加为期两年多的中医学习,并有幸参与国家级科研攻关团队。这些学术生涯的高起点、由此带来的大视野,以及当时相对良好的科研条件和学术氛围,特别是千载难逢的历史机遇,都为她形成扎实的学术研究基础提供了异于别人的特殊条件,也为她养成高科学素养提供了别人难以企及的环境。

尽管那时的国家并不富裕,科研经费也十分有限;但相对而言,作为国家科技攻关项目的“523”项目的经费还是相对宽裕的。所幸的是,在为数不多的国家级项目中,“523”项目经过十多年的实施,从上万个收集到的抗疟中草药和验方中广筛提取物 5000 多种,最终找到了青蒿这么一个唯一有效的品种。虽然,在最初的动物实验中,青蒿的效果并不出彩,屠呦呦的寻找也一度陷入僵局,但在她受古中药验方的灵感而另辟蹊径采用低沸点溶剂——乙醚进行实验、并在 190 次失败之后,终于在 1971 年 10 月 4 日的第 191 次实验中发现了抗疟效果为 100% 的青蒿提取物。

曾经与北京大学医学院张大庆教授共同指导研究生、以“523”项目为研究课题的北京大学饶毅教授认为:“虽然对于青蒿素的归属问题争议不断,但有三点毋庸置疑:首先,屠呦呦提出用乙醚提取,对于发现青蒿的抗疟作用和进一步研究青蒿都很关键;其次,具体分离纯化青蒿素的钟裕容,是屠呦呦研究小组的成员;此外,其他提取到青蒿素的小组是在会议上得知屠呦呦小组发现青蒿粗提物高效抗疟作用以后进行的,获得纯化分子也晚于钟裕容”[7]。第一次提出用乙醚提取、第一次提取出抗疟效果为 100% 的青蒿提取物、加上后来的第一次临床试验，屠呦呦凭借“三个第一”特别是第一个“第一”的原始性创新站在了青蒿素发现者团队的第一位。

从 20 世纪初开始，我国的科学家们已经用现代科学的方法研究中草药的化学成分结构及反应机理。其中抗疟疾青蒿素药物的研制，是我国迄今为止唯一被世界承认的原创新药。从 1987 年国际会议报告的影响开始，到 2001 年世界卫生组织向恶性疟疾流行的所有国家推荐以青蒿素为基础的联合疗法；从 2010 年美国国家科学院院士米勒和美籍华裔科学家苏新专撰文在《细胞》杂志上发表，到 2011 年的美国拉斯克奖，再到 2015 年在《自然》杂志上发表，这些都极大地扩大了青蒿素以及屠呦呦的学术影响。但更为重要的是，世界卫生组织（WHO）统计数据显示，自 2000 年起，撒哈拉以南非洲地区约 2.4 亿人口受益于青蒿素联合疗法，约 150 万人因该疗法避免了疟疾导致的死亡；自 2000 年以来疟疾死亡率骤降了 60%，即拯救了 620 万人的生命；2010 年全球疟疾死亡人数已比 2000 年的 98.5 万下降了三分之一，这主要得益于广泛使用喷有杀虫剂的蚊帐和青蒿素联合疗法[8]。这些也就当然地成了屠呦呦获奖的理由。

屠呦呦科技创造成果的获得，不仅得益于她的悟性，也得益于她的韧劲、她的闯劲、她的坚持、她的意志。临危受命，屠呦呦被任命为“523”项目科研组长。在设施简陋和信息渠道不畅的条件下、短时间内对几千种中草药进行筛选，其难度无异于大海捞针。但这些看似难以逾越的障碍反而激发了她的斗志。在当时那样的环境下，屠呦呦等人仍不受任何干扰，夜以继日地埋头于实验室，反复进行抗疟实验研究。“为了尽快上临床，在动物安全性评价的基础上，我和科研团队成员自身服用有效部位提取物，以确保临床病人的安全”。从大学毕业分配到中医科学院中药研究所工作之后的 50 多年，屠呦呦一直从事相关研究。这些无不与其深厚的人文底蕴有着密切的关系。这也是屠呦呦具有的特质之一。

最后，屠呦呦的获奖当然也反映出我国经济和教育、科技等社会发展状况的良好。正如李克强总理在 2015 年 10 月 6 日的贺信所言：“屠呦呦获得诺贝尔生理学或医学奖，是中国科技繁荣进步的体现，是中医药对人类健康事业做出巨大贡献的体现，充分展现了我国综合国力和国际影响力的不断提升”[9]。

三、屠呦呦获奖的特殊性与一般性的启示

青蒿素的研制成功，在那个特殊的年代，不能说不是一个奇迹。正因为有

那么多的特殊性因素，所以才需要注意防止对屠呦呦获奖的强化、神化、泛化和异化。但屠呦呦的成功又的确符合诺贝尔生理学或医学奖获得者成功的一般规律。因此，虽然在当今时代那种模式已然不可复制，但屠呦呦的获奖至少可以加速人们的反思。在我国科技投入和科技条件等已处于世界先进行列的背景下，在创新驱动成为国家发展战略的现实背景下，拔尖创新人才成长的环境、管理体制机制到底应该如何创新？我们认为，至少以下几个环节不可或缺、不可忽略，更需要重视和加强。

1. 管理——最薄弱环节　为什么屠呦呦在这一重大科技成果中的关键作用无可非议，而近40年来特别是获奖以后，却争议不断呢？为什么争议者基本上都对屠呦呦首先把青蒿素带入课题组没有异议、对屠呦呦课题组首先提取出有100%抑制率的青蒿素没有异议，但又都觉得自己的贡献同样重大、甚至觉得自己应该同时获奖呢？究其原因，相关成果始终以集体名义署名、没有即时确认个人的贡献度是主要原因。其中折射出我国科技管理存在的问题，引人深思。其实，现实中涉及的国家目标、宏观政策、创新标准、原创贡献等，都需要科研人员把它们有机衔接于某一方向、某一主题并进行长期、艰苦的研究和积累，但目前的科研管理往往把大量科研人员引导到“短、平、快”的项目上，从事基础性研究的人员比例甚少。这些都涉及科技体制与机制管理。因此，科技管理成为目前我国科技体系中的最薄弱环节。

2. 评价——最关键环节　科研评价的首要问题，应该是评价的体制、机制和价值观问题。屠呦呦获奖引发的争议，在很大程度上反映的是中西方科技评价体制、机制和价值观的分歧。中西方科技评价价值观的分水岭，在于对个人与集体关系的处理上，我国多强调集体贡献，西方更注重个人贡献；中西方科技体制的区别，在于政府与学术共同体关系的处理上，我国多由政府负责，西方多由学术共同体担当；中西方科技机制的区别，在于同行与官员的关系处理上，我国多由官员主持，西方重视同行评议。

科技评价的手段问题，应该是评价工具问题。当前，我国的确存在简单的凭论文、唯SCI现象。研究认为，SCI在被派生出科研绩效评价功能的过程中，忽视了学科的多样性，致使科技评价指标单一化；忽视了人才类型的多样化，致使科技评价指标误导化；这些应用不当的直接后果是论文低质化和管理简单化[10]。学术评价充满复杂性，已经成为一道待解的世界性难题，如何正确地认识和合理利用SCI，发挥其积极作用，切实促进科技事业发展，成为其中一个重要课题。

科技评价的主体问题，应该是评价者的专业化程度问题。科研评价是“专业化”的评价，一定要“业内人士”来评。应当交由业内评价、同行评价和第三方评价。

科技评价的根本问题,应该是成果的质量水平尤其是原创性问题。需要强调高质量,改变重数量的现象;需要强调与世界一流学者的竞争和比较;需要重视那些长期投入、但可能取得重大突破的原创性基础性课题。

3. 转化——最困难环节 生物医学的发现和发明,是诺贝尔生理学或医学奖获得者成功的源头。屠呦呦成功的难能可贵之处,在于其既有发现、又有发明。用今天时髦的话说,就是转化医学的经典案例,亦即既有实验室的发现,又有成果的临床转化。屠呦呦时代科学家们的最大悲哀,在于没有知识产权的保护。现代经济发展史证明,凡是科技进步与经济繁荣的国家,无一不是知识产权保护完善的国家,知识产权保护已成为创新驱动发展的重要保障,发展的重要资源和竞争力的核心要素。我国科技成果资源比较丰富,但科技成果转化率处于较低水平,已经成为科学家们承担自身责任、发挥角色作用、做出更大贡献的制约或障碍,也成为我国科技管理中最困难的环节。促进科技成果转化,一是要把制度改革作为重点,二是要加大对成果转化的投入力度,三是要突破成果转化中的若干体制障碍,理顺成果转化链条,四是要完善中介服务体系建设,五是要完善激励制度,借鉴国外关于职务发明人权益和程序性保障规定,明确规定科技人员的收益分享权,进一步明确职务发明人报酬的形式和比例幅度[11]。

4. 人才——最重要环节 我国科技人才队伍的整体素质与我国社会经济发展需求还具有较大距离,实施创新驱动发展战略要始终把“人”摆在最突出、最优先的位置,构建让各类人才创新智慧、创业活力充分迸发的发展环境[12]。我国的学生可以在各个国际大赛上名列前茅,但诺奖级别的科学家却凤毛麟角,处境十分尴尬。受实证主义科学观的影响,科技工作者中的功利性价值取向普遍存在,本应为一体两面的科学素养与人文素养之间的分离与独断严重。原创性成果的产生从根本上来说源于“思想”;尽管科研交流与合作可以促进思想碰撞产生火花,但火花的捕捉与燎原必须依靠科学家个人。因此,解决当前创新人才队伍存在的突出问题,就是要构建具有中国特色的科技人才制度体系,造就一批屠呦呦式的科学家队伍。改进人才评价方式,不能把“评能力”变成“评材料”,过分看重年限与资历,轻视科学素养和创新能力,鼓励青年人才自由思考。营造良好的生活环境,设立“一站式”人才服务窗口,使科技人才能够踏实研究、安心创新、舒心创业。全社会应当崇尚科学技术,塑造尊重人才的良好的社会氛围,让科技人才享受大家的尊重,在积极主动的环境中从事科学技术研究。

5. 监督——最缺乏环节 目前,我国科技生态中最缺乏的就是建立独立的第三方监督机构[13]。所谓独立,应当是独立于政府部门之外,没有利益之争的真正独立。比如将科研立项和科研经费纳入公共监督之下，规范评审程序，完善评价方法，入选项目向全社会招标并公示，项目开展和完成要有评估，经费去向及产生的效益应当透明化且易于公众查询等。

6. 质量——最需要环节 目前，我国的生命科学论文中，表现不俗论文的比例全面低于美、英、德、法、日、瑞士，高端论文的权重微乎其微，卓越论文的差距就更大[14]。这些都是论文质量差距的反映。而在成果转化质量方面的差距更大。在当前成果质量评价中存在着过度依赖计量指标、忽视其产生过程中的"人为因素"和非人为因素的现象，机械地将成果评价等同于文本评价的现象，同行评议越来越注重和依靠文本机械量化的现象，这些都是忽略科技成果质量评价真正目的的反映[15]。因而，提高科技成果质量是科技管理中最需要的环节；寻找和把握科技成果评价中定性与定量评价的连接点，是科技成果质量评价中最需要的环节。

参考文献

[1] 晏珊．屠呦呦瑞典演讲全文：青蒿素——中医药给世界的一份礼物［EB/OL］. http://news. xinhuanet. com/ health/2015-12/08/c_128509735. htm, 2015-12-08/2015- 12-09.

[2]张剑方．迟到的报告：五二三项目与青蒿素研发纪实［M］. 广东：羊城晚报出版社，2006，14-15.

[3] 林小春．揭秘屠呦呦美国推荐人：2010 年起年年推荐［EB/OL］. http://news. china. com/zh_cn/domesti cgd/10000159/20151006/20512492. html, 2015-10- 06/2015-10-10.

[4]段志光等．诺贝尔生理学或医学奖获得者成功之路［M］. 北京：科学出版社，2015，183-187.

[5]徐锋．屠呦呦的成功偶然中带有必然［N］. 广州日报，2011-09-26(6).

[6]陈效中．老同学：生活中的屠呦呦是个粗线条［EB/OL］. http://eladies. sina. com. cn/qg/2011/1013/13281097166. shtml, 2011-11-13/2015-11-15.

[7]饶毅，黎润红，张大庆．中药的科学研究丰碑［J］. 科学文化评论，2011，8(04)：27-44.

[8]世界卫生组织．2013 年世界疟疾报告［R］. http://www. who. int/mediacentre/news/releases/2013/world-malariareport-20131211/zh/，2013-12-11/2015-11-28.

[9]刘绪尧．李克强致信国家中医药管理局祝贺屠呦呦获得 2015 年诺贝尔生理学或医学奖［EB/OL］. http://news. xinhuanet. com/2015-10/06/c_128291468. htm. 2015-10- 06/2015-1-10.

[10]段志光、张岩波、杨利军．SCI 评价指标与地方医学院校建设发展［J］. 医学与哲学，2015, 36(1A)：4-7.

[11]丁明磊，陈宝明，张炜熙．科技成果转化中科技人员激励问题研究［J］. 管理现代化，2013(05)：68-70.

[12]孙锐．制度创新激发科技人才创新力［N］. 光明日报，2015-10-05(006).

[13]白炎．中国科技体制之病在于"有理无节"［N］. 中国科学报，2015-11-30(A1).

[14]杨立英，周秋菊，岳婷，金碧辉．中国科学：对差距的理性思考——2009 年 SCI 论文统计分析［J］. 科学观察，2010，5(01)：16-44.

[15]段志光，章娟，张妍．诺贝尔生理学或医学奖获得者科学论文质量的计量分析［J］. 科学技术哲学研究，2010，27(01)：86-91.

（原载《自然辩证法通讯》2016，38(1)：32-37.）

附录4 世界一流科学家需要什么样的创新成长环境
——以诺贝尔生理学或医学奖领域科学家比较研究为例

段志光

编者按：能否如期建成世界一流大学和一流学科，取决于我国世界一流科学家的数量和质量。段志光教授的专著《诺贝尔生理学或医学奖获得者成功之路》（科学出版社，2015 年 9 月第 1 版），对活跃在生物医学领域的 207 位世界一流、213 位国内一流、133 位国内一流青年这三个层次共 553 位科学家进行了比较研究。研究结果引人深思。

一个国家拥有一两项诺贝尔科学奖并不能证明其已成为科技强国，但欲成为科技强国，没有诺贝尔科学奖是绝对不行的。诺贝尔科学奖不是最终目标，但诺贝尔奖级的科技成果必须是国家、团队和个人的目标，这些诺贝尔奖级成果需要更多的世界一流科学家来实现。因此，加强对我国一流科学家群体现状的研究显得十分迫切和重要。

根据诺贝尔生理学或医学奖得主成因以及我国一流科学家和诺贝尔奖得主之间的比较研究，我认为，建设“双一流”，最为关键的是造就相当数量的世界一流科学家，而世界一流科学家的出现，最关键的是创新人才成长环境。

世界一流科学家的诞生环境

以诺贝尔生理学或医学奖为例，该奖绝大多数都授予基础研究成果获得者。我国中国科学院院士、国家杰出青年科学基金获得者和长江学者特聘教授基本上都是在基础研究领域做出系统的、创造性成就的国内一流科学家，也是最有希望冲刺诺贝尔奖级科研成果和诺贝尔奖的科学家群体。从SCI论文被引次数等指标的对比来看，国内一流科学家群体和诺贝尔奖得主群体之间的差距显而易见。我认为，当前环境下，定量差距较定性差距更重要，即当前更应关注差距的具体情况与如何缩小的问题。定量研究表明，我国一流生物医学科学家科技产出数量和质量均相对较低，尤其高水平原创性研究成果欠缺。尚有33.33%和38.38%的中国科学院院士、12.28%和15.79%的中国工程院院士、54.14%和57.14%的一流青年科学家，没有授权专利和发明授权专利，他们的发明授权专利转化率和技术应用商品化率与一般科学家没有显著差异。

通过对诺贝尔奖生理学或医学奖得主的研究，可以发现这些研究者具备的一些普遍规律：一是具有科学创新原动力，二是科学研究生涯起点早且高，三是具有充足时间与扎实学术研究基础，四是具有学术前沿的国际视野，五是具有良好研究条件与学术氛围和机会，六是具有充足科研经费与高水平科技产出，七是具有高科学素质，八是具有原始性创新成果且有重大影响，九是具有深厚的人文底蕴和优良性格，十是所在国家经济和教育、科技等社会发展状况良好。

值得一提的是，从SCI论文被引次数的平均被引水平和最高被引水平来看，我国科学家在553位三个层次一流科学家总排序的前100位中，已经占到13%~25%；从时间趋势看，我国一流青年科学家的论文质量持续提高，2000年以来距诺贝尔奖得主获奖前成果水平的群体差距比一流科学家要小，个体活跃程度比一流科学家要强，特别是个别年度的单篇最高被引水平已超过诺奖得主获奖前的水平，呈现出我国基础科学研究国际竞争力快速增长的趋势，预示着我国诺贝尔奖级生物医学科学家队伍正在形成。

创新成长环境需要突破的几个关键领域

当前，创新驱动已成为我国国家战略，国家科技投入、科技条件已跻身世界先进行列，在持续保持科技经费高比例、多渠道、强重点投入外，应着重创新成长环境，在几个关键领域取得突破。

培育新的科学文化。拔尖创新人才产生于科学共同体，科学共同体的水平高低在根本上取决于教育质量。以多学科文化为核心的人文底蕴，日益成为诺贝尔奖级科学家的基本条件。但当前大学教育学科分离和专业化教育的现状，加深了科学与人文的误解，使科技创新中本应为一体两翼的科学和人文各自独断、相互割裂、互为对立，科技工作者在实证主义科学观的影响下功利性价值取向明显。因而，需要通过人文性科学观的引导，促使科学与人文齐头并进，养成科学精神与人文精神的合作，进而形成新的科学文化。

改革科技管理体制。管理的最重要任务是培养和保护创新能力，但目前的科研管理把大量科研人员引导到"短、平、快"的项目上，与国家目标、宏观政策、创新标准、原创贡献要求科研人员就某一方向、某一主题进行长期、艰苦的研究和积累形成鲜明的反差。我认为，改革科技管理体制重点应放在：重新构建和调整国家创新体系，建立国家生物医学研究中心，统筹生物医学研究；确立生命科学在学科领域中的优先地位；确定大学的基础研究主体地位，加速建设世界一流研究型大学和一流学科；创造科学家学术优势积累的良好条件环境。

改革科技评价机制。科研评价的首要问题，应该是评价的价值观问题。科技评价的根本问题，是成果的质量尤其是原创性问题。当前的科学论文评价注意到了文本视域和问题视域，但在评价过程中出现了文本视域量化过度的倾向，特别是在本应以问题视域为主要出发点的同行评议中，亦出现了越来越注重和依赖文本视域量化的现象。如何最大限度地科学计量又不陷于片面和机械，最终取决于科研评价的真正目的，需要时刻注意寻找和把握科技成果评价中定性与定量评价的连接点。科研评价需要改革监督方式，引进独立于政府部门之外、没有利益之争、真正独立的第三方监督机构，充分发挥学会、协会和专业机构等科技社团的独特优势，使其在科技评价中最大限度发挥独立第三方作用。

重视科技成果转化。尽管重发现、轻发明是诺贝尔科学奖的基本取向，但近一个多世纪以来的若干重大技术发明还是获得了诺贝尔科学奖。我国科技成果资源比较丰富，但科技成果转化率处于较低水平，这已成为建设科技强国的瓶颈。一方面需要加大对生物技术、医疗技术和传统药物等技术领域的支持力度，以保持优势子领域的优势更加突出；另一方面，需要制定加快技术追赶的有效政策，以改变国内相关高新技术产品发展由国外企业主导的被动局面。因此，我国两个层次一流科学家的专利价值观与一般科学家无明显区别、对科技成果转化重视不够的现状，必须改变。能否将发明授权专利作为我国工程院院士遴选的必备条件，将科技成果转化情况作为我国两院院士和一流青年科学家遴选的重要参考，值得研究。

（原载《光明日报》2016年01月26日14版·教育思想）

附录5　诺贝尔生理学或医学奖研究的巅峰之作
——《诺贝尔生理学或医学奖获得者成功之路》述评

刘　虹

新近,段志光教授的力作《诺贝尔生理学或医学奖获得者成功之路》由科学出版社出版。段志光教授是我国研究创新人才成长规律的著名学者,他笔耕不辍20年,发表了几十篇研究诺贝尔生理学或医学奖的学术论文,出版了多部探讨创新人才特别是拔尖创新人才成长规律的专著,是这个学术研究领域的领跑者。《诺贝尔生理学或医学奖获得者成功之路》不仅仅研究诺贝尔生理学或医学奖获得者如何走向成功,而是通过对诺贝尔生理学或医学奖获得者成长成功的研究,揭示和阐述拔尖创新人才成功规律,这也是这部力作得名《诺贝尔生理学或医学奖获得者成功之路》的内涵所在。

诺贝尔科学奖研究受到全球学术界的关注,甚至有了一个专门的学科术语"诺贝尔奖学"。就数量而言,研究成果颇丰。美国的哈里特·朱克曼著有《科学界的精英》、中国学者傅杰青著有《生理学或医学诺贝尔奖八十年》等专著。2015年11月20日以"主题"为检索方式,以"诺贝尔奖"为检索词,在中国知网上可以检索到的文献数为11 174篇。与这些研究成果相比,段志光教授的《诺贝尔生理学或医学奖获得者成功之路》具有显著的特点:研究内容堪称大手笔、研究方法采用大数据、研究思路逻辑安排大布局;整个研究自始至终贯穿着探讨杰出人才成长规律、造就一批诺贝尔奖级生物医学科学家,产生一批诺贝尔奖级生物医学科学研究成果,推动我国生物医学科学技术发展的大目标，是国内外诺贝尔生理学或医学奖研究领域中当之无愧的巅峰之作。

1. 研究内容——大手笔 在此之前，国内外诺贝尔奖研究也涉及人才成长规律和诺贝尔奖获奖成因的研究，但基本上限于定性的而非定量的、描述性的而非实证性的、孤立的而非系统的研究。《诺贝尔生理学或医学奖获得者成功之路》通过定性与定量相结合的方法，揭示了诺贝尔奖级生物医学科学家成长的一般规律。对诺贝尔奖获得者、我国两院院士和杰出青年科学基金获得者（以下简称"杰青"）及长江学者特聘教授（以下简称"长江学者"）为代表的三个层次一流生物医学科学家的科学论文和发明授权专利进行了研究，既反映了我国生物医学科学技术研究当今的现状，又提出了我国不断产出诺贝尔奖级生物医学科学家和重大原始性创新成果的战略思考。这大手笔研究内容设计，使得该研究不仅具有独创性，同时也登临了学术高端平台之上。

对诺贝尔奖获得者、我国两院院士和杰青及长江学者为代表的三个层次一流生物医学科学家的科学论文和发明授权专利的研究，是《诺贝尔生理学或医学奖获得者成功之路》一书的核心内容。作者通过对中外科学精英人物的学术成果积累的研究，目标直指其中蕴含的人才成长和培养规律这一本质问题，跳出了以往一些诺贝尔奖研究就事论事的窠臼，显示了作者在研究内容设计上的深谋远虑。

2. 研究逻辑——大布局 《诺贝尔生理学或医学奖获得者成功之路》的研究目标并不是研究我国本土科学家获得诺贝尔生理学或医学奖的时间预测，而是旨在通过对诺贝尔生理学或医学奖获奖成因的定性和定量相结合分析，在对该系统整体的研究中探讨诺贝尔生理学或医学奖获得者成长的一般规律；并将之与我国生物医学科学技术领域的两院院士和杰青及长江学者进行多层面、多角度的比较研究，在获奖者较多国家的经验启示中找出我国科技和教育方面存在的问题及其相关因素，在此基础上提出相应的对策建议。那么，如何实现这一研究目标？如何从几百名中外一流科学家成长的数千万条数据中得出规律性的结论，研究的逻辑结构设计就显得十分重要。《诺贝尔生理学或医学奖获得者成功之路》的研究逻辑布局由三个逻辑前提和四个逻辑板块组成。

《诺贝尔生理学或医学奖获得者成功之路》的三个逻辑前提是：第一，诺贝尔生理学或医学奖获得者的成功是一个学术研究成果的积累过程；第二，学术论文是科学研究成果的载体，其数量、质量与获得诺贝尔生理学或医学奖有一定因果联系，因此可以视为获奖的成因要素；第三，"诺贝尔奖级"的科研成果是指接近诺贝尔生理学或医学奖获得者的科研成果，是作者研究我国优秀生物医学科学家与诺贝尔生理学或医学奖获得者科研水平差距的重要范畴。

《诺贝尔生理学或医学奖获得者成功之路》逻辑框架的四个板块是:第一,诺贝尔生理学或医学奖获得者科学产出分析(SCI 论文、发明、专利的一般情况,成果评价,产出年龄、数量和质量);诺贝尔生理学或医学奖获得者科研产出的条件分析(科学合作情况);获奖成因分析(一般成因、内在成因、外在成因)。第二,基于大数据和逻辑分析得出的诺贝尔生理学或医学奖获得者成长的一般规律。第三,基于大数据和逻辑分析对我国一流生物医学科学家(院士、杰青、长江学者)与诺贝尔生理学或医学奖获得者获奖前科学论文比较分析。第四,总结与思考、提出对策和建议。

严密的科研逻辑设计,使得《诺贝尔生理学或医学奖获得者成功之路》研究结论具有内在的、强有力的和无可置疑的逻辑力量。

3. 研究方法——大数据 《诺贝尔生理学或医学奖获得者成功之路》将1901~2014 年诺贝尔生理学或医学奖 207 位获得者成功之路作为一个系统,基于 553 位中外一流科学家的数千万条数据,从定性与定量相结合的角度进行了深入系统地探讨。基于如此容量的数据基础上的诺贝尔生理学或医学奖研究,是诺贝尔奖研究史上的首创。

作者基于大数据的研究成果表明,诺贝尔生理学或医学奖获奖成果自 20 世纪 30 年代以来的绝大部分,都是基础科学研究成果。即使少数的应用技术性成果,也无一例外地以基础科学研究成果为支撑。基础科学产出包括科学论文、著作、专利、学术报告等。科学论文几乎占到全部成果。在研究诺贝尔生理学或医学奖获得者的科学产出时,作者选取了 SCI 论文数量、被引次数和期刊影响因子等几个科学论文评价的主要指标,以 1981~2005 年 55 位诺贝尔生理学或医学奖获得者科研论文为研究对象,通过建立评价目标树图、计算权重系数等步骤,求出综合评分指数,得出获奖者产出评价结果及排序。例如,作者通过直观的散点图揭示了诺贝尔生理学或医学奖获得者获奖年龄与 SCI 论文发表高峰年龄、被引次数高峰年龄、期刊影响因子高峰年龄之间的关联,从而得出了一系列可信度高的重要结论。在本研究中,作者在数据的精准性方面也做了精心的安排,如获奖者国籍、获奖人数等。这些数据的处理并不像表面上这样简单。因为在诺贝尔科学奖的获奖者中双重国籍者不是个别现象。作者设计的规则是:获奖者为双重国籍时,每国计 0. 5 项;获奖成果系两国获得者共有时,每国计 0. 5 项;获奖成果系三国获奖者共有时,每国计 0. 33 项,从而保证了该项数据的精准性。

4. 研究价值——大收获 《诺贝尔生理学或医学奖获得者成功之路》的学

术价值主要体现为三方面。

学术价值之一——教育学价值：揭示了诺贝尔奖级生物医学科学家成长的一般规律，为培养一流生物医学科学家提供理论指导。美国学者哈里特·朱克曼曾经花费10年时间研究诺贝尔奖获得者成长发展模式，他在《科学的精英》一书中总结道：他们很早就发表大量著作，很早就被发现为可造之才，成为名牌大学和著名研究机构的成员，他们的研究成果极少被人忽视或遭到反对，一般都迅速传播，其科学上的重要性很快得到公认。这个发展模式主要涉及科学产出的时间和数量、从业机构和学术影响三个方面的内容。

《诺贝尔生理学或医学奖获得者成功之路》提出了诺贝尔奖级生物医学科学家成长的一般规律，其内容是：具有科学创新原动力；科学研究生涯起点早而高；具有充足时间与扎实学术研究基础；具有学术前沿的国际视野；具有良好研究条件与学术氛围和机会；具有充足的科研经费与高水平科技产出；具有较高科学素质；具有原始性创新成果且具有重大影响；具有深厚的人文底蕴和优良性格；所在国家经济和教育、科技等社会发展状况良好。这是作者20年研究的重要成果，其内容涉及科学产出的时间和质量、科研条件、科学素质、学术影响、人文底蕴、优良性格、社会发展等因子，较哈里特·朱克曼的总结更为全面和系统。

学术价值之二——科技管理学价值：提出了一系列创新性建议，为政府决策提供理论依据。

有利于促进国家持续关注人才培养，增加科技投入。《诺贝尔生理学或医学奖获得者成功之路》并没有把诺贝尔科学奖作为我国科技发展的最终目标，作者非常深刻地认识到，比获得诺贝尔奖更重要的是：国家对科技长久、持续、稳定的重视，对人才的关注，对科技投入的持续增长，对科研环境的改善。即使出现获得诺贝尔奖的特例，若整体水平上不去，亦无太大的意义。

研究成果有利于向国家有关决策提供理论依据，促进我国生物医学科学技术更好更快地发展。《诺贝尔生理学或医学奖获得者成功之路》不是要对我国本土科学家获得诺贝尔生理学或医学奖的时间做出预测，而旨在通过对诺贝尔奖生理学或医学奖成因的定性与定量相结合分析，在对该系统整体的研究中探讨某种带有共性的科学规律，在获得者较多国家的经验启示中找出我国科技和教育方面存在的问题及其相关因素，在此基础上提出相应的对策建议，以其通过我国生物医学科学技术的更好更快发展，不断涌现出诺贝尔奖级成果。

学术价值之三——研究方法学价值：在诺贝尔奖研究领域中采用大数据的实证研究方法，开创了人文学科研究的新局面。作者对这一点有着很深刻的认识。在《诺贝尔生理学或医学奖获得者成功之路》自序中，段志光教授写道：在诺贝尔奖级生物医学科学研究战略管理决策中，有一个非常关键的问题，就是我国国内生物医学科学能力和国内一流生物医学科学家与青年生物医学科学家的群体实力的现状，及其与世界发达国家生物医学科学能力和一流生物医学科学家与青年生物医学科学家群体实力的同比差距到底有多大。这就是我国诺贝尔奖级生物医学科学研究战略管理的基础。也是决定我国生物医学战略目标的前提，需要有定性与定量相结合的基础性研究成果作为参考依据。国内的研究在这方面仍存在严重的不足，即在比较国家科学能力的同时，缺乏不同层次一流生物医学科学家群体实力及其比较研究。当前不容乐观的现实起点到底有多高，似乎并不十分全面、清晰。在作为决策辅助手段的科研评价中，科研评价工作相对成熟的发达国家一般采用定性与定量相结合的方法，以期用翔实可靠的数据和合理的定量分析为国家宏观科技政策的制定提供依据。

5. 几点说明 近年来，我国学界和舆论十分关注 SCI 论文的评价，对目前人才和科研成果评价的“唯 SCI”现象进行了尖锐的批评和反思；屠呦呦 2015 年获得诺贝尔生理学或医学奖后激起了媒体一篇哗然，对 SCI 论文甚至院士评选体制质疑之声不绝于耳。

SCI 论文是自然科学研究成果的主要载体，研究表明，SCI 论文发表的数量和质量与重大科学发现和科学进步有因果关联。SCI 本身没有错，错的是将 SCI 作为人才及其成果的唯一评价指标。在《诺贝尔生理学或医学奖获得者成功之路》中，诺贝尔生理学或医学奖获得者、我国一流生物医学科学家的 SCI 论文的数量和质量，是用来研究和表明其研究水平的层次的重要指标，而不是用来评定职称和安排职务的标准，因此在学理和逻辑上是完全站得住的。

《诺贝尔生理学或医学奖获得者成功之路》并没有把 SCI 论文的数量作为诺贝尔生理学或医学奖获得者成功的主要因素。段志光教授的研究表明，在诺贝尔生理学或医学奖获得者中，既有如托马斯发表了 833 篇 SCI 论文这样的高产科学家，也有 SCI 发表论文数量不多的杰出科学家，例如，1983 年获奖的麦克林托克、2005 年获奖的华伦等人 SCI 论文发表的数量都没有超过 30 篇。《诺贝尔生理学或医学奖获得者成功之路》揭示了生物医学科学家成长的一般规律，但一般规律不否认具体事物有其发展的特殊规律。屠呦呦在那个特殊的年代从事科研活动必然带有无法回避的特殊问题，体现为人才成长的特殊性。因此，屠呦呦 2015 年获得诺贝尔生理学或医学奖与《诺贝尔生理学或医学奖获得者成功之路》揭示的生物医学科学家成长的一般规律是一般和特殊的关系，是从另一个方面为《诺贝尔生理学或医学奖获得者成功之路》的研究发现提供了理论与实证的支持。

当然,本书也存在着一些缺憾。例如,在研究中,研究对象的范围定位如果发生变化,作者应给予说明。作者将1901~2014年诺贝尔生理学或医学奖207位获得者成功之路作为一个系统研究,这个研究对象的范围定位是全面的,但在研究诺贝尔生理学或医学奖获得者的科学产出的时候,作者的研究对象为1981~2005年55位获奖者科研论文。2006~2014年研究论文为何没有被包括?这样的问题应该予以阐述。

总之,段志光的《诺贝尔生理学或医学奖获得者成功之路》是我国诺贝尔奖研究的里程碑,它的出版标志着我国诺贝尔奖研究登上了一个新的层次。

参考文献

[1]段志光.诺贝尔生理学或医学奖获得者成功之路[M].北京:科学出版社,2015.

(原载《医学与哲学》2016,37(2A):92~94.刘虹　南京医科大学医政学院教授)

附录6　解析诺贝尔奖情结的学术之魅
——评介段志光教授的新作《诺贝尔生理学或医学奖获得者成功之路》

于双成　李玉玲　安文秀

近日偶见山西医科大学段志光教授的新作《诺贝尔生理学或医学奖获得者成功之路》(以下简称《成功之路》)[1],引发我极大的兴致。细细地读、静静地品,颇有感触,萌生了将感受付诸笔端的念头。这本专著,实际上是其多年来系列研究的学术成果,因而不妨以科学研究的角度来审视这项学术成果。

一、研究思路的形成及其凝练

若以科研选题而言,《成功之路》遵循了科研选题的首要原则——需要性原则。纵览人类的历史,可以看到科技是人类文明进步的根本动力。科学与技术的每一次进步,都使人类的认知能力得以提升,进而推进经济、社会和人类文明跃升到一个新的层次。近代实验科学诞生以来,尤其是进入现代科技文明之后,使人类更为清晰地认识到"科学技术是第一生产力"。由此不难想象,现代社会的人们,会以怎样的热忱、怎样的执着献身于科学技术活动之中。在这样的时代背景之下,不仅诞生了一位伟大的科学家和发明家诺贝尔,更诞生了由他创立的,作为现代科技文明标志的诺贝尔奖。科学学家赵红洲曾经说过:"在现代社会生活中,有两项大奖是最能牵动国际社会的中枢神经的。一个是奥林匹克奖,一个是诺贝尔奖。"[2] 1978 年春召开的全国科学大会迎来了我国科学的春天,科学界的目光自然投向了诺贝尔奖，由此引发一场热烈的大讨论——中国人为何与诺贝尔奖无缘。这不仅是一个理论命题，更是一个关乎如何推进中国科技发展，进而实现中华民族振兴之梦的现实问题。恩格斯曾说过："每一时代的理论思维，包括我们时代的理论思维，都是一种历史的产物，在不同的时代具有非常不同的形式，并因而具有非常不同的内容。"[3]《成功之路》正是以我国现阶段的科技发展状态为背景，以医学的学科角度切入来解析此命题，这不仅关系到我国医学科学的发展，更关乎医学人才的成长与进步。

解析包括生理学和医学在内的诺贝尔奖获奖奥秘是一个大命题，诸多的学者们将其解析为科学技术与社会协同发展、科学发现和技术创新社会物质文化条件、科学技术发展的种系发生学、科学发现和技术发明的个体发生等一系列的问题，并从包括科学社会学、科学哲学、科学心理学和科学技术史等多维视角予以深入。[4]鉴于诺贝尔奖是对最优秀科研成果的认定并由此对最优秀科学家的褒奖，探寻获奖奥秘就是揭示这些最优秀科学家的成才与成功之路；鉴于追问中国为什么与诺贝尔奖无缘，客观上就在承认一个事实——我国的科研水平与国际的先进水平存在着差距；鉴于做科研、出成果的是人，是从事科学活动的科学工作者，我国科研水平的差距某种意义上就是我国科学工作者与世界一流科学家的差距。因此，以中外优秀科学家的比较入手，找出差距、分析原因、寻求策略，以求切实促进我国的科技发展。这就是《成功之路》解析命题的整体思路，更是这本书呈现给我们的清晰轮廓。

全书10章，划分为4个部分，前两章对诺贝尔及其创立的诺贝尔奖做一简介，并概述了医学科学发现与技术发明，以为后续做理论铺垫；第三至六章，系统研究诺贝尔奖获得者及其科学活动的若干本质特征；接下来的第七至九章，将我国优秀科学工作者及其科学活动与前述研究所呈现的国际水平相类比，找差距究原因；最后的第十章，阐述我国的诺贝尔奖战略。如果用直观图示来表达全书内容的话，是为四个相交集的圆。第一部分为位于下面的一个圆，二、三部分位于中间的并列两圆，第四部分是位于顶端之圆。这就是本书的框架结构，更是段教授论证命题的内在逻辑。

二、研究方法的运用及其评价

马克思说过："研究必须充分地占有材料，分析它的各种发展形式。只有这项工作完成以后，现实的运动才能适当地叙述出来。"[5]就段教授的研究而言，拟解析的问题确定之后，接下来便是如何获取第一手素材——科学事实的问题,即如何做的方法与程序是为关键。多种研究方法及其运用,是该书最为着力的地方,具体体现在如下三个方面。

一是强化了以定量为基础的实证研究。笔者利用"中国知网",在篇名和关键词字段输入"诺贝尔奖",做"逻辑或"运算,在 1995 至 2014 年时间段内,查得 1611 篇文献题录。通过题目、作者、载文期刊及发表的时间,选中并下载 200 篇原文以作本次研习的素材。在查阅的相关文献中,有研究数据的定量研究非常少,文中以明晰而确切的文字交代研究方法并呈现所获得的相关数据者更少。在诺贝尔奖研究领域最为经典的莫过于美国学者 H · 乍克曼的《诺贝尔奖获奖奥秘》(劳永光译,教育科学出版社,1987 年。以下简称《获奖奥秘》),《成功之路》中多次提及或引用的哈里特 · 朱克曼的《科学界的精英》(商务印书馆,1979 年),此书在国内至少有三个译本。《获奖奥秘》以访谈 41 位诺贝尔奖获得者的资料为基础,从社会学或科学社会学角度阐述观点,以叙事见长。30 余万字的《获奖奥秘》,仅有 7 幅图、28 个表。而 50 余万字的《成功之路》,有 169 幅图,142 个表。从第三章至第九章,无论是诺贝尔生理学或医学奖获得者的科学产出状况、我国一流生物医学科学家的科研状态,还是中外生物医学科学工作者的比较,均以大量的研究数据作为立论的依据。鉴于"我们甚至可以正确地宣称,正是由于有了数学,现代科学才取得了辉煌的成就。"[6] 以科学的研究方法,获取大量的第一手数据,以定量为基础,定性为升华,相得益彰以增强论述的科学性和可信性,是《成功之路》的一个最为明显特征,体现了以实证为标志的现代科学的理念。

二是充分地综合运用多种研究方法。诺贝尔生理学或医学奖获得者,乃至我国的生物医学科学工作者,他们研究探索的领域或工作性质,常被视为自然科学的范畴。而以他们为研究对象,探究其生活经历、求学过程和成才路径,尤其是其学术成就及其科学活动等内容,则完全超越了自然科学的疆界,属于社会科学的范畴。这种研究,无论是研究内容,还是研究视角,都涉及自然科学、人文科学,乃至哲学的诸多方面,是一种综合性研究。同时,这些研究本身也在不断地细化和深入,从现象的捕捉与描述,到内在规律的揭示与解析;从个别事物的个性化表现到一类事物的整体性的态势;从现状的描摹到趋势的预测等等。这样的研究内容,这样内容的研究,没有相应方法学的支撑是会裹足不前的。"科学是随着研究方法所获得的成就而前进的,研究方法每前进一步,我们就提高一步,随之在我们面前就开拓了一个充满种种新鲜事物的更辽阔的远景。"[7] 翻阅着从中国知网下载的 20 年来的相关文献,细看那些在文中交代了研究方法与(或)研究数据的研究文献,可谓方法比较单一、数据略显单薄。就统计方法而言,几乎都是百分比。再次打开乍克曼的《获奖奥秘》,也是如此。而在《成功之路》中,尝试将更多的研究方法运用于其课题的研究之中。例如,利用散点图揭示获奖者获奖年龄与其发表的 SCI 论文之期刊 IF 高峰年龄相关性;用主成分分析、h 指数法和层次分析法对其发表论文进行评价,并比较其一致性;用折线图和箱式图直观呈现获奖者获奖前后论文的影响力,以比较图示揭示获奖者出生年代与颁奖年度时空特征,以波动曲线式折线图揭示获奖者平均获奖年龄变化等。有评价目标树形图、有散点图、高低图、柱形图、矩阵散点图、金字塔式层级图、箱式图、直方图、折线图、误差散点图、社会网络分析图等。诸多获取与处理数据之方法的运用,各种揭示与表达结果之方式的展现,不仅展示了"横看成岭侧成峰,远近高低各不同"的学术意蕴,为研究的深入与细化提供了拓展的思路,更为其诸多的立论提供了丰富的、多维度的数据支撑,平添了《成功之路》之翔实而确切的科学性和可信性。

三是对所运用的方法给予评价和分析。在关注《成功之路》的研究方法及其阐述的时候,发现书中许多地方,不仅阐述了对方法的运用,而且结合研究及其结果对方法做了评价与分析"。例如,通过对主成分分析、h 指数法、层次分析法和专题讨论等方法的比较,进而提出"鉴于引用客观量化和文本分析是基于内容的特性,我们可以将二者嫁接起来……这样就能在文章构成的情景里对其内容或'有用性'实现量化分析"。在"关于论文被引次数时间分布研究的方法"处,谈到"本研究中被引次数的时间分布是基于横断面研究,该方法是静态的描述,只能说明同一时期不同发表年限论文被引次数的变化,而不能说明不同年代发表论文各时间段的被引趋势,无法测得'时代'的印记。……流行病学中的出生队列分析,不仅可以……"。"默顿曾经提出优势累积理论。……但是,需要注意的是该理论假设最能有效地运用学术资源的人是已经作出巨大的科学成就者,……从这一点看,似乎可以认为优势积累效应不足以解释在科学界精英阶层里的分层……"。这些内容,是在运用科学方法于科研实践的过程中,以科学理论和科学事实对方法本身的研究。从科学研究的角度来看,研究方法既是实现研究目的的工具——过河船只,又是研究内容或研究对象的组成部分。"科学理论是对自然界事物认识的结果,把这种结果用于新的探索,它就成了获取新的认识成果的方法。……这样就构成了科学认识发生的加速循环:科学方法—科学理论—科学方法—科学理论……"[8]正因为如此,《成功之路》的内容不仅丰富翔实,而且客观理性。正如书中所说:"我们试图运用多种评价方法,……在排序-频度分布的可适性、科学精英内部与科学共同体内部分层工具的差异性……的探寻等方面,都有新的发现"这就是科学之所以为科学、科学研究之所以为科学研究之所在。

三、研究结果的意义及其解析

目前,在申报各级各类基金项目时,标书中必有一项要填写的内容——本研究的意义和价值。是啊,恩格斯在《路德维希·费尔巴哈和德国古典哲学的终结》一文中曾明确说过:“在社会历史领域内进行活动的,全是具有意识的、经过思虑或凭激情行动的、追求某种目的的人,任何事情的发生都不是没有自觉的意图,没有预期的目的的。”[9]那么,如何看待《成功之路》之目的和意义呢?笔者以为,可以从两个层面来看,一是本书所呈现出来的;二是本书所蕴含着的。

在《成功之路》的前言中,已经明确阐述了:“诺贝尔科学奖已成为一个大系统,即由多种因素相互结合组成的有机整体;也成为一种综合效应,既有科学的,又有社会的,还有人文的;更成为一面镜子,既反映了学科发展和科学研究的微观问题,又反映了国家宏观战略层面上的一些深层次问题。对于国家的经济、教育、科技等长远发展,很有借鉴意义。”该书的意义,就在于从国家发展战略的高度去思考、去探讨,去发现问题和解析问题,因而其研究结果会对国家的人才培养和科技发展规划有着无可替代的作用。这样的研究,这样的意义,并不是段教授一个人、他的一个团队的独有功力。看看《成功之路》每一章后面长长的参考文献目录,再看看中国知网上数以千计的研究文献。笔者不由得想起贺福初院士在20多年前曾说过:“任一学科的发展总要经历数据积累和理论综合两个阶段,而理论综合是学科发展形成质的飞跃的前提。”[10]一个学科的发展如此,一个命题的解析同样是如此。近30年来,围绕着诺贝尔奖,围绕着中国科技的腾飞之梦,包括该书作者在内的我国几代学者在不断地思考、不断地探究,在做着点点滴滴的积累,《成功之路》无疑是在此基础之上的集大成者。罗曼·罗兰说过:“所谓天才,一半就因为他能把周围的伟大都吸收过来而使自己更伟大。”这就是综合创新,以信息综合为主要方式的理论创新,已成为现代科学发展的模式之一。

行文至此,掩卷三思。在品读《成功之路》的过程中,在写这篇拙文的过程中,是什么令我感动,是什么使我萌生一种不吐不快的激情?那就是这本书的字里行间所蕴含着的、最为可贵的诺贝尔科学精神。当我们稍加留意此书每一章后面所列的参考文献,会发现几乎都有段教授自己的研究所得。通过中国知网等数据库的系统查询,查得段教授围绕诺贝尔奖的第一篇研究文献,是发表在1995年的《医学与哲学》,而此书的出版恰在20年之后的2015年。历时20年,凝心聚力于一个命题,先后发表了38篇学术论文。从李约瑟之谜、诺贝尔奖之恋,到钱学森之问,一脉相承的追问、孜孜以求的解析,实际上已经使国人异常清晰地认识到了:此中的关键就是科学精神,求知与爱智的科学精神。正因如此,2001年12月在复旦大学举办的"纪念诺贝尔奖颁奖100周年学术研讨会",会议的宗旨明确为"弘扬科学精神,倡导学术创新"[11]。从诺贝尔本人,到众多的获奖者,都是潜心静气地、长期一贯地致力于一个科学问题的研究与探索,不断地深化和细化、不断地拓展与丰富、不断地积累与突破……不论道路曲折、不论荣辱得失、更不论风吹雨打……这就是诺贝尔科学精神。该书的作者不仅是诺贝尔科学精神的倡导者、弘扬者,更是一位脚踏实地的践行者。邓小平同志早就明确提出"科学技术现代化带动四个现代化"的一化带动四化的发展思路。科学与教育是关键,人才培养是关键的关键。就人才培养而言,知识可以讲授、技术可以传授,唯有科学精神需要润物无声的熏陶与涵养。对一代代年轻学子的成长而言,更需要一代一代诺贝尔科学精神的践行者啊。科学家将澎湃的激情付诸沉静的理性,诗人是将深邃的思想表达为灿烂的文采。追寻科技腾飞的中国梦,不仅需要激情的呼唤、呐喊,甚至造势,更需要持之以恒、坚忍不拔的沉静理性。

不知道是历史的巧合,还是幸运的必然,屠呦呦的获奖与本书的面世差不多发生在同一时段。历经多年的潜心静气、历经多年的执着探究,屠先生实现了中国人诺贝尔奖零的突破,真是一件划时代的可贺之喜。由此,中国人对诺贝尔奖的追寻热情,不会因屠先生的获奖而减退,反而会更加的浓烈。因为人类自诞生以来,从未停歇过探寻自然奥秘、领悟人生真谛的脚步。那么,同样可喜的是,以往每当人们在讨论诺贝尔奖的时候,会不约而同地提到乍克曼耗费10余载心血的《获奖奥秘》,这就是经典,这就是经典的魅力。不难想象,日后的未来,当人们讨论这些话题的时候,会同样不约而同地提及这本出自中国教授之手的《成功之路》,她的意义和价值会像化学上的缓释效应,更会像一坛精心的陈酿,愈久弥香……

参考文献

[1]段志光. 诺贝尔生理学或医学奖获得者成功之路[M]. 北京:科学出版社,2015.

[2]赵红洲. 中国不可淡漠诺贝尔奖[J]. 科技导报,1995,(8):3-6.

[3]恩格斯. 自然辩证法[M]. 北京:人民出版社,1971:27.

[4]钱长炎. 略论"诺贝尔奖问题"研究的向度及其启示[J]. 自然辩证法通讯,2003,(3):2-3.

[5]马克思恩格斯选集(第二卷)[M]. 北京:人民出版社,1972:217.

[6]M·克莱因著,张祖贵译. 西方文化中的数学[M]上海:复旦大学出版社,2012:8.

[7]巴甫洛夫选集[M]北京:科学出版社,1955:49.

[8]高兴华,彭湘庆,李亚宁. 科学认识论教程[M]. 成都:四川大学出版社,1991:71.

[9]马克思恩格斯选集(四卷)[M]. 北京:人民出版社,1972:243.

[10]贺福初,吴祖泽. 分子进化规律与学说的理论综合及其验证与应用[J]. 中国科学基金,1995,(2):9-15.

[11]郝凤霞."纪念诺贝尔奖颁奖100周年学术研讨会"综述[J]. 哲学动态,2002,(4):22.

(原载《科学技术哲学研究》2016,33(03):109-112.于双成　李玉玲　吉林大学公共卫生学院,安文秀　辽宁省肿瘤医院)

第 1 版后记

又到凌晨一点多钟。习以为常的生活方式依然延续。

自从 35 年前注册成为大学生的那个 9 月开始,成就感的体验和梦想的实现,就在生活中不断的交替进行。在我们成长的过程中,历史常常会开一些有趣的玩笑。当年高考时想学文的我,因为父亲想在我身上实现他的医生梦的缘故,难违父命地进了医学院的临床医学专业。或许是我在大学期间的"不安分":与 5 位学友创办"青鸟文学社",编印《青鸟》杂志,尝试了多种文学体裁的写作。以至于在毕业纪念册的赠言中,不止一位学友写着"早日获得诺贝尔文学奖"。未曾想,当时并不十分清楚内涵的"诺贝尔文学奖"的梦尚未来得及做,却因责任感的驱使——一位教师对大学生成才的引导,自 20 年前开始研究诺贝尔生理学或医学奖,而且从此一头扎入,几十年如一日,把我的思维带到从来没有去过的地方,包括博士学位论文的选题。

自从 10 年前完成博士学位论文的那个 9 月开始,将它暂且搁置一段时间,择机整理出版的想法一直在脑际萦绕。10 年来,始终在利用一切机会,收集、整理和研究分析诺贝尔生理学或医学奖获得者的有关信息,利用主持国家自然科学基金课题的机会,与部分研究生采用新方法进行了深入研究,产生了一些新成果,并有部分公开发表。10 年来,始终关注我国生物医学研究领域的发展变化,特别是在世界范围的影响变化。在生物医学研究中,我国有越来越多的研究团队获得世界级科研突破,走在世界前列,如清华大学的结构生物学学科和施一公团队。这让我激动和兴奋不已。因为这意味着将有越来越多的中国科学家在创新的时代中找到他自己和中国的位置,我也越来越有可能在自己研究的诺贝尔奖级科学家队列中找到中国科学家的名字。10 年来,结合工作实践,更加切身地感受到拔尖创新人才在学科发展、单位发展、行业发展和国家发展进程中的重要作用;更加深刻地认识到无论全球化框架下的自主创新,还是中国梦实现中的科技支撑,还是从要素驱动到创新驱动的经济新常态,人才优势都是前提和基础。在人才这个根本要素中,拔尖创新人才又是根本之根本。

科技首先是人才,中国科技最需要的是拔尖创新人才;科技最根本的是人才培养,中国教育最需要的是对包括本科生、研究生和青年科技人才在内的未来科技人才的培养。20 年前,为了未来科技人才的培养,我把研究视角拓展到拔尖创新人才。15 年前,我编著了《诺贝尔医学奖与大学生心理教育》(中国城市出版社,2000),视角聚焦在拔尖创新人才与未来科技人才的成长。12 年前,我主编了《大学新生适应教育概论》(中国科学技术出版社,2003),视角聚焦在未来科技人才成长的起跑线上。6 年前,我主编了《医学创新的轨迹》(中国协和医科大学出版社,2009),视角聚集在拔尖创新人才的成才路径上。今年即将出版的这本拙著,视角再次聚集在拔尖创新人才的成长、成才与成功上。这些说明,拔尖创新人才的成才规律,已经成为我的稳定研究方向之一。我相信,沿着这个方向走下去,我们还会不断推出新的成果。

10 年来,由于我担任国家卫计委研究生规划教材《医学哲学》副主编,并承担其中"医学发现与发明"一节的撰写,从而对医学科技创新从理论角度进行了梳理。考虑到其与本书内容上的一致性和互补性,以及本书的完整性,收入作为本书第二章。在这本拙著中,第三章第二节的"二、三、四"部分由章娟(2006 级硕士研究生)撰写,第四章由梁少宇(2007 级硕士研究生)和许丹青(2011 级硕士研究生)共同撰写。第七和八章由章娟、李文丽(2013 级硕士研究生)和张瑜(2013 级硕士研究生)共同撰写。第九章第一、二节由李文丽和张瑜共同撰写。于琦(2009 级博士研究生)和章娟协助进行了第七、八和九章研究方法与数据收集、整理和分析的指导。邓成廷(2012 级硕士研究生)参加了第七、八和九章有关数据的采集,高建梅(2014 级硕士研究生)、苏闫兵(2014 级硕士研究生)、白碧玉(2015 级硕士研究生)和郝聪颖(2015 级硕士研究生)参与了第七、八和九章有关数据的整理和分析。第十章第一节由我与张岩波和杨利军共同撰写。所有研究生撰写部分均由我进行了修改,全书其他章节均由我独立撰写。

本书涉及的我的博士学位论文和我以独立作者、第一作者及通讯作者公开发表的有关学术论文,时间跨度达20年之长。现在回头来看,虽然当时的基本观点在大体上没有需要修改之处,但因研究数据收集整理的时限不同,章节间的数据采用时间未能做到“齐头并进”,有些部分显然没有“与时俱进”。故在保留前言和附录部分、将主要参考文献部分分解到各章之后的同时,对一些基本数字做了必要的补充,对选用内容做了部分结构性调整,对文字进行了推敲。

本书由我进行了一、二、三校,于琦和章娟对第七、八、九章进行了初校,章娟对第三、四章和书中图表进行了一校。

在拙著即将付梓之际,在又一个梦想实现的时刻,想到的首先仍然是感谢。

感谢我的学术界的朋友们,他们的关心、鼓励和催问,都成为一种支持,成为一种督促,成为一种助力。以至于在早已过了自己起初想放下来冷静几年的时间之后,感到不能一拖再拖。

感谢我的博士生导师华中科技大学卢祖洵教授。师恩难忘,从开始写作博士学位论文至今,常常念及先生在研究选题和研究方法上给予的指导。他指导我完成的博士学位论文,成为今天这部拙著的主要基础。后来,他曾主持或参加我的硕士研究生有关诺贝尔生理学或医学奖获得者深入研究的学位论文答辩,并提出宝贵意见。

感谢我的博士研究生于琦,硕士研究生章娟、梁少宇、许丹青、邓成廷、李文丽、张瑜、高建梅、苏闫兵、白碧玉和郝聪颖等同学,通过他们的辛勤努力,把我的一些想法变成了现实。

感谢曾参加研究生学位论文答辩的武汉大学邱均平教授,浙江大学杨廷忠教授,复旦大学冯学山教授,中国健康教育中心胡俊峰教授以及山西医科大学郑建中教授等诸位专家教授,他们均曾提出过宝贵意见。感谢国家自然科学基金委和教育部,拙著的部分成果是国家自然科学基金(71240006,71473154)和教育部新世纪优秀人才支持计划(NCET-08-0887)的阶段性研究成果。

感谢2007年诺贝尔生理学或医学奖获得者马丁·埃文斯(S.M.J.Evans)教授,他于2013年11月16日应邀参加山西医科大学主办的“2013国际干细胞与再生医学高峰论坛”,并做主旨演讲。我有幸聆听了他的演讲,代表学校向他赠送纪念品、讲话致谢,并与他进行座谈。这是我第一次直接与我的研究对象接触,了却一桩心愿,填补些许遗憾。

感谢北京大学医学部张大庆教授、上海中医药大学何裕民教授、大连医科大学杜治政教授和赵明杰教授等在书名推敲过程中给予的启发。还有杜治政教授对拙著第九章内容的启发。

感谢山西医科大学校长办公室文印中心马峻宝同志在书稿整理过程中对

于部分文字输入方面的具体帮助。

感谢科学出版社胡华强副总经理、高等医学教育出版分社李国红社长和王颖责任编辑所给予的支持和帮助,使拙著得以顺利出版。

感谢山西医科大学,我的学术和事业生于斯、长于斯、成于斯,它与学习、工作和生活在其中的山医人给予了我太多。除了为它更好更快地发展殚精竭虑,竭诚奉献,我别无选择。谨以拙著向山西医科大学建校96周年献礼。

鉴于拙著所涉学科较泛,所及社会问题过于复杂,本人水平有限,虽涉猎诺贝尔生理学或医学奖研究已20余年,以诺贝尔生理学或医学奖为选题的博士学位论文答辩也已10年,但书中错误和纰漏在所难免,诚心希望领导、专家、同仁和读者不吝赐教,批评指正。

段志光

2015年9月6日

第 2 版后记

《诺贝尔生理学或医学奖获得者成功之路》出版之后,受到业界好评,南京医科大学的刘虹教授和吉林大学的于双成教授等专门写了书评,并分别在《医学与哲学》和《科学技术哲学研究》杂志发表,许多专家学者以短信和电话等方式予以肯定,大连医科大学、山西医科大学等高校选作研究生教材,数十家网站予以宣传介绍,我也应邀多次在全国性学术会议作大会报告,到北京大学等高校参加学术会议,进行学术报告和交流。在倍感欣慰的同时,自己却对本书感到有些遗憾。觉得本书排版过密、留白较少,当时就萌生了一定要在再版时改进的想法。

今天,当时的遗憾得以弥补,当时的想法得以变成现实。借再版的机会,勘正了一些错误,校正了个别数字,将一些图表中的英文翻译成中文,在个别地方添加了注释,在个别章节增加了一些第 1 版之后有关的内容。

在第二章中增加了第三节"研究设计",这是我担任副主编的研究生规划教材《医学与哲学》第二版中,由我执笔撰写部分修订时的新增内容。

在原附录 1 和附录 2 中增加了 2015~2019 年的有关内容。增加了附录 3~6,主要是我和博士研究生张妍婕应《自然辩证法通讯》杂志约请写的《屠呦呦获诺贝尔生理学或医学奖之启示:特殊性与一般性》,我应《光明日报》约请写的《世界一流科学家需要什么样的创新成长环境——以诺贝尔生理学或医学奖领域科学家比较研究为例》,以及刘虹教授和于双成教授等对第 1 版的书评。

在一校工作中，山西医科大学管理学院副教授章娟博士参与了部分章节的文字校对，承担了个别替换图表的制作。

再版之际，还是感谢国家自然科学基金项目和教育部新世纪人才支持计划的资助以及科学出版社有关人员的支持，感谢有关专家教授的关心、支持、宣介、鼓励，感谢有关报刊的传播，感谢有关院校的教材选用，感谢家人和亲朋好友的关爱、支持。

2019 年，适逢母校和本书完成的支撑单位山西医科大学建校一百周年，原想以此作为献礼。因故延迟了一点时间，骑跨了两个年度。母校情意永续。

诚心希望领导、专家、学者、同仁和读者继续不吝赐教，批评指正。

段志光

2019 年 8 月草

2020 年 2 月修改